Der Nacherfüllungsanspruch nach UN-Kaufrecht

Studien zum vergleichenden und internationalen Recht -
Comparative and International Law Studies

Herausgeber: Bernd von Hoffmann, Erik Jayme
und Heinz-Peter Mansel

Band 127

PETER LANG
Frankfurt am Main · Berlin · Bern · Bruxelles · New York · Oxford · Wien

Emilio Maus Ratz

Der Nacherfüllungsanspruch nach UN-Kaufrecht

– im Lichte der deutschen, spanisch-mexikanischen und US-amerikanischen Rechtswissenschaft

PETER LANG
Europäischer Verlag der Wissenschaften

Bibliografische Information der Deutschen Nationalbibliothek
Die Deutsche Nationalbibliothek verzeichnet diese Publikation in der Deutschen Nationalbibliografie; detaillierte bibliografische Daten sind im Internet über <http://www.d-nb.de> abrufbar.

Zugl.: Köln, Univ., Diss., 2005

Gedruckt mit Unterstützung des
Deutschen Akademischen Austauschdienstes.

D 38
ISSN 0930-4746
ISBN 3-631-55166-5

www.peterlang.de

Dem Andenken meines Vaters
Meiner Familie
Meinen Freunden

Vorwort

Die vorliegende Untersuchung wurde von der Rechtswissenschaftlichen Fakultät der Universität zu Köln im Sommersemester 2005 als Dissertation angenommen. Für die Drucklegung wurde sie überarbeitet und aktualisiert; die veröffentlichte Fassung befindet sich auf dem Stand vom Juni 2005. Vereinzelt konnte spätere Literatur und Rechtsprechung berücksichtigt werden.

Meinem Doktorvater, Herrn Professor Dr. Heinz-Peter Mansel, möchte ich für die intensive, anregende und geduldige Betreuung besonders herzlich danken. Die Jahre, die ich als Doktorand unter seiner Leitung verbracht habe, waren wissenschaftlich wie menschlich befruchtend und sehr bereichernd. Mein Dank gilt ebenfalls Frau Professorin Dr. Barbara Dauner-Lieb für die zügige Erstellung des Zweitgutachtens.

Ebenso herzlich danke ich Frau Dr. Christine Budzikiewicz für ihre wertvolle Kommentare und Einsichten; Herrn Dr. Stephan Kröll bin ich ebenfalls sehr verpflichtet. Danken möchte ich auch dem Personal des Instituts und der Bibliothek für Internationales und Ausländisches Privatrecht der Universität zu Köln.

Jan-Bertram Hillig, Markus Jobst und Bastian Peltzer sei für die Unterstützung bei der Recherche von Literatur, für ihre tatkräftige Mithilfe bei den Korrekturarbeiten und für manch aufmunterndes Gespräch ganz herzlich gedankt. Herrn Rechtsanwalt Lutz Eylert möchte ich ebenfalls für seine weiterführenden Anregungen danken.

Sehr verbunden bin ich den Herren Professoren Bernd von Hoffmann, Erik Jayme und Heinz-Peter Mansel für die ehrenvolle Aufnahme dieser Arbeit in diese Schriftenreihe.

Dem DAAD, der das Promotionsvorhaben durch ein Stipendium finanziell unterstützt hat, und Frau Hilde Mönch, Sachbearbeiterin des für mich zuständigen Referats, möchte ich ebenfalls danken.

Der Leitung und den Bewohnern des Studentenheims Schweidt in Köln bin ich ebenfalls sehr verpflichtet. Dort habe ich während meines Aufenthaltes in Deutschland – abgesehen von der anregenden akademischen, interdisziplinären und interkulturellen Atmosphäre – weit mehr als eine Wohnung: ein wahres Zuhause gefunden.

Mexiko-City, April 2006
Emilio Maus R.

Inhaltsverzeichnis

Abkürzungsverzeichnis[1]

Abschlußbericht	Abschlußbericht der Kommission zur Überarbeitung des Schuldrechts, herausgegeben vom Bundesminister der Justiz, 1992, Bundesanzeiger
AcP	Archiv der Zivilistischen Praxis
AG	Amtsgericht
AGBG	Gesetz zur Regelung des Rechts der Allgemeinen Geschäftsbedingungen (v. 9.12.1976)
Anm.	Anmerkung
BB	Betriebs-Berater (BB)
Bem.	Bemerkung
BGB BGB n.F.	Bürgerliches Gesetzbuch in der Fassung der Bekanntmachung vom 2. Januar 2002 (BGBl. I S. 42) (Neubekanntmachung des BGB vom 18.8.1986 in der ab 1.1.2002 geltenden Fassung)
BGB a.F.	Bürgerliches Gesetzbuch vom 18.8.1896, RGBl. S. 195, BGBl. III 400-2 (mit Änderungen bis zum 13. September 2001)
BGBl.	Bundesgesetzblatt
BGH	Bundesgerichtshof
BJM	Bundesjustizministerium
CC Esp	Código Civil Español (Spanien)
CC Fr	Code Civil (Frankreich)
CC It	Codice Civile (Italien)
CC Mex	Código Civil Federal (Mexiko)
CIDACI	Convención Interamericana sobre el Derecho Aplicable a los Contratos Internacionales (Interamerikanische Konvention über das auf Internationale Verträge anwendbare Recht), unterzeichnet in Mexiko am 17.3.1994
CIDIP-V	Quinta Conferencia Interamericana Especializada sobre Derecho Internacional Privado (Fünfte Interamerikanische Spezialkonferenz für Internationales Privatrecht), vom 14-18 März 1994, in Mexiko-City
CIETAC	China International Economic & Trade Arbitration Commission
CISG	United Nations Convention on Contracts for the International Sale of Goods, Document A/Conf.97/18, Annex I, O.R. S. 178-190
CISG-AC	International Sales Convention Advisory Council
CLOUT	Case Law on Uncitral Texts (abrufbar on-line: www.uncitral.org)
Compromex	Comisión para la Protección del Comercio Exterior (México)
CPC Fr	Code de Procedure Civile (Zivilprozeßgesetzbuch Frankreichs)
CPC Mex	Código de Procedimientos Civiles para el Distrito Federal (Zivilprozeßgesetzbuch für das mexikanische Bundesdistrikt)
D.O.F.	Diario Oficial de la Federación (Mexiko)
DtZ	Deutsch-Deutsche Rechts-Zeitschrift
EDP	Europa e diritto privato
EG-Richtlinie	Siehe: Richtlinie 1999/44/EG
EKG / ULIS	Einhetliches Gesetz über den internationalen Kauf beweglicher Sachen vom 17. Juli 1973 (BGBl. I, 856)
EVÜ	Übereinkommen vom 19. Juni 1980 über das auf vertragliche Schuldverhältnisse anzuwendende Recht, BGBl. 1986 II, S. 810
FS	Festschrift
HGB	Handelsgesetzbuch
ICC	International Chamber of Commerce

[1] Abkürzungen, deren Kenntnis als allgemein bekannt vorausgesetzt werden kann, sind nicht in das Abkürzungsverzeichnis aufgenommen.

IHR	Internationales Handelsrecht – Zeitschrift für das Recht des internationalen Warenkaufs und ~vertriebs.
IPR	Internationales Privatrecht
IPRax	Praxis des Internationalen Privat- und Verfahrensrechts
J. Trans. L. & P.	Journal of Transnational Law & Policy
Jb. Ital. R.	Jahrbuch für Italienisches Recht – Bankrecht, UN-Kaufrecht, Kartellrecht, (hrsg. von Giuseppe Portale et al.), C.F.Müller Jur. Verlag, Heidelberg
Jb.J.ZivRWiss.	Jahrbuch Junger Zivilrechtswissenschaftler (Hrsg.: Helms, Neumann, Caspers, Sailer, Schmidt-Kessel)
JR	Juristische Rundschau
JuS	Juristische Schulung
JZ	Juristen-Zeitung
Kaufrechtsrichtlinie	Siehe: Richtlinie 1999/44/EG
Kaufrechts-übereinkommen	Siehe CISG
LEC	Ley de Enjuiciamiento Civil (Spanisches Zivilprozeßgesetzbuch)
LFPC	Ley Federal de Protección al Consumidor (Verbraucherschutzgesetz), Mexiko
LG	Landgericht
MDR	Monatsschrift für Deutsches Recht
Mich. Law Rev.	Michigan Law Review
m.w.B.	mit weiteren Beispielen
m.w.N.	mit weiteren Nachweisen
NJW	Neue Juristische Wochenschrift
OGH	Oberster Gerichtshof Österreich
OLG	Oberlandesgericht
OR	UNITED NATIONS: Official Records of the United Nations Conference on Contracts for the International Sale of Goods, Vienna 10 March - 11 April 1980, A/CONF. 97/19
PECL	Principles of European Contract Law
PICC	UNIDROIT-Principles of International Commercial Contracts
RabelsE	Entwurf eines einheitlichen Kaufgesetzes, ausgearbeitet von Ernst Rabel, abgedruckt in: RabelsZ 9 (1935), S. 8-44
RabelsZ	Rabels Zeitschrift für ausländisches und internationales Privatrecht – Max-Planck-Institut für ausländisches und internationales Privatrecht, Walter de Gruyter & Co (Berlin) / J.C.B. Mohr - Siebeck (Tübingen).
RegE	Entwurf eines Gesetzes zur Modernisierung des Schuldrechts („Regierungsentwurf"), BT-Drucks. 14/6040, S.
Richtlinie 1999/44/EG	Richtlinie 1999/44/EG des Europäischen Parlaments und des Rates vom 25. Mai 1999 zu bestimmten Aspekten des Verbrauchsgüterkaufs und der Garantien für Verbrauchsgüter (Amtsblatt [der Europäischen Gemeinschaften] Nr. L 171 vom 7.7.1999 S. 12-16)
RIW	Recht der Internationalen Wirtschaft
SGA	Sale of Goods Act 1979 (England)
S.J.F.	Semanario Judicial de la Federación (Mexiko)
SZ	Entscheidungen des Österreichischen Obersten Gerichtshofes in Zivilsachen (Zitiert: SZ Band/Nr. der Entscheidung)
Tex.Int.L.J.	Texas International Law Journal
UCC	Uniform Commercial Code (USA)
ULIS	Uniform Law on the International Sale of Goods (siehe auch EKG)
UN-Kaufrecht	Siehe CISG
UNCITRAL	United Nations Commission on International Trade Law
UNCITRAL-Entwurf	Draft Convention on Contracts for the International Sale of Goods –

	Approved by the United Nations Commission on International Trade Law, Document A/CONF.97/5, vom 14. März 1979
UNIDROIT	Institut International pour l'Unification du Droit Privé / International Institute for the Unification of Private Law
UNO	United Nations Organisation
Verbrauchsgüterkauf-richtlinie	Siehe: Richtlinie 1999/44/EG
VerjÜ	Convention on the Limitation Period in the International Sale of Goods, concluded at New York on 14 June 1974, as amended by the Protocol of 11 April 1980 (auch: Verjährungsübereinkommen). Das ursprüngliche Übereinkommen ist abgedruckt in: RabelsZ 39 (1975), S. 342 ff (mit deutscher Übersetzung)
VertragsG	„Gesetz zu dem Übereinkommen der Vereinten Nationen vom 11. April 1980 über Verträge über den internationalen Warenkauf sowie zur Änderung des Gesetzes zu dem Übereinkommen vom 19. Mai 1956 über den Beförderungsvertrag im internationalen Straßengüterverkehr (CMR)", vom 5. Juli 1989 (BGBl 1989 II 586)
VertragsG n.F.	„Gesetz zu dem Übereinkommen der Vereinten Nationen vom 11. April 1980 über Verträge über den internationalen Warenkauf sowie zur Änderung des Gesetzes zu dem Übereinkommen vom 19. Mai 1956 über den Beförderungsvertrag im internationalen Straßengüterverkehr (CMR)", vom 5. Juli 1989 (BGBl 1989 II 586) in der Fassung des Schuldrechtsmodernisierungsgesetzes vom 26. November 2001,BGBl. I S. 3138
Wash.L.Rev.	Washington Law Review
Wiener Kaufrecht	Siehe CISG
Yale J. Int'l. L.	Yale Journal of International Law
ZEuP	Zeitschrift für Europäisches Privatrecht
ZGS	Zeitschrift für das gesamte Schuldrecht
ZIP	Zeitschrift für Wirtschaftsrecht
ZVglRWiss	Zeitschrift für vergleichende Rechtswissenschaft

Literaturverzeichnis

ACHILLES, Wilhelm-Albrecht, Kommentar zum UN-Kaufrechtsübereinkommen (CISG), Newied, Kriftel, Berlin 2000 (Zitiert: Achilles)

ACKERMANN, Thomas, Die Nacherfüllungspflicht des Stückverkäufers, JZ 2002, S. 378 - 385

ADAME GODDARD, Jorge, El Contrato de Compraventa Internacional, UNAM – Instituto de Investigaciones Jurídicas, Ed. McGraw-Hill, Mexiko, 1994, 495 S. (Zitiert: Adame)

AICHER, Joseph, Leistungsstörungen aus der Verkäufersphäre, in: Hoyer, Hans, und Posch, Willibald (Hrsg.), Das Einheitliche Wiener Kaufrecht. Neues Recht für den internationalen Warenkauf, Wirtschaftsverlag Dr. Anton Orac, Wien, 1992, S. 111 - 142 (Zitiert: Aicher, in: Hoyer / Posch)

ANDERSON, Ronald A., Anderson on the Uniform Commercial Code, Vol. 4 (§§ 2-510 to 2-718), Clark/Boardman/Callaghan (Thomson Legal Publishing), Derfield-New York-Rochester, USA (zitiert: Anderson)

ASAM, Herbert, Rechtsfragen der Verjährung kaufrechtlicher Ansprüche im deutsch-italienischen Rechtsverkehr, Jahrbuch für Italienisches Recht (Jb. Ital. R.), Band 5 (1992), S. 59-90

ASAM, Herbert, Aktuelle Fragen zur Anwendung des Kaufrechtsübereinkommens der Vereinten Nationen vom 11.4.1980 im deutsch-italienischen Rechtsverkehr seit 1.1.1988, Jahrbuch für Italienisches Recht (Jb. Ital. R.), Band 3 (1990), S. 3 - 47

AUDIT, Bernard, La vente internationale de marchandises, Convention des Nations-Unies du 11 avril 1980, Paris, L.G.D.J., Droit des Affaires, 1990, 224 S. (Zitiert: Audit)

BALL, Wolfgang, Neues Gewährleistungsrecht beim Kauf, ZGS 2002, S. 49 - 54

BAMBERGER, Heinz-Georg, und ROTH, Herbert, Kommentar zum Bürgerlichen Gesetzbuch (in 3 Bänden), C.H. Beck, München, 2003, Aktualisierung „on-line“: April 2004 (Zitiert: Bamberger / Roth / Bearbeiter)

von BAR, Christian, und ZIMMERMANN, Reinhard (Hrsg.), Grundregeln des Europäischen Vertragsrechts, Teile I und II, Kommission für Europäisches Vertragsrecht, 2002, Sellier – European Law Publishers (München) / Sweet & Maxwell, London, 571 S. (Zitiert: von Bar / Zimmermann)

BARRERA GRAF, Jorge, La Convención de Viena sobre los Contratos de Compraventa Internacional de Mercaderías y el Derecho Mexicano – Estudio Comparativo, in: Anuario Jurídico Mexicano UNAM, Mexiko, 1983, S. 141 - 163 (Zitiert: Barrera Graf, in: Anuario Jurídico Mexicano)

BASEDOW, Jürgen, HOPT, Klaus J., und KÖTZ, Hein, Festschrift für Ulrich Drobnig zum siebzigsten Geburtstag, Mohr Siebeck, Tübingen, 1998, 772 S. (Zitiert: Bearbeiter, in: FS Drobnig)

BAUMBACH, Adolf, LAUTERBACH, Wolfgang, ALBERS, Jan, HARTMANN, Peter, Zivilprozeßordnung, 62. Aufl., 2004, C.H. Beck, München (Zitiert: Baumbach / Lauterbach / Bearbeiter)

BAUMGÄRTEL, Gottfried, LAUMEN, Hans-Willi (Hrsg.), Handbuch der Beweislast im Privatrecht, Band 2: BGB Sachen-, Familien- und Erbrecht, Recht der EG, UN-Kaufrecht, 2. Aufl., Köln-Berlin-Bonn-München, Carl Heymanns Verlag, 1999, 1619 S. (Zitiert: Baumgärtel / Laumen / Bearbeiter)

BAUR, Fritz, Lehrbuch des Sachenrechts, fortgeführt von BAUR, Jürgen F. und STÜRNER, Rolf, 16. Aufl., C.H. Beck, München, 1992, 772 S. (Zitiert: Baur / Stürner)

BEALE, Hugh, HARTKAMP, Arthur, KÖTZ, Hein, und TALLON, Denis (Hrsg.), Cases, Materials and Text on Contract Law – Ius Commune Casebooks on the Common Law of Europe, 2002, Hart Publishing, Oxford und Portland, 993 S. (Zitiert: Beale et al., Contract Law)

BENICKE, Christoph, Zur Vertragsaufhebung nach UN-Kaufrecht bei Lieferung mangelhafter Ware (zu BGH, 3.4.1996 – VIII ZR 51/95, unten S. 342, Nr. 34), IPRax 1997, S. 326 - 331

BENJAMIN'S Sale of Goods: Siehe: GUEST, A.G. (Hrsg.) et al.

BERNSTEIN, Herbert, und LOOKOFSKY, Joseph, Understanding the CISG in Europe. A Compact Guide to the 1980 United Nations Convention on Contracts for the International Sale of Goods, Kluwer Law International, Den Haag, London, Boston, 1997 (Zitiert: Bernstein / Lookofsky)

BIANCA, Cesare Massimo, BONELL, Michael Joachim, (Hrsg.), Commentary on the International Sales Law, the 1980 Vienna Sales Convention, Giuffrè, Mailand, 1987 (Zitiert: Bianca / Bonell / Bearbeiter)

BIANCA, Cesare Massimo (Hrsg.), et. al., Convenzione di Vienna sui Contratti di Vendita Internationale di Beni Mobili – (Commentario coordinato da Cesare Massimo Bianca, professore nell'Università «La Sapienza» di Roma), Cedam, Padua, 1992 (Zitiert: Bearbeiter, in: Bianca, Convenzione di Vienna)

BIANCA, Cesare Massimo, und GRUNDMANN, Stefan (Hrsg.), siehe: GRUNDMANN...

BITTER, Walter, und BITTER, Georg, Wandelungsmöglichkeit des professionellen Käufers und Nachlieferungsrecht des Verkäufers bei aliud-Lieferung. Eine Untersuchung zum deutschen und UN-Kaufrecht. Betriebs-Berater 1993, 2315 - 2326 (Zitiert: Bitter / Bitter, BB)

BITTER, Georg, und MEIDT, Eva, Nacherfüllungsrecht und Nacherfüllungspflicht des Verkäufers im neuen Schuldrecht, ZIP 2001, S. 2114 - 2124

Black's Law Dictionary: Siehe GARNER

BOELE-WOELKI, Katharina, Die Anwendung der Unidroit-Principles auf internationale Handelsverträge, IPRax 1997, S. 161 - 171

BOERNER, Dietmar, Kaufrechtliche Sachmängelhaftung und Schuldrechtsreform, ZIP 2001, S. 2264 - 2273

BONELL, Michael Joachim, The Unidroit-Principles in Practice: The Experience of the First Two Years, Uniform Law Review 1997, Heft 1, 34 - 44 (Zitiert: Bonell, The Unidroit-Principles in Practice)

BORJA SORIANO, Manuel, Teoría General de las Obligaciones, 17. Aufl., Editorial Porrúa, Mexiko, 2000, 732 S. (Zitiert: Borja Soriano)

BRIDGE, Michael, The International Sale of Goods – Law and Practice, New York, Oxford University Press, 1999, 531 S. (Zitiert: Bridge)

BROX, Hans, und WALKER, Wolf-Dietrich, Allgemeines Schuldrecht, 28. Aufl., C.H. Beck, München, 2002, 452 S. (Zitiert: Brox, SchuldR AT)

BRUNNER, Christoph, UN-Kaufrecht – CISG, Kommentar zum Übereinkommen der Vereinten Nationen über Verträge über den internationalen Warenkauf von 1980, unter Berücksichtigung der Schnittstellen zum internen Schweizer Recht, Stämpfli Verlag AG, Bern, Stämpflis Handkommentar, 2004, 705 S. (Zitiert: Brunner)

BÜDENBENDER, Ulrich, Der Kaufvertrag, in: DAUNER-LIEB, Barbara, HEIDEL, Thomas, LEPA, Manfred, und RING, Gerhard (Hrsg.), Das Neue Schuldrecht – Ein Lehrbuch, C.F. Müller Verlag, Heidelberg, 2002, S. 222 - 260 (Zitiert: Büdenbender, in: Das Neue Schuldrecht)

BUNDESMINISTERIUM DER JUSTIZ (Hrsg.), Gutachten und Vorschläge zur Überarbeitung des Schuldrechts, Band I, Bundesanzeiger Verlagsges., Köln, 1981 (Zitiert: Bearbeiter, in: Gutachten und Vorschläge, Bd.)

BUNDESMINISTER DER JUSTIZ (Hrsg.), Abschlußbericht der Kommission zur Überarbeitung des Schuldrechts, Bundesanzeiger, Köln, 1992 (Zitiert: Abschlußbericht)

BUTLER, Allison E., Caveat Emptor: Remedy-Oriented Approach Restricts Buyer's Right to Avoidance Under Article 49(1)(a) of the United Nations Convention on Contracts for the International Sale of Goods, IHR 2003, S. 208 - 212

von CAEMMERER, Ernst, Die wesentliche Vertragsverletzung im international Einheitlichen Kaufrecht, in: Europäisches Rechtsdenken in Geschichte und Gegenwart. Festschrift für Helmut Coing zum 70. Geburtstag, Band II., C.H.Beck München, 1982, S. 33 - 52 (Zitiert: von Caemmerer, in: FS für Coing)

von CAEMMERER, Ernst, SCHLECHTRIEM, Peter (Hrsg.), Kommentar zum einheitlichen UN-Kaufrecht, 2. Auflage, C.H. Beck, München, 1995, 924 S. (Zitiert: vCaemmerer / Schlechtriem / Bearbeiter)

CALAMARI, John D., und PERILLO, Joseph M., Calamari and Perillo on Contracts, 5. Aufl., 2003, Hornbook Series, Thomson/West (West Publishing Co.), 1052 S. (Zitiert: Calamari & Perillo)

CANARIS, Claus-Wilhelm, Die Nacherfüllung durch Lieferung einer mangelfreien Sache beim Stückkauf, JZ 2003, 831 - 838

CANARIS, Claus-Wilhelm, Die Neuregelung des Leistungsstörungs- und des Kaufrechts – Grundstrukturen und Problemschwerpunkte, in: LORENZ, Egon (Hrsg.), Karlsruher Forum 2002: Schuldrechtsmodernisierung, Verlag Versicherungswirtschaft, Karlsruhe, 2003, 205 S. (zitiert: Canaris, in: Karslruher Forum)

CANARIS, Claus-Wilhelm (Hrsg.), Schuldrechtsmodernisierung 2002, C.H. Beck, München, 2002 (Zitiert: Canaris, Schuldrechtsmodernisierung)

CATALANO, John M., More Fiction than Fact: The Perceived Differences in the Application of Specific Performance under the United Nations Convention on Contracts for the International Sale of Goods, Tulane Law Review 71 (1997), 1807 - 1834

CHERTI, Stefano, La vendita dei beni di consumo e la nozione de riparazione, Europa e diritto privato, Rivista trimestrale a cura di: Joachim Bonell, Carlo Castronovo, Adolfo di Majo, Salvatore Mazzamuto, Mailand, Giuffrè editore, 2003, S. 697 - 719 (Zitiert: Cherti, EDP Jahrgang, S.)

CISG-Advisory Council Opinion Nr. 5, The buyer's right to avoid the contract in case of non-conforming goods or documents, 7.5.2005, Badenweiler (Raporteur: SCHWENZER, Ingeborg), online abrufbar unter: http://www.cisg.pace.law.edu (Zitiert: CISG-AC Opinion Nr. 5)

CLOUT - Case Law on UNCITRAL Texts, Herausgegeben von UNCITRAL (abrufbar on-line unter: www.uncitral.org)

Commentary on the Draft Convention on Contracts for the International Sale of Goods, prepared by the Secretariat. Document A/CONF.97/5, vom 14. März 1979, abgedruckt in: UNITED NATIONS CONFERENCE ON CONTRACTS FOR THE INTERNATIONAL SALE OF GOODS, Vienna, 10 March – 11 April 1980, Official Records. Documents of the Conference and Summary Records of the Plenary Meetings and of the Meetins of the Main Committees. New York, United Nations 1981, S. 14 - 66 (Zitiert: Secretariat Commentary)

CORBIN, Arthur Linton, Corbin on Contracts: A Comprehensive Treatise on the Working Rules of Contract Law, Band 5A: Sections 1122 to 1251, St. Paul, Minn., West Publishing Co., 1964 (Zitiert: Corbin); Addendum ("Pocket Part") erarbeitet von CUNNINGHAM, Lawrence A., und JACOBSON, Arthur A., 1994 (Zitiert: Corbin, addendum)

DÄUBLER-GMELIN, Herta, Die Entscheidung für die so genannte Große Lösung bei der Schuldrechtsreform – Zum Entwurf eines Gesetzes zur Modernisierung des Schuldrechts, NJW 2001, S. 2281 - 2289

DAUNER-LIEB, Barbara, und ARNOLD, Arnd, Dauerthema Selbstvornahme, ZGS 2005, S. 10 - 14

DAUNER-LIEB, Barbara, und DÖTSCH, Wolfgang, Selbstvornahme im Kaufrecht?, ZGS 2003, S. 250 - 253

DAUNER-LIEB, Barbara, und DÖTSCH, Wolfgang, Nochmals: Selbstvornahme im Kaufrecht?, ZGS 2003, S. 455 - 458

DAUNER-LIEB, Barbara, und DÖTSCH, Wolfgang (Mitbearbeiter), AnwaltKommentar BGB – Schuldrecht aktuell: Entwicklungstendenzen und Problemschwerpunkte zwei Jahre nach der Schuldrechtsreform, Deutscher AnwaltVerlag, Bonn, 2003, 32 S. (zitiert: Dauner-Lieb, Entwicklungstendenzen und Problemschwerpunkte)

DAUNER-LIEB, Barbara, HEIDEL, Thomas, LEPA, Manfred, und RING, Gerhard (Hrsg.), Das Neue Schuldrecht – Ein Lehrbuch, C.F. Müller Verlag, Heidelberg, 2002, 538 S. (Zitiert: Bearbeiter, in: Das Neue Schuldrecht)

DAUNER-LIEB, Barbara, KONZEN, Horst, und SCHMIDT, Karsten (Hrsg.), Das neue Schuldrecht in der Praxis. Akzente – Brennpunkte – Ausblicke, Köln-Berlin-Bonn-München, Carl Heymanns Verlag, 2003, 764 S. (Zitiert: Bearbeiter, in: Dauner-Lieb / Konzen / Schmidt)

DAWSON, John P., Specific performance in France and in Germany, Michigan Law Review, Vol. 57 [1959], S. 495 - 538

DE LY, Filip, Uniform Internpretation: What is being done? Official Efforts, in: FERRARI, Franco (Hrsg.), The 1980 Uniform Sales Law – Old Issues Revisited in the Light of Recent Experiences (Verona Conference 2003), Sellier. European Law Publishers – Giuffrè (Mailand), 2003, S.335 - 360 (Zitiert: De Ly, in: Old Issues Revisited)

Deutsches Rechts-Lexikon, Hrsg. von Horst Tilch, 2. Aufl., München, C. H. Beck, 3 Bände, 1992 (Zitiert: Deutsches Rechts-Lexikon)

DÍAZ BRAVO, Arturo, En torno al concepto de lo "razonable" en la Convención sobre los Contratos de Compraventa Internacional de Mercaderías, in: Anuario Jurídico Mexicano UNAM, Mexiko, 1983, S. 103 - 110 (Zitiert: Díaz Bravo, in: Anuario Jurídico Mexicano)

DIEZ-PICAZO y PONCE de LEON, Luis (Hrsg), La compraventa internacional de mercaderías. Comentario de la Convención de Viena, Madrid: Civitas, 1998, 762 S. (Zitiert: Diez-Picazo / Bearbeiter)

DÖLLE, Hans (Hrsg.), Kommentar zum Einheitlichen Kaufrecht. Die Haager Kaufrechtsübereinkommen vom 1. Juli 1964, München, C.H. Beck, 1976, 840 S. (Zitiert: Dölle / Bearbeiter)

D'ORS, Alvaro J., Derecho Privado Romano, 8. Aufl., Pamplona (Spanien), Ediciones Universidad de Navarra (EUNSA), 1991, 635 S. (Zitiert: D'Ors)

Draft Convention on Contracts for the International Sale of Goods – Approved by the United Nations Commission on International Trade Law, Document A/CONF.97/5, vom 14. März 1979, abgedruckt in: UNITED NATIONS CONFERENCE ON CONTRACTS FOR THE INTERNATIONAL SALE OF GOODS, Vienna, 10 March – 11 April 1980, Official Records. Documents of the Conference and Summary Records of the Plenary Meetings and of the Meetins of the Main Committees. New York, United Nations 1981, S. 5 - 14 (Zitiert: UNCITRAL-Entwurf)

ENDERLEIN, Fritz, und MASKOW, Dietrich, INTERNATIONAL SALES LAW: United Nations Convention on Contracts for the International Sale of Goods - Convention on the Limitation Period in the International Sale of Goods, Oceana Publications, New York, 1992, 480 S. (Zitiert: Enderlein / Maskow)

ERAW, John, and FLECHTNER, Harry M., Remedies under the CISG and limits to their uniform character, in: ŠARCEVIC, Petar, und VOLKEN, Paul (Hrsg.), The International Sale of Goods Revisited, Niederlande, Kluwer Law International, Den Haag, 2001, S. 35 - 75 (Zitiert: Eraw / Flechtner)

ERMAN, Handkommentar zum Bürgerlichen Gesetzbuch, herausgegeben von WESTERMANN, Harm-Peter, Aschendorff Rechtsverlag (Münster) / Verlag Dr. OttoSchmidt (Köln), 10. Aufl. 2000 (Zitiert: Erman / Bearbeiter[10]), 11. Aufl. 2004 (Zitiert: Erman / Bearbeiter)

ERNST, Wolfgang, Die Zurückweisung der Ware, NJW 1997, S. 896 - 905

ERNST, Wolfgang, und ZIMMERMANN, Reinhard, Zivilrechtswissenschaft und Schuldrechtsreform. Zum Diskussionsentwurf eines Schuldrechtsmodernisierungsgesetzes des Bundesministeriums der Justiz, Mohr Siebeck, Tübingen, 2001, 754 S. (Zitiert: Bearbeiter, in: Ernst / Zimmermann)

Fachtagung: siehe SCHLECHTRIEM, Peter (Hrsg.), Einheitliches Kaufrecht und nationales Obligationenrecht.

FARNSWORTH, E. Allan, YOUNG, William E., und SANGER, Carol, Contracts - Cases and Materials, 2001, Foundation Press, New York, 973 S. (Zitiert: Farnsworth et al., Cases)

FARNSWORTH, E. Allan, Farnsworth on Contracts, 2. Aufl., 1998, Little, Brown and Company, 3 Bände (Zitiert: Farnsworth, Contracts, Bd.)

FARNSWORTH, E. Allan, Rights and Obligations of the Seller, in: Schweizerisches Institut für Rechtsvergleichung (Hrsg.), Lausanner Kolloquium 1984, Schulthess, Zürich, S. 81 - 107 (Zitiert: Farnsworth, in: Lausaner Kolloquium)

FARNSWORTH, E. Allan, Damages and Specific Relief, 27 American Journal of Comparative Law, 1979, S. 247-253 (Zitiert: Farnsworth, Damages and Specific Relief)

FELEMEGAS, John, Comparison between provisions of the CISG regarding the right to require specific performance (Arts. 28, 46 and 62) and the counterpart provisions of the UNIDROIT Principles (Arts. 7.2.1 - 7.2.5), 2005, online abrufbar unter: http://www.cisg.pace.law.edu

FERRARI, Franco, Wesentliche Vertragsverletzung nach UN-Kaufrecht – 25 Jahre Artikel 25 CISG, IHR 2005, S. 1 - 9

FERRARI, Franco (Hrsg.), The 1980 Uniform Sales Law – Old Issues Revisited in the Light of Recent Experiences (Verona Conference 2003), Sellier. European Law Publishers – Giuffrè (Mailand), 2003, 360 S. (Zitiert: Bearbeiter, in: Old Issues Revisited)

FERRARI, Franco, »Forum Shopping« Despite International Uniform Contract Law Conventions, in: SCHWENZWER, Ingeborg, und HAGER, Günther, Festschrift für Peter Schlechtriem zum 70. Geburtstag, Mohr Siebeck, Tübingen, 2003, S. 353 - 375 (Zitiert: Ferrari, in: FS Schlechtriem)

FERRARI, Franco, Das Verhältnis zwischen den Unidroit-Grundsätzen und den allgemeinen Grundsätzen internationaler Einheitsprivatrechts-konventionen, JZ 1998, 9 - 17

FERRARI, Franco, Vom Abstraktionsprinzip und Konsensualprinzip zum Traditionsprinzip – Zu den Möglichkeiten der Rechtsangleichung im Mobiliarsachenrecht, ZEuP 1993, S. 52 - 78

FERRARI, Franco, FLECHTNER, Harry, und BRAND, Ronald A. (Hrsg.), The Draft UNCITRAL Digest and Beyond: Cases, Analyses and Unresolved Issues in the U.N. Sales Convention – Papers of the Pittsburgh Conference Organized by the Center for International Legal Education (CILE), 2004, Sellier – European Law Publishers (München) / Sweet & Maxwell, London, 875 S. (Zitiert: Draft-Digest / Bearbeiter, in: Draft-Digest)

FISCHER, Klaus-Bernd, und FISCHER, Ana-Katharina, Spanisches Handels- und Wirtschaftsrecht, 2. Aufl., Verlag Recht und Wirtschaft, Heidelberg, 1995, 388 S. (Zitiert: Fischer / Fischer)

FITZGERALD, John, CISG, Specific Performance and the Civil Law of Louisiana and Quebec, 16 Journal of Law & Commerce (1998), S. 291 - 313, (abrufbar unter http://www.CISG.law.pace.edu/CISG/biblio/1fitz.html)

FLECHTNER, Harry M., Remedies Under the New International Sales Convention: The Perspective from Article 2 of the U.C.C., 8 *Journal of Law and Commerce* (1988), S. 53 - 108

FLUME, Werner, Allgemeiner Teil des Bürgerlichen Rechts, B. II, Springer Verlag, Berlin-Heidelberg-New York, 3. Aufl. 1979, 985 S.

FOX, Thomas, Das Wiener Kaufrechtsübereinkommen – Ein Vergleich zum italienischen und deutschen Recht, (Diss. München 1994), Verlag V. Florenz, München (Zitiert: Fox)

FOUNTOULAKIS, Christiana, Das Verhältnis von Nacherfüllungsrecht des Verkäufers und Vertragsaufhebungsrecht des Käufers im UN-Kaufrecht – Unter besonderer Berücksichtigung der Rechtsprechung der Schweizer Gerichte, IHR 2003, S. 160 - 168

GABRIEL, Henry D., General provisions, obligations of the seller, and remedies for breach of contract by the seller, in: FERRARI, Franco, FLECHTNER, Harry, und BRAND, Ronald A. (Hrsg.), The Draft UNCITRAL Digest and Beyond: Cases, Analyses and Unresolved Issues in the U.N. Sales Convention, 2004, Sellier – European Law Publishers (München) / Sweet & Maxwell, London, S. 336 - 361 (Zitiert: Gabriel, in: Draft-Digest)

GALSTON, Nina M., und SMIT, Hans (Hrsg.), International Sales – The United Nations Convention on Contracts for the International Sale of Goods, (Parker School of Foreign and Comparative Law / Columbia University), Matthew Bender, New York, 1984 (Zitiert: Bearbeiter, in: Galston / Smit)

GARNER, Bryan, Black's Law Dictionary, 6ª. ed., West Publishing Co., 1999, 1738 S. (Zitiert: Black's Law Dictionary)

GARRO, Alejandro Miguel, und ZUPPI, Alberto Luis, Compraventa Internacional de Mercaderías. Convención de Viena de 1980, Buenos Aires, Ediciones La Rocca, 1990, 360 S. (Zitiert: Garro / Zuppi)

GARRO, Alejandro M., Cases, analysis and unresolved issues in Articles 25-34, 45-52, in: FERRARI, Franco, FLECHTNER, Harry, und BRAND, Ronald A. (Hrsg.), The Draft UNCITRAL Digest and Beyond: Cases, Analyses and Unresolved Issues in the U.N. Sales Convention, 2004, Sellier – European Law Publishers (München) / Sweet & Maxwell, London, 875 S. (Zitiert: Garro, in: Draft-Digest)

GERNHUBER, Joachim, Die Erfüllung und ihre Surrogate – sowie das Erlöschen der Schuldverhältnisse aus anderen Gründen, 2. Auflage 1994, Mohr Siebeck, Tübingen, 559 S. (Zitiert: Gernhuber)

GHESTIN, Jacques, und BILLIAU, Marc, Traité de Droit Civil – Les Obligations – Les Effets du Contrat, Librairie Générale de Droit et de Jurisprudence, Paris, 1992, 1048 S. (Zitiert: Ghestin / Billiau)

GOUBEAUX, Gilles, BIHR, Philippe, HENRY, Xavier, und VENANDET, Guy, Code Civil, 98. Aufl., Éditions Dalloz, Paris, 1999, 2043 S. (Zitiert: Code Civil Annoté)

GRIGERA NAÓN, Horacio A., The UN Convention on Contracts for the International Sale of Goods, in: HORN, Norbert, und SCHMITTHOFF, Clive M. (Hrsg.), The Transnational Law of International Commercial Transactions – Studies in Transnational Economic Law, Band 2, Kluwer / Deventer, Antwerpen, Boston, London, Frankfurt, 1982, S. 89 - 124 (Zitiert: Grigera Naón, in: Horn / Schmitthoff)

GRIGOLEIT, Hans Christoph, und RIEHM, Thomas, Grenzen der Gleichstellung von Zuwenig-Leistung und Sachmangel, ZGS 2002, S. 115 - 122

GRUBER, Urs Peter, Die Nacherfüllung als zentraler Rechtsbehelf im neuen deutschen Kaufrecht – eine methodische und rechtsvergleichende Betrachtung zur Auslegung, in: Jahrbuch Junger Zivilrechtswissenschaftler (Hrsg.: Helms, Neumann, Caspers, Sailer, Schmidt-Kessel), 2001, S. 187 - 203 (Zitiert: Gruber, Jb.J.ZivRWiss. 2001)

GRUNDMANN, Stefan, Vielfalt und Einheit durch Europäisches Kaufrecht, in: JAYME, Erik (Hrsg.), Kulturelle Identität und Internationales Privatrecht, C.F. Müller, Heidelberg, 2002, S.259 (Zitiert: Grundmann, in: Kulturelle Identität und IPR)

GRUNDMANN, Stefan, und BIANCA, Cesare Massimo (Hrsg.) et al., EU-Kaufrechtsrichtlinie – Kommentar, Otto Schmidt Verlag, Köln, 2002, 404 S. (Zitiert: Grundmann / Bianca / Bearbeiter)

GRUNDMANN, Stefan, MEDICUS, Dieter, und ROLLAND, Walter (Hrsg.), Europäisches Kaufgewährleistungsrecht. Reform und Internationalisierung des deutschen Schuldrechts, Hallesche Schriften zum Recht, Band 13, Köln-Berlin-Bonn-München, Carl Heymanns Verlag, 2000, 402 S. (Zitiert: Bearbeiter, in: Europäisches Kaufgewährleistungsrecht)

GSELL, Beate, Kaufrechtsrichtlinie und Schuldrechtsmodernisierung, JZ 2001, S. 65 - 75

GUEST, A.G. (Hrsg.) et al., Benjamin's Sale of Goods, 6. Aufl., The Common Law Library, Nr. 11, Sweet & Maxwell, London, 2002, 2078 S. (Zitiert: Benjamin's)

GURSKY, Karl-Heinz, Bereicherungsausgleich bei Selbsterfüllung?, NJW 1971, S. 782 - 787

HAAS, Lothar, Entwurf eines Schuldrechtsmodernisierungsgesetzes: Kauf- und Werkvertragsrecht, BB 2001, S. 1313 - 1321

HARTNELL, Helen Elisabeth, Rousing the Sleeping Dog: The Validity Exception to the Convention on Contracts for the International Sale of Goods, 18 Yale Journal of International Law, 1993, S. 1 – 93 (Pace Law School Institute of International Commercial Law – Electronic Library, ohne Seitenangabe)

HEILMANN, Jan, Mängelgewährleistung im UN-Kaufrecht – Voraussetzungen und Rechtsfolgen im Vergleich zum deutschen internen Kaufrecht und zu den Haager Einheitlichen Kaufgesetzen, (Diss. Hamburg, 1992), Berlin, Duncker und Humblot, 1994 (Schriften zum internationalen Recht; Band 67), 708 S., (Zitiert: Heilmann)

HENNECKE, Rudolf, Gefahrtragung beim Rücktransport mangelhafter Ware, IHR 2003, 268 - 275

HERBER, Rolf, The CISG's Impact on Legislators – The German Experience, in: FERRARI, Franco (Hrsg.), The 1980 Uniform Sales Law – Old Issues Revisited in the Light of Recent Experiences (Verona Conference 2003), Sellier. European Law Publishers – Giuffrè (Mailand), 2003, S. 59 - 71 (Zitiert: Herber, in: Old Issues Revisited)

HERBER, Rolf / CZERWENKA, Beate, Internationales Kaufrecht, Kommentar zu dem Übereinkommen der Vereinten Nationen vom 11. April 1980 über Verträge über den internationalen Warenkauf, München, Beck, 1991 (Zitiert: Herber / Czerwenka)

HERMAN, Shael, Specific Performance: a Comparative Analysis, 7 Edinburgh Law Review, Heft 1 (Januar 2003), S. 7.

HERNÁNDEZ-BRETÓN, Eugenio, Internationale Handelsverträge im Lichte der Interamerikanischen Konvention von Mexiko über das auf internationale Verträge anwendbare Recht, IPRax 1998, 378 - 385

HEUZÉ, Vincent, La vente internationale de marchandises – Droit uniforme, 2. Aufl., Librairie Générale de Droit et de Jurisprudence, E.J.A., [Traité des Contrats sous la direction de Jacques Ghestin], 2000, Paris (Zitiert: Heuzé)

von HOFFMANN, Bernd, Internationales Privatrecht – einschließlich der Grundzüge des Internationalen Zivilverfahrensrecht, 6. Aufl., C.H. Beck, München, 544 S. (Zitiert: von Hoffmann)

von HOFFMANN, Bernd, Internationales Privatrecht im Einigungsvertrag, IPRax 1991, S. 1 - 10

von HOFFMANN, Bernd, Gewährleistungsansprüche im UN-Kaufrecht – verglichen mit dem EKG und BGB, in: SCHLECHTRIEM, Peter (Hrsg.), Einheitliches Kaufrecht und nationales Obligationenrecht. Referate und Diskussionen der Fachtagung Einheitliches Kaufrecht am 16./17.2.1987, Nomos Verlagsgesellschaft, Baden-Baden, 1987, S. 293 - 303 (Zitiert: von Hoffmann, in: Fachtagung)

HOLTHAUSEN, Rüdiger, Die wesentliche Vertragsverletzung des Verkäufers nach Art. 25 UN-Kaufrecht, RIW 1990, S. 101 - 107

HONNOLD, John O., Uniform Law for International Sales under the 1980 United Nations Convention, 3. Auflage, Kluwer Law International, Den Haag, 1999, 608 S. (Zitiert: Honnold)

HONNOLD, John O., Derecho uniforme sobre compraventas internacionales (Convención de las Naciones Unidas de 1980) Revista de derecho privado, Editoriales de Derecho Reunidas, Madrid, 1987, 641 S. (Zitiert: Honnold, Derecho Uniforme)

HONNOLD, John O., Uniform Words an Uniform Application. The 1980 Sales Convention and International Juridical Practice, in: Schlechtriem (Hrsg.), Einheitliches Kaufrecht und nationales Obligationenrecht. Referate und Diskussionen der Fachtagung Einheitliches Kaufrecht am 16./17.2.1987, Nomos Verlagsgesellschaft, Baden-Baden, 1987, S. 115 - 146 (Zitiert: Honnold, in: Fachtagung)

HONSELL, Heinrich (Hrsg.), Kommentar zum UN-Kaufrecht, Übereinkommen der Vereinten Nationen über Verträge über den internationalen Warenkauf (CISG), Springer Verlag, Berlin - Heielberg, 1996, 1121 S. (Zitiert: Honsell / Bearbeiter)

HORN, Norbert, und SCHMITTHOFF, Clive M. (Hrsg.), The Transnational Law of International Commercial Transactions – Studies in Transnational Economic Law, Band 2, Kluwer / Deventer, Antwerpen, Boston, London, Frankfurt, 1982 (Zitiert: Bearbeiter, in: Horn / Schmitthoff)

HOYER, Hans, und POSCH, Willibald (Hrsg.), Das Einheitliche Wiener Kaufrecht. Neues Recht für den internationalen Warenkauf, Wirtschaftsverlag Dr. Anton Orac, Wien, 1992 (Zitiert: Bearbeiter, in: Hoyer / Posch)

HUBER, Peter, Der Nacherfüllungsanspruch im neuen Kaufrecht, NJW 2002, S. 1004 - 1008

HUBER, Peter, und FAUST, Florian, Schuldrechtsmodernisierung – Einführung in das neue Recht, München, C. H. Beck, 2002, 530 S. (Zitiert: Bearbeiter, in: Huber / Faust)

HUBER, Peter, und KRÖLL, Stefan, Deutsche Rechtsprechung zum UN-Kaufrecht in den Jahren 2001/2002, IPRax 2003, S. 309 - 313

HUBER, Ulrich, Der Begriff der Pflichtverletzung im System des neuen Leistungsstörungsrechts, in: Reform des deutschen Schuldrechts – Tagung der Rechtswissenschaftlichen Fakultät der Christian-Albrechts-Universität zu Kiel, 2003, S. 23 - 49 (Zitiert: Huber, Der Begriff der Pflichtverletzung)

HUBER, Ulrich, Der UNCITRAL-Entwurf eines Übereinkommens über internationale Warenkaufverträge, RabelsZ 43 (1979), S. 413 - 521 (Zitiert: Huber, RabelsZ 43)

HUBER, Ulrich, Leistungsstörungen – Empfiehlt sich die Einführung eines Leistungsstörungsrechts nach dem Vorbild des Einheitlichen Kaufgesetzes? Welche Änderungen im Gesetzestext und welche praktische Auswirkungen im Schuldrecht würden sich dabei ergeben?, in: BMJ, Gutachten und Vorschläge zur Überarbeitung des Schuldrechts, Band I, 1981, S. 647 - 909 (Zitiert: Huber, Leistungsstörungen, in: Gutachten und Vorschläge)

HUBER, Ulrich, Einverständnis des Verkäufers mit der Wandelung im einheitlichen Kaufrecht – zu BGH, 8.7.1987 – VIII ZR 210/86), IPRax 1988, S. 147-150

HUBER, Ulrich, Die Rechtsbehelfe der Parteien, insbesondere der Erfüllungsanspruch, die Vertragsaufhebung und ihre Folgen nach UN-Kaufrecht im Vergleich zu EKG und BGB, in: Schlechtriem (Hrsg.), Einheitliches Kaufrecht und nationales Obligationenrecht. Referate und Diskussionen der Fachtagung Einheitliches Kaufrecht am 16./17.2.1987, Nomos Verlagsgesellschaft, Baden-Baden, 1987, S. 199 - 223 (Zitiert: Huber, in: Fachtagung)

HUBER, Ulrich, Das geplannte Recht der Leistungsstörungen, in: ERNST / ZIMMERMANN, Zivilrechtswissenschaft und Schuldrechtsreform. Zum Diskussionsentwurf eines Schuldrechtsmodernisierungsgesetzes des Bundesministeriums der Justiz, Mohr Siebeck, Tübingen, 2001, S. 31 - 183 (Zitiert: Huber, in: Ernst / Zimmermann)

HUTTER, Max, Die Haftung des Verkäufers für Nichtlieferung bzw. Lieferung vertragswidriger Ware nach dem Wiener UNCITRAL-Übereinkommen über internationale Warenkaufverträge vom 11. April 1980, (Diss. Regensburg, 1988), Kempten / Allgäu 1998, 227 S. (Zitiert: Hutter)

IGLESIAS, Juan, Derecho Romano: Historia e Instituciones, 11. Aufl., Barcelona, Editorial Ariel, 1993, 662 S.

JACK, Adrian, Die Umsetzung der Verbrauchsgüterkaufrichtlinie in englisches Recht, IHR 2004, S. 54 - 57

JACOBS, Matthias, Die kaufrechtliche Nacherfüllung, in: DAUNER-LIEB, Barbara, KONZEN, Horst, und SCHMIDT, Karsten (Hrsg.), Das neue Schuldrecht in der Praxis. Akzente – Brennpunkte – Ausblicke, Köln-Berlin-Bonn-München, Carl Heymanns Verlag, 2003, S. 371 - 394 (Zitiert: Jacobs, in: Dauner-Lieb / Konzen / Schmidt)

JAUERNIG, Othmar (Hrsg.), Bürgerliches Gesetzbuch – Kommentar, 11. Aufl., C.H. Beck, München 2004, 2015 S. (zitiert: Jauernig / Bearbeiter)

JAYME, Erik (Hrsg.), Kulturelle Identität und Internationales Privatrecht, C.F. Müller, Heidelberg, 2002, 259 S. (Zitiert: Bearbeiter, in: Kulturelle Identität und IPR)

KANDLER, Mandy, Kauf und Nacherfüllung, Schriften zum deutschen, europäischen und vergleichenden Zivil-, Handels- und Prozessrecht, Band 219, Gieseking Verlag, Bielefeld, 2004, 690 S.

KAROLLUS, Martin, UN-Kaufrecht, Eine systematische Darstellung für Studium und Praxis, Wien-New York, Springer, 1991, 273 S. (Zitiert: Karollus)

KAROLLUS, Martin, UN-Kaufrecht: Vertragsaufhebung und Nacherfüllungsrecht bei Lieferung mangelhafter Ware, ZIP 1993, 490 - 497

KAROLLUS, Martin, Anmerkung (zu BGH Urteil v. 3.4.1996, VIII ZR 51/95), JZ 1997, 38 f.

KASER, Max, Römisches Privatrecht – Ein Studienbuch, C.H. Beck, München, 10. Aufl., 1977, 371 S. (Zitiert: Kaser, Römisches Privatrecht)

KASER, Max, Das Römische Privatrecht – Erster Abschnitt: Das Altrömische, das Vorklassische und Klassische Recht, 2. Aufl., C.H. Beck'sche Verlagsbuchhandlung, München, 1971, 833 S. (Zitiert: Kaser)

KASTELY, Amy, The Right to Require Performance in International Sales: Towards an International Interpretation of the Vienna Convention, Washington Law Review 63 (1988), 607 - 651

KATZENSTEIN, Matthias, Kostenersatz bei eigenmächtiger Selbstvornahme der Mängelbeseitigung nach § 326 Abs. 2 Satz 2 BGB?, ZGS 2004, S. 144 - 153.

KEGEL, Gerhard, Internationales Privatrecht, 7. Aufl., 1995, C.H. Beck, München, 941 S. (Zitiert: Kegel[7]); 8. Aufl., 2000, 1032 S. (Zitiert: Kegel[8]); 9. Aufl. 2004 (teilweise bearbeitet von SCHURIG, Klaus), 1190 S. (Zitiert: Kegel/Schurig[9])

KILLIAN, Monica, CISG and the Problem with Common Law Jurisdictions, Journal of Transnational Law & Policy, Vol. 10:2, 2001 (Zitiert: Killian, J. Trans. L. & P., Vol. 10:2 (2001))

KOCH, Robert, Zur Bestimmung des Begriffs der wesentlichen Vertragsverletzung im UN-Kaufrecht im Falle der Lieferung nicht vertragsgemäßer Ware. [Zugleich Anmerkung zum Urteil des OLG Frankfurt a.M., RIW 1994 S. 240 f.], RIW 1995, 98 - 100

KOLLER, Ingo, Übereinkommen der Vereinten Nationen über den internationalen Warenkauf (Wiener UN-Kaufrecht (WKR); vorläufige amtliche Übersetzung), in: Staub Großkommentar HGB, 4. Aufl., 5. Lieferung: § 373 – 376 (Vor § 373 HGB, Rn. 621 ff), 1985, Hrsg. von CANARIS, Claus-Wilhelm, SCHILLING, Wolfgang, und ULMER, Peter (Zitiert: Koller, in: Staub, HGB, Vor § 373 HGB)

KREBS, Markus, Die Rückabwicklung im UN-Kaufrecht, (Diss. München 1999), München, C.H. Beck, Münchener Universitätsschriften, Reihe der Juristischen Fakultät (Herausgegeben von Claus-Wilhelm Canaris, Peter Lerche und Claus Roxin, Band 148), 2000, 158 S. (Zitiert: Krebs)

KREMER, Johannes, Die mangelhafte Teillieferung im deutsch-US-amerikanischen Rechtsverkehr: „Perfect Tender Rule" und Teilwandelung nach den Maßgaben des UCC, des BGB und der Wiener UN-Konvention unter besonderer Berücksichtigung des Art. 32 Abs. 2 EGBGB, Frankfurt am Main, Peter Lang, 2002, 225 S. (Diss. Heidelberg)

KRITZER, Albert H., Guide to Practical Applications of the United Nations Convention on Contracts for the International Sale of Goods, Kluver Law and Taxation Publishers, Boston 1989, 575 S. (Zitiert: Kritzer)

KROPHOLLER, Jan, Studienkommentar BGB, 7. Aufl., C.H. Beck, München, 2004, 1114 S. (Zitiert: Kropholler)

KROPHOLLER, Jan, Internationales Privatrecht – einschließlich der Grundbegriffe des Internationalen Zivilverfahrensrechts, 4. Aufl., Mohr Siebeck, Tübingen, 2001, S. (Zitiert: Kropholler, Internationales Privatrecht)

LANDFERMANN, Hans-Georg, Das UNCITRAL-Übereinkommen über die Verjährung beim internationalen Warenkauf, RabelsZ 39 (1975), S. 253 - 277

LANDO, Ole, International Trends: Requirements concerning the quality of movable goods and remedies for defects under the Principles of European Contract Law, in: GRUNDMANN, Stefan, MEDICUS, Dieter, und ROLLAND, Walter (Hrsg.), Europäisches Kaufgewährleistungsrecht. Reform und Internationalisierung des deutschen Schuldrechts, Hallesche Schriften zum Recht, Band 13, Köln-Berlin-Bonn-München, Carl Heymanns Verlag, 2000, S. 61 – 78 (Zitiert: Lando, in: Europäisches Kaufgewährleistungsrecht)

LARENZ, Karl, Lehrbuch des Schuldrechts, Band I: Allgemeiner Teil, 14. Aufl., 1984; Band II: Besonderer Teil, 13. Aufl., 1987, C.H. Beck, München (Zitiert: Larenz, Bd.)

LARROUMET, Christian, Convenio de Viena sobre la compraventa internacional de mercaderías: obligaciones del vendedor, obligaciones del comprador, sanciones del incumplimiento de las partes, interpretación del Convenio de Viena, in: Compraventa internacional de mercaderías - Comentarios a la Convención de Viena de 1980, Kolumbien, Pontificia Universidad Javeriana, 2003, S. 425-485 (zitiert: Larroumet)

Lausanner Kolloquium: siehe Schweizerisches Institut für Rechtsvergleichung

LEHMKUHL, Heiko, Das Nacherfüllungsrecht des Verkäufers im UN-Kaufrecht, (Diss. Heidelberg, 2001), Frankfurt am Main, Peter Lang, 2002 (Studein zum vergleichenden und internationalen Recht – Comparative and International Law Studies – Herausgegeben von Bernd von Hoffmann und Erik Jayme, Band 65), 150 S. (Zitiert: Lehmkuhl)

LEHMKUHL, Heiko, Das Nacherfüllungsrecht des Verkäufers im UN-Kaufrecht bei Lieferung fehlerhafter Ware, IHR 2003, S. 115 - 118

LESER, Hans, Vertragsaufhebung und Rückabwicklung unter dem UN-Kaufrecht, in: Schlechtriem (Hrsg.), Einheitliches Kaufrecht und nationales Obligationenrecht. Referate und Diskussionen der Fachtagung Einheitliches Kaufrecht am 16./17.2.1987, Nomos Verlagsgesellschaft, Baden-Baden, 1987, S. 225 - 256 (Zitiert: Leser, in: Fachtagung)

LOEWE, Roland, Internationales Kaufrecht, 1989, Wien, Manzsche Verlags- und Universitätsbuchhandlung, 267 S.

LORENZ, Stephan, Voreilige Selbstvornahme der Nacherfüllung im Kaufrecht: Der BGH hat gesprochen und nichts ist geklärt, NJW 2005, 1321 - 1324

LORENZ, Stephan, Selbstvornahme der Mängelbeseitigung im Kaufrecht, NJW 2003, 1417 - 1419

LORENZ, Stephan, Rücktritt, Minderung und Schadensersatz wegen Sachmängeln im neuen Kaufrecht: Was hat der Verkäufer zu vertreten?, NJW 2002, S. 2497 - 2505

LORENZ, Stephan, und RIEHM, Thomas, Lehrbuch zum neuen Schuldrecht, C.H.Beck, München, 2002, 411 S. (Zitiert: Lorenz / Riehm)

LORENZ, Egon (Hrsg.), Karlsruher Forum 2002: Schuldrechtsmodernisierung, Verlag Versicherungswirtschaft, Karlsruhe, 2003, 205 S. (zitiert: Bearbeiter bzw. Diskussionsteilnehmer, in: Karslruher Forum)

LURGER, Brigitta, Die wesentliche Vertragsverletzung nach Art. 25 CISG, IHR 2001, S. 91 - 102

MAGNUS, Ulrich, Wiener UN-Kaufrecht (CISG), in: STAUDINGER, Julius, J. von Staudingers Kommentar zum Bürgerlichen Gesetzbuch mit Einführungsgesetz und Nebengesetzen, Neubearbeitung 2005, Berlin, Sellier / de Gruyter (Zitiert: Staudinger / Magnus)

MAGNUS, Ulrich, Europäisches Vertragsrecht und materielles Einheitsrecht – künftige Symbiose oder störende Konkurrenz?, in: MANSEL, Heinz-Peter, PFEIFFER, Thomas, KRONKE, Herbert, KOHLER, Christian, und HAUSMANN, Rainer (Hrsg.), Festschrift für Erik Jayme, Band 2, Sellier – European Law Publishers, München, 2004, S. 1307 - 1321 (Zitiert: Magnus, in: FS für Jayme)

MAGNUS, Ulrich, Beyond the Digest: Part III (Articles 25-34, 45-52), in: FERRARI, Franco, FLECHTNER, Harry, und BRAND, Ronald A. (Hrsg.), The Draft UNCITRAL Digest and Beyond:

Cases, Analyses and Unresolved Issues in the U.N. Sales Convention, 2004, Sellier – European Law Publishers (München) / Sweet & Maxwell, London, S. 319 - 335 (Zitiert: Magnus, in: Draft-Digest)

MAGNUS, Ulrich, Aufhebungsrecht des Käufers und Nacherfüllungsrecht des Verkäufers im UN-Kaufrecht, in: SCHWENZWER, Ingeborg, und HAGER, Günther, Festschrift für Peter Schlechtriem zum 70. Geburtstag, Mohr Siebeck, Tübingen, 2003, S. 599-612 (Zitiert: Magnus, in: FS Schlechtriem)

MAGNUS, Ulrich, Das UN-Kaufrecht - aktuelle Entwicklungen und Rechtsprechungspraxis, ZEuP 2002, S. 523 - 541

MAGNUS, Ulrich, UN-Kaufrecht und neues Verjährungsrecht des BGB – Wechselwirkungen und Praxisfolgen, RIW 2002, S. 577 - 584

MAGNUS, Ulrich, Der Stand der internationalen Überlegungen: Die Verbrauchsgüterkauf-Richtlinie und das UN-Kaufrecht, in: GRUNDMANN, Stefan, MEDICUS, Dieter, und ROLLAND, Walter (Hrsg.), Europäisches Kaufgewährleistungsrecht. Reform und Internationalisierung des deutschen Schuldrechts, Hallesche Schriften zum Recht, Band 13, Köln-Berlin-Bonn-München, Carl Heymanns Verlag, 2000, S. 79 - 91 (Zitiert: Magnus, in: Europäisches Kaufgewährleistungsrecht)

MAGNUS, Ulrich, Wesentliche Fragen des UN-Kaufrechts, ZEuP 1999, S. 642 - 662

MAGNUS, Ulrich, Das UN-Kaufrecht: Fragen und Probleme seiner praktischen Bewährung, ZEuP 1997, S. 823 - 846

MAGNUS, Ulrich, Stand und Entwicklung des UN-Kaufrechts, ZEuP 1995, S. 202 - 215

MAGNUS, Ulrich, Die allgemeinen Grundsätzen im UN-Kaufrecht, RabelsZ 59 (1995), S. 469 - 494 (Zitiert: Magnus, RabelsZ 59)

MAGNUS, Ulrich, Aktuelle Fragen des UN-Kaufrechts, ZEuP 1993, S. 79 - 99

MANSEL, Heinz-Peter, Kaufrechtsreform in Europa und die Dogmatik des deutschen Leistungsstörungsrechts: Kaufrecht in Europa nach der Umsetzung der Verbrauchsgüterkauf-Richtlinie, AcP 204 (2004), S. 396 - 456

MANSEL, Heinz-Peter, Staatsverträge und autonomes internationales Privat- und Verfahrensrecht nach der Wiedervereinigung, JR 1990, 441 - 448

MANSEL, Heinz-Peter, und BUDZIKIEWICZ, Christine, Das neue Verjährungsrecht, 2002, Deutscher Anwaltverlag, Bonn (Zitiert: Mansel / Budzikiewicz)

MANSEL, Heinz-Peter, PFEIFFER, Thomas, KRONKE, Herbert, KOHLER, Christian, und HAUSMANN, Rainer (Hrsg.), Festschrift für Erik Jayme, 2 Bände, Sellier – European Law Publishers, München, 2004, (Zitiert: Bearbeiter, in: FS für Jayme)

McKENDRICK, Ewan (Hrsg.) et al., Sale of Goods, LLP Professional Publishing, London – Hong Kong, 2000, 920 S. (Zitiert: McKendrick)

McMAHON, John P., Address: Pace University School of Law Conference on the United Nations Convention on Contracts for the International Sale of Goods (CISG): Primary Differences Between the UCC and the CISG, in: Pace Review of the Convention on Contracts for the International Sale of

Goods (CISG) 2003-2004, Sellier / Euopean Law Publishers, S. 91-103 (Zitiert: *McMahon*, in: Review of the CISG 2003-2004)

MEDICUS, Dieter, Schuldrecht I – Allgemeiner Teil, 15. Aufl. C.H. Beck, München, 2004, 427 S. (Zitiert: Medicus, Schuldrecht-AT)

MEDICUS, Dieter, Schuldrecht II – Besonderer Teil, 12. Aufl. C.H. Beck, München, 2004, 480 S. (Zitiert: Medicus, Schuldrecht-BT)

MERTENS, Hans-Joachim, und REHBINDER, Eckard, Internationales Kaufrecht. Kommentar zu den Einheitlichen Kaufgesetzen, Frankfurt a.M., 1975, 407 S. (Zitiert: Mertens / Rehbinder)

Münchener Kommentar zum Bürgerlichen Gesetzbuch, REBMANN, Kurt, SÄCKER, Franz Jürgen, RIXECKER, Roland (Hrsg.), 3. Aufl. (1992 ff), teilweise schon 4. Aufl. (2001 ff), C.H. Beck, München (Zitiert: MünchKomm / Bearbeiter)

Münchener Kommentar zum Handelsgesetzbuch, Band 6 (§§ 373 – 406, CISG), SCHMIDT, Karsten (Hrsg.), Verlag C.H. Beck / Verlag Franz Vahlen, München, 2004, 794 S. (Zitiert: MünchKommHGB / Bearbeiter)

NACHTIGÄLLER, Susanne, Erfüllungszwang im englischen Vertragsrecht, (Diss. Münster, 1998), LIT-Verlag, Münsteraner Studien zur Rechtsvergleichung, Bd. 64, 2000, 165 S. (Zitiert: Nachtigäller)

NEUFANG, Paul, Erfüllungszwang als „remedy" bei Nichterfüllung. Eine Untersuchung zu Voraussetzungen und Grenzen der zwangsweisen Durchsetzung vertragsgemäßen Verhaltens im US-amerikanischen Recht im Vergleich mit der Rechtslage in Deutschland, (Diss. Freiburg, 1997), Baden-Baden: Nomos, Schriftenreihe der Gesellschaft für Rechtsvergleichung, Bd. 186, 1998, 447 S., (Zitiert: Neufang)

NEUMAYER, Karl H., Rechtsgestaltende Erklärungen im Wiener Einheitlichen Kaufrecht, in: BASEDOW, Jürgen, et al., Festschrift für Ulrich Drobnig zum siebzigsten Geburtstag, Mohr Siebeck, Tübingen, 1998, S. 97 - 118 (Zitiert: Neumayer, in: FS Drobnig)

NEUMAYER, Karl H., Offene Fragen zur Anwendung des Abkommens der Vereinten Nationen über den internationalen Warenkauf, RIW 1994, S. 99 - 109

NEUMAYER, Karl H., MING, Catherine, Convention de Vienne sur les contrats de vente internationale de marchandises. Commentaire, Lausanne: CEDIDAC, 1993, S. 763 (Zitiert: Neumayer / Ming)

NICHOLAS, Barry, The French Law of Contract, 2. Aufl., Clarendon Press, Oxford, 1992, 254 S. (Zitiert: Nicholas)

NIGGEMANN, Friedrich, Die Pflichten des Verkäufers und die Rechtsbehelfe des Käufers, in: Hoyer, Hans, und Posch, Willibald (Hrsg.), Das Einheitliche Wiener Kaufrecht. Neues Recht für den internationalen Warenkauf, Wirtschaftsverlag Dr. Anton Orac, Wien, 1992, S. 77-110 (Zitiert: Niggemann, in: Hoyer / Posch)

OECHSLER, Jürgen, Praktische Anwendungsprobleme des Nacherfüllungsanspruchs, NJW 2004, S. 1825 - 1830

OETKER, Hartmut, und MAULTZSCH, Felix, Vertragliche Schuldverhältnisse, Springer Verlag, Berlin - Heielberg, 2002, 744 S. (Zitiert: Oetker / Maultzsch)

Official Records (OR), Siehe: UNITED NATIONS CONFERENCE ON CONTRACTS FOR THE INTERNATIONAL SALE OF GOODS

OLIVENCIA RUIZ, Manuel, Derechos y Obligaciones del Vendedor y Transmisión de Riesgos en la Convención, in: Anuario Jurídico Mexicano UNAM, Mexiko, 1983, S. 73 - 95 (Zitiert: Olivencia Ruiz, in: Anuario Jurídico Mexicano)

OTTO, Dirk, Produkthaftung nach dem UN-Kaufrecht, MDR 1992, S. 533 - 538

PALANDT, Otto, Bürgerliches Gesetzbuch mit Einführungsgesetze. Kurzkommentar, C.H. Beck, München, 61. Aufl. 2002 (Zitiert: Palandt / Bearbeiter[61]), mit Ergänzungsband (Zitiert: Palandt / Bearbeiter, Ergänzungsband zur 61. Aufl.); 62. Aufl. 2003 (Zitiert: Palandt / Bearbeiter[62]); 63. Aufl. 2004 (Zitiert: Palandt / Bearbeiter). [Zitate ohne weitere Angabe stammen aus der letzten Auflage]

PERALES VISCASILLAS, María del Pilar, El Contrato de Compraventa Internacional de Mercancías (Convención de Viena de 1980), (Pace Law School Institute of International Commercial Law – Electronic Library, ohne Seitenangabe) http://www.cisg.pace.law.edu

PETRIKIC, Radivoje, Das Nacherfüllungsrecht im UN-Kaufrecht – Grundprobleme der Leistungsstörungen, Manzsche Verlags- und Universitätsbuchhandlung, Wien, 1999 (zugl. Diss. Wien 1998), 172 S.

PEUSTER, Witold, Código Civil Español. Spanisch-Deutsche Textausgabe, Ed. für Internat. Wirtschaft, Frankfurt am Main 2002 (Zitiert: CC Esp)

PILTZ, Burghard, UN-Kaufrecht, in: von WESTPHALEN, Friedrich Graf (Hrsg.), Handbuch des Kaufvertragsrechts in den EG-Staaten, einschl. Österreich, Schweiz und UN-Kaufrecht, Köln, Verlag Dr. Otto Schmidt, 1992, S. 1 - 64 (Zitiert: Piltz, in: Graf von Westphalen)

PILTZ, Burghard, Internationales Kaufrecht, Das UN-Kaufrecht in praxisorientierter Darstellung, C.H. Beck, München, 1993, 381 S. (Zitiert: Piltz)

PILTZ, Burghard, UN-Kaufrecht: Gestaltung von Export- und Importverträgen. Wegweiser für die Praxis, 3. Aufl., Economica Verlag, Heidelberg, 2001, 146 S. (Zitiert: Piltz, UN-Kaufrecht)

PILTZ, Burghard, Gestaltung von Exportverträgen nach der Schuldrechtsreform, IHR 2002, S. 2 - 8

PLANIOL, Marcel, und RIPERT, George, Traité Pratique de Droit Civil Français – Band X, Contrats Civils, Paris, Librairie Générale de Droit & Jurisprudence, 1932 (Zitiert: Planiol / Ripert, Bd. X, 1. Teil)

POSCH, Willibald, und KANDUT, Gabriele, Die allgemeinen Bestimmungen über den Warenkauf: Art. 25 – 29, in: Hoyer, Hans, und Posch, Willibald (Hrsg.), Das Einheitliche Wiener Kaufrecht. Neues Recht für den internationalen Warenkauf, Wirtschaftsverlag Dr. Anton Orac, Wien, 1992, S. 59-76 (Zitiert: Posch / Kandut, in: Hoyer / Posch)

RABEL, Ernst, Das Recht des Warenkaufs – Eine rechtsvergleichende Darstellung, Bd. 1, Berlin / Leipzig, Walter de Gruyter, 1936 (Zitiert: Rabel, Recht des Warenkaufs, Bd.1)

RABEL, Ernst, Der Entwurf eines einheitlichen Kaufgesetzes, RabelsZ 9 (1935), S. 1- 79 und 339 – 363 (auch abgedruckt in: LESER, Hans G. (Hrsg.), Ernst Rabel – Gesammelte Aufsätze, Band III: Arbeiten zur Rechtsvergleichung und zur Rechtsvereinheitlichung, 1919 – 1954, Mohr Siebeck Verlag, Tübingen, 1967)

REIMANN, Mathias, und HAHN, Anne-Catherine, Die Revision des US-amerikanischen Kaufrechts, IPRax 2004, S. 146 - 150

REINHART, Gert, UN-Kaufrecht – Kommentar zum Übereinkommen der Vereinten Nationen vom 11. April 1980 über Verträge über den internationalen Warenkauf, C.F. Müller, Heidelberg, 1991 (Zitiert: Reinhart)

REINICKE, Dietrich, und TIEDTKE, Klaus, Kaufrecht – einschließlich Abzahlungsgeschäfte, AGB-Gesetz, Eigentumsvorbehalt, Factoring, finanzierte Kaufverträge, Haustürgeschäfte, Leasing, Pool-Vereinbarungen, Produzentenhaftung, Time-sharing, UN-Kaufrecht und Verbraucherkreditgesetz, 6. Aufl., 1997, Luchterhand, Neuwied – Kriftel – Berlin, 689 S. (Zitiert: Reinicke / Tiedtke)

REITHMANN, Christoph, und MARTINY, Dieter, Internationales Vertragsrecht. Das internationale Privatrecht der Schuldverträge, 6. Aufl., Otto Schmidt Verlag, Köln, 2004, 2480 S. (Zitiert: Bearbeiter, in: Reithmann / Martiny)

RODRIGUEZ DE SAN MIGUEL, Juan Nepomuceno, Pandectas Hispano-Mejicanas, Mexiko, IIJ-UNAM, 1992, Tomo III (Zitiert: Pandectas Hispanomejicanas)

ROSETT, Arthur, und BUSSEL, Daniel J., Contract Law and its Application, 6. Aufl., New York, Foundation Press, 1999 (Zitiert: Rosett / Bussel)

RUDOLPH, Helga, Kaufrecht der Export- und Importverträge. Kommentierung des UN-Übereinkommens über internationale Warenkaufverträge mit Hinweisen für die Vertragspraxis, Berliner Praxiskommentare, Haufe, Freiburg / Berlin, 1996, 567 S. (Zitiert: Rudolph)

RÜTTEN, Wilhelm, Zur Entstehung des Erfüllungszwangs im Schuldverhältnis, in: Festschrift für Joachim Gernhuber zum 70. Geburtstag, hrsg. von LANGE, Herrmann, NÖRR, Knut Wolfgang, WESTERMANN, Harm Peter (Hrsg.), J.C.B. Mohr Siebeck, Tübingen, 1993, S. 939 – 959 (Zitiert: Rütten, in: FS Gernhuber)

SÁNCHEZ MEDAL, Ramón, De los Contratos Civiles, 20. Aufl. (fortgeführt von Jaime Inchaurrandieta Sánchez Medal), Mexiko, Editorial Porrúa, 2004

ŠARČEVIĆ, Petar, The CISG and Regional Unification, in: FERRARI, Franco (Hrsg.), The 1980 Uniform Sales Law – Old Issues Revisited in the Light of Recent Experiences (Verona Conference 2003), Sellier. European Law Publishers – Giuffrè (Mailand), 2003, S. 3 - 17 (Zitiert: Šarčević, in: Old Issues Revisited)

ŠARČEVIĆ, Petar, und VOLKEN, Paul (Hrsg.), The International Sale of Goods Revisited, Niederlande, Kluwer Law International, Den Haag, 2001, 266 S.

ŠARČEVIĆ, Petar, und VOLKEN, Paul (Hrsg.), International Sale of Goods - Dubrovnik Lectures (11.-23. März 1985), Oceana, New York, 1996, (Zitiert: Bearbeiter, in: Dubrovnik Lectures)

SCHLECHTRIEM, Peter, Internationales UN-Kaufrecht, Ein Studien- und Erläuterungsbuch zum Übereinkommen der Vereinten Nationen über Verträge über den internationalen Warenkauf, Mohr Siebeck Verlag, Tübingen, 1. Auflage (1996), 259 S. (Zitiert: Schlechtriem); 2. Auflage (2003), 271 S. (Zitiert: Schlechtriem^2)

SCHLECHTRIEM, Peter, Verjährung von Ansprüchen und Rechten aus einem Kaufvertrag nach CISG, in: MANSEL, Heinz-Peter, PFEIFFER, Thomas, KRONKE, Herbert, KOHLER, Christian, und

HAUSMANN, Rainer (Hrsg.), Festschrift für Erik Jayme, Band 2, Sellier – European Law Publishers, München, 2004, S. 1353 - 1360 (Zitiert: Schlechtriem, in: FS für Jayme)

SCHLECHTRIEM, Peter, Schuldrecht Besonderer Teil, 6. Aufl., Mohr Siebeck Verlag, Tübingen, 2003, 461 S. (Zitiert: Schlechtriem, Schuldrecht-BT)

SCHLECHTRIEM, Peter, Reform des deutschen Kaufrechts, in: DAUNER-LIEB, Barbara, KONZEN, Horst, und SCHMIDT, Karsten (Hrsg.), Das neue Schuldrecht in der Praxis. Akzente – Brennpunkte – Ausblicke, Köln-Berlin-Bonn-München, Carl Heymanns Verlag, 2003 (Zitiert: Schlechtriem, in: Dauner-Lieb / Konzen / Schmidt)

SCHLECHTRIEM, Peter, Entwicklung des deutschen Schuldrechts und europäische Rechtsangleichung, in: Jahrbuch Junger Zivilrechtswissenschaftler, 2001, S. 9 - 28 (Zitiert: Schlechtriem, Entwicklung des deutschen Schuldrechts)

SCHLECHTRIEM, Peter, 10 Jahre CISG – Der Einfluß des UN-Kaufrechts auf die Entwicklung des deutschen und des internationalen Schuldrechts, IHR 2001, S. 12 - 18 (Zitiert: Schlechtriem, IHR 2001, S.)

SCHLECHTRIEM, Peter, Das geplante Gewährleistungsrecht im Licht der europäischen Richtlinie zum Verbrauchsgüterkauf, in: ERNST, Wolfgang, und ZIMMERMANN, Reinhard, Zivilrechtswissenschaft und Schuldrechtsreform. Zum Diskussionsentwurf eines Schuldrechtsmodernisierungsgesetzes des Bundesministeriums der Justiz, Mohr Siebeck, Tübingen, 2001, S. 205 - 224 (Zitiert: Schlechtriem, in: Ernst / Zimmermann)

SCHLECHTRIEM, Peter, Einheitskaufrecht in der Rechtsprechung des Bundesgerichtshofs, in: 50 Jahre Bundesgerichtshof. Festgabe aus der Wissenschaft, C. H. Beck, München, 2000, Bd. 1, S. 407 ff (Zitiert: Schlechtriem, 50 Jahre BGH)

SCHLECHTRIEM, Peter (Hrsg.), Kommentar zum einheitlichen UN-Kaufrecht, 3. Auflage, C.H. Beck, München, 2000, 1007 S. (Zitiert: Schlechtriem / Bearbeiter); 4. Aufl., 2004 (Mitherausgeberin: SCHWENZER, Ingeborg), 1041 S. (Zitiert: Schlechtriem / Schwenzer / Bearbeiter)

SCHLECHTRIEM, Peter, Vertragsmäßigkeit der Ware als Frage der Beschaffenheitsvereinbarung (zu BGH, 8.3.1995 – VIII ZR 159/94, IPRax 1996, S. 29 ff), IPRax 1996, 12 - 16

SCHLECHTRIEM, Peter, Deutsche Grundsätze zum „Sprachrisiko" als „Datum" unter italienischem Vertragsstatut (zu OLG Hamm, 8.2.1995 – 11 U 206/93, IPRax 1996, S. 197), IPRax 1996, S. 184

SCHLECHTRIEM, Peter, Aufrechnung durch den Käufer wegen Nachbesserungsaufwand – deutsches Vertragsstatut und UN-Kaufrecht (zu OLG Hamm, 9.6.1995 – 11 U 191/94, IPRax 1996, S. 269 f), IPRax 1996, S. 256 - 257

SCHLECHTRIEM, Peter, Fristsetzung bei Leistungsstörungen im Einheitlichen UN-Kaufrecht (CISG) und der Einfluß des § 326 BGB, in: Lebendiges Recht – Von den Sumerern bis zur Gegenwart, Festschrift für Reinhold Trinkner zum 65. Geburtstag, GRAF VON WESTPHALEN, Friedrich, und SANDROCK, Otto (Hrsg.), Heidelberg, Verlag Recht und Wirtschaft, 1995, S. 215-224 (Zitiert: Schlechtriem, in: FS Trinkner)

SCHLECHTRIEM, Peter, Einheitliches UN-Kaufrecht, JZ 1988, S. 1037 - 1048

SCHLECHTRIEM, Peter (Hrsg.), Einheitliches Kaufrecht und nationales Obligationenrecht. Referate und Diskussionen der Fachtagung Einheitliches Kaufrecht am 16./17.2.1987, Nomos Verlagsgesellschaft, Baden-Baden, 1987, 439 S. (Abgekürzt: Fachtagung)

SCHLECHTRIEM, Peter, Uniform Sales Law – The UN-Convention on Contracts for the International Sale of Goods, Manzsche Verlags- und Universitätsbuchhandlung, Wien, 1986, 120 S. (Zitiert: Schlechtriem, Uniform Sales Law)

SCHLECHTRIEM, Peter, und MAGNUS, Ulrich, Internationale Rechtsprechung zu EKG und EAG, Gesellschaft für Rechtsvergleichung (Hrsg.), Baden-Baden, Nomos, 1987, 478 S. (Zitiert: Schlechtriem / Magnus)

SCHLOSSER, Hans, Grundzüge der Neueren Privatrechtsgeschichte – Ein Studienbuch, 3. Aufl., Heidelberg / Karlsruhe, UTB – C.F. Müller, 1979

SCHMID, Christoph, Das Zusammenspiel von Einheitlichem UN-Kaufrecht und nationalem Recht: Lückenfüllung und Normenkonkurrenz, (Diss. München, 1995), Berlin: Duncker und Humblot, 1996 (Schriften zum internationalen Recht; Band 77), 295 S. (Zitiert: Schmid)

SCHULZ, Florian, Der Ersatzlieferungs- und Nachbesserungsanspruch des Käufers im internen deutschen Recht, im UCC und im CISG, (Diss. Hamburg, 2001), Frankfurt am Main, Peter Lang, 2002 (Beiträge zum Internationalen Privatrecht, zum Einheitsrecht und zur Rechtsvergleichung – Herausgegeben von Ulrich Magnus, Band 19), 549 S. (Zitiert: Schulz)

SCHULZE, Götz, Falschlieferung beim Spezieskauf – Unzulänglichkeiten des Gesetzes?, NJW 2003, 1022 f

SCHWAB, Martin, Das neue Schuldrecht im Überblick, JuS 2002, S. 1 - 8

Schweizerisches Institut für Rechtsvergleichung (Hrsg.), Wiener Übereinkommen von 1980 über den internationalen Warenkauf, Lausanner Kolloquium vom 19. und 20. November 1984, Schulthess Poligraphischer Verlag, Zürich, 1985, 233 S. (Zitiert: Bearbeiter, in: Lausanner Kolloquium)

SCHWENZER, Ingeborg, und HAGER, Günther (Hrsg.), Festschrift für Peter Schlechtriem zum 70. Geburtstag, Mohr Siebeck, Tübingen, 2003, 955 S. (Zitiert: Bearbeiter, in: FS Schlechtriem)

SCHWENZER, Ingeborg, und MÜLLER-CHEN, Markus, Rechts-vergleichung: Fälle und Materialien, Mohr Siebeck, Tübingen, 1996

SECRETARIAT COMMENTARY, Siehe: "Commentary on the Draft Convention on Contracts for the International Sale of Goods, prepared by the Secretariat"

SOERGEL, Hans. Th., Bürgerliches Gesetzbuch mit Einführungsgesetz und Nebengesetzen, begr. v. Soergel, 13. Auflage, 13. Band. Schuldrechtliche Nebengesetze 2; Übereinkommen der Vereinten Nationen über Verträge über den internationalen Warenkauf (CISG), Kohlhammer, 2000 (Zitiert: Soergel / Bearbeiter)

SPICKHOFF, Andreas, Der Nacherfüllungsanspruch des Käufers: Dogmatische Einordnung und Rechtsnatur, BB 2003, S. 589 - 594

STAUDENMAYER, Dirk, Die EG-Richtlinie über den Verbrauchsgüterkauf, NJW 1999, 2393 - 2397

STAUDINGER, Julius, J. von Staudingers Kommentar zum Bürgerlichen Gesetzbuch mit Einführungsgesetz und Nebengesetzen, 13. Bearbeitung (teilweise Neubearbeitungen), Berlin, Sellier / de Gruyter, 1994 ff, (Zitiert: Staudinger / Bearbeiter)

TERRÉ, François, SIMLER, Philippe, und LEQUETTE, Yves, Droit Civil – Les Obligations, 7. Aufl., Dalloz, Paris, 1999, 1294 S. (Zitiert: Terré / Simler / Lequette)

THOMAS, Heinz, PUTZO, Hans, Zivilprozeßordnung, 25. Aufl., 2003, C.H. Beck, München, 1995 S. (Zitiert: Thomas / Putzo / Bearbeiter)

THORN, Karsten, Die UN-Verjährungskonvention und ihre Geltund in Deutschland, IPRax 1993, 215 - 216

TREITEL, Guenther H., Remedies for breach of contract: a comparative account, Oxford, Clarendon Press, 1989, 422 S. (Zitiert: Treitel, Remedies for breach of contract)

TREITEL, Guenther H., The Law of Contract, Thomson / Sweet & Maxwell, 11. Aufl., 2003 (Zitiert: Treitel)

UNCITRAL-Entwurf, siehe: Draft Convention on Contracts for the International Sale of Goods

UNIDROIT (Hrsg.), UNIDROIT Principles of International Commercial Contracts, 1994, Rom (Zitiert: Unidroit Principles, bzw. PICC, bzw. UPICC)

UNIFORM COMMERCIAL CODE, Official Text and Comments, 2003 Edition, The American Law Institute – National Conference of Commissioners on Uniform State Laws, West Group, 1965 S.

UNIFORM LAWS ANNOTATED, Vol. 1B: Uniform Commercial Code §§ 2-601 to 2A-532, With Annotations from State and Federal Courts, Master Edition, St. Paul, Minn. (USA), West Publishing Co., 1989 (Zitiert: Uniform Laws Annotated), mit: Supplementary Pamphlet for Use in 2004-2005, Thomson – West (Zitiert: Uniform Laws Annotated (Supplement))

UNITED NATIONS, Commentary on the Convention on the Limitation Period, 14. Juni 1974, U .N Doc. A/CONF.63/17, abgedruckt in 10 Y.B. UNCITRAL (U.N. Doc. A/CN.9/SER.A/1979), 1979 New York, S. 145 ff (Zitiert: Sekretariatskommentar zum VerjÜ)

UNITED NATIONS CONFERENCE ON CONTRACTS FOR THE INTERNATIONAL SALE OF GOODS, Vienna, 10 March – 11 April 1980, Official Records. Documents of the Conference and Summary Records of the Plenary Meetings and of the Meetins of the Main Committees. New York, United Nations 1981, 487 S. (Zitiert: „Official Records“ bzw. „OR“; in der Regel wird auf die Seite und Randnummer verwiesen; wenn es angebracht schien, wurde der Name des Diskussionsteilnehmers hinzugefügt)

VAHLE, Oliver, „Der Erfüllungsanspruch des Käufers nach UN-Kaufrecht im Vergleich mit dem deutschen Kaufrecht“, ZVglRWiss 98 (1999), S. 54 - 73

VÁZQUEZ LÉPINETTE, Tomás, Compraventa Internacional de Mercaderías. Una Visión Jurisprudencial, Revista de Derecho Patrimonial (Monografías), Nr. 2, Editorial Aranzadi, Navarra (Spanien), 2000, 351 S.

WALT, Steven, For Specific Performance Under the United Nations Sales Convention, 26 Texas International Law Journal, 1991, S. 211 - 251

WENNER, Wolfgang, und SCHÖDEL, Christoph, Kaufvertragsrecht in Frankreich, in: von WESTPHALEN, Friedrich Graf (Hrsg.), Handbuch des Kaufvertragsrechts in den EG-Staaten, einschl. Österreich, Schweiz und UN-Kaufrecht, Köln, Verlag Dr. Otto Schmidt, 1992, S. 417 - 479 (Zitiert: Wenner / Schödel, in: Graf von Westphalen)

WESTERMANN, Harm Peter, Das neue Kaufrecht, NJW 2002, S. 241 – 253

WESTERMANN, Harm Peter, Vorschlag für eine Einpassung der Kaufgewährleistungs-Richtlinie ins deutsche Recht, in: GRUNDMANN, Stefan, MEDICUS, Dieter, und ROLLAND, Walter (Hrsg.), Europäisches Kaufgewährleistungsrecht. Reform und Internationalisierung des deutschen Schuldrechts, Hallesche Schriften zum Recht, Band 13, Köln-Berlin-Bonn-München, Carl Heymanns Verlag, 2000, S. 251 - 280 (Zitiert: Westermann, in: Europäisches Kaufgewährleistungsrecht)

von WESTPHALEN, Friedrich Graf (Hrsg.), Handbuch des Kaufvertragsrechts in den EG-Staaten, einschl. Österreich, Schweiz und UN-Kaufrecht, Köln, Verlag Dr. Otto Schmidt, 1992, 1063 S. (Zitiert: Bearbeiter, in: Graf von Westphalen)

WHITE, James J., und SUMMERS, Robert S., Uniform Commercial Code, 4. Auflage1995, Vol. 1: Kapiteln 1-12, Vol. 2: Kapiteln 13-21, Vol. 3: Kapiteln 22-29, Vol. 4: Kapiteln 30-34, West Publishing Co., St. Paul MN (Zitiert: White / Summers, Vol. , S.); Addendum ("Pocket Part") erarbeitet von ders., 2003 (Zitiert: White / Summers, Addendum zu Vol. , S.)

WICHARD, Johannes Christian, Die Anwendung der UNIDROIT-Prinzipien für internationale Handelsverträge durch Schiedsgerichte und staatliche Gerichte, RabelsZ 60 (1996), S. 269 - 302

von WILMOWSKY, Peter, Pflichtverletzungen im Schuldverhältnis. Die Anspruchs- und Rechtsgrundlagen des neuen Schuldrechts, JuS Beilage zu Heft 1/2002, S. 3 - 31

WINSHIP, Peter, The Convention on the Limitation Period in the International Sale of Goods: The United States Adopts UNCITRAL's Firstborn, 28 International Lawyer (1994), S. 1071 - 1081 (Zitiert: Winship)

WITZ, Wolfgang, SALGER, Hanns-Christian, und LORENZ, Manuel, International Einheitliches Kaufrecht. Praktiker-Kommentar und Vertragsgestaltung zum CISG, Verlag Recht und Wirtschaft, Heidelberg, 2000, 811 S. (Zitiert: Witz / Salger / Lorenz)

ZIEGEL, Jacob S., The Remedial Provisions in the Vienna Sales Convention: Some Common Law Perspectives, in: GALSTON, Nina M., und SMIT, Hans (Hrsg.), International Sales – The United Nations Convention on Contracts for the International Sale of Goods, (Parker School of Foreign and Comparative Law / Columbia University), Matthew Bender, New York, 1984, Kapitel 9, S. 1 - 43 (Zitiert: Ziegel, in: Galston / Smit)

ZIEGEL, Jacob S., Report to the Uniform Law Conference of Canada on Convention on Contracts for the International Sale of Goods, Pace Database (Zitiert: Report on CISG)

ZIEGLER, Ulrich, Leistungsstörungsrecht nach dem UN-Kaufrecht, Baden-Baden: Nomos: Studien zum Handels-, Arbeits- und Wirtschaftsrecht, Bd. 37, 1995, 283 S. (Zitiert: Ziegler)

ZIMMER, Daniel, und ECKHOLD, Thomas, Das neue Mängelgewährleistungsrecht beim Kauf, JURA 2002, S. 145 - 154

ZIMMERMANN, Reinhard, Die „Principles of European Contract Law", Teile I und II, ZEuP 2000, S. 391 - 393

ZIMMERMANN, Reinhard, The Law of Obligations – Roman Foundations of the Civilian Tradition, Juta & Co, Ltd. (Südafrika) / C.H. Beck (München), 1241 S. (Zitiert: Zimmermann)

ZUPPI, Alberto, A Comparison of Buyer's Remedies under the CISG with the Latin American Legal Tradition, Pace Review of the Convention on Contracts for the International Sale of Goods (CISG) 1998, Kluwer Law International (1999),S. 3 - 39 (Zitiert: Zuppi, Pace Review of the CISG, 1998)

ZWEIGERT, Konrad, und DROBNIG, Ulrich, Einheitliches Kaufgesetz und Internationales Privatrecht, RabelsZ 29 (1965), S. 146 - 165 (Zitiert: Zweigert / Drobnig, RabelsZ 29)

ZWEIGERT, Konrad, und KÖTZ, Hein, Einführung in die Rechtsvergleichung: auf dem Gebiete des Privatrechts, 3. Aufl., Mohr Siebeck, Tübingen, 1996 (Zitiert: Zweigert / Kötz)

Internet-Seiten:
http://www.cisg.law.pace.edu
http://www.cisg-online.ch
http://www.ipr.uni-koeln.de
http://www.lexmercatoria.com
http://www.nccusl.org
http://www.sgecc.net
http://www.uncitral.org
http://www.unidroit.org

A. Einführung

Im Folgenden wird aus rechtsvergleichender Sicht das Recht der Leistungsstörungen bei Kaufverträgen dargelegt. Berücksichtigt wird an erster Stelle das UN-Kaufrecht, das als maßgebend für internationale Sachverhalte gilt und das auf die neueren Entwicklungen des Handels- und Zivilrechts großen Einfluß ausgeübt hat. Insbesondere gilt das UN-Kaufrecht als Vorbild der deutschen Schuldrechtsreform[2].

An zweiter Stelle findet das deutsche BGB in seiner ab dem 1.1.2002 geltenden Fassung Berücksichtigung, durch welches die Richtlinie 1999/44/EG in Deutschland umgesetzt wurde. Eventuell wird auf andere Rechtstexte Bezug genommen, u.a. auf die rechtsvergleichende Standards der Europäischen[3] und der Unidroit Vertragsrechtsprinzipien[4], die der Fortentwicklung der neuen *lex mercatoria* dienen sollen.

---

[2] Vgl. insbesondere *Däubler-Gmelin*, NJW 2001, 2287 f; die Kommission zur Überarbeitung des Schuldrechts hat sich intensiv mit dem UN-Kaufrecht beschäftigt und auf dessen Grundlage Änderungsvorschläge für das „alte" BGB verfaßt; auch wenn die Bundesregierung den Entwurf der Kommission nicht „eins zu eins" übernommen hat, ist der Einfluß des CISG auf die Richtlinie 1999/44/EG und auf die Reform des deutschen Schuldrechts nicht zu unterschlagen. Siehe z.B. den Regierungsentwurf, BT-Drucks. 14/6040, in dem an verschiedenen Stellen auf das UN-Kaufrecht hingewiesen wird (siehe u.a. S. 86, 92, 181 f, 209, 217, 220, 223, usw.); ferner Bundesministerium der Justiz (Hrsg.), Abschlußbericht der Kommission zur Überarbeitung des Schuldrechts (im Folgenden: Abschlußbericht), mit mehreren Verweisen zum „Regelungsmodell des UN-Kaufrechts"; *Gruber*, S. 201; *Grundmann / Bianca / Grundmann*, Einl. Rn. 1, 6 ff; *Herber*, in: Old Issues Revisited, S. 59 ff; *Huber*, Leistungsstörungen, in: Gutachten und Vorschläge, passim; *Magnus*, RIW 2002, S. 577 (der diesen Einfluß als eine „geläufige Tatsache" bezeichnet); *ders.* in: Europäisches Kaufgewährleistungsrecht, *passim*; *Schlechtriem*, IHR 2001, S. 13; *MünchKomm / Kramer*, Einl. zu Band 2, Rn. 112; *Staudenmayer*, NJW 1999, 2394 (der von einem Bemühen der Richtlinie, einer Parallelität mit dem CISG zu wahren, spricht).
Zum Einfluß des UN-Kaufrechts auf das Handels- und Zivilrecht anderer Staaten und auf die internationale Vertragsrechtsprinzipien siehe insbesondere *Schlechtriem/Schwenzer/Schlechtriem*, Einl. S. 35; *Šarčević*, in: Old Issues Revisited, S. 13 ff.

[3] Im Folgenden PECL abgekürzt. Die „Principles" wurden von der sog. „Lando-Kommission" – unter der Leitung von Prof. *Ole Lando* – ausgearbeitet, mit Unterstützung der Kommission der Europäischen Gemeinschaften. Herausgegeben von Ole *Lando* und Hugh *Beale*, Kluwer Law International; auch on-line abrufbar unter www.lexmercatoria.org. Deutsche Übersetzung abgedruckt in ZEuP 2000, S. 675 ff. Vgl. *Zimmermann*, ZEuP 2000, S. 391 ff; und *von Bar / Zimmermann*, Grundregeln des Europäischen Vertragsrechts, Teile I und II, Sellier – European Law Publishers, München, 2002; Teil III abgedruckt in ZEuP 2003, S. 895 ff. Siehe auch den Entwurf der „Principles of European Law: Sales" herausgegeben von der „Study Group on a European Civil Code", online abrufbar unter www.sgecc.net.

[4] Im Folgenden PICC oder UPCL abgekürzt. Ausgearbeitet vom „International Institute for the Unification of Private Law". Ebenfalls online abrufbar unter www.unidroit.org. Eine deutsche Übersetzung abgedruckt in ZEuP 1997, S. 890 ff; revidierte Version abgedruckt in Reiner *Schulze* / Reinhard *Zimmermann* (Hrsg.), Basistexte zum Europäischen Privatrecht, 2000; siehe *Zimmermann*, ZEuP 2000, S. 393.

All diese Rechtsquellen finden regelmäßig auf Kaufverträge mit internationalem Bezug Anwendung[5]. Haben die Parteien nichts anderes vereinbart, so gilt das UN-Kaufrecht (kraft objektiver Anknüpfung) wenn beide Parteien ihren Sitz in Vertragsstaaten haben (Art. 1 Abs. 1 lit. a)[6] oder wenn das Kollisionsrecht auf das Recht eines Vertragsstaates verweist (Art. 1 Abs. 1 lit. b). Gemäß Art. 6 können die Parteien die Anwendung der Konvention ausschließen und so die Tür für die Anwendung des BGB – an sich für nationale Sachverhalte konzipiert – auf einen internationalen Kaufvertrag öffnen. Ähnliches gilt, wenn es sich um Verträge handelt, die aus irgendeinem Grund nicht unter den Anwendungsbereich der Konvention fallen. Dazu gehören insbesondere die durch Art. 2 vom Anwendungsbereich des Übereinkommens ausgeschlossenen Kaufverträge: Wenn die Ware für den persönlichen Gebrauch (Verbraucherverträge) bestimmt ist, wenn der Kaufvertrag im Rahmen von Versteigerungen oder im Wege der Zwangsvollstreckung oder anderen gerichtlichen Maßnahmen zustandegekommen ist, aber auch bei Verträgen, die einen der im Art. 2 lit. d-f genannten Güter (Wertpapiere, Zahlungsmittel, Schiffe oder Luftfahrzeuge, Elektrizität) zum Gegenstand haben.

Sowohl die Unidroit-Principles (PICC) als auch die European-Principles (PECL) finden in der Praxis wohl künftig vermehrt Anwendung. Aus deutscher Sicht ist ihre Anwendung durch staatliche Gerichte jedoch zu verneinen[7], weil das EGBGB nur die Wahl staatlich gesetzten Rechts zulässt[8]. Trotzdem können die Parteien – im Rahmen ihrer Vertragsfreiheit – die *Principles* in ihren Vertrag einbeziehen, mit der Folge, daß diese als Vertragsklauseln (etwa als AGBs) behandelt werden[9]; hiermit können die Parteien den Vertragsinhalt *per relationem* vereinbaren[10]. Darüber hinaus kann die Anwendung der *Principles* durch die Gerichte anderer Staaten zulässig sein[11].

---

[5] Das UN-Kaufrecht sieht zwei Anwendungsmöglichkeiten vor: Direkte (autonome) Anwendung des Übereinkommens gemäß Art. 1 Abs. 1 lit. a, nämlich wenn beide Parteien ihren Sitz in einem Vertragsstaat haben; und Anwendung kraft kollisionsrechtlicher Verweisung auf das Recht eines Vertragsstaates gemäß Art. 1 Abs. 1 lit. b. Die Anwendbarkeit des UN-Kaufrechts durch deutsche Gerichte ergibt sich zunächst aus Art. 3 Abs. 2 S. 1 EGBGB (Vorrang von Staatsverträgen).

[6] Artikel ohne Gesetzesangabe sind im Folgenden solche des UN-Kaufrechts.

[7] Siehe z.B. *Wichard*, RabelsZ 60 (1996), S. 294; *Boele-Woelki*, IPRax 1997, S. 171.

[8] *MünchKomm / Martiny*, Art. 27 EGBGB, Rn. 23.

[9] *Ferrari* JZ 1998, S. 17; *Schlechtriem / Ferrari*, Art. 7, Rn. 67.

[10] So ausdrücklich *Ferrari*, a.a.O.; ähnlich *Hernández-Bretón*, IPRax 1998, 381.

[11] Siehe etwa die am 17.3.1994 in Mexiko unterzeichnete „Convención Interamericana sobre el Derecho Aplicable a los Contratos Internacionales" (Interamerikanische Konvention über das auf Internationale Verträge anwendbare Recht, in Folgendem CIDACI),CIDACI); diese bestimmt imin Art. 9 Abs. II,2, daß das Gericht die *allgemeinen, von internationalen Organismen anerkannten Rechtsgrundsätze des internationalen Handelsrechts* berücksichtigen soll (Art. 10 Abs. II CIDACI bezieht sich seinerseits auf die „Normen, Gewohnheiten und Prinzipien des internationalen Handelsrechts, sowie [auf] die allgemein anerkannten Handelsbräuche und -praktiken"). Diese Vorschriften werden häufigfast einstimmig als eine Verweisung auf die PICC angesehen. Siehe *Hernández-Bretón*, IPRax 1998, 381 f, m.w.N.. Diese Auslegung wird durch die Tatsache bekräftigt, daß die Vorarbeiten von Unidroit der CIDIP-V nicht unbekannt waren, und daß verschiedene Delegierte, die mit der Verfassung der PICC beschäftigt waren,an der Ausarbeitung der PICC beteiligt waren, ebenfalls an die CIDIP-V teilgenommen haben. Der englische und spanische Text dieser Konvention ist in IPRax 1998, 404-408 abgedruckt.

Die größte Bedeutung der PICC und PECL kommt allerdings im Rahmen der Schiedsgerichtsbarkeit vor. Solange die Parteien keine Rechtswahl getroffen haben[12], verfügen die Schiedsgerichte über einen weiteren Spielraum als die staatliche Gerichte bei der Bestimmung des auf eine Kontroverse anzuwendenden Rechts[13]. Dies hat dazu geführt, daß Schiedsgerichte die „Principles" in verschiedenen Schiedsverfahren bereits herangezogen haben, sei es, weil die Parteien keine Rechtswahl getroffen haben, weil diese für nichtig erklärt wurde, weil die Auslegung des Vertrages Anlaß für die Annahme gab, die Parteien hätten die Prinzipien gewählt, weil der Inhalt des anzuwendenden ausländischen Rechts nicht festgestellt werden konnte, weil das anwendbare Recht keine Lösung für den konkreten Sachverhalt bot oder weil dieses lückenhaft war[14].

Ein weiterer Grund für die Berücksichtigung all dieser Rechtsquellen liegt in den Bestrebungen – insbesondere auf europäischer Ebene – das Zivil- und Handelsrecht (insbesondere der schuldrechtliche Teil) zu vereinheitlichen. Aus den verschiedenen Quellen wird die beste Lösung für die verschiedenen Fälle erforscht. Die bisher gegebene Rechtsprechung in Anwendung solcher Rechtstexte ist ebenfalls zu berücksichtigen.

Soweit die Darstellung der konkreten Rechtsinstitute es erfordert, wird auf das EKG – direkter Vorläufer des UN-Kaufrechts, welcher als die „erste moderne Regelung des Rechts der Leistungsstörungen" betrachtet wird[15] – sowie auf Vorentwürfe zur Schuldrechtsmodernisierung, Rücksicht genommen.

---

[12] Vgl. u.a. ICC Schiedsgerichtsordnung Art. 17 Abs. 1 S. 2: „Fehlt eine ... Vereinbarung, so wendet das Schiedsgericht diejenigen Rechtsregeln an, die es für angemessen erachtet"; siehe auch die umfangreiche Darstellung von *Boele-Woelki*, IPRax 1997, S. 161 ff; die Autorin verweist u.a. auf Art. 1054 Abs. 2 der niederländischen ZPO, die dem Schiedsgericht die Anwendung von *Rechtsvorschriften* (und dadurch die Anwendung der PICC) zuläßt; siehe auch *Killian*, J. Trans. L. & P., Vol. 10:2 (2001), S. 222 f (m.w.N.), 243. Ähnliches gilt, wenn die Parteien das Schiedsgericht dazu ermächtigt haben, eine Kontroverse *ex aequo et bono* (Billigkeitsentscheidungen) zu entscheiden, oder wenn die verschiede Schiedsverfahrensregeln – sowohl institutionelle als auch ins nationale Recht inkorporierte – eine solche Lösung vorsehen. Siehe UNCITRAL Model Law on International Commercial Arbitration, Art. 33 Abs. 2; ICC Schiedsgerichtsordnung Art. 17 Abs. 3; *MünchKomm / Martiny*, Art. 27 EGBGB, Rn. 27.

[13] Bemerkenswert ist das in jüngster Zeit verabschiedete panamaische „Gesetz über die Schiedsgerichtsbarkeit, die Schlichtung und die Mediation" vom 10.7.1999; dieses bezeichnet *ausdrücklich* die UNIDROIT-Principles als mögliches für die Entscheidung einer Kontroverse anwendbares Recht; siehe IPRax 2000, S. 342.

[14] Vgl. *Bonell*, The Unidroit-Principles in Practice, S. 34-44, m.w.N.; *Boele-Woelki*, IPRax 1997, S. 168.

[15] So *MünchKomm / Emmerich*, Vor § 275, Rn. 6.

I. Erste Annäherung zum System der Leistungsstörungen

Der Begriff der Leistungsstörungen ist sowohl dem UN-Kaufrecht als auch dem BGB fremd. Dieser stellt eine Sammelbezeichnung dar, die verschiedene Fallgestaltungen und Rechtsfolgen umfassen soll[16]. Allgemein handelt es sich um Fälle in denen, im Gegensatz zu der *normalen* Entwicklung des Schuldverhältnisses[17], die „nicht ordnungsgemäße Erfüllung" einer schuldrechtlichen Verpflichtung vorliegt[18].

Bisher galten Unmöglichkeit, Verzug und positive Vertragsverletzung als Haupttypen der Leistungsstörungen. Diese Kategorien haben nach der Schuldrechtsreform keine eigenständige Bedeutung mehr, sondern nur soweit sie zu einer Nichterfüllung bzw. Pflichtverletzung führen[19]. Herkömmlicherweise wurde der Fall der bloßen Nichtleistung – und überhaupt, in allen Fällen, in denen der Erfüllungsanspruch bestehen blieb oder als Rechtsfolge auftrat – vom Leistungsstörungsrecht nicht erfaßt[20].

Im Gegensatz dazu enthält das UN-Kaufrecht ein vereinfachtes System, daß vom Begriff der „Nichterfüllung" ausgeht und dadurch alle Fälle der Leistungsstörungen umfaßt[21]. Dabei kommt es auf die Ursache der Leistungsstörung überhaupt nicht an[22]; vielmehr ist die „Gewichtigkeit" der Pflichtverletzung für die Bestimmung der dem Käufer zur Verfügung stehenden Rechtsbehelfe maßgebend[23]. Sowohl die Unidroit-Principles (PICC) als auch die European Principles (PECL) gehen ebenfalls von einem einheitlichen Begriff der „non-performance"[24] aus, der als Auflöser der verschiedenen Rechtsbehelfe dient.

Die vorliegende Arbeit folgt in ihrer Darstellung die Systematik des UN-Kaufrechts. Dieses geht von der Nichterfüllung einer Pflicht bzw. von einer Vertragsverletzung

---

[16] *Erman / Battes*[10], Vor §§ 275-292, Rn. 1; *Palandt / Heinrichs*, Vorb v § 275, Rn. 1.
[17] *Staudinger / Löwisch*, Vorbem zu §§ 275 – 283, Rn. 1; *Brox*, SchuldR AT, Rn. 215.
[18] *Leistungsstörungen*, in Deutsches Rechts-Lexikon, Band 2, 2. Aufl., S. 897.
[19] *Palandt / Heinrichs*, Vorb v § 275, Rn. 1f.
[20] *Erman / Battes*[10], Vor §§ 275-292, Rn. 1, m.w.N.; *Palandt / Heinrichs*, Vorb v § 275, Rn. 3.
[21] *Huber*, Leistungsstörungen, in: Gutachten und Vorschläge, S. 663. Der Tatbestand der Nichterfüllung ist in einem weiten Sinn zu verstehen; *Schlechtriem / Huber*, Art. 45, Rn. 5.
[22] *Piltz*, § 1, Rn. 13.
[23] *Staudinger / Magnus*, Vorbem. Art. 45 ff, Rn. 3. Der Terminus „Rechtsbehelf" wird in der deutschen – nicht amtlichen – Übersetzung der Konvention verwendet (siehe z.B. „Abschnitt III. *Rechtsbehelfe* des Käufers wegen Vertragsverletzung durch den Verkäufer"), mit Ausnahme der Schweiz, die statt dessen den Begriff „Rechte" benutzt. Unter „Rechtsbehelf" versteht die Konvention sowohl Ansprüche als auch Gestaltungsrechte und sonstige Rechte (z.B. Zurückbehaltungs- und Aussetzungsrechte). Es handelt sich damit um einen weiten Sammelbegriff der funktionell nicht nur den Gewährleistungsrechten entspricht, sondern grundsätzlich jedes Recht einer Partei für den Fall einer Vertragsverletzung umfaßt. Der Begriff ist *autonom* auszulegen und nicht im Sinne des unvereinheitlichten deutschen Rechts (insbesondere nicht prozeßrechtlich) zu verstehen. Die englische und spanische Fassung des Übereinkommens sprechen von „remedies" und von „derechos y acciones" (beide im weiteren Sinne); dazu unten: A.II.1.d). Einordnung der Leistungsstörungsrechte der Konvention nach der Art ihrer Ausübung bzw. ihrer Rechtsnatur.
[24] Vgl. PICC Art. 7.1.1., PECL Art. 8.101.

aus, ohne nach deren Ursache grundsätzlich zu unterscheiden. Während nach deutschem Rechtsverständnis der Erfüllungsanspruch kein *Rechtsbehelf* des Leistungsstörungsrechts ist[25], stellt die Konvention den Erfüllungsanspruch an der Spitze ihres Rechtsbehelfssystems. Um einen funktionellen Vergleich zwischen beiden Rechtsordnungen zu ermöglichen, wird hier der Begriff der *Leistungsstörung* in einem weiteren Sinne verwendet und mit Nichterfüllung bzw. Vertragsverletzung gleichgestellt. Dieser ist nicht im Sinne des deutschen unvereinheitlichten Rechts zu verstehen.

II. Die Leistungsstörungsrechte im UN-Kaufrecht

Das UN-Kaufrecht enthält eine *konsolidierte* Regelung der Leistungsstörungen[26], nach der die verschiedene Arten von Vertragsverletzung unter denselben einheitlichen Begriff[27] der „Nichterfüllung" oder der „Vertragsverletzung"[28] fallen. Darunter fällt sowohl das völlige *Ausbleiben der Leistung* als auch jede Form *nicht ordnungsgemäßer Leistung*[29].

Diese Regelung beruht vor allem auf der Unterscheidung zwischen wesentlichen und nichtwesentlichen Vertragsverletzungen (Art. 25)[30]. Wichtige Merkmale des Rechtsbehelfssystems des UN-Kaufrechts sind die Verschuldensunabhängigkeit der Vertragsverletzung (damit die vertragstreue Partei ihre Rechte ausüben kann) und die Kompatibilität von verschiedenen Rechtsbehelfen[31].

1. Einordnung der Leistungsstörungsrechte der Konvention

Im folgenden werden unterschiedliche Einordnungskriterien vorgeschlagen, aus denen ein besseres Verständnis der Rechtsbehelfe, ihrer Funktion und ihrer Voraussetzungen erreicht werden soll.

a) Die Einordnung nach dem Text der Konvention

Die Konvention unterscheidet zwischen den Rechten des Käufers im Teil III, Kapitel II, Abschnitt III (Rechtsbehelfe des Käufers wegen Vertragsverletzung durch den Verkäufer, Art. 45 - 52) und den Rechten des Verkäufers, Teil III, Kapitel III, Abschnitt III (Rechtsbehelfe des Verkäufers wegen Vertragsverletzung durch den Käufer, Art. 61 - 65). Diese Regelung ist allerdings nicht abschließend, da weitere Rechte und Pflichten – sowohl des Käufers als auch des Verkäufers – in anderen Bestimmungen des

---

[25] *Palandt / Heinrichs*, Vorb v § 275, Rn. 3; teilweise a.A. *Schlechtriem*, Schuldrecht-BT, Rn. 60 ff; *ders.* Schuldrecht-AT, Rn. 273 ff, m.w.N.

[26] *Enderlein / Maskow*, Art. 45, Bem. 1; *Farnsworth*, in: Lausanner Kolloquium, S. 84; *Krebs*, S. 18, m.w.N.

[27] Zum einheitlichen Begriff der Vertragsverletzung siehe statt aller *Ferrari*, IHR 2005, S. 3, m.w.N.

[28] „Nichterfüllung" und „Vertragsverletzung" werden im Ergebnis als Synonym behandelt und lösen die selben Rechtsfolgen aus; *Schlechtriem / Huber*, Art. 45, Rn. 6. Das BGB geht vom Begriff der „Pflichtverletzung" aus (§ 280), der nicht auf vertragliche Schuldverhältnisse beschränkt ist.

[29] *Piltz*, § 1, Rn. 13.

[30] *MünchKomm / Emmerich*, Vor § 275, Rn. 7.

[31] *MünchKomm / Emmerich*, Vor § 275, Rn. 7.

CISG außerhalb dieser Abschnitte zu finden sind, z.B. bei den Gemeinsamen Bestimmungen über die Pflichten des Verkäufers und des Käufers (III. Teil, Kapitel V)[32].

Trotz mangelnder Rechtssystematik[33], lassen sich die Rechtsbehelfe der Konvention auf folgende Weise unterteilen: Die *allgemeinen Rechtsbehelfe*[34] (Art. 45 bis 52, für den Käufer; Art. 61 bis 65 für die Rechtsbehelfe des Verkäufers), sowie das Recht auf Schadensersatz (Art.74 ff) und das Recht auf Zinsen (Art. 78).

Hinzu kommen *besondere Rechtsbehelfe*, die in anderen Artikeln der Konvention – für beide Parteien gemeinsam geltend – „verstreut" und für spezifische Sachverhalte (Ausnahmesituationen[35]) gegeben sind. Dazu gehören u.a. die Rechtsbehelfe der Parteien im Fall eines antizipierten Vertragsbruchs (Art. 71 f), die Rechtsbehelfe bei Sukzessivlieferungsverträgen (Art. 73), die Zurückbehaltungsrechte (Art. 85 f). Diese Unterteilung in allgemeine und besondere Rechtsbehelfe erscheint für die Behandlung des Themas angebracht; sie erlaubt es, den Schwerpunkt auf die Grundstrukturen oder allgemeine Regeln zu setzen, so daß Sonderfälle nur beiläufig behandelt werden (daher wird diese Systematik für die Bearbeitung der vorliegenden Arbeit übernommen).

---

[32] Hierzu gehören die sog. Verschlechterungseinrede, Rechte wegen antizipierten Vertragsbruchs, Aufhebungsrecht bei Sukzessivlieferungsverträgen, Zinsen, Rückgabepflichten, Pflichten zur Erhaltung der Ware, Notverkauf, usw. (Art. 71 - 88). Vgl. *Adame*, S. 251.

[33] Die Konvention hat viele Rechtsbehelfe des EKG aufgenommen, nicht aber dessen Systematik; das EKG enthielt keine einheitliche Regelung der Pflichtverletzungen. Statt dessen wurden die Folgen einer Vertragsverletzung vereinzelt geregelt, mit unnötigen Wiederholungen und Querverweisen. Das System des UN-Kaufrechts ist anschaulicher, aber nicht frei von Ungereimtheiten. So ist der Abschnitt über die Rechtsbehelfe des Käufers nicht abschließend, da weitere Rechte sich aus anderen Vorschriften der Konvention ergeben. Das Recht des Verkäufers, eine fehlerhafte Erfüllung nachzubessern, ist in drei Vorschriften geregelt (Art. 34, 37 und 48), die sich in ihren Folgen gar nicht und in ihren Voraussetzungen wenig voneinander unterscheiden: Art. 34 regelt die Nachbesserung von Defekten in den Dokumenten; der Unterschied zwischen Art. 37 und 48 liegt besonders im maßgeblichen Zeitpunkt der Behebung der Vertragsverletzung. So greift Art. 37 ein, solange der Erfüllungstermin nicht überschritten wurde; nach diesem Zeitpunkt richtet sich das Nacherfüllungsrecht des Verkäufers nach Art. 48. Diese Vorschriften setzen voraus, daß dem Käufer keine unzumutbaren Nachteile entstehen. In allen Fällen hat der Verkäufer die Kosten zu tragen (dies steht ausdrücklich nur in Art. 48, aber ist durch die Möglichkeit, kumulativ Schadensersatz geltend zu machen, auch im Art. 37 impliziert. Man hätte ohne weiteres alle drei Vorschriften in einem einzigen Artikel zusammenfassen können. Außerdem ist das Nacherfüllungsrecht des Verkäufers aus Art. 48 systematisch an falscher Stelle, denn es befindet sich im Abschnitt über die „Rechtsbehelfe *des Käufers* wegen Vertragsverletzung durch den Verkäufer". Etwas ähnliches läßt sich über den V. Abschnitt der Konvention sagen, der die „Wirkungen der Aufhebung" regeln soll, gleichzeitig aber Bestimmungen über die Ersatzlieferung enthält.

[34] Ähnlich *Staudinger / Magnus,* Art. 45, Rn. 1: *„wesentliche Rechte"*; *Schlechtriem*^{2}, Rn. 102 ff: *„Basisrechtsbehelfe"*. Hierzu zählt dieser Autor: a) den Anspruch auf Erfüllung und Nacherfüllung; b) Zurückbehaltungsrechte; c) den Schadensersatzanspruch; d) die Vertragsaufhebung. Kritisch zu der Behandlung von Zurückbehaltungsrechten als „Basisrechtsbehelfe" siehe: *Krebs*, S. 17, Fn. 82 (auf die Vorauflage bezogen), der zu Recht darauf hinweist, daß diese lediglich als vorläufige Einrede wirken. Dieser Einwand wird dadurch bekräftigt, daß Zurückbehaltungsrechte nur in seltenen Fällen zur Anwendung kommen, nämlich wenn beide Parteien zur Leistung Zug um Zug verpflichtet sind.

[35] *Staudinger / Magnus,* Art. 45, Rn. 2.

Aus dogmatischer Sicht lassen sich die Rechtsbehelfe unter anderen Gesichtspunkten klassifizieren. Die unterschiedlichen Einordnungskriterien erlauben ein besseres Verständnis der Konvention, machen die Beziehungen zwischen den verschiedenen Rechtsbehelfen sowie ihre interna *Mechanik* anschaulicher. Eine – nicht abschließende – Darstellung der verschiedenen Aufteilungskriterien wird hier kurz ausgeführt.

b) Einordnung der Rechtsbehelfe nach dem angestrebten Erfolg

Die Konvention ist vom Grundsatz der Vertragserhaltung stark geprägt[36]. Dieser bedeutet unter anderem, daß die Aufhebung des Vertrages nur unter strengen Voraussetzungen[37] und wegen *wesentlicher Vertragsverletzung* zugelassen wird[38], und daß die Parteien aufgefordert werden, *soweit möglich und zumutbar*[39] am Vertrag festzuhalten und solche Rechtsbehelfe vorzuziehen, die die Erhaltung des Vertrages – wenn auch mit Anpassungen – erlauben[40]. Diese Rechtsbehelfe würden dann eine erste Gruppe bilden, im Gegensatz zu den Rechtsmitteln, die auf eine vorzeitige Beendigung des Vertrages zielen. Eine praktische Folge dieser Unterscheidung besteht darin, daß das Prinzip der Vertragserhaltung den Parteien bewußt wird, damit sie in dessen Übereinstimmung und in Einklang mit der richterlichen Praxis[41] am Vertrag festzuhalten versuchen. Die dritte Gruppe ist mit den Rechtsbehelfen aus den beiden anderen Gruppen kumulierbar[42], und bezweckt die Wiedergutmachung der durch die Vertragsverletzung eingetretenen Schäden[43]. So können die verschiedenen Rechte der Parteien wie folgt aufgeteilt werden[44]:

(1) Rechte, die den Vertrag zu erhalten suchen

Darunter ist an erster Stelle der allgemeine Erfüllungsanspruch, der von den „eingeschränkten" Ersatz- und Nachbesserungsansprüchen gefolgt wird, zu verstehen[45]. Diese können zusammen mit der Setzung einer Nachfrist geltend gemacht werden. Ferner ist der Rechtsbehelf der Herabsetzung des Kaufpreises hier einzuordnen; dieser impliziert eine Anpassung des Vertrages. Unter Umständen steht dem Käufer das Recht zur Aussetzung der eigenen Leistung zu, mit dem er Druck auf den Verkäufer auszuüben versucht, um ihn zur Erfüllung seiner Pflichten zu bewegen. Hinzu kommt

---

[36] Vgl. u.a. *Adame*, S. 258; *Bianca / Bonell / Bonell*, Art. 7, Bem. 2.3.2.2.
[37] *Magnus*, RabelsZ 59 (1995) S. 483.
[38] Vgl. insbesondere Art. 49 Abs. 1 lit. a und Art. 64 Abs. 1 lit. a.
[39] *Staudinger / Magnus*, Art. 7, Rn. 49.
[40] *Schlechtriem / Huber*, Art. 49, Rn. 2; *Staudinger / Magnus*, Art. 49, Rn. 4.
[41] Die von deutschen Gerichte erlassene Rechtsprechung zum CISG bestätigt die hohen Anforderungen einer Vertragsaufhebung. Vgl. *Schlechtriem*, 50 Jahre BGH, S. 421 ff, m.w.N.
[42] Vgl. Art. 45 Abs. 2, 47 Abs. 2 S. 2, 48 Abs. 1 S. 2, 61 Abs. 2, 63 Abs. 2 S. 2, 79 Abs. 5.
[43] *Zuppi*, Pace Review of the CISG, 1998, S. 11.
[44] Für eine ähnliche Einordnung der Rechtsbehelfe: Vgl. *Zuppi*, Pace Review of the CISG, 1998, S. 3 ff. *Bernstein / Lookofsky*, (S. 81 f) unterteilen die Rechtsbehelfe in drei Gruppen: *specific relief* ("designed to make the party in breach present the precise performance agreed"); *substitutionary relief* ("which requires the breaching party to pay some amount of money to compensate the loss suffered by the other party") und *termination* ("the right to avoid the contract and end the contractual relationship").
[45] Über die Ersatzlieferung und Nachbesserung als „eingeschränkter Erfüllungsanspruch" siehe unten: C.I.3. Rechtsnatur des Nacherfüllungsanspruchs.

ein Recht des Verkäufers, einen Mangel in seiner Erfüllung zu beheben (sog. „Recht zur zweiten Andienung").

(2) Rechte, die den Vertrag zu beenden suchen
Der einzige hier in Betracht kommende Rechtsbehelf, der zur frühzeitigen Vertragsauflösung führt, ist die Aufhebung des Vertrages (Art. 49), die allerdings unterschiedliche Unterformen bzw. Voraussetzungen aufweist. Andere Rechtsbehelfe aus dem nationalen unvereinheitlichten Recht sind ausgeschlossen (z.B. Anfechtung wegen Irrtums über Eigenschaften der Kaufsache)[46]. Die Aufhebung des Vertrages setzt im Regelfall eine wesentliche Vertragsverletzung (Art. 25) voraus. Ausnahmsweise kann sie im Fall der Nichtlieferung durch die Setzung und erfolglosem Ablauf einer Nachfrist erreicht werden (Art. 49 Abs. 1 lit. b). Die Aufhebung des Vertrages kann ganz oder nur teilweise erklärt werden (Art. 51, wenn die Vertragsverletzung nur einen Teil der Lieferung betrifft) und kann wegen einer vorhandenen oder wegen einer künftigen Vertragsverletzung geltend gemacht werden. Bei einem Sukzessivlieferungsvertrag kann sie sich auf eine Teillieferung oder auf mehrere beziehen, sowohl auf künftige als auch auf bereits erhaltenen Lieferungen, wenn sie „wegen des zwischen ihnen bestehenden Zusammenhangs nicht mehr für den [vertraglichen] Zweck verwendet werden können" (Art. 73 III).

(3) Rechte, die einen Geldersatz verfolgen
Beide oben aufgeführten Arten von Rechtsbehelfen können zusammen mit einer Schadensersatzklage geltend gemacht werden. Die Konvention geht vom Grundsatz der Totalreparation aus[47], der aber durch die Regel der Voraussehbarkeit eingeschränkt wird (Art. 74)[48]. Sie unterscheidet nicht zwischen „großem" und „kleinem" Schadensersatz; dennoch wird die Höhe des Anspruchs davon abhängig gemacht, ob der Vertrag aufgehoben wurde oder nicht (Art. 74 - 76), bzw. ob der Ersatzberechtigte einen Deckungskauf oder -verkauf vorgenommen hat (Art. 75) oder nicht (Art. 76). Den Ersatzgläubiger trifft eine Obliegenheit zur Schadensminderung, die ihn verpflichtet, Maßnahmen zu treffen, um den Eintritt eines Schadens möglichst zu meiden bzw. dessen Umfang gering zu halten. Andernfalls kann die vertragsbrüchige Partei eine entsprechende Herabsetzung der Entschädigung verlangen (Art. 77). Ferner kann der Anspruch auf Schadensersatz aufgrund eines unüberwindbaren Hindernisses ganz oder teilweise entfallen (Art. 79). Das Übereinkommen sieht ferner die Geltendmachung von Verzugsschäden vor (in der Terminologie der Konvention: „Schadensersatz wegen verspäteter Erfüllung"), unabhängig von weiteren Rechtsbehelfen des Käufers (Art. 47 II S. 2) oder des Verkäufers (Art. 63 II S. 2). Auch wenn der Käufer die Vertragswidrigkeit der Ware zu rügen versäumt, kann er Schadensersatzansprüche geltend

---

[46] *Schlechtriem / Huber,* Art. 45, Rn. 54; *Staudinger / Magnus,* Art. 45, Rn. 43; *Witz / Salger / Lorenz,* Art. 4, Rn. 20, m.w.N.

[47] Vgl. *Staudinger / Magnus,* Art. 74, Rn. 19 ff, 31 ff, m.w.N.; BGH Urteil v. 28.11.1990 VIII ZR 362/89 (Zweibrücken), NJW 1991, 640, jedoch zum EKG; wie es dem *Secretariat Commentary* on Art. 70 [Art. 74 CISG], Anm. 3 und 8 zu entnehmen ist, soll dieser Grundsatz für das UN-Kaufrecht weitergelten.

[48] *Farnsworth,* 27 Am. J. Comp. L. (1979), S. 252 f; *Grigera Naón,* in: Horn / Schmitthoff, S. 121.

machen, wenn er eine vernünftige Entschuldigung für dieses Versäumnis hat (Art. 44); davon ausgenommen sind Schäden wegen eines entgangenen Gewinns.

Das Übereinkommen gewährt ferner einen Anspruch auf Zinsen bei unterlassener Zahlung eines fälligen Betrags (Art. 78). Die Normierung des Zinsanspruchs war von Bedeutung, um die Frage zu vermeiden, ob Zinsen unter den Schadensersatzanspruch fallen oder nicht[49]; in der Konvention können beide Ansprüche kumuliert werden[50].

c) Nach der Art der Pflichtverletzung

Das UN-Kaufrecht geht von der *Nichterfüllung einer Pflicht*[51] oder vom Begriff der *Vertragsverletzung*[52] als Ausgangspunkt des Leistungsstörungsrechts aus. Dabei spielen die *Ursachen* einer Leistungsstörung[53] (Unmöglichkeit, Unvermögen, usw.) für die Feststellung des anzuwendenden Rechtsbehelfs grundsätzlich keine Rolle[54]. Einzige Ausnahme hierzu ist das Vorliegen eines unüberwindbaren Hinderungsgrundes, das zu einem Ausschluß der Schadensersatzpflicht führt (Art. 79)[55].

Dagegen ist die *Art* der Leistungsstörung von Bedeutung, und man kann zwischen verschiedenen Gruppen unterscheiden: (a) nach der Schwere der Leistungsstörung[56] (ob es sich um eine wesentliche Vertragsverletzung handelt oder nicht); (b) ob der Schuldner einen Erfüllungsversuch unternimmt oder nicht (Schlechtleistung[57] bzw. Nichtlieferung); (c) ob die Pflichtverletzung schon vorhanden ist oder erst droht. Die Konvention enthält dazu Spezialregeln für Leistungsstörungen von Dauerschuldverhältnissen. Zur ersten Kategorie soll kurz gesagt werden, daß eine Partei, die eine wesentliche Vertragsverletzung erleidet, grundsätzlich alle Rechtsbehelfe ausüben kann; insbesondere kann er die Aufhebung des Vertrages erklären oder Ersatzlieferung verlangen. Ist

---

[49] *Bianca / Bonell / Nicholas*, Art. 78, Bem. 1.4.

[50] Siehe *Staudinger / Magnus*, Art. 78, Rn. 19. Näheres dazu unter: A.II.2.g). Zinsen.

[51] Die Ausdrücke „Pflichtverletzung" (bzw. „Verletzung einer Pflicht"), und „Nichterfüllung" bezeichnen im Grunde das Gleiche und werden als Synonym verwendet; siehe *Bianca / Bonell / Will*, Art. 45, Bem. 2.1.2.; *Schlechtriem / Huber*, Art. 45, Rn. 6; i.E. *Schlechtriem*, IHR 2001, S. 15 f. In einem anderen Kontext definiert *Huber* die *Pflichtverletzung* als „jedes obligationswidriges Verhalten" (das, bei erfolgsbezogenen Schuldverhältnissen, das Ausbleiben des Erfolgs mitumfaßt), wobei der Akzent bei der *Handlung* des Schuldners liegt; der Begriff der *Nichterfüllung* konzentriert sich vielmehr auf die nicht-Verwirklichung des geschuldeten Erfolgs; diese umfaßt („entgegen des normalen Sprachgebrauchs") auch den Fall der Schlechterfüllung und der verspäteten Erfüllung. Siehe *Huber*, Der Begriff der Pflichtverletzung, S. 48.

[52] Dieser Begriff kommt im deutschen Text des Übereinkommens mehrfach vor; vgl. Art. 25, 45 III, 46 Abs. 2, 47 Abs. 2, 49 Abs. 1 lit. a, 49 Abs. 2 lit. b, 51 Abs. 2, 61 III, 63 Abs. 2, 64 Abs. 1 lit. a, 64 Abs. 2 lit. b, 69 Abs. 1, 70, 72 Abs. 1, 73 Abs. 1, 73 Abs. 2, 74 und 77.

[53] Hier handelt es sich um das sog. „cause approach" (siehe *Krebs*, S. 17, m.w.N.).

[54] *Schlechtriem*, IHR 2001, S. 16.

[55] Wie sich die objektive und dauerhafte Unmöglichkeit der Leistung auf den Erfüllungsanspruch auswirkt, wird unter Punkt B.V.2.a).(3). behandelt.

[56] Nach UN-Kaufrecht ist das „Gewicht" der Leistungsstörung maßgebend. Vgl. *Piltz*, § 1, Rn. 14.

[57] Das Problem der *aliud*-Lieferung im CISG wird an anderer Stelle erörtert; siehe unten: B.IV.1.i). und C.II.1.a).(1).(c).

die Pflichtverletzung nicht wesentlich, dann kommen nur die anderen Rechtsbehelfe in Betracht.

Die Nichtlieferung seitens des Verkäufers, die Nichtzahlung oder Nichtabnahme der Ware seitens des Käufers erlaubt es der anderen Partei, eine Nachfrist von angemessener Zeit für die Erfüllung dieser Pflichten zu setzen, nach deren erfolglosen Ablauf der Gläubiger zur Vertragsaufhebung berechtigt wird. Eine Schlechtleistung – d.h. ein mangelhafter Erfüllungsversuch – berechtigt den Käufer grundsätzlich zur Nachlieferung (bei einer wesentlichen Vertragsverletzung) oder zur Nachbesserung, sowie zur Herabsetzung des Kaufpreises und zum Schadensersatz.

Grundsätzlich kann eine Partei Rechtsbehelfe wegen Vertragsverletzung erst *nachträglich* ausüben, d.h. wenn die andere Partei einen Vertragsbruch tatsächlich begangen hat (etwa durch Lieferung vertragswidriger Ware, durch Überschreitung der Lieferfrist beim Fixkauf, usw.). Ausnahmsweise gewährt die Konvention dem Gläubiger besondere Rechte für den Fall, daß nach Vertragsschluß und vor Fälligkeit deutlich wird, daß die andere Partei ihre Pflichten nicht vertragsgemäß erfüllen wird. Ist es offenbar, daß die andere Partei eine wesentliche Vertragsverletzung begehen wird, so kann der Gläubiger die Aufhebung des Vertrages frühzeitig erklären (Art. 72 Abs. 1) bzw. ausreichende Gewähr von der anderen Partei für die Erfüllung ihrer Pflichten verlangen (Art. 72 II). In anderen Fällen, wenn es offensichtlich ist, daß die andere Partei einen wesentlichen Teil ihrer Pflichten nicht erfüllen wird, kann der Gläubiger die Erfüllung seiner eigenen Pflichten aussetzen (Art. 71 Abs. 1). Zuletzt kommt dem Käufer ein Recht auf Aufhebung bei Sukzessivlieferungsverträgen zu (Art. 73); diese kann sich auf eine Teillieferung (Abs. 1), auf künftige Lieferungen (Abs. 2) oder auf den Vertrag im Ganzen beziehen (Abs. 3).

Nach der Art der Leistungsstörung lassen sich daher folgende Fallgruppen bilden:

(1) Rechtsbehelfe bei wesentlicher Vertragsverletzung
Die einzigen Rechtsbehelfe, die eine wesentliche Vertragsverletzung voraussetzen, sind die Aufhebung des Vertrages (Art. 49 Abs. 1 lit. a) und der Ersatzlieferungsanspruch (Art. 46 II). Beide gelten als so belastend für den Schuldner, daß nur ein gravierender Vertragsbruch ihre Ausübung rechtfertigt.

(2) Bei nicht wesentlicher Vertragsverletzung
Im Übereinkommen gibt es keinen Rechtsbehelf, der formell eine nichtwesentliche Vertragsverletzung voraussetzt. Daher können alle anderen Rechtsbehelfe ohne weiteres geltend gemacht werden, soweit ihre tatbestandlichen Voraussetzungen gegeben sind. Hierzu zählen der Erfüllungsanspruch, die Herabsetzung des Kaufpreises, die Setzung einer Nachfrist, der Schadensersatzanspruch, usw. Diese kann der Käufer auch dann ausüben, wenn eine wesentliche Vertragsverletzung vorliegt.

(3) Für den Fall der nicht rechtzeitigen Lieferung
Hierzu ist der Rechtsbehelf der Setzung einer Nachfrist maßgeschnitten (Art. 47 Abs. 1). Dieser erlaubt es der vertragstreuen Partei, auf Erfüllung zu bestehen und eine Frist von angemessener Länge dafür zu setzen. Während der Frist können keine weiteren Rechtsbehelfe ausgeübt werden, die mit dem Erfüllungsverlangen unvereinbar sind. Nicht unvereinbar ist der Schadensersatzanspruch wegen verspäteter Erfüllung (Art. 47 II). Bleibt die Leistung innerhalb der Nachfrist ganz aus, dann gilt die Vertragsverletzung als „Nichterfüllung überhaupt", so daß die vertragstreue Partei die Aufhebung des Vertrages erklären kann (Art. 49 Abs. 1 lit. b).

(4) Für den Fall der Lieferung vertragswidriger Ware
Einige Rechtsbehelfe setzen die Lieferung einer vertragswidrigen Sache voraus. Dazu zählen der Ersatz- und Nachbesserungsanspruch, sowie die Herabsetzung des Kaufpreises[58]. Fraglich ist, ob „nicht vertragsgemäß" i.S.d. Übereinkommens ein *terminus technicus* ist, der nur auf „Sachmängel" anzuwenden ist[59], oder ob diese Rechtsbehelfe ebenso bei „Rechtsmängeln" zum Zuge kommen können[60].

Nach überwiegender Auffassung ist eine *aliud*-Lieferung als „Lieferung vertragswidriger Ware" zu erfassen: Gemäß Art. 35 Abs. 1 hat der Verkäufer Ware zu liefern, deren *Art* den Anforderungen des Vertrages entspricht. Damit wird eine Artabweichung ohne weiteres als eine Vertragsverletzung qualifiziert. Unterschiedliche Rechtsbehelfe – je nachdem, ob es sich um eine Schlecht- oder Falschlieferung handelt (wie es sich unter der früheren Fassung des BGB und HGB vertreten ließ[61]) – finden im UN-Kaufrecht keinen Raum[62].

(5) Rechtsbehelfe bei vorweggenommener Vertragsverletzung
Das System der Rechtsbehelfe im UN-Kaufrecht setzt in der Regel eine tatsächlich begangene Vertragsverletzung voraus[63]. Dennoch braucht der Käufer nicht auf die Verletzung abzuwarten, wenn bereits vor dem Erfüllungszeitpunkt deutlich ist, daß der Verkäufer eine Vertragsverletzung begehen wird.

Die Konvention sieht zwei Möglichkeiten vor. Zunächst in Art. 71 wird der Fall behandelt, daß nach Vertragsschluß sich herausstellt[64], daß die andere Partei „einen we-

---

[58] *Piltz*, § 5, Rn. 16.
[59] So *Schlechtriem / Huber*, Art. 46, Rn. 24, Art. 50, Rn. 8.
[60] Dieses Problem wird unten näher untersucht; siehe: C.II.1.a).(4). Unterschiedliche Rechtsfolgen von Sach- und Rechtsmängeln?
[61] *Palandt / Putzo*, § 459, Rn. 3. Dementsprechend war Nichterfüllungsrecht auf *aliud*-Lieferungen anzuwenden, während auf Schlechtlieferungen die Vorschriften der Sachmängelhaftung zum Zuge kamen. Diese Unterscheidung ist in der neuen Fassung des BGB entfallen, da Artabweichungen Sachmängeln gleichgestellt werden (vgl. § 434 III).
[62] Zur *aliud*-Lieferung ausführlicher unten: B.IV.1.i). und C.II.1.a).(1).(c).
[63] Vgl. *Enderlein / Maskow*, Art. 72, Bem. 3.
[64] Es ist eine weit verbreitete Auffassung, daß der Grad an „Gewißheit", den Art. 71 verlangt, deutlich geringer ist als der im Art. 72 verlangte (vgl. *Enderlein / Maskow*, Art. 71, Bem. 2; *Honnold*, § 388, mit Nachweisen zur Entstehungsgeschichte). Außerdem sind Unterschiede zwischen den verschiede-

sentlichen Teil ihrer Pflichten nicht erfüllen wird". Hier ist die andere Partei berechtigt, die eigene Leistung (vorläufig) auszusetzen und ausreichende Gewähr zu verlangen. Darüber hinaus berechtigt Art. 72 die vertragstreue Partei, die Aufhebung des Vertrages zu erklären, wenn es schon vor dem für die Vertragserfüllung festgesetzten Zeitpunkt offensichtlich ist, daß die andere Partei „eine wesentliche Vertragsverletzung begehen wird". Für die Beurteilung der Schwere der Vertragsverletzung ist Art. 25 heranzuziehen[65].

Daß die Nichterfüllung eines *wesentlichen Teils* der Schuldnerpflichten nicht unbedingt eine *wesentliche Vertragsverletzung* darstellt[66], ergibt sich bereits aus der Entstehungsgeschichte und aus der Systematik der Konvention; statt einer einzigen, an einheitlichen Voraussetzungen knüpfenden Vorschrift, haben sich die Verfasser des Übereinkommens für zwei unterschiedliche – separat geregelte – Rechtsbehelfe entschieden, die unterschiedliche Folgen hervorrufen und an unterschiedliche Tatbestandsvoraussetzungen knüpfen.

(6) Sonderfälle

Besondere Rechtsbehelfe, die von einem besonderen Vertragstypus abhängen, regelt das UN-Kaufrecht grundsätzlich nicht. Dies bedeutet, daß dem Käufer grundsätzlich *alle Rechtsbehelfe* von vornherein zur Verfügung stehen, unabhängig davon, ob beispielsweise eine Gattungs- oder Stückschuld vorliegt. Dies gilt insbesondere für die Nachbesserung und Ersatzlieferung, die, anders als bei manchen internen Rechtsordnungen, nur für den einen oder anderen Vertragstyp gegeben sind. Für das System der Rechtsbehelfe wird auch nicht unterschieden, ob der Verkäufer die Ware selber herzustellen hat (Werklieferungsvertrag) oder nicht. Das EKG machte diesbezüglich eine Unterscheidung: Der Käufer hatte einen Nachbesserungsanspruch nur dann, wenn der Verkäufer selber Hersteller der Ware war (Art. 42 Abs. 1 lit. a EKG); ein Ersatzlieferungsanspruch war grundsätzlich nur für den Gattungskauf vorgesehen (lit. c).

---

nen Originalfassungen zu berücksichtigen. So heißt es in der englischen und französischen Fassung „when it becomes apparent" und „lorsqu'il apparaît", die eher dem deutschen Begriff „scheinbar"entsprechen, während der spanische Text sich der Formulierung „resulta manifiesto" bedient, dem die deutsche Fassung der Konvention mit dem Begriff „offensichtlich" entspricht. Die h.M. stellt auf einen *hohen* Wahrscheinlichkeitsgrad ab (siehe *Staudinger / Magnus,* Art. 71, Rn. 18, m.w.N.) und trägt damit dem spanischen und deutschen Text Rechnung. Überzeugender ist dennoch der Ansatz von *Schlechtriem / Leser / Hornung* (Art. 71, Rn. 17), der die „relativ schwächste Form des Wahrscheinlichkeitsurteils" zugrunde legt.
Die Verfasser der Konvention bemühten sich um einen *objektiven Maßstab* für die Ausübung von Rechtsbehelfen im Fall einer drohenden Vertragsverletzung; dieser sollte die rein subjektive Befürchtungen eines „überängstlichen" Käufers ausschließen (*Enderlein / Maskow*, Art. 71, Bem. 2; *Schlechtriem / Leser / Hornung,* Art. 71, Rn. 2, 15, 17; *Staudinger / Magnus,* Art. 71, Rn. 19); daher ist für die Beurteilung der Wahrscheinlichkeit das Kriterium einer vernünftigen Person (Art.8 Abs. 2) anzulegen; *Enderlein / Maskow*, Art. 71, Bem. 2, m.w.N.

[65] *Enderlein / Maskow*, Art. 72, Bem. 2.

[66] *Enderlein / Maskow*, Art. 71, Bem. 3.

Ebensowenig unterscheidet das UN-Kaufrecht, ob es sich um ein Fixgeschäft handelt oder nicht. Die Überschreitung der Lieferfrist in einem solchen Fall wird i.d.R. eine wesentliche Vertragsverletzung darstellen, aber sie führt weder zum automatischen Ausschluß des Erfüllungsanspruchs wegen Unmöglichkeit noch zu einer Vertragsaufhebung kraft Gesetzes; dem verletzten Käufer steht eine breite Palette von Rechtsbehelfen zur Verfügung, so daß er eine Erklärung des auszuübenden Rechtsbehelf abgeben muß.

Der einzige Tatbestandsmerkmal, der an einen besonderen Vertragstyp anknüpft, ist Art. 73, der die Aufhebung des Vertrages bei Sukzessivlieferungsverträgen vorsieht. Diese Vorschrift regelt ein Aufhebungsrecht „auf verschiedenen Ebenen"[67]; sie bringt den Gedanken des Art. 52 weiter zum Ausdruck, daß die Aufhebung des Vertrages sich auf das notwendige Maß beschränken soll und daß eine Teilaufhebung durchaus zulässig ist, um den ordnungsgemäßen Teil des Vertrages noch zu „retten"; im Übrigen besagt diese Vorschrift wenig, was nicht aus anderen Vorschriften der Konvention abgeleitet werden könnte.

Liegt eine wesentliche Vertragsverletzung in Bezug auf eine Teillieferung vor, dann kann die verletzte Partei die Aufhebung des Vertrages in Bezug auf diese Lieferung erklären (Abs. 1). Die Aufhebung kann sich aber auch auf künftige Lieferungen erstrecken, wenn die Vertragsverletzung der verletzten Partei „triftigen Grund" zu der Annahme gibt, „daß eine wesentliche Vertragsverletzung in bezug auf künftige Teillieferungen zu erwarten ist" (Abs. 2). Zuletzt kann sich die Vertragsaufhebung auf den ganzen Vertrag (also, auch auf bereits erbrachte Lieferungen) erstrecken, wenn die Ware – aufgrund des Gesamtzusammenhangs zwischen den Teillieferungen – nicht mehr für den Vertragszweck verwendet werden kann (Abs. 3).

d) Nach der Art ihrer Ausübung bzw. ihrer Rechtsnatur

Die Urschrift der Konvention in spanischer Sprache[68] bietet Anlaß für eine weitere Unterscheidung zwischen den Rechtsbehelfen der Parteien. Im III. Abschnitt, Kapitel II ist von „derechos y acciones" die Rede[69]; entsprechendes gilt für die Rechte des Verkäufers im Kapitel III. Der Unterschied ist nicht unwichtig: *derechos* sind subjektive Rechte, die einer Partei zustehen und deren Wirkung allein von der Erklärung einer Partei abhängt. *Acciones* dagegen sind prozessuale (Klage)Rechte; ihre Wirkung erfolgt durch richterliche Entscheidung[70].

---

[67] *Schlechtriem / Leser / Hornung*, Art. 73, Rn. 12.

[68] Die Konvention wurde in den sechs amtlichen Sprachen der UNO unterzeichnet: arabisch, chinesisch, englisch, französisch, russisch und spanisch, *wobei jeder Wortlaut gleichermaßen verbindlich ist* (s. die Unterzeichnungsklausel).

[69] Gleicher Formulierung bedient sich Art. 46 Abs. 1 (spanischer Text): „El comprador podrá exigir del vendedor el cumplimiento de sus obligaciones, a menos que haya ejercitado un *derecho o acción* incompatible con esa exigencia" (Hervorhebung hinzugefügt). Diese ausdrückliche Unterscheidung befindet sich weder in der englischen noch in der französischen Urschriften, noch in der nicht verbindlichen Fassung für die deutschsprachigen Länder.

[70] Eingehend dazu: *Adame*, S. 253 ff; 302 f. Nach diesem Autor sind „derechos" *vorverfahrens-* oder *außerverfahrensrechtliche Behelfe* der Parteien, während „acciones" mit einem *Klagerecht* oder mit

Ihrerseits spricht die englische Fassung nur von *remedies*; diese, nach *Common Law*[71] Verständnis, liegen „irgendwo zwischen substantivem und prozessualem Recht“[72]. Der französische Text spricht von *moyens*[73] und der deutsche[74] von *Rechtsbehelfen*. Eine ausdrückliche Unterscheidung läßt sich also aus dem Wortlaut dieser Fassungen nicht entnehmen. Trotzdem ist es im Allgemeinen klar, daß verschiedene Rechte von den Parteien selbst ausgeübt werden können, während andere nur kraft richterlicher Entscheidung Wirkung haben. Im deutschen Schrifttum wird unter *Rechtsbehelfen* sowohl „klagbare Ansprüche“ als auch „Gestaltungsrechte“ verstanden[75], was mit der obengenannten Unterscheidung *zum Teil* übereinstimmt[76].

Zu den Rechten, die grundsätzlich allein von den Parteien ausgeübt werden können, gehören die Vertragsaufhebung[77], die Herabsetzung des Kaufpreises, die Setzung einer Nachfrist, das Nacherfüllungsverlangen, usw. Dagegen kann die Erfüllung in Natur

---

verfahrensrechtlichen Behelfen der Parteien gleichzustellen sind. Eine ähnliche Einordnung ist bei *Spanogle / Winship*, S. XV f zu sehen, die zwischen *Judicial* und *Non-Judicial remedies* unterscheiden. Zu den *non-judicial remedies* zählen diese Autoren *stipulated remedy provisions* (nicht aber *stipulated damages*) hinzu.

[71] Der Ausdruck *Common Law* ist mehrdeutig; darunter versteht man einerseits das Recht des angloamerikanischen Rechtskreises in seiner Gesamtheit – häufig in Kontrast zum sog. *Civil Law*, nämlich dem kodifizierten und vom römischen, germanischen und kanonischen Recht stark beeinflußten Rechtskreis –, andererseits das in England von den königlichen Gerichten geschaffene Recht, welches neben dem *statute law* (vom Parliament erlassenes Gesetzesrecht) und der *Equity* (d.h. die von der Billigkeitsrechtssprechung des *Court of Chancery* entwickelte Recht) die Hauptrechtsquellen der anglo-amerikanischen Rechtstradition bilden (siehe *Zweigert / Kötz*, § 14 III, S. 185; *Schlosser*, S. 129 f). Im Folgenden – und soweit sich nichts anderes ausdrücklich oder aus dem Kontext ergibt – wird *Common Law* im ersteren (d.h. im breiteren) Sinn verstanden.

[72] „Remedies“, in: *Black's Law Dictionary*, S. 1296.

[73] Das Übereinkommen weicht ebenfalls von der französichen (internen) Rechtsterminologie ab; das Code Civil verwendet den Begriff *sanctions*, welcher einen *strafenden* Charakter hat. Dagegen ist *moyens* (Mittel) ein etwas neutraler Begriff; diese kann der Käufer *en cas de contravention au contrat* ausüben; aus diesem Grund, ist der primäre Erfüllungsanspruch definitorisch ausgeschlossen (ähnlich *Heuzé*, Nr. 397, S. 348, der anscheinend den primären Erfüllungsanspruch und den Erfüllungsanspruch als Rechtsbehelf gleichstellt).

[74] Die deutsche Fassung (BGBI. 1989 II S. 588) des CISG ist nicht verbindlich. Die deutschsprachigen Staaten haben sich auf eine gemeinsame (mit jedoch geringfügigen Abweichungen in der Terminologie) Übersetzung geeinigt.

[75] *Soergel / Lüderitz / Schüßler-Langeheine*, Art. 45, Rn. 1.

[76] Z.B. hat das Ersatzlieferungsverlangen selbst keine Gestaltungswirkung (*Staudinger / Magnus*, Art. 46, Rn. 31) und gehört dennoch zu den Rechtsbehelfen des Käufers.

[77] In Frankreich werden „prozessualle Hindernisse“ für die Vertragsaufhebung erhoben (vgl. *Honnold*, Derecho Uniforme, §301), so daß sie grundsätzlich vom Gericht erklärt wird (CC Fr Art. 1184; dazu *Rabel*, Recht des Warenkaufs, Bd. 1, S. 203). Die französiche Rechtsprechung hat die Notwendigkeit gerichtlicher Vertragsauflösung auf internationale vom CISG geregelte Kaufverträge übertragen (vgl. Cour d'appel de Versailles, 29.1.1998, Arrêt n° 56, R.G. n° 1222/95, Sté Giustina International v. Sté Perfect Circle Europe), CISG-online Nr. 337. Ein solcher Rückgriff auf das nationale unvereinheitlichte Recht ist abzulehnen, weil dies mit einer internationalen Auslegung der Konvention – wie Art. 7 Abs. 1 es anordnet – unvereinbar ist und den ausdrücklichen Wortlaut der Konvention widerspricht: „*Der Käufer kann* die Aufhebung des Vertrages *erklären...*“ (Art. 49 Abs. 1). Eingehend dazu unten: A.II.2.d). Die Aufhebung des Vertrages (Art. 49).

nur von einem Gericht angeordnet werden[78]; sie fällt damit unter die Kategorie der prozessualen Rechte. Außerdem kommt einigen Rechtsbehelfen der Charakter eines Gestaltungsrechts zu[79] – d.h. ihre Ausübung bewirkt eine unmittelbare Änderung des

---

[78] Vgl. Art. 28. Grundsätzlich kann der Käufer Naturalerfüllung außergerichtlich *verlangen*; jedoch entfaltet die Erklärung zur Ausübung eines Erfüllungsanspruchs keine Gestaltungswirkung; nur bei Nichtlieferung wird die rechtliche Stellung des Käufers durch ein fristgebundenes Erfüllungsverlangen verbessert, weil dieses zur Vertragsaufhebung führen kann. Siehe auch: G. Folgen der Ausübung eines Nacherfüllungsanspruchs.

[79] Zu den Gestaltungsrechten gehört insbesondere die *Aufhebung des Vertrages:* Vgl. *Heilmann*, S. 398; *Herber / Czerwenka*, Art. 49, Rn. 11; *Honsell / Karollus*, Art. 26, Rn. 6; *Piltz*, § 5, Rn. 273; *Schlechtriem / Leser / Hornung*, Art. 26, Rn. 4, 6, m.w.N.; *Schlechtriem / Huber*, Art. 45, Rn. 28; *Staudinger / Magnus*, Art. 49, Rn. 26; *Witz / Salger / Lorenz*, Art. 26, Rn. 3, Art. 49, Rn. 1; *Rabel*, RabelsZ 9 (1935), S. 69. Die Vertragsaufhebung befreit beide Parteien von ihren Vertragspflichten und führt zur Rückgewähr des bereits Geleisteten (Art. 81).
Ebenfalls wird die *Herabsetzung des Kaufpreises* von der h.M. als Gestaltungsrecht angesehen: *Adame*, S. 275, 285; *Audit*, S. 134; *Enderlein / Maskow*, Art. 50, Bem. 2; *Heilmann*, S. 443 (allerdings erst „mit einer zeitlichen Verzögerung", S. 455); *Hutter*, S. 173; *Karollus*, S. 157; *Neumayer*, in: FS Drobnig, S. 107 (der auf den Zeitpunkt des Zugangs der Minderungserklärung abstellt); *Piltz*, § 5, Rn. 307; *Schlechtriem*², Rn. 204; *Staudinger / Magnus*, Art. 50, Rn. 15, 31; *Ziegler*, S. 154, 253; a.A. *Schlechtriem / Huber*, Art. 45, Rn. 30 f, Art. 50, Rn. 17, womit *Huber* seine in der 1. Aufl. vertretene Ansicht revidiert; diesen Wechsel begründet er damit, daß das CISG keinen Anlaß für die Annahme eines Gestaltungsrechts bei der Herabsetzung des Kaufpreises bietet; außerdem werde der Käufer besser geschützt, wenn er an die Minderungserklärung nicht gebunden wäre. So könnte er zu anderen Rechtsbehelfen übergehen, wenn der Verkäufer die Vertragswidrigkeit bestreitet. Eine Bindungswirkung würde erst dann eintreten, wenn die Parteien sich auf die Minderung und auf ihren Betrag geeinigt haben. Dem ist entgegenzuhalten, daß die Herabsetzung des Kaufpreises *allein* von der *einseitigen* Erklärung des Käufers abhängt: „der Käufer [kann] den Preis ... herabsetzen" (Art. 50 S. 1). Dies steht unter dem selbstverständlichen Vorbehalt, daß die Voraussetzungen der Minderung vorliegen. Eine *Einigung* zwischen den Parteien ist nicht erforderlich (so auch *Enderlein / Maskow*, Art. 50, Bem. 2); schließlich hätte eine solche Einigung nur zu Folge, daß sie die Mitwirkung eines Gerichts erübrigen würde. Der Einwand *Hubers*, der Käufer wäre schlechtgestellt, wenn der Verkäufer die Vertragswidrigkeit bestreitet, ist nicht stichhaltig: Ist der Verkäufer bei seinem Bestreiten erfolgreich (d.h. ihm gelingt der Beweis, die von ihm gelieferte Ware sei vertragsgemäß), dann ist nicht einzusehen, warum der Käufer zu anderen Rechtsbehelfen übergehen sollte. Die Wirksamkeit der Herabsetzung des Kaufpreises setzt ferner voraus, daß der Rechtsbehelf zu Recht geltend gemacht wurde (*Staudinger / Magnus*, Art. 46, Rn. 20). Überzeugend daher *Schlechtriem*, der eine Bindungswirkung des Käufers erst dann annimmt, wenn sich der Verkäufer auf die Minderungserklärung eingestellt hat (*Schlechtriem / Schlechtriem*, Art. 27, Rn. 14), bzw. wenn der Verkäufer auf sein Nachbesserungsrecht aus Art. 48 verzichtet hat. Insofern könnte ein *Schwebezustand* angenommen werden für die Zeit zwischen der Minderungserklärung und dem Ablauf einer angemessenen Frist zur Mängelbehebung nach Art. 48. Ähnlich *Honsell / Schnyder / Straub*, Art. 50, Rn. 22, der die Wirksamkeit der Minderungserklärung einer *auflösenden Bedingung* unterstellt.
Das Verlangen vom *Schadensersatz wegen Nichterfüllung* wird ebenfalls als Gestaltungsrecht verstanden (*Staudinger / Magnus*, Art. 46, Rn. 19); dieser Rechtsbehelf ist nicht der Konvention ausdrücklich zu entnehmen, sondern der gemeinsamen Ausübung von Vertragsaufhebung und Schadensersatz (so auch *Krebs*, S. 19, 47 f). Die *Setzung einer Nachfrist* stellt kein Gestaltungsrecht dar, aber sie sperrt die Ausübung anderer Rechten wegen Vertragsverletzung vorläufig aus; außerdem erlaubt sie die Vertragsaufhebung nach erfolglosem Ablauf der Frist (im Falle der Nichtlieferung durch den Verkäufer, sowie bei Nichtabnahme oder Nichtzahlung durch den Käufer). Zwar wird in diesen Fällen der Schuldner in einer schwächeren Situation gestellt als früher, aber nur der darauffolgenden Vertragsaufhebung kommt Gestaltungswirkung zu.

Pflichtenprogramms der Parteien[80] – während die Ausübung anderer Rechtsbehelfe das ursprüngliche Schuldverhältnis unberührt läßt[81].

Zwar muß eine Partei damit rechnen, daß ein Richter jederzeit ihre Entscheidung – die Richtigkeit der Ausübung solcher Rechte – überprüfen kann[82], aber die unmittelbare Wirkung solcher Rechte ergibt sich bereits aus der Ausübung durch die berechtigte Partei.

Aus diesen Überlegungen lassen sich die Rechtsbehelfe der Parteien wie folgt aufteilen:

(1) „Derechos“

Der Erfüllungsanspruch ist das Recht *par excellence* aus dem Kaufvertrag und wird im Regelfall extraprozessual ausgeübt. Gleiches gilt für ihre eingeschränkten Varianten in Form der Nachbesserung und der Ersatzlieferung. Alle drei Rechtsbehelfe können zusammen mit einer Nachfrist verlangt werden[83].

Die Aufhebung des Vertrages – ob ganz oder teilweise – bedarf ebenfalls der Mitwirkung eines Gerichtes nicht (trotz entgegenstehender Praxis der französischen Gerichte[84]). Gleiches gilt für die Herabsetzung des Kaufpreises. Diese Rechtsbehelfe sind Gestaltungsrechte[85], die allein durch Erklärung der berechtigten Partei erfolgen. Wie oben ausgeführt, wird im Konfliktfall das Gericht überprüfen können, ob die Erklärungsvoraussetzungen zum Zeitpunkt ihrer Ausübung vorlagen, aber ihre Wirkung hängt, bei ordnungsgemäßer Ausübung, nicht von der Entscheidung des Gerichts ab.

Weitere Rechtsbehelfe, die einer Mitwirkung des Gerichtes nicht bedürfen, sind: die Abnahmeverweigerung der frühzeitig oder übermäßig gelieferten Ware; die Spezifizierung der Ware durch den Verkäufer; das Recht, Gewähr zu verlangen; die Aussetzung der eigenen Leistung; die Ausübung eines Zurückbehaltungsrechts, die Vornahme eines Deckungsgeschäfts (ein Deckungskauf seitens des Käufers oder ein Deckungsverkauf durch den Verkäufer); des weiteren, ein Selbsthilfeverkauf im Rahmen der Pflicht zur Erhaltung der Ware bzw. die Aufrechnung einer Schuld in den vom Übereinkommen vorgesehenen Fällen, sowie das Recht, die eigene Pflichtverletzung zu beheben[86].

---

[80] Vgl. *Flume*, Allgemeiner Teil des Bürgerlichen Rechts, B. II, S. 137; auch: *Erman / Brox*, Einl § 104, Rn. 19.

[81] So hat die Geltendmachung von Schadensersatz, Nachbesserung oder Ersatzlieferung selbst keine Gestaltungswirkung; vgl. *Staudinger / Magnus*, Art. 46, Rn. 31. *Schlechtriem / Huber*, Art. 45, Rn. 26 f, 30.

[82] *Adame*, S. 254.

[83] Hat der Käufer einen Rechtsbehelf ausgeübt, so darf ein Gericht – nach ausdrücklichem Wortlaut des Art. 45 III – dem Verkäufer keine zusätzliche (Gnaden)Frist gewähren.

[84] Vgl. Cour d'appel de Versailles, 29.1.1998, Arrêt n° 56, R.G. n° 1222/95, Sté Giustina International v. Sté Perfect Circle Europe), CISG-online Nr. 337. Siehe oben: Fn. 77.

[85] Siehe oben: Fn. 75; auch *Heilmann*, S. 398.

[86] Diese Rechtsbehelfe fallen unter „Derechos“, sind aber *keine* Gestaltungsrechte.

(2) „Acciones“

Zu den „Acciones“ zählt an erster Stelle der Anspruch auf Erfüllung in Natur (oder *specific performance*)[87], der nur von einem Gericht (bzw. Schiedsgericht) zugesprochen werden kann[88]. Schadensersatzansprüche (*damages*) und Zinsen (*interests*) werden *de facto* nur im Rahmen der Gerichtsbarkeit befriedigt, es sei denn, daß der Schuldner das Ersatzlieferungsverlangen des Gläubigers spontan erfüllt. Ähnliches gilt, wenn der Käufer den Kaufpreis bereits gezahlt hat und nachträglich die Minderung erklärt.

Diese letzte Klassifizierung hat auch eine praktische Bedeutung: Sie bringt den subsidiären Charakter der Gerichtsbarkeit zum Ausdruck; d.h. in internationalen Kaufverträgen werden die Parteien implizit aufgefordert, eine Kontroverse möglichst „unter sich“ zu regeln und gerichtliche Konflikte zu vermeiden. Das entspricht den Erfordernissen des internationalen Handels; danach sollte in möglichst kurzer Zeit – und mit möglichst wenig finanziellem Aufwand – Rechtssicherheit errungen werden. Ein Rückgriff auf die Gerichte stünde daher diesem Prinzip entgegen.

2. Überblick der Rechtsbehelfe des Käufers in der Konvention

Der Ausgangspunkt für die Bestimmung der Rechtsbehelfe des Käufers ist Art. 45. Diese Vorschrift umschreibt, wann eine Nichterfüllung („Leistungsstörung“) vorliegt: Jede Art von „objektiver Verletzung der Vertragspflichten“ seitens des Verkäufers stellt eine Vertragsverletzung dar[89]. Diese Vorschrift besagt ebenfalls, welche Folgen eine solche Verletzung auflöst: Die Rechte aus Art. 46 bis 52, die zusammen mit einem Schadensersatzanspruch geltend gemacht werden können (Art. 45 Abs. 1 lit. b). Dafür genügt es, daß der Verkäufer *irgendeine* seiner Pflichten nicht erfüllt, unabhängig davon, ob es sich um eine „Hauptpflicht“ oder um eine „sonstige Pflicht“ *(Nebenpflicht)* handelt[90], bzw. ob er die Nichterfüllung zu vertreten hat oder nicht. Eine Pflichtverletzung ist daher im weitesten Sinne zu verstehen[91].

Der Verweis vom Art. 45 Abs. 1 lit. a hat einen rein *deklaratorischen Charakter*[92]. Es handelt sich um eine *Rechtsgrundverweisung*[93], die jedoch nicht abschließend ist; weitere Rechtsbehelfe wegen Pflichtverletzung sind aus den „Gemeinsamen Bestimmungen über die Pflichten des Verkäufers und des Käufers" (Art. 71 bis 88) zu

[87] Auf der Wiener Konferenz wurde die Frage erörtert, ob die Mitwirkung eines Gerichts für die Erhaltung des Anspruchs auf Erfüllung erforderlich sei. Vertreter des *Common Law* waren entschlossen dafür, mit der Begründung, *specific performance* sei ein derart strenger Rechtsbehelf, daß ihre Ausübung unbedingt erschwert werden sollte; vgl. Beiträge von *Farnsworth* und *Feltham*, OR. S. 334 f, Rn. 5 f.

[88] Hierzu ist Art. 28 zu beachten. Siehe unten: B.V.1.c) Einschränkung des Art. 28.

[89] *Soergel / Lüderitz / Schüßler-Langeheine*, Art. 45, Rn. 3.

[90] *Schlechtriem / Huber*, Art. 45, Rn. 2.

[91] *Schlechtriem / Huber*, Art. 45, Rn. 5.

[92] *Bianca / Bonell / Will*, Art. 45, Bem. 2.1.1.; *Staudinger / Magnus*, Art. 45, Rn. 3; *Schlechtriem / Huber*, Art. 45, Rn. 1; *Soergel / Lüderitz / Schüßler-Langeheine*, Art. 45, Rn. 2; ähnlich *Dauner-Lieb*, Entwicklungstendenzen und Problemschwerpunkte, S. 19 (Art. 45 als „Verteilerknoten“).

[93] *Staudinger / Magnus*, Art. 45, Rn. 14.

entnehmen[94]. Dagegen hat Abs. 1 lit b einen *konstitutiven Charakter*[95] und bildet die Anspruchsgrundlage des Schadensersatzanspruchs des Käufers[96]; allerdings wird auf Art. 74 bis 77 für die Berechnung und für die Bestimmung des Umfangs des Schadensersatzanspruchs verwiesen.

Absatz II enthält eine wichtige Regel. Ihre zentrale Bedeutung liegt darin, daß sie die Kompatibilität zwischen den verschiedenen Rechtsbehelfen und dem Recht auf Schadensersatz ausdrücklich bestätigt. Der Abs. 3 untersagt es den Gerichten, dem Verkäufer eine Gnadenfrist zu gewähren, wenn der Käufer einen Rechtsbehelf wegen Vertragsverletzung ausgeübt hat.

Die wichtigsten Rechtsbehelfe des Käufers werden im Folgenden ausgeführt:

a) Die allgemeine Norm des Art. 45

Das CISG regelt die Rechtsbehelfe des Käufers im Falle einer Vertragsverletzung durch den Verkäufer *erschöpfend*[97]. Die wesentlichen Rechte des Käufers sind im Kapitel II, Abschnitt III geregelt; zusätzlich sind weitere Rechtsbehelfe für Ausnahmesituationen in den gemeinsamen Vorschriften für den Käufer und Verkäufer enthalten (Art. 71 – 88)[98]. Konkurrierende Ansprüche aus dem nationalen, unvereinheitlichten Recht sind daher ausgeschlossen[99] (als Beispiel kommt die *Irrtumsanfechtung,* soweit sie „auf Fehlvorstellungen über die Beschaffenheit der Ware" gestützt wird[100]). Ob sich weitere Rechtsbehelfe aus den Grundsätzen der Konvention ableiten können ist fraglich[101].

Art. 45 ff geben einen Überblick über die „Rechtsbehelfe" des Käufers[102]. Sie gehen von einem *einheitlichen Begriff* der Vertragsverletzung[103] oder der Nichterfüllung[104]

---

[94] Dazu eingehend *Adame*, S. 251.

[95] *Bianca / Bonell / Will*, Art. 45, Bem. 1.1.; *Honsell / Schnyder / Straub*, Art. 45, Rn. 69; *Staudinger / Magnus*, Art. 45, Rn. 14.

[96] *Enderlein / Maskow*, Art. 45, Bem. 5; *Herber / Czerwenka*, Art. 45, Rn. 5; *Schlechtriem / Huber*, Art. 45, Rn. 1; *Soergel / Lüderitz / Schüßler-Langeheine*, Art. 45, Rn. 1, m.w.N.; *Staudinger / Magnus*, Vorbem zu Art. 45 ff, Rn. 4.

[97] *Soergel / Lüderitz / Schüßler-Langeheine*, Art. 45, Rn. 11.

[98] *Staudinger / Magnus*, Vorbem zu Art. 45 ff, Rn. 2.

[99] *Soergel / Lüderitz / Schüßler-Langeheine*, Art. 45, Rn. 12, m.w.N.; *Staudinger / Magnus*, Vorbem zu Art. 45 ff, Rn. 5.

[100] *Staudinger / Magnus*, Art. 45, Rn. 43.

[101] In Betracht kommt ein Recht des Käufers, den Mangel selbst zu beseitigen (vgl. ICC Nr. 5713 vom 1989, CLOUT Nr. 45). Meines Erachtens ist ein solches Vorgehen nicht ausgeschlossen, aber es bildet noch keinen selbständigen Rechtsbehelf; dabei reichen die Regeln des Schadensersatzes und der Herabsetzung des Kaufpreises genügend aus. Zum deutschen unvereinheitlichten Recht vgl. § 637 BGB (allerdings für Kaufverträge nicht anwendbar).

[102] *Soergel / Lüderitz / Schüßler-Langeheine*, Art. 45, Rn. 1.

[103] *Staudinger / Magnus*, Vorbem zu Art. 45 ff, Rn. 3.

[104] *Schlechtriem / Huber*, Art. 45, Rn. 6; *Schlechtriem / Stoll*, Art. 79, Rn. 10.

aus. Dieser ist die Grundvoraussetzung[105] für die Ausübung aller Rechtsbehelfe, auch wenn die unterschiedlichen Arten von Vertragsverletzungen (Verzug, Unmöglichkeit, usw.) keine Rolle spielen[106]. Dagegen ist „das Gewicht" der Pflichtverletzung von großer Bedeutung für die auszuübende Sanktionen[107]: Nur eine wesentliche Vertragsverletzung rechtfertigt zur Aufhebung des Vertrages oder zur Lieferung von Ersatzware[108]. Daraus ist zu entnehmen, daß die Aufrechterhaltung des Vertrages begünstigt werden soll[109].

Alle Pflichten der Parteien kommen für die Bestimmung einer Pflichtverletzung in Betracht: Pflichten aus dem Kaufvertrag, aus Zusatzklauseln, aus der Konvention, aus dem Grundsatz von Treu und Glauben[110], aus Schutzpflichten, usw. Auch die „teilweise Nichterfüllung", die verfrühte Lieferung[111] und die „Übererfüllung" sind als Vertragsverletzungen[112] im Sinne der Konvention zu behandeln. Der Tatbestand der Vertragsverletzung ist allein nach objektiven Kriterien zu bemessen[113], d.h. er setzt kein Verschulden seitens der „vertragsbrüchigen Partei" voraus[114].

Der Käufer kann grundsätzlich vom Verkäufer Erfüllung seiner Pflichten (Art. 46 Abs. 1) verlangen. Außerdem kann er bei bestimmten Pflichtverletzungen – d.h. bei Lieferung vertragswidriger Ware – Ersatzlieferung (Art. 46 II) und Nachbesserung (Art. 46 III) verlangen sowie den Kaufpreis herabsetzen (Art. 50); ferner kann er eine Nachfrist setzen (Art. 47 Abs. 1), den Vertrag ganz (Art. 49 Abs. 1) oder zum Teil (Art. 51 Abs. 1) aufheben, die Abnahme der frühzeitig oder zuviel gelieferten Ware verweigern (Art. 52). Zusätzlich kann er Schadensersatz (Art. 45 Abs. 1 lit. b, i.V.m. 74 ff) und Zinsen (Art. 78) verlangen. Aus diesem System der Rechtsbehelfe kann eine starke Tendenz zur Vertragsdurchführung[115] festgestellt werden, denn diese Rechte werden ihrerseits durch ein allgemeines Recht des Verkäufers zur Nacherfüllung (Art. 48) – sowie durch das Erfordernis einer wesentlichen Vertragsverletzung für die Vertragsaufhebung – eingeschränkt[116].

---

[105] Darüber hinaus ist bei Lieferung vertragswidriger Ware eine ordnungsgemäße Mängelrüge erforderlich (Art. 39); dazu *Staudinger / Magnus*, Art. 45, Rn. 13. Weitere Voraussetzungen – z.B. die Ausübung innerhalb einer angemessenen Frist – werden von den jeweiligen Rechtsbehelfen gesondert geregelt (so die Nacherfüllung und die Aufhebung des Vertrages: Art. 46 Abs. 2 und 3, Art. 49 II lit. a und b).

[106] *Staudinger / Magnus*, Vorbem zu Art. 45 ff, Rn. 3, Art. 45, Rn. 9.

[107] *Staudinger / Magnus*, Vorbem zu Art. 45 ff, Rn. 3. So ist für die Vertragsaufhebung grundsätzlich eine wesentliche Vertragsverletzung erforderlich; gleiches gilt für das Ersatzlieferungsverlangen.

[108] *Honsell / Siehr*, Präambel, Rn. 7.

[109] Diese stellt „das Primärziel" des Übereinkommens dar; *Honsell / Schnyder / Straub*, Art. 45, Rn. 32.

[110] *Staudinger / Magnus*, Art. 45, Rn. 9.

[111] *Soergel / Lüderitz / Schüßler-Langeheine*, Art. 45, Rn. 6.

[112] *Staudinger / Magnus*, Vorbem zu Art. 45 ff, Rn. 5.

[113] *Soergel / Lüderitz / Schüßler-Langeheine*, Art. 45, Rn. 3.

[114] *Adame*, S. 252; *Staudinger / Magnus*, Art. 45, Rn. 11.

[115] *Staudinger / Magnus*, Vorbem zu Art. 45 ff, Rn. 6, m.w.N.

[116] *Soergel / Lüderitz / Schüßler-Langeheine*, Art. 45, Rn. 5; *Staudinger / Magnus*, Vorbem zu Art. 45 ff, Rn. 6.

Die Kumulierung von Ansprüchen ist durch Art. 45 II ausdrücklich erlaubt: Der Käufer darf gleichzeitig Schadensersatz verlangen und andere Rechtsbehelfe ausüben. Diese Vorschrift bezweckt, mögliche Divergenzen zu den verschiedenen nationalen Rechtsordnungen aufzuheben, in denen eine Anspruchskonkurrenz nicht gestattet ist[117]. Diese Anspruchskumulation darf allerdings nicht zu einer „Überentschädigung" führen[118]. Außerdem darf eine Partei keine widersprüchlichen Rechte ausüben (etwa Erfüllung verlangen und gleichzeitig die Aufhebung des Vertrages erklären)[119]. Der Schadensersatzanspruch kann aufgrund von Art. 79 (wenn die Ursache der Nichterfüllung in einem Hinderungsgrund außerhalb des Einflußbereichs des Schuldners liegt) oder von Art. 80 (wenn der Gläubiger die Nichterfüllung verursacht hat) entfallen[120]. Kumulativ zum Schadensersatzanspruch kann der Gläubiger Zinsen über fällige Geldzahlungen verlangen (Art. 78).

Nach dem Grundsatz der Vertragsfreiheit steht den Parteien das Recht zu, die Rechtsbehelfe zu erweitern, „in den Voraussetzungen oder Rechtsfolgen" [121] abweichende Regeln zu vereinbaren oder sie deutlicher zu umschreiben. Die Gewährung von Zusatz- oder Gnadenfristen durch die ordentliche Gerichte (oder Schiedsgerichte) ist ausgeschlossen (Art. 45 III). Diese Bestimmung bringt die „Ausschließlichkeit" der Regelung der Konvention deutlicher zum Ausdruck. Dennoch dürfen die Parteien gemäß Art. 6 CISG eine davon abweichende Vereinbarung treffen[122] und Gnadenfristen vertraglich vereinbaren.

b) Der Erfüllungsanspruch (Art. 46)

Der Erfüllungsanspruch steht „an der Spitze" der Rechtsbehelfe des Käufers (Art. 46 Abs. 1)[123]. Für einige Autoren ist die Erfüllung und Durchführung des Vertrages das primäre Ziel der Konvention[124]. Dafür sprechen nicht nur die *systematische Stellung*

[117] Das war etwa der Fall in der bis zum 31.12.2001 geltenden „alten Fassung" des BGB (siehe §§ 325 Abs. 1 S. 1 und 2, 326 Abs. 1 S. 2 usw. BGB a.F.); Nachweise zur Rechtslage in anderen Ländern bei *Bianca / Bonell / Will*, Art. 45, Bem. 2.1.2., der England und Ungarn dazu zählt. Eine Anspruchskumulation ist dagegen in Frankreich und in den vom Code Napoleon beeinflußten Rechtsordnungen üblich (siehe CC Fr Art. 1184, CC Esp Art. 1124, CC Mex Art. 1949, CC It Art. 1453); vgl. ebenfalls *Official Comment* to UCC § 2-703, Anm. 1, nach dem eine Kumulierung grundsätzlich möglich ist; ob ein Rechtsbehelf einen anderen verdrängt, „depends entirely on the facts of the individual case" (allerdings in bezug auf die Rechte des Verkäufers).

[118] *Staudinger / Magnus*, Art. 45, Rn. 21.

[119] Die Aufhebung des Vertrages ist mit einem Erfüllungsverlangen inkompatibel, weil jene beide Parteien von ihren Leistungspflichten befreit (Art. 81). Die Herabsetzung des Kaufpreises ist ebenfalls unvereinbar, weil dadurch das vertragliche Gleichgewicht wiederhergestellt wird: Einerseits verzichtet der Käufer auf die vollkommene Erfüllung des Vertrages, andererseits wird der Kaufpreis an die erbrachte Leistung angepaßt.

[120] *Soergel / Lüderitz / Schüßler-Langeheine*, Art. 45, Rn. 7.

[121] *Soergel / Lüderitz / Schüßler-Langeheine*, Art. 45, Rn. 13.

[122] Vgl. *Achilles*, Art. 45, Rn. 9,11.

[123] *Staudinger / Magnus*, Art. 46, Rn. 4.

[124] *Achilles*, Art. 46, Rn. 1; *Schlechtriem / Huber*, Art. 46, Rn. 1 f; *Farnsworth*, in: Lausanner Kolloquium, S. 84 f; *Staudinger / Magnus*, Art. 46, Rn. 4.

dieser Vorschrift in der Konvention[125], sondern auch die Erfordernisse des internationalen Handelns und das Prinzip der Vertragserhaltung *(favor contractus)*[126], nach dem ein Festhalten am Vertrag – und demzufolge seine Durchführung – *soweit möglich und zumutbar* zu erwarten ist[127]. Andere Autoren wehren sich gegen diese Auffassung, mit der Begründung, der Erfüllungsanspruch stehe unter dem Vorbehalt des Art. 28[128]; daraus wäre zu entnehmen, daß in den Ländern, die keinen durchsetzbaren Erfüllungsanspruch kennen, der Erfüllungsanspruch keine Bedeutung haben würde[129]. Des weiteren wird ausgeführt, daß der Erfüllungsanspruch durch die Ausübung anderer Rechtsbehelfe ausgeschlossen werden kann (Art. 46 Abs. 1 a.E.)[130], so daß man von einem Vorrang des Erfüllungsanspruchs nicht ausgehen könnte.

Anscheinend beruht diese Meinungsverschiedenheit auf einer unscharfen Unterscheidung zwischen dem Vertragsziel (Erfüllung des Vertrages, primärer Erfüllungsanspruch[131]) und dem Erfüllungszwang (Anspruch auf *Verurteilung* in Natur)[132]. Der Käufer kann nach der Konvention *Erfüllung* der Pflichten aus dem Vertrag erwarten, ja sogar verlangen, und zwar als Konsequenz des Grundsatzes *pacta sunt servanda*[133]. Eine andere Frage ist, ob er ein solches Begehren *gerichtlich* durchsetzen kann. Um diesen Unterschied deutlicher zu machen, kann man sich der – aus der spanischen Fassung des CISG abgeleiteten – Unterscheidung zwischen „derechos" und „acciones"[134] bedienen. Erstere bewegen sich auf einer *außergerichtlichen* Ebene, während letztere mit einem *Klagerecht* der Parteien gleichzustellen sind.

Eine Unterscheidung zwischen dem Erfüllungs*anspruch* und dem Erfüllungs*zwang* läßt sich bereits aus dem Text der Konvention ableiten. In Art. 46 heißt es, der Käufer kann vom Verkäufer Erfüllung seiner Pflichten „verlangen". Die gleiche Formulierung wird sowohl für den Fall der Ersatzlieferung (Art. 46 II), als auch für den Fall der Nachbesserung (Art. 46 III) verwendet. In beiden Fällen sollen die Rechtsbehelfe „entweder zusammen mit einer Anzeige nach Artikel 39 oder innerhalb einer angemessenen Frist danach" verlangt werden. Hier handelt es sich offensichtlich um eine „nicht-prozessuale Ebene"; in diesem Zusammenhang ist der Erfüllungsanspruch des

---

[125] So *Bernstein / Lookofsky*, S. 82.
[126] *Adame*, S. 78; *Bianca / Bonell / Bonell*, Art 7, Bem 2.3.2.2
[127] *Staudinger / Magnus*, Art 7, Rn 49.
[128] *Soergel / Lüderitz / Schüßler-Langeheine*, Art. 46, Rn. 1.
[129] *Bianca / Bonell / Will*, Art. 46, Bem. 1.1.1.; *Soergel / Lüderitz / Schüßler-Langeheine*, Art. 46, Rn. 1: *kein Primat* des Erfüllungsanspruchs; ähnlich *MünchKommHGB / Benicke*, Art. 46, Rn. 2.
[130] Ebenda.
[131] Hier wird der *Erfüllungsanspruch* im weitesten Sinne verwendet.
[132] Diese Verwechslung kommt in den unterschiedlichen Überschriften des Art. 28 der nicht-amtlichen deutschen Fassung – wie sie in den verschiedenen Kommentaren und Lehrbüchern erscheint – zum Ausdruck: im *Soergel-Kommentar* trägt diese Vorschrift den Titel „Anspruch auf Naturalerfüllung"; bei *Staudinger / Magnus* heißt sie „Verurteilung zur Erfüllung", bei *Schlechtriem* und *Honsell* heißt es „Erfüllungsanspruch"; und *Neufang* spricht von „Erfüllungszwang". Die Übersetzung der DDR verwendet dafür den Ausdruck „reale Erfüllung" (Siehe *Honsell / Karollus*, Art. 28, Rn. 3).
[133] *Bianca / Bonell / Will*, Art. 46, Bem. 2.1.1.; *Enderlein / Maskow*, Art. 46, Bem. 1.
[134] Siehe oben: A.II.1.d). [Einordnung der Leistungsstörungsrechte] Nach der Art ihrer Ausübung bzw. ihrer Rechtsnatur.

Käufers ebenso als „nicht-prozessual" zu verstehen. Das Vorliegen eines Erfüllungsanspruchs reicht für eine „Verurteilung auf Erfüllung in Natur" noch nicht aus; es stellt lediglich die notwendige (nicht ausreichende!) Voraussetzung zu einer Verurteilung auf Erfüllung in Natur. Nur letztere ist durch die *lex fori* gemäß Art. 28 eingeschränkt[135].

Dieser Erfüllungsanspruch des Art. 46 bezieht sich auf die Erfüllung *jeder Art* von Pflichten[136]. Der Erfüllungsanspruch entfällt, wenn sich der Käufer für einen Rechtsbehelf entscheidet, der mit diesem Verlangen unvereinbar ist (Art. 46 Abs. 1 a.E). Je nach der Art der vorliegenden Leistungsstörung kann der Erfüllungsanspruch *in gewandelter Form* eintreten[137].

Der „Vorbehalt des Art. 46" – ein Anspruch kann nur dann geltend gemacht werden, wenn er nicht im Widerspruch zu einem zuvor erhobenen Recht steht[138] – tritt nur ein, wenn der erste Rechtsbehelf wirksam geltend gemacht wurde[139], oder wenn der Verkäufer diesem Recht zustimmt, wodurch das Vertragsverhältnis umgestaltet wird[140]. Insbesondere sind mit den Rechtsbehelfen des Art. 46 das Aufhebungsrecht und das Kaufpreisherabsetzungsrecht unvereinbar[141]. Der Erfüllungsanspruch ist an keine Frist gebunden[142]. Jedoch kann eine *Verwirkung* dieses Anspruchs u.U. in Betracht kommen, wenn der Verkäufer darauf vertrauen durfte – etwa aufgrund langen Zeitablaufs – der Käufer würde seinen Erfüllungsanspruch nicht ausüben[143]. Bei Geltendmachung eines Erfüllungsanspruchs bleiben die Rechte und Pflichten der Parteien unverändert (keine „Umgestaltung der Vertragslage")[144].

(1) Nacherfüllung

Hat der Verkäufer „schlecht erfüllt", also Ware geliefert und ist diese Ware nicht vertragsgemäß, so kommen die Spezialnormen des Art. 46 II und III zum Zuge[145]. Diese

[135] Siehe unten: A.II.2.b).(2). Das Recht, Erfüllung zu Verlangen (Art. 46). Vgl. ebenfalls den Wortlaut des Art. 28: „Ist eine Partei *nach diesem Übereinkommen berechtigt*, ... *Erfüllung* einer Verpflichtung *zu verlangen...*"; Hervorhebung hinzugefügt.

[136] *Bianca / Bonell / Will*, Art. 46, Bem 3.1.; *Soergel / Lüderitz / Schüßler-Langeheine*, Art. 46, Rn. 2.

[137] Ausführlicher unten: C.I.3. Dogmatische Einordnung des Nacherfüllungsanspruchs.

[138] *Soergel / Lüderitz / Schüßler-Langeheine*, Art. 46, Rn. 14.

[139] *MünchKomm / P. Huber*, Art. 46, Rn. 14; *Honsell / Schnyder / Straub*, Art. 46, Rn. 25 f; *Staudinger / Magnus*, Art. 46, Rn. 20.

[140] *Soergel / Lüderitz / Schüßler-Langeheine*, Art. 46, Rn. 14; *Staudinger / Magnus*, Art. 46, Rn. 21 f.

[141] Siehe statt aller *Staudinger / Magnus*, Art. 46, Rn. 19. Die Vertragsaufhebung schließt die Erfüllung des Vertrages aus; das Recht, den Kaufpreis herabzusetzen, führt zu einer Anpassung zwischen den Leistungen beider Parteien.

[142] *Enderlein / Maskow*, Art. 46, Bem. 1; *Honsell / Schnyder / Straub*, Art. 46, Rn. 34; *MünchKomm / P. Huber*, Art. 46, Rn. 20; *Schlechtriem / Huber*, Art. 45, Rn. 22, Art. 49, Rn. 35; *Staudinger / Magnus*, Art. 46, Rn. 28a und 30.

[143] *MünchKomm / P. Huber*, Art. 46, Rn. 20; *Staudinger / Magnus*, Art. 46, Rn. 28a, Art. 4, Rn. 53 f; *Vahle*, ZVglRWiss 98 (1999), S. 61, jeweils m.w.N.; vgl. auch PECL 9:102.3.

[144] *Bianca / Bonell / Will*, Art. 46, Bem. 2.1.2.; *Staudinger / Magnus*, Art. 46, Rn. 30.

[145] *Herber / Czerwenka*, Art. 46, Rn. 2; *von Hoffmann*, in: Fachtagung, S. 294; *Staudinger / Magnus*, Art. 46, Rn. 2.

beinhalten zwei Varianten eines „Nacherfüllungsanspruchs": Ersatzlieferung und Beseitigung des Mangels durch Reparatur (Nachbesserung). Die Nacherfüllungsansprüche des Käufers werden hier kurz dargestellt. Eine umfassende Analyse dieses Themas wird unten ausgeführt.

(a) Ersatzlieferung

Hat der Verkäufer vertragswidrige Ware geliefert, kann der Käufer gemäß Art. 46 II Ersatzlieferung vom Verkäufer verlangen[146]. Als vertragsbrüchige Partei hat der Verkäufer die Transportkosten und -risiken zu tragen. Allerdings wird dieser Rechtsbehelf zum *Schutz des Verkäufers*[147] dadurch beschränkt, daß nur eine wesentliche Vertragsverletzung seine Ausübung rechtfertigt (Art. 46 II). Ersatzlieferung und Vertragsaufhebung stehen dem Käufer daher unter gleichen Voraussetzungen zu[148]. Bei Mängeln, die keinen wesentlichen Vertragsbruch darstellen, kann der Käufer nur die Herabsetzung des Kaufpreises, Schadensersatz oder Nachbesserung verlangen[149].

Ferner wird für die Ausübung dieses Rechtsbehelfs vorausgesetzt, daß er innerhalb einer angemessenen Frist geltend gemacht wird (d.h. zusammen mit der Mängelanzeige oder innerhalb einer angemessenen Frist danach). Erforderlich ist allerdings, daß überhaupt die Möglichkeit besteht, die Vertragswidrigkeit durch Lieferung anderer Waren zu beheben[150], so daß eine Ersatzlieferung *grundsätzlich* nur beim Kauf von Gattungsware in Betracht kommt[151]. Also scheidet dieser Rechtsbehelf aus, wenn es sich um eine *echte* Speziesschuld handelt[152]. Ist allerdings ein Identitäts-*aliud* geliefert worden, so kann in diesem Fall auch Ersatzlieferung verlangt werden[153], also die Lieferung des geschuldeten Gegenstandes.

Der Käufer verliert das Recht, Ersatzlieferung zu verlangen, wenn die Rückgabe der mangelhaften Ware nicht mehr (oder nicht im unversehrten Zustand) möglich ist (Art. 82 Abs. 1); ausgenommen hiervon sind die Fälle des Art. 82 II[154].

(b) Nachbesserung

Der Nachbesserungsanspruch setzt – wie die Ersatzlieferung – ebenfalls voraus, daß der Verkäufer eine mangelhafte Ware geliefert hat[155]. Dagegen ist bei diesem Rechtsbehelf nicht erforderlich, daß der Mangel eine wesentliche Vertragsverletzung darstellt[156]. Hiernach kann der Käufer die Reparatur (Aufhebung der Defekte) verlangen;

---

[146] Ausführlich dazu unten: D. Der Ersatzlieferungsanspruch (Art. 46 Abs. 2).
[147] *Soergel / Lüderitz / Schüßler-Langeheine*, Art. 46, Rn. 4; *Staudinger / Magnus*, Art. 46, Rn. 32.
[148] *Staudinger / Magnus*, Art. 46, Rn. 32.
[149] *Herber / Czerwenka*, Art. 46, Rn. 6; *Staudinger / Magnus*, Art. 46, Rn. 32.
[150] *Schlechtriem / Huber*, Art. 46, Rn. 21.
[151] *Schlechtriem / Huber*, Art. 46, Rn. 20; *Piltz*, § 5, Rn. 155; *Staudinger / Magnus*, Art. 46, Rn. 33.
[152] *Soergel / Lüderitz / Schüßler-Langeheine*, Art. 46, Rn. 6; *Staudinger / Magnus*, Art. 46, Rn. 33.
[153] *Schlechtriem / Huber*, Art. 46, Rn. 22; *Staudinger / Magnus*, Art. 46, Rn. 34.
[154] Ausführlicher unten: D.III.4. Unmöglichkeit der Rückgabe im ursprünglichen Zustand.
[155] Eingehend dazu unter E. Der Nachbesserungsanspruch (Art. 46 Abs. 3).
[156] *Schlechtriem / Huber*, Art. 46, Rn. 57; *Soergel / Lüderitz / Schüßler-Langeheine*, Art. 46, Rn. 7; *Staudinger / Magnus*, Art. , Rn. 57.

eingeschlossen sind sowohl die Auswechslung von defekten Teilen, als auch die Lieferung von Ersatzteilen[157].

Allein die Tatsache, daß der Mangel sich durch Nachbesserung nicht beheben läßt, ist noch kein Beweis für eine wesentliche Vertragsverletzung[158]. In diesem Fall bleiben dem Käufer andere Rechtsbehelfe zur Verfügung, wie die Herabsetzung des Kaufpreises und Schadensersatz.

Eine fehlgeschlagene Nachbesserung stellt eine erneute Vertragsverletzung dar[159], die wiederum verschiedene Rechtsbehelfe eröffnet und erneut als „wesentlich" oder „nicht wesentlich" zu qualifizieren ist. Die in der Literatur vertretene Gegenauffassung, daß eine fehlgeschlagene Nacherfüllung *eo ipso* eine wesentliche Vertragsverletzung darstellt[160], ist nicht überzeugend. Sie würde zu unhaltbaren Ergebnissen führen – z.B. zur Aufhebung des Vertrages aufgrund einer nicht aufgehobenen Bagatelle – und dem ausdrücklichen Wortlaut der Konvention widersprechen[161].

Eine Nachbesserung der Ware kann nicht verlangt werden, wenn sie dem Verkäufer – unter Berücksichtigung aller Umstände – nicht zuzumuten ist. Die Unzumutbarkeit bestimmt sich nach *objektiven* Kriterien[162] und ist in der Regel dann gegeben, wenn sie unwirtschaftlich ist, d.h. wenn der erforderliche Aufwand in einem objektiven Mißverhältnis zu dem Vorteil des Käufers steht[163], oder wenn die Reparaturkosten die Kosten einer Ersatzlieferung übersteigen[164]; sie kann auch dann gegeben sein, wenn der Verkäufer nicht selber Hersteller ist[165] und auch nicht über Personal verfügen kann, das in der Lage ist, die Reparatur selbst durchzuführen[166]. Ist der Käufer in der Lage, den Mangel selbst zu beheben, dann kann der Nachbesserungs*anspruch* einge-

---

[157] *Soergel / Lüderitz / Schüßler-Langeheine*, Art. 46, Rn. 7; *Staudinger / Magnus*, Art. 46, Rn. 54; vgl. OLG Hamm 9.6.1995, 11 U 191/94, CLOUT Nr. 125, [http://cisgw3.law.pace.edu/cases/950609g1.html].

[158] BGH, 3.4.1996, VIII ZR 51/95, CISG-online Nr. 135, BGHZ 132, 290 ff (Kobaltsulfat); dazu *Schlechtriem*, 50 Jahre BGH, S. 423; *Benicke*, IPRax 1997, S. 329. Hanseatisches OLG Hamburg, 28.2.1997, 1 U 167/95, CISG-online Nr. 261.

[159] *Soergel / Lüderitz / Schüßler-Langeheine*, Art. 46, Rn. 11; LG Oldenburg, 9.11.1994, 12 O 674/93, CISG-online Nr. 114.

[160] LG Oldenburg, 6.7.1994, 12 O 3010/93, CISG-online Nr. 274.

[161] Ausführlich dazu unten: E.VI. Fehlgeschlagene Nachbesserung.

[162] *Herber / Czerwenka*, Art. 46, Rn. 10; *Schulz*, S. 299, m.w.N.; *Staudinger / Magnus*, Art. 46, Rn. 60.

[163] *Staudinger / Magnus*, Art. 46, Rn. 61.

[164] *Enderlein / Maskow*, Art. 46, Bem. 8; *Staudinger / Magnus*, Art. 46, Rn. 61.

[165] Diese Fallkonstellation war im Art. 42 Abs. 1 lit. a EKG ausdrücklich vorgesehen, wonach die Lieferanten, die selber keine Hersteller waren, von der Nachbesserungspflicht befreit waren. Obwohl die Konvention dieses Kriterium nicht ausdrücklich übernommen hat, kann es für die Bestimmung der *Zumutbarkeit* berücksichtigt werden. Vgl. *Bianca / Bonell / Will*, Art. 46, Bem. 2.2.2.2.

[166] *Staudinger / Magnus*, Art. 46, Rn. 62; *Soergel / Lüderitz / Schüßler-Langeheine*, Art. 46, Rn. 9. Allerdings handelt es sich hier um Indizien, welche die Unzumutbarkeit weder zwingend noch endgültig bestimmen.

schränkt werden und ggf. wegen Unzumutbarkeit ausscheiden[167]; in diesem Fall kann der Käufer den Mangel selber beseitigen und die Reparaturkosten jedoch verlangen[168].

Eine weitere Voraussetzung für die wirksame Ausübung dieses Rechtsbehelfs besteht in der Fristbewahrung: Die Nachbesserung muß zusammen mit der Mängelanzeige oder innerhalb einer angemessenen Zeit danach geltend gemacht werden (Art. 46 III).

(2) Anspruch auf „Verurteilung in Natur"

Kommt der Verkäufer seiner Pflicht aus dem Vertrag nicht nach, kann der Käufer „die reale Erfüllung des Vertrags" gerichtlich erzwingen[169], wenn die Voraussetzungen des Erfüllungsanspruchs vorliegen und das nationale Recht eine Verurteilung in Natur in vergleichbaren Fällen vorsieht (vgl. Art. 28)[170].

Wiederum unterscheidet die Konvention nicht nach der Art der verletzten Pflicht, so daß grundsätzlich *jede Verpflichtung* in Betracht kommt[171], sei diese aus dem Vertrag, aus der Konvention oder aus Handelsbräuchen und Gepflogenheiten zu entnehmen. Allerdings hat diese Vorschrift nur bei Leistungspflichten eine praktische Bedeutung, nicht aber bei Unterlassungs- oder Duldungspflichten. Insofern kommen die primären Leistungsansprüche des Käufers (Anspruch auf Lieferung, Eigentumsverschaffung, Dokumentenübergabe), sowie vertraglich geregelte Zusatzpflichten[172] in Betracht.

c) Die Setzung einer Nachfrist (Art. 47)

Gemäß Art. 47 Abs. 1 *kann* der Käufer dem Verkäufer eine angemessene Nachfrist zur Erfüllung seiner Pflichten setzen. Aus der Setzung einer Nachfrist folgt, daß der Verkäufer eine zweite *Chance* zur Erfüllung seiner Pflichten bekommt[173], daß die Rechtsbehelfe des Käufers vorläufig gehemmt werden und daß die Aufhebung des Vertrages

---

167 Vgl. *Bianca / Bonell / Will*, Art. 46, Bem. 2.2.2.2.; *Herber / Czerwenka*, Art. 46, Rn. 10; *Schlechtriem / Huber*, Art. 46, Rn. 58; *Staudinger / Magnus*, Art. 46, Rn. 63. Für die Beurteilung, ob ein Nachbesserungsanspruch zumutbar und daher gegeben ist, wird in Art. 46 III die „Berücksichtigung aller Umstände" angeordnet; daher kann der Nachbesserungsanspruch ausscheiden, wenn es qualifizierte Arbeitskraft am Niederlassungsort des Käufers zur Verfügung steht, die die Reparatur effektiv, schneller und kostengünstiger vornehmen kann. Ob ein Nachbesserungsverlangen schon deshalb rechtsmißbräuchlich ist, wenn der Käufer besser in der Lage ist, die Reparatur selber vorzunehmen, ist nicht von vornherein zu bejahen. Vielmehr sollen die Umstände des Einzelfalles den Ausschlag geben.

168 *Schlechtriem*, IPRax 1996, S. 256; *Staudinger / Magnus*, Art. 46, Rn. 63. Diese Möglichkeit findet sich bereits im *Secretariat Commentary* on Art. 42 [Art. 46 CISG], Anm. 14. In den *Official Records* der Wiener Konferenz findet man keine Einwende gegen diese Möglichkeit, auch wenn sie in den endgültigen Text der Konvention nicht *eingeflossen* ist.

169 *Staudinger / Magnus*, Art. 46, Rn. 29.

170 Dazu unten: B.III.3. Problematik der Realerfüllung.

171 *Adame*, S. 289.

172 *Staudinger / Magnus*, Art. 28, Rn. 16.

173 *Schlechtriem*, in: FS Trinkner, S. 324.

im Fall der Nichtlieferung (Art. 49 Abs. 1 lit. b) erleichtert wird[174]. Eine Verpflichtung oder Obliegenheit zur Fristsetzung gibt es nicht[175].

Diese Vorschrift beruht auf dem Gedanken, daß die Überschreitung der Erfüllungszeit in der Regel keine wesentliche Vertragsverletzung darstellt[176], so daß die Interessen des Käufers besser geschützt werden können, wenn die Erfüllung des Vertrages weiterhin verlangt werden kann[177]. Insofern ergänzt sie die Erfüllungsansprüche des Käufers[178] und steht in Einklang mit dem Grundsatz der Erhaltung des Vertrages.

Die Setzung einer Nachfrist ändert die vertragliche Lieferfrist nicht[179]. Sie bedeutet daher keine Vertragsänderung, soweit sich aus den Erklärungen der Parteien nicht etwas anderes ergibt[180].

Grundsätzlich kann dem Verkäufer eine Nachfrist für die Erfüllung *jeder* Vertragspflicht[181] eingeräumt werden[182]. Es ist unerheblich, ob das Ausbleiben der Leistung eine wesentliche Vertragsverletzung darstellt oder nicht[183], ob es sich um primäre Leistungspflichten oder um Zusatzpflichten handelt[184]. Der Käufer kann auch dann eine Nachfrist setzen, wenn die geschuldete Pflicht nicht einklagbar[185] bzw. nicht gerichtlich durchsetzbar ist[186].

---

[174] Vgl. *Soergel / Lüderitz / Schüßler-Langeheine*, Art. 47, Rn. 1.

[175] *Schlechtriem*², Rn. 182; *ders.* in: FS Trinkner, S. 326 ff; *Schlechtriem / Huber*, Art. 46, Fn. 31; *Soergel / Lüderitz / Schüßler-Langeheine*, Art. 47, Rn. 1; *Staudinger / Magnus*, Art. 47, Rn. 13; *Honsell / Schnyder / Straub*, Art. 47, Rn. 4 (m.w.N., auch zur Gegenansicht).

[176] *Adame*, S. 255; *Bianca / Bonell / Will*, Art. 47, Bem. 2.1.1.

[177] Insofern bedeutet diese Vorschrift eine wichtige Abweichung zum EKG. Dieses Gesetz sah das Rechtsinstitut der *ipso facto avoidance* vor (d.h. der Vertrag wurde in bestimmten Fällen automatisch aufgehoben, ohne Einfluß der Parteienwillen); diese Aufhebung *kraft Gesetzes* wurde *ausnahmslos* aufgegeben; siehe u.a. *Schlechtriem / Huber*, Art. 49, Rn. 28; *Enderlein / Maskow*, Art. 49, Bem. 2; *Staudinger / Magnus*, Art. 79, Rn. 59; *Honsell / Karollus*, Art. 26, Rn. 2; *Ziegler*, S. 163 f.

[178] *Staudinger / Magnus*, Art. 47, Rn. 1; *Witz / Salger / Lorenz*, Art. 47, Rn. 2 f.

[179] *Staudinger / Magnus*, Art. 47, Rn. 1; i.E. *Honsell / Schnyder / Straub*, Art. 47, Rn. 5.

[180] Die Setzung einer Nachfrist ist ein einseitiges Rechtsgeschäft, während eine Vertragsänderung i.S.d. Art. 29 eine Willens*einigung* erfordert. Der Unterschied ist u.a. für die Berechnung vom Schadensersatz wegen verspäteter Erfüllung und von Verzugszinsen von Bedeutung.

[181] *Honsell / Schnyder / Straub*, Art. 47, Rn. 8; *Piltz*, § 5, Rn. 183; *Soergel / Lüderitz / Schüßler-Langeheine*, Art. 47, Rn. 2; *Staudinger / Magnus*, Art. 47, Rn. 8; *Secretariat Commentary* on Art. 43 [Art. 47 CISG], Anm. 6; *Schlechtriem / Huber*, Art. 47, Rn. 5; a.A. *Honnold*, Rn. 288, der eine Nachfrist nur im Fall der (Ganz- oder Teil-) Nichtlieferung zuläßt. Widersprüchlich *Bianca / Bonell / Will*, Art. 47, Bem. 1.2., (aber) 2.1. und 2.2.1.

[182] Es ist auch unerheblich, ob die geschuldete Pflicht sich aus dem Vertrag, aus der Konvention oder aus Handelsbräuche ergibt, bzw. ob sie in ein Tun oder Unterlassen besteht. Siehe *Honsell / Schnyder / Straub*, Art. 47, Rn. 7.

[183] *Soergel / Lüderitz / Schüßler-Langeheine*, Art. 47, Rn. 2; *Staudinger / Magnus*, Art. 47, Rn. 10.

[184] *Staudinger / Magnus*, Art. 47, Rn. 8, 10; *Neumayer / Ming*, Art. 47, Rn. 1; *Honsell / Schnyder / Straub*, Art. 47, Rn. 10.

[185] Hat der Verkäufer etwa mangelhafte Ware geliefert, dann kann der Käufer eine Nachfrist für die Lieferung von Ersatzware setzen, auch wenn der Mangel nicht wesentlich ist. Dem Verkäufer steht es frei, die ersuchte Ersatzlieferung zu erbringen oder nicht. Der erfolglose Ablauf der Frist entfaltet in einem solchen Fall keine Wirkungen zu Lasten des Verkäufers; eine vorläufige Bindung des Käufers

Vom *wirtschaftlichen* Standpunkt aus betrachtet, hat die Setzung einer Nachfrist eine wichtige Funktion für die Handelspraxis, denn durch die erweiterte Erfüllungsmöglichkeit dient sie der Vertragserhaltung und der Erreichung des Vertragszweckes. Die Setzung einer Nachfrist hat für den Käufer eine besondere *rechtliche* Relevanz jedoch nur für den Fall der Nichtlieferung, denn nur dann wird die Rechtslage des Käufers verbessert[187]: Der Beweis der „Wesentlichkeit" der Vertragsverletzung wegen Überschreitung des Liefertermins erübrigt sich[188], mit der Folge, daß die Aufhebung des Vertrages erleichtert wird. In allen anderen Fällen führt die Setzung einer Nachfrist *nur* zu einer Bindung des Käufers an die Nachfrist (d.h. eine vorläufige Sperrung anderer Rechtsbehelfe), ohne seine Rechtsposition zu verbessern[189].

Wie oben erwähnt wurde, bedeutet die Setzung einer Nachfrist eine *vorläufige* Sperrung anderer Rechtsbehelfe (nicht aber ein Verzicht auf sie oder deren Verwirkung[190]), die, auch wenn sie von derselben Vertragsverletzung ausgehen[191], mit der Erfüllung des Vertrages unvereinbar sind. Dazu gehören insbesondere die Aufhebung des Vertrages und die Herabsetzung des Kaufpreises[192]; diese werden vorläufig eingeschränkt, können aber nach Ablauf der Frist geltend gemacht werden, wenn ihre entsprechenden Voraussetzungen vorliegen. Nicht unvereinbar mit der Setzung einer Nachfrist ist die Geltendmachung eines Schadensersatzanspruchs wegen verspäteter Erfüllung[193]. Dieser kann grundsätzlich auch vor Ablauf der Nachfrist verlangt werden[194].

Bei Lieferung vertragswidriger Ware – soweit diese noch keine wesentliche Vertragsverletzung darstellt – wird die Vertragsverletzung durch den erfolglosen Ablauf der Nachfrist zu einer wesentlichen – der Aufhebung rechtfertigenden – Vertragsverletzung *nicht hochgestuft*[195]. Insofern unterscheidet sich die Nachfrist des UN-Kaufrechts

---

kann u.U. doch entstehen (*Staudinger / Magnus*, Art. 47, Rn. 9, m.w.N.). Hierdurch kommt der Unterschied zwischen dem primären Erfüllungsanspruch und den sekundären Erfüllungsansprüchen im System der Konvention erneut zum Ausdruck.

186 Vgl. *Soergel / Lüderitz / Schüßler-Langeheine*, Art. 47, Rn. 2; *Staudinger / Magnus*, Art. 47, Rn. 11; überzeugend *Honsell / Schnyder / Straub*, Art. 47, Rn. 12.

187 Vgl. *Adame*, S. 255; *Soergel / Lüderitz / Schüßler-Langeheine*, Art. 47, Rn. 1; *Schlechtriem / Huber*, Art. 47, Rn. 3a.

188 *Staudinger / Magnus*, Art. 47, Rn. 2; *Schlechtriem / Huber*, Art. 47, Rn. 2; *Bianca / Bonell / Will*, Art. 47, Bem. 2.1.2.: „removes uncertainty about whether non-delivery [d.h. innerhalb des Liefertermins] amounts to a fundamental breach"; *Herber / Czerwenka*, Art. 47, Rn. 7; ähnlich *Schlechtriem*, in: FS Trinkner, S. 324: Die Vertragsverletzung wird „wie ein ‚wesentlicher Vertragsbruch' gewertet".

189 *Schlechtriem*, in: FS Trinkner, S. 329; *Soergel / Lüderitz / Schüßler-Langeheine*, Art. 47, Rn. 5 f.

190 *Honsell / Schnyder / Straub*, Art. 49, Rn. 35.

191 *Soergel / Lüderitz / Schüßler-Langeheine*, Art. 47, Rn. 5.

192 *Schlechtriem*, Rn. 181.

193 Art. 47 Abs. 2 S. 2; *Staudinger / Magnus*, Art. 47, Rn. 28, m.w.N.

194 Eine andere Frage ist, ob es sich für den Käufer „lohnt", Verzugsschaden zu verlangen, wenn die Dauer des Verzugs noch nicht feststeht (doch aber bei Vertragsstrafen wegen verspäteter Erfüllung).

195 *Staudinger / Magnus*, Art. 47, Rn. 2; *Grigera Naón*, in: Horn / Schmitthoff, S. 115; *Schlechtriem*, in: FS Trinkner, S. 323. Insofern sind die Konsequenzen einer fehlgeschlagenen Nachfrist ähnlich wie die Folgen einer unterbliebenen Nachbesserung: Sie bedeuten an sich keine wesentliche Vertragsverletzung. Übrigens sollte man im Zeitpunkt des Nachfristendes bestimmen, ob die *endgültige* Vertragsverletzung *wesentlich* geworden ist. Vgl. *Staudinger / Magnus*, Art. 47, Rn. 27.

von der seines Vorläufers EKG[196] und vom Nachfristmodell des BGB a.F.[197]. Nur ausnahmsweise kann die Aufhebung des Vertrages durch die Setzung einer Nachfrist erreicht werden, wenn im Zeitpunkt des Fristendes die Vertragsverletzung – aufgrund weiterer Umstände – als wesentlich zu Bewerten ist, oder wenn die Parteien es so vereinbart haben[198].

Im Schrifttum wird außerdem vertreten, daß der Käufer, der eine mit wesentlichen Mängeln behaftete Ware erhalten hat, durch die Setzung einer Nachfrist sein Aufhebungsrecht *zurückgewinnen* kann, z.B. wenn er ursprünglich am Vertrag festgehalten und eine *angemessene Frist* zur Vertragsaufhebung versäumt hat[199]. Dieser Auffassung ist m.E. nicht zu folgen[200]: Durch den erfolglosen Ablauf der Frist „stehen dem Käufer wieder alle Rechtsbehelfe zur Verfügung, die er vor der Fristsetzung *hatte*“[201], aber nicht solche, die zum Zeitpunkt der Fristsetzung keinen Bestand mehr hatten. Wenn der Käufer sein Aufhebungsrecht durch Fristversäumung verwirkt hat, sollte er durch die Setzung einer Nachfrist dieses Recht nicht *wiedergewinnen*[202] und dadurch den Grundsatz der Konvention, daß die Vertragsaufhebung innerhalb einer angemessenen Frist zu erklären ist[203], umgehen dürfen[204].

Für die Nachfrist wird implizit vorausgesetzt, daß der Erfüllungstermin verstrichen ist (oder erfolglos zu verstreichen droht) und der Verkäufer seine Pflichten nicht erfüllt hat[205]. Die Wirksamkeit der Nachfristsetzung setzt eine *Erklärung* des Käufers voraus[206] die, gemäß Art. 27, bereits mit der Absendung wirksam ist[207]. Das Einhalten einer besonderen Form ist nicht erforderlich (Grundsatz der Formfreiheit)[208].

---

[196] Vgl. Art. 44 Abs. 2 EKG. Siehe auch *Herber / Czerwenka*, Art. 47, Rn. 1; *von Hoffmann*, in: Fachtagung, S. 300. Letzterer bewertet dies als ein Manko des UN-Kaufrechts, weil der Käufer nicht mehr durch die Setzung einer Nachfrist Klarheit über die Wesentlichkeit der Vertragsverletzung erlangen kann und daher ein erhebliches Risiko bei der Bewertung der Pflichtverletzung trägt.

[197] Vgl. statt aller *Schlechtriem*, in: FS Trinkner, *passim*.

[198] „It is, however, possible that in cases of repair ... persistant refusal may finally open the way to avoidance under Art. 49 Abs. 1 lit. a; but never under 49Abs. 1 lit. b“, so *Bianca / Bonell / Will*, Art. 47, Bem. 2.2.1.; ähnlich *Staudinger / Magnus*, Art. 47, Rn. 2, 27; *Schlechtriem*, in: FS Trinkner, S. 323.

[199] *Schlechtriem / Huber*, Art. 47, Rn. 3; siehe auch Art. 45, Rn. 25, Art. 49, Rn. 49, 49a, 52, 57, 58, 60, 61. In diese Richtung auch *Piltz*, § 5, Rn. 280; *Soergel / Lüderitz / Schüßler-Langeheine*, Art. 49, Rn. 19.

[200] Siehe auch *Staudinger / Magnus*, Art. 49, Rn. 42; *Honsell / Schnyder / Straub*, Art. 49, Rn. 86.

[201] *Staudinger / Magnus*, Art. 47, Rn. 27; Hervorhebung hinzugefügt.

[202] So *Huber*, a.a.O.

[203] Vgl. Art. 49 Abs. 1 i.V.m. Abs. 2.

[204] Ausführlich hierzu: G.IV.4. Konflikt zwischen Ersatzlieferungsverlangen und Aufhebungserklärung.

[205] *Staudinger / Magnus*, Art. 47, Rn. 14.

[206] Siehe *Bianca / Bonell / Will*, Art. 47, Bem. 2.1.3. f, m.w.N.; *Staudinger / Magnus*, Art. 47, Rn. 15.

[207] *Adame*, S. 256; *Herber / Czerwenka*, Art. 47, Rn. 3; *Honsell / Schnyder / Straub*, Art. 47, Rn. 17; *Neumayer / Ming*, Art. 47, Rn. 1; *Soergel / Lüderitz / Schüßler-Langeheine*, Art. 47, Rn. 4; *Staudinger / Magnus*, Art. 47, Rn. 15. Ein Vorschlag auf der Wiener Konferenz, die Wirksamkeit der Nachfrist vom Empfang durch den Verkäufer abhängig zu machen, wurde abgelehnt. Siehe O.R., S. 338 ff.

[208] *Schlechtriem / Huber*, Art. 47, Rn. 15; *Staudinger / Magnus*, Art. 47, Rn. 15.

Die Dauer der Frist muß ferner bestimmt (oder bestimmbar) sein[209], so daß unbestimmte Ausdrücke („sofort", „unverzüglich", usw.)[210] nicht genügen. Auch wenn die Erklärung an keine Form gebunden ist[211], reicht eine „zu vorsichtige" Formulierung als Setzung einer Nachfrist nicht aus[212]. Eine Androhung der Vertragsaufhebung nach erfolglosem Ablauf der Frist ist dagegen nicht erforderlich[213]. Macht der Käufer eine solche Erklärung, ist darin eine (bedingte) Aufhebungserklärung zu sehen[214].

Außerdem muß die Frist angemessen sein – also *realistisch* genug – so daß die Lieferung durch den Verkäufer innerhalb dieser Zeit *möglich* sein muß[215]. Für die Angemessenheit der Frist kommen alle Umstände des Einzelfalls weiterhin in Betracht[216]: Umfang und Schwierigkeit der Lieferung, Länge der ursprünglichen Lieferfrist, Ursache für die Nichterfüllung[217], Folgen der Verzögerung, Art der Ware (z.B. Saisonwaren), usw. Bei der Beurteilung, ob eine gesetzte Frist *angemessen* war, werden die Interessen des Käufers ferner zu berücksichtigen sein, denn sie bilden „den äußersten Rahmen" der Frist[218]. Im Zweifel sollen die Interessen des Käufers den Vorrang haben[219].

Wenn eine *zu kurze Frist* gesetzt wird, dann soll eine Frist von angemessener Zeit in Lauf gesetzt werden[220], so daß der Käufer erst nach Ablauf der *angemessenen* Frist die

---

209 *Soergel / Lüderitz / Schüßler-Langeheine*, Art. 47, Rn. 4; *Staudinger / Magnus*, Art. 47, Rn. 16.

210 *Bianca / Bonell / Will*, Art. 47, Bem. 2.1.3.1.; *Staudinger / Magnus*, Art. 47, Rn. 17; *Secretariat Commentary* on Art. 43, Anm. 7.

211 *Herber / Czerwenka*, Art. 47, Rn. 3; *Honsell / Schnyder / Straub*, Art. 47, Rn. 14. Die Erklärung kann schriftlich oder mündlich abgegeben werden.

212 *Staudinger / Magnus*, Art. 47, Rn. 18; *Herber / Czerwenka*, Art. 47, Rn. 3.

213 *Herber / Czerwenka*, Art. 47, Rn. 3; *Honsell / Schnyder / Straub*, Art. 47, Rn. 19; *Soergel / Lüderitz / Schüßler-Langeheine*, Art. 47, Rn. 4; *Schlechtriem*, in: FS Trinkner, S. 324. a.A. *Bianca / Bonell / Will*, Art. 47, Bem. 2.1.3.1.; *Honnold*, § 306; *Staudinger / Magnus*, Art. 47, Rn. 18.

214 *Herber / Czerwenka*, Art. 47, Rn. 3 (mit Nachweisen zum EKG); *Neumayer / Ming*, Art. 47, Rn. 1.

215 *Adame*, S. 256.

216 *Bianca / Bonell / Will*, Art. 47, Bem. 2.1.3.2.; *Honsell / Schnyder / Straub*, Art. 47, Rn. 22; *Staudinger / Magnus*, Art. 47, Rn. 19.

217 Etwa, wenn der Verkäufer wegen eines außerhalb seines Einflußbereiches liegenden Hinderungsgrundes vorübergehend zur Erfüllung gehemmt ist (vgl. Art. 79).

218 *Soergel / Lüderitz / Schüßler-Langeheine*, Art. 47, Rn. 3; i.E. *Honsell / Schnyder / Straub*, Art. 47, Rn. 23. Problematisch ist jedoch das Verhältnis zu Art. 48; diese Vorschrift regelt das Nacherfüllungsrecht des Verkäufers, daß grundsätzlich Vorrang gegenüber den Rechtsbehelfen des Käufers hat, mit Ausnahme der Aufhebung des Vertrages. Sollte daher die Setzung einer Nachfrist (bei angestrebter Vertragsaufhebung) mit den Interessen des Verkäufers kollidieren, sind m.E. die Interessen des Käufers vorzuziehen.

219 *Staudinger / Magnus*, Art. 47, Rn. 19, m.w.N.; *Schlechtriem / Huber*, Art. 47, Rn. 9. Allerdings in der Literatur sehr umstritten. Siehe *Magnus*, in FS Schlechtriem, *passim*, m.w.N.

220 *Herber / Czerwenka*, Art. 47, Rn. 4; *Piltz*, § 5, Rn. 234; *Schlechtriem / Huber*, Art. 47, Rn. 12; *Soergel / Lüderitz / Schüßler-Langeheine*, Art. 47, Rn. 3; *Staudinger / Magnus*, Art. 47, Rn. 20; a.A. jedoch *Honsell / Schnyder / Straub*, Art. 47, Rn. 24 und Art. 49, Rn. 102, der den Käufer mit dem Risiko der *Angemessenheit der Frist* belastet, mit der Folge, daß eine zu kurze Frist *keine* Frist in Gang setzt, weil Art. 49 Abs. 1 lit. b nicht auf eine *angemessene* sondern auf die gemäß Art. 47 Abs. 1 vom Käufer *tatsächlich gesetzten* Frist abstellt (die ihrerseits voraussetzt, daß sie angemessen war). Diese Auffassung mag mit dem Wortlaut der Konvention vereinbar zu sein, ist aber in der Sache unbillig:

Aufhebung des Vertrages im Fall der Nichtlieferung erklären könnte[221]. Wenn der Käufer eine *zu lange Frist* gesetzt hat, dann gilt nicht eine *angemessene Frist*[222], sondern die „großzügig bemessene" lange Frist[223], denn durch sie erklärt der Käufer, daß die Lieferung „nicht so eilig" ist[224].

Wenn der Verkäufer die Erfüllung vor Fristablauf verweigert, dann entfällt die Bindungswirkung für den Käufer[225]. Anders als die Fristerklärung muß die Verweigerungserklärung dem Käufer zugehen[226]. Durch die Leistungsverweigerung des Verkäufers, sowie mit dem erfolglosen Ablauf der Nachfrist, stehen dem Käufer alle Rechtsbehelfe erneut zur Verfügung[227].

d) Die Aufhebung des Vertrages (Art. 49)

Die Vertragsaufhebung ist der radikalste Rechtsbehelf der Konvention[228]; sie ist das Recht einer Partei, sich durch einseitige Erklärung vom Vertrag zu lösen, wenn ein durch die andere Partei begangener Vertragsbruch dies rechtfertigt. Dafür sieht die Konvention in Art. 49 Abs. 1 zwei Fälle vor, die dem Käufer zur Aufhebung des Vertrages berechtigen: Die Begehung einer wesentlichen Vertragsverletzung durch den Verkäufer (lit. a) i.V.m. Art. 25 und die Nichtlieferung innerhalb einer gesetzten Nachfrist (lit. b). Die Erfüllungsverweigerung durch den Verkäufer steht der Nichtlieferung gleich (lit. b a.E.)[229]. Zusätzlich enthält die Konvention bestimmte Regelungen für besondere Fallkonstellationen: Teilaufhebung *bei teilweiser Nichterfüllung* (Art. 51), Vertragsaufhebung im Fall eines *antizipierten Vertragsbruchs* (Art. 72) und Aufhebung bei Verletzung eines *Sukzessivlieferungsvertrags* (Art. 73). Diese Sonderfälle setzen ebenfalls eine wesentliche Vertragsverletzung voraus.

Einerseits, weil der Verkäufer die Möglichkeit hat, im Rahmen des Art. 48 (und aus der Kooperationspflicht der Parteien) die vom Käufer gesetzte Nachfrist – die er für unangemessen hält – durch ein ernsthaftes und zumutbares Erfüllungsangebot zu *durchkreuzen*. Bleibt der Verkäufer untätig, dann soll er sich später nicht auf die Kürze der Frist berufen dürfen. Von der Perspektive des Käufers aus gesehen, ist ferner zu bedenken, daß dieser über Gebühr belastet werden würde, wenn er (der bereits zwei Mal auf vertragsgemäße Erfüllung durch den Verkäufer *vergeblich* gewartet hat) noch fürchten müßte, die von ihm gesetzte Nachfrist könne nicht wirksam sein. Es ist außerdem zu beachten, daß aus dem Grundsatz von Treu und Glauben (Art. 7 Abs. 2) i.V.m. Art. 47 sich eine Bindungswirkung des Käufers ergeben kann, wenn dieser Erfüllung verlangt; siehe *Honsell / Schnyder / Straub*, Art. 47, Rn. 26.

[221] *Schlechtriem / Huber*, Art. 47, Rn. 12: dagegen ist der Käufer nur an die *kurze*, von ihm gesetzte Frist gebunden, denn die Vorschrift konkretisiert den Verbot eines widersprüchlichen Verhaltens.

[222] *Schlechtriem / Huber*, Art. 47, Rn. 13.

[223] *Soergel / Lüderitz / Schüßler-Langeheine*, Art. 47, Rn. 3.

[224] a.A. *Honsell / Schnyder / Straub*, Art. 47, Rn. 25: „unangemessen lange Frist führt nicht zu einer wirksamen Nachfristsetzung".

[225] *Honsell / Schnyder / Straub*, Art. 47, Rn. 30; *Staudinger / Magnus*, Art. 47, Rn. 25.

[226] Dies ergibt sich schon aus dem Wortlaut des Art. 47 Abs. 2: „... wenn er vom Verkäufer die Anzeige *erhalten hat*, ..."; siehe ferner *Honsell / Schnyder / Straub*, Art. 47, Rn. 31; *Staudinger / Magnus*, Art. 47, Rn. 25.

[227] *Staudinger / Magnus*, Art. 47, Rn. 27.

[228] *Bianca / Bonell / Will*, Art. 49, Bem. 1.1.; *Enderlein / Maskow*, Einführung zu Abschnitt V, Bem. 1.

[229] Vgl. *Staudinger / Magnus*, Art. 49, Rn. 21.

Die Voraussetzungen der Aufhebung des Vertrages ergeben sich aus Art. 49 Abs. 1[230]; Einschränkungen dazu ergeben sich aus Art. 49 II (Fristbewahrung) und aus anderen Vorschriften der Konvention, z.B. aus Art. 39 und 43 (Erfordernis einer ordnungsgemäßen und rechtzeitigen Mängelrüge), Art. 48 II S. 2 und III (nicht widersprochenes Angebot des Verkäufers, einen Mangel in seiner Erfüllung zu beheben) und Art. 82 (Möglichkeit der Rückgabe der Ware im ursprünglichen Zustand)[231].

Es ist ein grundlegendes Prinzip des Einheitskaufrechts, daß „nicht jede" Vertragsverletzung die Vertragsaufhebung rechtfertigen soll[232], vor allem dann, wenn die Lieferung bereits erfolgt ist[233], so daß die vollständige Auflösung des Vertrages nur in Ausnahmefällen gerechtfertigt ist[234], nämlich wenn eine wesentliche Vertragsverletzung vorliegt.

Die hohen Anforderungen für die Ausübung dieses Rechtsbehelfs sollen die Parteien dazu bewegen, durch *mildere* Behelfe ihr Recht zu bekommen; das restliche *Instrumentarium* des UN-Kaufrechts wird i.d.R. für die „Ausgleichung der beim Käufer eingetretenen Nachteile" ausreichen[235], so daß der Vertrag möglichst am Leben erhalten bleiben kann. In der Konvention wird die Vertragsaufhebung daher als *ultima ratio* angesehen[236]. Sind aber die Voraussetzungen der Vertragsaufhebung gegeben (insbesondere das Vorliegen einer wesentlichen Vertragsverletzung), so ist der Käufer nicht verpflichtet, andere Rechtsbehelfe auszuüben; vielmehr kann er den Vertrag *sofort* aufheben[237].

Bei der Aufhebung des Vertrages handelt es sich um ein *Gestaltungsrecht*[238] zugunsten der vertragstreuen Partei; sie ist weder eine *ipso iure* Konsequenz des Ver-

---

230 Vgl. *Bianca / Bonell / Will*, Art. 49, Bem. 2.1.
231 Ebenfalls *Enderlein / Maskow*, Art. 49, Bem. 1.
232 Statt aller *Schlechtriem / Huber*, Art. 49, Rn. 2.
233 *Schlechtriem / Huber*, Art. 49, Rn. 2.
234 *Honsell / Schnyder / Straub*, Art. 49, Rn. 2; ähnlich *Magnus*, ZEuP 2002, S. 537.
235 *Honsell / Schnyder / Straub*, Art. 49, Rn. 2.
236 *Honnold*, Rn. 304; *Schlechtriem / Huber*, Art. 49, Rn. 2; *Honsell / Schnyder / Straub*, Art. 49, Rn. 2; *Krebs*, S. 21; *Lurger*, IHR 2001, S. 94; *Draft-Digest*, Art. 46, Anm. 3, Art. 49, Anm. 2; *Staudinger / Magnus*, Art. 49, Rn. 4; BGH, 3.4.1996, VIII ZR 51/95, CISG-online Nr. 135 (Kobaltsulfat); OGH, 7.9.2000, 8 Ob 22/00v, [http://cisgw3.law.pace.edu/cases/000907a3.html].
237 *Aicher*, in: Hoyer / Posch, S. 140; *Bianca / Bonell / Will*, Art. 49, Bem. 1.2.1.2.; *Diez-Picazo / López López*, Art. 49, S. 437; *Draft-Digest*, Art. 48, Anm. 2, m.w.N.; *Enderlein / Maskow*, Art. 49, Bem. 3; *Reinhart*, Art. 49, Rn. 2; *Magnus*, in: FS Schlechtriem, S. 606; *Secretariat Commentary* on Art. 45 [Art. 49 CISG], Anm. 5: „If there has been a fundamental breach of contract, the buyer has an immediate right to declare the contract avoided. He need not give the seller ... any opportunity to remedy..."; *Staub / Koller*, Vor § 373 HGB, Art. 48 CISG, Rn. 680, 687.
238 Wohl herrschende Auffassung: Vgl. *Heilmann*, S. 398; *Herber / Czerwenka*, Art. 49, Rn. 11; *Honsell / Karollus*, Art. 26, Rn. 6; *Neumayer / Ming*, Art. 26, Rn. 1 (droit formateur); *Piltz*, § 5, Rn. 273; *Schlechtriem / Leser / Hornung*, Art. 26, Rn. 4, 6, m.w.N.; *Schlechtriem / Huber*, Art. 45, Rn. 28; *Staudinger / Magnus*, Art. 49, Rn. 26; *Witz / Salger / Lorenz*, Art. 26, Rn. 3, Art. 49, Rn. 1; *Rabel*, RabelsZ 9 (1935), S. 69.

tragsbruchs[239] noch eine – wie in einigen Ländern – richterliche Befugnis. Daher ist eine Aufhebungserklärung gegenüber der anderen Partei unbedingt nötig (Art. 26). Das EKG sah in besonderen Fällen eine Vertragsaufhebung kraft Gesetzes vor (sogenannte *ipso facto avoidance*) welche die automatische Aufhebung des Vertrages verursachte. Dieser Rechtsbehelf erwies sich als problematisch und unsicher[240], führte zu Ungewißheiten bezüglich der Rechten der Parteien[241] und gewährte den Parteien den erforderlichen Schutz nicht[242]. Daher wurde dieses Rechtsinstitut *ohne Ausnahme* aufgegeben[243].

Nach der Konvention ist das Aufhebungsrecht ein Recht beider Parteien: „Der Käufer (bzw. Verkäufer) kann die Aufhebung des Vertrages erklären" (Art. 49 I, 64 I). Die Vertragsaufhebung durch *einseitige Erklärung* geht auf die erste Entwürfe eines einheitlichen Kaufgesetzes zurück[244]. Nach internem französichen und italienischen Recht erfolgt die Aufhebung des Vertrages kraft richterlichen Rechtsspruches (vgl. Art. 1184 CC Fr, Art. 1453 CC It: *„La risoluzione può essere domandata..."*, womit die *risoluzione* als Anspruch ausgestaltet ist). Diese Lösung – Vertragsaufhebung durch den Richter – ist von französischen Gerichten (wohl zu Unrecht) ohne weiteres auf die Konvention übertragen worden: *„Que le tribunal a, donc, à bon droit, prononcé la résolution du contrat de vente conclu entre les parties (...)"*[245]. Man könnte einwenden, Art. 1184 CC Fr sei eine prozessuale Norm und unterläge daher der *lex fori*; allein die Tatsache, daß diese Vorschrift im Code Civil und nicht im Code de Procedure Civil enthalten ist, spricht schon dagegen. Außerdem handelt es sich ihrer Funktion nach um eine materielle Norm, weil sie die *Rechte* und *Pflichten* zwischen den Parteien im Fall einer Vertragsverletzung regelt (und nicht das Verfahren) und wird daher vom UN-Kaufrecht verdrängt.

Im italienischen Recht sehen Art. 1454, 1455 und 1457 CC It – abweichend zur „risoluzione giudiziale" – eine Aufhebung *kraft Gesetzes* vor („risoluzione di diritto"). Die erste Vorschrift behandelt den Fall, daß der vertragsbrüchigen Partei eine Nachfrist zusammen mit einer Aufhebungsandrohung gesetzt wurde; die zweite regelt die „clausola risolutiva espressa" und die dritte behandelt die Vertragsaufhebung im Fall der nicht rechtzeitigen Erfüllung eines Fixgeschäfts[246]. Damit stellt die Aufhebung durch den Richter den Regelfall dar.

---

[239] Siehe u.a. Art. 25, 26 Abs. 2, 30 Abs. 1 S. 2, Abs. 2 EKG. Siehe ferner *Adame*, S. 257; *Diez-Picazo / López López*, Art. 49, S. 436.
[240] *Honnold*, § 187.1.
[241] *Bianca / Bonell / Date-Bah*, Art. 26, Bem. 2.3.
[242] *Schlechtriem / Leser / Hornung*, Art. 26, Rn. 1 ff.
[243] *Schlechtriem / Huber*, Art. 49, Rn. 28; *Enderlein / Maskow*, Art. 49, Bem. 2; *Staudinger / Magnus*, Art. 79, Rn. 59; *Honsell / Karollus*, Art. 26, Rn. 2; *Ziegler*, S. 163 f.
[244] Siehe *Rabel*, RabelsZ 9 (1935), S. 577.
[245] Siehe Cour d'appel de Versailles, 29.1.1998, Arrêt n° 56, R.G. n° 1222/95 (Sté Giustina International v. Sté Perfect Circle Europe), CISG-online Nr. 337; ähnlich im Fall Société Sacovini v. S.A.R.L. Les Fils de Henri Ramel, CLOUT Nr. 150, wo die Cour de Cassation auf die Vertragsaufhebung durch das Berufungsgericht hinweist.
[246] Siehe *Fox*, S. 216 f, m.w.N.

Nach spanischem Recht „verfügt [das Gericht] die Auflösung, die begehrt wird" (CC Esp Art. 1124)[247]. Allerdings stellt sich die Frage, ob das Urteil *deklaratorischen* oder *konstitutiven* Charakter hat[248]. In der Rechtsprechung werden beide Auffassungen vertreten; zum einen, daß die Vertragsaufhebung ausschließlich vom Gericht erklärt wird, so daß ein außergerichtliches Aufhebungsrecht nur dann gegeben sein kann, wenn der Schuldner das Aufhebungsverlangen des Gläubigers zustimmt. Zum anderen, daß die Aufgabe des Richters darin besteht, festzustellen, ob der Gläubiger die Aufhebung des Vertrages rechtmäßig erklärt hat[249]. Der dogmatische Streit hat auch Auswirkungen für die Praxis, u.a. in bezug auf den Zeitpunkt für die Fälligkeit von Schadensersatz- und Zinsansprüchen, deren Beginn mit der Vertragsaufhebung erfolgt. In beiden Fällen ist die Mitwirkung des Gerichtes jedoch unentbehrlich.

Nach mexikanischem Recht wird unterschieden, ob der Vertrag dem gesetzlichen „pacto comisorio tácito" untersteht (Art. 1949 CC Mex), oder ob die Parteien ein „pacto comisorio expreso" vereinbart haben. Im ersten Fall, erfolgt die Vertragsaufhebung ebenfalls kraft richterlichen Rechtsspruchs und der Vertrag wird *ab initio* rückgängig gemacht (Wirkung *ex tunc*), während im zweiten Fall die Vertragsaufhebung durch eine einseitige Erklärung der vertragstreuen Partei und mit Wirkungen nur für die Zukunft *(ex nunc)* erfolgt[250]. Ferner sind die Parteien dazu befähigt, eine Aufhebung des Vertrages mit Wirkungen *ipso facto* zu vereinbaren, so daß nicht einmal eine Aufhebungserklärung erforderlich ist[251].

Das Recht des Käufers, den Vertrag aufzuheben, ist mit dem „Nacherfüllungsrecht" des Verkäufers (Art. 48) unvereinbar. Das Verhältnis zwischen beiden Rechten ist umstritten[252]. Die Konvention enthält keine ausdrückliche Lösung für diese Problematik, obwohl das Thema in der Wiener Konferenz ausgiebig behandelt wurde. Damals wurden mehrere Vorschläge, die darauf zielten, das Nacherfüllungsrecht des Verkäufers gegenüber dem Aufhebungsrecht des Käufers vorzuziehen, abgelehnt[253]. Daraus ist mindestens zu entnehmen, daß ein absoluter Vorrang des Nacherfüllungsrechts des Verkäufers gegenüber den Rechtsbehelfen des Käufers nicht gewollt war[254].

(1) Aufhebungsgründe

Wie oben erwähnt wurde, rechtfertigt eine wesentliche Vertragsverletzung die *unbedingte*[255] und *sofortige*[256] Aufhebung des Vertrages. Die Nichtlieferung gestattet die

---

[247] Übersetzung nach *Peuster*, CC Esp (Spanisch-Deutsche Textausgabe).

[248] *Diez-Picazo / López López*, Art. 49, S. 444; nach französischem Recht ist dies ebenfalls umstritten; siehe *Rabel*, Recht des Warenkaufs, Bd. 1, S. 203.

[249] Vgl. *Diez-Picazo / López López*, Art. 49, S. 444 m.w.N.

[250] Siehe *Borja Soriano*, Rn. 984 ff, m.w.N., Rn. 1003 ff.

[251] Siehe Urteil des Tribunal Colegiado de Circuito (2°TCC, 21er. Circuito), in: Semanario Judicial de la Federación, Octava Época, XIII. Band, März, S. 413.

[252] Das Thema wird an anderen Stellen näher untersucht; siehe u.a.: D.I.3.b). Beziehung zwischen der Behebbarkeit der Vertragswidrigkeit und der Wesentlichkeit der Vertragsverletzung.

[253] Siehe OR., S. 341 ff, 351 f; *Honsell / Schnyder / Straub*, Art. 49, Rn. 10, m.w.N.

[254] In diesem Sinne auch *Magnus*, in: FS Schlechtriem, S. 607.

[255] *Honsell / Schnyder / Straub*, Art. 49, Rn. 4.

Vertragsaufhebung i.d.R. erst nach Setzung und erfolglosem Ablauf einer Nachfrist. Der Käufer braucht den Ablauf der Nachfrist nicht abzuwarten, wenn der Verkäufer die Lieferung ausdrücklich ablehnt.

In anderen Fällen ist die Vertragsaufhebung grundsätzlich ausgeschlossen, es sei denn, daß die Parteien eine – von der Konvention abweichende – vertragliche Regelung getroffen haben, durch die ein Aufhebungsrecht auf andere Fälle oder mit niedrigeren Aufforderungen gegeben ist[257].

Hiermit weicht die Konvention grundsätzlich von verschiedenen nationalen unvereinheitlichten Rechtsordnungen ab, nach denen bei jedem Sachmangel, unabhängig von der Gewichtigkeit der Verletzung, ein Aufhebungsrecht gegeben ist[258].

(2) Aufhebung des Vertrages wegen wesentlicher Vertragsverletzung

Die *Wesentlichkeit* der Vertragsverletzung wird in Art. 25 definiert. Nach dieser Vorschrift ist eine von einer Partei begangene Vertragsverletzung *wesentlich*, „wenn sie für die andere Partei [einen] solchen Nachteil zur Folge hat, daß ihr im wesentlichen entgeht, was sie nach dem Vertrag hätte erwarten dürfen", also wenn durch die Vertragsverletzung die berechtigten Vertragserwartungen der anderen Partei „in objektiver Sicht erheblich beeinträchtigt werden"[259]. Allerdings ist eine Vertragsverletzung nur dann als wesentlich zu bewerten, wenn der Verkäufer diesen Nachteil vorausgesehen hat oder wenn eine vernünftige Person der gleichen Art ihn vorausgesehen hätte (Art. 25 a.E.).

Diese Beschränkung der Vertragsaufhebung auf Fälle einer wesentlichen Vertragsverletzung dient zum Schutz der Interessen des Verkäufers[260], der im Fall der Vertragsaufhebung das Risiko des Untergangs oder der Beschädigung der Ware sowie die Transport- und Lagerkosten trägt[261]. So ist die Erhaltung des Vertrages – wenn die

---

[256] *Aicher*, in: Hoyer / Posch, S. 140; *Bianca / Bonell / Will*, Art. 49, Bem. 1.2.1.2.; *Diez-Picazo / López López*, Art. 49, S. 437; *Draft-Digest*, Art. 48, Anm. 2, m.w.N.; *Enderlein / Maskow*, Art. 49, Bem. 3; *Reinhart*, Art. 49, Rn. 2; *Magnus*, in: FS Schlechtriem, S. 606; *Secretariat Commentary* on Art. 45 [Art. 49 CISG], Anm. 5; *Staub / Koller*, Vor § 373 HGB, Art. 48 CISG, Rn. 680, 687.

[257] *Staudinger / Magnus*, Art. 49, Rn. 2.

[258] So in der „alten Fassung" des BGB, nach der grundsätzlich jeder Sachmangel ein Rechtfertigungsgrund der Wandelung ist; vgl. §§ 459, 462, 480 Abs. 1 (*Schlechtriem / Huber*, Art. 49, Fn. 6). Für das US-amerikanische Recht gilt die im UCC § 2-601 enthaltene Regel des *perfect-tender rule*, wonach der Käufer die gelieferte Ware zurückweisen kann, wenn „the goods (...) fail *in any respect* to conform to the contract"; daher „seller must conform perfectly to its obligation" (vgl. *White / Summers*, Vol. I, S. 439 ff; Black's Law Dictionary, S. 1158). Diese wird allerdings durch andere Vorschriften desselben Rechtstextes abgeschwächt. Dementgegen steht das *substantial-performance rule* als die equity-rule, nach der ein Vertrag auch dann als erfüllt angesehen wird, wenn die „in good-faith" erbrachte Erfüllungsleistung nicht im vollen Umfang der vertraglichen Vereinbarung entspricht, aber der Vertragszweck trotzdem im wesentlichen erreicht wird. Black's Law Dictionary, S. 1444.

[259] *Staudinger / Magnus*, Art. 25, Rn. 9.

[260] *Reinhart*, Art. 49, Rn. 5.

[261] *Bianca / Bonell / Will*, Art. 49, Bem. 2.1.2.

Nichterfüllung unerheblich oder unbedeutend ist – gerechtfertigt; hierdurch werden die Interessen des Käufers und des Verkäufers besser geschützt[262].

Nach Art. 49 Abs. 1 kann die Nichterfüllung *irgendeiner* der dem Verkäufer obliegenden Pflichten ein Aufhebungsrecht des Käufers begründen[263], sofern sie eine wesentliche Vertragsverletzung darstellt. Gemeint ist *jede* Pflicht, unabhängig davon, ob es sich um eine Haupt- oder eine Nebenpflicht handelt, ob sie aus der Konvention, aus dem Vertrag oder aus Gepflogenheiten stammt[264], ob dem Verkäufer ein Verschulden vorzuwerfen ist oder nicht[265], oder aus welchem Grund der Verkäufer die ihm obliegende Pflicht nicht erfüllt hat[266].

Die Entscheidung, ob eine mangelhafte Erfüllung eine wesentliche Vertragsverletzung darstellt oder nicht „ist letztlich eine Wertungsfrage"[267], die für den konkreten Fall zu entscheiden ist[268]. Dabei trägt der Käufer ein erhebliches *Bewertungsrisiko*[269].

(a) Tatbestand der wesentlichen Vertragsverletzung

Die wesentliche Vertragsverletzung ist in Art. 25 CISG definiert:

> „Eine von einer Partei begangene Vertragsverletzung ist wesentlich, wenn sie für die andere Partei solchen Nachteil zur Folge hat, daß ihr im wesentlichen entgeht, was sie nach dem Vertrag hätte erwarten dürfen, es sei denn, daß die vertragsbrüchige Partei diese Folge nicht vorausgesehen hat und eine vernünftige Person der gleichen Art diese Folge unter den gleichen Umständen auch nicht vorausgesehen hätte".

Der Tatbestand der wesentlichen Vertragsverletzung ist einer der wichtigsten Begriffe der Konvention[270]. Dieser kommt in mehreren Vorschriften ausdrücklich vor, und von ihm hängen verschiedene Rechtsfolgen und Rechtsbehelfe „besonders einschneidender Art" ab[271]. So insbesondere die Vertragsaufhebung (Art. 49 Abs. 1 und Art. 64 Abs. 1 lit. a), die Ersatzlieferung bei Lieferung vertragswidriger Ware (Art. 46 II), das Fortbestehen der Rechtsbehelfe des Käufers trotz Gefahrübergangs bei Versendung mangelhafter Ware (Art. 70), die Aussetzung der eigenen Leistung bei verschlechterter Erfüllungsfähigkeit der anderen Partei (Art. 71 Abs. 1), die Vertragsaufhebung beim antizipierten Vertragsbruch (Art. 72) und die Aufhebung eines Sukzessivlieferungsvertrags (Art. 73).

---

[262] *Bianca / Bonell / Will*, Art. 49, Bem. 2.1.2.
[263] *Reinhart*, Art. 49, Rn. 6.
[264] *Honsell / Schnyder / Straub*, Art. 49, Rn. 12.
[265] *Staudinger / Magnus*, Art. 49, Rn. 8.
[266] *Honsell / Schnyder / Straub*, Art. 49, Rn. 15.
[267] *Honsell / Schnyder / Straub*, Art. 49, Rn. 25.
[268] *Staudinger / Magnus*, Art. 49, Rn. 8.
[269] *Adame*, S. 259; *Honsell / Schnyder / Straub*, Art. 49, Rn. 11.
[270] Dazu *Adame*, S. 231; *Ferrari*, IHR 2005, S. 1 f; *Staudinger / Magnus*, Art. 25, Rn. 2.
[271] Ebenda.

aa) Vertragsverletzung

An anderer Stelle wurde ausgeführt, daß die Konvention vom Zentralbegriff der Nichterfüllung oder der Vertragsverletzung für die verschiedenen Rechtsbehelfe ausgeht[272]. In Betracht kommen jede Art von Pflichten, welche sich aus dem Vertrag, aus dem Übereinkommen selbst, aus zwischen den Parteien entstandenen Gepflogenheiten, aus Gebräuchen und eventuell auch aus Treu und Glauben ergeben können[273]. Generelle Kriterien, wann die Verletzung welcher Pflicht eine wesentliche Vertragsverletzung darstellt, lassen sich schwer erstellen[274], so daß verschiedene Faktoren zu berücksichtigen sind[275].

Als Vertragsverletzung ist jede Abweichung vom „Pflichtenprogramm" der Parteien zu verstehen; die Konvention betrachtet den Vertrag als ein Ganzes, so daß es keinen Sinn ergibt, zwischen Haupt- und Nebenpflichten, *warranties* und *conditions* oder ähnlichen Kriterien zu unterscheiden; maßgebend ist nicht die Art oder die Bedeutung der verletzten *Verpflichtung*, sondern das Gewicht der *Verletzung*, was zu einer wesentlichen Vertragsverletzung führen kann[276]. Für den Tatbestand der wesentlichen Vertragsverletzung spielt es keine Rolle, ob der Schuldner die Verletzung zu vertreten hat oder nicht.

bb) Wesentlicher Nachteil

Eine Vertragsverletzung kann erst als *wesentlich* qualifiziert werden, wenn sie für die verletzte Partei einen *wesentlichen Nachteil* verursacht. In diesem Punkt unterscheidet sich die Konvention schon von vielen internen Rechtsordnungen, welche die Aufhebung des Vertrages sogar bei geringfügigen Vertragsverletzungen zulassen. Allerdings ist die Definition des Art. 25 CISG tautologisch[277] und bedarf daher einer näheren Umschreibung.

An erster Stelle ist hervorzuheben, daß eine Vertragsverletzung an sich den Tatbestand des Art. 25 nicht zu erfüllen vermag, einfach weil die Erfüllungshandlung defekt war, sondern nur, wenn ein objektiver und bemessbarer *Nachteil* damit verbunden ist[278],

---

[272] Dazu auch *Schlechtriem / Huber*, Art. 45, Rn. 2 ff.

[273] Vgl. BGH, 3.4.1996, VIII ZR 51/95, CISG-online Nr. 135. Ähnlich *Ferrari*, IHR 2005, S. 3.

[274] Siehe dennoch eine Darstellung verschiedener Fallkonstellationen, in denen eine wesentliche Vertragsverletzung häufig zu bejahen ist, unter A.II.2.d).(2).(a).cc). Fallgruppen.

[275] Vgl. *Schlechtriem / Schlechtriem*, Art. 25, Rn. 5 ff; *Butler*, IHR 2003, S. 212.

[276] Vgl. das von *von Caemmerer*, in: FS für Coing, S. 41 wiedergegebene Zitat von *Ussing*: "man soll nicht prüfen, ob die verletzte Verpflichtung eine wesentliche Vertragsbestimmung sei, sondern ob die Verletzung wesentlich zu bewerten ist"; damit setzte *Ussing* einen Meilenstein in der Geschichte des Einheitskaufrechts.

[277] So *Audit*, S. 119; *Bianca / Bonell / Will*, Art. 25, Bem. 2.1.2.; *Krebs*, S. 22. Die amtliche Fassungen in englischer, spanischer und französischer Sprache bedienen sich ebenfalls tautologischer Definitionen, auch wenn „fundamental" mit „substantial", „esencial" mit „sustancialmente", „essentielle" mit „substantiellement" umschrieben werden.

[278] Vgl. *Bianca / Bonell / Will*, Art. 25, Bem. 2.1.1.2.; *Staudinger / Magnus*, Art. 25, Rn. 9, 11 f; BGH, 3.4.1996, VIII ZR 51/95, CISG-online Nr. 135: Wesentliche Vertragsverletzung verneint, weil der Käufer keinen tatsächlichen Nachteil erlitten hatte; teilweise a.A. *Schlechtriem*[2], Rn. 111, für den das subjektive Kriterium maßgebend ist.

und zwar ein *wesentlicher* Nachteil. Dabei hat die Konvention weder die stark subjektivistische Sicht des Art. 10 EKG, noch den strikt objektiven Maßstab des Art. 23 des UNCITRAL-Entwurfs übernommen[279]. Statt dessen wurde eine Kompromißlösung erarbeitet, welche die Berücksichtigung sowohl von objektiven[280] als auch von subjektiven Kriterien ermöglicht[281].

Unter Nachteil versteht man *jede Beeinträchtigung* oder Verlust in der Gläubigersphäre, einschließlich der berechtigten Erwartungen der Parteien[282], sowie die ungünstige Folge einer *nur möglichen* Vertragsverletzung[283]. Daher ist dieser Begriff weit auszulegen[284] und er bezieht sich an erster Stelle auf die durch den Vertrag begründeten (objektivierten[285]) Interessen des betroffenen Gläubigers[286]. Trotz ähnlicher Formulierung ist der „Nachteil" des Art. 25 nicht mit einem konkreten „Verlust" bzw. Schaden i.S.d. Art. 74 gleichzustellen[287] (auch wenn der Schaden ein wichtiges Indiz für eine wesentliche Vertragsverletzung darstellen kann)[288].

Es stellt sich ferner die Frage, ob der Begriff *wesentlicher Nachteil* in einem quantitativen oder eher im qualitativen Sinne verstanden werden soll. Würde man sich für eine quantitative Interpretation entscheiden, dann müßte die Beurteilung der Wesentlichkeit keine Schwierigkeiten bereiten; es würde einfach ausreichen, daß der Nachteil einen bestimmten Prozentsatz des Kaufpreises oder des Werts der Ware im vertragskonformen Zustand überschreitet, um eine wesentliche Vertragsverletzung bejahen zu können, was allein durch ein Sachverständigengutachten möglich wäre. Dies würde allerdings dem Geist der Konvention zuwiderlaufen, der einen wertoffenen Tatbestand schuf um in Anbetracht des Einzelfalles eine sachorientierte Entscheidung zu ermöglichen.

Eine systematische Interpretation der Konvention zeigt, daß der Begriff „wesentlich" des Art. 25 in einem *qualitativen* Sinne zu verstehen ist[289]. Der Terminus wird in meh-

---

[279] Vgl. *Holthausen*, RIW 1990, S. 102; *Bianca / Bonell / Will*, Art. 25, Bem. 1.1.

[280] Anhaltspunkte für eine objektive Erfassung dieses Begriffs sind das Erfordernis eines *Nachteils*, der Verweis auf die Gläubigererwartungen *aus dem Vertrag* und der Maßstab einer *vernünftigen Person der gleichen Art*.

[281] *Bamberger / Roth / Saenger*, Art. 25, Rn. 4.

[282] *Adame*, S. 232; *Bianca / Bonell / Will*, Art. 25, Bem. 2.1.2.1.

[283] *Bamberger / Roth / Saenger*, Art. 25, Rn. 3.

[284] Vgl. *Kopac*, in: OR., S. 330, Nr. 32 f.; *Bianca / Bonell / Will*, Art. 25, Bem. 2.1.1. ff; *Herber / Czerwenka*, Art. 25, Rn. 6; *Honsell / Karollus*, Art. 25, Rn. 14; *Witz / Salger / Lorenz*, Art. 25, Rn. 6; *Ferrari*, IHR 2005, S. 3.

[285] *Kopac*, in: OR., A/CONF.97/19, S. 330, Nr. 33.

[286] *Karollus*, JZ 1997, 38; *Schlechtriem²*, Rn. 111.

[287] *Adame*, S. 232; *Bianca / Bonell / Will*, Art. 25, Bem. 2.1.1.2.; *Ferrari*, IHR 2005, S. 3; *Staudinger / Magnus*, Art. 25, Rn. 11; a.A. *Butler*, IHR 2003, S. 209.

[288] *Bamberger / Roth / Saenger*, Art. 25, Rn. 3.

[289] Siehe auch *Adame*, S. 232 f (und Fn. 32). Ähnlich *Ziegel*, in: Galston / Smit, S. 16; i.E. auch *Bianca / Bonell / Will*, Art. 25, Bem. 2.1.2.2.

reren Vorschriften verwendet[290], in den meisten Fällen im qualitativen Sinne; nur in Art. 3 Abs. 1 und 71 Abs. 1, die von einem *„wesentlichen Teil*“ sprechen, ist der Begriff im *quantitativen* Sinne zu verstehen[291]. Daher lassen sich für die Auslegung von Art. 25 keine „mathematische“ Kriterien erstellen; vielmehr kommt es auf die Erwartungen des *konkreten* Gläubigers für jeden Einzelfall an, so daß dieselbe Vertragsverletzung in einem Kaufvertrag als *wesentlich* gehalten werden kann, in einem anderen als *nicht wesentlich* (etwa: Verspätung von fünf Tagen, Qualitäts-[292] und Quantitätsabweichungen[293], Wertverlust[294], usw.). Art. 25 bildet einen offenen Tatbestand, der durch richterliche Interessenabwägung auszufüllen ist[295].

Es ist hervorzuheben, daß ein *wesentlicher Nachteil* eine *besonders schwerwiegende Beeinträchtigung* der Interessen des Gläubigers[296] darstellen muß, so daß die Erwartungen der vertragstreuen Partei derart enttäuscht werden, daß ihr Interesse an der Durchführung des Vertrages *im wesentlichen* entfällt[297]. Durch den Grundsatz der Vertragsfreiheit können die Parteien irgendeine Pflicht „hochstufen“ [298], so daß ihre Verletzung die Aufhebung des Vertrages rechtfertigen würde. Allerdings dürfte man eine solche Pflichtverletzung nicht als eine an sich *wesentliche* Vertragsverletzung i.S.v. Art. 25 qualifizieren, sondern vielmehr als eine Sondervereinbarung (z.B. Übernahme einer Garantie), an die bestimmte Rechtsfolgen geknüpft werden[299] (z.B. zugesicherten Eigenschaften).

---

[290] Vgl. Art. 3 Abs. 1, 19 Abs. 2 und 3, 25, 46 Abs. 2, 49 Abs. 1 lit. a, 51 Abs. 2, 64 Abs. 1 lit. a, 70, 71 Abs. 1, 72 Abs. 1, 73 Abs. 1 und II, 82 Abs. 1 und II, 84 Abs. 2 lit. b.

[291] Dieser Unterschied wird beim Vergleich zwischen Art. 71 und 72 deutlich: Stellt sich nach Vertragsschluß heraus, daß der Schuldner einen „wesentlichen Teil“ seiner Pflichten nicht erfüllen wird, kann der Gläubiger seine eigene Leistung aussetzen (Art. 71). Ist es offensichtlich, daß der Schuldner eine wesentliche Vertragsverletzung begehen wird, so kann die andere Partei den Vertrag aufheben (Art. 72).

[292] Einlaufen der gelieferten Sportbekleidung um 10 bis 15% als wesentliche Vertragsverletzung; siehe Landgericht Landshut, 05.04.1995, 54 O 644/94.

[293] Landgericht Heidelberg, 03.07.1992, O 42/92 KfH I (vereinbart wurde die Lieferung von elf Computer-Teile; davon wurden nur fünf geliefert. In den Augen des Gerichts war damit noch keine wesentliche Vertragsverletzung vorhanden, welche die Aufhebung des ganzen Vertrages gerechtfertigt hätte).

[294] Preisverlust der Ware um 20% (bzw. 50% bei mangelnder Vereinbarung mit dem Endverbraucher) stellte eine wesentliche Vertragsverletzung dar; vgl. Landgericht Oldenburg, 06.07.1994, 12 O 301/93. Dagegen: Preisverlust der Ware um 25.5% stellte keine wesentliche Vertragsverletzung dar; vgl. Bundesgericht Schweiz 1. Abteilung, 28.10.1998, 4C.179/1998/odi, E.K., L. y A. v. F.

[295] *Karollus*, JZ 1997, 38; *Bianca / Bonell / Will*, Art. 25, Bem. 2.

[296] *Honsell / Schnyder / Straub*, Art. 49, Rn. 17; *Ferrari*, IHR 2005, S. 4.

[297] *Bamberger / Roth / Saenger*, Art. 25, Rn. 4; *Herber / Czerwenka*, Art. 25, Rn. 8; *Staudinger / Magnus*, Art. 25, Rn. 13, m.w.N.

[298] *Bamberger / Roth / Saenger*, Art. 25, Rn. 6; ähnlich *Bianca / Bonell / Will*, Art. 25, Bem. 2. Die Aufwertung aller Vertragspflichten einer Partei zu *wesentlichen Vertragspflichten* wäre aus deutscher Sicht (§ 307 II Nr. 1) unwirksam; *Ferrari*, IHR 2005, S. 5, m.w.N.

[299] In diesem Fall wird allein auf die objektive Pflichtverletzung abgestellt, unabhängig von ihrer Rechtsfolgen; daher sind die Tatbestandsmerkmale des Art. 25 (insbesondere der eines wesentlichen Nachteils) nicht mehr zu berücksichtigen, denn die Vorschrift stellt lediglich den „Beurteilungsmaß-

Die Bewertung eines Nachteils als ***wesentlich*** soll außerdem von Fall zu Fall und in Anbetracht aller Umstände erfolgen[300]; so sind der Vertragswert, der durch die Nichterfüllung verursachte wirtschaftliche Nachteil oder die Auswirkung der Nichterfüllung auf andere Verpflichtungen des Schuldners mitzuberücksichtigen[301]; es ist ebenfalls von Bedeutung, ob die geschäftlichen Dispositionen[302] des Gläubigers oder sein Ruf durch den Vertragsbruch beeinträchtigt wurden[303]. Allein die Tatsache, daß ein Mangel unbehebbar ist, spricht noch nicht für eine wesentliche Vertragsverletzung[304]. Ebensowenig schließt die Behebbarkeit des Mangels die Wesentlichkeit der Vertragsverletzung automatisch aus.

cc) Fallgruppen

Der Rechtsprechung lassen sich folgende Fallgruppen etnehmen, welche die Bewertung einer Vertragsverletzung seitens des Verkäufers (und ihre eventuelle Einstufung als *wesentliche* Pflichtverletzung) erleichtern können[305]:

Grundsätzlich stellt die Nichtleistung eine wesentliche Vertragsverletzung dar, wenn es sich um *endgültige Nichtlieferung* handelt[306]; dies ist etwa bei objektiver Unmöglichkeit der Leistung der Fall (z.B. Untergang des verkauften Einzelstücks)[307]. Der endgültigen Nichterfüllung steht die unberechtigte und endgültige *Erfüllungsverweigerung* gleich[308].

An sich stellt die *Überschreitung des Liefertermins* i.d.R. keine wesentliche Vertragsverletzung dar, es sei denn, daß der Käufer das Interesse an die Erfüllung des Vertrages (völlig) verliert[309]; dies ist etwa bei deutlicher Überschreitung des Liefertermins[310]

---

stab" für die Abgrenzung zwischen wesentlicher und nichtwesentlicher Vertragsverletzung dar; *Staudinger / Magnus*, Art. 25, Rn. 7.

[300] *Bianca / Bonell / Will*, Art. 25, Bem. 2.1.2.2.; *Staudinger / Magnus*, Art. 25, Rn. 13; i.E. *Soergel / Lüderitz / Budzikiewicz*, Art. 25, Rn. 2; BGH, 3.4.1996, VIII ZR 51/95, CISG-online Nr. 135 (Kobaltsulfat), *ad* II.2.c.dd).

[301] *Secretariat Commentary* on Art. 23 [Art. 25 CISG], Anm. 3.

[302] *Honsell / Karollus*, Art. 25, Rn. 14.

[303] Die Rechtsprechung hat dies allerdings nicht als wesentliche Vertragsverletzung bewertet; siehe Bundesgericht Schweiz, 1. Abteilung, 28.10.1998, 4C.179/1998/odi, E.K., L. y A. v. F.

[304] BGH, 3.4.1996, VIII ZR 51/95, CISG-online Nr. 135; zustimmend hierzu *Schlechtriem*, 50 Jahre BGH, S. 423. Siehe auch *Lurger*, IHR 2001, S. 98; ferner Hanseatisches OLG Hamburg, 28.2.1997, 1 U 167/95, CISG-online Nr. 261.

[305] Es ist daran festzuhalten, daß diese Fallgruppen lediglich eine Orientierung, nie eine subsumptionsfähige Fornel darstellen können. Die Bewertung, ob eine wesentliche Vertragsverletzung vorliegt, muß in Anbetracht aller Umstände entschieden werden.

[306] *Staudinger / Magnus*, Art. 25, Rn. 20; *Honsell / Schnyder / Straub*, Art. 49, Rn. 14. Siehe auch Pretura di Parma-Fidenza, Urteil vom 24.11.1989, 77/89, Foliopack AG v. Daniplast S.p.A.

[307] *Staudinger / Magnus*, Art. 49, Rn. 13.

[308] Siehe *Karollus*, ZIP 1993, S. 496; *Fountoulakis*, IHR 2003, S. 163; *Ferrari*, IHR 2005, S. 6; *Staudinger / Magnus*, Art. 25, Rn. 20, jeweils m.w.N.; OLG Celle 24.5.1995, CISG-online Nr. 152; CLOUT Nr. 136.

[309] *Magnus*, in: FS Schlechtriem, S. 611; *Fountoulakis*, IHR 2003, S. 163, m.w.N.; *Karollus*, ZIP 1993, S. 496; *Koch*, RIW 1995, S. 100. Das ist beispielsweise der Fall, wenn der Käufer die Nichtlie-

der Fall[311], oder wenn der Liefertermin eine zentrale Bedeutung hat – auch dann, wenn es nicht ausdrücklich vereinbart wurde[312], aber diese Bedeutung für eine *„reasonable person"* erkennbar gewesen wäre. Wird bei *Fixgeschäften*[313] oder *bei fixgeschäftsähnlichen* Verträgen[314] – wie etwa beim Kauf von Saisonware[315] – der Liefertermin überschritten, ist die Wesentlichkeit der Vertragsverletzung grundsätzlich zu bejahen. Ob verspätete Lieferung bei Verwendung eines CIF-Incoterms per se eine wesentliche Vertragsverletzung darstellt ist jedoch zweifelhaft[316].

Eine wesentliche Vertragsverletzung liegt i.d.R. auch vor, wenn die Pflichtverletzung so gravierend ist, daß die *Vertrauensgrundlage zerstört* wurde[317]. Das ist etwa der Fall, wenn der Verkäufer sich als unzuverlässig erwiesen hat, oder wenn die Art des Mangels auf ein treuwidriges Verhalten hinweist, gerade dann, wenn der Verkäufer „strafrechtlich relevante Lieferverstöße" begangen hat[318], wie etwa die Lieferung gefälschter Ware. Hier mag eine Nacherfüllung möglich sein, man wird dem Käufer jedoch nicht zumuten, daß diese *gerade durch den Verkäufer* erbracht wird. Eine *vorsätzliche* Pflichtverletzung stellt an sich keine wesentliche Vertragsverletzung dar[319], sie kann aber – gerade wegen des dadurch verursachten Vertrauensverlustes – ein Indiz dafür sein[320].

Kommt der Verkäufer seiner Pflicht zur *Übergabe von Dokumenten* in irgendeiner Weise nicht nach, so ist für die Bewertung der Pflichtverletzung auf die Art der Do-

---

ferung als die verspätete Lieferung vorzieht, OLG Düsseldorf, 24.4.1997, 6 U 87/96 [http://cisgw3.law.pace.edu/cases/970424g1.html].

310 Pretura di Parma-Fidenza, Foliopack AG vs. Daniplast S.p.A., 77/89, Urteil vom 24.11.1989, [http://cisgw3.law.pace.edu/cases/891124i3.html]; *Schlechtriem / Schwenzer / Müller-Chen,* Art. 49, Rn. 5; *Ferrari,* IHR 2005, S. 7.

311 Dies ist nach Auffassung des Verfassers spätestens dann der Fall, wenn ein weiteres Abwarten dem Käufer unzumutbar ist.

312 *Staudinger / Magnus,* Art. 49, Rn. 11; Pretura di Parma-Fidenza, 24.11.1989, 77/89, Foliopack AG vs. Daniplast S.p.A. [http://cisgw3.law.pace.edu/cases/891124i3.html], CLOUT Nr. 90; Hanseatisches OLG Hamburg, 28.2.1997, 1 U 167/95, CISG-online Nr. 261.

313 *Schlechtriem / Schlechtriem,* Art. 25, Rn. 18; *Ferrari,* IHR 2005, S. 7; *Herber / Czerwenka,* Art. 47, Rn. 4; *Staudinger / Magnus,* Art. 25, Rn. 22; *Soergel / Lüderitz / Schüßler-Langeheine,* Art. 49, Rn. 2.

314 *Bitter / Bitter,* BB 1993, 2321.

315 *Schlechtriem / Schwenzer / Müller-Chen,* Art. 49, Rn. 5; *P. Huber / Kröll,* IPRax 2003, S. 314.

316 So aber Hanseatisches OLG Hamburg, 28.2.1997, 1 U 167/95, CISG-online Nr. 261. Kritisch dazu *Bamberger / Roth / Saenger,* Art. 25, Rn. 5 (Fn. 13); *Staudinger / Magnus,* Art. 25, Rn. 22; Art. 49, Rn. 10, m.w.N.

317 *Karollus,* ZIP 1993, S. 497; *Koch,* RIW 1995, S. 100; *Lehmkuhl,* S. 35 ff; *Petrikic,* S. 114; i.E. *Magnus,* in: FS Schlechtriem, S. 611. Vgl. auch OLG Frankfurt a.M., 17.9.1991, 5 U 164/90, NJW 1992, 633 ff, CISG-online Nr. 28.

318 *Magnus,* in: FS Schlechtriem, S. 611.

319 *Schlechtriem / Schlechtriem,* Art. 25, Rn. 7; *Benicke,* IPRax 1997, S. 330. In diese Richtung anscheinend BGH, 3.4.1996, VIII ZR 51/95, CISG-online Nr. 135.

320 So *von Caemmerer,* in: FS für Coing, S. 52; differenzierend *Honsell / Karollus,* Art. 25, Rn. 23. Ähnlich *Benicke,* IPRax 1997, S. 330 f. Vgl. auch PECL Art. 8:103 lit. c.

kumente abzustellen[321]; sind die Dokumente für die Verfügung über die Ware erforderlich –Traditionspapiere: Lade- oder Lagerschein, Konnossement – so stellt sowohl die Nichtlieferung als auch eine Vertragswidrigkeit der Dokumente i.d.R. eine wesentliche Vertragsverletzung dar[322]. In anderen Fällen – etwa wenn die Verwendung oder die Verfügung über die Ware nicht oder nicht wesentlich beeinträchtigt wird, oder wenn der Käufer selbst den Dokumentenmangel beseitigen oder die fehlende Dokumente besorgen kann – ist eine wesentliche Vertragsverletzung eher zu verneinen[323].

Die Verletzung vereinbarter Zusatzpflichen[324], wie etwa die Verletzung einer Exklusivitätsabrede[325], kann eine wesentliche Vertragsverletzung darstellen.

Die *Lieferung vertragswidriger Ware* kann eine wesentliche Vertragsverletzung darstellen wenn der Mangel gravierend ist[326]. Dabei sind sowohl die Art der Vertragswidrigkeit als auch die Art der Ware zu berücksichtigen. So stellt die Lieferung von gezuckertem[327] bzw. gepanschtem Wein[328] eine wesentliche Vertragsverletzung dar. Ist die Ware gesundheitsgefährdend (etwa verseuchte oder verdorbene Lebensmittel)[329] oder stellt sie eine Gefahr für das Integritätsinteresse des Käufers dar (Lieferung von „ansteckend krankem Vieh"[330], Lieferung von Rebwachs, das für Reben schädlich ist[331]), dann ist die Wesentlichkeit der Pflichtverletzung auch zu bejahen.

In der Regel liegt eine wesentliche Vertragsverletzung vor, wenn sich die Ware für den –gewöhnlichen oder vereinbarten – Zweck nicht eignet, oder wenn ihr eine wesentlich relevante Eigenschaft fehlt: Schuhe, die für den vertraglich bestimmten Zweck un-

---

[321] Siehe CISG-AC Opinion Nr. 5, Anm. 4.7 ff; *Staudinger / Magnus*, Art. 49, Rn. 17; *Schlechtriem / Schwenzer / Müller-Chen*, Art. 49, Rn. 11.

[322] Eingehend *Staudinger / Magnus*, Art. 49, Rn. 17, m.w.N.; vgl. auch Magellan International v. Salzgitter Handel, U.S. Federal District Court [Illinois], Urteil vom 7.12.1999. Siehe auch CISG-AC Opinion Nr. 5, Anm. 4.7; *Schlechtriem / Schwenzer / Müller-Chen*, Art. 49, Rn. 11.

[323] BGH, 3.4.1996, VIII ZR 51/95, CISG-online Nr. 135; siehe auch CISG-AC Opinion Nr. 5, Anm. 4.7 ff; *Schlechtriem / Schwenzer / Müller-Chen*, Art. 49, Rn. 11; *Staudinger / Magnus*, Art. 49, Rn. 17, m.w.N.

[324] *Staudinger / Magnus*, Art. 49, Rn. 18.

[325] Siehe OLG Frankfurt a.M., 17.9.1991, 5 U 164/90, NJW 1992, 633 ff, CISG-online Nr. 28; Handelsgericht Aargau, OR.96.00013, 26.9.1997 [http://cisgw3.law.pace.edu/cases/970926s1.html]; OLG Koblenz, 2 U 31/96, 31.1.1997 [http://cisgw3.law.pace.edu/cases/970131g1.html].

[326] *UNCITRAL-Digest*, Art. 46, Anm. 13.

[327] Cour de Cassation, Societé Sacovini v. S.A.R.L. Les Fils de Henri Ramel, Urteil vom 23.1.1996 [http://cisgw3.law.pace.edu/cases/960123f1.html].

[328] LG Trier, 12.10.1995, 7 HO 78/95, CISG-online Nr. 160, CLOUT Nr. 170; *UNCITRAL-Digest*, Art. 46, Anm. 13.

[329] Siehe die Entscheidung des BGH, Urteil vom 2.3.2005 – VIII ZR 67/04, IHR 2005, S. 158 ff (Verdacht der Dioxinbelastung), mit Anmerkung von *Piltz*, IHR 2005, S. 160 f. Eine wesentliche Vertragsverletzung wurde jedoch bejaht, weil die Weiterverkäuflichkeit der Ware aufgrund öffentlich-rechtlicher Maßnahmen ausgeschlossen war. Siehe auch Urteil des Hof 's-Gravenhage vom 23.4.2003, Rynpoort Trading & Transport NV et al. v. Meneba Meel Wormerveer B.V. et al. [http://cisgw3.law.pace.edu/cases/030423n1.html] (krebserregendes Mehl).

[330] Beispiel nach *Magnus*, in: FS Schlechtriem, S. 611.

[331] Vgl. OLG Zweibrücken, 31.3.1998, 8 U 46/97, CLOUT Nr. 272.

tauglich sind[332]; Keramikbehälter, die nicht hitzebeständig waren[333]; Blumen, die nicht blühen[334]; defekte Luxusmöbel[335]; um eins bis zwei Größen schrumpfende Sportkleidung[336]; Lederschuhe mit Rissen im Leder[337], usw. Zum gewöhnlichen Gebrauch – gerade im internationalen Groß- und Zwischenhandel – gehört die Weiterverkäuflichkeit der Ware[338]. Daher stellt mangelnde Weiterverkäuflichkeit i.d.R. eine wesentliche Vertragsverletzung dar; dies ist auch dann der Fall, wenn die Ware die im Bestimmungsland geltende rechtliche Anforderungen nicht erfüllt und der Verkäufer diese kennt oder kennen mußte[339].
Ein starkes Indiz für die Wesentlichkeit der Vertragsverletzung liegt vor, wenn Käufer für die mangelhafte Ware keine vernünftige Verwendung hat[340]. Daher stellt eine *aliud-Lieferung* per se keine wesentliche Vertragsverletzung dar[341], doch aber, wenn der Käufer dafür keine Verwendung hat[342].

Ein unbehebbarer *Rechtsmangel*, der die Verwendung der Ware hindert[343], ist als wesentliche Vertragsverletzung zu bewerten. Obligatorische Rechte Dritter, welche die Dispositionsmacht des Käufers über die Ware beeinträchtigen, stellen einen als wesentliche Vertragsverletzung einzustufenden Rechtsmangel ebenfalls dar[344].

Häufig wird das Vorliegen einer wesentlichen Vertragsverletzung von der Möglichkeit der Nacherfüllung abhängig gemacht[345]. Nach dieser Ansicht wäre eine wesentliche Vertragsverletzung grundsätzlich erst bei *Unmöglichkeit* der Nacherfüllung, bei *Unzumutbarkeit* der Nacherfüllung *für den Käufer*[346] zu bejahen, oder wenn objektive

[332] LG Berlin, 15.9.1994, 52 S 247/94, CISG-online Nr. 399.
[333] Cour de Cassation, 17.12.1996, Société Céramique culinaire de France v. Société Musgrave Ltd. [http://cisgw3.law.pace.edu/cases/961217f1.html].
[334] Vgl. OLG Innsbruck, 1.7.1994, 4 R 161/94, CISG-online Nr. 107.
[335] LG Oldenburg, 6.7.1994, 12 O 301/93, CISG-online Nr. 274.
[336] LG Landshut, 5.4.1995, 54 O 644/94, CISG-online Nr. 193.
[337] Siehe *Staudinger / Magnus*, Art. 49, Rn. 14, mit Rechtsprechungsnachweisen.
[338] BGH Urteil vom 2.3.2005 – VIII ZR 67/04, IHR 2005, S. 158 ff, mit Anmerkung *Piltz*, IHR 2005, S. 160 f; siehe auch CISG-AC Opinion Nr. 5, Anm. 4.4.
[339] Vgl. LG Ellwangen, 1 KfH O 32/95, 21.8.1995 [http://cisgw3.law.pace.edu/cases/950821g2.html]; OLG Graz, 9.11.1995, 6 R 194/95, CISG-online Nr. 308, CLOUT Nr. 175; Cour d'appel Grenoble, 13.9.1995, Société française de Factoring International Factor France v. Roger Caiato, CISG-online Nr. 157. Im Ergebnis auch BGH, 8.3.1995, VIII ZR 159/94, CISG-online Nr. 144, BGHZ 129, 75-86 (Muscheln).
[340] *Staudinger / Magnus*, Art. 49, Rn. 14; BGH, 3.4.1996, VIII ZR 51/95, CISG-online Nr. 135.
[341] Eingehend dazu *Bitter / Bitter*, BB 1993, 2320; siehe auch *Ferrari*, IHR 2005, S. 7; *Staudinger / Magnus*, Art. 49, Rn. 15; *Schlechtriem / Schwenzer / Schlechtriem*, Art. 25, Rn. 21a.
[342] OLG Frankfurt a.M., 18.1.1994, 5 U 15/93, CISG-online Nr. 123; siehe auch *UNCITRAL-Digest*, Art. 46, Anm. 13.
[343] *Staudinger / Magnus*, Art. 49, Rn. 16.
[344] OGH, 6.2.1996, 10 Ob 518/95, CISG-online Nr. 224.
[345] Das Thema wird an anderer Stelle ausführlicher erörtert, siehe: D.I.3.b). Beziehung zwischen der Behebbarkeit der Vertragswidrigkeit und der Wesentlichkeit der Vertragsverletzung.
[346] *Koch*, RIW 1995, S. 100.

Zweifel an die Erfüllungsfähigkeit des Verkäufers bestehen[347]. Dies kann sich aus verschiedenen Umständen ergeben, etwa wenn der Mangel aus objektiver Sicht schwer oder nicht zu beheben ist, oder zu befürchten ist, daß der Mangel wieder auftreten wird[348] (z.B. wenn die ganze Gattung Mängel aufweist, so daß eine Nacherfüllung sinnlos wäre)[349]. In Betracht kommen auch manche in der Person des Verkäufers liegende Umstände, z.B. wenn es fragwürdig ist, daß er die Vertragswidrigkeit überhaupt beheben kann[350].

dd) Voraussehbarkeit

Zum Tatbestand der wesentlichen Vertragsverletzung gehört zusätzlich die Voraussehbarkeit des durch die Nichterfüllung eingetretenen Nachteils. Die Wesentlichkeit der Vertragsverletzung ist dann zu verneinen, wenn ein „verständiger Rechtsteilnehmer" in gleicher Lage mit der eingetretenen Folge nicht gerechnet hätte[351]. Hierfür ist der im Art. 8 II gelegte Maßstab einer „vernünftigen Person" heranzuziehen[352]. Durch diesen Tatbestand soll der vertragsbrüchige Schuldner vor unvorhersehbaren Konsequenzen eines Vertragsbruchs – über die Grenzen des Normalfalls hinaus – geschützt werden, so daß die Interessenbewertung auf der Grundlage von objektiven Maßstäben zu beurteilen ist[353].

Das Übereinkommen benutzt für die Voraussehbarkeitsprüfung einen subjektiven Maßstab, nämlich, daß *die vertragsbrüchige Partei* diese Folge nicht vorausgesehen *hat*[354]. Aber dieses Kriterium ist unzureichend wenn man bedenkt, daß der Schuldner durch die – für die verletzte Partei schwer widerlegbare – Behauptung, er habe diese Folge nicht vorausgesehen, sich entlasten könnte. Daher wird ein objektives Kriterium *ergänzend*[355] herangezogen: Daß eine vernünftige Person *der gleichen Art* und *unter den gleichen Umständen* diese Folge nicht vorausgesehen hätte.

Anders als Art. 10 EKG, wird der Zeitpunkt, auf den die vertragsbrüchige Partei den Nachteil hätte voraussehen können, nicht mehr festgelegt[356]; dies bedeutet, daß die Gerichte nicht an einen bestimmten Zeitpunkt gebunden werden sollen, sondern daß sie diese Vorschrift mit hinreichender Flexibilität auslegen dürfen[357]. Diese Frage war

---

[347] *P. Huber / Kröll*, IPRax 2003, S. 314, m.w.N.; *Magnus*, in: FS Schlechtriem, S. 607, 611. Hier handelt es sich beispielsweise um Fälle subjektiver Unmöglichkeit der Nacherfüllung.

[348] *Koch*, RIW 1995, S. 100; *Magnus*, in: FS Schlechtriem, S. 611.

[349] Stichworte: Konstruktionsfehler, (unbehebbarer) Verstoß gegen Schutzrechte Dritter.

[350] *Fountoulakis*, IHR 2003, S. 163; *Magnus*, in: FS Schlechtriem, S. 611.

[351] *Staudinger / Magnus*, Art. 25, Rn. 14.

[352] Siehe statt aller *Ferrari*, IHR 2005, S. 5, m.w.N.

[353] *Ferrari*, IHR 2005, S. 5; *Staudinger / Magnus*, Art. 25, Rn. 15.

[354] Dieser Tatbestandsmerkmal soll nicht als Verschuldenselement verstanden werden; *Schlechtriem*[2], Rn. 112.

[355] *Enderlein / Maskow*, Art. 25, Bem. 4.2., m.w.N.

[356] Vgl. *Soergel / Lüderitz / Budzikiewicz*, Art. 25, Rn. 4; *Ferrari*, IHR 2005, S. 5; dabei stellte Art. 10 EKG auf den Zeitpunkt des Vertragsschlusses ab.

[357] Vgl. *Secretariat Commentary* on Art. 23 [Art. 25 CISG], Anm. 5.

auf der Wiener Konferenz heftig umstritten; Versuche, die Voraussehbarkeit wieder mit dem Zeitpunkt des Vertragsschlusses zu verknüpfen wurden abgelehnt[358].

Daher ist die Frage, zu welchem Zeitpunkt die vertragsbrüchige Partei die Folgen seiner Vertragsverletzung voraussehen mußte, nach wie vor umstritten[359]. Es ist nicht verwunderlich, daß in der Literatur und Rechtsprechung immer wieder auf den Zeitpunkt des Vertragsschlusses abgestellt wird[360]. Dies wird damit begründet, daß die Interessen der Parteien – um deren Schutz es geht – durch den Vertrag und bei seinem Abschluß *fixiert* werden[361], was von der Konvention ausdrücklich gefordert wird, indem sie sich auf das bezieht, was die Parteien *„nach dem Vertrag"* hätten erwarten dürfen[362]. In diesem Zusammenhang wird ein weiterer Grund angeführt, nämlich, daß eine Partei durch spätere Informationen den Vertragsinhalt nicht nachträglich einseitig (und in wesentlicher Weise) ändern dürfte[363]; daher sei der Zeitpunkt des Vertragsschlusses maßgebend.

Andere Autoren plädieren für die Mitberücksichtigung von jeglichen relevanten Informationen – auch wenn sie nach Vertragsschluß mitgeteilt worden waren – , weil spätere Informationen Licht über die Bedeutung der ordnungsgemäßen Leistung werfen können[364]. Daher sollte die Kenntnis des Schuldners mindestens bis zum Beginn der Vorbereitung der Erfüllungshandlung berücksichtigt werden[365]. Eine noch radikalere Auffassung gestattet die Berücksichtigung jeder auch später erlangten Kenntnis bis zum Zeitpunkt der Vertragsverletzung[366], weil es für die Bewertung der Gläubigerinteressen und die Feststellung, ob ein wesentlicher Nachteil eingetreten ist, auf diesen Zeitpunkt ankomme[367].

Gegen die erste Lösung spricht die Geschichte der Konvention: Es ist bereits ausgeführt worden, daß die Verfasser *ausdrücklich* diese Frage den Gerichten überlassen wollten[368] und daß sie Anträge abgelehnt haben, auf einen besonderen Zeitpunkt abzu-

---

358 Vgl. OR., S. 99, 302.

359 *Reinhart*, Art. 25, Rn. 9; Siehe Meinungsstand bei *Honsell / Karollus*, Art. 25, Rn. 26 ff;

360 So z.B. *von Caemmerer*, in: FS für Coing, S. 50; *Holthausen*, RIW 1990, S. 105; *Herber / Czerwenka*, Art. 25, Rn. 9; *Schlechtriem²*, Rn. 112; *Schlechtriem / Schlechtriem*, Art. 25, Rn. 15. In diese Richtung auch Hanseatisches OLG Hamburg, 28.2.1997, 1 U 167/95, CISG-online Nr. 261.

361 *von Caemmerer*, in: FS für Coing, S. 50; *Schlechtriem²*, Rn. 112; *Staudinger / Magnus*, Art. 25, Rn. 19.

362 Ähnlich *Reinhart*, Art. 25, Rn. 9.

363 *Schlechtriem / Schlechtriem*, Art. 25, Rn. 15.

364 *Enderlein / Maskow*, Art. 25, Bem. 4.3.; *Bianca / Bonell / Will*, Art. 25, Bem. 2.2.2.2.5.; *Honnold*, § 183.

365 *Enderlein / Maskow*, Art. 25, Bem. 4.3.; *Herber / Czerwenka*, Art. 25, Rn. 9; *Reinhart*, Art. 25, Rn. 9; *Honsell / Karollus*, Art. 25, Rn. 27.

366 Vgl. *Honsell / Karollus*, Art. 25, Rn. 26 f, m.w.N.; auch *Soergel / Lüderitz / Budzikiewicz*, Art. 25, Rn. 4. So auch OLG Frankfurt a.M., 17.9.1991, 5 U 164/90, NJW 1992, 633 ff, CISG-online Nr. 28.

367 *Soergel / Lüderitz / Budzikiewicz*, Art. 25, Rn. 4.

368 Vgl. *Secretariat Commentary* on Art. 23 [Art. 25 CISG], Anm. 5; in die selbe Richtung weisen die Diskussionsberichte hin (O.R., S. 295-302), insbesondere die Anmerkungen von *Shafyk*, S. 298, Nr. 41 und von *Rognlien*, *Sevon* und *Szász*, S. 302, Nr. 2. Siehe auch *Bianca / Bonell / Will*, Art. 25, Bem.

stellen[369]. Aus teleologischer Sicht betrachtet ist eine *flexible Auslegung* des Art. 25 bezüglich der Vorhersehbarkeit der Folgen einer Vertragsverletzung für die Bewertung ihrer Wesentlichkeit erforderlich: Diese Vorschrift soll ein offener Tatbestand bilden, der in Anbetracht *aller* Umstände des Einzelfalles zu beurteilen ist[370].

An dieser Stelle sind zwei Fallkonstellationen zu unterscheiden: Zum einen, daß der Käufer nachträglich betont, eine *vereinbarte* Pflicht besitze für ihn eine solche Relevanz, daß ihre Nichterfüllung eine wesentliche Vertragsverletzung darstellen würde[371]. Zwar darf der Gläubiger den Schuldner (Verkäufer) mit neuen Pflichten nicht belasten, doch aber die bereits existierenden Pflichten präzisieren und näher umschreiben[372]. Die vertragsbrüchige Partei darf nicht einwenden, ihr seien wichtige Informationen zu spät mitgeteilt worden, besonders dann, wenn sie in der Lage gewesen wäre, das besondere Interesse ihres Vertragspartners zu erkennen und wenn sie sich (ohne besonders belastet zu werden) hierauf hätte einstellen können um die Vertragsverletzung zu vermeiden[373]. Nach der hier vertretenen Auffassung soll hier der Grundsatz von Treu und Glauben – den die Parteien immer zu berücksichtigen haben – maßgebend sein[374]. Daher ist die Berücksichtigung eines späteren Zeitpunkts für die Bewertung der Vorhersehbarkeit der Wesentlichkeit einer Vertragsverletzung durchaus möglich und sinnvoll; diese Lösung kann ferner auf die allgemeine Kooperationspflicht der Parteien gestützt werden, wonach beide Parteien verpflichtet sind, „die Interessen der anderen Partei zu wahren, die Erfüllung zu ermöglichen und das Vertragsziel nicht zu gefährden“[375].

Zum anderen ist der Fall zu berücksichtigen, daß der Käufer den Vertragsinhalt durch die Einbeziehung weiterer Pflichten zu ändern versucht. Hier soll berücksichtigt wer-

---

2.2.2.5., m.w.N.; *Soergel / Lüderitz / Budzikiewicz*, Art. 25, Rn. 4; *Staudinger / Magnus*, Art. 25, Rn. 16.

[369] Siehe OR., S. 99, insbesondere *Consideration* 5 und 6.

[370] *Secretariat Commentary* on Art. 23 [Art. 25 CISG], Anm. 3.

[371] Vgl. das Beispiel von *Enderlein / Maskow*, Art. 25, Bem. 4.3. (siehe dazu folgende Fußnote).

[372] *Honsell / Karollus*, Art. 25, Rn. 28; i.E. auch *Enderlein / Maskow*, Art. 25, Bem. 4.3., die mit folgendem Beispiel überzeugend argumentieren (Hervorhebungen hinzugefügt): „...in the case of a contract for delivery of consumer goods to be manufactured the buyer signals immediately after the conclusion of the contract that the imprint of *agreed* data on the packaging *is of decisive importance* because the goods otherwise could not be sold“. Wenn der Verkäufer, trotz dieser Anzeige, den Abdruck der *vereinbarten* Informationen unterläßt – auch dann, wenn er sich auf die Bedürfnisse des Käufers ohne Unannehmlichkeiten hätte einstellen können –, soll er sich nachher darauf berufen können, *zum Zeitpunkt des Vertragsschlusses* sei die Bedeutung dieser Pflicht nicht erkennbar gewesen? Im Ergebnis zustimmend *Staudinger / Magnus*, Art. 25, Rn. 19.

[373] *Reinhart*, Art. 25, Rn. 9; i.E. ähnlich *Staudinger / Magnus*, Art. 25, Rn. 19.

[374] Im Ergebnis ähnlich *Staudinger / Magnus*, Art. 25, Rn. 19 und *Lurger*, IHR 2001, S. 92. Dabei ist ebenfalls das Verbot einer mißbräuchlichen Rechtsausübung seitens des Gläubigers zu berücksichtigen.

[375] *Staudinger / Magnus*, Art. 7, Rn. 47. Diese Pflicht wird von der h.M. als allgemeiner Grundsatz der Konvention i.S.v. Art. 7 Abs. 2 anerkannt; siehe auch *Adame*, S. 78; *Audit*, S. 51; *Bianca / Bonell / Bonell*, Art. 7, Bem. 2.3.2.2; *Enderlein / Maskow*, Art. 7, Bem. 9.1; *Soergel / Lüderitz*, Art. 7, Rn. 9.

den, daß der Vertrag keine *statische*, sondern eine *dynamische* Beziehung ist[376]. Die traditionelle Vertragsschlußform durch Angebot und Annahme wird durch die Praxis häufig relativiert, indem verschiedene Elemente eines internationalen Kaufvertrages nicht selten „schrittweise" festgelegt werden[377]. Daher soll nicht nur der Zeitpunkt des „Vertragsschlusses", sondern vielmehr „jede nachfolgende zusätzliche Vereinbarung"[378] bzw. nachträgliche Vertragsänderung[379] berücksichtigt werden. Eine solche Vereinbarung bedarf nicht der ausdrücklichen Zustimmung des Vertragspartners; vielmehr kann sie gemäß Art. 18 Abs. 1 durch konkludente Handlungen erfolgen. Schweigen oder Untätigkeit können ebenfalls als Ausdruck einer Willenserklärung gelten, wenn weitere Umstände vorliegen[380], oder wenn die Antwort auf ein Angebot, die eine Annahme darstellen soll, Abweichungen zu den Bedingungen des Angebots enthält (Art. 19 II) und der Offerent diese Abweichungen nicht widerspricht[381]. Hinzu kommt, daß Art. 8 III die Berücksichtigung des späteren Verhaltens der Parteien für die Auslegung von Erklärungen (und damit für die Feststellung des Vertragsinhalts) anordnet und daß eine mündliche Vertragsänderung durchaus zulässig ist (Art. 29)[382]. Insofern wird das Problem auf den Bereich der Vertragsauslegung verlagert: Es geht an erster Stelle um die Feststellung, ob die konkrete Erwartungen einer Partei zum Vertragsinhalt geworden sind. Maßgeblich wäre daher nicht der ursprüngliche „Vertragsschluß", sondern der Zeitpunkt der letzten Vereinbarung zwischen den Parteien. Zwar wird die Frage der Voraussehbarkeit hierdurch noch nicht vollständig beantwortet, aber durch die Auffassung des Vertrages als dynamischer Vorgang kann ein Großteil der Fälle gelöst werden.

---

376 So ausdrücklich *Adame*, S. 234. Dies kommt in Art. 8, 19, 29, 11 der Konvention deutlich zum Ausdruck.

377 So können die Zahlungsmodalitäten, der Lieferort, Art der Verpackung, Liefertermin, usw. nachträglich vereinbart werden; vgl. *Enderlein / Maskow*, Art. 14, Bem. 7.

378 *Neumayer*, RIW 1994, S. 104.

379 Vgl. *Ferrari*, IHR 2005, S. 6.

380 Vgl. *Schlechtriem / Schlechtriem*, Art. 18, Rn. 9; *Staudinger / Magnus*, Art. 18, Rn. 12 f.

381 Vgl. *Staudinger / Magnus*, Art. 19, Rn. 13. Damit die Bedingungen der abweichenden Annahmeerklärung zum Vertragsinhalt werden setzt Art. 19 allerdings voraus, daß die Änderungen keine wesentliche Änderungen zu der Offerte darstellen.

382 In die selbe Richtung weist die Praxis verschiedener US-amerikanischer Gerichte hin, welche die *parol-evidence-rule* des *Common Law* verworfen haben. Diese Regel besagt, daß ein schriftlicher Vertrag als endgültige und verbindliche Vereinbarung zwischen den Parteien anzusehen ist; daher sind mündliche Erklärungen, die den Vertragsinhalt widersprechen oder abändern, nicht zu berücksichtigen (vgl. UCC § 2-202). Vgl. *Filanto S.p.A. v. Chilewich International Corp.*, Federal District Court (2nd Disctrict), 14.4.1992 [http://cisgw3.law.pace.edu/cases/920414u1.html]; *MCC-Marble Ceramic Center v. Ceramica Nuova D'Agostino*, Circuit Court of Appeals (11th Circuit), 29.06.1998 [http://cisgw3.law.pace.edu/cases/980629u1.html]; *Mitchell Aircraft Spares, Inc. v. European Aircraft Serv. AB*, 23 F. Supp. 2d 915 (N.D. Ill. 1998), [http://cisgw3.law.pace.edu/cases/981027u1.html]; *Calzaturificio Claudia s.n.c. v. Olivieri Footwear Ltd.*, 1998 U.S. Dist. LEXIS 4586, No. 96 Civ. 8052 (HB) (THK), 1998 WL 164824 (S.D.N.Y. Apr. 7), 6.4.1998 Federal District Court, New York [http://cisgw3.law.pace.edu/cases/980406u1.html]. Reiche Kritik hatte die frühere Entscheidung *Beijing Metals v. American Business Center*, Circuit Court of Appeals (5th Circuit), Urteil vom 15.6.1993, (CLOUT Nr. 24) geerntet, wonach der *parol-evidence-rule*, unabhängig vom anwendbaren materiellen Recht, Geltung zukommen sollte. Siehe auch *Killian*, J. Trans. L. & P., Vol. 10:2 (2001), S. 231 ff.

Mit wenigen Worten bringt es *Neumayer* überzeugend auf den Punkt, der zwischen zwei Momenten zu Recht unterscheidet: Für die Feststellung des konkreten *Vertragsinteresses* ist auf den Zeitpunkt der Vereinbarung abzustellen; für die Frage der *Voraussehbarkeit* der Folgen einer Vertragsverletzung ist der Zeitpunkt der effektiven Verletzungshandlung zu berücksichtigen[383].

(b) Differenzierter Begriff der wesentlichen Vertragsverletzung?

Um festzustellen, ob eine Vertragsverletzung wesentlich ist oder nicht, sind zumindest zwei Ansätze möglich: Entweder betrachtet man die Verletzung *an sich* (abstrakte Auslegung) oder man setzt sie in Verbindung mit dem angestrebten Rechtsbehelf (rechtsfolgenorientierte Auslegung). Dem ersten Ansatz folgend wäre aus dem Übereinkommen ein einheitlicher Begriff der wesentlichen Vertragsverletzung zu entnehmen[384], während eine rechtsfolgenorientierte Auslegung zu einem differenzierten Begriff der wesentlichen Vertragsverletzung führt[385].

Diese Annäherung hat nicht nur dogmatische Auswirkungen – ob die Konvention einen einheitlichen Begriff der Vertragsverletzung verwendet oder nicht – sondern auch praktische Konsequenzen: Es geht an erster Stelle um die Frage, ob die Aufhebung des Vertrages und Ersatzlieferung immer und nur unter den gleichen Voraussetzungen gegeben sind bzw. ob die „Schwelle" der Wesentlichkeit differenziert zu verstehen ist. An zweiter Stelle, ob die Möglichkeit, eine Vertragswidrigkeit der Ware durch Nachbesserung oder Nachlieferung zu beheben, die *Wesentlichkeit* der Vertragsverletzung entfallen läßt; letztlich, ob der Verkäufer durch ein angemessenes, für den Käufer zumutbares Nacherfüllungsangebot die Aufhebung des Vertrages vermeiden kann.

Leidenschaftlicher Vertreter einer rechtsfolgenorientierten Auslegung des Art. 25 ist *Karollus*[386], der zu Recht aufführt, daß eine wesentliche Vertragsverletzung an sich keine Bedeutung hat, sondern nur in Verbindung mit ihren Konsequenzen; damit liegt der Rückgriff auf eine teleologische Auslegung dieses Begriffes auf der Hand: „je nachdem, um welche Rechtsfolge es geht, kann für ein und dieselbe Situation die Wesentlichkeit der Vertragsverletzung unterschiedlich beurteilt werden"[387]. Die teleologische Auslegung soll ferner der Vertragserhaltung dienen[388], indem sie das *Aufschieben* der Vertragsaufhebung durch andere Rechtsbehelfe (Nacherfüllung) ermöglicht und beiden Parteien besseren Schutz gewährt[389]. Diese Auffassung beruft sich auf Art. 51,

---

383 RIW 1994, S. 104 f.

384 So *Holthausen*, RIW 1990, 103; *Bitter / Bitter*, BB 1993, S. 2322; *Staudinger / Magnus*, Art. 48, Rn. 29.

385 Vgl. *Karollus*, ZIP 1993, 495 f; *Honsell / Karollus*, Art. 25, Rn. 12.

386 Siehe *Honsell / Karollus*, Art. 25, Rn. 11 f; *Karollus*, ZIP 1993, 490 - 497 (*passim*). Im Ergebnis ähnlich *Witz / Salger / Lorenz*, Art. 46, Rn. 10. Vgl. ferner *Karollus*, JZ 1997, S. 38, der in seiner Anmerkung zum BGH Urteil vom 3.4.1996, VIII ZR 51/95 („Kobaltsulfat"-Fall), seine rechtsfolgenorientierte Auslegung des Begriffs einer wesentlichen Vertragsverletzung vom BGH bestätigt sieht.

387 *Karollus*, ZIP 1993, 495 f.; *Honsell / Karollus*, Art. 25, Rn. 12.

388 *Honsell / Karollus*, Art. 25, Rn. 11.

389 Die Einschränkung der Ersatzlieferung nur auf Fälle einer wesentlichen Vertragsverletzung soll dem Verkäufer vor unangemessenen Rücktransportkosten und Risiken schützen, besonders wenn der

der deutlich zeigen soll, daß die Konvention unterschiedliche Begriffe der wesentlichen Vertragsverletzung kennt[390].

In dieselbe Richtung weist *Honnold* hin, indem er sagt, die Beurteilung, ob eine Vertragsverletzung wesentlich ist oder nicht, in Anbetracht aller Umstände des Einzelfalles beurteilt werden soll, unter besonderer Berücksichtigung eines Nachbesserungsangebots[391]. Dem ist zuzustimmen, daß die Bereitwilligkeit des Schuldners und die Möglichkeit, die Vertragswidrigkeit aufzuheben, *de facto* die Bewertung einer Vertragsverletzung und deren rechtlichen Folgen beeinflussen *können*[392]. Daraus folgt, daß die selbe Vertragsverletzung – an sich betrachtet – manchmal als wesentlich, manchmal als nicht-wesentlich erfaßt werden kann, je nach den weiteren Umständen des Einzelfalles.

Gegen diese Auffassung wird angeführt, daß die Absicht der Verfasser der Konvention war, in Art. 25 einen *einheitlichen Tatbestand* zu schaffen[393]. Dieser Umstand kommt u.a. dadurch zum Ausdruck, daß die Vorschrift sich in einem I. Kapitel befindet, das den Titel „Allgemeine Bestimmungen" trägt. Diese „vor-die-Klammer" gezogene Vorschriften[394] bilden eine Art „allgemeiner Teil"[395], der den Takt für die darauffolgenden Vorschriften gibt. Nach der Absicht der Konventionsgeber soll Art. 25 den Maßstab für alle Fälle bilden, wenn die Konvention auf eine wesentliche Vertragsverletzung verweist[396]. Außerdem soll berücksichtigt werden, daß die Möglichkeit der Beseitigung der Vertragsverletzung und deren Folgen ein äußerer Umstand sind und daß eine derart differenzierte Auslegung die Gefahr in sich berge, den Begriff der wesentlichen Vertragsverletzung zu schwächen[397]. Letztlich dürfte ein Nachbesserungsangebot nichts an der Wesentlichkeit der Pflichtverletzung ändern, denn dies würde zu

---

Käufer und Verkäufer weit entfernt voneinander sind (vgl. *Secretariat Commentary* on Art. 42 [Art. 46 CISG], Anm. 12). In diesem Rahmen erweist sich das Erfordernis einer wesentlichen Vertragsverletzung als sinnvoll; nicht aber in anderen Fällen, etwa wenn eine Ersatzlieferung dem Verkäufer zumutbar ist, weil der Abstand zwischen den Parteien nicht größer ist, als wenn es sich um einen nationalen Kaufvertrag handeln würde und wenn die Vertragsverletzung von Bedeutung ist (aber noch nicht *wesentlich*).

390 *Honsell / Karollus*, Art. 25, Rn. 12. *Karollus* argumentiert, daß diese Vorschrift zwei unterschiedliche Arten von wesentlicher Vertragsverletzung regelt: Die eine würde die Aufhebung des Vertrages im Ganzen zulassen, während die andere nur zur Teilaufhebung berechtigen würde. Dieser Auffassung ist entgegenzuhalten, daß es sich nicht um verschieden konzepte der Vertragsverletzung handelt, sondern vielmehr um *eine* wesentliche Vertragsverletzung, die in einem Fall nur einen Teil der Lieferung betrifft, im anderen die Lieferung im Ganzen.

391 *Honnold*, § 184.

392 Vgl. Cour d'appel Grenoble, 26.4.1995, Marques Roque Joachim v. S.a.r.l. Holding Manin Rivière, 93/4879, CISG-online Nr. 154.

393 Dieses „strukturelle Anliegen" der Verfasser der Konvention möchte *Karollus* – über die Absicht der Wiener Konferenz hinweg – ausdrücklich preisgeben (*Karollus*, ZIP 1993, S. 496).

394 So *Lehmkuhl*, S. 26.

395 Vgl. *Staudinger / Magnus*, Vor Art. 25, Rn. 3.

396 Ähnlich *UNCITRAL-Digest*, Art. 46, Anm. 13: „A fundamental breach under article 46(2) has to be determined in the same way as unter Art. 49 and in accordance with the general definition given in Art. 25".

397 *Bianca / Bonell / Will*, Art. 48, Bem. 3.2.2.

absurden Konsequenzen führen, nämlich, daß das einmal begründete Recht (hier: Das Aufhebungsrecht des Käufers) durch einseitige Handlungen des Schuldners entfallen bzw. wieder aufleben würde.

Die Argumente für eine differenzierte Begriffsauslegung sind beim ersten Anblick zwar anziehend, bei näherer Betrachtung jedoch abzulehnen: Die Entstehungsgeschichte zeigt, daß die Verfasser der Konvention die Ersatzlieferung an dieselben Voraussetzungen wie die Aufhebung des Vertrages knüpfen wollten. Eine hiervon abweichende Auslegung steht im Widerspruch zur Absicht der Konventionsgeber. Eine systematische Interpretation ergibt, daß die Rechtsbehelfe aus Art. 46 Abs. 2 und Art. 49 Abs. 1 davon abhängen, ob eine wesentliche Vertragsverletzung vorliegt, und nicht umgekehrt (nämlich, daß eine wesentliche Vertragsverletzung davon abhängt, ob Ersatzlieferung möglich ist oder nicht).

Außerdem würde sie ein zentrales Institut des UN-Kaufrechts (das an sich schon Auslegungsschwierigkeiten bereitet) unterminieren. Zuletzt ist eine solche Auslegung nicht einmal nötig. Diese bezweckt, die Ungereimtheiten zu vermeiden, die sich aus der Einbeziehung der Möglichkeit der Mängelbeseitigung als *notwendiges Tatbestandsmerkmal* einer wesentlichen Vertragsverletzung ergeben; letzteres ist, wie unten gezeigt wird, ebenfalls abzulehnen[398]. Eine rechtsfolgenorientierte Auslegung des Begriffs der wesentlichen Vertragsverletzung erweist sich damit als systemwidrig und ist daher abzulehnen[399].

e) Herabsetzung des Kaufpreises (Art. 50)

Das Übereinkommen gewährt in Art. 50 S. 1 ein Recht auf Herabsetzung des Kaufpreises. Hat der Verkäufer vertragswidrige Ware geliefert, dann kann der Käufer die mangelhafte Ware behalten und den Kaufpreis verhältnismäßig reduzieren.

Verschiedenen Rechtsordnungen ist das Rechtsinstitut der Anpassung des Kaufpreises (im deutschen Recht „Minderung") bekannt. Dieses hat seinen Ursprung in der *actio quanti minoris* des römischen Rechts[400] und dient als Korrektiv der Vertragsstrenge zugunsten der Reziprozität, indem der Vertragspreis angepaßt wird[401], wenn sich nach

---

[398] Dieses Problem wird unter D.II.3.b). behandelt.

[399] *Lehmkuhl*, S. 26, m.w.N.; *MünchKomm / P. Huber*, Art. 46, Rn. 30. Siehe ferner: *Schlechtriem / Schlechtriem*, Art. 25, Rn. 20; *Staudinger / Magnus*, Art. 48, Rn. 29; *Honsell / Schnyder / Straub*, Art. 49, Rn. 21.

[400] Siehe *Adame*, S. 274; *Bianca / Bonell / Will*, Art. 50, Bem. 1.2.; *Schlechtriem / Huber*, Art. 50, Rn. 1, m.w.N.; *Staudinger / Magnus*, Art. 50, Rn. 5; *Honsell*, JZ 2001, S. 281. Zum römischen Recht siehe *Kaser*, Römisches Privatrecht, § 41 VI 4 a; *Iglesias*, S. 376. Dieses ädilizische Rechtsinstitut galt insbesondere für den Sklaven- und Zugtierkauf; es gewährte dem Käufer einen Anspruch auf Rückzahlung des Betrages, um den der Sklave oder das Zugtier weniger wert war als in mangelfreiem Zustand, wenn er das Gekaufte behalten wollte oder wenn die sechs-Monate Frist zur Ausübung der *actio redhibitoria* verstrichen war.

[401] Ähnlich *Enderlein / Maskow*, Art. 50, Bem. 2; *Schlechtriem*², Rn. 203 (Wiederherstellung der „gestörten Vertragsparität"); siehe auch *Staudinger / Magnus*, Art. 50, Rn. 31 („Vertragsanpassung auf beiderseits niedrigerem Leistungsniveau").

Vertragsschluß herausstellt, daß der Wert der Ware geringer ist als ursprünglich angenommen – so daß seine Erwartungen aus dem Vertrag beeinträchtigt werden – der Käufer jedoch die Ware behalten möchte. Die Herabsetzung des Kaufpreises impliziert daher das Festhalten am Vertrag[402]. Die Minderung ist den *Common Law*-Staaten als eigenständiger Rechtsbehelf fremd[403]; statt dessen wird in diesen Rechtssystemen ein vergleichbares Ergebnis durch die Regeln des Schadensersatzes erreicht[404].

Die eigene Begrifflichkeit der Konvention spricht von „Herabsetzung des Kaufpreises" statt von „Minderung"[405], um deutlich zum Ausdruck zu bringen, daß das Übereinkommen ohne Rückgriff auf nationale Rechtsvorstellungen auszulegen ist[406].

Diese Vorschrift hat jedoch geringe praktische Auswirkung, weil die konkurrierenden Schadensersatzvorschriften häufig einen weitergehenden Schutz gewähren werden als die Herabsetzung des Kaufpreises[407]. Dennoch kann dieser Rechtsbehelf in besonderen Situationen an Bedeutung gewinnen, insbesondere wenn Schadensersatzansprüche aus irgendeinem Grund nicht geltend gemacht werden können (z.B. Art. 79)[408], oder wenn der Minderungsbetrag größer ist als der Betrag der Entschädigung (etwa bei fallender Marktpreisen)[409].

---

402 *Soergel / Lüderitz / Schüßler-Langeheine*, Art. 45, Rn. 6; *Staudinger / Magnus*, Art. 50, Rn. 3 („vertragserhaltende Wirkung").

403 Siehe hierfür zwei Zitate von *Farnsworth*: „we don't have it and we don't like it", wiedergegeben von *Schlechtriem* (in: FS Trinkner, S. 323, Fn. 4); „Price reduction – we don't understand it and we don't like it" (in: Lausanner Kolloquium, S. 105).

404 Vgl. UCC 2-717 („Deduction of damages from the price"); weitere Nachweise zum *Common Law* und Entstehungsgeschichte dieses Rechtsbehelfs im Einheitskaufrecht bei *Honnold*, § 313. Siehe auch *Staudinger / Magnus*, Art. 50, Rn. 5, mit einem Nachweis zum englischen Recht.

405 Ähnliches gilt für die Urschriften in spanischer und französischer Sprache, die nicht den in den verschiedenen Rechtsordnungen gängigen Begriff benutzen, sondern einen neuen, *unbelasteten* Terminus anwenden.

406 *Honnold*, § 87.

407 *Schlechtriem / Huber*, Art. 50, Rn. 3. Über den beschränkten Schutz dieses Rechtsbehelfs siehe *Adame*, S. 279 ff. Die knappe Rechtsprechung zu diesem Rechtsbehelf des Kaufpreises deutet ebenfalls in diese Richtung hin.

408 Vgl. *Adame*, S. 280 ff; *Honsell / Schnyder / Straub*, Art. 50, Rn. 5; *Diez-Picazo / López López*, Art. 50, S. 445 ff; *Enderlein / Maskow*, Art. 50, Bem. 2. Letztere Autoren weisen zu Recht darauf hin, daß die *ädilizischen* Rechtsbehelfe (die *actio quanti minoris* und die *actio redhibitoria*) kein Verschulden des Leistungserbringers (Verkäufers) voraussetzen. Eine Entlastung auf Grund von Art. 79 ist daher ausgeschlossen (*Bianca / Bonell / Will*, Art. 50, Bem. 2.2.; *Staudinger / Magnus*, Art. 50, Rn. 4).

409 *Bianca / Bonell / Will*, Art. 50, Bem. 2.2.; *Honsell / Schnyder / Straub*, Art. 50, Rn. 5; *Staudinger / Magnus*, Art. 50, Rn. 2; *Secretariat Commentary* on Art. 46 [Art. 50 CISG], Anm. 5. Im Unterschied zum Schadensersatz ist der Umfang nicht auf den vorhersehbaren Nachteil beschränkt (*Secretariat Commentary* on Art. 46 [Art. 50 CISG], Anm. 5) und der Käufer braucht keinen Schaden nachzuweisen (*Staudinger / Magnus*, Art. 50, Rn. 4).

Die Herabsetzung des Kaufpreises erfolgt durch einseitige Erklärung des Käufers[410], unabhängig davon, ob der Preis schon bezahlt wurde oder nicht[411]. Ist der Kaufpreis bereits gezahlt worden, dann begründet dieser Rechtsbehelf einen Anspruch auf Herausgabe des überzahlten Preises. Ob dieser Rechtsbehelf ein Gestaltungsrecht darstellt ist umstritten[412].

Fraglich ist, ob der Käufer von diesem Rechtsbehelf gebrauch machen kann, wenn die Ware mit einem *Rechtsmangel* behaftet ist. Für die Herabsetzung des Kaufpreises bei Rechtsmängeln spricht der Wortlaut des Art. 50; diese Vorschrift setzt ohne weitere Unterscheidungen voraus, daß die Ware „nicht vertragsgemäß" ist; darunter sind sowohl Sach- als auch Rechtsmängeln zu verstehen[413]. Damit werden lästige, manchmal schwer abgrenzbare Unterscheidungen zwischen Sach- und Rechtsmängeln überflüssig[414]. Eine Einschränkung der Rechtsbehelfe auf besondere Arten von Vertragsverletzungen – ohne daß ein sachlicher Rechtfertigungsgrund für die unterschiedliche Behandlung gibt – wird für „systemfremd" gehalten[415], weil die Konvention die Folgen einer Vertragsverletzung einheitlich regelt[416]. Daher soll die Herabsetzung des Kaufpreises sowohl für Sach- als auch für Rechtsmängel gelten.

Gegen diese Auffassung wird eingewendet, der Ausdruck „nicht vertragsgemäß" – wie er im Art. 46 Abs. 2 und 3 auch vorkommt – sei ein *terminus technicus* der Konvention, der nur Sachmängel betreffe[417]; daher solle er nicht *wörtlich* verstanden werden, sondern im Zusammenhang der Konvention. In Unterstützung dieser Ansicht werden drei „historische" Argumente herangezogen, nämlich daß die *actio quanti minoris* des römischen Rechts und ihre äquivalenten Regelungen in den verschiedenen Nationalordnungen sich allein auf Sachmängel beschränken; daß der Sekretariatskommentar die Minderung bei Rechtsmängeln ausgeschlossen hatte[418] und daß auf der Diskussion in Wien ein Antrag Norwegens, diesen Rechtsbehelf auf Rechtsmängeln ausdrücklich zu erweitern, zurückgezogen worden ist[419].

---

[410] Vgl. *Adame*, S. 275; *Reinhart*, Art. 50, Rn. 2; *Herber / Czerwenka*, Art. 50, Rn. 4; Staub / Koller, Vor § 373 HGB, Art. 50 CISG, Rn. 697; *Schlechtriem²*, Rn. 204 und die auf Fn. 75 zitierten Autoren. A.A. *Schlechtriem / Huber*, Art. 46, Rn. 17.

[411] Art. 50 S. 1; ferner *Bianca / Bonell / Will*, Art. 50, Bem. 1.3.1. m.w.N.

[412] Ausführlich dazu: Nachweise und Text auf Fußnote 76. Zustimmend: *Adame*, S. 275, 285; *Audit*, S. 134; *Enderlein / Maskow*, Art. 50, Bem. 2; *Heilmann*, S. 443; *Hutter*, S. 173; *Karollus*, S. 157; *Neumayer*, in: FS Drobnig, S. 107; *Piltz*, § 5, Rn. 307; *Schlechtriem²*, Rn. 204; *Staudinger / Magnus*, Art. 50, Rn. 15, 31; *Ziegler*, S. 154, 253; a.A. *Schlechtriem / Huber*, Art. 45, Rn. 30 f; Art. 50, Rn. 17. Aus dem Vorrang des Nacherfüllungsrecht des Verkäufers ist eine Bindungswirkung – mindestens bis vor Ablauf der Nacherfüllungsfrist – abzulehnen; *Schlechtriem / Schlechtriem*, Art. 27, Rn. 14.

[413] *Herber / Czerwenka*, Art. 50, Rn. 3; *Niggemann*, in: Hoyer / Posch, S. 106. Im Unterschied zum Begriff der „Vertragsverletzung" soll der Ausdruck „nicht vertragsgemäße Ware" den Fall der Nichtlieferung ausgrenzen; *Herber / Czerwenka*, a.a.O.

[414] *Schlechtriem²*, Rn. 202. Ähnlich *Hutter*, S. 168 f.

[415] *Hutter*, S. 169.

[416] *Staub / Koller*, Vor § 373 HGB, Art. 46 CISG, Rn. 680.

[417] So *Schlechtriem / Huber*, Art. 50, Rn. 8; i.E. auch *Honsell / Schnyder / Straub*, Art. 50, Rn. 11.

[418] Vgl. *Secretariat Commentary* on Art. 39 [Art. 41 CISG], Anm. 8.

[419] O.R., S. 118; S. 360 f, Nr. 68-76.

Aber diese Argumente sind nicht überzeugend; für die Auslegung des Ausdrucks „nicht vertragsgemäß“ in der Konvention muß berücksichtigt werden, daß der Verkäufer verpflichtet ist, Ware zu liefern, die frei von Sach- und Rechtsmängeln ist. Liegt ein solcher Mangel vor, dann kann von „Vertragskonformität“ nicht die Rede sein[420]. Außerdem kann der Wert der Ware sowohl durch einen Sach- als auch durch einen Rechtsmangel beeinträchtigt werden, so daß die Minderung für beide Fälle ein geeigneter Rechtsbehelf ist; da der Käufer in beiden Fällen schutzbedürftig ist, rechtfertigt sich die Herabsetzung des Kaufpreises sowohl für Sach- als auch für Rechtsmängel[421]. Weiterhin ist das Übereinkommen *autonom* auszulegen. Der Verweis auf das römische Recht und auf die anderen Nationalordnungen kann nicht zu einem zwingenden Ergebnis führen[422]. Vielmehr sollte er weit ausgelegt werden, so daß „nicht vertragsgemäß“ im Sinne des Art. 50 sowohl Sach- als auch Rechtsmängel umfaßt[423].

Der unter Berufung auf die Entstehungsgeschichte erhobene Einwand ist auch verfehlt, weil der norwegische Antrag nicht *gescheitert* ist. Statt dessen wurde er aus Zeitgründen zurückgezogen mit der Maßgabe, die Frage solle den Gerichten überlassen werden[424]. Weiterhin ist zu beachten, daß gemäß Art. 44 der Anspruch des Käufers auf Herabsetzung des Kaufpreises „nach Art. 50“, trotz unterlassener Anzeige nach Art. 39 Abs. 1 bzw. Art. 43 Abs. 1 (Rechtsmangel!) erhalten bleibt, wenn der Käufer eine „vernünftige Entschuldigung dafür hat“. Weshalb der Käufer dieses Recht (bei Rechtsmängeln) allein für den seltenen Fall der unterlassenen Anzeige haben soll und nicht für den (viel wichtigeren) Fall, daß er die Vertragswidrigkeit rechtzeitig angezeigt hat, ist nicht einzusehen[425]. Auch wenn der Sekretariatskommentar die Herabsetzung des Kaufpreises ursprünglich bei Rechtsmängeln ausgeschlossen hatte, soll in der späteren Hinzufügung des Art. 44 eine Erweiterung dieses Rechtsbehelfs auf die Fälle der Art. 41 und 42 angesehen werden. Daher sollte dieser Rechtsbehelf auch für rechtsmängelbehaftete Waren gelten[426].

---

[420] In diesem Sinne auch *Larroumet*, S.438.

[421] Ähnlich *Schlechtriem*, Uniform Sales Law, S. 79; *Schlechtriem²*, Rn. 202 (aber im Ergebnis ablehnend).

[422] Dafür spricht bereits die Tatsache, daß die *actio* quanti minoris ursprünglich auf den Kauf von Sklaven und Zugtieren beschränkt war. Solche Fälle meinten die Verfasser der Konvention bestimmt nicht, als sie sich mit Art. 50 befaßt haben. Erst im 6. Jahrhundert (bei Justinian) wurden die ädilizischen Rechtsbehelfe auf den Kauf aller Art von Waren erweitert. Siehe *Iglesias*, S. 376; *Kaser*, Römisches Privatrecht, § 41 VI 4 a; *D'Ors*, § 497.

[423] Ebenso *Adame*, S. 275; *Bianca / Bonell / Will*, Art. 50, Bem. 3.4.; *Neumayer*, RIW 1994, S. 106.

[424] O.R., S. 361, Nr. 76. Die meisten Delegierten stimmten den Antrag Norwegens inhaltlich zu; die Einwende bezogen sich insbesondere auf die Berechnungs*methode* (und darüber ließ sich keine Einigung erzielen). Siehe auch *Neumayer*, RIW 1994, S. 106.

[425] Vgl. *Bianca / Bonell / Will*, Art. 50, Bem. 3.4.; *Enderlein / Maskow*, Art. 50, Bem. 1; *Herber / Czerwenka*, Art. 50, Rn. 3; *Niggemann*, in: Hoyer / Posch, S. 106; *Staudinger / Magnus*, Art. 50, Rn. 10.

[426] So auch *Adame*, S. 275; *Bianca / Bonell / Will*, Art. 50, Bem. 3.4.; *Diez-Picazo / López López*, Art. 50, S. 447; *Herber / Czerwenka*, Art. 50, Rn. 3; *Neumayer*, RIW 1994, S. 106; *Niggemann*, in: Hoyer / Posch, S. 106; *Reinhart*, Art. 50, Rn. 2; *Staub / Koller*, Vor § 373 HGB, Art. 50 CISG, Rn. 697 (analoge Anwendung auf Rechtsmängel); *Staudinger / Magnus*, Art. 50, Rn. 10 (m.w.N. auf Rn. 9, auch zur Gegenansicht); a.A. *Honsell / Schnyder / Straub*, Art. 50, Rn. 11.

Für andere Vertragsverletzungen ist dieser Rechtsbehelf seiner Natur nach nicht geeignet. Daher ist die Herabsetzung des Kaufpreises ausgeschlossen, wenn die Vertragsverletzung keine *Vertragswidrigkeit der Ware* darstellt (verspätete Lieferung, Lieferung am falschen Ort, usw.)[427]; solche Pflichtverletzungen können zwar einen Schaden – und damit Vermögenseinbuße zu lasten des Käufers – verursachen, aber sie erfüllen den Tatbestand des Art. 50 nicht, der davon ausgeht, daß „die Ware nicht vertragsgemäß" ist[428]. Problematisch erweist sich die Herabsetzung des Kaufpreises auch in den Fällen, in denen die Vertragswidrigkeit den Wert der Ware nicht beeinträchtigt.

Dieser Rechtsbehelf des Käufers hat kein Pendant im Rechtsbehelfskatalog zugunsten des Verkäufers. Dieser könnte ein Interesse an eine Anpassung des Kaufpreises haben, wenn er eine höherwertige Ware als geschuldet geliefert hat. Versuche, diese Problematik im Wege einer analogen Anwendung des Art. 52 (Zuviellieferung)[429] zu lösen sind m.E. verfehlt, weil diese Vorschrift quantitative Maßstäbe zugrunde legt. Statt dessen wäre eine *analoge Anwendung* des Art. 50 hier zutreffender[430].

Dem Wortlaut des Art. 50 Satz 2 ist ein Vorrang des Mängelbeseitigungsrechts des Verkäufers zu entnehmen[431]: Der Käufer kann den Preis nicht herabsetzen, wenn der Verkäufer die Vertragswidrigkeit der Ware[432] behoben hat oder wenn der Käufer sich weigert, die vom Verkäufer angebotene Nacherfüllung anzunehmen.

Das Übereinkommen sieht eine *proportionale (d.h. relative) Berechnung*[433] für die Herabsetzung des Kaufpreises vor[434]. Hiernach ist der Preis in dem Verhältnis herab-

---

[427] i.E. *Honnold*, § 313.1.

[428] In Fällen einer verspäteten Lieferung oder Lieferung am falschen Ort, usw. kann der Käufer Schadensersatzansprüche geltend machen. Hat er den Preis noch nicht bezahlt, dann ist ein Aufrechnungsrecht „konventionsinterner" Ansprüche nach überwiegender Auffassung zulässig (siehe *Staudinger / Magnus*, Art. 4, Rn. 47, m.w.N.).

[429] *Honsell / Schnyder / Straub*, Art. 50, Rn. 42; *Schlechtriem / Huber*, Art. 52, Rn. 11; *Staudinger / Magnus*, Art. 52, Rn. 28 f (alle verneinend).

[430] Grund dafür ist, daß verschiedene Rechtsordnungen an Stelle von (bzw. neben) einer *actio quanti minoris* („wieviel weniger?"), von einer *actio estimatoria* sprechen, deren Anwendungsbereich breiter zu sein scheint (vgl. *Borja Soriano*, Rn. 1095. Siehe auch CC Mex Art. 17, 2144 f; dieser Ausdruck befindet sich auch in der französichen Literatur; siehe u.a. *Code Civil Annoté*, Art. 1644, Anm. 1, 5). Damit könnte die *Anpassung* des Kaufpreises zu einem geringeren aber auch zu einem höheren Preis führen, um das Gleichgewicht zwischen der Leistung und Gegenleistung wiederherzustellen.

[431] Siehe ferner *Bianca / Bonell / Will*, Art. 50, Bem. 1.3.1., 2.3.; *Herber / Czerwenka*, Art. 50, Rn. 9; *Schlechtriem / Huber*, Art. 50, Rn. 6; *Diez-Picazo / López López*, Art. 50, S. 448.

[432] Die Vorschrift bezieht sich auf „einen Mangel in der Erfüllung" der Pflichten des Verkäufers. Dennoch sollte dieser Erfüllungsmangel in Verbindung mit dem 1. Satz gelesen werden, d.h. in Beziehung auf die Pflicht des Verkäufers, vertragsmäßige Ware zu liefern.

[433] *Reinhart*, Art. 50, Rn. 3; *Schlechtriem / Huber*, Art. 50, Rn. 9.

[434] Verschiedene Faktoren werden für die Berechnung der Minderung in den unterschiedlichen Rechtssystemen berücksichtigt; so wird bei einer *absoluten* Berechnungsweise der Unterschied zwischen dem vereinbarten Preis und dem objektiven Wert der Sache herabgesetzt. Eine Variante dazu berücksichtigt außerdem den „idealen" Wert der Ware; herabgesetzt wird der Unterschied zwischen dem Wert der Ware in mangelfreiem Zustand und dem objektiven Wert der Ware. Andere Rechtsordnungen sehen keine Berechnungskriterien vor, so daß diese Frage den Gerichten (meistens durch Sach-

zusetzen, in welchem der Wert der vertragsgemäßen Sache zu dem Wert der tatsächlich gelieferten im Zeitpunkt der Lieferung steht[435]. Die Berechnungsmethode entspricht der Regelung des § 441 III S. 1 BGB[436], nicht aber dem Zeitpunkt, der für die Bestimmung des objektiven Werts der Sache maßgebend ist; das BGB stellt auf den Zeitpunkt des Vertragsschlusses ab, während die Konvention auf den Zeitpunkt der Lieferung abstellt. Die Berechnung erweist sich jedoch als problematisch, wenn es keinen gängigen Preis für die Ware gibt[437].

Grundsätzlich können die Herabsetzung des Kaufpreises und Schadensersatzansprüche, gemäß Art. 45 II, kumulativ geltend gemacht werden[438]. Dennoch darf der Käufer nicht für denselben Nachteil „doppelten Ausgleich" verlangen[439].

Grundsätzlich ist die Vertragswidrigkeit innerhalb einer angemessenen Frist gemäß Art. 39 Abs. 1 und 43 Abs. 1 gegenüber dem Verkäufer *anzuzeigen*. Diese bemißt sich ab dem Zeitpunkt, indem der Käufer die Vertragswidrigkeit erkannt hat oder hätte erkennen müssen. Der Käufer behält jedoch das Recht auf Herabsetzung des Kaufpreises und Schadensersatz (außer für entgangenen Gewinn) wenn er eine *vernünftige Entschuldigung* dafür hat, daß er die Mängelrüge unterläßt hat (Art. 44).

Dagegen ist die Einhaltung einer besonderen Frist für die *Ausübung* dieses Rechtsbehelfs nicht ausdrücklich vorgesehen; daher stellt sich die Frage, ob die Herabsetzung des Kaufpreises – analog zu Art. 46 (Abs. 2 und 3) bzw. 49 (Abs. 2) – innerhalb einer angemessenen Frist erklären muß. Eine solche Einschränkung wäre in Einklang mit dem *Angemessenheitsgrundsatz* der Konvention. Es ist allerdings zu bedenken, daß die Vertragsaufhebung, die Ersatzlieferung und die Nachbesserung erhebliche Nachteile für den Verkäufer darstellen können. Daher wurden diese Rechtsbehelfe zeitlich eingeschränkt, um möglichst baldige Klarheit für den Schuldner (hier der Verkäufer, der aufgrund des unternommenen Erfüllungsversuches sich schutzwürdig gemacht hat) zu schaffen. Auf dieser Weise sollten mögliche Spekulationen durch den Käufer vermieden und eventuelle *Schwebezustände* verringert werden[440].

---

verständigen) überlassen wird (so z.B CC Fr Art. 1644: „sera arbitrée par experts"). Vgl. *Diez-Picazo / López López*, Art. 50, S. 448.

[435] *Herber / Czerwenka*, Art. 50, Rn. 5.

[436] §§ ohne Gesetzesangabe sind im Folgenden solche des BGB, in der ab dem 1.1.2002 geltenden Fassung.

[437] *Adame*, S. 279. Ebenfalls problematisch ist die Frage, nach welcher *Markt* für die Feststellung des „gängigen Preises" zu berücksichtigen ist. Verschiedene Möglichkeiten werden hierfür angesprochen: Der Preis am Sitz des Käufers, am Sitz des Verkäufers oder am Liefer- oder am Bestimmungsort der Ware. Nach überwiegender Auffassung ist der Lieferort (der sich aus Art. 31 ergibt) maßgebend; bei Versendungskauf soll jedoch der Bestimmungsort gelten, weil es auf die Interessen des Käufers ankommt, der die Ware an diesem Ort verwenden will; vgl. *Staudinger / Magnus*, Art. 50, Rn. 22, mit weiteren Nachweisen und umfassender Erörterung.

[438] *Adame*, S. 279 ff; *Herber / Czerwenka*, Art. 50, Rn. 9.

[439] *Schlechtriem / Huber*, Art. 50, Rn. 19.

[440] Vgl. *Reithmann / Martiny*, Rn. 746 (in bezug auf die Vertragsaufhebung).

Im Vergleich zu diesen Rechtsbehelfen erweist sich die Herabsetzung des Kaufpreises als ein „milderer" und einfacher Rechtsbehelf, der keine weitere Nachteile für den Verkäufer verursacht, sondern allein der Wiederherstellung der Verhältnismäßigkeit zwischen der Leistung des Käufers und der des Verkäufers dienen soll. Da die Schutzbedürftigkeit des Verkäufers in einem solchen Fall viel geringer ist, weil er zu keinen weiteren Handlungen verpflichtet wird, soll dieser Rechtsbehelf nicht eingeschränkt sondern vielmehr erleichtert werden[441]. Daher soll keine Frist für die Herabsetzung des Kaufpreises gelten[442]. Oberste Grenze hierfür setzt das kollisionsrechtlich berufene Verjährungsstatut[443].

Die Voraussetzungen für die Ausübung der Herabsetzung des Kaufpreises lassen sich wie folgt zusammenfassen: a) die Nichtvertragsgemäßheit der Ware; b) die Abnahme der Ware[444]; c) eine einseitige Erklärung durch den Käufer (die auch ohne Zugang wirksam ist); d) keine Ausübung eines anderen, damit unvereinbaren Rechtsbehelfs.

f) Schadensersatz (Art. 45 Abs. 1 lit. b)

Der Konvention liegt das allgemeine Prinzip zugrunde[445], daß die aus einer Pflichtverletzung entstandene Schäden *im vollen Umfang* zu ersetzen sind[446]. Das Übereinkommen geht – ähnlich wie das *Common Law* – von einer verschuldensunabhängigen Garantiehaftung aus[447]: Ob der Schuldner die verursachte Schäden zu vertreten hat oder nicht ist unerheblich. Eine Entlastungsmöglichkeit ist allerdings in Art. 79 vorgesehen, wenn die Nichterfüllung auf einen unüberwindbaren, außerhalb des Einflußbereichs des Schuldners liegenden Hinderungsgrund beruht[448].

Eigenständige Anspruchsgrundlage[449] ist Art. 45 Abs. 1 lit. b; der Verweis auf Art. 74 ff für die Berechnung des Schadensersatzes hat nur einen deklaratorischen Charakter. Das Übereinkommen läßt – im Gegensatz zu manchen Rechtsordnungen – eine Anspruchskonkurrenz ausdrücklich zu[450].

---

[441] *Enderlein / Maskow*, Art. 50, Bem. 2.; vgl. auch *Staudinger / Magnus*, Art. 39, Rn. 48, m.w.N.

[442] *Adame*, S. 277; *Reithmann / Martiny*, Rn. 747; *Staudinger / Magnus*, Art. 50, Rn. 17, m.w.N.

[443] *Staudinger / Magnus*, Art. 50, Rn. 17.

[444] Wenn die Ware zurückgewiesen wurde, dann ist die Herabsetzung des Kaufpreises sinnlos.

[445] Vgl. Art. 79, 45 Abs. 1 lit. b, 61 Abs. 1 lit. b, i.V.m. 74 ff.

[446] Vgl. *Secretariat Commentary* on Art. 7, Anm. 3 und 8. Internationales Schiedsgericht der Bundeskammer der gewerblichen Wirtschaft, Wien, 15.6.1994, SCH-4366, CLOUT Nr. 93, mit ausdrücklichem Hinweis auf *full compensation* als allgemeiner Grundsatz des CISG.

[447] *Bianca / Bonell / Will*, Art. 45, Bem. 2.1.2.; *Honsell / Magnus*, Art. 79, Rn. 1; *Huber*, RabelsZ 43 (1979), S. 468; *Karollus*, S. 206; *Schlechtriem*, JZ 1999, S. 797; *Schlechtriem / Huber*, Art. 45, Rn. 37; *Staudinger / Magnus*, Art. 45, Rn. 18, Art. 79, Rn. 4.

[448] Siehe auch *Magnus*, RabelsZ 59 (1995) S. 483; seine Behauptung, der Schuldner könne sich *exkulpieren*, soll im weiteren Sinne der „Nichthaftung" verstanden werden und nicht mit der römischen *culpa*, die funktionell einem *Verschulden* entspricht. Siehe *Kaser*, § 118 II 4.

[449] *Herber / Czerwenka*, Art. 45, Rn. 5.

[450] Art. 45 Abs. 2; diese Anspruchskumulation wird durch Art. 75 und 76 „unterstrichen" (*Krebs*, S. 48). Siehe ferner *Schlechtriem / Huber*, Art. 45, Rn. 39 ff; *Schlechtriem*, IPRax 1996, S. 256; *Honsell / Schnyder / Straub*, Art. 45, Rn. 78 ff; *Secretariat Commentary* on Art. 7, Anm. 3 und 8. Siehe ferner

Gemäß Art. 74 S. 1 hat die vertragsbrüchige Partei den „infolge der Vertragsverletzung entstandene Verlust" zu ersetzen, einschließlich des entgangenen Gewinns, soweit dieser *Verlust* (im weitesten Sinne zu verstehen[451]) voraussehbar war. Die verletzte Partei ist daher so zu stellen, wie sie bei ordnungsgemäßer Erfüllung gestanden hätte (positives Interesse)[452]. Auch Folgeschäden können ersetzt werden[453].

Das Übereinkommen enthält besondere Regeln für die Schadensberechnung für den Fall, daß die verletzte Partei den Vertrag aufgehoben bzw. ein Deckungsgeschäft vorgenommen hat (Art. 75 f). Ob die Nichterfüllung eine wesentliche Vertragsverletzung darstellt oder nicht ist für den Schadensersatzanspruch unerheblich[454].

g) Zinsen (Art. 78)

Ergänzend zum Schadensersatzanspruch sollen die Parteien einen Anspruch auf Zinsen haben für den Fall daß die andere Seite es versäumt, einen fälligen Geldbetrag zu zahlen (Art. 78). In verschiedenen Rechtsordnungen gehört der Zinsanspruch zum Schadensersatz. Dennoch erschien es den Verfassern der Konvention angebracht, diesen Rechtsbehelf ausdrücklich zu regeln. Im Unterschied zum Schadensersatz sind Zinsansprüche weder an eine Voraussehbarkeitsregel geknüpft noch der Entlastungsmöglichkeit aus Art. 79 (unüberwindbarer Hinderungsgrund) unterstellt[455].

Bewußt ungeregelt blieb die Höhe des Zinssatzes[456]. Verschiedene Lösungsansätze sind für die Beantwortung dieser Frage vorgeschlagen worden, wenn die Parteien dies nicht vertraglich geregelt haben und keine anwendbaren Gebräuche eine Lösung dafür bieten. Die h.M. vertritt die Auffassung, die Zinshöhe soll nach dem durch IPR berufenen Nationalrecht bestimmt werden[457]. Eine zweite Auffassung schlägt eine *einheitliche Kollisionsnorm* vor, die auf das Aufenthaltsrecht des Gläubigers[458] oder des Schuldners[459] abstellen soll. Zuletzt wird diese Lösung dem freien Ermessen des Richters in anbetracht aller Umstände[460] und auf der Basis der *allgemeinen Grundsätzen* der Konvention[461] überlassen.

Internationales Schiedsgericht der Bundeskammer der gewerblichen Wirtschaft, Wien, 15.6.1994, SCH-4366, CLOUT Nr. 93.

[451] *Herber / Czerwenka,* Art. 45, Rn. 5.

[452] *Schlechtriem / Huber,* Art. 45, Rn. 38a.

[453] *Loewe,* Art. 74, S. 92.

[454] *Schlechtriem / Huber,* Art. 45, Rn. 38a.

[455] *Adame,* S. 325 f.

[456] *Bianca / Bonell / Nicholas,* Art. 78, Bem. 2.1.; *Schlechtriem / Bacher,* Art. 78, Rn. 2, 26; *Enderlein / Maskow,* Art. 78, Bem 2.2; *Staudinger / Magnus,* Art. 78, Rn. 12.

[457] *Bianca / Bonell / Nicholas,* Art. 78, Bem. 2.1; *Enderlein / Maskow,* Art. 78, Bem. 2.2.; *Herber / Czerwenka,* Art. 78, Rn. 6; *Piltz,* § 5, Rn. 412; *Staudinger / Magnus,* Art. 78, Rn. 12. Siehe ferner *Draft-Digest,* Art. 78, *passim*; *Magnus,* ZEuP 1997, S. 846; *ders.* ZEuP 1995, S. 213, mit Rechtsprechungsnachweisen.

[458] LG Stuttgart, 31.8.1989, 3 KfH O 97/89, IPRax 1990, 317, CISG-online Nr. 11, CLOUT Nr. 4.

[459] *Stoll,* FS Ferid, S 509 f.

[460] *Adame,* S. 35, 324 ff; *Honnold,* § 421.

[461] *Audit,* S. 171; i.E. auch *Neumayer,* RIW 1994, S. 106; Internationales Schiedsgericht der Bundeskammer der gewerblichen Wirtschaft, Wien, 15.6.1994, SCH-4366, CLOUT Nr. 93.

Die Zinssatzhöhe bildet eine Regelungslücke, die gemäß Art. 7 II zu schließen ist. An erster Stelle ist zu unterscheiden, ob es sich um eine *externe Lücke* handelt, die nach dem kollisionsrechtlich berufenen Nationalrecht zu entscheiden ist, oder um eine *interne Lücke*, die zunächst durch allgemeinen Grundsätzen der Konvention aufzufüllen ist und – erst wenn solche nicht abgeleitet werden können – nach dem anwendbaren Nationalrecht. Durch die ausdrückliche Regelung der Zinsfrage in Art. 78 der Konvention wird ein Rückgriff auf das durch Kollisionsnormen berufene Nationalrecht vermieden. Daraus folgt, daß die erste – und herrschende – Auffassung mit der vom Art. 7 II vorgeschriebenen Methode zur Lückenfüllung unvereinbar ist.

Die zweite Auffassung, welche eine *einheitliche Kollisionsnorm* aufstellen will, würde, abgesehen von praktischen Schwierigkeiten, die Absicht der Konventionsgeber verkennen. Diese hatten entschlossen, keine voreilige Entscheidung über den Zinssatz zu treffen, sondern diese Frage in Anbetracht des Einzelfalles zu entscheiden[462].

Aus dem Obengesagten ist allein letzterer Lösungsansatz zu folgen. Dieser gibt die Meinung der Konventionsgeber am ehesten wieder und vermag den Interessen der Parteien am besten zu entsprechen.

---

[462] Im Ergebnis auch *Witz / Salger / Lorenz*, Art. 78, Rn. 9.

B. Der Erfüllungsanspruch des Käufers im UN-Kaufrecht (Art. 46 Abs. 1)

Die Konvention gewährt im Art. 46 Abs. 1 einen grundsätzlichen Anspruch auf Durchsetzung des primären Erfüllungsanspruchs[463]. Damit handelt es sich nicht um eine Tautologie, sondern um eine notwendige Klarstellung zwischen dem, was jede Partei von der anderen Kraft des Kaufvertrages erwarten darf und was sie *gerichtlich* durchsetzen kann[464]. Inwieweit beide Ansprüche gewährleistet werden, bzw. ob diese in der Praxis auseinanderklaffen, sowie ihre Rangstellung gegenüber anderen Rechtsbehelfen des Käufers, soll an dieser Stelle untersucht werden.

I. Begriff der Erfüllung

Unter dem Erfüllungsanspruch versteht man an erster Stelle das sich aus dem Schuldverhältnis ergebende Recht des Gläubigers, eine Leistung vom Schuldner zu fordern. Dies entspricht dem Begriff der „Obligation" im engeren Sinn. Ein Anspruch auf Erfüllung ist aus deutscher Sicht *selbstverständlich*[465], als unmittelbare Folge des Prinzips *„pacta sunt servanda"*[466]. Er bildet die logische Konsequenz der Leistungspflicht des Verkäufers[467]: Kraft des Schuldverhältnisses ist der Schuldner zur Erbringung der geschuldeten Leistung an den Gläubiger verpflichtet und dieser kann seinerseits Erfüllung verlangen[468] und eventuell auf *Erfüllung* klagen[469]. Deshalb werden Leistungspflicht und Erfüllungsanspruch schlicht als identisch angesehen[470].

Der Erfüllungsanspruch kommt aber für das UN-Kaufrecht nicht eindeutig zum Ausdruck. Einerseits versteht die Konvention den Erfüllungsanspruch nicht nur als Folge des Vertrages. Er ist vielmehr als *Rechtsbehelf*[471] ausgestaltet, d.h. als Mittel zur Wiederherstellung des vertraglichen Äquivalenzverhältnisses zwischen Leistung und Gegenleistung[472]. Damit gewinnt der Erfüllungsanspruch an Bedeutung im Fall einer

---

[463] *MünchKommHGB / Benicke*, Art. 46, Rn. 1.

[464] Diese Klarstellung ist im Hinblick auf die Entstehungsgeschichte des Übereinkommens zu sehen, der verschiedene Rechtstraditionen – insbesondere des *Common Law* und die „zivilistische" Tradition – zu versöhnen sucht. Der Erfüllungsanspruch ist aus Angloamerikanischer Sicht *nicht* selbstverständlich. Ausführlicher dazu unter: B.V.1.c). Einschränkung des Art. 28.

[465] *Piltz*, in: Graf von Westphalen, Rn. 90; *Schlechtriem / Huber*, Art. 46, Rn. 3; *Vahle*, ZVglRWiss 98 (1999), S. 63; *Zweigert / Kötz*, § 35 II, S. 469; *Krebs*, S. 18. Zum internen deutschen Recht *Rütten*, in: FS Gernhuber, S. 940; zum neuen Schuldrecht *Huber*, Der Begriff der Pflichtverletzung, S. 24.

[466] *Reinhart*, Art. 28, Rn. 3; *Vahle*, ZVglRWiss 98 (1999), S. 62.

[467] *Vahle*, ZVglRWiss 98 (1999), S. 63; *Schulz*, S. 39.

[468] *Palandt / Heinrichs*, Vor § 275, Rn. 1.

[469] *Reinicke / Tiedtke*, S. 79.

[470] *Larenz*, SchR I, § 2 II, S. 15 ff; *Vahle*, ZVglRWiss 98 (1999), S. 63, m.w.N.

[471] *Schlechtriem / Huber*, Art. 46, Rn. 3; *Loewe*, Art. 46; *Bianca / Bonell / Will*, Art. 46, Bem. 1.1.; *Krebs*, S. 18 f; *Schulz*, S. 38 f; *MünchKomm / P. Huber*, Art. 46, Rn. 3.; *Baumgärtel / Laumen / Hepting*, Art. 46, Rn. 2, 3; *Kandler*, S. 142; *Schlechtriem / Schwenzer / Müller-Chen*, Art. 46, Rn. 2, der auf den anglo-amerikanischen Einfluß dieses Rechtsverständnisses verweist.

[472] *Vahle*, ZVglRWiss 98 (1999), S. 58.

Vertragsverletzung[473]. Für die dogmatische Einordnung als Rechtsbehelf spricht die systematische Stellung dieser Vorschrift in der Konvention: Art. 46 befindet sich im III. Abschnitt, der die „Rechtsbehelfe des Käufers wegen Vertragsverletzung durch den Verkäufer" behandelt. Außerdem besagt Art. 45 Abs. 1 lit. a in Verbindung mit Art. 46 Abs. 1, daß der Käufer, wenn der Verkäufer „eine seiner Pflichten nach dem Vertrag oder diesem Übereinkommen" nicht erfüllt, vom Verkäufer „Erfüllung seiner Pflichten" verlangen kann[474].

Andererseits ist zu berücksichtigen, daß der Erfüllungsanspruch sich direkt aus dem Vertrag ergibt: Unter der Konvention ist der Käufer zur Zahlung des Kaufpreises und zur Übernahme der Ware verpflichtet (Art. 53), der Verkäufer zur Lieferung der Ware, zur Übertragung des Eigentums an der Ware und zur Übergabe der die Ware betreffenden Dokumente (Art. 30); es wäre jedoch falsch zu behaupten, der Käufer könne erst nach einer Vertragsverletzung durch den Verkäufer Erfüllung verlangen[475]. Daher kann man ohne Zweifel von einem *grundsätzlichen* Erfüllungsanspruch der Parteien sprechen[476].

Unter diesem Gesichtspunkt ist im UN-Kaufrecht zwischen dem ursprünglichen oder primären Erfüllungsanspruch und dem Erfüllungsanspruch als Rechtsbehelf zu unterscheiden.

II. Vorrang des Erfüllungsanspruchs

Dem Erfüllungsanspruch kommt eine *vorrangige Stellung* zu[477]. Diese Aussage gilt sowohl für den primären Erfüllungsanspruch als auch für den Erfüllungsanspruch als Rechtsbehelf. Für einen Vorrang des Erfüllungsanspruchs spricht nicht nur die Systematik der Konvention[478], sondern auch deren Entstehungsgeschichte: Das EKG kannte schon einen Vorrang des Erfüllungsanspruchs[479], aber er war für jede Vertragsverletzung gesondert geregelt[480] und in besonderen Fällen ausgeschlossen[481], etwa durch die sogenannte *ipso facto avoidance*[482]. So besagte Art. 25 EKG, der Anspruch auf Erfüllung sei ausgeschlossen, wenn ein Deckungskauf üblich und für den Käufer zumutbar

[473] *Loewe*, Art. 46.
[474] Vgl. *Schlechtriem / Huber*, Art. 46, Rn. 9.
[475] Ähnlich *Kastely,* Wash.L.Rev. 63 (1988), S. 624; ebenfalls *Honnold,* § 191, der zwischen der *obligation* oder *duty* zur Erfüllung einer Pflicht und dem entsprechenden *remedy* zu ihrer Durchsetzung unterscheidet.
[476] Der Erfüllungsanspruch als direkte Konsequenz des *pacta sunt servanda* Grundsatzes wird in der spanischen Literatur von *Cabanillas Sánchez* für das UN-Kaufrecht vertreten (in: *Diez-Picazo,* Art. 28, S.231).
[477] Siehe statt aller *Schlechtriem / Schwenzer / Müller-Chen,* Art. 46, Rn. 1.
[478] *Bernstein / Lookofsky*, S. 82.
[479] Vgl. Art. 24 Abs. 1 lit. a EKG.
[480] *Ziegler*, S. 140.
[481] *Vahle*, ZVglRWiss 98 (1999), S. 56.
[482] Vgl. Art. 25, 26 Abs. 1 S. 2, Abs. 2, 30 Abs. 1, 62 Abs. 1 EKG.

wäre[483]. Das UN-Kaufrecht unterscheidet sich von seinem Vorgänger unter anderem dadurch, daß im CISG der Erfüllungsanspruch auch im Fall einer wesentlichen Vertragsverletzung bestehen bleibt, solange der Käufer die Aufhebung des Vertrages nicht erklärt hat.

Auch wenn der Anspruch auf Erfüllung in Natur unter dem „Vorbehalt" des Art. 28 CISG steht (dazu unten)[484], kommt dem Erfüllungsanspruch eine vorrangige Stellung zu[485]. Die Erfüllung in Natur (und damit die Durchführung des Vertrages) sind primäre Ziele der Konvention[486]. Verschiedene Vorschriften des Übereinkommens bringen zum Ausdruck, daß diesen Zielen, trotz einer Vertragsverletzung, Rechnung getragen werden soll[487]. So kann der Käufer vom Verkäufer *Erfüllung* seiner Pflichten verlangen (Art. 46 Abs. 1), ihm eine angemessene Nachfrist zur *Erfüllung* der Vertragspflichten setzen (Art. 47), bei Lieferung vertragswidriger Waren kann er Ersatzlieferung oder Nachbesserung verlangen (Art. 46 II und III), und der Verkäufer kann einen Mangel in der Erfüllung seiner Pflichten auf eigene Kosten beheben (Art. 48). Die Rechtsbehelfe des Käufers in Art. 46 und 47, sowie das sog. „Recht des Verkäufers auf zweite Andienung" nach Art. 48 (bzw. 34 und 37) stellen die vertragsmäßige Durchführung des Vertrages in den Mittelpunkt und gewähren einen Anspruch auf Erbringung der geschuldeten Leistung.

Trotz seiner vorrangigen Stellung kommt dem Erfüllungsanspruch keine absolute Geltung zu. Grund dafür ist an erster Stelle, daß der Erfüllungsanspruch im Einzelfall verschiedenen Grenzen unterliegt, die ihn erheblich abschwächen[488]. So versucht die Konvention, durch Art. 28 verschiedene Rechtstraditionen zu vereinbaren oder – besser gesagt – die Gerichtspraxis der *Common Law*-Länder bezüglich einer eher selten zugesprochenen Verurteilung auf Erfüllung in Natur zu respektieren. Diese Vorschrift ist prozessualer Natur und ändert den materiellen Inhalt des Erfüllungsanspruchs daher nicht[489], bedeutet aber *de facto* eine Einschränkung des Anspruchs.

---

[483] Art. 25 EKG: „The buyer shall not be entitled to require performance of the contract by the seller, if it is in conformity with usage and reasonably possible for the buyer to purchase goods to replace those to which the contract relates. In this case the contract shall be *ipso facto* avoided as from the time when such purchase should be effected". Den Ausdruck *ipso facto avoidance* enthält der deutsche Text nicht; dieser wird durch Aufhebung „kraft Gesetzes" übersetzt. Der Art. 25 EKG setzt den Erfüllungsanspruch voraus und ist daher als Ausnahmefall zu betrachten; siehe *Mertens / Rehbinder*, Art. 25 EKG, Rn. 7.

[484] *Reinhart*, Art. 46, Rn. 1; *Draft-Digest*, Art. 46, Anm. 2.

[485] So aber *Soergel / Lüderitz / Schüßler-Langeheine*, Art. 46, Rn. 1: kein Primat des Erfüllungsanspruchs; *MünchKommHGB / Benicke*, Art. 46, Rn. 2.

[486] *Schlechtriem / Huber*, Art. 46, Rn. 1 f; *Farnsworth*, in: Lausanner Kolloquium, S. 84 f; *Staudinger / Magnus*, Art. 46, Rn. 4; *Vahle*, ZVglRWiss 98 (1999), S. 55.

[487] *Vahle*, ZVglRWiss 98 (1999), S. 55.

[488] Siehe unten: *Grenzen des Erfüllungsanspruchs*.

[489] *Reinhart*, Art. 28, Rn. 1; *Heilmann*, S. 415; *Huber*,in: Fachtagung, S. 203; *Schlechtriem*, Uniform Sales Law, S. 62; *Staudinger / Magnus*, Art. 28, Rn. 10.

Außerdem sind Vertragsverletzungen denkbar, bei denen der Erfüllungsanspruch als Rechtsbehelf nicht in Betracht kommt[490]. Das ist etwa der Fall, wenn durch die Schwere der Vertragsverletzung das Leistungsinteresse des Gläubigers völlig entfällt, oder wenn ein Bestehen auf die Erfüllung des Vertrages unpraktikabel, unwirtschaftlich oder von vornherein aussichtslos ist. In solchen (Ausnahme)Fällen wird der Erfüllungsanspruch faktisch an Bedeutung verlieren. Eine weitere Einschränkung ergibt sich aus dem System der Rechtsbehelfe selbst. Durch das Erfordernis einer wesentlichen Vertragsverletzung für die Aufhebung des Vertrages oder die Lieferung von Ersatzware wird der Käufer u.U. *gezwungen*, vertragswidrige Ware anzunehmen[491], in Abweichung vom Prinzip *pacta sunt servanda*.

III. Voraussetzungen des Erfüllungsanspruchs

An dieser Stelle ist zunächst zwischen dem allgemeinen – sich aus dem Vertrag ergebenden – Erfüllungsanspruch und dem – einer Vertragsverletzung folgenden – Erfüllungsanspruch als Rechtsbehelf zu differenzieren. Diese Unterscheidung ist für das Verständnis der Konvention und ihr Rechtsbehelfssystem von erheblicher Bedeutung[492].

1. Der „Allgemeine Erfüllungsanspruch"

Wenn der Erfüllungsanspruch, wie oben ausgeführt, als reine und direkte Konsequenz des Vertrages erfaßt wird, dann setzt dieser voraus, daß eine Verpflichtung des Verkäufers (und ein entsprechender Anspruch des Käufers) entstanden ist[493], d.h. daß ein Kaufvertrag wirksam zustande gekommen ist (Art. 14 - 24) und daß die Leistungen *fällig* geworden sind (für den Erfüllungsanspruch des Käufers ist Art. 33 CISG maßgebend). Dementsprechend hat der Verkäufer die Ware zu dem im Vertrag bestimmten (oder bestimmbaren) Zeitpunkt, innerhalb des im Vertrag bestimmten (bestimmbaren) Zeitraums oder innerhalb einer angemessenen Frist nach Vertragsschluß zu liefern. Darüber hinaus hat der Verkäufer vertragsmäßige Ware am maßgeblichen Ort zu liefern, die die Ware betreffende Dokumente zu übergeben und dem Käufer das Eigentum an der Ware zu verschaffen (Art. 30).

2. Der Erfüllungsanspruch als Rechtsbehelf

Für den Erfüllungsanspruch als Rechtsbehelf kommt als weitere Voraussetzung die Nichterfüllung („non-fulfillment") einer Vertragspflicht hinzu (Art. 45 Abs. 1 lit. a i.V.m. Art. 46)[494]. Darunter ist jede Abweichung vom vertraglichen Verhaltenspro-

---

[490] *Ziegler*, S. 141.
[491] Siehe dazu OLG München, 2.3.1994, 7 U 4419/93, CISG-online Nr. 108; OLG Frankfurt a.M., 18.1.1994, 5 U 15/93, CISG-online Nr. 123.
[492] Zu dieser Unterscheidung bereits oben: A.II.2.b). Das Recht, Erfüllung zu Verlangen (Art. 46) und B.I. Begriff der Erfüllung.
[493] *Draft-Digest*, Art. 46, Anm. 5.
[494] *Bianca / Bonell / Will*, Art. 45, Bem. 2.1.2.; *Reinhart*, Art. 45, Rn. 2; *Vahle*, ZVglRWiss 98 (1999), S. 57; *Draft-Digest*, Art. 46, Anm. 5.

gramm der Parteien zu verstehen, unabhängig von einem Verschulden[495] und ohne daß es einer besonderen Mahnung bedürfte[496].

Die Konkretisierung des Erfüllungsanspruchs als Rechtsbehelf – also, worin dieser im einzelnen besteht – hängt sowohl vom Inhalt des Vertrages als auch von der Art der Vertragsverletzung ab[497]. Zum Inhalt des Erfüllungsanspruchs kommt daher jede Art von Pflicht in Betracht; aus der Konvention ergeben sich insbesondere: Die Pflicht zur Lieferung der Ware und zur Übertragung des Eigentums (Art. 30), die Pflicht zur Übergabe von Dokumenten, die sich auf die Ware beziehen (Art. 30 und 34). Darüber hinaus hat der Verkäufer die Pflicht zur Lieferung am maßgeblichen Ort (Art. 31) und zum maßgeblichen Zeitpunkt (Art. 33)[498]. Der Erfüllungsanspruch umfaßt ebenfalls weitere, von den Parteien vereinbarten Verpflichtungen, beispielsweise die Übernahme einer Bankgarantie oder die Einhaltung einer Exklusivitätsklausel[499]. Wird eine dieser Pflichten verletzt, so gilt grundsätzlich die Norm des Art. 46 Abs. 1, deren Geltendmachung an keine Frist gebunden ist[500]. Der Käufer *muß* jedoch Erfüllung verlangen[501]. Hat der Verkäufer zum maßgeblichen Zeitpunkt nicht geliefert, so kann der Käufer (meistens i.V.m. einer nach Art. 47 gesetzten Nachfrist) auf Erfüllung bestehen.

Zwar ist der Verkäufer verpflichtet, vertragsmäßige (Art. 35) und rechtsmängelfreie (Art. 41 f) Ware zu liefern; *vor* Lieferung ist Art. 46 Abs. 1 maßgeblich, aber ab Lieferung bestimmen sich die Ansprüche des Käufers aus Art. 46 Abs. 2 und 3, die den Erfüllungsanspruch zeitlich und inhaltlich begrenzen.

Liegen die Voraussetzungen des Erfüllungsanspruchs vor und ist eine Verurteilung in Natur nach nationalem Recht zulässig, kann der Käufer grundsätzlich die reale Erfüllung des Vertrags erzwingen[502], d.h. ein Urteil auf die geschuldete Leistung *in forma specifica* erwirken und die Leistung im Wege der Vollstreckung durchsetzen[503].

3. Problematik der Realerfüllung

Die Berücksichtigung des internen unvereinheitlichten Rechts bezüglich der Durchsetzung eines Anspruchs auf Erfüllung in Natur wird von Art. 28 angeordnet. Diese Vor-

---

[495] *Achilles*, Art. 45, Rn. 2.
[496] *Reinhart*, Art. 33, Rn. 5.
[497] *Ziegler*, S. 140.
[498] So auch *MünchKomm / P. Huber*, Art. 46, Rn. 11.
[499] *UNCITRAL-Digest*, Art. 46, Anm. 7.
[500] *Ziegler*, S. 141; *UNCITRAL-Digest*, Art. 46, Anm. 10.
[501] Siehe *UNCITRAL-Digest*, Art. 46, Anm. 10: „also under article 46(1) a clear declaration that the buyer requests the performance of a contractual obligation is needed".
[502] *Staudinger / Magnus*, Art. 46, Rn. 29. Eine In-Verzug-Setzung des Verkäufers oder eine Art *Ausschöpfung* außergerichtlicher Mittel wird nicht vorausgesetzt, ist aber auf praktischer Ebene zu empfehlen; dies bedeutet, daß der Käufer Erfüllung zunächst vom Verkäufer verlangen und erst später zu gerichtlichen Maßnahmen schreiten sollte.
[503] Vgl. *Rütten*, in: FS Gernhuber, S. 939.

schrift beruht auf einem Kompromiß[504] zwischen den *Common Law*-Staaten auf der einen und den Staaten des *romanischen* und des *sozialistischen* Rechtskreises auf der anderen Seite[505]. Hintergrund ist, daß die Staaten des *Common Law* den Rechtsbehelf der Realerfüllung – *specific performance* – nur ausnahmsweise zusprechen[506], während der Erfüllungsanspruch in den *Civil Law*-Staaten einen *primären* Charakter[507] hat[508].

In den *Common Law*-Staaten ist der Schadensersatzanspruch der übliche Rechtsbehelf, so daß der Gläubiger sich in der Regel mit einer Geldentschädigung *(monetary equivalent)* zufriedengeben muß[509]. Die theoretische Unterschiede zwischen beiden Ansätzen sind so tiefgreifend, daß es bei der Schaffung des CISG mit einer Einigung in dieser fundamentalen Frage nicht ernsthaft gerechnet werden konnte[510].

Daher steht die Durchsetzung eines unter der Konvention gegebenen Erfüllungsanspruchs unter dem Vorbehalt, daß die *lex fori* des zu entscheidenden Gerichts eine Verurteilung auf Erfüllung in Natur zuläßt[511].

---

[504] *Zweigert / Kötz*, § 35 V, S. 483; *Schlechtriem / Huber*, Art. 28, Rn. 5 f; *Walt*, 26 Tex.Int.L.J., 1991, S. 218, *Magnus*, in: Draft UNCITRAL Digest, Art. 28, S. 610; *Honsell / Karollus*, Art. 28, Rn. 1; *Catalano*, S. 1808. Zu der Notwendigkeit, auf der Wiener Konferenz einen solchen Kompromiß zu erreichen, bereits *Farnsworth*, 27 Am. J. Comp. L. (1979), (*sub* Third Tenet).

[505] Statt aller *Kastely*, Wash.L.Rev. 63 (1988), S. 610, m.w.N.

[506] In der Praxis sind Unterschiede zwischen den verschiedenen Ländern dieser Rechtstradition zu beachten: während die englische Gerichte *specific performance* selten zusprechen, sind die US-amerikanische Gerichte liberaler bei der Gewährung von *specific performance*, insbesondere dann, wenn Schadensersatz den Interessen des Käufers nicht genug Rechnung trägt; siehe *Rabel*, Recht des Warenkaufs, Bd. 1, S. 375.

[507] *Rabel*, Recht des Warenkaufs, Bd. 1, S. 375; *Honsell / Karollus*, Art. 28, Rn. 1; *Stoll*, JZ 2001, 590; ähnlich *Zweigert / Kötz*, § 35 V, S. 482.

[508] Dieser bildet den *Rückgrat* der Obligation; so *Rabel*, Recht des Warenkaufs, Bd. 1, S. 375.

[509] Die Haltung der *Common Law*-Staaten gegenüber *specific performance* wird durch das von *Zweigert / Kötz* (§ 35, IV) wiedergegebene Zitat von *O.W. Holmes* anschaulich gemacht: "the only universal consequence of a legally binding promise is that the law makes the promisor pay damages if the promised act does not come to pass".

[510] Bereits *Rabel*, Recht des Warenkaufs, Bd. 1, S. 377 weist auf die Schwierigkeiten der Vereinheitlichung in diesem Punkt hin. Symptomatisch ist beispielsweise die Kritik eines spanischen Autors der Gegenwart; dieser lehnt den Ansatz des *Common Law* ab, mit der Begründung, dem Schuldner die Möglichkeit zu geben, sich durch Geldersatz „loszukaufen", jedes Schuldverhältnis in eine Schuld mit fakultativem Charakter umwandeln und gegen den Grundsatz der Vertragsfreiheit verstoßen würde (*Diez-Picazo / Cabanillas Sánchez*, Art. 28, S. 232). Im Hinblick auf die historische Entwicklung der Erfüllungszwang ist diese Kritik gerechtfertigt. Bereits die *condemnatio pecuniaria* des römischen Rechts stellte materielrechtlich eine Novation dar (*Rütten*, in: FS Gernhuber, S. 942).

[511] Wie Art. 28 sich auf den Erfüllungsanspruch auswirkt und unter welchen Umständen ein Urteil auf *specific performance* in den *Common Law*-Staaten zu gewähren ist, wird unten behandelt. Siehe B.V.3. Einschränkung des Art. 28.

IV. Inhalt des Erfüllungsanspruchs

Oben wurde angedeutet, daß der Inhalt des Erfüllungsanspruchs im einzelnen von den ursprünglichen Vertragspflichten – welche sich aus der Vereinbarung der Parteien, aus Handelsbräuchen und Gepflogenheiten (Art. 9) sowie aus den weiteren Vorschriften der Konvention ergeben –, aber auch von der Art der Vertragsverletzung abhängt[512].

Der Erfüllungsanspruch umfaßt daher die Naturalleistungspflichten des Verkäufers[513], wie z.B. das Recht auf Lieferung der Ware oder eines fehlenden Teils[514], die Aushändigung von Urkunden oder Dokumenten[515], die Erfüllung zusätzlicher Leistungs- und Nebenpflichten[516] und die Vornahme aller anderen Handlungen, die zur Vertragserfüllung notwendig sind[517]. Außerdem kommen Unterlassungspflichten und ähnliche vertragliche Vereinbarungen in Betracht. Die Ersatzlieferung und die Behebung von Mängeln, die in der Systematik des UN-Kaufrechts zum Erfüllungsanspruch gehören und als solche unter Art. 46 Abs. 1 fallen würden[518], werden in Abs. 2 und 3 gesondert geregelt. Der Inhalt des Erfüllungsanspruchs läßt sich nach Fallgruppen folgendermaßen umschreiben:

1. Fallgruppen

a) Bei Nichtlieferung

Bei Nichtlieferung, also beim „Ausbleiben der physischen Verschaffung der Ware“ überhaupt[519], behält der Käufer einen *uneingeschränkten* Anspruch auf Lieferung[520]; d.h. der Verkäufer hat seine Verpflichtung in der vertraglich geschuldeten Form zu erbringen[521]; dieser unterliegt – unbeschadet der Verjährungsregeln – keiner zeitlichen Begrenzung. Grundsätzlich kann dieser Anspruch durch einen Anspruch auf Ersatz des Verzugsschadens ergänzt werden[522].

Der Verkäufer hat seine Pflichten am Lieferort zu erfüllen. Dieser wird in der Regel von den Parteien selber bestimmt[523]; mangels einer Vereinbarung der Parteien, bestimmt Art. 31 an welchem Ort der Verkäufer seine Pflichten zu erfüllen hat. Wenn

---

[512] *Ziegler*, S. 140; *Schlechtriem / Schwenzer / Müller-Chen*, Art. 46, Rn. 6.
[513] *Reinhart*, Art. 28, Rn. 4.
[514] *Secretariat Commentary* on Art. 42 [46 CISG], Anm. 3; *Enderlein*, in: Dubrovnik Lectures, S. 191; *Reinhart*, Art. 46, Rn. 2.
[515] *Kastely*, Wash.L.Rev. 63 (1988), S. 613.
[516] *MünchKomm / P. Huber*, Art. 46, Rn. 11; *Reinhart*, Art. 28, Rn. 4. Dazu gehören u.a. Montage- und Instruktionspflichten.
[517] *Enderlein*, in: Dubrovnik Lectures, S. 191; *Heilmann*, S. 410; *Reinhart*, Art. 46, Rn. 2.
[518] Vgl. nur *Secretariat Commentary* on Art. 42 [Art 46 CISG], Anm. 3.
[519] *Schlechtriem*², Rn. 189.
[520] *Ziegler*, S. 140; *Kastely*, Wash.L.Rev. 63 (1988), S. 613.
[521] *Honsell / Schnyder / Straub*, Art. 46, Rn. 38.
[522] *Huber*, in: Fachtagung, S. 221.
[523] *Reinhart*, Art. 31, Rn. 3; häufig werden dafür die von der ICC herausgegebenen *Incoterms* verwendet.

der Verkäufer an einen anderen Ort liefert, kann der Käufer weiterhin auf Lieferung am vereinbarten Lieferort gemäß Art. 46 i.V.m. Art. 31 bestehen[524].

b) Bei vorzeitiger Lieferung

Ähnliches geschieht, wenn der Verkäufer nicht zum maßgeblichen Zeitpunkt liefert. Hier ist zu unterscheiden: Ob er frühzeitig liefert, ob er verspätet liefert oder ob er überhaupt nicht liefert. Bei frühzeitiger Lieferung kann der Käufer die Ware abnehmen oder verweigern (Art. 52 Abs. 1). Nimmt er die Ware ab, dann geht der ursprüngliche Erfüllungsanspruch in die gewährleistungsrechtliche Nacherfüllungsansprüche über[525]. Wenn er dagegen die Abnahme der Ware verweigert, bleibt der Erfüllungsanspruch bestehen und der Verkäufer muß zum vereinbarten Zeitpunkt liefern[526].

Die frühzeitige Lieferung ist im technischen Sinne eine Vertragsverletzung, weil der vereinbarte Liefertermin nicht eingehalten wurde[527]. Im Unterschied zu anderen Vorschriften der Konvention hängt das Recht des Käufers, die Abnahme der Ware zu verweigern, nicht davon ab, ob eine wesentliche Vertragsverletzung vorliegt oder nicht (auch wenn die Folgen seiner Ausübung sehr belastend für den Verkäufer sein können). Ebenfalls braucht der Käufer keinen Nachteil, der sich aus der vorzeitigen Lieferung ergibt (bzw. ergeben könnte), nachzuweisen. Jedoch wird der Käufer in solchen Fällen meistens keine großen Nachteile erleiden[528], solange sich aus der frühzeitigen Lieferung keine unverhältnismäßig hohe Erhaltungs- und Lagerkosten ableiten. Daher ist die Ausübung eines Abnahmeverweigerungsrechts durch den Grundsatz vom Treu und Glauben (insbesondere durch das Verbot einer mißbräuchlichen Rechtsausübung) eingeschränkt[529].

Wenn die Erhaltung der Ware unverhältnismäßige Kosten verursachen würde oder die Ware einer raschen Verschlechterung ausgesetzt wäre, könnten sich aus der frühzeiti-

---

[524] Vgl. OLG Oldenburg, 8.9.1998 (22.9.1998), 12 U 54/98, CISG-online Nr. 508. Hiert stellte das Gericht fest, daß der Verkäufer, trotz Lieferung an einen anderen als den vereinbarten Ort stattgefunden, seine Leistungspflicht erfüllt hatte („in Anbetracht der Umstände des Einzelfalles“).

[525] Aufgrund des Nacherfüllungsrechts des Verkäufers nach Art. 37 ist ein Abwarten des Käufers bis zum vereinbarten Liefertermin für die Ausübung von Rechten wegen Vertragswidrigkeit der Ware erforderlich (solange dies dem Käufer zumutbar ist); siehe dazu *Herber / Czerwenka*, Art. 37, Rn. 4; *Soergel / Lüderitz / Schüßler-Langeheine*, Art. 37, Rn. 8; *Staudinger / Magnus*, Art. 37, Rn. 19, m.w.N. Die frühzeitige Abnahme gibt dem Käufer das Recht, Ersatz des daraus entstehenden Schadens zu verlangen; auf dieser Weise werden sowohl die Interesse des Käufers geschützt – dessen Rechtsposition nicht verschlechtert werden soll – als auch des Verkäufers, der vor einer mißbräuchlichen Ausübung eines Zurückweisungsrechts durch den Käufer geschützt wird. Durch die vorzeitige Abnahme wird in der Regel keine stillschweigende Vertragsänderung angenommen, es sei denn, daß sich aus der zum Ausdruck gebrachten Parteiwille etwas anderes ergibt (vgl. *Staudinger / Magnus*, Art. 52, Rn. 9, 14).

[526] *Schlechtriem / Huber*, Art. 52, Rn. 3, m.w.N.; *Staudinger / Magnus*, Art. 52, Rn. 10.

[527] Siehe *Staudinger / Magnus*, Art. 52, Rn. 10 ff, m.w.N.

[528] Eine wesentliche Vertragsverletzung aufgrund vorzeitiger Lieferung ist hier kaum denkbar. Siehe auch Schiedsspruch Nr. 200/1994 vom 25.4.1995, Internationales Schiedsgericht der Handelskammer der Russischen Föderation, CLOUT Nr. 141.

[529] *Schlechtriem / Huber*, Art. 52, Rn. 3; *Staudinger / Magnus*, Art. 52, Rn. 11.

gen Lieferung große Unannehmlichkeiten für den Käufer ergeben. In diesen Fällen wäre die Zurückweisung einer frühzeitigen Lieferung i.S.v. Art. 51 Abs. 1 erwägenswert. Dennoch kann in einem solchen Fall das Zurückweisungsrecht des Käufers aufgrund von Art. 88 II ausgeschlossen sein. Diese Vorschrift verpflichtet den Käufer – der gemäß Art. 86 zur Inbesitznahme und Erhaltung der Ware verpflichtet ist – sich um einen Notverkauf in angemessener Weise zu bemühen, um materielle und finanzielle Schäden (Verschlechterung der Ware bzw. Steigung der Erhaltungskosten) zu vermeiden.

c) Bei verspäteter Lieferung

Bei verspäteter Lieferung durch den Verkäufer soll wiederum unterschieden werden, ob die Verspätung eine wesentliche Vertragsverletzung darstellt (wodurch ein Recht des Käufers, die Aufhebung zu erklären, begründet wird) oder nicht. Auch im ersten Fall kann der Käufer auf Erfüllung des Vertrages bestehen; in beiden Fällen kann er dem Verkäufer eine Nachfrist zur Erfüllung seiner Pflichten gemäß Art. 47 Abs. 1 setzen, nach deren erfolglosem Ablauf der Käufer zur Vertragsaufhebung berechtigt wird, auch dann, wenn die ursprüngliche Vertragsverletzung nicht wesentlich war (Art. 49 Abs. 1 lit. b). Es liegt ferner in der Hand des Käufers, ob er erneut Erfüllung verlangt oder nicht. Der Erfüllungsanspruch des Käufers wird durch einen Anspruch auf Ersatz des Verzugsschadens ergänzt.

d) Bei Verletzung der Pflicht zur Übertragung des Eigentums

Nach der Konvention ist der Verkäufer durch den Kaufvertrag verpflichtet, dem Käufer das Eigentum an der Ware zu verschaffen. Diese ist die zentrale Pflicht des Verkäufers aus dem Kaufvertrag[530] und besteht in allen Rechtssystemen[531]. *Wann* und *wie* die Übertragung des Eigentums *im Einzelnen* erfolgt, ist vom Anwendungsbereich des Übereinkommens ausgeschlossen (Art. 4 S. 2 lit. b)[532]. Ein internationaler Konsens konnte auf der Wiener Konferenz in Fragen der Eigentumsübertragung nicht erreicht werden, da die verschiedene Länder ganz unterschiedlichen Lösungsansätzen folgen[533]: In den *Common Law*-Staaten, Italien, Frankreich und in vielen vom französischen Recht beeinflußten Rechtsordnungen geht das Eigentum an der Ware bereits durch den *Abschluß des Kaufvertrages* an den Käufer über (sog. Konsens-Prinzip)[534]. Andere Staaten – etwa Spanien, die Niederlande, Österreich und die Schweiz[535] – stellen auf die *tatsächliche Übergabe* der Ware ab (sog. Traditions-Prinzip). In ande-

---

[530] *Staudinger / Magnus*, Art. 30, Rn. 10.

[531] *Niggemann*, in: Hoyer / Posch, S. 78.

[532] Siehe auch *Schlechtriem / Huber*, Art. 30, Rn. 7 f.

[533] Vgl. *Bianca / Bonell / Lando*, Art. 30, Bem. 2.2.; *Secretariat Commentary* on Art. 4, Anm. 4; *Staudinger / Magnus*, Art. 30, Rn. 10; Art. 4, Rn. 32. Für eine umfassende Analyse der wichtigsten Modelle zur Eigentumsübertragung aus rechtsvergleichender Perspektive siehe *Ferrari*, ZEuP 1993, S. 52 ff (*passim*); siehe auch *Baur / Stürner*, § 51 I-III, S. 495 ff; *Piltz*, § 4, Rn. 92.

[534] Dies ist besonders der Fall beim Spezieskauf; beim Gattungskauf erst dann, wenn die Ware spezifiziert worden ist. Siehe weitere Nachweise unten: I. Beziehung zwischen Art. 28 und Art. 46 Abs. 3.

[535] *Piltz*, § 4, Rn. 92.

ren Ländern – insbesondere im deutschen Recht (§ 929 S. 1 BGB)[536] – wird die *Übergabe* und eine weitere *Einigung über den Eigentumsübergang* verlangt (sog. Trennungs-Prinzip).

Aufgrund der Verschiedenheit von Lösungsansätzen wird lediglich die *Pflicht* zur Übertragung des Eigentums geregelt, ohne diese weiter zu konkretisieren[537]. Die Übertragung des Eigentums im Einzelfall ist nach dem anwendbaren Nationalrecht zu beurteilen[538] (dabei folgen die meisten Rechtsordnungen dem Prinzip der *lex rei sitae*[539]). Bei Waren, die sich beim Vertragsschluß im Transport befinden *(res in transitu)* kann sich die Feststellung des anwendbaren Rechts als problematisch erweisen[540]. Mit einem Statutenwechsel verbundene Fragen sind ebenfalls zu beachten.

Es ist allerdings umstritten ist, ob der Verkäufer einen *Leistungserfolg* schuldet, nämlich, daß das Eigentum an den Käufer *tatsächlich* übergeht; dafür spricht, daß der Verkäufer verpflichtet ist, „das Eigentum an der Ware *zu übertragen*“[541]. Nach anderer Auffassung ist der Verkäufer lediglich verpflichtet, alle zur Übertragung des Eigentums notwendige (Leistungs-)*Handlungen* vorzunehmen[542]. Nach anderer Auffassung Soweit aber eine Handlung des Käufers für die Übereignung erforderlich ist (z.B. Abnahme der Ware), dürfte der Verkäufer mit Erbringung der ihm gebührenden Handlungen seine Pflicht erfüllt haben[543].

e) Bei Verletzung der Pflicht zur Übergabe von Dokumenten

Die Pflicht, warenbezügliche Dokumente zu übergeben, ist – streng genommen – kein notwendiges Element des Kaufvertrages[544]. Eine solche Pflicht besteht dann, wenn der Vertrag es ausdrücklich oder implizit verlangt, wenn Handelsbräuche dies vorsehen oder wenn Treu und Glauben es erfordern[545]. Es ist außerdem nötig zwischen den verschiedenen Arten von Dokumenten zu unterscheiden: Handelt es sich um Traditions-

---

[536] Zwar sind im deutschen Recht das schuldrechtliche und das dingliche Geschäft voneinander zu *trennen* (Trennungsprinzip), doch verlangt die Übertragung des Eigentums *auch* die Übergabe der Kaufsache (Traditionsprinzip). Während das Traditionsprinzip im Einzelfall „durchbrochen“ werden kann, gilt das Trennungsprinzip im deutschen Recht ausnahmslos; *Baur / Stürner*, § 51 I, S. 496.

[537] *Piltz*, § 4, Rn. 89.

[538] *Herber / Czerwenka*, Art. 30, Rn. 7; *Honsell / Siehr*, Art. 4, Rn. 28; *Neumayer / Ming*, Art. 30, Rn. 9; *Schlechtriem / Huber*, Art. 30, Rn. 7; *Staudinger / Magnus*, Art. 30, Rn. 10.

[539] *Bianca / Bonell / Lando*, Art. 30, Bem. 2.2.; *von Hoffmann*, § 12, Rn. 37; *Honsell / Karollus*, Art. 30, Rn. 12; *Lüderitz*, in: Fachtagung, S. 186; *Piltz*, § 4, Rn. 91, m.w.N.; *Schlechtriem / Huber*, Art. 30, Rn. 7; *Staudinger / Magnus*, Art. 4, Rn. 32.

[540] Die h.M. stellt auf das Recht des Bestimmungslandes ab, weil der Ort, wo sich die Ware bei Vertragsschluß befindet, rein zufällig ist und weil die Verbindung zum Absendeort bereits abgebrochen wurden. Vgl. dazu *von Hoffmann*, § 12, Rn. 39 f; *Honsell / Siehr*, Art. 4, Rn. 28, mit Bezugnahme auf Art. 103 des schweizerischen IPR; *Kropholler*, Internationales Privatrecht § 54 IV.

[541] *Honsell / Karollus*, Art. 30, Rn. 11; ähnlich *Lüderitz*, in: Fachtagung, S. 186: Der Erfüllungsanspruch bezüglich der Pflicht zur Eigentumsverschaffung „währt“ länger als Lieferpflicht.

[542] *Adame*, S. 171; *Piltz*, § 4, Rn. 89; *Staudinger / Magnus*, Art. 30, Rn. 10, m.w.N.

[543] *Adame*, S. 171; *Staudinger / Magnus*, Art. 30, Rn. 10, m.w.N.

[544] Vgl. *Honsell / Karollus*, Art. 30, Rn. 10.

[545] *Staudinger / Magnus*, Art. 34, Rn. 6; vgl. auch *Honsell / Karollus*, Art. 30, Rn. 10, Art. 34, Rn. 4.

oder Wertpapiere (Konnossement, Lager- und Ladeschein, usw.), welche für den Eigentumserwerb, für die Übernahme, Verwendung oder Weiterveräußerung der Ware notwendig sind, dann gehört die Übergabe dieser Dokumente zu den wesentlichen Pflichten des Verkäufers, deren Nichterfüllung meistens zu einer wesentlichen Vertragsverletzung führen wird. Von der Pflicht aus Art. 30 werden ebenfalls Rechnungen, Versicherungspapiere, Ursprungszeugnissen, usw. erfaßt[546].

Der Erfüllungsanspruch des Käufers auf Übergabe von Dokumenten wird durch Art. 45 ff i.V.m. Art. 30 gewährleistet. Bei Lieferung von Dokumenten in vertragswidrigem Zustand kommt Art. 34 S. 2 in Betracht[547]. Diese Norm behandelt nur das Recht des Verkäufers, eine Vertragswidrigkeit der Dokumente zu beseitigen, nicht aber den Anspruch des Käufers, vertragsmäßige Dokumente zu verlangen. Dennoch ergibt sich ein Recht auf Übergabe „mangelfreier" Dokumente aus Art. 34 S. 1 (Pflicht zur Lieferung von Dokumenten, die den Anforderungen des Vertrages entsprechen) i.V.m. Art. 46 Abs. 1. Allerdings ist umstritten, ob „bloßes Zubehör" – Pläne, Gebrauchsanweisungen, usw. – zu den in Art. 30 genannten Dokumenten gehört oder ob dieses nicht vielmehr unter eine andere Verkäuferpflicht zu subsumieren ist, etwa unter Art. 35 II lit. a[548].

f) Bei Zuweniglieferung

Gemäß Art. 35 Abs. 1 hat der Verkäufer Ware zu liefern, „die in *Menge*, Qualität und Art" den Anforderungen des Vertrages entspricht. Erbringt der Verkäufer eine Zuweniglieferung – welche an sich eine Vertragswidrigkeit darstellt[549], nicht aber ein Sachmangel[550] –, dann bleibt der Erfüllungsanspruch für den fehlenden Restteil bestehen (Art. 51 Abs. 1 i.V.m. Art. 46 Abs. 1)[551]. Eventuell kann der Käufer für den fehlenden Teil eine Nachfrist setzen[552] und, nach deren erfolglosem Ablauf, eine Teilaufhebung erklären (Art. 49 Abs. 1 lit. b, i.V.m. Art. 51 Abs. 1).

Nach einer nicht zu folgenden Auffassung[553] sollten die Fälle einer Minderlieferung unter Art. 46 II und III subsumiert werden, weil Art. 51 Abs. 1 nichts am Fehlerbegriff ändern wollte. Dieser Ansicht ist entgegenzuhalten, daß die Ersatzlieferung und Nachbesserung für die Beseitigung der Vertragswidrigkeit in solchen Fällen – dem Inhalt dieser Ansprüche nach – ungeeignet sind. Man muß zugeben, daß der Käufer

---

546 Vgl. *Staudinger / Magnus*, Art. 34, Rn. 7, m.w.N.
547 *Honsell / Karollus*, Art. 34, Rn. 12.
548 So *Adame*, S. 150, m.w.N.; *Honsell / Karollus*, Art. 34, Rn. 3. Dazu unten: C.II.1.a).(2).(a). Tauglichkeit für den gewöhnlichen Gebrauchszweck (lit. a) [Art. 35 Abs. 2].
549 *Honsell / Magnus*, Art. 35, Rn. 5; *Schlechtriem*^{2}, Rn. 134; *Honsell / Schnyder / Straub*, Art. 51, Rn. 27.
550 Gemeint sind die Fälle einer teilbaren Lieferung, also wenn mehrere teilbare Sachen verkauft sind und nicht Sachen, die zusammengesetzt eine Einheit bilden. Vgl. *Schlechtriem / Huber*, Art. 51, Rn. 2.
551 *Bamberger / Roth / Saenger*, Art. 46, Rn. 2; *MünchKomm / P. Huber*, Art. 46, Rn. 8; *Schlechtriem / Huber*, Art. 51, Rn. 4; *Staudinger / Magnus*, Art. 51, Rn. 12; *Ziegler*, S. 140, Fn. 1; i.E. *Bianca / Bonell / Will*, Art. 51, Bem. 2.1.1.
552 *Secretariat Commentary* on Art. 47 [51 CISG], Anm. 4.
553 So *Honsell / Schnyder / Straub*, Art. 46, Rn. 19, Art. 51, Rn. 41.

die Ware zu untersuchen und die Minderlieferung zu rügen hat, um Rechtsbehelfe aus dieser Pflichtverletzung ausüben zu können[554] (daher die Einbeziehung von Quantitätsmängeln in Art. 35); der Anspruch auf Lieferung einer fehlenden Menge kann jedoch nur über Art. 46 Abs. 1 geltend gemacht werden.

g) Bei Zuviellieferung

Eine Zuviellieferung stellt auch eine Vertragsverletzung dar[555], denn sie entspricht nicht den Anforderungen des Vertrages hinsichtlich der zu liefernden Menge. Art. 52 CISG begründet ein Wahlrecht des Käufers[556]; dieser kann die zuviel gelieferte Menge zurückzuweisen oder die übermäßige Menge entsprechend dem im Vertrag vereinbarten Preis bezahlen. Der Käufer darf grundsätzlich nur den überschießenden Teil, nicht aber den vertragsmäßigen Teil zurückweisen, vorausgesetzt, daß die Lieferung *teilbar* ist[557]. Das ist nicht der Fall, wenn die – die Ware betreffenden – Dokumenten (Konnossement, Lagerschein, Rechnung) unteilbar sind. Daher kann unter Umständen das Zurückweisungsrecht sich auf die gesamte Lieferung erstrecken.[558]. Den Einschränkungen des Art. 46 II und III unterliegt in einem solchen Fall der Erfüllungsanspruch nicht, auch wenn die Zurückweisung der zuviel gelieferten Ware und das damit verbundene Verlangen des Käufers, die Lieferung in der richtigen Menge zu erbringen, äußerlich dem Rechtsbehelf der Ersatzlieferung ähneln.

Wenn Toleranzklauseln vereinbart wurden oder üblich sind, erstreckt sich das Zurückweisungsrecht auf die über die Toleranzgrenze hinausgehende Menge[559]. Wenn der Käufer aufgrund der Zuviellieferung berechtigt ist, die Ware im ganzen zurückzuweisen, besteht der Erfüllungsanspruch darin, daß der Verkäufer – diesmal die vereinbarte Menge – erneut liefert oder die Trennung zwischen Vertragsmenge und Übermenge vornimmt[560]. Das Zurückweisungsrecht des Käufers bei Zuviellieferung ist durch den Grundsatz von Treu und Glauben (insbesondere durch den Verbot einer mißbräuchlichen Rechtsausübung)[561] und durch die Rügeobliegenheit des Art. 39 Abs. 1[562] eingeschränkt; so kann es z.B. bei einer geringfügigen Übermenge dem Käufer zuzumuten sein, die Gesamtlieferung anzunehmen und seine Interessen durch die

---

[554] Diese Obliegenheit entfällt, wenn die Vertragswidrigkeit auf Tatsachen beruht, die er kannte oder über die er nicht in Unkenntnis sein konnte (Art. 40), z.B. im Fall offener Mankolieferung (siehe *Enderlein / Maskow*, Art. 35, Bem. 3; *Witz / Salger / Lorenz*, Art. 35, Rn. 6).

[555] *Staudinger / Magnus*, Art. 52, Rn. 1; *Schlechtriem / Huber*, Art. 52, Rn. 5; *Schlechtriem*², Rn. 134.

[556] *Schlechtriem / Huber*, Art. 52, Rn. 5.

[557] *Honsell / Schnyder / Straub*, Art. 52, Rn. 40.

[558] Nach *Honsell / Schnyder / Straub*, Art. 52, Rn. 54 kann die Untrennbarkeit der Gesamtlieferung *rechtlicher* aber auch *tatsächlicher* Natur sein. Siehe auch *Achilles*, Art. 52, Rn. 6. In beiden Fällen kann der Käufer nur die Gesamtlieferung annehmen oder Zurückweisen; *Ernst*, NJW 1997, 902.

[559] i.E. *Honsell / Schnyder / Straub*, Art. 52, Rn. 43.

[560] *Honsell / Schnyder / Straub*, Art. 52, Rn. 56.

[561] *Staudinger / Magnus*, Art. 52, Rn. 23; *Schlechtriem / Huber*, Art. 52, Rn. 7 (wenn mit „offener Rechnung" verkauft wurde, nicht aber, wenn mit der Klausel „Kasse gegen Dokumente" verkauft wurde).

[562] *Staudinger / Magnus*, Art. 39, Rn. 60, Art. 52, Rn. 21, m.w.N. (auch zur Gegenansicht). Dazu auch *P. Huber / Kröll*, IPRax 2003, S. 312, mit Rechtsprechungsnachweisen.

Ausübung anderer (milderer) Rechtsbehelfen wahrzunehmen, etwa durch Schadensersatz. Des weiteren soll berücksichtigt werden, daß aus der Erhaltungspflicht des Käufers nach Art. 86 II eine Pflicht zur Abnahme der Ware abgeleitet werden kann[563].

Das Vorliegen einer wesentlichen Vertragsverletzung ist für die Zurückweisung der Gesamtlieferung nicht erforderlich[564]; eine derartige Verletzung ist für die Aufhebung des Vertrages und für einen Ersatzlieferungsanspruch von Bedeutung, nicht aber für die Ausübung eines „einem anderen Interesse dienenden" Zurückweisungsrechts des Käufers[565]. *Ratio* dieser Norm liegt darin, daß der Käufer nicht gezwungen werden soll, sich eine einseitige tatsächliche Modifizierung des Vertrages „aufdrängen" zu lassen[566], die mit hohen Kosten für ihn verbunden ist[567]; bei Ganzabnahme der Ware durch den Käufer werden die Interessen des Verkäufers insofern geschützt, daß er für die Übermenge keinen Deckungsverkauf vorzunehmen braucht.

Ansonsten ist für den *typischen* Fall einer Zuviellieferung (Art. 52 II) – nämlich, wenn die Lieferung ohne weiteres teilbar ist und die Übermenge ohne Probleme zurückgewiesen werden kann – der Erfüllungsanspruch grundsätzlich „der Natur der Sache nach" ausgeschlossen.

h) Bei Lieferung mangelhafter Ware

Bei Lieferung einer mangelhaften Ware hat der Käufer einen *modifizierten*[568] Erfüllungsanspruch in Form eines Ersatzlieferungs- oder eines Nachbesserungsanspruchs[569]. Die Tatsache, daß der Verkäufer einen Erfüllungsversuch unternommen hat (und damit verschiedene Kosten in Kauf genommen hat) macht eine Abwägung zwischen den Interessen des Käufers und des Verkäufers erforderlich; dabei sollen Um-

---

[563] Vorausgesetzt, daß die Abnahme keine große Unannehmlichkeiten oder Kosten für den Käufer darstellt oder wenn dies ohne Zahlung des Kaufpreises möglich ist (Art. 86 Abs. 2). Siehe auch *Karollus*, S. 174. A.A. *Schlechtriem / Huber*, Art. 52, Rn. 7, (der seine in der ersten Auflage vertretenen Meinung revidiert; siehe ebenda, Fn. 31); *Staudinger / Magnus*, Art. 82, Rn. 17. Allerdings ist m.E. eine Abwägung zwischen den möglichen Nachteilen, die für den Käufer entstehen können, und dem Schaden, den der Verkäufer bei nicht Abnahme der Ware erleiden würde, in Anbetracht des Einzelfalles erforderlich. Diese Vorgehensweise beruht auf Art. 77 und auf dem Gebot, nach Treu und Glauben vorzugehen.

[564] *Karollus*, S. 174; *Schlechtriem / Huber*, Art. 52, Rn. 7; a.A. *Bianca / Bonell / Will*, Art. 52, Bem. 2.2.1. *Secretariat Commentary* on Art. 48 [Art. CISG 52], Anm. 9. Der Grund dafür ist, daß das Zurückweisungsrecht des Käufers unabhängig von der Aufhebung des Vertrages ist. Schon die Systematik der Konvention zeigt, daß die Vertragsaufhebung und die Zurückweisung der zuvielgelieferten Menge unterschiedliche Rechtsbehelfe zugunsten des Käufers sind, die er wahlweise ausüben kann, und daß die Pflicht zur Rückgabe der gelieferten Ware bei Vertragsaufhebung sich schon aus Art. 81 ergibt.

[565] So *Honsell / Schnyder / Straub*, Art. 52, Rn. 56.

[566] Vgl. *Schlechtriem / Huber*, Art. 52, Rn. 6 f

[567] *Honsell / Schnyder / Straub*, Art. 52, Rn. 3. Besondere Unannehmlichkeiten für den Käufer können dann vorliegen, wenn dieser mit höheren Zollgebühren, mit einem Wertverlust der Ware oder wenn er mit höheren Lagerkosten oder Steuern zu rechnen hat.

[568] *Vahle*, ZVglRWiss 98 (1999), S. 56; *Ziegler*, S. 140; *Herber / Czerwenka*, Art. 46, Rn. 2

[569] Dazu ausführlich unten: C. Der Nacherfüllungsanspruch im UN-Kaufrecht (Art. 46 Abs. 2 und 3).

fang, Ursache und Art der Vertragsverletzung berücksichtigt werden, um den Inhalt eines eventuellen Nacherfüllungsrechts des Käufers zu bestimmen. Daher greifen in diesem Fall die spezielle Normen des Art. 46 II und III, welche den Erfüllungsanspruch teilweise beschränken, etwa durch das Erfordernis einer wesentlichen Vertragsverletzung für die Ersatzlieferung und durch die Einhaltung einer angemessenen Frist für die Geltendmachung jeweiliger Ansprüche.

i) Bei aliud-Lieferung

Die rechtliche Behandlung der *aliud*-Lieferung hat für die Praxis erhebliche Konsequenzen. Würde man sie nach den Vorschriften der Nichterfüllung behandeln – wie manche nationalen Rechtsordnungen es tun –, dann würde der Erfüllungsanspruch des Art. 46 Abs. 1 uneingeschränkt bestehen bleiben. Qualifiziert man sie als „Sachmangel", dann unterliegt der Erfüllungsanspruch den eingeschränkten Voraussetzungen des Art. 46 II und III.

Die h.M. behandelt die *aliud*-Lieferung als vertragswidrige Lieferung i.S.d. Art. 35 Abs. 1, weil die ordnungsgemäße Lieferung voraussetzt, daß die Ware auch hinsichtlich ihrer *Art* den Anforderungen des Vertrages entspricht[570]. Dieser Auffassung folgt, daß der Käufer die Vertragswidrigkeit innerhalb einer angemessenen Frist rügen muß, um weitere Rechtsbehelfe ausüben zu dürfen (Art. 39). Unterläßt er die Mängelanzeige, dann wird er sich auf eine Vertragsverletzung des Verkäufers nicht berufen können. Für die Lieferung mangelfreier Ware sind die Einschränkungen des Art. 46 II zu beachten, und die Aufhebung des Vertrages ist nur im Rahmen des Art. 49 Abs. 1 lit. a möglich. Dies bedeutet, daß der Käufer nicht über die Setzung und den erfolglosen Ablauf einer Nachfrist zu dem Aufhebungstatbestand des Art. 49 Abs. 1 lit. b wird gelangen können[571] und daß die Aufhebungserklärung innerhalb angemessener Frist erfolgen muß[572]. Außerdem gelten für die Ausübung von Rechtsbehelfen aufgrund einer *aliud*-Lieferung die Verjährungsfristen für Sachmängel und nicht solche des allgemeinen Erfüllungsanspruchs für die Nichtlieferung.

Nach anderer Ansicht stellt die *aliud*-Lieferung keine Lieferung dar[573]. Aus verschiedenen Gründen ist letztere Auffassung abzulehnen[574]. An dieser Stelle ist nur zu er-

---

[570] *MünchKomm / P. Huber*, Art. 46, Rn. 7; *Schlechtriem*, Rn. 123.

[571] So aber OLG Düsseldorf, 10.2.1994, 6 U 119/93, CISG-online Nr. 115, CLOUT Nr. 82; hier wies ein Teil der gelieferten Stoffe eine andere Farbe als vereinbart auf; darin lag – so das Gericht – „eine *aliud*-Lieferung vor", die den Käufer dazu berechtigt, den Vertrag nach erfolglosem Ablauf einer Nachfrist teilweise aufzuheben.

[572] Das Recht, die Aufhebung des Vertrages bei Nichtlieferung zu erklären, ist an keine Frist gebunden. Siehe *Magnus*, ZEuP 2002, S. 538, m.w.N.; *Witz / Salger / Lorenz*, Art. 26, Rn. 9; Art. 49, Rn. 5.

[573] Siehe *Secretariat Commentary* on Art. 29 [Art. 31 CISG], Anm. 3; OLG Düsseldorf, 10.2.1994, 6 U 119/93, CISG-online Nr. 115, CLOUT Nr. 82. *Bianca / Bonell / Bianca*, Art. 35, Bem. 2.4.; *Loewe*, Art. 30, S. 51; *Neumayer*, RIW 1994, 105, m.w.N.; *Enderlein / Maskow*, Art. 25, Bem. 3.4., Art. 35, Bem. 5; Siehe auch *Olivencia Ruiz*, in: Anuario Jurídico Mexicano, S. 84 f, der sich auf den Lieferungsbegriff des EKG beruft; *Schlechtriem / Stoll*, Art. 79, Rn. 55: „dem Käufer bleibt bei Lieferung eines *aliud* der Erfüllungsanspruch unbenommen".

[574] Dazu ausführlich unten: C.II.1.a).(1).(c). *Aliud*-Lieferung.

wähnen: Die Lieferung eines *Aliuds „ist" Lieferung*[575] und wird einem Sachmangel gleichgestellt[576]. Im Hinblick auf den Erfüllungsanspruch ergibt sich, daß der Käufer im Fall einer *aliud*-Lieferung, keinen direkten, aus Art. 46 Abs. 1 abgeleiteten Erfüllungsanspruch hat, sondern nur einen modifizierten Nacherfüllungsanspruch gemäß Art. 46 II und III[577].

j) Bei Rechtsmängeln

Bei Lieferung einer mit einem Rechtsmangel behafteten Sache richtet sich der Erfüllungsanspruch auf die Beseitigung des Rechtsmangels[578]. Unter Rechten Dritter i.S.v. Art. 41 S. 1 sind sowohl dingliche (Eigentums-, Besitz- und Sicherungsrechte, usw.) als auch obligatorische Rechte (z.B. aus Miete oder Leihe abgeleitete Nutzungsrechte) zu verstehen[579], soweit sie Wirkungen gegenüber Dritten entfalten[580]. Strittig ist, ob solche Fälle als „nicht vertragsgemäße Ware" zu bezeichnen – und daher als Fälle des Abs. 2 und 3 (mit ihren Einschränkungen) – zu qualifizieren sind, oder ob sie dagegen dem uneingeschränkten Erfüllungsanspruch nach Art. 46 Abs. 1 allein zuzuordnen sind. Auf diese Problematik wird später ausführlich eingegangen[581]. Es läßt sich aber kurz sagen, daß, nach der hier vertretenen Auffassung, diese Fälle den Einschränkungen des Art. 46 II und III ebenfalls unterliegen sollen[582], insbesondere das Erfordernis einer wesentlichen Vertragsverletzung für die Aufhebung des Vertrages bzw. für die Ausübung eines Ersatzlieferungsanspruchs durch den Käufer. Andernfalls stünde dem Käufer ein *uneingeschränkter* Anspruch auf Ersatzlieferung zu, entgegen dem ausdrücklichen Willen der Verfasser der Konvention, diesen Rechtsbehelf *nur* bei Vorliegen einer wesentlichen Vertragsverletzung zuzulassen.

k) Andere Vertragsverletzungen

Durch den Kaufvertrag können *Unterlassungs-* oder *Nebenpflichten* begründet werden; aus der Natur dieser Pflichten selbst ergibt sich, daß ein Verstoß gegen sie i.d.R. nur zu Schadensersatz und – wenn die Vertragsverletzung wesentlich war – zur Aufhebung des Vertrages führen kann[583]. Der Erfüllungsanspruch erweist sich dagegen als ungeeignet und undurchsetzbar.

---

[575] Vgl. BGH, 3.4.1996, VIII ZR 51/95, CISG-online Nr. 135; *Schlechtriem*², Rn. 189; *Schlechtriem / Huber*, Art. 49, Rn. 19.

[576] *Bitter / Bitter*, BB 1993, 2319 m.w.N.; *Holthausen*, RIW 1990, S. 106; *Schlechtriem / Schwenzer*, Art. 35, Rn. 4, 10.

[577] *Herber / Czerwenka*, Art. 46, Rn. 2; *Bianca / Bonell / Will*, Art. 46, Bem. 2.1.1.1.

[578] *Ziegler*, S. 141; *Schlechtriem / Huber*, Art. 46, Rn. 9. Beim Gattungskauf unfaßt der Anspruch das Recht, „Ersatzlieferung vom rechtsmängelfreier Ware aus der Gattung zu verlangen" *Honsell / Schnyder / Straub*, Art. 46, Rn. 38.

[579] *Herber / Czerwenka*, Art. 41, Rn. 3.

[580] *Honsell / Magnus*, Art. 41, Rn. 6.

[581] Siehe unten: C.II.1.a).(4). Unterschiedliche Rechtsfolgen von Sach- und Rechtsmängeln?

[582] So auch *Diez-Picazo / López López*, Art. 46, S. 416 f.

[583] Diese kann sich auch auf künftige Lieferungen beziehen; vgl. OLG Frankfurt a.M., 17.9.1991, 5 U 164/90, NJW 1992, 633 ff, CISG-online Nr. 28. Durch die Ausstellung von mit dem „M."-Zeichen versehenen Schuhen auf einer Verkaufsmesse hat der Verkäufer Nebenpflichten (Markenrechte aus einem Lizenzvertrag) verletzt. Der Käufer durfte den Kaufvertrag aufheben.

2. *Fazit*

Auch wenn die Konvention von einem einheitlichen Begriff der Vertragsverletzung ausgeht und tatbestandsmäßig nach der Art der Pflichtverletzung kaum unterscheidet, kann die Art der Vertragsverletzung nicht außer Betracht bleiben. Es bleibt dabei, daß verschiedene Pflichtverletzungen unterschiedliche Rechtsfolgen auslösen. Allein im Hinblick auf den Erfüllungsanspruch des Käufers ergibt sich, daß dieser uneingeschränkt besteht, solange der Verkäufer keine vertragswidrige Ware geliefert hat[584]. Erst bei Lieferung vertragswidriger Ware greifen die *spezielleren* Normen des Art. 46 II und III ein[585]; darunter sind auch Artabweichungen (*aliud*-Lieferung) und die Lieferung von rechtsmängelbehafteter Ware zu verstehen. Die Rechtsbehelfe nach Abs. 2 und 3 stellen gleichzeitig eine Fortsetzung, eine Einschränkung und eine Modifizierung des Erfüllungsanspruchs dar[586].

V. Grenzen des Erfüllungsanspruchs

Der Erfüllungsanspruch ist der primäre Rechtsbehelf des Käufers in der Konvention[587]. Ein absolutes Recht auf Erfüllung gibt es jedoch nicht. Das Übereinkommen regelt verschiedene Einschränkungen des Erfüllungsanspruchs ausdrücklich; weitere Einschränkungen lassen sich ferner aus den der Konvention zugrundeliegenden Grundsätzen ableiten[588]. Diese „konventionsimmanente" Schranken sind von den Gerichten zu berücksichtigen[589], unabhängig davon, ob die Parteien sie geltend machen oder nicht[590].

Zu den Grenzen des Erfüllungsanspruchs gehört an erster Stelle der Ausschlußgrund nach Art. 46 Abs. 1 a.E., welcher den Erfüllungsanspruch ausschließt, wenn sich der Käufer für einen Rechtsbehelf entschieden hat, der mit dem Erfüllungsverlangen unvereinbar ist. Hinzu kommen die Einschränkungen des Art. 46 Abs. 2 und 3. Diese greifen ein, wenn der Verkäufer schon Ware geliefert hat und diese Ware nicht vertragsgemäß ist. Diese Einschränkungen werden hier kurz behandelt, weil sie in gewisser Hinsicht auch eine Einschränkung des Erfüllungsanspruchs darstellen[591]. Eine weitere wichtige Einschränkung zum Erfüllungsanspruch enthält Art. 28; diese Vorschrift ermöglicht es den Gerichten, ein Urteil auf Erfüllung in Natur zu versagen, wenn sie dies auch nach ihrem eigenen Recht bei gleichartigen Kaufverträgen täten.

---

584 *Ziegler*, S. 140.
585 *Piltz*, § 5, Rn. 10, 176.
586 Dazu unten: C.I.3. Dogmatische Einordung des Nacherfüllungsanspruchs.
587 Dazu bereits oben: B.II. Vorrang des Erfüllungsanspruchs.
588 *Staudinger / Magnus*, Art. 28, Rn. 18.
589 *Staudinger / Magnus*, Art. 28, Rn. 18.
590 Weitere Einschränkungen können sich aus dem nationalen Recht ergeben, etwa wegen Rechtswidrigkeit der Leistung (diesen Ausschlußgrund sehen die PECL in Art. 9:102.2 lit. a ausdrücklich vor). Die Berücksichtigung solcher Ausschlußgründe würde den Rahmen dieser Untersuchung jedoch sprengen.
591 Ausführlich dazu unten: D.III. und E.III. (Besondere Ausschlußgründe des Ersatzlieferungs- und des Nachbesserungsanspruchs).

1. Ausübung eines mit dem Erfüllungsanspruch unvereinbaren Rechtsbehelfs (Art. 46 Abs. 1)

Grundsätzlich kann der Käufer vom Verkäufer „Erfüllung seiner Pflichten verlangen", und aus Art. 45 II ist eine grundsätzliche „Anspruchskumulation" zu entnehmen[592]. Ein „Kumulationsverbot" der Rechtsbehelfe, wie es in der alten Fassung des deutschen BGB galt, gibt es für das UN-Kaufrecht nicht[593]. Insbesondere will diese Vorschrift deutlich machen, daß, sowohl der Erfüllungsanspruch als auch die Aufhebung des Vertrages mit einem Schadensersatzanspruch *nicht unvereinbar* sind. Dennoch besagt Art. 46 Abs. 1 ausdrücklich, daß der Erfüllungsanspruch des Käufers dann entfällt, wenn der Käufer einen Rechtsbehelf ausgeübt hat, der mit dem Erfüllungsbegehren unvereinbar ist. Ob eine solche Vorschrift notwendig ist, mag dahingestellt bleiben. Wahrscheinlich wäre man ohne sie zum selben Ergebnis gekommen[594], denn diese Vorschrift bringt einen allgemeinen „Rechtsgrundsatz" zum Ausdruck: „man kann nicht den Kuchen essen und ihn behalten"[595]. Wenn die eine Partei sich festgelegt hat, dann sollte sie bei ihrer Entscheidung bleiben[596].

In jedem Fall dient eine solche Vorschrift der Klarstellung, daß eine Anspruchskonkurrenz nicht von vornherein auszuschließen ist, sondern nur dann, wenn es sich aus der Natur der Sache eine *materielle* Unvereinbarkeit ergibt[597]; letztere bestimmt sich nach dem *Inhalt* des konkreten Rechtsbehelfs[598]. Die Ausübung eines mit dem Erfüllungsverlangen unvereinbaren Rechtsbehelfs begründet einen Einwand zugunsten des Verkäufers; letzterem obliegt der Beweis dafür, daß der Käufer einen solchen Rechtsbehelf ausgeübt hat[599]. Ob dieser mit dem Erfüllungsverlangen *unvereinbar* ist, stellt eine Rechtsfrage dar und entzieht sich der Beweislastverteilung[600]. Zu den unvereinbaren Rechtsbehelfen zählen insbesondere die Vertragsaufhebung (Art. 49 Abs. 1) und die Herabsetzung des Kaufpreises (Art. 50)[601].

Die *Vertragsaufhebung* hat das Erlöschen der Leistungspflichten zur Folge (Art. 81). Das auf Erfüllung des Vertrages gerichtete Verlangen und die Vertragsaufhebung verfolgen widersprüchlichen Zielen und schließen sich gegenseitig aus. Hat der Käufer den *Kaufpreis herabgesetzt*, dann scheidet der Erfüllungsanspruch ebenfalls aus, weil

---

[592] *Honsell / Schnyder / Straub*, Art. 45, Rn. 79.

[593] *Reinhart*, Art. 45, Rn. 1. Ausdrücklich besagt Art. 45 Abs. 2, daß der Käufer das Recht, Schadenersatz zu verlangen, nicht dadurch verliert, daß er andere Rechtsbehelfe ausübt.

[594] Ähnlich *Bianca / Bonell / Will*, Art. 46, Bem. 2.1.1.1.

[595] Eine solche Lösung ergibt sich schon aus der Natur der Sache selbst. Die Römer prägten dazu den Grundsatz „*adversa petens et sibi contrarius, audiendus non est*" C. 54 de Appelat. Vgl. *Rodriguez de San Miguel*, Pandectas Hispanomejicanas, Band III, S. 686, Rn. 10.

[596] Daher gelten als unvereinbar solche Rechtsbehelfe, die eine rechtsgestaltende Wirkung entfalten.

[597] Vgl. dazu auch PECL Art. 8:102 S. 1.

[598] *Honsell / Schnyder / Straub*, Art. 46, Rn. 23.

[599] *Baumgärtel / Laumen / Hepting*, Art. 46, Rn. 11.

[600] *Baumgärtel / Laumen / Hepting*, Art. 46, Rn. 11.

[601] Siehe statt aller *Staudinger / Magnus*, Art. 46, Rn. 19, m.w.N.

das Äquivalenzverhältnis zwischen der Leistung und der Gegenleistung durch die Minderungserklärung ausreichend wiederhergestellt wurde[602].

Hat der Käufer einen dieser Rechtsbehelfe ausgeübt, dann ist er an seine Erklärung gebunden; der Erfüllungsanspruch erlischt und der Käufer kann nicht mehr zum Erfüllungsverlangen zurückkehren[603], da eine solche Erklärung Gestaltungswirkung hat[604]. Die Gestaltungswirkung tritt nur ein, wenn der Rechtsbehelf wirksam geltend gemacht wird[605]. Wenn aber der Käufer einen Erfüllungsanspruch geltend macht, dann bleiben die vertraglichen Rechte und Pflichten der Parteien unverändert (es gibt also keine „Umgestaltung der Vertragslage")[606].

Auch wenn Art. 45 II die Vereinbarkeit zwischen dem Erfüllungs- und dem Schadensersatzanspruch ausdrücklich erklärt, darf dies nicht zu einer *Überentschädigung* der verletzten Partei führen[607]. So greift der Anspruch auf Schadensersatz grundsätzlich nur in dem Ausmaß des tatsächlichen Schadens ein; außerdem, wenn der Käufer durch die Ausübung anderer Rechtsbehelfe den eingetretenen Schaden teilweise ausgleichen kann, dann wird der Schadensersatzanspruch nur für den fehlenden Teil eingreifen[608]. Daher sind Schadensersatzansprüche, die sich auf das unmittelbare Erfüllungsinteresse richten, mit einem Erfüllungsverlangen inkompatibel[609].

---

[602] So *Vahle*, ZVglRWiss 98 (1999), S. 58. Inwieweit verschiedene Rechtsbehelfe „kombiniert" werden können, ist umstritten. Für *Staudinger / Magnus*, Art. 45, Rn. 16, 29 stehen dem Käufer alle Rechtsbehelfe *alternativ* zur Verfügung, diese sind aber nicht im strengen Sinne kumulierbar (mit Ausnahme des Schadensersatzanspruchs). Diesem Ergebnis ist zuzustimmen, solange sich die Rechtsbehelfe auf das selbe Interesse beziehen; *Schlechtriem / Huber*, Art. 46, Rn. 10. Daher sind manche Fallkonstellationen denkbar, in denen verschiedene Rechtsbehelfe gleichzeitig Anwendung finden können, etwa wenn der Verkäufer eine mangelhafte, nicht funktionierende Maschine geliefert hat, die – trotz ordnungsgemäß erbrachter Reparatur – ein Teil ihres Wertes verloren hat. Hierfür dürfte m.E. der Käufer zusätzlich den Kaufpreis entsprechend herabsetzen (ein solches Ergebnis scheint *Magnus* am Ende doch zuzustimmen; siehe Rn. 47).

[603] *Vahle*, ZVglRWiss 98 (1999), S. 58; *Staudinger / Magnus*, Art. 46, Rn. 19; *Schlechtriem / Huber*, Art. 46, Rn. 10, jeweils m.w.N.

[604] *Staudinger / Magnus*, Art. 46, Rn. 19; *Schlechtriem / Leser / Hornung*, Art. 26, Rn. 6; *Schlechtriem / Schlechtriem*, Art. 27, Rn. 14. Während die Aufhebung des Vertrages unzweifelhaft eine Gestaltungswirkung entfaltet, wird diese von *Huber* – entgegen der h.M. – für die Minderungserklärung in Frage gestellt, *Schlechtriem / Huber*, Art. 45, Rn. 28, 30; siehe dazu oben: A.II.2.e). Herabsetzung des Kaufpreises (Art. 50).

[605] *Honsell / Schnyder / Straub*, Art. 46, Rn. 25; *Staudinger / Magnus*, Art. 46, Rn. 20; ähnlich *Schlechtriem / Schwenzer / Müller-Chen*, Art. 46, Rn. 7. Die Wirksamkeit der Ausübung setzt die Berechtigung (materielle Grundlage) und die *Richtigkeit* der Ausübung (formelle Erfordernisse) voraus. Beim Fehlen einer dieser Elemente (z.B. wenn der Käufer den Vertrag aufzuheben versucht – und für aufgehoben erklärt – , ohne daß eine wesentliche Vertragsverletzung des Verkäufers vorläge) kann bei Zustimmung des Verkäufers eine vertragliche Vertragsaufhebung erfolgen, die nach Art. 29 Abs. 1 und Art. 8 zu beurteilen ist.

[606] *Bianca / Bonell / Will*, Art. 46, Bem. 2.1.2.; *Staudinger / Magnus*, Art. 46, Rn. 30.

[607] *Enderlein / Maskow*, Art. 45, Bem. 6; *Honsell / Schnyder / Straub*, Art. 45, Rn. 79; *Staudinger / Magnus*, Art. 45, Rn. 21.

[608] *Honsell / Schnyder / Straub*, Art. 45, Rn. 79; *Staudinger / Magnus*, Art. 45, Rn. 21, m.w.N.

[609] *Honsell / Schnyder / Straub*, Art. 45, Rn. 80, Art. 46, Rn. 24.

Schadenersatzansprüche wegen verspäteter Erfüllung (wie im Art. 47 II S. 2 ausdrücklich geregelt) – sowie Begleit- und Folgeschäden – können in jedem Fall unabhängig von einem Erfüllungsanspruch geltend gemacht werden, da diese durch eine nachträgliche Erfüllung nicht mehr „beseitigt" werden könnten[610].

Die *Setzung einer Nachfrist* bedeutet keine Einschränkung des Erfüllungsanspruchs. Im Gegenteil: Eine solche Nachfrist ist ohne gleichzeitige Geltendmachung eines Erfüllungsanspruchs sinnlos; sie bringt zum Ausdruck, daß der Käufer, trotz der Vertragsverletzung, an die Erfüllung des Vertrages weiterhin interessiert ist[611]. Sie fällt also nicht unter die Kategorie der „mit dem Erfüllungsverlangen unvereinbaren Rechtsbehelfe" des Art. 46 Abs. 1 a.E.

2. Einschränkungen aus Art. 46 Abs. 2 und 3

Eine weitere Einschränkung des Erfüllungsanspruchs ist aus Art. 46 II und III zu entnehmen[612]. Demzufolge, wenn der Verkäufer eine vertragswidrige Lieferung erbracht hat und die Vertragswidrigkeit keine wesentliche Vertragsverletzung darstellt, muß der Käufer die Ware behalten und sich mit den Ansprüchen auf Nachbesserung, Minderung oder Schadensersatz zufriedengeben[613]. Ferner scheidet der Anspruch auf Nachbesserung aus, wenn sie „unter Berücksichtigung aller Umstände" unzumutbar ist. Damit wird der ursprüngliche Erfüllungsanspruch teilweise abgeschwächt[614].

Zweck dieser Einschränkungen ist, eine unangemessene Belastung des Verkäufers zu vermeiden, wenn er *im wesentlichen* den Vertrag erfüllt hat[615] und wenn die Kosten der Beseitigung des Erfüllungsmangels im Mißverhältnis zu den gerechtfertigten Interessen der Parteien stehen, oder wenn diese Beseitigung technisch undurchführbar ist.

3. Einschränkung des Art. 28

Wie oben angedeutet wurde, erfährt der Erfüllungsanspruch eine weitere Einschränkung durch Art. 28[616]:

„Ist eine Partei nach diesem Übereinkommen berechtigt, von der anderen Partei die Erfüllung einer Verpflichtung zu verlangen, so braucht ein Gericht eine Entscheidung auf Erfüllung in Natur nur zu fällen, wenn es dies auch nach seinem eigenen Recht bei gleichartigen Kaufverträgen täte, die nicht unter dieses Übereinkommen fallen".

---

[610] *Enderlein / Maskow*, Art. 47, Bem. 7; *Honsell / Schnyder / Straub*, Art. 45, Rn. 80; *Staudinger / Magnus*, Art. 47, Rn. 28.
[611] *Vahle*, ZVglRWiss 98 (1999), S. 63.
[612] *Kastely*, Wash.L.Rev. 63 (1988), S. 618.
[613] *Schlechtriem / Huber*, Art. 46, Rn. 6.
[614] Näheres dazu unten: D.II.3. Wesentliche Vertragsverletzung, und E.II.3. Zumutbarkeit.
[615] *Kastely*, Wash.L.Rev. 63 (1988), S. 619.
[616] Die Bedeutung des Art. 28 wird in einem anderen Zusammenhang ausführlich untersucht. Siehe unten: I. Beziehung zwischen Art. 28 und Art. 46 Abs. 3.

Aus der Entstehungsgeschichte dieser Vorschrift geht hervor, daß Art. 28 primär bezweckt, die unterschiedliche Praxis der Gerichte der *Common Law*-Staaten bezüglich einer Verurteilung auf Erfüllung in Natur zu respektieren: Diese sollen nicht gezwungen werden, von ihrer Rechtstradition abzuweichen[617]. Dabei ist zu bedenken, daß die Gerichte des *Common Law* eine sehr zurückhaltende Einstellung bezüglich *specific performance* aufweisen. Es ist ebenfalls zu berücksichtigen, daß es selbst innerhalb der *Common Law*-Staaten unterschiedliche Haltungen gegenüber diesem Rechtsbehelf herrschen: während die englische Gerichte hiervon selten Gebrauch machen, sind US-amerikanische Richter geneigter dazu, *specific performance* zu gewähren, beispielsweise wenn eine Geldentschädigung den Interessen des Kläger nicht ausreichend Rechnung trägt[618]. Wie an anderer Stelle ausgeführt wurde, nimmt der Erfüllungsanspruch in den *Civil Law*-Staaten eine zentrale Stellung (Primat des Erfüllungsanspruchs)[619] und bildet den „Rückgrat" der Obligation[620].

Der *Rechtsbehelf* des Erfüllungsanspruchs betrifft eine fundamentale Frage des Vertrags- und Gewährleistungsrechts. Da beide Ansätze so unterschiedlich sind, zeigte sich jeder Vorschlag, der einen Ansatz – zulasten des Anderen – begünstigt bzw. verallgemeinert hätte, für unpraktikabel. Daher wurde – auf der Grundlage vom EKG und dem Uncitral-Entwurf – die Kompromißlösung des Art. 28 erarbeitet. Diese Vorschrift macht die Durchsetzbarkeit des Erfüllungsanspruchs von der *lex fori* abhängig.

Auf Antrag Englands und der USA wurde auf der Wiener Konferenz die ursprüngliche Formulierung des Entwurfs („A court is not bound to enter a judgement for specific performance unless the court *could* do so under its own law in respect of similar contracts") durch eine – für die *Common Law*-Staaten – günstigere Formulierung geändert. Anstatt auf die *abstrakte Möglichkeit* abzustellen, eine Entscheidung auf Erfüllung in Natur zu erlassen – die in den *Common Law*-Staaten durchaus vorhanden ist –, soll durch die neue Formulierung („ ... unless the court *would* do so ...")[621] die faktische Gerichtspraxis maßgebend sein[622].

Art. 28 besagt aber auch, daß ein Gericht eine Entscheidung auf Erfüllung in Natur nur dann zu fällen *braucht*, wenn es dies auch nach seinem eigenen Recht bei gleichartigen Kaufverträgen täte, d.h. in solchen Fällen ist das Gericht *verpflichtet*, die beantragte Erfüllung in Natur zu gewähren[623] (wenn deren weitere Voraussetzungen auch vorliegen). Aus einem Umkehrschluß ergibt sich, daß das Gericht *nur* dann von einem Urteil auf Erfüllung in Natur absehen kann, wenn es nach seinem internen Recht bei gleichartigen Verträgen eine solche Entscheidung *nicht* fällen würde, daß diese Entschei-

---

617 *Diez-Picazo / Cabanillas Sánchez*, Art. 28, S. 232; *Honsell / Karollus*, Art. 28, Rn. 5.
618 *Rabel*, Recht des Warenkaufs, Bd. 1, S. 375, m.w.N.
619 Siehe oben: B.II. Vorrang des Erfüllungsanspruchs, und B.III.3. Problematik der Realerfüllung.
620 *Rabel*, Recht des Warenkaufs, Bd. 1, S. 375.
621 Siehe A/CONF.97/C.1/L.113, L.117, O.R. S. 304.
622 Vgl. *Staudinger / Magnus*, Art. 28, Rn. 5.
623 Am deutlichsten sind die amtliche Fassungen der Konvention in spanischer und englischer Sprache: „el tribunal no estará *obligado* ... a menos que...", „a court is not bound..."

dung jedoch *fakultativ* ist, d.h. daß das Gericht trotzdem *specific performance* gewähren könnte[624]. Dieses Thema wird unten näher untersucht[625].

Für die Auslegung dieser Vorschrift ist ferner zu berücksichtigen, daß Art. 28 sich nicht ausschließlich an „Gerichte" im engeren Sinne (also, an staatlichen Organe) wendet[626]; die Norm ist daher weit zu verstehen, so daß *Schiedsgerichte* ebenfalls umfaßt werden[627]. Außerdem soll die Vorschrift auch für Gerichte eines Nicht-Vertragsstaates gelten, denn, solange ein Gericht die Konvention anzuwenden hat, ist Art. 7 Abs. 1 zu beachten. Nach dieser Vorschrift hat sich das Gericht um eine einheitliche Auslegung und Anwendung der Konvention zu bemühen[628]. Durch den Verweis auf

---

[624] So auch *Perales Viscasillas*, Anm. 171.c., m.w.N. Diese Lösung steht im Einklang mit der Praxis des *Common Law*; Literatur und Rechtsprechung des anglo-amerikanischen Rechtskreises billigen dem Richter einen großen Ermessensspielraum zu beim Erlaß eines Urteils auf *specific performance*; zum US-amerikanischen Recht siehe u.a. *Farnsworth*, Contracts III, S. 183; Bander v. Grossman, 161 Misc.2d 119, 611 N.Y.S.2d985, 23 UCC2d 1159 (1994): „Specific performance rests upon the discretion of the court" (in: *White / Summers*, Addendum zu Vol. I, S. 109). Zum UN-Kaufrecht siehe *Enderlein / Maskow*, Art. 28, Bem. 3; *Honnold*, §§ 195, 285.1. Siehe auch *Kastely*, Wash.L.Rev. 63 (1988), S. 635, 639 ff (und Fn. 150); *Walt*, 26 Tex.Int.L.J., 1991, S. 224 f; U.S. District Court, Urteil vom 7.12.1999, CLOUT Nr. 417. Eingehend dazu unten: I.II.6. Funktion des Art. 28.

[625] Siehe unten: I.II.6.a).(4). Ermessen des Richters aus Art. 28.

[626] Diese Vorschrift könnte auch als eine Anweisung an die Parteien verstanden werden, daß die Erfüllung in Natur nicht immer durchsetzbar sein wird.

[627] *Enderlein / Maskow*, Art. 28, Bem. 4; *Felemegas*, sub III; *Schlechtriem / Huber*, Art. 28, Rn. 17, 24a; *Staudinger / Magnus*, Art. 28, Rn. 6; *Honsell / Karollus*, Art. 28, Rn. 8 (analoge Anwendung); OR. S. 305, Nr. 47 f, 50. Es wird teilweise vertreten, für die Anwendung von Art. 28 sei in einem solchen Fall das materielle Recht am Sitz des Schiedsgerichts maßgebend (so *Huber*, a.a.O.). Wenn die ordentliche Gerichte über einen großen Ermessensspielraum bei der Gewährung von *specific performance* verfügen (siehe unten I.II.4.b. Gewährung von specific performance im Common Law), dann sollten Schiedsgerichte noch viel weniger an die Lösung des unvereinheitlichten Rechts gebunden sein; diese dürfen mit größerer Flexibilität das anwendbare Recht bestimmen oder sogar den Sachverhalt *ex aequo et bono* entscheiden (vgl. u.a. Art. 28 Abs. 1 des UNCITRAL-Model Law on International Commercial Arbitration; ebenfalls *Ferrari*, in: *Draft*-Digest, S. 135, Fn. 109). Für diese Lösung spricht auch, daß die Gerichte des *Common Law* Schiedssprüche auf *specific performance* für vollstreckbar erklärt haben – bei Kaufverträgen, die dem nationalen Recht unterlagen – auch wenn sie selber ein solches Urteil nicht erlassen hätten; vgl. *Neufang*, S. 199 f, m.w.N.; *Schulz*, S. 225 f (und Fn. 1392, m.w.N.). Inwiefern Schiedsgerichte an das Verfahrensrecht des *Forums* (Schiedsortes) gebunden sind, mag dahingestellt bleiben.

In einem Schiedsspruch der Zürcher Handelskammer, 31.5.1996, ZHK 273/95, [http://cisgw3.law.pace.edu/cases/960531s1.html] hat das Schiedsgericht entschieden: ob *specific performance* zugesprochen werden soll „sei an erster Stelle eine Frage des anwendbaren materiellen Rechts" (hier: russisches Recht); subsidiär wurde auch das schweizerische – auf das Verfahren anwendbare – Recht berücksichtigt. Hier wurd das CISG zu Unrecht als „the law applicable to the procedure (Swiss law? - again the Vienna Convention)" gehalten. Außerdem haben sich die Schiedsrichter für die Frage der *specific performance* nicht auf das unvereinheitlichte Nationalrecht bezogen, sondern diese Frage nach dem UN-Kaufrecht enschieden und eine falsche Auslegung des Art. 28 zugrunde gelegt. Das Argument des Schiedsgerichts war, das UN-Kaufrecht (das sowohl russisches als auch schweizerisches Recht ist) sähe keine Grundlage für Klagen auf *specific performance* vor, was allein durch die Lektüre des Art. 46 Abs. 1 und des Art. 28 widerlegt wird. Daher ist dieser Entscheidung in der Sache nicht zu folgen.

[628] Ähnlich *Honsell / Karollus*, Art. 28, Rn. 8.

das Recht des Gerichtes („seinem eigenen Recht") werden die kollisionsrechtlichen Vorschriften der *lex fori* ausgeschlossen[629]. Auch wenn ein Gericht das Recht eines *Common Law*-Staates als maßgeblichen Vertragsstatut anzuwenden hat oder wenn die Vollstreckung des Urteils in einem Land erfolgen soll, das *specific performance* als Rechtsbehelf nicht kennt (bzw. in einem ähnlichen Fall nicht zusprechen würde) ist die Frage der Gewährung von *specific performance* nach dem internen Recht des erkennenden Richters zu entscheiden[630]. Für Schiedsgerichte kommt es an das für das Verfahren maßgebliche Recht an[631].

a) Gleichartige Verträge

Ebenfalls auffüllungsbedürftig ist die Formulierung *„gleichartige Kaufverträge, die nicht unter dieses Übereinkommen fallen"*. Wenn man auf den Wortlaut des Art. 28 abstellt, muß zunächst die Frage geantwortet werden, welche Verträge nicht unter die Konvention. fallen. Ein Kaufvertrag fällt nicht unter den Anwendungsbereich des UN-Kaufrechts, entweder weil die formellen Anwendungsvoraussetzungen nicht vorliegen oder weil besondere Verträge materiell aus dem Übereinkommen ausgeschlossen sind[632]. Auf die Anwendungsvoraussetzungen abzustellen kann etwas verwirren, weil solche Verträge, die vom Geltungsbereich des Übereinkommens ausgeschlossen sind, häufig Spezialregeln unterliegen: Verbraucherverträge bzw. Verträge über Wertpapiere, Schiffen, Luftfahrzeugen, elektrische Energie, usw. (vgl. Art. 2).

Nach einer Literaturmeinung sind unter „gleichartige Kaufverträge" dagegen solche zu verstehen, „die dieselben Pflichten begründen wie der wirkliche Vertrag"[633]. Hierfür reicht eine abstrakte Betrachtung nicht aus; vielmehr sollen alle Umstände berücksichtigt werden, „auf die es für die Zulässigkeit der Erfüllungsklage" nach der *lex fori* an-

---

[629] *Walt*, 26 Tex.Int.L.J., 1991, S. 219. Dem Art. 28 käme die Funktion einer (einseitigen) Kollisionsnorm zu; siehe *Schlechtriem / Huber*, Art. 28, Rn. 22; *Enderlein / Maskow*, Art. 28, Bem. 5. *Schlechtriem*[2], Rn. 119; *Garro*, in: *Draft*-Digest, S. 369. Für eine Kritik zu dieser Bezeichnung siehe unten: I.II.6. Funktion des Art. 28.

[630] *Heilmann*, S. 412; *Honsell / Karollus*, Art. 28, Rn. 11, 15, 24; *Schlechtriem*, Rn. 119; i.E. *Soergel / Lüderitz / Budzikiewicz*, Art. 28, Rn. 1.

[631] So *Honsell / Karollus*, Art. 28, Rn. 12; *Schlechtriem / Huber*, Art. 28, Rn. 24a; *Neumayer / Ming*, Art. 28, Rn. 1, Fn. 3. Auf jeden Fall ist das New Yorker Übereinkommen über Anerkennung und Vollstreckung ausländischer Schiedssprüche von 1958 zu beachten, daß von ca. 130 Ländern ratifiziert worden ist.

[632] Nicht unter den Anwendungsbereich der Konvention fallen, an erster Stelle, *interne Kaufverträge*, d.h. wenn beide Parteien eines Kaufvertrages ihren Sitz im selben Staat haben; die vom Art. 1 Abs. 1 geforderte Internationalität ist nicht gegeben. Ferner verlangt die Konvention, daß beide Vertragsparteien ihren Sitz in einem Vertragsstaat haben (lit. a) oder daß die Kollisionsnormen auf das Recht eines Vertragsstaates verweisen (lit. b). Darüber hinaus fällt ein Kaufvertrag nicht unter die Konvention, wenn die Parteien die Anwendung des Übereinkommens ausgeschlossen haben (Art. 6), wenn der Kaufvertrag eine der in Art. 2 d-f aus dem Übereinkommen ausgeschlossenen Waren zum Gegenstand hat (Wertpapiere und Zahlungsmittel, Schiffen und Luftfahrzeugen, Elektrizität); wenn die Ware *erkennbar* für den persönlichen Gebrauch bestimmt ist (Art. 2 lit. a); wenn der Kaufvertrag durch Versteigerung (Art. 2 lit. b) oder aufgrund von Zwangsvollstreckung oder anderen gerichtlichen Maßnahmen (Art. 2 lit. c) zustandegekommen ist, wenn der Besteller (bei einem Werklieferungsvertrag) einen wesentlichen Teil der Rohstoffe geliefert hat (Art. 3 Abs. 1 *e contrario*), usw.

[633] *Schlechtriem / Huber*, Art. 28, Rn. 21.

kommt (Kaufgegenstand, Möglichkeit eines Deckungsgeschäfts, Einzigartigkeit der Ware, Erfüllungsungsunfähigkeit des Schuldners, usw.)[634].

Was die Konvention mit dem Ausdruck „gleichartige Kaufverträge, die nicht unter dieses Übereinkommen fallen" meint, kann sich nach der hier vertretenen Auffassung nur auf Kaufverträge beziehen, die nach nationalem Recht zu beurteilen wären[635]; d.h. es handelt sich um Kaufverträge, die zwar nicht unter den *Anwendungsbereich* der Konvention doch aber unter deren *Regelungsbereich* fallen[636]. Im Übrigen müssen alle Umstände des Einzelfalles weiterhin berücksichtigt werden. Daher ist an erster Stelle zu prüfen, wie man den konkreten Fall lösen würde, wenn man – statt des UN-Kaufrechts – das eigene unvereinheitlichte Recht anwenden würde (oder, mit anderen Worten, wie würde man den konkreten Fall entscheiden, wenn beide Parteien ihren Sitz im selben Staat wie das Gericht hätten)[637].

Es stellt sich ferner die Frage, ob das Gericht auch solche Umstände zu berücksichtigen hat, die an sich für die Anwendbarkeit des UN-Kaufrechts irrelevant sind, z.B. ob die Vertragsparteien Kauf- oder Nichtkaufleute sind oder ob der Vertrag handelsrechtlicher oder bürgerlich-rechtlicher Natur ist[638], usw. Im Anschluß an die Meinung von *Karollus* sollte eine umfassende Berücksichtigung – d.h. auch solcher Umstände – stattfinden, *soweit* sie für die Gewährung von *specific performance* nach der *lex fori* relevant sind[639].

Die einzige Entscheidung, die sich bis jetzt ernsthaft mit dieser Frage befaßt hat, hat die Frage sehr großzügig beantwortet[640]. Aus der Lektüre von Art. 46 Abs. 1 entnimmt das Gericht eine routinemäßige Gewährung von *specific performance* unter der Konvention. Für die Einschränkung des Art. 28 fragte sich das Gericht, ob die (Zulässigkeits-)Voraussetzungen einer Klage auf *specific performance* nach internem Recht (hier: das UCC) gegeben waren, denn diese würden für eine Klage nach der Konvention schon ausreichen. Dafür braucht der Kläger sich einfach auf „difficulty of cover" zu berufen[641]. Damit legte das (US-amerikanische!) Gericht sehr niedrige Erfordernisse für die Gewährung dieses Rechtsbehelfs zugrunde.

---

[634] *Honsell / Karollus*, Art. 28, Rn. 18.
[635] So auch *Felemegas*, sub II.
[636] Zu dieser Unterscheidung siehe *Schlechtriem / Ferrari*, Art. 4, Rn. 3, m.w.N.
[637] So auch *Honsell / Karollus*, Art. 28, Rn. 18. Die Frage lautet nicht, welches Recht würde er anwenden, wenn das UN-Kaufrecht nicht zum Zuge käme, weil dies immernoch die Berücksichtigung kollisionsrechtlicher Vorschriften zuläßt, was unter Art. 28 weder gemeint noch gewollt ist.
[638] Vgl. Art. 1 Abs. 3.
[639] Siehe dazu *Honsell / Karollus*, Art. 28, Rn. 18.
[640] Siehe U.S. Federal District Court [Illinois], *Magellan International v. Salzgitter Handel,* Urteil vom 7.12.1999., [http://cisgw3.law.pace.edu/cases/991207u1.html] (Volltext), CLOUT Nr. 417 (Abstract).
[641] „[A] pleader need allege only the difficulty of cover to state a claim under that section". Grund dafür ist, daß „inability to cover" als „strong evidence" von „other proper circumstances" angesehen wird, um *specific performance* unter dem UCC zuzusprechen, und weil die jüngste Gerichtspraxis bereits die Schwierigkeit, ein Deckungsgeschäft auf offenem Markt vorzunehmen, dafür ausreichen

b) Abdingbarkeit von Art. 28?

Zuletzt stellt sich die Frage der Abdingbarkeit des Art. 28, nämlich ob die Parteien seine Anwendung gemäß Art. 6 ausschließen oder abändern können. Das ist nach herrschender und zutreffender Auffassung zu verneinen[642]. Die Gegenauffassung stützt sich auf die Überlegung, daß Art. 6 ausdrücklich den Ausschluß der Konvention und die Abweichung oder Änderung von ihren Bestimmungen zuläßt, mit Ausnahme von Art. 12. Die Tatsache, daß Art. 28 nicht ausdrücklich erwähnt wird, sei in dem Sinne zu verstehen, daß diese Vorschrift abdingbar ist. Dieser Auffassung ist entgegenzuhalten, daß die Parteien aufgrund der Vertragsfreiheit auf *dispositives Recht* verzichten dürfen, nicht aber auf das Prozeßrecht[643], auf Vorschriften, die sich an die (Vertrags)Staaten oder an staatliche Organen richten oder auf solche, die nach internem unvereinheitlichten Recht zwingenden Charakter haben[644]. Daher ist die erste Auffassung vorzuziehen, da die verfahrensrechtlichen Normen einen zwingenden Charakter haben[645]. Es ist daran festzuhalten, daß Art. 28 CISG unabdingbar ist[646].

Noch zu klären bleibt die Frage, nach welchem Recht eine Vereinbarung bezüglich Erfüllung in Natur beurteilt werden soll[647]. Gemäß Art. 4 lit. a ist die Gültigkeit einzelner Vertragsbestimmungen (hier: die Abbedingung von Art. 28) vom Geltungsbe-

---

läßt (d.h. „inability" soll nicht im Sinne von „Unmöglichkeit" verstanden werden, sondern „as a practical matter").

642 Siehe *Schlechtriem / Huber*, Art. 28, Rn. 24; *Staudinger / Magnus*, Art. 28, Rn. 20, jeweils m.w.N.

643 *Herber / Czerwenka*, Art. 28, Rn. 4; *Soergel / Lüderitz / Budzikiewicz*, Art. 28, Rn. 4.

644 *Schlechtriem / Ferrari*, Art. 6, Rn. 9; *Staudinger / Magnus*, Art. 28, Rn. 20. Dies ist aus dem Wortlaut des Art. 28 zu entnehmen, der sich auf staatliche Organe ausdrücklich wendet: „...so braucht *ein Gericht...*"

645 *Audit*, S. 123 f; *Diez-Picazo / Cabanillas Sánchez*, Art. 28, S. 234.

646 Siehe *Audit*, S. 123 f; *Diez-Picazo / Cabanillas Sánchez*, Art. 28, S. 234; *Herber / Czerwenka*, Art. 28, Rn. 4; *Honsell / Karollus*, Art. 28, Rn. 25; *MünchKomm / Gruber*, Art. 28, Rn. 13; *Neumayer / Ming*, Art. 28, Rn. 6; *Posch / Kandut*, in: Hoyer / Posch, S. 73; *Schlechtriem / Huber*, Art. 28, Rn. 24; *Staudinger / Magnus*, Art. 28, Rn. 20, Art. 6 Rn. 57; *Ziegler*, S. 151; *Schulz*, S. 283; *Schlechtriem / Ferrari*, Art. 7, Rn. 9 (diese Ansicht wird im *Draft-Digest* nicht übernommen); zum EKG siege *Mertens / Rehbinder*, Art. 16 EKG, Rn. 5. A.A. *Kastely*, Wash.L.Rev. 63 (1988), S. 643; *Reinhart*, Art. 28 Rn. 3; *Bianca / Bonell / Lando*, Art. 28, Bem. 3.1. Diese halten eine vertragliche Abdingung des Art. 28 auf praktischer Ebene für wirksam; d.h. die Gerichte können durch eine Klausel, welche *specific performance* als Rechtsbehelf ausdrücklich zuläßt, dazu bewegt werden, der Klage auf Erfüllung in Natur stattzugeben. Begründet wird diese Auffassung damit, daß die *policy* der *Common Law*-Staaten bezüglich Klagen auf Erfüllung in Natur zum Schutz des Schuldners steht, der auf diese Vergünstigung verzichten darf. Rechtlich wäre eine solche Klausel wirksam, solange das interne Recht diese zuläßt; vgl. *Schlechtriem / Huber*, Art. 28, Rn. 24, m.w.N.; *Honsell / Karollus*, Art. 28, Rn. 25. Ausführlicher unten: I.II.4.c). Vertragliche Vereinbarungen bezüglich specific performance.

647 Dieses Thema wird unten näher behandelt; siehe: I.II.4.c). Vertragliche Vereinbarungen bezüglich specific performance (in bezug auf *Common Law*-Staaten). An dieser Stelle sei nur erwähnt, daß die neue Version des UCC die Vereinbarung von Realerfüllung in durchsetzbarer Weise jetzt zuläßt; siehe *Reimann / Hahn*, IPRax 2004, S. 149.

Eine große Bedeutung kann der Formulierung einer Klausel zukommen, durch welche *specific performance* vereinbart wird, denn die Parteien dürfen das Prozeßrecht zwar nicht abbedingen, sie dürfen doch aber im Rahmen von Art. 6 ihre Rechtsbehelfe erweitern, näher umschreiben oder abändern. Letztlich bleibt den Parteien die Möglichkeit der Wahl des zuständigen Gerichts offen (siehe *Staudinger / Magnus*, Art. 6, Rn. 57).

reich des Übereinkommens ausgeschlossen. Fraglich ist, ob hier das Vertragsstatut oder die *lex fori* maßgebend ist[648]. Jede Antwort hierauf darf keineswegs am Zweck des Art. 28 vorbeigehen; Sinn der Norm ist, die Berücksichtigung „prozessualer Besonderheiten“ des Forumsrechts zu ermöglichen[649]. Daher sollte die Gültigkeit einer solchen Klausel aus der Sicht der *lex fori* beurteilt werden[650].

4. Einschränkung des Art. 80

Eine weitere Schranke des Erfüllungsanspruchs stellt Art. 80 dar[651]. Der Käufer kann sich auf die Nichterfüllung von Pflichten durch den Verkäufer nicht berufen, soweit er – der Käufer – für die Nichterfüllung verantwortlich ist, d.h. wenn diese auf eine Handlung oder Unterlassung des Käufers zurückzuführen ist. Hier ist unerheblich, ob der Käufer die Nichterfüllung zu vertreten hat oder nicht[652].

Anders als Art. 79 betrifft diese Vorschrift nicht nur den Schadensersatzanspruch sondern ist direkt auf jeden Rechtsbehelf anwendbar; dies ergibt sich aus der breiten Formulierung der Vorschrift. Umstritten ist zunächst, ob Art. 80 ein Mitverschulden des Gläubigers umfaßt, oder ob sie sich nur auf Fälle bezieht, in denen die Nichterfüllung *allein* auf Handlungen des Käufers zurückzuführen ist. Der Umfang der Rechtsfolgen ist ebenfalls umstritten; einerseits wird eine proportionale Enlastung des Verkäufers vertreten; andere Autoren sprechen sich für einen gänzlichen Ausschluß („alles-oder-nichts-Prinzip“) aus[653]. Überzeugender ist die erste Auffassung, weil sie mit dem Wortlaut der Vorschrift besser in Einklang steht (Ausdruck „soweit“).

5. Unmöglichkeit

An dieser Stelle ist die Frage zu klären, ob und inwiefern konventionsimmanente Rechtsprinzipien und Schranken den Erfüllungsanspruch ausschließen, einschränken oder auf sonstiger Weise beeinflussen können. Besonders zu berücksichtigen sind die Fälle der Unmöglichkeit, die Leistungserschwerung (wirtschaftliche Unmöglichkeit), der Grundsatz vom Treu und Glauben und die Nichteinhaltung der Kooperationspflicht unter den Parteien.

Art. 79 sieht die Entlastung des Schuldners vor wenn er *beweist*, „daß die Nichterfüllung auf einem außerhalb [seines] Einflußbereichs liegenden Hinderungsgrund“ beruht. Umstritten ist, ob sich diese Entlastung nur auf die Schadensersatzpflicht erstreckt – wie es im Art. 79 Abs. 5 ausdrücklich vorgeschrieben ist – oder ob der Er-

---

[648] Eine Lückenfüllung durch Rückgriff auf allgemeine Grundsätze der Konvention scheidet aus, weil diese Frage keine interne Lücke i.S.v. Art. 7 II darstellt. Siehe *Hartnell*, 18 Yale J. Int'l. L., 1993, S. 1 ff (sub II.B.), m.w.N.

[649] *Honsell / Karollus*, Art. 28, Rn. 11; *Soergel / Lüderitz / Budzikiewicz*, Art. 28, Rn. 2.

[650] So auch *Herber / Czerwenka*, Art. 28, Rn. 4; *Honsell / Karollus*, Art. 28, Rn. 25; *Soergel / Lüderitz / Budzikiewicz*, Art. 28, Rn. 4.

[651] *MünchKomm / P. Huber*, Art. 46, Rn. 16.

[652] *Soergel / Lüderitz / Dettmeier*, Art. 80, Rn. 2.

[653] *Soergel / Lüderitz / Dettmeier*, Art. 80, Rn. 3, 6.

füllungsanspruch ebenfalls davon betroffen wird[654]. Diese Frage war in den verschiedenen Entwürfen und auf der Wiener Konferenz heftig umstritten[655], und ist in der Literatur entsprechend ungenügend geklärt.

In der Konvention kommt der Begriff der Unmöglichkeit nicht ausdrücklich vor[656]; anstatt auf die verschiedene Begriffe und Lösungsansätze der unterschiedlichen Rechtsordnungen einzustellen – *théorie de l'imprévision, frustration of contract, impracticability, Wegfall der Geschäftsgrundlage, caso fortuito, fuerza mayor, fait du prince, usw.* – hat das UN-Kaufrecht ein eigenes System entwickelt, um Auslegungsdivergenzen durch *Heimatsbestrebungen* zu vermeiden[657] und eine einheitliche Anwendung zu ermöglichen[658]. Dementsprechend wird ein neutraler, verschuldensunabhängiger Begriff für den Ausschluß der Schadensersatzpflicht verwendet[659] (impediment, Hinderungsgrund), der an objektive Maßstäbe (beyond control, unüberwindbar) anknüpft.

Die Frage der Unmöglichkeit betrifft grundsätzlich zwei Probleme: Einerseits, die Gültigkeit des Vertrages[660]; andererseits, die Rechte und Pflichten der Parteien aufgrund einer durch Unmöglichkeit – als eine unter vielen Formen von Leistungsstörungen – verursachten Nichterfüllung.

a) Die Unmöglichkeit als Gültigkeitsfrage

Wie bereits erwähnt, sanktionieren verschiedene Rechtsordnungen die Unmöglichkeit des Vertragsobjekts mit Vertragsnichtigkeit. Das deutsche Schuldrecht ging im § 306 BGB a.F. von diesem Prinzip aus, und ähnliche Vorschriften befinden sich immer noch in verschiedenen Rechtsordnungen, insbesondere des Römisch-Kanonischen Rechtskreises[661].

---

654 Um diesbezüglich jeden Zweifel zu räumen, sehen die PECL den Ausschluß des Erfüllungsanspruchs bei Unmöglichkeit in Art. 8:101.2 ausdrücklich vor.

655 Vgl. O.R. S. 383 – 386.

656 Auch zwischen den verschiedenen Erscheinungsformen der Unmöglichkeit unterscheidet das Übereinkommen ausdrücklich nicht: ob sie objektiv oder subjektiv, anfänglich oder nachträglich, vorübergehend oder endgültig, verschuldet oder unverschuldet vorkommt, bleibt vorerst bedeutungslos.

657 *Honnold*, in: Fachtagung, S. 121.

658 Vgl. *Bianca / Bonell / Tallon*, Art. 79, Bem. 1.2., 1.3.; *Adame*, S. 216. Für *Tallon* ist gerade die Tatsache, daß man auf die Nationalgesetze nicht zurückgreifen kann, um die Konvention auszulegen, was das Verständnis von Art. 79 am meisten erschwert.

659 Entwurf enthielt statt dessen: circumstances, circunstancias, Umstände.

660 § 306 BGB a.F. sah die Nichtigkeit eines auf eine unmögliche Leistung gerichteten Vertrages ausdrücklich vor. Auch wenn diese Lösung durch die Schuldrechtsreform entfallen ist, gilt ein ähnlicher Ansatz in anderen Rechtsordnungen weiter fort: Vgl. CC Mex. Art. 1794, 1825, 1827 f i.V.m. 2224 (hier ist das *Vertragsobjekt* ein Wesensmerkmal – „elemento de existencia" – des Vertrages; ohne mögliches Objekt kann kein gültiger Vertrag begründet werden); gleiches gilt im französcihen Recht; *Bianca / Bonell / Tallon*, Art. 79, Bem. 2.4.3.

661 Vgl. u.a. CC Mex Art. 1794 Abs. 2 i.V.m. 1825, 1827 f, 2224. Der aus den Digesten stammende Grundsatz *impossibilium nulla obligatio est* (Dig. 50, 17, 185, Celsus) wird sowohl für die Gültigkeit des Vertrages als auch für die Leistungspflicht des Schuldners angewandt.

Zu diesem ersten Punkt – inwiefern eine anfängliche objektive Unmöglichkeit der Leistung die Gültigkeit des Vertrages betrifft – enthält die Konvention eine *abschließende Regelung*[662] (auch wenn Gültigkeitsfragen gemäß Art. 4 lit. a von der Konvention grundsätzlich nicht erfaßt sind[663]), so daß ein Rückgriff auf nationales Recht ausgeschlossen ist[664]. Daß die Konvention die anfängliche objektive Unmöglichkeit regelt ergibt sich aus Art. 68 S. 3, der von der Gültigkeit des Vertrages – trotz des Untergangs der Sache vor Vertragsschluß – ausgeht, denn nur bei einem gültigen Vertrag macht es überhaupt Sinn, das Untergangsrisiko zu regeln[665]. Daher ist der auf eine objektiv unmögliche Leistung gerichtete Vertrag trotz dessen Undurchführbarkeit wirksam[666].

Dieser Lösung liegt der Gedanke zugrunde, daß der Verkäufer für seine Erfüllungsfähigkeit einzustehen hat. Ist die Ware schon bei Vertragsschluß untergegangen, dann haftet er für die darauffolgende Nichterfüllung, wenn er den Untergang kannte bzw. kennen mußte. Umgekehrt, wenn der Käufer von der Beschädigung oder dem Untergang der Ware[667] Kenntnis genommen hat, wird er von seiner Zahlungspflicht (trotz der Unmöglichkeit) nicht befreit, was wiederum für die Gültigkeit des Vertrages spricht. Seinerseits geht der Sekretariatskommentar von der Gültigkeit des Vertrages bei einer anfänglichen objektiven Unmöglichkeit aus[668]; daher regelt er sie einfach als *impediment* i.S.v. Art. 79 Abs. 1.

---

662 Vgl. *Achilles*, Art. 79, Rn. 14; *Staudinger / Magnus*, Art. 4, Rn. 44 f (ebenfalls in bezug auf Wirkungen auf den Vertrag auf Grund veränderter Umständen; Rn. 59); *Schlechtriem²*, Rn. 36; *Schlechtriem / Ferrari*, Art. 4, Rn. 24 (m.w.N.); *Honsell / Siehr*, Art. 4, Rn. 5, 15 (letzterer stützt sich – in Einklang mit dem Sekretariatskommentar, OR. S. 55 – auf Art. 79, nach dem jede Partei für die anfängliche Unmöglichkeit einzustehen hat). A.A. *Bianca / Bonell / Tallon*, Art. 79, Bem. 2.4.3.

663 Gültigkeitsfragen stehen unter dem Vorbehalt des Art. 4, S. 2; d.h. sie sind vom sachlichen Geltungsbereich der Konvention ausgeschlossen, soweit „nicht *ausdrücklich* etwas anderes bestimmt ist". In diesem Zusammenhang kann das Wort „ausdrücklich" nicht wörtlich angewandt werden, denn das Übereinkommen regelt in der Tat verschiedene Aspekte, die die Gültigkeit des Vertrages betreffen (etwa der äußere Konsens, Formfragen, usw.), ohne vom Art. 4 *ausdrücklich* abzuweichen (vgl. *Schlechtriem / Ferrari*, Art. 4, Rn. 13 ff); für *Honsell / Schönle*, Art. 68, Rn. 13 ist eine *stillschweigende* Regelung i.S.d. Art. 4 ausreichend.

664 *Bianca / Bonell / Nicholas*, Art. 68, Bem. 3.1.; *Schlechtriem / Stoll*, Art. 79, Rn. 19; *Enderlein / Maskow*, Art. 68, Bem. 5.4., Art. 79, Bem. 5.2; *Honsell / Siehr*, Art. 4, Rn. 5, 15; *Staudinger / Magnus*, Art. 4, Rn. 44 (m.w.N., auch zur Gegenauffassung); a.A. *Bianca / Bonell / Tallon*, Art. 79, Bem. 2.4.3.

665 Art. 68, S. 3: „Wenn dagegen der Verkäufer bei Abschluß des Kaufvertrages wußte oder wissen mußte, daß die Ware untergegangen oder beschädigt war, und er dies dem Käufer nicht offenbart hat, geht der Untergang oder die Beschädigung zu Lasten des Verkäufers".

666 *Bianca / Bonell / Nicholas*, Art. 68, Bem. 3.1.; *Enderlein / Maskow*, Art. 68, Bem. 5.4., Art. 79, Bem. 5.2; *Honsell / Siehr*, Art. 4, Rn. 5, 15; *Schlechtriem / Stoll*, Art. 79, Rn. 19; *Staudinger / Magnus*, Art. 4, Rn. 44.

667 Letzterer Fall wird selten vorkommen; man kann sich schwer einen Käufer vorstellen, der einen Vertrag über eine bereits untergegangene Ware trotzdem schließen will. Praktische Relevanz erlangt diese Vorschrift inbesondere beim Kauf von Waren auf den Transport, wenn die Ware bei Vertragsschluß bereits untergegangen ist und der Käufer diesen Umstand hätte kennen müssen.

668 *Secretariat Commentary* on Art. 65 [Art. 79 CISG], Anm. 4: „the impediment may have existed at the time of the conclusion of the contract".

b) Die Unmöglichkeit der Leistung als besondere Kategorie der Leistungsstörung?

Die Unmöglichkeit der Leistung wird vom Übereinkommen nicht als eine selbständige Vertragsbruchkategorie geregelt; sie kommt vielmehr als *Ursache* einer Vertragsverletzung in Betracht[669]. Das ist für das System der Konvention von Bedeutung, denn diese geht von einer allgemeinen Garantiehaftung aus[670], so daß das Nicht-Eintreten des Erfolges für die Bestimmung der Rechtsbehelfe der Parteien maßgebend ist, unabhängig von den Umständen, die eine solche Nichterfüllung veranlassen.

Die oben erwähnte Norm des Art. 68, S. 3 deutet schon auf das zweite in Verbindung mit der Unmöglichkeit kommende Problem hin, nämlich, ob und inwiefern die Rechte und Pflichten der Parteien durch die Unmöglichkeit der Leistung betroffen werden. Ferner kommt die Unmöglichkeit der Leistung eindeutig als ein Hinderungsgrund i.S.v. Art. 79 Abs. 1 in Betracht[671]. Dabei stellt sich insbesondere die Frage, ob die verschiedenen Arten der Unmöglichkeit der Leistung den Schuldner von seiner Erfüllungspflicht befreien oder nicht.

Eine Lektüre des Art. 79 Abs. 1 zusammen mit Abs. 5 zeigt, daß diese Frage gerechtfertigt ist. Während Art. 79 Abs. 1 von der Entlastung des Schuldners bei unvermeidlicher Leistungsbehinderung spricht, ergibt sich aus Abs. 5[672], daß diese Befreiung *nur* die Schadensersatzpflicht des Schuldners betrifft[673], nicht aber weitere „Rechtsbehelfe", so daß der Erfüllungsanspruch grundsätzlich bestehend bleibt[674]. Dennoch erscheint es unbillig, den Schuldner – dessen Erfüllungsfähigkeit aufgrund eines Umstandes, den er nicht zu vertreten hat, ganz oder teilweise entfallen ist –, mit einem Fortbestehen seiner Erfüllungspflicht zu belasten. Eine solche Lösung stünde außerdem im absoluten Widerspruch zu den meisten (wenn nicht allen) Rechtsordnungen, welche die Entlastung (Ausschluß) der Leistungspflicht in einem solchen Falle vorsehen.

c) Auswirkungen der Unmöglichkeit auf den Erfüllungsanspruch

Die Entstehungsgeschichte zeigt, wie umstritten die Frage auf der Wiener Konferenz war, ob und inwiefern die Konvention den Ausschluß der Leistungspflicht bei objektiver Unmöglichkeit regeln sollte. Ein Antrag der Bundesrepublik Deutschland, den Erfüllungsanspruch bei dauerhafter objektiver Unmöglichkeit auszuschließen, wurde ab-

---

669 Vgl. *Schlechtriem²*, Rn. 113, 189.

670 *Bianca / Bonell / Will*, Art. 45, Bem. 2.1.2.; *Honsell / Magnus*, Art. 79, Rn. 1; *Karollus*, S. 206; *Schlechtriem / Huber*, Art. 45, Rn. 37; *Staudinger / Magnus*, Art. 45, Rn. 18, Art. 79, Rn. 4; *Schlechtriem*, JZ 1999, S. 797; *Huber*, RabelsZ 43 (1979), S. 468.

671 *Schlechtriem*, IHR 2001, S. 16.

672 Art. 79 Abs. 5: „Dieser Artikel hindert die Parteien nicht, ein anderes als das Recht auszuüben, Schadenersatz nach diesem Übereinkommen zu verlangen".

673 Vgl. *Soergel / Lüderitz / Dettmeier*, Art. 79, Rn. 1.

674 *Secretariat Commentary* on Art. 65 [Art. 79 CISG], Anm. 8.

gelehnt[675]. Ein Antrag Norwegens, der ein Rücktrittsrecht für die in der Erfüllung ihrer Pflichten behinderte Partei gewähren sollte[676], ist ebenfalls abgelehnt worden[677].

Für einen guten Teil der Delegierten sollte der Erfüllungsanspruch ausdrücklich ausgeschlossen sein, wenn die Leistung nicht mehr erbracht werden kann[678]. Andere hielten eine solche Regelung für ungünstig, denn sie könnte andere – vom Erfüllungsanspruch abhängige – Nebenrechte des Gläubigers beeinträchtigen[679], oder die Pflicht des Schuldners, das Hindernis oder dessen Folgen zu überwinden, abschwächen, oder die Möglichkeit, durch einen *commercial reasonable* Surrogat zu erfüllen, faktisch beschränken. Durch die Formulierung des Art. 79 Abs. 5 soll das Gleiche für die Fälle wirtschaftlicher oder vorübergehender Unmöglichkeit gelten: Sollte der Schuldner von der aus einer Nichterfüllung resultierenden Schadensersatzpflicht befreit werden, dann dürfte diese Befreiung weitere Rechte des Gläubigers bzw. Pflichten des Schuldners nicht beeinträchtigen.

Hintergedanke dieser Regelung ist, daß die Leistungspflicht nicht einfach durch die Entstehung eines Hindernisses entfallen soll[680], sondern vielmehr, daß die Parteien – auch im Angesicht eines Hindernisses – sich zur Erfüllung des Vertrages weiterhin anstrengen sollen. Ebenso besteht der Erfüllungsanspruch weiter fort, wenn das Hindernis, das beim Auftreten für endgültig gehalten wurde, nachher wieder wegfällt[681].

Der Sinn dieser Regelung wird deutlicher, wenn man nicht nur die Pflichten des Verkäufers, sondern auch die des Käufers berücksichtigt. Man denke z.B. an eine unvorgesehene Devisensperre am Niederlassungsort des Käufers, so daß er seine Zahlungspflicht nicht in der vereinbarten Währung und zum vereinbarten Zeitpunkt erfüllen kann. In einer solchen Fallkonstellation wäre der Käufer von der darausfolgenden Ersatzpflicht befreit[682], nicht aber von seiner Zahlungspflicht. Daher ist der Text des Abs. 5 des UNCITRAL-Entwurfs unverändert übernommen worden.

---

675 Siehe OR. S. 383 f, 385 Nr. 44. Der Änderungsvorschlag der Bundesrepublik zielte auf eine neue Formulierung des Abs. 5, mit folgendem Wortlaut: „(5) Nothing in this article prevents either party from exercising any right other than to claim damages *or to require performance* under this Convention", (A/CONF.97/C.1/L.217), OR. S. 134 f.

676 Vgl. OR. S. 134 (A/CONF.97/C.1/L.191/Rev.1); *Rognlien*, OR. S. 384, Nr. 27.

677 Siehe OR. S. 383 f, 385 Nr. 42.

678 So insbesondere die Delegierten aus der Bundesrepublik Deutschland, Österreich, USA; vgl. OR. S. 383 ff.

679 So *Hjerner* (Schweden), in OR. S. 384, Nr. 25: „... if the obligation to perform was abrogated, a party could no longer be held liable for any other consequences, whereas there might be contractual remedies connected with the obligation to perform...". Aus demselben Grund spricht sich *Schlechtriem* für die Erhaltung des Erfüllungsanspruchs aus (vgl. JZ 1988, 1047).

680 Vgl. *Maskow*, in OR. S. 385, Nr. 35.

681 *Diez-Picazo / Coderch*, Art. 79, S. 655; ähnlich *Adame*, S. 221. Man könnte einwenden, diese Lösung ergebe sich schon aus Art. 79 III, denn die Befreiung des Art. 79 gilt für die Zeit, *während der der Hinderungsgrund besteht*; aber diese Befreiung betrifft allein die Schadensersatzpflicht, nicht den Erfüllungsanspruch (!); siehe Abs. 3: „Die in diesem Artikel vorgesehene Befreiung..." i.V.m. Abs. 5.

682 Vgl. *Secretariat Commentary* on Art. 65 [Art. 79 CISG], Anm. 10.

In die selbe Richtung weist der Sekretariatskommentar – dem eine besondere Bedeutung für die Auslegung der Konvention zukommen soll[683] – ausdrücklich hin, wenn er den Erfüllungsanspruch ebenso bestehen läßt, „even if the impediment is of such a nature as to render impossible any further performance“[684]. Die Tatsache, daß Art. 79 CISG – seinem Wortlaut nach – den Erfüllungsanspruch nicht berührt ist kein „Schönheitsfehler“[685], sondern entspricht im vollen Umfang dem Willen der Konventionsgeber: Daher ist daran festzuhalten, daß das UN-Kaufrecht keine ausdrückliche Schranke der Durchsetzbarkeit von Erfüllungsansprüchen bei Unmöglichkeit kennt[686].

Auf der anderen Seite muß auch berücksichtigt werden, daß aus den Vorarbeiten der Konvention[687], aus ihrem Vorgänger – dem EKG[688] – und aus der Wiener Konferenz[689] unzweifelhaft die Ansicht zu entnehmen ist, daß eine Partei eine objektiv unmögliche Leistung nicht zu erbringen braucht. Wenn diese Lösung nicht im Art. 79 Abs. 5 verankert ist, dann muß sie anderswo gefunden werden – auch mit Rückgriff

---

683 Die Materialien zur Entstehung des CISG sind im Rahmen der *historischen* Auslegung zu berücksichtigen (siehe statt aller *Schlechtriem / Ferrari*, Art. 7, Rn. 36, m.w.N.). Diese beleuchten sowohl den Inhalt der Norm als auch die Regelungsabsicht der Verfasser der Konvention. Unter den Gesetzesmaterialien kommt, neben den Berichten über den Konferenzverlauf („Official Records“), dem 1978 vom Sekretariat im Auftrag von Uncitral erarbeiteten „Sekretariatskommentar“ – welcher den Delegierten als Diskussionsvorlage diente und einem offiziellen Kommentar am nächsten kommt – eine vorrangige Stellung zu, gerade dann, wenn eine Vorschrift des Uncitral-Entwurfs (oder deren Inhalt) in die Konvention übernommen wurde (ähnlich *Kritzer*, S. 111). Es handelt sich damit um eine nicht-bindende Auslegungshilfe von relevantem *persuasiven* Charakter (ähnlich *de Ly*, in: Old Issues Revisited, S. 345; a.A. *Aicher*, in: Hoyer / Posch, S. 119, für den der Sekretariatskommentar lediglich eine „interessante wissenschaftliche Meinung“ darstellt); der Sekretariatskommentar bezieht sich jedoch nur auf den Uncitral-Entwurf und hat den endgültigen Text des UN-Kaufrechts nicht mehr berücksichtigt.

684 *Secretariat Commentary* on Art. 65 [Art. 79 CISG], Anm. 8 f.

685 So *Huber*, in: Fachtagung, S. 219.

686 So *Schlechtriem*, in: Dauner-Lieb / Konzen / Schmidt, S. 75. Siehe ferner *Enderlein / Maskow*, Art. 79, Bem. 13.6; *Herber / Czerwenka*, Art. 79, Rn. 23; *Karollus*, S. 141; *Neumayer / Ming*, Art. 79, Rn. 13; *Perales Viscasillas*, Anm. 171.d.; *Reinhart*, Art. 79, Rn. 11; *Schlechtriem / Stoll*, Art. 79, Rn. 55; *Honsell / Schnyder / Straub*, Art. 46, Rn. 27; *Diez-Picazo / Coderch*, Art. 79, S. 654 (i.d.R. kommen diese Autoren zur Befreiung der Leistungspflicht auf andere Wege). Einige Autoren wollen (dem Wortlaut und der Entstehungsgeschichte entgegen) die Befreiungswirkung des Art. 79 auf den Erfüllungsanspruch erstrecken, insbesondere *Huber* (vgl. Fachtagung, S. 205; RabelsZ 43 (1979) 413, 467; *Schlechtriem / Huber*, Art. 46, Rn. 11); auch *Posch / Kandut*, in: Hoyer / Posch, S. 72; *Staudinger / Magnus*, Art. 46, Rn. 25.

687 Vgl. RabelsE Art. 23 und die Erläuterung dazu: *Rabel*, RabelsZ 9 (1935), S. 64, für den jede Unmöglichkeit „selbstverständlich ... auch die Befreiung von der Pflicht zur Erfüllung in natura“ bedeutet.

688 Vgl. *Dölle / Huber*, Art. 26 / 27 EKG, Rn. 50; *Dölle / Stoll*, Art. 74 EKG, Rn.116 ff; *Mertens / Rehbinder*, Art. 74, Rn. 3, 5, 14, 18.

689 Vgl. am deutlichsten *Reishofer* (Österreich), OR. S. 385, Nr. 34: „No one denied that performance of an obligation could not reasonably be demanded in the cases of impediment...“; ähnlich *Hjerner* (Schweden) S. 384, Nr. 25; *Plantard* (Frankreich), ebda., Nr. 26; *Honnold* (USA), S. 385, Nr. 38. Keiner der Delegierten vertritt eine hiervon abweichende Auffassung.

auf *Treu und Glauben* und aus anderen Grundsätzen der Konvention[690]. Im Folgenden werden diese Lösungsansätze erforscht. Für die Aufklärung dieses Problems sind ferner die verschiedenen Erscheinungsformen der Unmöglichkeit in Betracht zu ziehen.

(1) Dauerhafte und vorübergehende Unmöglichkeit

Das UN-Kaufrecht unterscheidet zwischen einem *dauerhaften* und einem *vorübergehenden* Hinderungsgrund, indem Art. 79 III eine Befreiung „für die Zeit, während der der Hinderungsgrund besteht", vorsieht. Auch wenn diese Befreiung gemäß Abs. 5 *nur* für die Schadensersatzpflicht ausdrücklich gilt, kann daraus der allgemeine Grundsatz abgeleitet werden, daß die Wiederherstellung der Erfüllungsfähigkeit des Schuldners seine Schutzbedürftigkeit grundsätzlich aufhebt. So ist der Erfüllungsanspruch im ersten Fall (dauerhafter Unmöglichkeit) ausgeschlossen[691], im zweiten Fall suspendiert[692].

In einigen Fällen wird die Endgültigkeit des Hinderungsgrundes erkennbar sein (z.B. bei totale Zerstörung einer einzigartigen Sache); andere *impediments* können ursprünglich als vorübergehend erscheinen, sich aber „in die Länge" ziehen, so daß ihre Endgültigkeit nachträglich deutlich wird (z.B. Importverbot wegen Seuchengefahr). Dagegen können Hindernisse, die ursprünglich für definitiv gehalten wurden, entfallen (z.B. ein Ausfuhrverbot wird aufgehoben). Ob im Einzelfall dauernde oder vorübergehende Unmöglichkeit vorliegt, darf unter Berücksichtigung des Vertragszwecks und nach den Maßstäben von Treu und Glauben entschieden werden[693]. Nach dem UNCITRAL-Entwurf sollte die Befreiungswirkung *„nur"* für die Zeit gelten, „während der der Hinderungsgrund besteht". Diese Einschränkung wurde gestrichen[694], so daß eine Befreiung über die Dauer des Hinderungsgrundes hinaus nicht von vornherein ausgeschlossen ist[695], womit der Schuldner geschützt wird. Ansonsten bleibt nach Wegfall des Leistungshindernisses die Leistungspflicht unberührt[696].

Als weiterer Fall einer vorübergehenden Unmöglichkeit gilt der Untergang von *Gattungsware* vor Gefahrübergang an den Käufer (d.h. vor Spezifizierung der Ware). Hier geht der Verlust der Ware zu Lasten des Verkäufers, so daß dieser erneut Ware liefern

---

[690] Die Literatur zeigt sich i.d.R. skeptisch wenn es darum geht, Zuflucht in einer Generalklausel (wie hier in Treu und Glauben) zu nehmen, weil solche Generalklauseln die Voraussehbarkeit der Entscheidung im Einzelfall mindern, wodurch die Rechtssicherheit „gefährdet werden könnte". Dieser Einwand ist nicht gerecht. Generalklauseln sind in jeder Rechtsordnung enthalten und sie spielen eine wichtige Rolle in der Kaufrechtskonvention. Nicht die Rechtssicherheit leidet darunter – denn auffüllungsbedürftige Klauseln erlauben eine *gerechte* Lösung für den konkreten Fall – sondern der strenge Gesetzespositivismus, wenn hier der Richter (und nicht das Gesetz) das „Sagen" hat.

[691] *Huber*, in: Fachtagung, S. 222; *Bianca / Bonell / Tallon*, Art. 79, Bem. 2.10.2.

[692] *Fokkema* (Niederlande) in OR. S. 385, Nr. 32; *Adame*, S. 220, m.w.N.

[693] So zum BGB: *Palandt / Heinrichs* (61. Aufl.), § 284, Rn. 3.

[694] Vgl. OR. S. 135, 381 f.

[695] Vgl. *Schlechtriem / Stoll*, Art. 79, Rn. 49.

[696] *Schlechtriem / Stoll*, Art. 79, Rn. 48.

muß *(genera non pereunt)*. Der Käufer braucht den Kaufpreis für die untergegangene Ware nicht zu zahlen, doch aber für die „zweite" Lieferung[697].

(2) Verschuldete und unverschuldete Unmöglichkeit

Die Konvention geht von einer verschuldensunabhängigen Haftung aus: Der Schuldner hat *für die Nichterfüllung* seiner Pflichten einzustehen, unabhängig davon, ob er die Pflichtverletzung zu vertreten hat oder nicht[698]. Ebenfalls spielt für den Erfüllungsanspruch grundsätzlich keine Rolle, ob die *Unmöglichkeit* vom Schuldner zu vertreten ist (also, ob sie *verschuldet* oder *unverschuldet* eingetreten ist). Die Schadensersatzpflicht hängt ebenso von einer objektiven Nichterfüllung ab[699], da der Schuldner eine Garantie für die Erfüllung seiner Pflichten übernimmt[700]. Lediglich kann der Schuldner von seiner Schadensersatzpflicht befreit werden, wenn die objektiven und subjektiven Voraussetzungen des Art. 79 Abs. 1 vorliegen[701], wobei das Übereinkommen nicht auf den konkreten Schuldner, sondern auf den Maßstab einer *vernünftigen Person* (Art. 8) abstellt[702]. Bei einer vom Schuldner zu vertretenden Unmöglichkeit wird daher der Befreiungstatbestand am Merkmal der *Unbeherrschbarkeit* scheitern[703].

(3) Anfängliche und nachträgliche Unmöglichkeit

Die Unterscheidung zwischen *anfänglicher* und *nachträglicher* Unmöglichkeit hat für das UN-Kaufrecht keine praktische Bedeutung, denn der Vertrag ist – auch wenn er ursprünglich auf eine unmögliche Leistung gerichtet war – gültig[704]; maßgebend ist die

---

[697] Vgl. Example 65 B, *Secretariat Commentary* on Art. 65 [Art. 79 CISG], Anm. 9; in diesem Fall ist Vertragsauslegung erforderlich, um die Verkäuferpflichten deutlich zu umschreiben. Der Verkäufer wäre zu einer erneuten Lieferung nicht verpflichtet, wenn es sich um eine Vorratsschuld gehandelt hat und der Vorrat ausgeschöpft.

[698] *Bianca / Bonell / Tallon*, Art. 79, Bem. 1.1; *Herber / Czerwenka*, Art. 79, Rn. 2; *Neumayer / Ming*, Art. 79, Rn. 1; *Schlechtriem²*, Rn. 287.

[699] Vgl. Art. 45 Abs. 1 lit. b; teilweise anders: *Schlechtriem²*, Rn. 287, der Schadensersatzansprüche davon abhängig macht, daß der Schuldner die Pflichtverletzung zu verantworten hat (*ders.* JZ 1988, 1047); ebenso *Nicholas*, in: Fachtagung, S. 286: der Schuldner muß „absence of fault" nachweisen. Diese Aussage soll jedoch relativiert werden; vgl. dazu Fn. 47.

[700] *Neumayer / Ming*, Art. 79, Rn. 10.

[701] So *Schlechtriem / Stoll*, Art. 79, Rn. 9.

[702] *Bianca / Bonell / Tallon*, Art. 79, Bem. 2.6.3.; *Schlechtriem / Stoll*, Art. 79, Rn. 9; *Neumayer / Ming*, Art. 79, Rn. 3.

[703] Die Entlastung des Schuldners setzt voraus, daß der Hinderungsgrund „außerhalb [seines] Einflußbereichs" liegt und daß von ihm „vernünftigerweise nicht erwartet werden konnte, (...) den Hinderungsgrund oder seine Folgen zu vermeiden oder zu überwinden". Die französische und spanische Fassungen scheinen durch die Formulierung *indépendant de sa volunté* und *ajeno a su voluntad* den subjektiven Charakter (also, das Vertretenmüssen) des Hinderungsgrundes – im Widerspruch zur Absicht der Konventionsgeber (so *Bianca / Bonell / Tallon*, Art. 79, Bem. 2.6.2.) – in den Vordergrund zu ziehen, während der englische *beyond his control* einen objektiveren Charakter aufweist. Die Abgrenzung zwischen *Einflußbereich* des Schuldners und *Unüberwindbarkeit* des Hinderungsgrundes wird sich häufig erübrigen, sofern sie voneinander abhängen (etwa, weil der Hinderungsgrund unüberwindbar ist, *weil* er außerhalb des Einflußbereiches des Schuldners liegt); vgl. auch *Tallon* (a.a.O., Bem. 2.6.4.).

[704] Siehe oben: B.V.5.c). Die Unmöglichkeit als Gültigkeitsfrage.

Folge der Unmöglichkeit, nämlich die Nichterfüllung zum Zeitpunkt der Vertragsabwicklung.

(4) Objektive und subjektive Unmöglichkeit

Eine größere Bedeutung hat dagegen die Unterscheidung zwischen *objektiver* und *subjektiver* Unmöglichkeit. Im ersten Fall, also wenn die Leistung dauerhaft objektiv unmöglich geworden ist, *entfällt*[705] oder *erlischt*[706] der Erfüllungsanspruch. Das ist etwa bei Zerstörung eines Einzelgegenstandes beim Stückkauf der Fall[707], denn hier gilt der aus dem römischen Recht stammende Grundsatz *impossibilium nulla est obligatio*[708], der sich in den meisten Rechtsordnungen befindet[709].

Eine erste Auffassung besagt, daß die Leistungspflicht beim Eintreten der Unmöglichkeit *automatisch* entfallen würde[710]. So behauptet *Huber*, der Ausschluß der Leistungspflicht ergebe sich „aus der Natur der Sache" selbst[711]. *Stoll* beruft sich dabei auf die synallagmatische „Verknüpfung von Leistung und Gegenleistung": Die Leistungspflicht entfällt, weil der Erfüllungsanspruch mangels Erfüllungsgegenstandes seinen Zweck nicht zu erreichen vermag[712]. Für *Neumayer* und *Ming* entfällt der Erfüllungsanspruch *de plein droit*[713]. Eine zweite Auffassung besagt, daß in den Fällen objektiver Unmöglichkeit eine wesentliche Vertragsverletzung immer gegeben ist[714].

Gegen die erste Auffassung spricht die Tatsache, daß ein Erlöschen *kraft Gesetzes* einem der Grundgedanken der Konvention widersprechen würde, nämlich, daß der Vertrag – solange keine Aufhebungserklärung vorliegt – fortbestehen soll[715], also, daß eine *ipso facto avoidance* keinen Platz im Übereinkommen findet[716]. Damit sollen Un-

---

705 *Achilles*, Art. 79, Rn. 14; *Piltz*, § 5, Rn. 133; *Karollus*, S. 141; *Schlechtriem / Stoll*, Art. 79, Rn. 56, m.w.N.; *Staudinger / Magnus*, Art. 79, Rn. 58, 59; *UNCITRAL-Digest*, Art. 46, Anm. 8.

706 *Honsell / Schnyder / Straub*, Art. 46, Rn. 30.

707 *Schlechtriem / Stoll*, Art. 79, Rn. 56, m.w.N.; *Secretariat Commentary* on Art. 65 [Art. 79 CISG], Anm. 9, Example 65 A.

708 Dig. 50, 17, 185 *(Celsus)*; *Neumayer / Ming*, Art. 79, Rn. 13. Siehe oben: B.V.5.c). Auswirkungen der Unmöglichkeit auf den Erfüllungsanspruch.

709 Siehe PECL Art. 9.102 und Kommentar dazu (Anm. 3.(b)., mit Nachweisen zu mehreren europäischen Rechtsordnungen), *von Bar / Zimmermann*, S. 484.

710 Siehe *Lurger*, IHR 2001, S. 95, m.w.N.

711 *Huber*, in: Fachtagung, S. 222.

712 *Schlechtriem / Stoll*, Art. 79, Rn. 56.

713 *Neumayer / Ming*, Art. 79, Rn. 13, S. 534; ähnlich *Bianca / Bonell / Tallon*, Art. 79, Bem. 2.10.2., der ein Erlöschen des Vertrages *kraft Gesetzes* vorsieht, wenn die Vertragstreue Partei den Vertrag nicht aufhebt.

714 *Achilles*, Art. 25, Rn. 5; Art. 49, Rn. 2; *Schlechtriem²*, Rn. 189; *Staudinger / Magnus*, Art. 49, Rn. 13.

715 *Schlechtriem / Leser / Hornung*, Art. 26, Rn. 2

716 Vgl. *Secretariat Commentary* on Art. 45 [Art. 49 CISG], Anm. 2; *Huber*, RabelsZ 43 (1979), S. 464. Die *ipso facto avoidance* wurde im UN-Kaufrecht *ausnahmslos* aufgegeben. Siehe *Bianca / Bonell / Will*, Art. 47, Bem. 1.2.; *Enderlein / Maskow*, Art. 49, Bem. 2; *Honsell / Karollus*, Art. 26, Rn. 2; *Schlechtriem / Leser / Hornung*, Art. 26, Rn. 1ff, m.w.N.; *Schlechtriem / Huber*, Art. 49, Rn. 28; *Staudinger / Magnus*, Art. 79, Rn. 59; *Ziegler*, S. 163 f.

sicherheiten bezüglich der Rechte und Pflichten der Parteien vermieden werden[717]. Außerdem ist ein Erlöschen des Vertrages *kraft Gesetzes* schwer zu begründen, wenn es *keine Vorschrift* gibt, die diese Lösung ausdrücklich sanktioniert (!). Daher, wenn der Schuldner seine Leistung nicht erbringen kann, weil sie objektiv unmöglich geworden ist, bleibt der Vertrag bestehen. Zuletzt soll daran erinnert werden, daß die Konvention – trotz anfänglicher objektiver Unmöglichkeit wegen Untergang der Ware vor Gefahrübergang – von der Gültigkeit eines Vertrages ausgeht (vgl. Art. 69 S. 3). Besteht in diesem Fall der Vertrag, dann erst recht, wenn die Leistung zum Zeitpunkt des Vertragsschlusses möglich war aber später unmöglich wird.

Die zweite Auffassung verkennt, daß nicht die *Unmöglichkeit*, sondern erst die darauffolgende *Nichterfüllung* eine Vertragsverletzung darstellt (die Unmöglichkeit ist *an sich* keine Pflichtverletzung, sondern lediglich eine unter vielen Ursachen einer solchen). Der Gläubiger wird meistens zur Vertragsaufhebung berechtigt sein[718], weil die durch Unmöglichkeit verursachte Vertragsverletzung (z.B. Nichterfüllung der Primärleistungspflicht) in der Regel den Tatbestandsmerkmal eines „wesentlichen Nachteils“ i.S.d. Art. 25 auffüllen wird. Für die Aufhebung des Vertrages ist nicht nur die Prüfung der tatbestandlichen Voraussetzungen sondern auch eine Aufhebungserklärung – schon aus Gründen der Rechtssicherheit – unentbehrlich (Art. 26).

Dagegen hat der Schuldner kein Recht zur Vertragsaufhebung, wenn *die ihm obliegende* Leistung unmöglich wird und der Gläubiger seinerseits keine wesentliche Vertragsverletzung begangen hat. Eine Befreiung seiner Leistungspflicht wäre jedoch sinnvoll[719], z.B. um Verzugszinsen abzuwenden oder einen Bürgen zu schützen. Hier wird auch teilweise vertreten, der Anspruch würde automatisch *(„by operation of the laws“)* entfallen[720]; dieser Lösungsansatz widerspricht – wie oben ausgeführt – einer der Grundentscheidungen des Übereinkommens und ist daher nicht zu folgen.

Der zuvor erwähnte Fall wurde in der Konferenz erörtert aber nicht gelöst. Hier liegt die Regelungsabsicht zugrunde, daß der Schuldner in Anspruch genommen werden kann, wenn der Hinderungsgrund nachher wieder wegfällt. Deswegen sollte man zwischen einer dauerhaften und einer vorübergehenden Unmöglichkeit differenzieren und eine analoge Anwendung des Art. 79 III auf den Erfüllungsanspruch zulassen: Solange der Hinderungsgrund besteht, kann der Schuldner nicht in Anspruch genommen werden. Der Erfüllungsanspruch bleibt bestehen, ist aber suspendiert; geschützt ist der Verkäufer allein durch den Grundsatz von Treu und Glauben, der sogar zu einer Verwirkung des Anspruchs des Käufers führen kann[721].

---

[717] *Schlechtriem / Leser / Hornung*, Art. 26, Rn. 2

[718] *Diez-Picazo / Coderch*, Art. 79, S. 654; *Honnold*, § 435.2.

[719] Vgl. *Rognlien*, (Norwegen) in OR. S. 384, Nr. 27.

[720] So *Bianca / Bonell / Tallon*, Art. 79, Bem. 2.10.2.

[721] Dazu oben: A.II.2.b) Das Recht, Erfüllung zu verlangen (Art. 46). Siehe auch *MünchKomm / P. Huber*, Art. 46, Rn. 20; *Staudinger / Magnus*, Art. 46, Rn. 28a, Art. 4, Rn. 53 f; *Vahle*, ZVglRWiss 98 (1999), S. 61, jeweils m.w.N.

Ob *subjektive Unmöglichkeit* den Schuldner von seiner Erfüllungspflicht entlastet, wird meistens zu verneinen sein. Das ist freilich der Fall, wenn der Schuldner die Leistung nicht erbringen kann, wohl aber jemand anders. Hier bleibt der Erfüllungsanspruch des Gläubigers grundsätzlich bestehen und der Schuldner muß für die Erbringung der Leistung durch einen Dritten sorgen[722].

Hatte der Schuldner eine ausschließlich persönliche Leistung zu erbringen, dann geht der Erfüllungsanspruch bei subjektiver Unmöglichkeit des Verkäufers unter[723]. Solche Fälle werden bei Kaufverträgen selten (oder gar nicht) vorkommen, vielleicht nur dann, wenn es sich um einen Werklieferungsvertrag handelt und die persönlichen Eigenschaften des Herstellers (z.B. künstlerische Fähigkeiten) maßgebend sind, oder im Rahmen der Reparaturpflicht des Verkäufers.

(5) Wirtschaftliche Unmöglichkeit

Die wirtschaftliche Unmöglichkeit, also wenn die Leistungserbringung möglich ist aber einen (jenseits des Zumutbaren) höheren Aufwand erfordert als ursprünglich angenommen, entlastet den Schuldner von seiner Erfüllungspflicht weiterhin nicht[724]. Der Schuldner soll sich nicht einfach auf Preissteigungen oder Änderungen der wirtschaftlichen Lage berufen können, aus denen sich das Geschäft als weniger lukrativ herausstellt[725]. Der Erfüllungsanspruch des Gläubigers bleibt, trotz einer Leistungserschwerung, ebenso bestehen[726]. Streng genommen handelt es sich nicht um ein unüberwindbares Hindernis; daher kann man dem Schuldner die Hinnahme von Mehraufwendungen zum Zwecke der Vertragserfüllung zumuten, auch wenn er dabei Geschäftsverluste in Kauf nehmen sollte[727].

Jedoch kann eine „äußerste Opfergrenze“[728] in Fällen einer unerträglichen Leistungserschwerung anzuerkennen sein, wenn die Ausübung des Erfüllungsanspruchs rechtsmißbräuchlich ist oder gegen Treu und Glauben verstößt[729]; damit ist der Erfüllungs-

---

722 *Honsell / Schnyder / Straub*, Art. 46, Rn. 31; *Piltz*, § 5, Rn. 133; i.E. auch *Staudinger / Magnus*, Art. 46, Rn. 27; *Schlechtriem / Huber*, Art. 46, Rn. 17, m.w.N. Wenn die Erfüllung objektiv möglich ist, aber der Verkäufer sich nicht in der Lage befindet, sie zu bewirken, so kann der Käufer die Aufhebung des Vertrages erklären; OLG Düsseldorf, 18.11.1993, 6 U 228/92, CISG-online Nr. 92.

723 *Honsell / Schnyder / Straub*, Art. 46, Rn. 31

724 *Diez-Picazo / Coderch*, Art. 79, S. 654, Fn. 92; *MünchKommHGB / Benicke*, Art. 46, Rn. 7; *Secretariat Commentary* on Art. 65 [Art. 79 CISG], Anm. 10; vgl. auch *Rognlien* (Norwegen) in OR. S. 384, Nr. 28; ferner Tribunale Civile di Monza, Nuova Fucinati S.p.A. v. Fondmetal International A.B., 14.1.1993, CLOUT Nr. 54.

725 *Schlechtriem / Stoll*, Art. 79, Rn. 39.

726 *Schlechtriem / Stoll*, Art. 79, Rn. 57.

727 *Piltz*, § 4, Rn. 235; *Staudinger / Magnus*, Art. 79, Rn. 34; *Schlechtriem / Stoll*, Art. 79, Rn. 25, m.w.N.

728 *Schlechtriem / Stoll*, Art. 79, Rn. 40. Diese Grenze ist „hoch anzusetzen“; der Verkäufer wird in den meisten Fällen noch zur Beschaffung und damit zur Erfüllung verpflichtet sein. So *Achilles*, Art. 46, Rn. 3.

729 Vgl. *MünchKommHGB / Benicke*, Art. 46, Rn. 7.

anspruch des Gläubigers *faktisch*[730] eingeschränkt[731]. Außerdem kann es dem Schuldner nicht zugemutet werden, seine wirtschaftliche Existenz „aufs Spiel zu setzen"[732].

Das CISG regelt den Fortbestand und Wegfall von Ansprüchen bei veränderten Umständen (Art. 79, 71 - 73) abschließend[733]. Demzufolge sind Einwendungen des nationalen Rechts (z.B. Wegfall der Geschäftsgrundlage gemäß § 313 BGB) nicht anzuwenden[734]. Gleichzeitig läßt sich ein Anspruch auf Vertragsanpassung aus dem UN-Kaufrecht nicht begründen[735].

d) Beziehung zwischen Art. 79 und Art. 28 CISG

Es ist gesagt worden, daß Art. 79 – trotz Vorliegens eines Hinderungsgrundes (z.B. dauerhafte objektive Unmöglichkeit) – den Erfüllungsanspruch unberührt läßt[736]. In diesem Rahmen stellt sich die Frage, ob Art. 28 und die *lex fori* die Anwendung von nationalen Maßstäben zulassen. Anders formuliert: Darf sich ein Richter auf nationales Recht berufen, um eine Klage auf Erfüllung in Natur abzuweisen, wenn die Leistung objektiv unmöglich geworden ist?

Zahlreiche Autoren vertreten die Auffassung, bei Unmöglichkeit der Leistung dürfe eine Verurteilung auf Erfüllung in Natur über Art. 28 abgewendet werden, wenn nach internem unvereinheitlichtem Recht ein solcher Anspruch nicht gegeben wäre[737]. So wird z.B. vertreten, der Schuldner dürfe sich vor einem deutschen Gericht auf Art. 28

[730] Das BGB regelt im § 275 Abs. 2 den Fall der *faktischen Unmöglichkeit*. Diese liegt vor, wenn die Leistung des Schuldners einen Aufwand erfordert, der – unter Beachtung des Inhalts des Schuldverhältnisses und der Gebote von Treu und Glauben – in einem groben Mißverhältnis zu dem Leistungsinteresse des Gläubigers steht; diese begründet lediglich ein Recht auf Leistungsverweigerung zugunsten des Schuldners. Ausführlich dazu (sowie zur Abgrenzung zum Institut des Wegfalls der Geschäftsgrundlage) siehe *Canaris*, in: Karlsruher Forum, S. 11 ff.

[731] Streng genommen handelt es sich dabei nicht um eine Befreiung von der Leistungspflicht aufgrund von Art. 79, sondern um eine immanente Grenze der Erfüllungspflicht; siehe *Schlechtriem / Stoll*, Art. 79, Rn. 57.

[732] *Schlechtriem / Stoll*, Art. 79, Rn. 25; *Achilles*, Art. 79, Rn. 14: „kein Zwang zu unvertretbaren Leistungsanstrengungen".

[733] *Schlechtriem / Ferrari*, Art. 4, Rn. 44; *Honsell / Siehr*, Art. 4, Rn. 16; *Herber / Czerwenka*, Art. 4, Rn. 13; *Soergel / Lüderitz / Fenge*, Art. 4, Rn. 11; Tribunale Civile di Monza, Nuova Fucinati S.p.A. v. Fondmetal International A.B., R.G. 4267/88, 14.1.1993, CLOUT Nr. 54 [http://cisgw3.law.pace.edu/cases/930114i3.html], im *obiter*.

[734] *Herber / Czerwenka*, Art. 4, Rn. 13; LG Aachen, 14.5.1993, RIW 1993, S. 761; i.E. *Soergel / Lüderitz / Budzikiewicz*, Art. 28, Rn. 2, m.w.N.; *Soergel / Lüderitz / Dettmeier*, Vor Art. 79, Rn. 5; *Staudinger / Magnus*, Art. 4, Rn. 59, m.w.N. All diese Autoren beziehen sich auf die alte Rechtslage.

[735] *Schlechtriem / Stoll*, Art. 79, Rn. 39, m.w.N.; a.A. *Staudinger / Magnus*, Art. 79, Rn. 24, der bei starken Veränderungen der wirtschaftlichen Lage eine Anpassung des Vertrages bzw. eine Pflicht zur Neuverhandlung aus Art. 7 Abs. 1 ableitet. Nach PICC Art. 6.2.3. und PECL Art. 6:111 hat die benachteiligte Partei ein Recht auf Neuverhandlungen.

[736] *Schlechtriem / Stoll*, Art. 79, Rn. 39

[737] *Diez-Picazo / Coderch*, Art. 79, S. 655; *Schlechtriem*^{2}, Rn. 118; *Honnold*, § 435.5; *Neumayer / Ming*, Art. 79, Rn. 13; *Enderlein / Maskow*, Art. 79, Bem. 13.6; *Witz / Salger / Lorenz*, Art. 28, Rn. 17 (jedoch auf die alte Fassung des BGB bezogen).

CISG i.V.m. § 275 BGB berufen, falls dessen Voraussetzungen vorliegen[738]. Diese Auffassung wird damit begründet, daß der Ausschluß der Leistungspflicht im deutschen Recht weiter als das UN-Kaufrecht geht und ist daher „vom deutschen Richter zu beachten“[739]. Auch eine Stelle im Sekretariatskommentar weist ausdrücklich in diese Richtung hin[740].

Andererseits regelt die Konvention die Rechte und Pflichten der Parteien in Fällen von Leistungsstörungen abschließend[741]. Außerdem ist nicht der Sinn des Art. 28, die Rechtsbehelfe der Parteien mit Rückgriff auf das Heimatrecht des Gerichts zu erweitern[742].

Letztere Gründe sollten den Ausschlag geben. Eine davon abweichende Lösung würde der Vereinheitlichungsabsicht der Konvention und dem Sinn und Zweck des Art. 28 zuwider laufen. Ziel dieser Vorschrift – und dies ergibt sich ohne Zweifel aus der Entstehungsgeschichte – war, die Praxis der *Common Law*-Staaten zu respektieren, die ein Urteil auf Erfüllung in Natur nur in wenigen Ausnahmefällen zusprechen. Diese Vorschrift nimmt nichts über die tatsächlichen (materiellen) Voraussetzungen des Anspruchs vorweg; sie läßt einfach eine Ausnahme seiner prozessualen Durchsetzbarkeit zu.

6. Treu und Glauben

Die vorherigen Überlegungen weisen schon darauf hin, daß der Erfüllungsanspruch in Einklang mit dem Grundsatz von Treu und Glauben auszuüben ist[743]; damit dient dieser Grundsatz – in seinen unterschiedlichen Erscheinungsformen – als ungeschriebene Grenze des Erfüllungsanspruchs. Im Einzelnen drückt er sich durch das Verbot einer mißbräuchlichen Rechtsausübung[744] aus; ferner, durch das Gebot, sich an eine geschaffene Vertrauenslage zu halten („venire contra factum proprium“)[745].

---

[738] *Schlechtriem²*, Rn. 118; *Schlechtriem*, Schuldrecht BT Rn. 178, Fn. 34. In seiner früheren Auflage vertrat Schlechtriem eine andere Auffassung, nämlich, daß Art. 28 nicht dazu verwendet werden darf „generell Entlastungsgründe für den Schuldner – etwa ein Freiwerden mangels Verschulden – anzuwenden“, Rn. 118.

[739] *Witz / Salger / Lorenz*, Art. 28, Rn. 17.

[740] „It is a matter of domestic law not governed by this Convention (...) as to whether a court will order a party to perform in this circumstances and subject him to the sanctions provided in its procedural law for continued non-performance“, *Secretariat Commentary* on Art. 65 [Art. 79 CISG], Anm. 9.

[741] *Honsell / Siehr*, Art. 4, Rn. 16; *MünchKommHGB / Benicke*, Art. 45, Rn. 3; *Schlechtriem / Stoll*, Art. 79, Rn. 19, m.w.N.; *Soergel / Lüderitz / Fenge*, Art. 4, Rn. 11; *Staudinger / Magnus*, Art. 28, Rn. 10 f; Tribunale Civile di Monza, Nuova Fucinati S.p.A. v. Fondmetal International A.B., 14.1.1993, CLOUT Nr. 54.

[742] *Honsell / Karollus*, Art. 28, Rn. 14; *Huber*, in: Fachtagung, S. 207; *Soergel / Lüderitz / Budzikiewicz*, Art. 28, Rn. 2; *Staudinger / Magnus*, Art. 28, Rn. 10 ff.

[743] So auch *Catalano*, S. 1813; *Kastely*, Wash.L.Rev. 63 (1988), S. 619.

[744] *Audit*, S. 51 f; *Herber / Czerwenka*, Art. 7, Rn. 6; *Piltz*, § 2, Rn. 170; *Schlechtriem / Ferrari*, Art. 7, Rn. 50; *Staudinger / Magnus*, Art. 7, Rn. 25, 43.

[745] Internationales Schiedsgericht der Bundeskammer der gewerblichen Wirtschaft - Wien, SCH-4318, 15.6.1994, CLOUT Nr. 94.

Eine mißbräuchliche Rechtsausübung ist dann gegeben, wenn eine Partei ihre Rechte nur mit dem Zweck ausübt, der anderen einen Schaden zuzufügen[746], so wie der Wechsel vom Erfüllungsanspruch (z.B. vor Ablauf einer gesetzten Nachfrist) zur Vertragsaufhebung, wenn die Erfüllung noch möglich und beider Parteien zeitlich und kostenmäßig zumutbar ist, und – insbesondere – wenn der Schuldner große Aufwände bei der Vorbereitung auf die Erfüllung gemacht hat.

Durch das Verbot eines widersprüchlichen Verhaltens (Gebot, sich an eine geschaffene Vertrauenssituation zu halten), kann eine Partei ihre Rechte verlieren, wenn sie eine gewisse Zeit ohne sie auszuüben verstreichen läßt und den Eindruck erweckt, sie werde solche Rechte auch in Zukunft nicht mehr ausüben (Verwirkung)[747]. Diese Ausprägung des Gutglaubensgrundsatzes läßt sich ferner aus dem Grundsatz entnehmen, Rechtsbehelfe innerhalb einer *angemessenen Frist* auszuüben (vgl. Art. 46 II und III, 49 II, usw.)[748].

Allerdings bildet der Grundsatz von Treu und Glauben einen offenen Tatbestand, der nicht überstrapaziert werden darf. Daher sollte man zunächst versuchen, ungelöste Probleme anhand des weiten Instrumentariums der Konvention zu entscheiden; ein Rückgriff auf die allgemeinen Grundsätzen des Übereinkommens ist erst dann für die Lösung von Fragen geboten, die im Übereinkommen geregelte Gegenstände betreffen, aber von ihm nicht ausdrücklich entschieden werden (Art. 7 II).

7. Verletzung der Schadensminderungspflicht als Grenze des Erfüllungsanspruchs?

In der Literatur wird die Ansicht vertreten, die Nichteinhaltung der Schadensminderungspflicht nach Art. 77 könne sich bis zu einem Ausschluß des Erfüllungsanspruchs ausdehnen. Vertreter dieser Auffassung ist *Honnold*, der mit folgendem Beispiel dies zu erläutern versucht[749]: Wenn es feststeht, daß der Käufer – vor dem Liefertermin und bevor der Verkäufer mit der Vorbereitung der Erfüllung begonnen hat – jedes Interesse am Vertrag verloren hat und es ist offensichtlich, daß er die Lieferung zurückweisen wird; wenn diese Umstände dem Verkäufer bekannt sind und dieser trotzdem auf Erfüllung besteht, Aufwendungen erbringt und dabei einen Schaden erleidet, dann ist nicht einzusehen, warum der Verkäufer in einem solchen Fall schutzbedürftig sei. Denn hätte er den Vertrag aufgehoben bzw. einen Ersatzverkauf vorgenommen (und dabei Aufwendungen erspart), dann wäre der Schaden nicht entstanden oder hätte sich in Grenzen gehalten. In der Ansicht *Honnolds*, hätte die Schadensminderungspflicht des Verkäufers in diesem konkreten Fall ein Verzicht auf den Erfüllungsanspruch er-

---

[746] Vgl. zum deutschen unvereinheitlichten Recht: BGB § 242.

[747] *Staudinger / Magnus*, Art. 46, Rn. 28a, Art. 4, Rn. 53 f; *Magnus*, RabelsZ 59 (1995) S. 482; *Schlechtriem*, Rn. 48; *Schlechtriem / Ferrari*, Art. 7, Rn. 51; *Vahle*, ZVglRWiss 98 (1999), S. 61.

[748] *Magnus*, RabelsZ 59 (1995) S. 482. Vgl. auch OLG München, 8.2.1995, 7 U 1720/94, CLOUT Nr. 133: » to allow the plaintiff now, i.e. 2 ½ years later to declare the contract avoided would violate the principle of good faith... «

[749] *Honnold*, § 419.3 (Beispiel 77C).

fordert. Ähnliche Fallkonstellationen sind denkbar, in denen der Käufer auf Erfüllung durch den (unwilligen) Verkäufer besteht, statt ein Deckungsgeschäft vorzunehmen.

Dem ist entgegenzuhalten, daß es der verletzten Partei überlassen bleibt, von ihrem Aufhebungsrecht Gebrauch zu machen oder nicht, und daß das Übereinkommen keine *Pflicht* zur Vertragsaufhebung begründet[750]. Ferner geht die Konvention vom Grundsatz der Vertragserhaltung aus, so daß die Parteien aufgefordert werden, mildere Rechtsbehelfe auszuüben und eine Vertragsaufhebung möglichst zu vermeiden[751]. Eine erweiterte Auslegung des Art. 77, die zur Folge hätte, der Schadensminderungspflicht gegenüber dem Erfüllungsanspruch vorzuziehen, würde ein besonderes Anliegen der Konvention über Bord werfen und ist daher nicht zu folgen[752]. Außerdem zeigen Wortlaut, Systematik und Entstehungsgeschichte, daß die Schadensminderungspflicht des Art. 77 ausschließlich auf Schadensersatzansprüche anwendbar ist[753]. Für die obengenannten Fälle sollte daher der Grundsatz von Treu und Glauben (mit dem Verbot einer mißbräuchlichen Rechtsausübung) die einzige Grenze bilden[754].

VI. Abdingbarkeit des Erfüllungsanspruchs

Aus dem Grundsatz der Vertragsfreiheit und seiner Verankerung im Art. 6 CISG ist zu entnehmen, daß die Parteien die Anwendung des Übereinkommens ausschließen oder – mit wenigen Ausnahmen – „von seinen Bestimmungen abweichen oder deren Wirkung ändern" können. Das gilt nicht nur für die Pflichten der Parteien unter sich – welche die Konvention meistens nur subsidiär regelt[755] – sondern auch für die Rechtsbehelfe im Fall einer Vertragsverletzung[756].

In den meisten Fällen soll vielmehr von einer *Konkretisierung* oder *Auffüllung* statt von einer Abbedingung gesprochen werden; so gelten verschiedene Vorschriften des UN-Kaufrechts als auffüllungsfähig: Die Parteien können das Recht, sich vom Vertrag zu lösen, nicht ganz ausschließen (keine *obligatio ad perpetuum*), doch aber die Gründe festlegen, die eine Vertragsaufhebung rechtfertigen[757]. Ebenso kann ver-

---

[750] *Schlechtriem / Stoll*, Art. 77, Rn. 7.

[751] *Staudinger / Magnus*, Art. 7, Rn. 49, m.w.N.; *Bianca / Bonell / Bonell*, Art. 7, Bem 2.3.2.2.

[752] Ebenfalls ablehnend *Perales Viscasillas*, Anm. 171.d.

[753] Vgl. *Honsell / Magnus*, Art. 77, Rn. 4, m.w.N.; *Schlechtriem / Schwenzer / Müller-Chen*, Art. 46, Rn. 14.

[754] Ähnlich *Schlechtriem / Schwenzer / Müller-Chen*, Art. 46, Rn. 14.

[755] Die Konvention gewährt den vertraglichen Vereinbarungen den Vorrang gegenüber der Konventionsregelungen (vgl. *Schlechtriem / Ferrari*, Art. 6, Rn. 5).

[756] Siehe dazu unten: B.VI.2. Abbedingung des Erfüllungsanspruchs als Rechtsbehelf. Die Gültigkeit solcher Vereinbarungen bestimmt sich – aufgrund des Art. 4 lit. a – nach dem maßgeblichen Vertragsstatut. Dazu *MünchKomm / P. Huber*, Art. 45, Rn. 30; *Staudinger / Magnus*, Art. 45, Rn. 45, Art. 4, Rn. 20 ff.

[757] Wie das im Einzelfall geschieht kann unterschiedlich aussehen: Einerseits, durch die Vereinbarung, daß auch nicht-wesentliche Vertragsverletzungen die Vertragsaufhebung rechtfertigen, was zu einer

traglich festgelegt werden, was unter „Hinderungsgrund" i.S.v. Art. 79 Abs. 1 zu verstehen ist, sowie die Höhe der Zumutbarkeitsgrenze, deren Überschreitung zur Verweigerung der Erfüllung berechtigt. Die Parteien können z.B. auch im Fall einer wesentlichen Vertragsverletzung vereinbaren, daß erst das Fehlschlagen eines zweiten Nacherfüllungsversuchs zur Vertragsaufhebung berechtigt

1. Abbedingung des „allgemeinen" Erfüllungsanspruchs?

Aus der Natur und Funktion des Erfüllungsanspruchs wird allerdings deutlich, daß dieser unabdingbar ist. Die Parteien können ihre Hauptpflichten nicht von vornherein ausschließen, denn sonst würde der Kern des Schuldverhältnisses ohne Bestand bleiben: Ein „Kaufvertrag" ohne Pflicht zur Eigentumsübertragung oder zur Kaufpreiszahlung ist *kein* Kaufvertrag[758]; diese Käufer- und Verkäuferpflichten – und ihr Pendant als Anspruch auf ihre jeweilige Erfüllung – sind *wesentliche Elemente* des Vertrages und daher unabdingbar. Die „dispositive Natur" des Übereinkommens[759] erlaubt es nicht, von der Natur des Vertrages abzuweichen. Daher stellt sich die Frage, inwiefern die Parteien den *Inhalt* des Erfüllungsanspruchs sowie die *gesetzliche* Rechtsbehelfe vertraglich modifizieren dürfen.

Einzelne Elemente des Kaufvertrages können u.U. abbedungen werden, unter Berücksichtigung des *Inhalts* der Leistungspflicht. Wie schon angedeutet, kann die *Lieferpflicht* – nämlich die Pflicht, dem Käufer den Besitz an der Ware zu verschaffen[760] – nicht ausgeschlossen werden, denn sie gehört zu den wesentlichen Elementen des Kaufvertrages. Ausnahmen hierzu können sich in den Fällen der *traditio brevi manus* ergeben, etwa wenn die Sache sich schon in der tatsächlichen Gewalt des Käufers befindet, dieser aber noch kein Eigentümer ist[761]. Die Pflicht des Verkäufers zur Lieferung der Ware ist hier gegenstandslos[762], weil das Ziel bereits erreicht worden ist. Eine Vereinbarung, durch welche der Verkäufer sich verpflichtet, die Ware an einen Dritten zu liefern („Streckengeschäft") ist durchaus zulässig, weil hier der Dritte an die Stelle des Käufers tritt[763].

Die Pflicht zur *Übertragung des Eigentums* ist die wichtigste Pflicht des Verkäufers[764]; sie stellt ein „begriffsnotwendiges Element" des Kaufvertrages dar[765] und kann

---

Abänderung des Art. 49 Abs. 1 führt; andererseits, durch die „Hochstufung" einer Pflichtverletzung zu einer „wesentlichen", wodurch Art. 25 abgeändert wird.

758 Solche Pflichten sind begriffsnotwendige Elemente eines Kaufvertrages; siehe u.a. *Honsell / Karollus*, Art. 30, Rn. 11; *Piltz*, § 2, Rn. 27, § 4, Rn. 9.

759 *Schlechtriem / Ferrari*, Art. 6, Rn. 5.

760 Vgl. *Schlechtriem / Huber*, Art. 31, Rn. 5; Art. 30 Rn. 7. Für das UN-Kaufrecht ist *Lieferung* ein „Zur-Verfügung-stellen der Ware", unabhängig davon, ob sie eine Beförderung der Ware erfordert oder nicht (s. Art. 31 CISG).

761 Zur „Übereignung kurzer Hand" und zu weiteren Fällen der „Durchbrechung" der *Traditions*pflicht nach deutschem Recht siehe *Baur / Stürner*, § 51 I, S. 496 f.

762 *Neumayer / Ming*, Art. 30, Rn. 2; *Schlechtriem / Huber*, Art. 30, Rn. 4.

763 *Schlechtriem / Huber*, Art. 31, Rn. 31, m.w.N.

764 *Draft-Digest*, Art. 30, Anm. 4.

daher nicht abbedungen werden. Der Käufer verfügt infolgedessen über einen uneingeschränkten Erfüllungsanspruch auf Übertragung des Eigentums[766].

Oben wurde ausgeführt, daß die *Lieferung von Dokumenten* kein notwendiges Element des Kaufvertrages. Eine Abbedingung dieser Pflicht erweist sich daher als unproblematisch, ausgenommen solcher Fälle, in denen die Übergabe der Dokumente wesentliche Pflichten aus dem Kaufvertrag (insbesondere die Eigentumsübertragung) unmittelbar betreffen.

2. Abbedingung des Erfüllungsanspruchs als Rechtsbehelf

Die Unterscheidung in der Konvention zwischen dem allgemeinen Erfüllungsanspruch und dem Erfüllungsanspruch als Rechtsbehelf führt jedoch zum Ergebnis, daß letzterer im Rahmen der Dispositionsfreiheit abbedungen werden kann[767]. Nichts spricht dagegen, daß die Parteien – die ein Interesse an eine ordnungsgemäße Erfüllung haben – festlegen, wie sie im Fall einer Vertragsverletzung vorgehen werden. Vielmehr stellt dies eine übliche Praxis dar – und im *Common Law* ist es sogar die übliche Rechtsfolge – daß die Parteien im Fall einer Vertragsverletzung anstatt der geschuldeten Leistung, eine Geldkompensation erhalten. Das ist auch der Fall, wenn die Parteien hohe Vertragsstrafen für den Fall der Nicht-/Schlechterfüllung vereinbaren, was mit einem Ausschluß weiterer Erfüllungsansprüchen kombiniert werden kann (etwa bei „Just-in-time" Verträge).

Für *Sach-* und *Rechtsmängel* können die Parteien die Einstandspflicht des Verkäufers ganz oder teilweise abbedingen[768] und damit den Erfüllungsanspruch des Käufers faktisch einschränken, nicht aber ganz ausschließen. Eine Erweiterung des Erfüllungsanspruchs über die Bestimmungen des UN-Kaufrechts hinaus ist unproblematisch, z.B. durch die Erweiterung der Nacherfüllungsrechte auf Sachverhalte, in denen die tatbestandlichen Voraussetzungen dieser Rechtsbehelfe nicht vorliegen (etwa: Ersatzliefe-

---

[765] *Honsell / Karollus*, Art. 30, Rn. 11. Dieser Autor sieht im Fall eines vorsorglichen Kaufs eigener Sachen eine Ausnahme zu dieser Verkäuferpflicht.

[766] Die Wirkungen, die der Vertrag auf das Eigentum an der verkauften Ware haben kann, ist gemäß Art. 4 lit. b vom Anwendungsbereich der Konvention ausgeschlossen. Darunter fallen Vereinbarungen über den Eigentumsvorbehalt an der Ware, sowie die Art und Weise, wie das Eigentum übertragen wird, usw. (zur Eigentumgsübertragung aus rechtsvergleichender Sicht siehe *Ferrari*, Vom Abstraktionsprinzip und Konsensualprinzip zum Traditionsprinzip. Zu den Möglichkeiten der Rechtsangleichung im Mobiliarsachenrecht, ZEuP 1993, S. 52 – 78). Bei Leasing- und Mietkaufverträge kommt das Übereinkommen auch zur Anwendung (str.), soweit das Interesse der Parteien an die Eigentumsübertragung im Mittelpunkt steht (und nur in bezug auf den kaufrechtlichen Teil des Vertrages); siehe *Staudinger / Magnus*, Art. 1, Rn. 33 ff, m.w.N.; *Ferrari*, in: *Draft*-Digest, S. 64 (beide verneinend bezüglich Leasingverträge).

[767] Generell zur Abdingbarkeit des Rechtsbehelfssystems nach Art. 45 ff: *MünchKomm / P. Huber*, Art. 45, Rn. 30, m.w.N.; *Schlechtriem / Huber*, Art. 45, Rn. 67 ff; *Staudinger / Magnus*, Art. 45, Rn. 45 ff.

[768] *Honsell / Magnus*, Art. 41, Rn. 14 (Ausschluß der Gewährleistung).

rung auch bei nicht wesentlichen Mängeln zu gewähren). Damit ist eine Abbedingung des Erfüllungsanspruchs als Rechtsbehelf grundsätzlich zu bejahen[769].

VII. Erlöschen des Erfüllungsanspruchs

Im UN-Kaufrecht erlischt der Erfüllungsanspruch grundsätzlich in zwei Fällen: Durch Bewirkung der geschuldeten Leistung (ordnungsgemäße Erfüllung) und durch Vertragsaufhebung. Ersteres ergibt sich aus der Natur der Sache selbst. Letztere stellt einen „unvereinbaren Rechtsbehelf" i.S.d. Art. 46 Abs. 1 dar[770], der den Käufer hindert, vom Verkäufer Erfüllung seiner Pflichten zu verlangen. Die Vertragsaufhebung „befreit beide Parteien von ihren Vertragspflichten" (Art. 81 Abs. 1 S. 1)[771]. Ein Wegfall des Erfüllungsanspruchs kraft Gesetzes (z.B. bei Unmöglichkeit) findet im Übereinkommen keinen Raum[772].

Besondere Pflichten können die Erfüllung bzw. die Vertragsaufhebung überdauern, meistens aber in der Form von Schutz- und Verhaltenspflichten. Ihrer Struktur nach sind solche Pflichten i.d.R. nicht einklagbar, sondern begründen lediglich einen Anspruch auf Schadensersatz.

---

[769] Die Praxis des *Common Law* sieht die Möglichkeit vor, den Rechtsbehelf von *specific performance* vertraglich auszuschließen. Dazu unten: I.II.4.c). Vertragliche Vereinbarungen bezüglich specific performance.

[770] *Honsell / Schnyder / Straub*, Art. 49, Rn. 119.

[771] Der Vertrag wird in ein Abwicklungsverhältnis umgestaltet, wenn eine der Parteien den Vertrag ganz oder teilweise erfüllt hat (*Schlechtriem / Leser / Hornung*, Art. 81, Rn. 9; *Honsell / Weber*, Art. 81, Rn. 5).

[772] Vgl. *Secretariat Commentary* on Art. 45 [Art. 49 CISG], Anm. 2.; *Schlechtriem / Leser / Hornung*, Art. 26, Rn. 2. Siehe oben: B.V.2.a).(3). Auswirkungen der Unmöglichkeit auf den Erfüllungsanspruch.

C. Allgemeines zum Nacherfüllungsanspruch im UN-Kaufrecht

Die Nacherfüllungsansprüche des Käufers sind in Art. 46 geregelt. Es handelt sich um *sekundäre* Ansprüche des Käufers auf Erfüllung[773], die im System der Konvention als Rechtsbehelfe ausgestaltet sind und daher nicht zu verwechseln mit dem primären Erfüllungsanspruch aus Art. 30, der den Anspruch auf Lieferung der (vertragsgemäßen) Ware, auf Übergabe von Dokumenten und auf Übertragung des Eigentums umfaßt. Außerdem werden sie vom Art. 47 bezüglich der Setzung einer Nachfrist und durch eine Sonderregel für den Fall der Minderlieferung in Art. 51 ergänzt. Die Nacherfüllungsansprüche des Käufers sind ferner vom „Nacherfüllungsrecht" des Verkäufers gemäß Art. 48 zu unterscheiden.

Der sekundäre Erfüllungsanspruch aus Abs. 1 umfaßt alle – sich aus dem Vertrag, der Konvention, dem guten Glauben und den Gepflogenheiten ergebenden – Pflichten des Verkäufers. Daher kommt Art. 46 Abs. 1 zur Anwendung, um die Lieferung am maßgeblichen Ort zu bewirken, für die Erbringung der „Erstlieferung" trotz Überschreitung des Liefertermins, so wie für die Lieferung von fehlenden Mengen. Art. 46 Abs. 1 kommt auch für die Bewirkung der Pflicht zur Übertragung des Eigentums oder für die Beseitigung von Defekten der Dokumente in Betracht[774].

Des weiteren enthält das Übereinkommen zwei andere Rechtsbehelfe, die der Erfüllung des Vertrages in Natur dienen: Die Mängelbehebung durch Nachbesserung (Abs. 3) und der Austausch der gelieferten (aber mangelhaften) Ware gegen vertragsgemäße Ware (Ersatzlieferung, Abs. 2). Diese können als Nacherfüllungsansprüche *im engeren Sinn* betrachtet werden, die allein zur Behebung einer Vertragswidrigkeit dienen.

In großen Zügen liegt der Unterschied zwischen dem primären Erfüllungsanspruch und den sekundären (Nach)Erfüllungsansprüchen darin, daß ersterer sich unmittelbar aus dem Vertrag ergibt, während letztere aus einer Vertragsverletzung folgen. Erstrebt wird die Herbeiführung des durch den Vertrag versprochenen Erfolges. Ihre Bezeichnung als *Nach*erfüllungsansprüche deutet auf die Voraussetzung einer tatsächlich vorhandenen – nicht künftigen[775] – Vertragsverletzung für ihre Ausübung hin. Diese kann in der Nichterfüllung innerhalb der Erfüllungsfrist (Überschreitung des Liefertermins, ...) oder in einer mangelhaften Erfüllung – Lieferung vertragswidriger Ware – liegen. Im engeren Sinne spricht man von Nacherfüllungsansprüchen jedoch *nur* in Bezug auf die Ersatzlieferung und Nachbesserung.

---

[773] *Piltz*, § 5, Rn. 130 f.

[774] *Schlechtriem / Huber*, Art. 46, Rn. 9; i.E. *Soergel / Lüderitz / Schüßler-Langeheine*, Art. 46, Rn. 2.

[775] So ist das Recht des Käufers, die Erfüllung seiner Pflichten auszusetzen bzw. ausreichende Gewähr zu verlangen, zwar auf die Ermöglichung der Erfüllung des Vertrages gerichtet, gilt dennoch nicht als Erfüllungsanspruch (vgl. Art. 71 Abs. 3 i.V.m. Abs. 1; Art. 72 Abs. 2).

I. Einführung

Das UN-Kaufrecht geht von einem Vorrang des Erfüllungsanspruchs aus. Dies bedeutet im einzelnen, daß ein wirksam zustandegekommener Vertrag an erster Stelle *zu erfüllen* ist: Die Erfüllung und Durchführung des Vertrages sind primäre Ziele der Konvention[776]. Das Rechtsbehelfsystem der Konvention stellt die Erfüllungsansprüche im Fall einer Vertragsverletzung ebenfalls an erster Stelle[777]. Daher richten sich die Rechtsbehelfe der Konvention primär darauf, jede Störung der ursprünglich begründeten Pflichten zu überwinden.

Subsidiär gewährt die Konvention weitere Rechtsbehelfe – Herabsetzung des Kaufpreises und Schadensersatz – zur Wiederherstellung der gestörten Vertragsparität und, in Ausnahmefällen, ein Recht auf Vertragsaufhebung, wenn die Pflichtverletzung so gravierend ist, daß ein Festhalten am Vertrag der vertragstreuen Partei nicht zugemutet werden kann.

Die Konvention gewährt in Art. 46 II und III zwei besondere *Nacherfüllungsansprüche* – Ersatzlieferung und Nachbesserung – für den Fall, daß der Verkäufer nicht-vertragsmäßige Ware geliefert hat. Es handelt sich dabei um zwei verschiedene Konkretisierungen des allgemeinen Erfüllungsanspruchs, mit unterschiedlichen Voraussetzungen, Folgen und Inhalten. Während sich der Erfüllungsanspruch *im weiteren Sinne* (Abs. 1) auf alle Rechte und Pflichten der Parteien erstreckt, ist die Anwendung der Rechtsbehelfe Ersatzlieferung (Abs. 2) und Nachbesserung (Abs. 3) zeitlich und inhaltlich beschränkt.

1. Entstehungsgeschichte

Es ist eine bemerkenswerte Tatsache, daß bereits der erste Entwurf eines einheitlichen Kaufgesetzes (aus dem Jahre 1935) sowohl ein Recht des Käufers auf „Nachlieferung" als auch ein Recht auf „Ausbesserung" mangelhafter Ware vorsah. Beide standen unter der Voraussetzung, daß der Käufer „die Mängel gehörig angezeigt" hatte[778]. Bei einem Lieferungsvertrag – wenn der Verkäufer die Sache nach besonderen Anordnungen des Käufers herzustellen hatte – gab es sowohl ein Ausbesserungs*recht* des Käufers als auch eine Nachbesserungs*pflicht* des Verkäufers (RabelsE Art. 56)[779].

Das EKG enthielt ebenfalls beide Rechtsbehelfe; Art. 42 Abs. 1 lit. a regelte einen Nachbesserungsanspruch des Käufers („Behebung der Vertragswidrigkeit") für den Fall, daß der Verkäufer die Ware zu erzeugen oder herzustellen hatte, unabhängig da-

---

[776] *Schlechtriem / Huber,* Art. 46, Rn. 1 f; *Farnsworth,* in: Lausanner Kolloquium, S. 84 f; *Staudinger / Magnus,* Art. 46, Rn. 4; *Bamberger / Roth / Saenger,* Art. 46, Rn. 2. Näheres dazu oben: B.II. Vorrang des Erfüllungsanspruchs.

[777] Vgl. *Secretariat Commentary* on Art. 42 [Art. 46 CISG], Anm. 1 f.

[778] Siehe RabelsE Art. 51, Nr. 3, abgedruckt in: RabelsZ 9 (1935), S. 8 - 44.

[779] Das Recht auf Ausbesserung leitet sich – so *Rabel* – aus dem französischem Recht ab; siehe RabelsZ 9 (1935), S. 344. Dieses Recht ist allerdings nicht gesetzlich geregelt, wird aber von der Rechtsprechung anerkannt; vgl. *Wenner / Schödel,* in: Graf von Westphalen, S. 456, Rn. 136.

von, ob es sich um einen Gattungs- oder um einen Stückkauf handelte[780]. Ein Ersatzlieferungsanspruch des Käufers war dagegen nur für den Gattungskauf vorgesehen[781].

Die jetzige Formulierung des Art. 46 Abs. 1 und II entspricht wortwörtlich – bis auf eine kleine Detailänderung ohne materielle Bedeutung[782] – dem Text des Art. 42 Abs. 1 und 2 des UNCITRAL-Entwurfs von 1978. Dagegen befand sich Absatz 3 im Entwurf nicht[783]; er wurde erst in der Wiener Konferenz eingeführt und war in der Diskussion sehr umstritten; die jetzige Fassung beruht auf einem gemeinsamen Antrag Finnlands, Norwegens, Schwedens und der Bundesrepublik Deutschland, der, nach einer langen Diskussion, mit 31 Stimmen und keiner Gegenstimme aufgenommen worden ist[784].

Dieser Antrag sollte klarstellen, daß ein Mangel auch durch *Nachbesserung (repair)* und nicht nur durch Ersatzlieferung beseitigt werden kann, was im Interesse beider Parteien stehen sollte: Besonders bei Kaufverträgen, welche die Lieferung einer komplizierten Maschine zum Gegenstand haben, wäre es dem Käufer unzumutbar, auf die Herstellung einer neuen warten zu müssen, wenn die Maschine einen reparablen Defekt aufweist. Dem Verkäufer wäre es ebenfalls unzumutbar – sogar unerträglich – , eine völlig neue Maschine herstellen zu müssen, wenn die Herbeiführung des geschuldeten Erfolges leicht durch Reparatur erreicht werden kann. Der Antrag wurde ferner unter Berufung auf die internationale Praxis begründet, die ein Nachbesserungsrecht häufig vereinbart, auch wenn verschiedene Rechtsordnungen einen solchen Rechtsbehelf nicht kennen[785].

Allerdings waren das Verhältnis zwischen den beiden Arten der Nacherfüllung (Nachbesserung und Ersatzlieferung), sowie die Voraussetzungen, welche dem Käufer diese Rechtsbehelfe eröffnen sollten, besonders problematisch. Insbesondere ging es um die Frage, inwiefern die Interessen des Käufers und die des Verkäufers berücksichtig werden, bzw. welche den Vorrang haben sollten. Umstritten war außerdem, ob beide Rechtsbehelfe alternativ zur Verfügung stünden, ob im selben Kaufvertrag beide Rechtsbehelfe gewährt werden können oder ob sie sich vielmehr gegenseitig ausschließen.

Ein Antrag der USA, den Ersatzlieferungsanspruch auszuschließen, wenn der Käufer „ohne zusätzliche Kosten und Unannehmlichkeiten einen Deckungskauf vornehmen

---

[780] *Mertens / Rehbinder*, Art. 42 EKG, Rn. 3.

[781] Art. 42 Abs. 1: „Der Käufer kann von dem Verkäufer die Erfüllung des Vertrages verlangen, (lit. c) wenn sich der Kauf auf Gattungssachen bezogen hat: durch Lieferung anderer vertragsmäßiger Sachen ...". Dennoch wurde ein Nachlieferungsanspruch beim Stückkauf bei Zuwenig- und Falschlieferung bejaht. Dieser leitete sich aus Art. 42 i.V.m. Art. 33 Abs. 1 lit. a und b ab. *Mertens / Rehbinder*, Art. 42 EKG, Rn. 4.

[782] Die Formulierung „such requirements" wurde durch „this requirement" ersetzt.

[783] Vgl. auch *Huber*, RabelsZ 43 (1979), S. 484, der einen Nachbesserungsanspruch auf Art. 42 Abs. 1 stützt, soweit dieser „nach der Sachlage in Frage kommt".

[784] A/CONF.97/C.1/L.199, in: OR. S. 112; S. 113, Consideration 9; S. 335-337.

[785] Vgl. *Enderlein*, Dubrovnik Lectures, S. 192 f.

kann“, wurde mit der Begründung abgelehnt, er würde den Erfüllungsanspruch abschwächen und die *ipso facto avoidance* in die Konvention wieder einführen[786].

Ein Versuch der Bundesrepublik Deutschland, den Ersatzlieferungsanspruch von der *Zumutbarkeit der Ersatzlieferung* für den Verkäufer statt von einer wesentlichen Vertragsverletzung abhängig zu machen, hatte ebenso keinen Erfolg[787].

2. Abdingbarkeit

Der dispositiven Natur des Übereinkommens steht es nicht entgegen, daß einige Rechtsbehelfe unabdingbar sind. So kann z.B. das Recht, sich vom Vertrag loszulösen (Vertragsaufhebung) nicht vertraglich abbedungen, sondern nur umgeschrieben oder teilweise geändert werden. Dagegen sind die Ansprüche auf Ersatzlieferung und Nachbesserung nur abbdingbar, soweit dem Käufer im Fall einer gravierenden Vertragsverletzung ein Recht zur Vertragsaufhebung bleibt[788]. Diese Lösung ist sachgerecht, denn das Gegenteil würde zu einer unzulänglichen *obligatio ad perpetuum* führen.

Ebenso unabdingbar ist der Erfüllungsanspruch nach Art. 46 Abs. 1, denn die Parteien können die Erfüllung des Vertrages nicht von vornherein ausschließen, aber sie können bestimmen, unter welchen Umständen sie von ihrer Leistungspflichten befreit werden können, z.B. im Fall höherer Gewalt[789]. Dagegen sind die Nacherfüllungsrechte des Art. 46 II und III abdingbar[790], da diese eine Konkretisierung des allgemeinen Erfüllungsanspruchs sind. So können die Parteien eine Reparaturpflicht völlig ausschließen[791] oder einen Ersatzlieferungsanspruch vom Erfordernis einer fehlgeschlagenen Nachbesserung abhängig machen. Sie können ebenfalls vereinbaren, daß ein Recht auf Ersatzlieferung auch in Fällen einer nicht wesentlichen Vertragsverletzung gegeben sei, oder von der gesetzlichen Bestimmung, die Nacherfüllungsansprüche innerhalb einer angemessenen Frist auszuüben, abweichen und konkrete Fristen regeln; ebenso kann das Wahlrecht, in welcher Form die Nacherfüllung zu erfolgen hat, dem Verkäufer ganz überlassen werden. Ferner können sich die Parteien auf die anderen Rechtsbehelfe (Vertragsaufhebung, Herabsetzung des Kaufpreises, Schadensersatz) beschränken.

---

[786] Vgl. A/CONF.97/C.1/L.180, in: O.R., S. 111; S. 113, Consideration 6; S. 330 - 332.

[787] Vgl. A/CONF.97/C.1/L.135, in: O.R., S. 112; S. 113, Consideration 8; S. 332 - 337.

[788] *Schlechtriem / Huber*, Art. 46, Rn. 70; *Bamberger / Roth / Saenger*, Art. 46, Rn. 1; im Ergebnis auch *Honsell / Schnyder / Straub*, Art. 45, Rn. 65. Oben wurde schon angedeutet, inwiefern die Parteien das Recht, den Vertrag aufzuheben, abändern können. Siehe B.VI. Abdingbarkeit des Erfüllungsanspruchs.

[789] Ausführlich dazu oben: B.VI. Abdingbarkeit des Erfüllungsanspruchs.

[790] *Bamberger / Roth / Saenger*, Art. 46, Rn. 1; *Honsell / Schnyder / Straub*, Art. 46, Rn. 84.

[791] Ein solcher Ausschluß wäre von besonderer Bedeutung, wenn der Verkäufer *nur* Zwischenhändler ist.

3. Dogmatische Einordnung des Nacherfüllungsanspruchs

Die dogmatische Einordnung der Nacherfüllungsansprüche ist nicht eindeutig. Einerseits werden sie einfach als eine *Unterform des Erfüllungsanspruchs* angesehen[792]. Damit wäre eine weitere Differenzierung oberflächlich und nur für akademische Zwecke von Bedeutung. Faktisch bringen sie den Grundsatz *pacta sunt servanda* deutlicher zum Ausdruck[793] und beweisen damit, daß ein Erfüllungsanspruch auch dann (fort)besteht, wenn eine Partei schlecht erfüllt hat[794]. Daher werden sie auch als *Fortsetzung des Erfüllungsanspruchs* behandelt[795]. Andererseits ist zu berücksichtigen, daß die Begehung einer Vertragsverletzung durch eine der Parteien die Vertragslage *tatsächlich* verändert; so macht sich der Verkäufer durch die Lieferung einer nicht vertragsmäßigen Ware in gewisser Hinsicht *schutzwürdig*, so daß der *Erfüllungsanspruch einschränkend modifiziert* wird[796]. Außerdem gelten für die Ausübung der verschiedenen Rechtsbehelfe unterschiedliche Fristen, je nach dem, ob der Verkäufer geliefert hat oder nicht[797]; darüber hinaus entsteht für den Käufer die Pflicht (Obliegenheit), die Ware zu untersuchen und Vertragswidrigkeiten zu rügen. Dagegen bleiben bei Geltendmachung von Erfüllungsansprüchen aus Art. 46 Abs. 1 die Rechte und Pflichten der Parteien unverändert[798].

Durch die Ausübung (und erfolgreiche Durchführung) dieser Rechtsbehelfe werden Erfüllungsmängel beseitigt, so als ob von Anfang an *korrekt* erfüllt worden wäre. Daher ist ihre Einordnung als Fortsetzung des ursprünglichen Erfüllungsanspruchs (und nicht als neue Erfüllungsansprüche) gerechtfertigt: Die erfolgreiche Nachbesserung dient der Erfüllung und kann daher als modifizierter Erfüllungsanspruch verstanden werden. Außerdem wird *Erfüllung* des Vertrages erzwungen, wenn ein Gericht einen Verkäufer zu irgendeiner Handlung aus Art. 46 verpflichtet[799].

Ersatzlieferung und Nachbesserung kann der Käufer nur verlangen, wenn der Verkäufer vertragswidrige Ware geliefert hat. Dies rechtfertigt ihre Bezeichnung als *sekundäre Erfüllungsansprüche*, weil sie nicht aufgrund des Kaufvertrages sondern erst in

---

[792] *Huber*, RabelsZ 43 (1979), S. 486; *Aicher*, in: Hoyer / Posch, S. 128; *Enderlein / Maskow*, Art. 28, Bem. 2.1., Art. 46, Bem. 1; *Krebs*, S. 19.
[793] *Bianca / Bonell / Will*, Art. 46, Bem. 2.2.
[794] *Staudinger / Magnus*, Art. 46, Rn. 2
[795] Ähnlich *Schlechtriem*, in: FS Trinkner, S. 329: Nacherfüllungsanspruch als „nachwirkende Erfüllungsanspruch".
[796] *Vahle*, ZVglRWiss 98 (1999), S. 56, m.w.N. (auch zu anderen Ansichten); *Ziegler*, S. 140; *Herber / Czerwenka*, Art. 46, Rn. 2; *Witz / Salger / Lorenz*, Art. 46, Rn. 1.
[797] Anerkanntermaßen ist der Erfüllungsanspruch nach Art. 46 Abs. 1 an keine Frist gebunden, so daß der Käufer jederzeit – mit der einzigen Einschränkung einer möglichen Verwirkung aus Treu und Glauben – auf Lieferung klagen kann. Vgl. zum deutschen Recht (BGB a.F.) *Vahle*, ZVglRWiss 98 (1999), S. 69; hier finden außer der Verjährung die Gewährleistungsvorschriften Anwendung. Den Verlust des Erfüllungsanspruchs wegen Ablauf der Zeit ist in Art. 9:102.3 PECL ausdrücklich geregelt. Hiernach hat der Gläubiger seinen Anspruch innerhalb einer angemessenen Zeit – nachdem er von der Nichterfüllung erfahren hat oder hätte erfahren müssen – geltend zu machen.
[798] *Staudinger / Magnus*, Art. 46, Rn. 30.
[799] *Kastely*, Wash.L.Rev. 63 (1988), S. 635.

Folge einer Vertragsverletzung (d.h. nach einem mangelhaften Erfüllungsversuch) verlangt werden können.

Berücksichtigt man aber nicht die Folgen, sondern den *Inhalt* der Nacherfüllungsansprüche, dann erweist sich die vorige Einordnung als unvollkommen, denn weder die Vornahme einer Ersatzlieferung[800] noch (insbesondere) die Durchführung einer Reparatur zum tatsächlichen Inhalt des primären Erfüllungsanspruchs gehören[801]. Vielmehr ist die Pflicht, eine Reparatur vorzunehmen, dem Kaufvertrag *untypisch*. Insofern wird der Erfüllungsanspruch im Fall der Nachbesserung in gewisser Hinsicht *erweitert*, weil diese andere Handlungen (Leistungspflichten) begründet als der ursprüngliche Erfüllungsanspruch. Ob eine Nachbesserung prozessual durchgesetzt werden kann[802], wird an anderer Stelle näher untersucht[803].

Ob die Nacherfüllungsansprüche unter „Erfüllung in Natur" einzuordnen sind – und daher den Einschränkungen aus Art. 28 unterliegen – , ist ebenfalls umstritten[804]. In manchen Rechtsordnungen gehört der Anspruch auf Ersatzlieferung beim Gattungskauf zum Erfüllungsanspruch, weil der Verkäufer von vornherein zur Lieferung von vertragsgemäßen Waren verpflichtet ist[805]. Ein Anspruch auf Ersatzlieferung wäre daher bereits aus Art. 46 Abs. 1 abzuleiten, wenn die gelieferte Ware den Anforderungen des Vertrages nicht entspricht[806]. Im Vergleich zum ursprünglichen Erfüllungsanspruch kommt Art. 46 II nur eine *klarstellende* und eine *einschränkende* Funktion zu[807]: Einerseits, weil der Ersatzlieferungsanspruch davon abhängt, ob die Voraussetzungen des allgemeinen Erfüllungsanspruchs gegeben sind (Art. 46 Abs. 1), insbesondere (als *negative* Voraussetzung), daß der Käufer keinen mit dem Erfüllungsanspruch unvereinbaren Rechtsbehelf ausgeübt hat. Andererseits wird der Ersatzlieferungsanspruch durch das Erfordernis der Ausübung innerhalb angemessener Frist nach Mängelanzeige und durch das Erfordernis einer wesentlichen Vertragsverletzung eingeschränkt.

---

800 So aber *Bamberger / Roth / Saenger*, Art. 46, Rn. 1.

801 Ähnlich *Hjerner*, in: O.R., S. 333, Nr. 81; a.A. *Enderlein / Maskow*, Art. 46, Bem. 1; offengelassen *Soergel / Lüderitz / Schüßler-Langeheine*, Art. 46, Rn. 7.

802 Zweifelnd *Niggemann*, in: Hoyer / Posch, S. 98.

803 Siehe unten I. Beziehung zwischen Art. 28 und Art. 46 Abs. 3.

804 Dieses Problem wird unten näher untersucht. Dies scheint für die Staaten des *Civil Law* selbstverständlich zu sein; dagegen ist die Behandlung von solchen Ansprüchen als *specific performance* umstritten. Die meisten Kommentierungen beziehen diesen Rechtsbehelf allein auf die Erfüllung der Primärleistungspflicht. Dies steht in Einklang mit der Tatsache, daß *specific performance* im UCC als Rechtsbehelf für den Fall von „repudiation" und „non-delivery" vorgesehen ist (sowie für den Fall, daß der Käufer die Ware zurückweist). Siehe *Flechtner*, 8 Journal of Law and Commerce (1998), S. 58. Unter dem englischen *Sale of Goods Act 1979*, scheint *specific performance* ebenfalls nur auf den Fall der Nichtlieferung bezogen zu sein (section 52); für *breach of warranty* kann der Käufer (nur?) Schadensersatz verlangen (section 53). Näheres dazu unten I. Beziehung zwischen Art. 28 und Art. 46 Abs. 3.

805 Siehe z.B. § 480 BGB a.F.

806 *Schlechtriem / Huber*, Art. 46, Rn. 20.

807 Ähnlich *Schulz*, S. 229.

Ähnliches gilt für den Nachbesserungsanspruch aus Art. 46 III. Seine *klarstellende* Funktion liegt darin, daß der Käufer – neben anderen Rechtsbehelfen – *auch* die Reparatur der Ware verlangen kann. Dieses Recht ist in zeitlicher (durch das Erfordernis der Ausübung binnen angemessene Frist) und materieller Hinsicht (Ausschluß bei Unzumutbarkeit der Nachbesserung für den Verkäufer) *eingeschränkt*.

Die Nacherfüllungsansprüche entfalten – anders als die Aufhebung des Vertrages[808] oder die Herabsetzung des Kaufpreises[809] – *keine Gestaltungswirkung*[810]. Daher ist das Überwechseln zu einem anderen Rechtsbehelf, nachdem der Käufer einen Nacherfüllungsanspruch geltend gemacht hat oder bei fehlgeschlagener bzw. unterlassener Nacherfüllung, grundsätzlich nicht ausgeschlossen, soweit die Ausübungsvoraussetzungen des jeweiligen Anspruchs vorliegen[811]. Grenzen zum *ius variandi* des Käufers ergeben sich insbesondere aus Treu und Glauben.

Im Ergebnis sollen die Nacherfüllungsansprüche *qua* Rechtsbehelf als *modifizierter* – teils einschränkend, teils erweiternd modifiziert – *fortwirkender Erfüllungsanspruch* verstanden werden, deren Inhalt vom ursprünglichen Erfüllungsanspruch abhängt und auf dessen Verwirklichung hingeordnet sind.

4. Abgrenzung zu anderen Rechtsinstituten

Die Nacherfüllungsansprüche sind von anderen Rechtsbehelfen der Konvention und von anderen Rechtsinstituten zu unterscheiden. Insbesondere kann eine Abgrenzung zur Setzung einer *Nachfrist* gemäß Art. 47 Abs. 1 schwierig fallen, denn diese räumt dem Verkäufer eine zweite Erfüllungsmöglichkeit ein. Die Nachfristsetzung erstreckt sich auf alle Arten von Pflichten, ist aber nur im Fall der Nichtlieferung relevant, denn nur hier wird die Rechtsposition des Käufers *verbessert*. Ansonsten wird der Käufer – bis zum Ablauf der gesetzten Nachfrist – in der Ausübung weiterer Rechtsbehelfe gehindert. Man könnte zwar annehmen, daß eine Nachfrist nach Art. 47 Abs. 1 nur für solche Fälle gelten würde, die nicht unter Art. 46 II oder III fallen (also für den allgemeinen Erfüllungsanspruch aus Art. 46 Abs. 1 und nicht, wenn vertragswidrige Waren

---

[808] *Schlechtriem / Leser / Hornung*, Art. 26, Rn. 4 ff; *Staudinger / Magnus*, Art. 49, Rn. 26.

[809] *Adame*, S. 275; *Audit*, S. 134; *Enderlein / Maskow*, Art. 50, Bem. 2; *Karollus*, S. 157; *Piltz*, § 5, Rn. 307; *Schlechtriem*[2], Rn. 204; *Staudinger / Magnus*, Art. 50, Rn. 15, 31; *Ziegler*, S. 154, 253; usw. A.A. *Schlechtriem / Huber*, Art. 45, Rn. 30 f, Art. 50, Rn. 17 (siehe oben, Fußnote 76).

[810] *Schlechtriem / Huber*, Art. 45, Rn. 25 ff; *Staudinger / Magnus*, Art. 46, Rn. 31; *Schulz*, S. 285. In einem frühen Stadium der Geschichte der Schuldrechtsreform wurde gesagt, die Nacherfüllungsansprüche des Käufers seien als *Gestaltungsrecht* ausgebildet (Siehe *Huber*, Leistungsstörungen, in: Gutachten und Vorschläge, S. 665). Dieser Auffassung folgend nahm der Palandt-Kommenter eine Gestaltungswirkung des Nacherfüllungsverlangens an; siehe *Palandt / Putzo*[62], § 439 (und Ergänzungsband zur 61. Aufl.), Rn. 6. Diese Auffassung wird in der neuen Auflage zu Recht nicht mehr vertreten. Die h.M. geht heutzutage davon aus, daß die Ausübung eines Nacherfüllungsanspruchs ein Fall von „elektiver Konkurrenz" darstellt und der Käufer daher auf die andere Variante der Nacherfüllungsanspruch übergehen kann, was gegen die Annahme eines Gestaltungsrechts spricht; siehe *Canaris*, in: Karlsruher Forum, S. 75; eingehend *Spickhoff*, BB 2003, S. 591 ff; letzterem folgend: *Palandt / Putzo*, § 439, Rn. 5; *Bamberger / Roth / Faust*, § 439, Rn. 9, m.w.N. Jedoch a.A. *Erman / Grunewald*, § 439, Rn. 6.

[811] Vgl. *Staudinger / Magnus*, Art. 46, Rn. 30, 67.

geliefert worden sind), denn diese Spezialnormen würden Art. 47 verdrängen. Aber dies ist bereits aus dem Wortlaut des Art. 47 Abs. 1 abzulehnen; der Käufer kann dem Käufer eine angemessene Frist „zur Erfüllung seiner Pflichten" setzen. Auch wenn Ersatzlieferung und Nachbesserung *Sekundär*ansprüche sind, ist die Formulierung des Art. 47 Abs. 1 so breit gefaßt, daß sie *jede Art* von Pflichten umfassen soll.

Kennzeichnend für die Setzung einer Nachfrist ist die Überschreitung des Liefertermins, während die Nacherfüllungsrechte auf die Lieferung mangelhafter Ware abstellen. In beiden Fällen ist ein Fortbestehen des Erfüllungsanspruchs Voraussetzung und beide Rechtsbehelfe implizieren eine Aufforderung zur Leistung. Während Art. 47 Abs. 1 eine bestimmte oder bestimmbare *Zeit* für die Bewirkung der geschuldeten Leistung erfordert, ist der *Zeitfaktor* bei den Ansprüchen aus Art. 46 II und III nicht begriffsnotwendig[812]. Andererseits ist eine Nachfristsetzung i.S.d. Art. 47 Abs. 1 ohne Geltendmachung eines (Nach-)Erfüllungsanspruchs sinnlos[813].

Eine *Vertragsänderung* i.S.v. Art. 29 liegt den Nacherfüllungsansprüchen nahe, sofern irgendeine Bestimmung aus dem ursprünglichen Kaufvertrag (z.B. Leistungszeit) verändert wird. Im Einzelfall ist es eine Frage der Auslegung, ob der Käufer zur Nacherfüllung aufgefordert bzw. eine Nachfrist gesetzt hat, oder ob eine nachträgliche stillschweigende Vertragsänderung (i.S.v. Art. 29) bezüglich der Leistungszeit vorgenommen wurde[814]. Geht man von einer Vertragsänderung aus, dann bleibt die Geltendmachung von Verzugsschäden bzw. -zinsen dem Käufer verwehrt. Im Zweifelsfall sollte jedoch der Wille, den Vertrag zu ändern *deutlich* hervortreten[815].

Der Nacherfüllungsanspruch in der Form einer Ersatzlieferung liegt der *Vertragsaufhebung* in seinen Voraussetzungen nahe; beide Rechtsbehelfe erfordern das Vorliegen einer wesentlichen Vertragsverletzung und beide sollen innerhalb einer angemessenen Frist geltend gemacht werden. Liegt eine wesentliche Vertragsverletzung vor, so kann der Käufer die Ware zurückweisen. Dieses Verhalten ist mehrdeutig; es kann als eine Aufhebungserklärung oder als eine Ersatzlieferungsaufforderung verstanden werden[816]. Daher obliegt es dem Käufer – der die Ware zurückweist – , die Klarstellung, welchen Rechtsbehelf er geltend macht. Ansonsten sind beide Rechtsbehelfe i.S.d. Art. 46 Abs. 1 unvereinbar.

---

[812] Andererseits ist die Setzung einer Nachfrist ohne Geltendmachung eines (Nach-) Erfüllungsanspruchs sinnlos; vielmehr handelt es sich um eine Nachfrist „zur Erfüllung".

[813] Dieses Thema wird unter einem anderen Gesichtspunkt näher untersucht; siehe: G.II. Stillschweigende Nachfrist?

[814] Vgl. *Secretariat Commentary* on Art. 42 [Art. 46 CISG], Anm. 5.

[815] Vgl. zum UN-Kaufrecht *Staudinger / Magnus,* Art. 29, Rn. 1, 7 f (Konsens erforderlich).

[816] Vgl. C.II.3.a. Erklärung (Ausübung) [des Nacherfüllungsanspruchs] und G.IV.5. Zurückweisungsrecht des Käufers?

5. Rangstellung innerhalb der Rechtsbehelfe der Konvention

Aus dem Vorrang des Erfüllungsanspruchs in der Systematik der Konvention dürfte man eine ebenso vorrangige Stellung der Nacherfüllungsansprüche annehmen. In ihrem Verhältnis zueinander werden die konkretisierten Erfüllungsansprüche auf Ersatzlieferung und Nachbesserung vor dem Erfüllungsanspruch aus Art. 46 Abs. 1 vorgezogen[817]. Der Erfüllungsanspruch bleibt bestehen, solange der Verkäufer keine vertragswidrige Ware geliefert hat, aber ab Lieferung gehen Abs. 2 und 3 grundsätzlich vor[818]. Liegen sowohl die Voraussetzungen des Ersatzlieferungs- als auch des Nachbesserungsanspruchs vor, dann steht es dem Käufer frei, welches Recht er geltend macht[819].

Die weitere Rechtsbehelfe stehen dem Käufer *alternativ* zur Verfügung[820], so daß er, statt Erfüllungsansprüche geltend zu machen, den Kaufpreis mindern oder Schadensersatz (sei es kumulativ zu anderen Rechtsbehelfen oder nicht) verlangen kann. Diese Rechtsbehelfe dienen der Erhaltung des Vertrages und sind daher der Aufhebung des Vertrages vorzuziehen. Liegt jedoch eine wesentliche Vertragsverletzung vor, kann der Käufer den Vertrag *sofort* aufheben[821]. An anderer Stelle wird der Konflikt zwischen Vertragsaufhebung und Erfüllungsmöglichkeit des Verkäufers behandelt[822]; an dieser Stelle soll nur erwähnt werden, daß die Ausübung anderer Rechtsbehelfe eine fehlgeschlagene Nacherfüllung *nicht* voraussetzt.

6. Rechtslage nach internem deutschem Recht

Im Mittelpunkt der Reform des deutschen Kaufrechts befinden sich die Nacherfüllungsansprüche auf Nachbesserung und Ersatzlieferung, die dem Käufer nunmehr ausdrücklich die Möglichkeit geben, eine vertragsgemäße, mangelfreie Erfüllung des Vertrages zu verlangen und durchzusetzen. Beide Rechtsbehelfe ergeben sich aus der

---

[817] *Honsell / Schnyder / Straub*, Art. 46, Rn. 44, 78.

[818] *Vahle*, ZVglRWiss 98 (1999), S. 57; *Ziegler*, S. 140. Für *Diez-Picazo / López López*, Art. 46, S. 415 sind Abs. 2 und 3 *spezifischere* Normen und nicht *Spezialvorschriften* im engeren Sinn; damit will dieser Autor zum Ausdruck bringen, daß sie den allgemeinen Erfüllungsanspruch aus Art. 46 Abs. 1 konkretisieren, ohne ihn zu ersetzen. Dies wird deutlicher, wenn man sich verschiedene Formen von Vertragsverletzung vor Augen führt, die gleichzeitig auftreten können: Wenn die Kaufsache *vertragswidrig* ist, dann greifen Abs. 2 und 3 ein; für sonstige Pflichten – etwa die Lieferung von Dokumenten oder die Übertragung des Eigentums – wirkt Abs. 1 weiter fort.

[819] *Honsell / Schnyder / Straub*, Art. 46, Rn. 78. Zu beachten ist jedoch, daß der Verkäufer im Rahmen seines Nacherfüllungsrechts nach Art. 48 die Entscheidung des Käufers außer Kraft lassen kann. Dazu unten: F.II. Wahlrecht des Käufers?

[820] *Staub / Koller*, Vor § 373 HGB, Art. 48 CISG, Rn. 681; *Staudinger / Magnus*, Art. 45, Rn. 16, 29.

[821] *Aicher*, in: Hoyer / Posch, S. 140; *Bianca / Bonell / Will*, Art. 49, Bem. 1.2.1.2.; *Diez-Picazo / López López*, Art. 49, S. 437; *Draft-Digest*, Art. 48, Anm. 2, m.w.N.; *Enderlein / Maskow*, Art. 49, Bem. 3; *Magnus*, in: FS Schlechtriem, S. 606; *Reinhart*, Art. 49, Rn. 2. In der Literatur und Rechtsprechung wird häufig eine wesentliche Vertragsverletzung verneint, wenn der Verkäufer den Erfüllungsmangel in angemessener Zeit und ohne unzumutbare Belastungen für den Verkäufer beheben kann (siehe statt aller *Magnus*, in: FS Schlechtriem, *passim*; und *Draft-Digest*, Art. 48, Anm. 2, Art 49, Anm. 12). Dieses Problem ist an anderer Stelle bereits behandelt worden. Siehe dazu A.II.2.d). Die Aufhebung des Vertrages (Art. 49).

[822] Siehe oben: A.II.2.d). Die Aufhebung des Vertrages (Art. 49) und F.II.1. Wahlrecht zwischen Vertragsaufhebung und Erfüllungsanspruch.

gesetzlichen Verankerung der „Erfüllungstheorie" in § 433 Abs. 1 S. 2[823] und bedeuten eine Konkretisierung und – in gewisser Hinsicht – eine Erweiterung des Anspruchs auf Übergabe einer Sache, die frei von Sach- und Rechtsmängeln ist[824].

Die Ersatzlieferung (Nachlieferung, „Umtausch") bezieht sich auf die Lieferung einer mangelfreien Sache, während die Nachbesserung in der Beseitigung des Mangels (i.d.R. durch Reparatur) besteht[825].

Die Rechtsbehelfe des Käufers sind überwiegend im allgemeinen Leistungsstörungsrecht geregelt[826]. Darauf verweist die allgemeine Norm des § 437, insbesondere für den Rücktritt und den Schadensersatz statt der Leistung. Einzelne „kaufrechtsspezifische" Rechtsbehelfe sind die Nacherfüllung und die Minderung[827]. Die Rechtsbehelfe sind grundsätzlich auf alle Kaufverträge anzuwenden[828], unabhängig von der persönlichen Eigenschaft der Beteiligten[829].

Nach bisherigem Recht war eine tiefe Zäsur zwischen dem Erfüllungs- und dem Gewährleistungsstadium bemerkbar[830]; diese ist nicht beseitigt worden, hat aber an rechtliche Relevanz verloren, weil das Schuldrechtsmodernisierungsgesetz eine Angleichung der Rechtsfolgen von Sach- und Rechtsmängeln, für Stück- und Gattungskauf sowie für Falsch- und Schlechtlieferung geschaffen hat. Lediglich sind manche Unterschiede erhalten, um die sachlichen Besonderheiten bestimmter Fallkonstellationen zu beachten.

a) Entstehungsgeschichte

Die Nacherfüllungsansprüche sind im deutschen Privatrecht nicht neu. Die alte Fassung des BGB enthielt bereits einen Nachlieferungsanspruch des Käufers für den Fall, daß der Verkäufer mangelhafte Gattungsware geliefert hatte (§ 480 Abs. 1 BGB a.F.). Ebenfalls war ein Nachbesserungsanspruch im Werkvertrag zugunsten des Bestellers vorgesehen (§ 633 II S. 1 BGB a.F.)[831]. Einen gesetzlichen Nachbesserungsanspruch gab es beim Kaufvertrag dagegen nicht[832], konnte aber

823 *P. Huber*, NJW 2002, S. 1005.
824 Vgl. *P. Huber*, NJW 2002, S. 1005.
825 *Palandt / Putzo*, § 437, Rn. 5.
826 *Canaris*, in: Karlsruher Forum, S. 70.
827 *Ball*, ZGS 2002, S. 49; *Westermann*, NJW 2002, 242.
828 *Palandt / Putzo*, § 439, Rn. 2.
829 Darin unterscheidet sich die Bundesrepublik von anderen Mitgliedsstaaten der EU, die sich für die „kleine" Lösung bei der Umsetzung der Kaufrechtsrichtlinie entschieden haben; damit bleiben die Nacherfüllungsansprüche nur innerhalb des persönlichen Anwendungsbereichs der Richtlinie (nämlich nur für Verbraucher) anwendbar. Zur Umsetzung der Richtlinie 1999/44/EG (Verbrauchsgüterkaufrichtlinie) in anderen Staaten siehe *Mansel*, AcP 204 (2004), S. 396 ff (*passim*), m.w.N. Entwürfe und Umsetzungsgesetze sind abrufbar unter www.ipr.uni-koeln.de/eurprivr/umsetzung1999_44.htm.
830 *Canaris*, in: Karlsruher Forum, S. 70.
831 Vgl. *Reinicke / Tiedke*, Rn. 493.
832 *Staudinger / Honsell*, Vorbem zu §§ 459 ff (BGB a.F.), Rn. 18, m.w.N., § 462, Rn. 13 f (mit Nachweisen zur Gegenansicht).

vereinbart werden, was häufig durch eine entsprechende Klausel in den allgemeinen Geschäftsbedingungen erfolgte[833]. Ohne Vereinbarung war ein Nachbesserungsanspruch i.d.R. abzulehnen[834], es sei denn, daß die Verkehrssitte, die Handelsbräuche oder eine ergänzende Vertragsauslegung ein Nachbesserungsanspruch begründen konnten[835].

Neu ist allerdings die gesetzliche Einbeziehung eines *umfassenden* Nachbesserungsanspruchs in das Kaufvertragsrecht und die grundsätzliche Erweiterung der Ersatzlieferung auf alle Kaufverträge, unabhängig davon, ob es sich um einen Gattungs- oder einen Stückkauf handelt, bzw. ob ein Sach- oder ein Rechtsmangel vorliegt[836]. Ebenfalls hervorzuheben ist die vorrangige Stellung dieser Rechtsbehelfe; während der Käufer nach altem Recht sofort Wandelung oder Minderung verlangen konnte[837], muß er jetzt dem Verkäufer grundsätzlich die Möglichkeit zur Behebung seines Erfüllungsmangels geben, bevor er zu anderen Rechtsbehelfen übergehen kann[838].

Die Normierung eines Nacherfüllungsanspruchs des Käufers (mit der korrelativen Nacherfüllungs*pflicht* des Verkäufers) trägt den Interessen beider Parteien Rechnung. Dieses Modell geht auf den Vorschlag *Hubers* zurück[839], der seinerseits dem Einheitskaufrecht entnommen war und von der Kommission zur Überarbeitung des Schuldrechts übernommen wurde[840].

Zwischen der Formulierung des § 438 Abs. 1 KommissionsE und der endgültigen Fassung sind einige Unterschiede deutlich. Die wichtigste Änderung liegt darin, daß die Wahl zwischen den verschiedenen Modalitäten der Nacherfüllung jetzt dem Käufer zusteht. Dieser Wechsel ist auf die Verbrauchsgüterkaufrichtlinie zurückzuführen, die im Art. 3 das Wahlrecht ausdrücklich dem Käufer überläßt[841].

---

833 Vgl. Abschlußbericht, S. 25. Siehe auch § 11 Nr. 10 lit. b AGBG, das die Verwendung solcher Klausel bei Verträgen über neu hergestellter Sachen gestattete.

834 *Palandt / Putzo*[61], § 462, Rn. 4, m.w.N.

835 Vgl. *Staudinger / Honsell*, § 462 BGB a.F., Rn. 13, m.w.N.

836 In der Literatur umstritten, ob der Käufer einen Ersatzlieferungsanspruch beim Stückkauf hat. Im Hinblick auf die Absicht des Gesetzgebers, der die Unterscheidung zwischen Stück- und Gattungskauf entbehrlich machen wollte, ist dies zu bejahen. Siehe statt vieler *Kandler*, S. 465 ff, m.w.N. (und hier, unter Punkt: D.VII.3.a). Ausschluß der Nacherfüllungspflicht nach § 275 Abs. 1).

837 *Bitter / Meidt*, ZIP 2001, S. 2115; *Medicus*, Schuldrecht-BT Rn. 54.

838 Dies ergibt sich direkt aus dem Gesetzestext: § 323 Abs. 1: Der Gläubiger kann vom Vertrag zurücktreten, „wenn er dem Schuldner erfolglos eine angemessene Frist zur Leistung oder Nacherfüllung bestimmt hat". Gleicher Wortlaut befindet sich im § 281 Abs. 1 für den Schadensersatzanspruch statt der Leistung wegen nicht oder nicht vertragsgemäß erbrachter Leistung.

839 *Huber*, Leistungsstörungen, in: Gutachten und Vorschläge, S. 664, 677.

840 Vgl. § 438 Abs. 1 KommissionsE: „Ist die Sache mangelhaft, so kann der Käufer Nacherfüllung verlangen. Der Verkäufer kann nach seiner Wahl den Mangel beseitigen oder, wenn es sich um eine vertretbare Sache handelt, eine mangelfreie Sache liefern". Siehe auch Abschlußbericht, S. 210 f.

841 Siehe *Grundmann / Bianca / Bianca*, Art. 3, Rn. 65 und unten: F.II.6. Rechtslage nach deutschem BGB.

Darüber hinaus enthielt der KommissionsE die Einschränkung, daß eine Ersatzlieferung in Betracht kommt, wenn es sich um eine vertretbare Sache handelt. Diese ist im jetzigen Gesetzestext entfallen. Zwar kommt man im neuen BGB ohne diesen ausdrücklichen Hinweis zum selben Ergebnis, aber eine solche Klarstellung wäre sinnvoll gewesen, um die Diskussion zu vermeiden, ob Ersatzlieferung auch beim Stückkauf in Betracht kommt, wenn eine vertretbare Sache gekauft wurde[842].

Ein weiterer, eher unbedeutender Unterschied liegt darin, daß § 439 BGB n.F. die Mangelhaftigkeit der Sache nicht mehr erwähnt. Dies ist allerdings unerheblich, weil diese Voraussetzung in § 437 enthalten ist, der auf § 439 verweist.

b) Abdingbarkeit

Die Abdingbarkeit der Nacherfüllungsansprüche im Individualvertrag ist zu bejahen (§ 444)[843]. Die Parteien können im Rahmen ihrer Vertragsfreiheit die Gewährleistungsrechte aus § 439 vertraglich ausschließen, modifizieren oder beschränken, etwa durch Vereinbarung einer Rügeobliegenheit bzw. durch Bestimmung einer Ausübungsfrist, durch Überlassung des Wahlrechts an den Verkäufer, durch Ausschluß einer oder beider Varianten der Nacherfüllung oder durch Erweiterung der Anzahl von möglichen Nacherfüllungsversuchen vor Geltendmachung weiterer Rechtsbehelfe[844]. Jedoch kann der Verkäufer sich auf eine – die Rechtsbehelfe auf Nacherfüllung einschränkende – Vereinbarung nicht berufen, wenn er einen Mangel der Kaufsache arglistig verschwiegen oder eine Garantie für die Beschaffenheit der Sache übernommen hat (§ 444).

Eine Abänderung des § 439 in allgemeinen Geschäftsbedingungen ist grundsätzlich zulässig; ob den Kaufrechtsvorschriften eine „Leitbildfunktion" i.S.v. § 307 II Nr. 1 zukommt, ist zweifelhaft[845]. Allerdings sind die Grenzen des § 309 Nr. 8 lit b zu beachten[846].

Im Anwendungsbereich der Verbrauchsgüterkaufrichtlinie ist jedoch § 439 „zwingendes Recht"[847]: Eine Vereinbarung, die die Rechte des Verbrauchers aus § 439 zu dessen Lasten einschränkt, kann im Voraus, aufgrund des ausdrücklichen Wortlauts des § 475 Abs. 1, nicht getroffen werden[848] und ist daher nichtig[849].

---

842 Dazu unten: C.II.4.a).(3). Lieferung eines aliud [nach deutschem BGB].

843 *Erman / Grunewald*, § 439, Rn. 13; *MünchKomm / Westermann*, § 439, Rn. 30; *Palandt / Putzo*, § 439, Rn. 3, § 444, Rn. 1.

844 *Erman / Grunewald*, § 439, Rn. 13; *Jauernig / Chr. Berger*, § 439, Rn. 4; *Palandt / Putzo*, § 437, Rn. 3. Ähnlich *Büdenbender*, in: Das Neue Schuldrecht, § 8, Rn. 48.

845 *Haas*, BB 2001, S. 1319; *Canaris*, in: Karlsruher Forum, S. 76.

846 Siehe dazu *Erman / Grunewald*, § 439, Rn. 13; *Jauernig / Chr. Berger*, § 439, Rn. 4.

847 *Palandt / Putzo*, § 439, Rn. 3 (Ergänzungsband zur 61. Aufl.).

848 *Haas*, BB 2001, S. 1319.

849 Im Ergebnis so *Jauernig / Chr. Berger*, § 475, Rn. 5.

c) Dogmatische Einordung des Nacherfüllungsanspruchs nach dem BGB

Nach § 433 Abs. 1 S. 2 gehört es zu den Pflichten des Verkäufers, dem Käufer eine Sache zu verschaffen, die frei von Sach- und Rechtsmängeln ist. Damit wird die Mängelfreiheit der Sache zum Inhalt der Leistungspflicht, mit der Folge, daß die Lieferung einer mangelhaften Sache eine Pflichtverletzung darstellt. Der ursprüngliche Erfüllungsanspruch erlischt durch die mangelhafte Lieferung nicht, weil diese Folge erst dann eintritt, wenn *die geschuldete Leistung* an den Gläubiger bewirkt wird (§ 362). Der Erfüllungsanspruch bleibt daher bei (trotz!) Lieferung einer fehlerhaften Sache in gewisser Hinsicht bestehen[850]. Damit stellen die Nacherfüllungsansprüche eine Fortsetzung des Primäranspruchs auf mangelfreie Leistung dar.

Allerdings treten ab dem (mangelhaften) ersten Erfüllungsversuch gewisse Konsequenzen ein, die das ursprüngliche Pflichtenprogramm zwischen den Parteien modifizieren[851]: Ab Gefahrübergang gehen die Rechte des Käufers vom Erfüllungs- in das Gewährleistungsstadium über[852]; die kaufrechtlichen Gewährleistungsvorschriften dienen zur Korrektur einer mangelhaften Erfüllung und setzen daher die Lieferung einer mangelhaften Sache voraus. Demzufolge kann der Käufer die Beseitigung des Mangels oder die Lieferung einer mangelfreien Sache verlangen. Damit verwandelt sich der ursprüngliche Erfüllungsanspruch in den Nacherfüllungsanspruch aus §§ 437, 439[853].

Sowohl die Ersatzlieferung als auch die Nachbesserung dienen der Erreichung des vertraglich vorgesehenen Erfolges und sind daher dem Erfüllungsanspruch untergeordnet; andererseits gehören sie nicht zu der ursprünglichen Leistungspflicht, sondern werden vielmehr von der Rechtsordnung für den Fall einer Vertragsverletzung (Lieferung einer mangelhaften Sache) dem Käufer zur Verfügung gestellt. Für deren Geltendmachung gilt eine besondere Verjährungsfrist (§ 438), die sich von der allgemeinen Verjährungsfrist aus § 195, die für den Erfüllungsanspruch maßgeblich ist[854], unterscheidet.

Auf der Seite des Verkäufers ist festzustellen, daß dieser sich durch seine Erfüllungshandlung schutzwürdig gemacht hat. Daher kann er etwaige Nacherfüllungsansprüche des Käufers *verweigern*, wenn diese unverhältnismäßige Kosten erfordern (§ 439 III)[855]. Ab Übergabe der Kaufsache geht die Gefahr des zufälligen Untergangs oder der

---

[850] *Canaris*, in: Karlsruher Forum, S. 78; *P. Huber*, in: *Huber / Faust*, § 13, Rn. 44 f; *Zimmer / Eckhold*, JURA 2002, S. 148. Anders jedoch nach altem Recht, wobei die Lieferung einer mangelhaften Sache beim Stückkauf als Erfüllung galt, so daß dem Käufer allein Gewährleistungsrechte zustanden.

[851] *Canaris*, Schuldrechtsmodernisierung, S. XXV; *von Wilmowsky*, JuS Beilage zu Heft 1/2002, S. 19, 22; ähnlich *Zimmer / Eckhold*, JURA 2002, S. 148; siehe auch *Oechsler*, NJW 2004, S. 1825 f.

[852] *Canaris*, in: Karlsruher Forum, S. 70 ff; *P. Huber*, NJW 2002, S. 1005; *Oechsler*, NJW 2004, S. 1826; i.E. *Palandt / Putzo*, § 437, Rn. 14, 49. A.A. *Lorenz*, NJW 2002, S. 2499; *Oetker / Maultzsch*, S. 70, die auf den Zeitpunkt der Lieferung abstellen; *Bamberger / Roth / Faust*, § 439, Rn. 6, § 437 Rn. 6: Zeitpunkt der Annahme als Erfüllung i.S.d. § 363.

[853] *P. Huber*, in: *Huber / Faust*, § 13, Rn. 45.

[854] *Lorenz*, NJW 2002, S. 2499, Fn. 23.

[855] Zum Verweigerungsrecht nach § 439 III ausführlicher unten: D.VII.3.d).

zufälligen Verschlechterung der Sache auf den Käufer über (§ 446). Hierdurch werden grundsätzliche Unterschiede zum ursprünglichen Erfüllungsanspruch deutlich[856]. Dem Käufer wird häufig ein Zurückbehaltungsrecht gemäß § 320 zukommen, solange der Verkäufer eine ordnungsgemäße Nacherfüllung nicht erbracht hat und die Zurückhaltung des Kaufpreises gegen Treu und Glauben nicht verstößt (§ 320 II)[857].

Aus diesen Überlegungen wird deutlich, daß die Nacherfüllungsansprüche sich vom ursprünglichen Erfüllungsanspruch unterscheiden[858], auch wenn sie ihrer „Grundstruktur" nach mit diesem identisch sind[859]. Die Nacherfüllungsansprüche stellen daher eine *modifizierte Fortsetzung des ursprünglichen Erfüllungsanspruchs* dar[860] und sind dogmatisch in das Gewährleistungsrecht einzuordnen[861]. Weil diese nicht kraft des Kaufvertrages sondern erst durch die Verletzung der primären Leistungspflicht durch den Verkäufer entstehen, handelt es sich um *Sekundäransprüche* des Käufers[862].

d) Rangstellung gegenüber anderen Rechtsbehelfen des Käufers

Im neuen Gewährleistungsrecht kommt dem Nacherfüllungsanspruch eine *vorrangige Stellung* zu[863]. Das System basiert auf ein „Zwei-Stufiges" Modell[864], nach dem der Käufer *grundsätzlich immer* dem Verkäufer eine Nachfrist zu Nacherfüllung setzen muß[865], bevor er zu anderen Rechtsbehelfen (Rücktritt, Minderung und Schadensersatz statt der Leistung) übergehen kann[866].

Nach neuem Recht stehen dem Käufer sämtliche Ansprüche nicht mehr *alternativ* zur Verfügung[867], wie es beim Ersatzlieferungsanspruch aus § 480 Abs. 1 BGB a.F. der

---

856 *Jauernig / Chr. Berger*, § 439, Rn. 7.

857 So die h.M.: *Bamberger / Roth / Faust*, § 437, Rn. 155; *Jauernig / Chr. Berger*, § 439, Rn. 7; *Jauernig / Stadler*, § 320, Rn. 7; *Oetker / Maultzsch*, S. 79; *Palandt / Putzo*, § 437, Rn. 14; *Palandt / Heinrichs*, § 320, Rn. 9.

858 *Palandt / Putzo*, § 439, Rn. 1, m.w.N.

859 So *Canaris*, in: Karlsruher Forum, S. 78.

860 *Canaris*, Schuldrechtsmodernisierung, S. XXV; *Canaris*, in: Karlsruher Forum, S. 78 f, m.w.N.: *Haas*, BB 2001, S. 1315; *P. Huber*, NJW 2002, S. 1005; *P. Huber*, in: *Huber / Faust*, § 13, Rn. 11, 28, 45; *Lorenz*, NJW 2002, S. 2499; *Lorenz / Riehm*, Rn. 504; *MünchKomm / Westermann*, § 439, Rn. 1; *Palandt / Putzo*, § 439, Rn. 1. Zum Nachbesserungsanspruch des Bestellers als „Erfüllungsanspruch in modifizierter Gestalt" (bereits vor der Schuldrechtsreform) *Gursky*, NJW 1971, S. 784, m.w.N.

861 *Canaris*, in: Karlsruher Forum, S. 78; *Erman / Grunewald*, § 439, Rn. 1; *Jacobs*, in: Dauner-Lieb / Konzen / Schmidt, S. 371; *Staudinger / Matusche-Beckmann*, § 439, Rn. 1.

862 *Jauernig / Chr. Berger*, § 439, Rn. 7.

863 BT-Drucks. 14/6040, S. 230; so auch *Bitter / Meidt*, ZIP 2001, S. 2123; *Boerner*, ZIP 2001, S. 2269; *Dauner-Lieb*, Entwicklungstendenzen und Problemschwerpunkte, S. 26; *Gruber*, Jb.J.ZivRWiss. 2001, S. 188; *P. Huber*, NJW 2002, S. 1005; *Lorenz / Riehm*, Rn. 504; *Palandt / Putzo*, § 437, Rn. 4; *Westermann*, NJW 2002, S. 248.

864 *P. Huber*, in: *Huber / Faust*, § 13, Rn. 9; *Zimmer / Eckhold*, JURA 2002, S. 148.

865 Siehe §§ 437 Nr. 2, 440, 323, 326 Abs. 5 für den Rücktritt; §§ 437 Nr. 2, 440, 441 (bzw. 323, 326) für die Minderung; §§ 437 Nr. 3, 440, 280, 281, 283, 311a für den Schadensersatz (§ 284 für Aufwendungen). Siehe auch Abschlußbericht, S. 30.

866 *Lorenz / Riehm*, Rn. 504; *Palandt / Putzo*, § 439, Rn. 1.

867 *Bitter / Meidt*, ZIP 2001, S. 2116.

Fall war, als der Käufer sofort Wandelung, Minderung oder Schadensersatz statt der Leistung verlangen konnte[868]. Diese werden jetzt zu *sekundären Rechtsbehelfen*[869].

Dadurch zeigt das BGB eine stärkere Stellung des Erfüllungsanspruchs als früher; dies entspricht auch der normalen Lebenswirklichkeit[870], wo das Interesse des Käufers primär auf Erfüllung gerichtet ist und nicht auf Rückgängigmachung des Vertrages.

Unter gewissen Umständen kann eine Nachfrist entbehrlich sein, so daß der Käufer sofort den Rücktritt oder die Minderung erklären bzw. Schadensersatz statt der Leistung und Ersatz vergeblicher Aufwendungen verlangen kann. Hier handelt es sich um Ausnahmen zum grundsätzlichen Vorrang der Nacherfüllung[871].

7. Vergleich zwischen UN-Kaufrecht und BGB

Beide Rechtsordnungen gehen von einem *Vorrang des Erfüllungsanspruchs* aus. Dieser kommt im UN-Kaufrecht dadurch zum Ausdruck, daß der Käufer den Vertrag nur bei einer wesentlichen Vertragsverletzung aufheben kann[872] und daß der Verkäufer ein *selbständiges* Nacherfüllungsrecht („Recht auf zweiten Andienung") hat. Im BGB wird der Vorrang des Erfüllungsanspruchs dadurch gewährleistet, indem der Käufer zunächst Nacherfüllungsansprüche geltend machen muß, bevor er auf andere Rechtsbehelfe (inklusiv Schadensersatz) übergehen kann.

Im Ergebnis fällt ein Rücktritt vom Vertrag nach BGB jedoch leichter, weil der Käufer durch den Nachfristsetzungs-*Mechanismus (fast)* jede Nichterfüllung in eine dem Rücktritt berechtigende Pflichtverletzung umwandeln kann. Nur ausnahmsweise ist ein Rücktrittsrecht ausgeschlossen, nämlich dann, wenn die Pflichtverletzung *unerheblich* ist. Damit liegen die *Hürden* für den Rücktritt viel niedriger im BGB als im UN-Kaufrecht. Auffällig ist ebenfalls, daß die Erheblichkeitsschranke in BGB als Ausschlußtatbestand aufgefaßt ist (und daher vom Verkäufer nachzuweisen) während das Erfordernis einer wesentlichen Vertragsverletzung im CISG ein vom Käufer nachzuweisendes Tatbestandsmerkmal darstellt.

Während im UN-Kaufrecht grundsätzlich alle Rechtsbehelfe dem Käufer *alternativ* zur Auswahl stehen[873], ergibt sich aus dem zweistufigen System des BGB, daß der

---

[868] Vgl. *Lorenz / Riehm*, Rn. 504, Fn. 110.
[869] *Lorenz / Riehm*, Rn. 504. Der Sekundär*anspruch* auf Nacherfüllung wird nun zu *primärer Rechtsbehelf.*
[870] BT-Drucks. 14/6040, S. 230; *Westermann*, NJW 2002, S. 248.
[871] *Jauernig / Chr. Berger*, § 439, Rn. 3. Die Pflicht zur Setzung einer Nachfrist entfällt auch beim Lieferantenregreß (§ 478 Abs. 1).
[872] Fälle des Art. 49 Abs. 1 lit. b, bei denen der Käufer im Fall der Nichtlieferung nach Setzung und erfolglosem Ablauf einer Nachfrist den Vertrag aufheben kann, sollen vorliegend ausgeklammert werden.
[873] Eine Pflicht zur Geltendmachung von Nacherfüllungsansprüchen enthält das UN-Kaufrecht nicht; gelegentlich wird in der Rechtsprechung das Aufhebungsrecht des Verkäufers unrichtigerweise an das Erfordernis einer vorherigen Nachfristsetzung bzw. an die Ausübung von Nacherfüllungsansprüchen

Käufer zuerst Nacherfüllungsansprüche geltend machen *muß*, bevor er zu anderen Rechtsbehelfen übergehen kann (dies gilt auch für Schadensersatzansprüche)[874].

Wenn man die Voraussetzungen berücksichtigt, die zur Vertragsaufhebung führen können, ist eine stärkere Tendenz zur Vertrags*erhaltung* im UN-Kaufrecht als im BGB zu spüren. Im Hinblick auf die Rechtsbehelfe ist der Käufer unter dem CISG scheinbar besser gestellt als unter dem BGB, weil er von vornherein eine breitere Auswahl hat und seine Rechtsposition einfacher (unmittelbarer) bestimmen kann[875]. Die hohen Anforderungen für die Feststellung einer zur Auflösung des Vertrages führenden Vertragswidrigkeit ergeben jedoch, daß solche Fälle faktisch äußerst selten sein werden. Im BGB bilden die Fälle, in denen ein Rücktrittsrecht ausgeschlossen ist, dagegen die Ausnahme.

II. Allgemeine Voraussetzungen des Nacherfüllungsanspruchs im CISG

Die Nacherfüllungsansprüche dienen als *Korrektiv* einer mangelhaft erbrachten Leistung. Daher ist an erster Stelle erforderlich, daß der Schuldner einen fehlerhaften Erfüllungsversuch unternommen und vertragswidrige Ware geliefert hat. Andere Vertragsverletzungen – verspätete Lieferung, Lieferung am falschen Ort, Zuviellieferung – kommen für diese Rechtsbehelfe nicht in Betracht.

Auf der Wiener Konferenz wurde die Frage erörtert, inwiefern die Interessen der Parteien, die *Schwere* der Vertragsverletzung und die *Art* der Ware berücksichtigt werden sollten[876]. Im Ergebnis bestand Einigkeit darüber, daß nicht jede Vertragsverletzung alle Rechtsbehelfe eröffnen sollte, daß nicht jede Ware nachbesserungsfähig sei und daß eine Abwägung zwischen den Interessen des Käufers und des Verkäufers erforderlich sei[877]. So liegt dem Art. 46 II und III der Gedanke zugrunde, daß der Verkäufer, der Ware geliefert und dabei einen – manchmal erheblichen – Kostenaufwand erbracht hat, allein deswegen schon schutzbedürftig ist[878]. Selbstverständlich ist er an den Vertrag und dessen Erfüllung gebunden, aber einschneidende Rechtsbehelfe dürften dann ausscheiden, wenn sie eine unangemessene Härte für den Verkäufer zu Folge haben würden und das Gleichgewicht zwischen Leistung und Gegenleistung auf andere Weise wiederhergestellt werden könnte.

---

gebunden. Siehe Nachweise in *Draft-Digest*, Art. 47, Anm. 4 und Kritik zu dieser Praxis bei *Staudinger / Magnus*, Art. 48, Rn. 28.

[874] Dies ist ferner auch dann der Fall, wenn der Erfüllungsmangel gravierend ist, solange die Ausnahme des § 323 Abs. 5 S. 2 nicht eingreift.

[875] Ähnlich *Magnus*, in: Europäisches Kaufgewährleistungsrecht, S. 89; im Hinblick auf das Nacherfüllungsrecht des Verkäufers bezeichnet *Magnus* die Stellung des Käufers als nur scheinbar vorteilhaft.

[876] Vgl. z.B. *Hjerner*, in: O.R., S. 333, Nr. 82.

[877] Vgl. *Bonell*, in: O.R., S. 333, Nr. 85; *Szász*, ebenda, S. 334, Nr. 91.

[878] Siehe dazu *Stalev*, in: O.R., S. 337, Nr. 49.

Ebenso umstritten war die Höhe der *Unzumutbarkeitsschwelle* für den Verkäufer, unterhalb derer er zur Nacherfüllung verpflichtet bleiben sollte. Während die Ersatzlieferung an das Tatbestandsmerkmal der *wesentlichen Vertragsverletzung* anknüpft (trotz fehlgeschlagener Versuche, die Ersatzlieferung weiter einzuschränken[879] oder großzügiger zu gewähren[880]), hängt der Nachbesserungsanspruch vielmehr davon ab, daß die Nachbesserung, unter Berücksichtigung aller Umstände, *nicht unzumutbar* ist[881].

Weitere, wichtige Voraussetzungen sind die *ordnungsgemäße* (und rechtzeitige) *Rüge* der Vertragswidrigkeit und die *Ausübung* eines Rechtsbehelfs gegenüber dem Verkäufer[882]. Sowohl die Ersatzlieferung als auch die Nachbesserung sind innerhalb einer angemessenen Frist nach der Mängelrüge (oder zusammen mit dieser Anzeige) auszuüben. Eine Verlängerung dieser Zeitspanne kommt nur dann in Betracht, wenn der Verkäufer den Mangel kannte, oder wenn sein späteres Verhalten Anlaß für die Annahme gibt, er würde sich auf die Verspätung der Anzeige nicht berufen[883].

1. Pflichtverletzung

Gemäß Art. 45 Abs. 1 ist für die Rechtsbehelfe des Käufers allein eine *tatsächliche* Pflichtverletzung (in Gegensatz zu einer *antizipierten* Vertragsverletzung, die in Art. 71 und 72 CISG geregelt wird)[884] erforderlich. Ob der Verkäufer die Vertragsverletzung zu vertreten hat oder nicht ist für die Rechtsbehelfe des Käufers grundsätzlich unerheblich, da die Konvention von einem verschuldensunabhängigen Rechtsbehelfssystem ausgeht.

Ferner kommt für die Sonderfälle des Art. 46 II und III nicht jede Pflichtverletzung in Betracht. Die Ansprüche auf Ersatzlieferung und Nachbesserung setzen eine ganz konkrete Art von Vertragsverletzung voraus: Die (tatsächliche) Lieferung vertragswidriger Ware: „Ist die Ware nicht vertragsgemäß...". Maßgeblicher Zeitpunkt für die Bewertung der Vertragswidrigkeit ist der Zeitpunkt des Übergangs der Gefahr an den Käufer gemäß Art. 36[885].

---

[879] Siehe den Antrag der USA, der darauf zielte, den Erfüllungsanspruch des Käufers auszuschließen, wenn die Vornahme eines Deckungskaufs üblich und dem Käufer zumutbar ist, O.R. (A.CONF.97/C.1/L.180), der mit überwiegender Mehrheit abgelehnt wurde (siehe O.R. S. 113, Art. 42, Consideration 6).

[880] So der Vorschlag der Bundesrepublik Deutschland, die Ersatzlieferung an die Zumutbarkeit für den Verkäufer (anstatt an das Erfordernis einer wesentlichen Vertragsverletzung) anzuknüpfen. Vgl. A/CONF.97/C.1/L.135, in: O.R., S. 112; S. 113 (Consideration 8). Siehe auch die Diskussionsbeiträge in O.R., S. 332 - 337. Siehe im Vorfeld der Wiener Konferenz *Huber*, RabelsZ 43 (1979), S. 486.

[881] Hier sind insbesondere die legitime Interesse des Käufers verankert. Vgl. *Ghestin*, im: O.R., S. 335, Nr. 15; *Maskow*, Nr. 19; *Rognlien*, Nr. 20; *Medvedev*, S. 336, Nr. 24.

[882] Dazu unten: C.II.2. Ordnungsgemäße Mängelrüge und C.II.3. Geltendmachung des Nacherfüllungsanspruchs.

[883] Siehe unten: C.II.2. Ordnungsgemäße Mängelrüge.

[884] Vgl. *Herber / Czerwenka*, Art. 45, Rn. 2.

[885] *Honsell / Schnyder / Straub*, Art. 46, Rn. 90.

Wie oben angedeutet wurde, kommen für die Ansprüche aus Art. 46 II und III die Fälle einer Lieferung am falschen Ort oder zum falschen Zeitpunkt nicht in Betracht, weil sie die tatbestandlichen Voraussetzungen nicht erfüllen; nur die Lieferung vertragswidriger Ware gewährt dem Käufer die Ansprüche auf Nacherfüllung in Form der Nachbesserung oder der Ersatzlieferung.

Unter dem Tatbestandsmerkmal der „Lieferung" wird in der Literatur die Abnahme der Ware durch den Käufer gemäß Art. 60 lit. b vorausgesetzt[886]. Dementsprechend würden die Nacherfüllungsansprüche nicht eingreifen, wenn der Käufer die Abnahme der vorzeitig gelieferten Ware gemäß Art. 52 Abs. 1 verweigert.

a) Lieferung vertragswidriger Ware

Der Verkäufer ist zur Übergabe mangelfreier, vertragsmäßiger Ware verpflichtet[887]. Die Ware entspricht dem Vertrag nur, wenn sie – zum Zeitpunkt des Gefahrübergangs (Art. 36 Abs. 1) – die objektiven und subjektiven Maßstäben der Art. 35 ff erfüllt[888]. Der Verkäufer haftet auch dann, wenn die Vertragswidrigkeit erst nach diesem Zeitpunkt offenbar wird (Art. 36 Abs. 1, 2. Hbs.). Die Ware muß „in Menge, Qualität und Art" den Anforderungen des Vertrages entsprechen, sowie hinsichtlich der Verpakkung oder des Behältnisses. Ferner muß die Ware frei von Rechten und Ansprüchen Dritter sein (Art. 41 ff). Maßgeblicher Zeitpunkt für die Rechtsmängelfreiheit ist der Lieferzeitpunkt[889].

Ein bedeutender Unterschied zwischen dem Übereinkommen und seinem Vorgänger liegt darin, daß das EKG die Lieferung als die „Aushändigung einer vertragsgemäßen Sache" (Art. 19 Abs. 1) verstand[890]. Daher stellte die Lieferung einer vertragswidrigen Ware gleich eine Verletzung der Lieferpflicht dar[891]. Diese Verknüpfung ist im UN-Kaufrecht entfallen[892]. Außerdem blieben nach Art. 33 Abs. 1 EKG unerhebliche Vertragswidrigkeiten außer Betracht. Im UN-Kaufrecht können geringe Mängel rechtliche Relevanz erlangen. Die Bedeutung der Vertragswidrigkeit wird jedoch im Tatbestand einiger Rechtsbehelfe (Aufhebung des Vertrages, Ersatzlieferung) berücksichtigt[893].

---

[886] *Honsell / Schnyder / Straub*, Art. 46, Rn. 54; *Bamberger / Roth / Saenger*, Art. 46, Rn. 4.

[887] Art. 35 Abs. 1: „Der Verkäufer hat Ware zu liefern, die in Menge, Qualität und Art ... den Anforderungen des Vertrages entspricht".

[888] Dazu *Adame*, S. 157. Der Verkäufer haftet auch dann, wenn die Vertragswidrigkeit zu einem späteren Zeitpunkt eintritt, wenn er eine Garantie erteilt hatte und der Mangel innerhalb der Garantiefrist zum Vorschein kommt (Art. 36 Abs. 2).

[889] Dies ergibt sich aus dem Wortlaut der Vorschrift: „The seller must *deliver* goods which are free from any right or claim..." (Hervorhebung hinzugefügt); siehe auch *Staudinger / Magnus*, Art. 41, Rn. 19, m.w.N.

[890] *Huber*, RabelsZ 43 (1979), S. 450 f.

[891] Art. 33 Abs. 1 EKG; siehe auch *Schlechtriem / Schwenzer*, Art. 35, Rn. 2. Zu Recht bezeichnet es *Huber* als „sprachlich ungeschickt", die Lieferung vertragswidriger Ware als „Nichtlieferung" zu bezeichnen (RabelsZ 43 (1979), S. 451).

[892] *Huber*, RabelsZ 43 (1979), S. 451; *Staudinger / Magnus*, Art. 35, Rn. 6.

[893] Siehe dazu *Schlechtriem / Schwenzer*, Art. 35, Rn. 2; *Staudinger / Magnus*, Art. 35, Rn. 4.

(1) Vertragsmäßigkeit der Ware nach Art. 35 Abs. 1
Art. 35 befaßt sich mit den Anforderungen an die *körperliche Beschaffenheit* der zu liefernden Ware[894]. Die Vertragswidrigkeit – d.h. die fehlende Vertragsmäßigkeit der Ware – entspricht funktionell dem Begriff des Sachmangels im deutschen internen Recht (§ 434). Die Konvention verlangt, daß die gelieferte Ware – insbesondere[895] bezüglich ihrer Qualität, Art, Menge, Verpackung und Behältnis – den Anforderungen des Vertrages entspricht. Hiermit wird ein breiter, umfassender Begriff geschaffen, der u.a. dazu dient, *jede* Abweichung der gelieferten Ware von den vertraglich festgelegten Anforderungen aufzufangen, ohne zwischen verschiedenen Kategorien unterscheiden zu müssen[896].

Die Beschaffenheitsanforderungen bestimmen sich an erster Linie nach der – ausdrücklichen oder konkludenten[897] – vertraglichen Vereinbarung; der Parteiwille ist durch Vertragsauslegung zu ermitteln[898], wobei alle Umstände des Einzelfalles zu berücksichtigen sind (Art. 8); insbesondere spielen der Vertragszweck, die Gebräuchen und Gepflogenheiten und das sonstige Verhalten der Parteien eine wichtige Rolle für die Bestimmung des Vertragsinhalts[899]. Eine *qualifizierte* Abrede (wie die Zusicherung von Eigenschaften, bzw. die Festlegung, ob es sich um *conditions* oder *warranties* handelt) ist für den Tatbestand der Vertragswidrigkeit ohne Belang[900]. Ebenfalls ohne Bedeutung für die Bestimmung, ob ein Mangel vorliegt, ist das *Gewicht der Abweichung* der gelieferten Ware vom vereinbarten Soll-Zustand; daher stellen auch unwesentliche Abweichungen einen Mangel dar[901].

(a) Qualitätsabweichungen
Die *Qualität* der zu liefernde Ware bezeichnet an erster Stelle die physischen Merkmale der Ware[902]. Gemeint sind alle der Ware selbst „anhaftenden" Eigenschaften, u.a. die stoffliche Beschaffenheit (z.B. chemische Zusammensetzung), äußere Merkmale (Farbe, Größe), Zustand, Unversehrtheit, Marke, usw., aber auch alle tatsächlichen und rechtlichen Verhältnisse, die „die Beziehung der Sache zur Umwelt" betreffen[903] (Herkunftsland, Verwendungs- und Gebrauchsmöglichkeit, Wertschätzung im Verkehr,

---

[894] *Achilles*, Art. 35, Rn. 1; *Garro / Zuppi*, S. 156; *Schlechtriem / Schwenzer*, Art. 35, Rn. 9; *Staudinger / Magnus*, Art. 35, Rn. 6 f.
[895] Die Aufzählung des Art. 35 Abs. 1 ist nicht als abschließend zu betrachten; *Staudinger / Magnus*, Art. 35, Rn. 15.
[896] Vgl. *Piltz*, § 5, Rn. 27.
[897] Vgl. *Niggemann*, in: Hoyer / Posch, S. 84.
[898] *Adame*, S. 151; *Achilles*, Art. 35, Rn. 3.
[899] *Staudinger / Magnus*, Art. 35, Rn. 14 (z.B. Handelsübliche Toleranzklauseln, usw.).
[900] *Achilles*, Art. 35, Rn. 1; *Bianca / Bonell / Bianca*, Art. 35, Bem. 2.3.; *Enderlein / Maskow*, Art. 35, Bem. 5. Im Übrigen kann dies in einem anderen Zusammenhang eine Rolle spielen: Hat der Verkäufer eine Garantie für die Vertragsmäßigkeit der Ware übernommen, kann er sich nicht auf einen Entlastungsgrund nach Art. 79 berufen; so *Staudinger / Magnus*, Art. 35, Rn. 16.
[901] *Staudinger / Magnus*, Art. 35, Rn. 11; *Witz / Salger / Lorenz*, Art. 35, Rn. 3. Hierin weicht das Übereinkommen von seinem Vorgänger ab, der im Art. 33 Abs. 2 EKG eine sog. *Bagatellgrenze* enthielt. Siehe auch *Rudolph*, Art. 35, Rn. 4.
[902] *Achilles*, Art. 35, Rn. 1; *Garro / Zuppi*, S. 156; *Staudinger / Magnus*, Art. 35, Rn. 6 f.
[903] *Schlechtriem / Schwenzer*, Art. 35, Rn. 9.

usw.)[904]. Worin der Unterschied zu den Anforderungen an die „Art" der Ware („description", „type", „tipo") besteht, ist fließend; da die Rechtsfolgen einheitlich geregelt sind und weil die Konvention die Grundregel aufstellt, daß die Ware die Anforderungen des Vertrages entsprechen soll, ist eine Abgrenzung zwischen den verschiedenen Kategorien von gering praktischer Bedeutung.

Wenn die Parteien keine bestimmte Qualität für die zu liefernde Ware vereinbart haben, stellt sich die Frage, ob der Verkäufer zur Lieferung von Ware von *mittlerer Art und Güte* verpflichtet ist, oder ob die *Handelbarkeit* der Ware ausreichend ist. Dieses Thema wird unten ausführlicher erörtert[905].

(b) Mengenabweichungen

Eine *Mengen*abweichung liegt vor, wenn die Ist-Beschaffenheit von der „nach Zahl, Maß und Gewicht" zu bestimmenden Soll-Beschaffenheit abweicht[906]. Wie zuvor erwähnt, gelten die Nacherfüllungsansprüche für *Quantitätsmängel* nicht[907]. Nach Art. 51 sollen zwei Fälle unterschieden werden; einerseits, wenn der Verkäufer nur einen Teil der Ware liefert; andererseits, wenn nur ein Teil der Ware vertragsgemäß ist. In beiden Fällen wird der Käufer auf seine Rechte nach Artikel 46 bis 50 verwiesen. Mit Art. 51 versucht die Konvention die Rechtsbehelfe auf das notwendige Ausmaß zu beschränken[908].

Zunächst wird der Fall behandelt, daß nur ein Teil der Ware nicht vertragsgemäß ist (Art. 51 Abs. 1, 2. Alternative); nach dieser Vorschrift kann der Käufer Ersatzlieferung oder Nachbesserung *nur für den Teil* verlangen, *der nicht vertragsgemäß ist* (wenn die Lieferung teilbar und die weiteren Voraussetzungen aus Art. 46 II und III vorliegen). Diese Lösung ist sachgerecht. Es wäre unbillig, eine komplette Ladung zurückzuweisen nur weil ein Teil der Ware nicht vertragskonform ist und wenn der Käufer den restlichen Teil noch verwerten könnte. In diesem Fall liegt jedoch kein echter Quantitätsmangel vor, sondern lediglich eine teilweise Schlechterfüllung.

Wenn der Verkäufer dagegen nur einen Teil der Ware liefert, kommen die Nacherfüllungsansprüche des Art. 46 II und III für den fehlenden Teil – trotz scheinbaren entgegenstehenden Wortlauts des Art. 51 – nicht in Betracht[909]. Dies ergibt sich aus der Natur der Sache selbst, denn weder die Ersatzlieferung noch die Nachbesserung vermögen die Pflichtverletzung aufzuheben. Statt dessen hat der Käufer einen Erfüllungs-

---

[904] Siehe *Achilles*, Art. 35, Rn. 2; *Staudinger / Magnus*, Art. 35, Rn. 7 f.

[905] Siehe unten: C.II.1.a).(2).(a). Tauglichkeit für den gewöhnlichen Gebrauchszweck.

[906] Vgl. *Achilles*, Art. 35, Rn. 2. Jedoch führt diese Formulierung zu Mißverständnissen: Eine Mengenabweichung liegt vor, wenn der Verkäufer 8 t Zucker (statt der vereinbarten 10 t) liefert; nicht aber, wenn ein Container mit Kapazität für 8 t (statt, wie vereinbart, für 10 t) geliefert wird.

[907] Siehe dazu oben: B.IV.1.f). [Inhalt des Erfüllungsanspruchs] Bei Zuwenig-Lieferung und B.IV.1.g). [Inhalt des Erfüllungsanspruchs] Bei Zuviel-Lieferung.

[908] Ähnlich *Bianca / Bonell / Will*, Art. 51, Bem. 2, 2.1. („general policy, to save as much of the contract as possible").

[909] So auch *Piltz*, § 5, Rn. 145 f, 154; *Schlechtriem / Huber*, Art. 46, Rn. 9; *Staudinger / Magnus*, Art. 46, Rn. 10, m.w.N.

anspruch gemäß Art. 46 Abs. 1 auf Lieferung des fehlenden Teils. Im weiteren Sinne kann von Nacherfüllung dann die Rede sein, wenn man darunter einfach die *nachträgliche Herbeiführung* des geschuldeten Erfolgs versteht (entweder nach einem unternommenen Erfüllungsversuch oder nach Fälligkeit des Anspruchs), aber nicht um eine Nacherfüllung *stricto sensu* gemäß Art. 46 II und III[910].

Für Quantitätsmangel stellt sich die Frage, ob der Käufer sie rügen muß, bzw. ob für die Ausübung des Anspruch auf Lieferung eine besondere Frist gilt, gerade deshalb, weil für die Lieferung der Restmenge sich unmittelbar aus Art. 46 Abs. 1 ergibt. Nach der hier vertretenen Auffassung sind beide Fragen zu bejahen[911]; dafür sprechen praktische und rechtliche Gründe, denn nur durch eine genaue Angabe der Mängel wird der Verkäufer in der Lage sein, die fehlende Menge nachzuliefern[912]. Dies steht nicht nur im Interesse des Käufers; der Verkäufer hat ebenfalls ein berechtigtes Interesse dazu, Erfüllungsmängel zu beseitigen um dadurch sein Vergütungsinteresse zu sichern (Art. 48). Andererseits, bestraft Art. 39 den Käufer mit Rechtsverlust, wenn er eine Vertragswidrigkeit nicht innerhalb angemessener Frist anzeigt. Ferner ist Art. 39 in Verbindung mit Art. 35 zu lesen; demnach ist eine Mengenabweichung eine – unter vielen – Vertragswidrigkeit der Ware. Eine eingeschränkte Anwendung des Art. 39 auf nur besondere Arten von Vertragswidrigkeiten ist unzulässig. Die Anzeigepflicht des Käufers innerhalb angemessener Frist im Fall einer Minderlieferung ist einerseits zum Schutz des Verkäufers (der berechtigterweise annehmen darf, er habe ordnungsgemäß erfüllt) gerechtfertigt, andererseits ist sie dem Käufer zuzumuten. Die obigen Ausführungen gelten nicht für Fälle *offener Mankolieferung*[913], weil hier die Umstände, welche die Vertragswidrigkeit begründen, dem Verkäufer nicht unbekannt sind; daher kann sich dieser auf einen Rechtsverlust wegen unterlassener Anzeige nicht berufen[914].

Nicht eine Mengenabweichungen liegt vor wenn eine an sich unteilbare Sache eine Größe-, Kapazität- oder Gewichtabweichung (etwa ein Segel von 5m statt 7m Höhe, Zehn-Liter-Benzinkanister statt, wie vereinbart, Zwanzig-Liter-Kanister, oder Marzipanbrot zu 200g statt 250g) aufweist. Hier handelt es sich einfach um Qualitätsmängel i.S.d. Art. 35 Abs. 1, Fall 1.

---

910 Dazu bereits oben: C. Der Nacherfüllungsanspruch im UN-Kaufrecht (Art. 46 Abs. 2 und 3).

911 So auch *Piltz*, § 5, Rn. 146; *Staudinger / Magnus*, Art. 51, Rn. 7, 12. Bei unterlassener Rüge hat der Käufer daher den vollen Kaufpreis zu zahlen.

912 Vgl. *Schlechtriem / Schwenzer*, Art. 39, Rn. 8 ff.

913 *Enderlein / Maskow*, Art. 35, Bem. 3; *Witz / Salger / Lorenz*, Art. 35, Rn. 6; ähnlich *Rudolph*, Art. 35, Rn. 8.

914 Hier handelt es sich um eine Ausprägung des Gebots von Treu und Glauben – Verbot des *venire contra factum proprium* – und nicht um ein Fall des Art. 40 – wonach der Verkäufer sich auf eine unterlassene Anzeige nicht berufen kann, wenn er die Vertragswidrigkeit kannte, diese aber dem Käufer *nicht offenbart* hat – weil es hier eben um Tatsachen geht, die der Verkäufer selber offenlegt; siehe *Enderlein / Maskow*, Art. 35, Bem. 3.

(c) *Aliud*-Lieferung

Für das UN-Kaufrecht bedeutet jede Abweichung der Ware von den Anforderungen des Vertrages eine Vertragswidrigkeit im Sinne des Art. 35[915]. Diese Vorschrift ist daher breit aufgefaßt; die Rechtsfolgen einer Vertragswidrigkeit sind im UN-Kaufrecht ebenfalls einheitlich geregelt, ohne nach der Art des „Mangels" zu differenzieren. Daß die *aliud*-Lieferung als eine Vertragswidrigkeit zu behandeln ist, ergibt sich direkt aus der Konvention: Der Verkäufer hat Ware zu liefern, die bezüglich ihrer *Art* den Anforderungen des Vertrages entspricht (Art. 35 Abs. 1, Fall 3). Mit dem Hinweis auf die vereinbarte *Art* werden – oft schwierige – Abgrenzungen zwischen Falsch- und Schlechtlieferung überflüssig gemacht[916]; entspricht die gelieferte Sache der Vereinbarten Gattung nicht, oder liefert der Verkäufer eine andere als die gekaufte Sache, dann liegt eine Vertragswidrigkeit im Sinne des Art. 35 Abs. 1 vor[917]. Die Behandlung der Artabweichungen als Vertragswidrigkeit ist auch im Hinblick auf die Untersuchungs- und Rügeobliegenheit des Käufers sachgerecht, weil es für den Käufer keinen Unterschied macht, ob die Vertragswidrigkeit die Form einer Qualitäts- oder einer Artabweichung nimmt[918].

In der Literatur[919] und Rechtsprechung[920] gibt es dennoch Versuche, für das CISG das Institut der *aliud*-Lieferung aufrechtzuerhalten. Diese Auffassung leitet sich u.a. aus einer „mißverständlichen" Stelle[921] im Sekretariatskommentar ab, nach der „die Lieferung von Kartoffeln statt – wie vereinbart – Mais *keine Lieferung* darstellt"[922]. Dieser Auffassung folgend würde der Erfüllungsanspruch des Käufers gemäß Art. 46 Abs. 1

---

915 Dazu *Piltz*, § 5, Rn. 27.

916 Zur *aliud*-Lieferung im Zusammenhang mit dem Erfüllungsanspruch siehe oben B.IV.1.i). [Inhalt des Erfüllungsanspruchs] Bei *aliud*-Lieferung.

917 Statt aller *Staudinger / Magnus*, Art. 35, Rn. 9, m.w.N.

918 Eine *aliud*-Lieferung liegt auch dann vor, wenn der Verkäufer einen *commercial reasonable substitute* liefert. Die Umstände des Einzelfalles können ihn zur Lieferung eines solchen *substitute* ermächtigen, bzw. den Käufer die Abnahme dieses *substitute* empfehlen (vgl. *Secretariat Commentary* on Art. 65 [Art. 79 CISG], Anm. 7; *Kritzer*, S. 507). In diesem Fall wird eine andere als die vereinbarte Sache angeboten (Leistung an Erfüllungs Statt), die eine Vertragsänderung darstellt, so daß eine Vereinbarung der Parteien erforderlich ist. Ob daraus ein *Anspruch* des Verkäufers auf Annahme solcher Ware abgeleitet werden kann ist zweifelhaft. Bei Kenntnis des Verkäufers, die von ihm gelieferte Ware entspreche den Anforderungen des Vertrages nicht, er dürfe jedoch mit der Zustimmung des Käufers rechnen (sog. genehmigungsfähiges *aliud*), dann soll diese Erfüllungshandlung mehr als ein Angebot zur Vertragsänderung als eine Vertragsverletzung. Da die Konvention von einer objektiven Garantiehaftung ausgeht, spielt die Intention des Verkäufers jedoch keine Rolle. Der Käufer kann daher die Rechtsbehelfe wegen Lieferung vertragswidriger Ware ausüben. Handelt es sich jedoch um ein echtes *commercial reasonable substitute*, dann wird diese Lieferung i.d.R. keine wesentliche Vertragsverletzung darstellen, so daß Vertragsaufhebung und Ersatzlieferung ausgeschlossen sind; andere Rechtsbehelfe (Herabsetzung des Kaufpreises oder Schadensersatz) bleiben dennoch offen. Vgl. hierzu den sog. „Kobaltsulfat"-Fall, BGH, 3.4.1996, VIII ZR 51/95, CISG-online Nr. 135.

919 *Bianca / Bonell / Bianca*, Art. 35, Bem. 2.4.; *Enderlein / Maskow*, Art. 25, Bem. 3.4., Art. 35, Bem. 5; *Loewe*, Art. 30, S. 51; *Neumayer*, RIW 1994, 105, m.w.N.; *Schlechtriem / Stoll*, Art. 79, Rn. 55.

920 OLG Düsseldorf, 10.2.1994, 6 U 119/93, CISG-online Nr. 115, CLOUT Nr. 82.

921 So *Schlechtriem*, Rn. 123.

922 *Secretariat Commentary* on Art. 29 [Art. 31 CISG], Anm. 3. Siehe auch *Olivencia Ruiz*, in: Anuario Jurídico Mexicano, S. 84 f, der sich auf den Lieferungsbegriff des EKG beruft.

uneingeschränkt fortbestehen. Teilweise wird vertreten (insbesondere bei einer krassen Qualitäts-Abweichung), eine *aliud*-Lieferung sei als Lieferung unbestellter Ware zu behandeln. In diesem Kontext sei es unbillig, den Käufer zu verpflichten, auf eine einseitige Handlung des Verkäufers reagieren zu müssen[923], denn ihm dürften keine Nachteile entstehen, wenn die vom Verkäufer erbrachte Lieferung nicht einmal als Erfüllung angesehen werden kann[924]. Ferner wird aufgeführt, es wäre dem Käufer unzumutbar, ihn mit einem Rechtsverlust zu *bestrafen*, wenn er in einem solchen Fall die Rüge versäumt. Zuletzt wird argumentiert, es wäre unbillig, den Käufer zur Zahlung des Kaufpreises zu verpflichten, wenn ein Teil der *aliud*-Lieferung nach Gefahrübergang untergeht[925].

Diese dem österreichischen und deutschen Recht bekannte Unterscheidung zwischen *aliud* und *peius* ist häufig dadurch kritisiert worden, daß sie erhebliche Unsicherheiten und schwer nachvollziehbaren Abgrenzungen zwischen Schlecht- und Falschlieferung mit sich bringt und daß sie den Erfordernissen der Praxis nicht entspricht[926]. Nach „altem" deutschen Recht war die Unterscheidung zwischen *aliud* und Sachmangel von großer Bedeutung: Für die Falschlieferung fanden grundsätzlich die Vorschriften über die Nichterfüllung Anwendung, die – im Vergleich zum (Sachmängel-)Gewährleistungsrecht – andere Rechtsfolgen auflösten und längeren Verjährungsfristen unterlagen[927]. Auch wenn sich diese Unterscheidung für das EKG noch vertreten ließ[928], läßt sich diese Lösung für die Konvention weder aus ihrem Wortlaut noch aus ihrer Entstehungsgeschichte vertreten und ist, nach überwiegender Auffassung, dem Übereinkommen fremd[929].

---

923 *Witz / Salger / Lorenz*, Art. 35, Rn. 7; *Neumayer*, RIW 1994, S. 105.

924 Vgl. *Aicher*, in: Hoyer / Posch, S. 123, der von der Zuordnungsmöglichkeit der Lieferung auf eine bestimmte Verpflichtung ausgeht, damit diese überhaupt als Lieferung (wenn auch mangelhaft) angesehen werden kann.

925 *Neumayer*, RIW 1994, S. 105.

926 Diese Unterscheidung hat für das interne unvereinheitlichte deutsche Recht durch das Schuldrechtsmodernisierungsgesetz an Bedeutung verloren; die *aliud*-Lieferung wurde in § 434 III dem Sachmangel gleichgestellt. Dazu unten: C.II.4.a).(3). Lieferung eines aliud [nach deutschem BGB].

927 *Dölle / Stumpf*, Art. 33 EKG, Rn. 8.

928 Vgl. *Mertens / Rehbinder*, Art. 19 EKG, Rn. 3; Art. 33 EKG, Rn. 11; Art. 36, Rn. 4; *Dölle / Stumpf*, Art. 33 EKG, Rn. 8. *Aicher*, in: Hoyer / Posch, S. 116. Für das EKG bestand die Lieferung in der „Aushändigung einer vertragsgemäßen Sache" (Art. 19 Abs. 1), so daß *e contrario* die Aushändigung einer nicht-vertragsgemäßen Sache keine Lieferung darstellt. Diese Lösung wird durch Art. 33 Abs. 1 lit. b EKG bekräftigt: „Der Verkäufer hat seine Pflicht zur *Lieferung* nicht erfüllt, wenn (...) er „eine andere als die vertraglich vereinbarte Sache oder eine Sache anderer Art" aushändigt. Damit verknüpft das EKG zwei Begriffe, nämlich „die Übergabe" mit der „Vertragsmäßigkeit der Ware" zusammen (vgl. *Herber / Czerwenka*, Art. 35, Rn. 2; *Staudinger / Magnus*, Art. 30, Rn. 5). Die verschiedene Arten von Vertragswidrigkeiten werden durch Art. 36 EKG (Haftungsausschluß des Verkäufers) unterschiedlich behandelt.

929 *Schlechtriem*, Rn. 123. Siehe auch die Entscheidung des Österreichisches OGH vom 21.3.2000, IHR 2001, S. 40 f. Ferner: *Bianca / Bonell / Will*, Art. 46, Bem. 2.1.1.1.; *Herber / Czerwenka*, Art. 35, Rn. 2; *Honsell / Magnus*, Art. 35, Rn. 6; *Diez-Picazo / Morales Moreno*, Art. 35, S. 295 f; *Piltz*, § 4, Rn. 33 f; *Soergel / Lüderitz / Schüßler-Langeheine*, Art. 35, Rn. 5; *Schlechtriem / Schwenzer*, Art. 35, Rn. 9; *Staudinger / Magnus*, Art. 35, Rn. 9; *Witz / Salger / Lorenz*, Art. 35, Rn. 5, 7, etc.

Nach UN-Kaufrecht hat der Verkäufer gemäß Art. 35 Abs. 1 die Pflicht, „Ware zu liefern, die in Menge, Qualität und *Art* (...) den Anforderungen des Vertrages entspricht". Damit stellen Art- und Qualitätsabweichungen – unabhängig vom Grad der Abweichung, bzw. ob es sich um eine Gattungs- oder Speziesschuld handelt – eine Vertragswidrigkeit dar[930]; damit ist die Lieferung eines *aliuds* eine Lieferung i.S.d. Art. 30[931] und ist einfach wie eine Vertragswidrigkeit i.S.d. Art. 35 zu behandeln[932]. Daraus folgt, daß der Käufer jede Artabweichung gemäß Art. 39 zu rügen hat, wenn er daraus Rechte ableiten will[933]. Auf dieser Weise werden Abgrenzungsschwierigkeiten vermieden und eine höhere Voraussehbarkeit bzw. Rechtssicherheit erreicht[934]. Außerdem ist diese Lösung angemessen, denn nach erbrachter Lieferung ist es der Käufer, der die Vertragswidrigkeit am einfachsten feststellen kann. Der Käufer wird durch die Rügeobliegenheit nicht über Gebühr belastet[935], da er jede Lieferung *sowieso* untersuchen muß (Art. 38) und für ihn macht es überhaupt keinen Unterschied, ob der zu rügende Mangel in einer Falsch- oder in einer Schlechtlieferung besteht[936].

Sachgerecht ist die Behandlung eines *aliuds* als vertragswidrige Lieferung insbesondere wenn man bedenkt, daß diese nicht selten aus Versehen des Verkäufers erfolgen wird[937]. Wurde dagegen die *aliud*-Lieferung vom Verkäufer *arglistig* erbracht (etwa um unverkäufliche Auslaufmodelle loszuwerden), dann wird dieser sich gemäß Art. 40 auf eine unterlassene Rüge bzw. auf die Überschreitung der angemessenen Rügefrist nicht berufen können[938]. Der von *Neumayer* erhobene Einwand, bei Gleichbehandlung von Falsch- und Schlechtlieferung würde man zu einem ungerechten Ergebnis kommen, da der Käufer das Risiko tragen müßte, wenn die Ware nach Gefahrübergang geschädigt wird[939] ist nicht haltbar. In solchen Fällen darf der Käufer gemäß Art. 70 weiterhin die Aufhebung des Vertrages erklären oder Ersatzlieferung verlangen (soweit die Abweichung eine wesentliche Vertragsverletzung darstellt)[940]; auch wenn der Käufer nicht in der Lage ist, die Ware im unversehrten Zustand zurückzugeben, gehen seine Rechte auf Ersatzlieferung oder Aufhebung des Vertrages aufgrund von Art. 82 II lit. a nicht verloren[941].

---

[930] *Honsell / Magnus*, Art. 35, Rn. 6, m.w.N.

[931] Vgl. BGH, 3.4.1996, VIII ZR 51/95, CISG-online Nr. 135; *Schlechtriem²*, Rn. 189; *Schlechtriem / Huber*, Art. 49, Rn. 19.

[932] *Bitter / Bitter*, BB 1993, 2319 m.w.N.; *Holthausen*, RIW 1990, S. 106; *Schlechtriem / Schwenzer*, Art. 35, Rn. 4, 10.

[933] *Herber / Czerwenka*, Art. 35, Rn. 2. Für das EKG: *Dölle / Stumpf*, Art. 33 EKG, Rn. 10.

[934] *Piltz*, § 4, Rn. 33 f.

[935] *Aicher*, in: Hoyer / Posch, S. 122; *Bitter / Bitter*, BB 1993, 2320; *Huber*, RabelsZ 43 (1979), S. 483 f.

[936] *Niggemann*, in: Hoyer / Posch, S. 84.

[937] Vgl. *Aicher*, in: Hoyer / Posch, S. 118; *Benicke*, IPRax 1997, S. 328; *Bitter / Bitter*, BB 1993, 2315; *Schlechtriem / Schwenzer*, Art. 35, Rn. 10; *Karollus*, S. 105 f (Schutz des gutgläubigen Verkäufers).

[938] *Aicher*, in: Hoyer / Posch, S. 117.

[939] *Neumayer*, RIW 1994, S. 105.

[940] Art. 70 lautet: „Hat der Verkäufer eine wesentliche Vertragsverletzung begangen, so berühren die Artikel [über den Gefahrübergang] nicht die dem Käufer wegen einer solchen Verletzung zustehenden Rechtsbehelfe".

[941] Siehe auch *Schlechtriem / Hager*, Art. 70, Rn. 2, 6.

Eine Untersuchungs- und Rügeobliegenheit des Käufers wird nicht nur von Art. 38 und 39 angeordnet, sondern entspricht außerdem der allgemeinen Informationspflicht[942] der Parteien, die sich gegenseitig verschiedene Umstände mitzuteilen haben, um die Erfüllung des Vertrages zu ermöglichen und eventuelle Hindernisse zu überwinden. Der Verkäufer hat im Rahmen des Art. 48 ein schutzwürdiges Interesse zu erfahren, ob die von ihm erbrachte Leistung fehlerhaft war, damit er seine Vertragsverletzung beseitigen und eine ordnungsgemäße Leistung erbringen kann[943]; daher kann der Verkäufer die Rüge berechtigterweise erwarten. Diese ist dem Käufer zuzumuten[944], der durch die Rügepflicht nicht weiter belastet wird als wenn die Vertragswidrigkeit der Ware als einfacher Sachmangel einzuordnen wäre. Das Gleiche soll für die Lieferung eines Identitäts-*aliuds* beim Spezieskauf[945] und bei einem *krassen Aliud* gelten[946], unter anderem deshalb, weil in einem solchen Fall die Feststellung der Vertragswidrigkeit dem Käufer leichter fallen wird[947].

Des weiteren stellt sich die Frage, ob eine *aliud*-Lieferung an sich eine *wesentliche Vertragsverletzung* darstellt, die zur Aufhebung des Vertrages bzw. zur Nacherfüllung in der Form einer Ersatzlieferung rechtfertigt. Dies wird häufig vertreten[948], insbesondere für die krasse *aliud-Lieferung*, mit der Begründung, in einem solchen Fall wäre die Verwertung der Ware für den Käufer unzumutbar[949]. Jedoch handelt es sich hier um zwei verschiedene Konzepte, die unabhängig voneinander zu behandeln und zu bewerten sind. Daher soll im Einzelfall geprüft werden, ob die konkrete Lieferung eine wesentliche Vertragsverletzung darstellt. Eine *automatische Abstufung* der *aliud*-Lieferung als wesentliche Vertragsverletzung ist definitiv abzulehnen, weil sie dem Bewertungsmaßstab des Art. 25 in systemwidriger Weise entgehen würde. Allerdings wird eine offensichtliche krasse Abweichung i.d.R. ein starkes Indiz für eine wesentliche Vertragsverletzung darstellen[950] und somit den Tatbestand des Art. 25 erfüllen. Ist das der Fall, dann ergibt sich ein Recht des Käufers, Ersatzlieferung gemäß Art. 46 II zu verlangen oder die Aufhebung des Vertrages gemäß Art. 49 Abs. 1 lit. a zu erklären.

---

[942] *Audit*, S 51; *vCaemmerer / Schlechtriem / Herber*, Art 7, Rn 38; *Honnold*, Rn 100; *Schlechtriem / Ferrari*, Art 7, Rn 54; *Staudinger / Magnus*, Art 7, Rn 48.

[943] *Niggemann*, in: Hoyer / Posch, S. 86.

[944] *Bitter / Bitter*, BB 1993, S. 2320.

[945] OGH, 29.6.1999, 1 Ob 74/99 k [http://cisgw3.law.pace.edu/cases/990629a3.html]; *Schlechtriem / Huber*, Art. 31, Rn. 36; *Soergel / Lüderitz / Schüßler-Langeheine*, Art. 35, Rn. 6.

[946] *Honsell / Magnus*, Art. 35, Rn. 6; *Schlechtriem / Huber*, Art. 31, Rn. 36; i.E. auch *Schlechtriem*², Rn. 134. A.A. *Secretariat Commentary* on Art. 29 [Art. 31 CISG], Anm. 3; *Loewe*, Art. 30, S. 51; *Neumayer*, RIW 1994, S. 105; *Honsell / Karollus*, Art. 30, Rn. 9; *Bianca / Bonell / Bianca*, Art. 35, Bem. 2.4. Offengelassen: BGH, 3.4.1996, VIII ZR 51/95, CISG-online Nr. 135.

[947] *Aicher*, in: Hoyer / Posch, S. 122; *Benicke*, IPRax 1997, S. 328.

[948] *Bianca / Bonell / Will*, Art. 46, Bem. 2.2.1.2.: " *aliud* deliveries ... constitute a fundamental breach of contract"; *Benicke*, IPRax 1997, S. 328.

[949] *Staudinger / Magnus*, Art. 49, Rn. 15; *Bitter / Bitter*, BB 1993, S. 2320. Eine weitere Konstellation wird in Betracht gezogen, nämlich wenn der Käufer die erbrachte Lieferung nicht einmal einem bestimmten Vertrag zuordnen könnte.

[950] Vgl. *Schlechtriem*, 50 Jahre BGH, S. 423; für eine differenzierte Betrachtung der *aliud*-Lieferung als wesentliche Vertragsverletzung siehe *Bitter / Bitter*, BB 1993, S. 2320 f.

(d) Vereinbarte Verpackung und Behältnis

Zu der Vertragsmäßigkeit der Ware gehört auch, daß die Ware in der vereinbarten *Verpackung* und *Behältnis* geliefert wird. Diese Klarstellung ist von Bedeutung, weil diese Pflicht häufig als Nebenpflicht des Verkäufers erfaßt wird[951], deren Verletzung nur Schadensersatzansprüche begründet[952]. Zu der Frage, ob die Nacherfüllungsansprüche in diesen Fällen Anwendung finden, sollte m.E. gelten, daß sie ausgeübt werden können, soweit sie für die Beseitigung der Vertragsverletzung geeignet sind. Kommt die Ware – auch wenn sie den Anforderungen des Vertrages hinsichtlich Behältnis nicht entspricht – unversehrt an, dann ist ein Nacherfüllungsanspruch des Käufers in der Regel zu verneinen. Hat der Verkäufer die Ware in vertragswidriger Weise verpackt, so daß diese nicht weiterverkauft werden kann (etwa, weil der Weiterverkauf gegen Schutzrechte eines Dritten verstoßen könnte, oder weil die Markenzeichen des Käufers defekt gedruckt wurden)[953], so wird der Käufer grundsätzlich die Rechtsbehelfe aus Art. 45 ff ausüben können.

(2) Vertragsmäßigkeit der Ware gemäß Art. 35 Abs. 2

Solange die Parteien nichts anderes vereinbart haben, kommen die Bestimmungen des Abs. 2 *subsidiär* zur Anwendung[954]. Diese haben lediglich einen ergänzenden Charakter[955] und stellen eine Reihe von Kriterien für die Bestimmung der Vertragsmäßigkeit der Ware auf[956]. Der Verkäufer hat Ware zu liefern, die für die gewöhnliche Verwendung tauglich ist (lit. a) oder die sich für den bestimmten Zweck eignet, den der Käufer bei Vertragsschluß dem Verkäufer mitgeteilt hat (lit. b). Die Ware muß ferner die Eigenschaften einer Probe oder Muster aufweisen, die der Verkäufer dem Käufer vorgelegt hat (lit. c); außerdem muß die Ware in der üblichen (bzw. in angemessener) Weise verpackt werden (lit. d)[957].

---

[951] Vgl. *Bianca / Bonell / Bianca,* Art. 35, Bem. 2.7.1.

[952] *Niggemann*, in: Hoyer / Posch, S. 83, m.w.N.

[953] Vgl. dazu: Compromex, Schiedsspruch vom 19.4.1996 (D.O.F. 16.7.1996), Conservas La Costeña S.A. de C.V. vs. Lanín San Luis S.A. & Agroindustrial Santa Adela S.A. [http://cisgw3.law.pace.edu/cases/960429m1.html]

[954] Es handelt sich um *implied terms*, die auch dann gelten (besser: gerade dann gelten), wenn die Parteien nichts vereinbart haben; *Draft-Digest*, Art. 35, Anm. 5; ähnlich *Schlechtriem*, in: Ernst / Zimmermann, S. 215; *ders.*, IPRax 1996, S. 14 *(implied warranties)*, der allerdings darauf aufmerksam macht, daß sie der Auslegung zugänglich sind.

[955] *Enderlein / Maskow*, Art. 35, Bem. 2; *Staudinger / Magnus,* Art. 35, Rn. 10; *Witz / Salger / Lorenz*, Art. 35, Rn. 2.

[956] Diese Kriterien sind teils *objektiver*, teils *subjektiver* Art; für *Adame*, S. 152 handelt es sich um Abs. 2 lit. b und c um Fälle *unterstellter Parteivereinbarungen* („presunciones de acuerdo contractual") und werden demzufolge als subsidiäre *subjektive* Kriterien erfaßt; eine Einigung wird vermutet, sofern nicht das Gegenteilige nachgewiesen wird. Dagegen sind lit. a und d *objektive Maßstäbe*; diese Unterscheidung könnte m.E. für den Vorrang zwischen den verschiedenen Sub-Kriterien untereinander von Bedeutung werden.

[957] Im Rahmen des Abs. 2 sollte man die Kriterien des lit. a bis c eher „von unten nach oben" prüfen, nämlich vom *spezielleren* zum *allgemeineren* und vom *subjektiveren* zum *objektiveren*. Grund dafür ist, daß es sich im lit. c und b um *unterstellte Parteivereinbarungen* handelt (so auch *Schlechtriem,* IPRax 1996, S. 15; ähnlich *Adame*, S. 152; *Bianca / Bonell / Bianca,* Art. 35, Bem. 2.6.1.; *Staudinger / Magnus,* Art. 35, Rn. 37); da die Konvention vom sog. *subjektiven Fehlerbegriff* ausgeht – der den

(a) Tauglichkeit für den gewöhnlichen Gebrauchszweck (lit. a)

Haben die Parteien keine besondere Verwendung der Ware dem Vertrag zugrunde gelegt, dann muß die Ware *mindestens* für den gewöhnlichen Gebrauch geeignet sein[958]. Es handelt sich hier um einen objektiven *(standarisierten)*[959] Beurteilungsmaßstab für die Anforderungen an die *Qualität* der Ware. Diese soll an erster Stelle nach internationalen Standards gemessen werden[960].

Gibt es solche Maßstäbe nicht, dann soll der Qualitätsmaßstab im Land des Verkäufers gelten[961]. Ausnahmsweise könnte der Verkäufer für die Qualitätserfordernisse am Sitz des Käufers einstehen müssen, etwa wenn er sie kennt oder nicht in Unkenntnis darüber sein dürfte (etwa aufgrund einer etablierten Geschäftsbeziehung mit dem Käufer oder wenn er selber in diesem Land eine Niederlassung bzw. Zweigstelle hat)[962]. Die Tauglichkeit für den gewöhnlichen Gebrauchszweck impliziert außerdem, daß die Ware für eine gewisse Dauer verwendbar sein muß[963].

Die Ware muß einerseits für die *kaufmännische Verwendung* geeignet sein (sie muß für den Weiterverkauf geeignet sein)[964], muß aber auch den Erwartungen entsprechen, die ein durchschnittlicher Nutzer an sie stellen würde[965]. Zu beurteilen ist aus der Perspektive einer vernünftigen Person (Art. 8), unter Berücksichtigung der Verkehrsauffassung und der konkreten Umstände des Einzelfalles (Preis und Art der Ware, Herkunftsland, usw.)[966].

Auf nationaler Ebene werden vorwiegend zwei Auffassungen vertreten. Einerseits stellen die Länder des *Civil Law* auf Ware von *mittlerer Art und Güte* ab[967]. Dagegen

---

Parteiwillen im Mittelpunkt stellt – , sind diese gegenüber lit. a und d vorrangig (ähnlich *Bianca / Bonell / Bianca,* a.a.O.).

958 Es ist nicht erforderlich, daß die Ware *einwandfrei* ist (*Draft-Digest*, Art. 35, Anm. 8), es sei denn, daß dieser Umstand für den gewöhnlichen Gebrauch unbedingt erforderlich ist (z.B. unsterile Blutleitungen sind für den gewöhnlichen Gebrauch ungeeignet; siehe *Staudinger / Magnus,* Art. 35, Rn. 25, m.w.B.).

959 *Witz / Salger / Lorenz*, Art. 35, Rn. 9.

960 *Adame*, S. 154, unter Berufung auf Art. 7 Abs. 1.

961 *Bianca / Bonell / Bianca,* Art. 35, Bem. 2.5.1.; *Enderlein / Maskow*, Art. 35, Bem. 8; auch *Secretariat Commentary* on Art. 33 [Art. 35 CISG], Anm. 5. Siehe auch Rechtsprechungsnachweise bei *Magnus*, ZEuP 2002, S. 534.

962 Vgl. OLG Graz, 9.11.1995, 6 R 194/95, CISG-online Nr. 308, CLOUT Nr. 175.

963 *Enderlein / Maskow*, Art. 35, Bem. 8; *Staudinger / Magnus,* Art. 35, Rn. 23, m.w.N.; siehe auch *Draft-Digest*, Art. 35, Anm. 7. Eine besondere Garantie ist hierfür nicht erforderlich. Es entspricht der üblichen Verkehrsanschauung, daß bestimmte Produkte eine dauerhafte Funktion aufweisen sollen (etwa: Fernsehapparat soll einige Jahre lang fehlerfrei funktionieren; Lebensmittel müssen eine Mindesthaltbarkeitsdauer aufweisen, innerhalb derer sie konsumiert oder weiterverarbeitet werden können); so auch *Schlechtriem / Schwenzer,* Art. 35, Rn. 14.

964 *Schlechtriem / Schwenzer,* Art. 35, Rn. 14.

965 *Secretariat Commentary* on Art. 33 [Art. 35 CISG], Anm. 5; *Staudinger / Magnus,* Art. 35, Rn. 18.

966 *Schlechtriem / Schwenzer,* Art. 35, Rn. 14.

967 So in den meisten Rechtsordnungen. vgl. § 243 Abs. 1 BGB, CC Mex Art. 2016, CC Fr Art. 1246, UCC § 2-314 (2) b „fungible goods" müssen mindestens „*fair average quality*" aufweisen. Ferner

verlangen die *Common Law*-Staaten in der Regel nur, daß die Ware eine *marktfähige* („merchantable") Qualität aufweist[968]; dort liegt der Maßstab für die Anforderungen an die Qualität der Ware niedriger als in den Staaten des *Civil Law*[969]. Welcher Maßstab auf internationaler Ebene gelten soll, ist daher umstritten.

Die Literatur[970] und Rechtsprechung[971] zu der Konvention folgen vielmehr den ersten Ansatz und verlangen, daß die Ware mindestens eine *durchschnittliche Qualität* ausweist; dies durfte in Hinblick auf Art. 7 Abs. 1 (Wahrung des guten Glaubens im internationalen Handel) der Absicht der Konventionsgeber am besten wiedergeben[972].

Unter Art. 35 II lit. a fällt eventuell auch die Pflicht, solche Dokumente zu liefern, die für die ordnungsgemäße Benutzung der Ware notwendig sind[973]. Ob die Lieferung von fehlerhaften Dokumenten eine Vertragswidrigkeit darstellen, die über Art. 46 II und III zu beseitigen ist, ist zweifelhaft[974].

(b) Tauglichkeit für besondere Zwecke (lit. b)

Die gelieferte Ware gilt als vertragsgemäß, wenn sie sich für einen bestimmten Zweck eignet, den der Käufer *bei Vertragsabschluß*[975] ausdrücklich oder auf andere Weise dem Verkäufer *hinreichend*[976] zur Kenntnis gebracht hat. Dieser Maßstab gilt, solange der Käufer auf die Sachkenntnis und Urteilsvermögen des Verkäufers vertrauen durfte.

PECL Art. 6:108: „...at least average quality"; PICC Art. 5.1.6.: „...quality that is reasonable and not less than the average in the circumstances".

968 Vgl. insbesondere SGA 1979, Section 14(2): *merchantable quality*; ähnlich UCC § 2-314.

969 Siehe *Bianca / Bonell / Bianca,* Art. 35, Bem. 3.1.: „merchantable ... does not mean of good, or fair, or average quality"; ferner verweist *Bianca* auf die englische Literatur und Rechtsprechung, die ausdrücklich besagt, daß „goods may be of inferior or average quality and yet fulfil the legal requirement of merchantable quality". LG Berlin, 15.9.1994, 52 S 247/94, CISG-online Nr. 399 (Schuhe) – anscheinend die einzige Gerichtsentscheidung, die auf diese Frage eingegangen ist – hielt die Weiterverkäuflichkeit der Ware für nicht ausreichend; die Ware muß von mittlerer Qualität sein. Offengelassen: BGH, 8.3.1995, VIII ZR 159/94, CISG-online Nr. 144; *Draft-Digest*, Art. 35, Anm. 8.

970 Siehe *Achilles*, Art. 35, Rn. 6; *Bianca / Bonell / Bianca,* Art. 35, Bem. 2.5.1., 3.1.; *Herber / Czerwenka,* Art. 35, Rn. 4; *Garro / Zuppi*, S. 157; *Staudinger / Magnus,* Art. 35, Rn. 19; *Witz / Salger / Lorenz*, Art. 35, Rn. 9.

971 Siehe auch LG Berlin, 15.9.1994, 52 S 247/94, CISG-online Nr. 399 (vielleicht die einzige Gerichtsentscheidung, die auf diese Frage eingegangen ist). Offengelassen in BGH, 8.3.1995, VIII ZR 159/94, CISG-online Nr. 144, *ad* II.1.b).aa). Siehe dazu *Draft-Digest*, Art. 35, Anm. 8.

972 Vgl. *Secretariat Commentary* on Art. 33 [Art. 35 CISG], Anm. 5 („goods must be *honestly* resaleable in the *ordinary course* of business"; Hervorhebungen hinzugefügt).

973 So *Adame*, S. 150, m.w.N.; *Honsell / Karollus*, Art. 34, Rn. 3. Siehe auch die Entscheidung des OLG Nürnberg, 20.9.1995, 12 U 2919/94, CISG-online Nr. 267, in dem die Nichtlieferung eines Benutzerhandbuchs als *Teilweise Lieferung* i.S.d. Art. 51 empfunden wurde, weil die Lieferung des Benutzerhandbuchs – so das Gericht – „zur Hauptleistungspflicht des Lieferanten" gehört. Gleichzeitig wird eine Verletzung der aus Art. 30 (Übergabe von Dokumenten) und Art. 35 sich ergebenden Pflichten angenommen, weil die Ware – ein „kompliziertes" Drucksystem – ohne Benutzerhandbuch für das gewöhnliche Zweck nicht gebraucht werden kann.

974 Siehe dazu unten: F.I.5. Dokumentenmängel.

975 *Secretariat Commentary* on Art. 33 [Art. 35 CISG], Anm. 8.

976 *Staudinger / Magnus,* Art. 35, Rn. 5, 26.

Hier wird angenommen, daß der Verkäufer das Interesse des Käufers verstanden hat und für die Eignung der Ware für diese Verwendung zugestimmt hat.

Die Tatsache, daß die Ware für einen besonderen Markt bestimmt ist, darf nicht als stillschweigende Vereinbarung angesehen werden, daß sie den – an diesem Markt geltenden – staatlichen Regelungen entsprechen muß[977].

In Hinblick auf die Tauglichkeit für die übliche bzw. besondere Verwendung stellt sich die Frage, ob die Einhaltung besonderer öffentlichrechtlicher Vorschriften im Käufer- oder Verwendungsstaat vom Verkäufer erwartet werden darf[978]. Dies ist im Regelfall und mangels weiterer Absprache zu verneinen[979], weil es dem Verkäufer nicht zugemutet werden kann, die interne Bestimmungen im Land aller seiner Abnehmer zu kennen; es obliegt vielmehr dem (sachnäheren) Käufer, bei Vertragsschluß dem Verkäufer über besondere Vorschriften im Bestimmungsland aufzuklären, deren Einhaltung er benötigt. Im Übrigen kann sich eine Haftung des Verkäufers für die Einhaltung solcher rechtlicher Bestimmungen aus den Umständen des Einzelfalles ergeben, etwa wenn er sie tatsächlich kennt (oder aus besonderen Gründen kennen müßte)[980], wenn dieselben Maßstäbe im Verkäuferstaat gelten oder wenn der Käufer dies ausdrücklich verlangt hat.

(c) Kauf nach Probe oder Muster (lit. c)

Hat der Verkäufer dem Käufer eine Probe oder Muster vorgelegt, dann ist die Ware nicht vertragsgemäß, wenn sie die Eigenschaften dieser Probe oder Muster nicht besitzt (lit. c). Eine Probe wird in der Regel dem „zum Verkauf anstehenden" Warenbestand entnommen, während ein Muster eine „erst später zum Verkauf zu stellende Ware" repräsentieren soll[981].

In der Vorlage eines Musters oder Probe wird eine stillschweigende Vereinbarung gesehen[982], die eine Haftung des Verkäufers für die Eigenschaften der Probe oder des Musters begründet. Wie *einig* die Parteien sein müssen, ist umstritten[983]; eine Litera-

---

[977] Siehe BGH, 8.3.1995, VIII ZR 159/94, CISG-online Nr. 144; ferner *Achilles*, Art. 35, Rn. 3; *Herber / Czerwenka*, Art. 35, Rn. 5; *Staudinger / Magnus*, Art. 35, Rn. 15.

[978] Ob diese Frage unter lit. a oder b einzuordnen ist, braucht nicht entschieden zu werden (ebenso wird die Frage vom BGH, a.a.O. offengelassen), u.a. deswegen, weil die Grenzen zwischen beiden Kriterien oft fließend sind, weil beide gleichermaßen eine Vertragswidrigkeit darstellen und weil beide Fälle identische Rechtsfolgen auslösen.

[979] Siehe statt aller BGH, 8.3.1995, VIII ZR 159/94, CISG-online Nr. 144, *ad* II.1.b).bb), m.w.N.

[980] Bejahend OLG Graz, 9.11.1995, 6 R 194/95, CISG-online Nr. 308, CLOUT Nr. 175 (langjährige Geschäfte im Käuferland); offengelassen BGH, 8.3.1995, VIII ZR 159/94, CISG-online Nr. 144, *ad* II.1.b).bb).ccc), m.w.B.

[981] *Enderlein / Maskow*, Art. 35, Bem. 16; *Achilles*, Art. 35, Rn. 10.

[982] *Adame*, S. 152 („presunciones de acuerdo contractual"); *Bianca / Bonell / Bianca*, Art. 35, Bem. 2.6.1. („factual description", „a contractual way to determine the kind and quality"); *Schlechtriem*, IPRax 1996, S. 15 („unterstellter Parteivereinbarung"); *Staudinger / Magnus*, Art. 35, Rn. 37 („besondere Form der Parteivereinbarung").

[983] Zum Meinungsstand siehe *Staudinger / Magnus*, Art. 35, Rn. 36, m.w.N.

turmeinung will eine Haftung für Eigenschaften der Probe oder des Musters erst dann annehmen, wenn die Parteien sich darüber voll geeinigt haben[984]; eine andere Meinung verlangt, daß die Parteien sich darüber einig sind, daß der Kaufvertrag auf der Basis des Musters (Probe) erfolgt[985].

Nach der hier vertretenen Auffassung soll bereits die Vorlage eines Musters durch den Verkäufer ausreichen. Dies ergibt sich aus dem Wortlaut der Konvention in den verschiedenen Fassungen[986]. Der *Garantiewillen* des Verkäufers wird *allein durch die Vorlage* des Musters (bzw. Probe) *vermutet*[987], so daß der Käufer nicht nachzuweisen braucht, daß die Probe oder Muster *zum Vertragsinhalt* geworden sind[988]. Liegt eine *Einigung* in bezug auf die Eigenschaften des vorgelegten Musters vor, dann ist m.E. vielmehr von einer Eigenschaftsvereinbarung i.S.d. Art. 35 Abs. 1 auszugehen.

Wenn die unterschiedlichen Merkmalen – etwa die im Vertrag vereinbarten und die Eigenschaften eines Musters – miteinander vereinbar sind, werden sie *kumulativ* geschuldet[989]. Art. 35 II lit. c gilt nicht für Mustern oder Proben, die *der Käufer* dem Verkäufer vorgelegt hat[990], weil in solchen Fällen eine Garantiehaftung des Verkäufers nicht ohne weiteres angenommen werden dürfte; hier ist Einigung zwischen den Parteien erforderlich[991].

(d) Übliche oder angemessene Verpackung (lit. d)

Zu der Vertragsmäßigkeit der Ware gehört außerdem, daß diese ordnungsgemäß verpackt ist. Haben die Parteien diesbezüglich keine Abrede getroffen, dann wird in lit. d ein objektiver Maßstab zugrunde gelegt: Maßgeblich ist die für Ware dieser Art *übliche* Verpackung oder, falls es keine übliche Verpackungsweise gibt, muß die Ware in

[984] So *Achilles*, Art. 35, Rn. 10; *Herber / Czerwenka*, Art. 35, Rn. 6. Diese Auffassung beruht auf der Übertragung der Rechtsprechung zum § 494 a.F. auf das UN-Kaufrecht. Diese Vorschrift stellte den Kauf nach Probe oder Muster der Zusicherung von Eigenschaften *gleich*; daher war es angebracht, hohe Anforderungen (Einigung) für die Einbeziehung der Beschaffenheiten der Probe oder des Musters zu stellen, so daß allein die *Vorlage* sich als unzureichend erwies. Ob dieses Kriterium auf das CISG übertragbar ist, ist fraglich. Schon die grammatikalische, historische und autonome Auslegung dieser Vorschrift sprechen dagegen. Außerdem wird durch die Aufgabe des Begriffs der zugesicherten Eigenschaften im BGB und durch den umfangreichen Mangelbegriff des § 434 dieser Auffassung der Boden entzogen. Zur historischen Auslegung siehe *Bianca / Bonell / Bianca*, Art. 35, Bem. 2.6.1., der auf Art. 33 lit. c EKG verweist (wonach eine ausdrückliche oder konkludente Einigung für eine Bindung des Verkäufers erforderlich war) und mit der jetzigen Lösung kontrastiert. Zur autonomen Auslegung siehe Art. 7 Abs. 1 (Gebot, die Konvention nach internationalen Maßstäben und nicht nach nationalgeprägten Rechtsvorstellungen auszulegen).

[985] *Staudinger / Magnus*, Art. 35, Rn. 36, m.w.N.

[986] So die spanische und französische Fassung („posea las cualidades de la muestra que el vendedor *haya presentado* al comprador"; „...a présentée..."); ähnlich die deutsche (nicht bindende) Auffassung.

[987] *Bianca / Bonell / Bianca*, Art. 35, Bem. 2.6.1.; *Soergel / Lüderitz / Schüßler-Langeheine*, Art. 35, Rn. 18.

[988] *Adame*, S. 153.

[989] *Herber / Czerwenka*, Art. 35, Rn. 6; *Staudinger / Magnus*, Art. 35, Rn. 39, m.w.N.

[990] *Staudinger / Magnus*, Art. 35, Rn. 39, m.w.N.

[991] Siehe *Draft*-Digest, Art. 35, Nr. 11.

einer „für die Erhaltung und den Schutz der Ware *angemessenen* Weise" verpackt sein. Dieses Erfordernis ist nur im Hinblick auf den Transport (Erhaltung, Vermeidung von Schäden)[992] von Bedeutung, sondern muß auch zur Erhaltung der Ware *nach* dem Transport[993] und der Weiterverkäuflichkeit der Ware dienen[994].

Es ist an erster Stelle auf die *im internationalen Handel* übliche Verpackungsweise abzustellen[995] und subsidiär auf die Verpackungsweise am Sitz des Verkäufers[996].

(3) Rechtsmängelfreiheit gemäß Art. 41 und 42

Der Verkäufer hat Ware zu liefern, die frei von Rechten oder Ansprüchen Dritter ist (Art. 41). Hiermit wird die Rechtsmängelfreiheit der Ware ausdrücklich zu den Pflichten des Verkäufers gezählt, so daß eine Zuwiderhandlung hierzu eine Pflichtverletzung darstellt, die dem Käufer verschiedene Rechtsbehelfe eröffnet.

(4) Unterschiedliche Rechtsfolgen von Sach- und Rechtsmängeln?

Das Übereinkommen unterscheidet im II. Abschnitt zwischen „Vertragsmäßigkeit der Ware" (Sachmangel) und „Rechte oder Ansprüche Dritter" (Rechtsmängeln). Es stellt sich die Frage, ob diese Unterscheidung sich auf die auszuübende Rechtsbehelfe erstrecken soll, d.h. ob die Rechtsbehelfe von der Art der Vertragsverletzung abhängen sollen oder ob diese Unterscheidung vielmehr „anderen Zwecken" dienen soll[997].

---

[992] *Adame*, S. 155; *Staudinger / Magnus*, Art. 35, Rn. 44.

[993] Vgl. Compromex, Schiedsspruch vom 19.4.1996 (D.O.F. 16.7.1996), Conservas La Costeña S.A. de C.V. vs. Lanín San Luis S.A. & Agroindustrial Santa Adela S.A. [http://cisgw3.law.pace.edu/cases/960429m1.html]. In diesem Fall erwies sich die Verpackung in vielerlei Hinsicht als vertragswidrig; ein Teil der Ware (Konserven) war aufgrund der mangelhaften Metaldosen verdorben; die Haltbarkeit des Produktes wurde wegen erhöhten Luftdruck der Dosen erheblich verkürzt; wegen Feuchtigkeit des Containers erwiesen mehrere Dosen Rostflecken; letztlich entsprach die Farbe der Aufkleber dem vorgelegten Muster (Marke des Käufers) nicht.

[994] *Draft-Digest*, Art. 35, Anm. 12, m.w.N.

[995] *Adame*, S. 155; *Bianca / Bonell / Bianca*, Art. 35, Bem. 2.7.2.; *Staudinger / Magnus*, Art. 35, Rn. 42.

[996] *Bianca / Bonell / Bianca*, Art. 35, Bem. 2.7.2.

[997] Die Unterschiede zwischen Sach- und Rechtsmängeln spielen insbesondere im Rahmen der *Einstandspflicht* des Verkäufers eine Rolle. So haftet der Verkäufer auch für behauptete Rechte eines Dritten, die in Wirklichkeit nicht bestehen (siehe *Staudinger / Magnus*, Art. 41, Rn. 15; *Piltz*, IHR 2002, S. 6, jeweils m.w.N.). Die *Haftung des Verkäufer* für eine Vertragswidrigkeit nach Art. 35 *ausgeschlossen*, wenn der Käufer den Mangel kannte oder darüber nicht in Unkenntnis sein konnte (Abs. 3). Dagegen reicht bloßer Kenntnis des Käufers bezüglich eines „einfachen" Rechtsmangels nicht aus; vielmehr muß der Käufer den Rechtsmangel eingewilligt haben (Art. 41 S. 1; siehe auch *Secretariat Commentary* on Art. 39 [Art. 41 CISG], Anm. 2.). Beruht der Rechtsmangel auf gewerblichem oder geistigem Eigentum, dann ist Kenntnis des Käufers wiederum ausreichend.
Für die Beurteilung der Vertragsmäßigkeit nach Art. 35 stellt die Konvention auf den *Zeitpunkt* des Gefahrübergangs ab (Art. 36); dagegen schweigt sie bezüglich des „einfachen" Rechtsmangels. Für Rechtsmängel, die auf geistigem Eigentum beruhen, ist der Zeitpunkt des Vertragsschlusses maßgebend (42 Abs. 2 lit.a).
Ein weiterer Unterschied ergibt sich bezüglich der *Untersuchungspflicht* nach Art. 38; diese kommt nur für Sachmängel in Betracht, da Rechtsmängel i.d.R. nicht äußerlich erkennbar sind (so auch *Staudinger / Magnus*, Art. 38, Rn. 10). Dagegen hat der Käufer in beiden Fällen solche Mängel zu rügen

Ob die Folgen einer Pflichtverletzung einheitlich gelten, oder ob nach der Art der Verletzung – abgesehen von notwendigen, sachlich gerechtfertigten Unterschieden[998] – zu differenzieren ist, wird in der Literatur unterschiedlich behandelt. Ein Teil der Autoren möchte hierfür eine – konventionsfremde – Unterscheidung einfügen und bestimmte Rechtsbehelfe allein auf die Fälle eines *Sachmangels* beschränken[999]. Besonders problematisch ist die Frage, ob *Rechtsmängel* unter den einschränkenden Voraussetzungen des Art. 46 II und III fallen oder ob sie allein unter den uneingeschränkten Voraussetzungen des Art. 46 Abs. 1 zu behandeln sind.

Verschiedene Autoren – insbesondere aus dem deutschen Sprachraum – sprechen sich für letzteres aus, mit der Begründung, daß Art. 46 in Abs. 2 und 3 allein auf die Anzeige nach Art. 39 (Mängelrüge bei Sachmängeln) für die Bestimmung der Frist zur Ausübung beider Rechtsbehelfe abstellt, ohne Bezug auf Art. 43, das Pendant zu Art. 39 in Fällen von Rechtsmängeln, zu nehmen. Dabei sollte der Ausdruck „nicht-vertragsgemäße Ware" als *terminus technicus* erfaßt werden[1000]. Ein weiterer Grund sei aus der Geschichte und der Systematik des Übereinkommens zu entnehmen, wonach ausdrücklicher Wille der Konventionsgeber gewesen sein soll, Rechtsmängel i.S.v. Art. 41 und 42 von einer Vertragswidrigkeit nach Art. 35 abzugrenzen[1001]. Daher sollten Rechtsmängel allein vom Erfüllungsanspruch des Abs. 1 erfaßt werden[1002].

Nach anderer Auffassung, sollte es weniger auf den „mißverständlichen Wortlaut" als auf den Zweck der Regelung ankommen[1003], die eine einheitliche Behandlung der Rechtsbehelfe anstrebt und Abgrenzungsschwierigkeiten zu vermeiden sucht. Außerdem sei eine unterschiedliche Behandlung in der Sache nicht zu rechtfertigen[1004], denn auch Ware, die mit einem Rechtsmangel behaftet ist, stellt eine „mangelnde Konformität" (i.S.d. Art. 46 II und III) zu den vertraglichen Anforderungen dar. Daher sollen

---

(Art. 39 Abs. 1, Art. 43 Abs. 1). Für Sachmängel sieht Art. 39 Abs. 2 eine maximale Ausschlußfrist von zwei Jahren vor. Dagegen unterliegen Rechtsmängel einer solchen Ausschlußfrist nicht; diese Lösung ist auch sachgerecht, weil Rechtsmängel erst nach längerer Zeit auftreten können. Diese unterliegen allein dem anwendbaren Verjährungsstatut, der in der Regel auch längere Fristen für die Verjährung von Ansprüchen wegen eines Rechtsmangels vorsieht.

[998] Siehe dazu *MünchKommHGB / Benicke*, Art. 46, Rn. 1, m.w.N.

[999] Insbesondere wird die Anwendung der Herabsetzung des Kaufpreises und der Ansprüche aus Art. 46 Abs. 2 und 3 auf Rechtsmängel verneint. Zum Meinungsstand in bezug auf die Minderung siehe *Staudinger / Magnus*, Art. 50, Rn. 9 f; bezüglich der Nacherfüllungsansprüche *ders.* Art. 46, Rn. 15 ff.

[1000] *Schlechtriem / Huber*, Art. 46, Rn. 24; i.E. *MünchKommHGB / Benicke*, Art. 46, Rn. 27.

[1001] So *Bamberger / Roth / Saenger*, Art. 46, Rn. 5, Fn. 13, der sich auf die Überschrift zu Kapitel II Abschnitt II bezieht: „Vertragsmäßigkeit der Ware *sowie* Rechte oder Ansprüche Dritter".

[1002] So *Bamberger / Roth / Saenger*, Art. 46, Rn. 5; *Honsell / Schnyder / Straub*, Art. 45, Rn. 52 ff; *Piltz*, § 5, Rn. 147; *Schlechtriem / Huber*, Art. 46, Rn. 9, 27, 28, 57; *Staudinger / Magnus*, Art. 46, Rn. 15, 17; *Schulz*, S. 312 ff; *Ziegler*, S. 141. a.A. *Adame*, S. 293; *Bianca / Bonell / Will*, Art. 46, Bem. 3.1.; *Enderlein / Maskow*, Art. 46, Bem. 3; *Herber / Czerwenka*, Art. 46, Rn. 6; *Neumayer / Ming*, Art. 46, Rn. 8.

[1003] *Herber / Czerwenka*, Art. 45, Rn. 2.

[1004] Vgl. *Date-Bah*, in: O.R., S. 360, Nr. 70; *Bianca / Bonell / Will*, Art. 46, Bem. 3.1., Art. 50, Bem. 3.4.; a.A. *Schlechtriem / Huber*, Art. 46, Rn. 27; *Schlechtriem*^{2}, Rn. 185. Letzterer gibt jedoch zu, daß die Gegenauffassung sinnvoller ist (Rn. 184).

Abs. 2 und 3 des Art. 46 ebenfalls Rechtsmängel umfassen[1005], solange dies faktisch möglich ist[1006].

Nach der hier vertretenen Auffassung ist letzteres vorzuziehen. Die Tatsache, daß beide Absätze sich auf die Rügefrist des Art. 39 beziehen, ohne Art. 43 zu erwähnen, mag als ein Versehen der Konventionsgeber gelten und nicht als eine absichtliche Abgrenzung der Nacherfüllungsansprüche verstanden werden. Die Wiener Konferenz hat sich mit dieser konkreten Frage nicht befaßt, wohl aber mit der Tatsache, daß einige Mängel sich durch Nachbesserung beheben lassen und andere nicht[1007] (so daß die Nachbesserung aus faktischen Gründen ausscheidet) und sie haben den Grundsatz aufgestellt, daß die Ersatzlieferung *nur* beim Vorliegen einer wesentlichen Vertragsverletzung verlangt werden darf.

Auslöser für die Nacherfüllungsansprüche ist der Umstand, daß „die Ware nicht vertragsgemäß" ist. Der Einwand, dieser Ausdruck sei als *terminus technicus* zu verstehen – d.h. er umfasse *nur* eine Vertragswidrigkeit i.S.d. Art. 35 – , verkennt die Tatsache, daß die Herabsetzung des Kaufpreises genau an die selbe Voraussetzung knüpft (Art. 50: „Ist die Ware nicht vertragsgemäß..."). Zwar wird die Möglichkeit der Minderung im Fall eines Rechtsmangels von manchen Autoren ebenfalls verneint, doch eine solche Interpretation geht am Text des Übereinkommens vorbei, denn aus Art. 44 ist zu entnehmen, daß dieser Rechtsbehelf auch auf Rechtsmängel Anwendung finden soll[1008].

1005 *Reinhart*, Art. 46, Rn. 3; *von Hoffmann*, in: Einheitliches Kaufrecht und nationales Obligationenrecht, S. 294; *Neumayer / Ming*, Art. 46, Rn. 8.

1006 Überzeugend *Bianca / Bonell / Will*, Art. 46, Bem. 3.1., der zwischen verschiedenen Sorten von Rechtsmängeln unterscheidet: Manche bedürfen der Zustimmung des Berechtigten, während andere – etwa durch Zahlung der letzten Rate bei einem Leasing-Vertrag – ohne weiteres beseitigt werden können. Nach der hier vertretenen Auffassung soll im Einzelfall überprüft werden, ob die jeweilige Vertragsverletzung durch den jeweiligen Rechtsbehelf ausgeglichen oder beseitigt werden kann, ohne irgendein Rechtsbehelf *a priori* einzuschränken (so auch *Will*, a.a.O.); diese Einstellung kommt insbesondere dem Käufer zugute, indem die Wahl des auszuübenden Rechtsbehelfs ihm überlassen wird. Gleichzeitig wird der Verkäufer geschützt, denn die in Art. 46 Abs. 2 und 3 normierte Einschränkungen ebenfalls im Fall von Rechtsmängeln geboten sind. Diese Annäherung verträgt sich mit der Systematik der Konvention, die nicht auf die Art der Vertragsverletzung abstellt. Der Einwand, Nachbesserung und Ersatzlieferung seien im Fall von Rechtsmängeln unpassende Rechtsbehelfe, ist trügerisch, denn diese Aussage gilt auch für Sachmängeln. Dabei soll berücksichtigt werden, daß nicht jede Vertragswidrigkeit durch jeden Rechtsbehelf beseitigt werden kann; so werden Mängel des Stückgegenstandes nicht durch Ersatzlieferung aufgehoben, sowie Artabweichungen nicht durch Nachbesserung „repariert" werden können. Zu diesem Thema ausführlicher unten: E.I. Begriff der Nachbesserung.

1007 Vgl. *Hjerner*, in: O.R., S. 333, Nr. 82.

1008 Art. 44: „Ungeachtet des Artikels 39 Absatz 1 *und des Artikels 43 Absatz 1* kann der Käufer den Preis nach Artikel 50 herabsetzen oder Schadenersatz ... verlangen, wenn er eine vernünftige Entschuldigung dafür hat, daß er die erforderliche Anzeige unterlassen hat" (Hervorhebung hinzugefügt). Eingehend dazu oben: A.II.2.e). Herabsetzung des Kaufpreises (Art. 50); B.IV.1.j). [Inhalt des Erfüllungsanspruchs] Bei Rechtsmängeln. Es ist zuzugeben, daß der *Sekretariatskommentar* zu Art. 39 [CISG Art. 43], Anm. 7 und 8 zwischen „lack of conformity of the goods" und „third party claims" unterschied. Daraus folgte, daß manche Rechtsbehelfe des UNCITRAL-Entwurfs nur auf *Sachmängel*

Ein weiterer Grund spricht für die Anwendung der Art. 46 II und III auf Rechtsmängel: Einstimmigkeit herrscht über die Tatsache, daß, wenn der Verkäufer Ware liefert, an die Rechte bzw. Ansprüche Dritter haften, der Käufer einen Anspruch auf Beseitigung dieser Mängel, bzw. auf Lieferung einer (rechts-)mangelfreien Ware hat. Strebt der Gläubiger diesen Erfolg an – Nachbesserung oder Ersatzlieferung – dann sollte dies über das vom UN-Kaufrecht vorgesehene Instrumentarium erfolgen. In diesem Sinne sollten Art. 46 II und III gegenüber Abs. 1 vorgehen, denn jene stellen Spezialvorschriften dar, sowohl im Hinblick auf den angestrebten Erfolg als auch aufgrund deren Voraussetzungen, denn sie sind maßgeblich, wenn eine Lieferung stattgefunden hat.

b) Schwere der Vertragsverletzung?

Das System der Rechtsbehelfe der Konvention stellt auf den Begriff der Vertragsverletzung bzw. der Nichterfüllung ab (Art. 45: „Erfüllt der Verkäufer eine seiner Pflichten nach dem Vertrag oder diesem Übereinkommen nicht, so kann der Käufer..."). Die Kategorien von Verzug, Unmöglichkeit, usw. sind bei den Rechtsbehelfen tatbestandsmäßig grundsätzlich irrelevant.

Als typische Vertragsverletzung gilt die Lieferung vertragswidriger Ware. Der Verkäufer hat Ware zu liefern, die in Menge, Qualität und Art den Anforderungen des Vertrages entspricht (Abs. 1). Damit wird *jede* Quantitäts-, Qualitäts- und Artabweichung schlicht als *Vertragswidrigkeit* (und damit als rechtsbehelfauslösende Pflichtverletzung) erfaßt. Eine *Vertragswidrigkeit* hängt nicht vom *Grad* der Abweichung zwischen der Ist- und der Soll-Beschaffenheit ab, d.h. eine besondere *Erheblichkeitsschwelle* braucht nicht erreicht zu werden, um eine Vertragsverletzung darzustellen[1009]. Die Schwere des Mangels kommt erst in Zusammenhang mit bestimmten Rechtsbehelfen – nämlich mit der Vertragsaufhebung und der Ersatzlieferung – in Betracht.

Während der Erfüllungsanspruch auch bei geringfügiger Abweichung der Vertragspflichten gegeben ist, muß für die Ausübung von Nacherfüllungsansprüchen unterschieden werden. Das Übereinkommen geht davon aus, daß eine Ersatzlieferung sehr belastend für den Verkäufer sein kann. Daher setzt die Konvention eine wesentliche Vertragsverletzung voraus. Dagegen ist der Nachbesserungsanspruch immer dann gegeben, solange dies für den Verkäufer – grob gesagt – nicht unzumutbar ist.

Die Verknüpfung des Ersatzlieferungsanspruchs an die Tatbestandsvoraussetzung einer wesentlichen Vertragsverletzung hat zur Folge, daß die einwandfreie Erfüllung des Vertrages nur in seltenen Fällen durchsetzbar sein wird. Damit gewährt die Konvention einen Schutz zugunsten des Verkäufers weit über seine Schutzbedürftigkeit hinaus. Ein Antrag der Bundesrepublik Deutschland, das Recht aus Art. 46 II von der

---

Anwendung finden sollten (so ausdrücklich die Herabsetzung des Kaufpreises). Durch die Übernahme von Art. 44 CISG ist diese Abgrenzung jedoch entfallen (ähnlich *Staudinger / Magnus*, Art. 50, Rn. 10).

[1009] So auch *Staudinger / Magnus*, Art. 35, Rn. 11, mit Verweis auf Art. 33 Abs. 2 EKG; *Witz / Salger / Lorenz*, Art. 35, Rn. 4.

Zumutbarkeit der Ersatzlieferung für den Verkäufer abhängig zu machen, ist auf der Wiener Konferenz gescheitert[1010]. Daher werden in der Literatur – besonders aus dem deutschen Sprachraum – Zweifel über die Angemessenheit dieser Voraussetzung erhoben[1011]. Der geltenden gesetzlichen Regelung folgt jedoch, daß, wenn der Mangel nicht wesentlich ist, der Käufer die Ware behalten und sich mit den Ansprüchen auf Nachbesserung, Minderung oder Schadensersatz zufriedengeben muß[1012].

2. Ordnungsgemäße Mängelrüge

Verschiedene Rechtsordnungen kennen eine ausdrückliche Rügepflicht des Käufers; von einer ordnungsgemäßen Rüge hängt es zunächst ab, ob ein Recht überhaupt besteht, bzw. ob dieses geltend gemacht werden kann. Für die Konvention ergibt sich die Reparaturpflicht des Käufers aus Art. 39 Abs. 1: „Der Käufer verliert das Recht, sich auf eine Vertragswidrigkeit der Ware zu berufen, wenn er sie dem Verkäufer nicht innerhalb einer angemessenen Frist ... anzeigt...“. Die Konvention hat keine feste Frist gesetzt; einerseits, weil sich keine einheitliche Frist ermitteln ließ, die den verschiedenen internen Rechtsordnungen Rechnung getragen hätte, da die Länge der Rügefrist vom Land zu Land unterschiedlich ist[1013]; andererseits, weil eine *a priori* festgeschriebene Frist den Bedürfnissen des internationalen Handels nicht entspricht[1014]. Die Konvention stellt daher auf eine *angemessene Frist* ab, deren Länge von Fall zu Fall variieren kann, weil in ihrer Bewertung alle Umstände des Einzelfalles berücksichtigt werden sollen.

Mehr als eine Pflicht handelt es sich bei der Mängelrüge um eine *Obliegenheit* des Käufers[1015], die er einzuhalten hat um seine Rechte wahren zu können[1016]. Dies ergibt sich aus Art. 39 und 43 CISG. Hiernach hat der Käufer die Vertragswidrigkeit der Ware innerhalb angemessener Frist anzuzeigen, damit er sich auf eine Vertragsverletzung *berufen* und damit die verschiedenen ihm zustehenden Rechtsbehelfe ausüben kann[1017].

Diese Obliegenheit, eine Vertragswidrigkeit anzuzeigen, impliziert gleichzeitig die *Pflicht* (bzw. Obliegenheit) zur Untersuchung der Ware „innerhalb einer so kurzen

[1010] Eingehend dazu unten: D.II.3.a). Kritik am Merkmal der wesentlichen Vertragsverletzung.

[1011] So *Enderlein*, Dubrovnik Lectures, S. 191: „It is doubtful whether the requirement of a fundamental breach is justified“. Ebenso *Huber*, RabelsZ 43 (1979), S. 486, für den die Ersatzlieferung „in systemwidriger Weise“ an eine wesentliche Vertragsverletzung gebunden ist.

[1012] *Schlechtriem / Huber*, Art. 46, Rn. 6.

[1013] Eine rechtsvergleichende Darstellung der unterschiedlichen Fristen kann bei *Schlechtriem / Schwenzer*, Art. 39, Rn. 4 konsultiert werden.

[1014] Eine feste Frist könnte für besondere Fälle zu kurz, für andere zu lang ausfallen, je nach der Art der Ware, nach der gelieferten Menge oder nach der Länge der Transportwege, usw.

[1015] *Soergel / Lüderitz / Schüßler-Langeheine*, Art. 39, Rn. 1; *Staudinger / Magnus*, Art. 39, Rn. 1.

[1016] Bei Nichteinhaltung der Rüge*obliegenheit* droht den Käufer Rechtsverlust; ein Erfüllungsanspruch oder ein Anspruch auf Schadensersatz wegen unterlassener Mängelrüge steht dem Verkäufer nicht zu. A.A. Bezüglich der dogmatischen Einordnung der Mängelrüge: *Lehmkuhl*, IHR 2003, S. 117, der eine Rüge*pflicht* des Käufers (unter Berufung auf das Nacherfüllungsrecht des Verkäufers) annimmt.

[1017] Vgl. *Enderlein*, Dubrovnik Lectures, S. 190.

Frist ..., wie es die Umstände erlauben“ (Art. 38 Abs. 1). Den Beweis für die ordnungsgemäße Mängelrüge trägt der Käufer[1018].

a) Formelle Voraussetzungen der Mängelrüge

Dem Grundsatz der Formfreiheit folgend (Art. 11), ist die Mängelrüge an keine besondere Form gebunden[1019]; d.h. diese kann sowohl schriftlich als auch mündlich gemacht werden. Aus Art. 27 ergibt sich, daß die Anzeige nur *absendungsbedürftig* ist[1020]. Sie ist nicht zugangsbedürftig[1021], muß aber *zugangsfähig* sein[1022]. Das *Übermittlungsrisiko* der Mängelanzeige trägt der Verkäufer[1023]. Gleiches gilt für das Nacherfüllungsverlangen, das zusammen mit der Mängelrüge oder innerhalb einer angemessenen Frist danach geltend gemacht werden soll. Die Mängelanzeige – wie überhaupt jede Erklärung zwischen den Parteien – muß in einer für den Empfänger verständlichen Sprache abgegeben werden; maßgeblich ist die vereinbarte Vertragssprache, doch kann eine Erklärung in anderer Sprache gelten, soweit diese zweifelsfrei vom Empfänger verstanden werden kann[1024]. Das Sprachrisiko stellt ein Problem des Zugangs der Erklärung dar (Art. 24)[1025].

b) Frist der Mängelanzeige

Es ist an dieser Stelle hervorzuheben, daß im Fall der Lieferung einer mangelhaften Ware drei Fristen zur Anwendung kommen[1026]. Erstens gilt eine so kurze Frist „wie es die Umstände erlauben“ zur *Untersuchung* der Ware (Art. 38 Abs. 1)[1027]. Für die *Anzeige* der Vertragswidrigkeit gilt eine angemessene Frist nach dem Zeitpunkt, in dem der Käufer „sie festgestellt hat oder hätte feststellen müssen“ (Art. 39 Abs. 1). Zuletzt gilt eine zusätzliche Frist von angemessener Zeit für die *Ausübung* der Ersatzlieferung oder Nachbesserung (Art. 46 II und III)[1028].

[1018] *Baumgärtel / Laumen / Hepting*, Art. 46, Rn. 17; *Herber / Czerwenka*, Art. 39, Rn. 20; *Staudinger / Magnus*, Art. 39, Rn. 72, m.w.N.

[1019] *Honsell / Schnyder / Straub*, Art. 46, Rn. 65, 100.

[1020] Siehe ferner *Schlechtriem*, Uniform Sales Law, S. 70; *Herber / Czerwenka*, Art. 39, Rn. 11 (kritisch zur Anwendung der Rechtsprechung des BGH zum § 377 HGB, wonach die Mängelanzeige zugangsbedürftig ist, auf das UN-Kaufrecht).

[1021] *Niggemann*, in: Hoyer / Posch, S. 100.

[1022] *Niggemann*, in: Hoyer / Posch, S. 90. Art. 27: Eine Anzeige ist „mit den nach den Umständen geeigneten Mitteln“ abzugeben.

[1023] *Herber / Czerwenka*, Art. 39, Rn. 11, Art. 46, Rn. 8. Anders die deutsche Rechtsprechung, welche die Mängelanzeige nach § 377 HGB für *empfangsbedürftig* hält und dem Käufer das Zugangsrisiko und die Beweislast für den Zugang auferlegt. Der Verkäufer trägt lediglich das Verzögerungsrisiko bei rechtzeitiger Absendung (siehe BGH, Urteil vom 13.5.1987 – VIII ZR 137/86, NJW 1987, 2235). Die Angemessenheit dieser Entscheidung wird häufig in Frage gestellt; siehe dazu *Reinicke / Tiedke*, Rn. 887, m.w.N.

[1024] *Staudinger / Magnus*, Art. 39, Rn. 51.

[1025] *Schlechtriem*, IPRax 1996, 184.

[1026] Vgl. *Soergel / Lüderitz / Schüßler-Langeheine*, Art. 46, Rn. 10.

[1027] In der Literatur wird hierfür eine Frist von 4 bis 7 Arbeitstagen als angemessener „Mittelwert“ betrachtet; den Umständen entsprechend kann diese Frist verlängert oder verkürzt werden; *Piltz*, UN-Kaufrecht, Rn. 251.

[1028] Außerhalb der Konvention kommt eine weitere Frist für die verfahrensrechtliche Geltendmachung des Anspruchs in Betracht; siehe unten: H. Verjährung.

Anders als Art. 39 Abs. 1 EKG, wonach der Käufer die Vertragswidrigkeit der Ware innerhalb „*kurzer* Frist" anzuzeigen hatte, stellt das UN-Kaufrecht auf den *großzügigeren* Zeitraum einer „angemessenen Frist" ab[1029]. Mit Art. 39 kommen zwei Kriterien ergänzend zur Anwendung: Es ist auf den Zeitpunkt abzustellen, in dem der Käufer die Vertragswidrigkeit *festgestellt hat* (subjektives Kriterium); darunter fallen ebenso *versteckte Mängel*, die innerhalb einer angemessenen Frist nach Auftreten zu rügen sind[1030]. Das subjektive Kriterium wird durch ein objektives eingeschränkt; demnach gilt der Zeitpunkt, in dem der Käufer die Vertragswidrigkeit *hätte feststellen müssen*.

Ob eine Frist angemessen ist, läßt sich *a priori* nicht beantworten; vielmehr soll diese Frage für den Einzelfall entschieden werden[1031]. Zu berücksichtigen sind objektive und subjektive Kriterien (Art der Ware[1032], Möglichkeit der Untersuchung, Sachkundigkeit des Käufers[1033], usw.). Die Angemessenheit der Frist beurteilt sich zunächst aus der Sicht des Käufers, aber den Interessen des Verkäufers ist ebenso Rechnung zu tragen[1034]. Im Übrigen soll der Käufer unter einer „angemessenen Frist" eine „kurze Frist" verstehen[1035], d.h. jede Vertragswidrigkeit der Ware gemäß Art. 39 Abs. 1 ist möglichst bald anzuzeigen[1036]. Als *angemessen* wird häufig eine Frist zwischen 14 Tagen und 1 Monat vertreten[1037], aber die Rechtsprechung ist sich in dieser Hinsicht nicht einig[1038]. Die Entscheidung über den auszuübenden Rechtsbehelf darf der Käufer ebenfalls nicht ohne Grund verzögern. Zur Feststellung, ob eine Vertragswidrigkeit

---

[1029] Siehe *Honsell / Magnus*, Art. 39, Rn. 4, 19.

[1030] *Reinhart*, Art. 39 Rn. 4; *Niggemann*, in: Hoyer / Posch, S. 90.

[1031] *Honsell / Schnyder / Straub*, Art. 46, Rn. 66; *Magnus*, ZEuP 2002, S. 535, m.w.N.

[1032] Siehe z.B. OLG Düsseldorf, 8.1.1993, 17 U 82/92, CISG-online Nr. 76; CLOUT Nr. 48. Hier wurde eine Anzeige von 7 Tagen bei verderblichen Waren (Gurken) für verspätet gehalten; Mängelrüge 4 Tage nach Lieferung von Schlachtvieh verspätet (siehe Nachweise bei *Magnus*, ZEuP 2002, S. 535). Siehe ferner *Piltz*, UN-Kaufrecht, Rn. 252.

[1033] Vgl. LG Stuttgart, 31.8.1989, 3 KfH O 97/89, IPRax 1990, 317, CISG-online Nr. 11.

[1034] *Herber / Czerwenka*, Art. 46, Rn. 8.

[1035] *Enderlein / Maskow*, Art. 46, Bem. 6; ähnlich *Kandler*, S. 151: dem Käufer ist zügiges Handeln zuzumuten; a.A. *Honsell / Schnyder / Straub*, Art. 46, Rn. 66.

[1036] Diese Vorschrift hat eine große Bedeutung erlangt und gehört zu den von den Gerichten am häufigsten ausgelegten Bestimmungen der Konvention (siehe *Flechtner*, in: *Draft-Digest*, S. 377 und Rechtsprechungsnachweise in *Draft-Digest*, Art. 39, *passim*). Ob der Käufer seine Rechtsbehelfe fristgerecht ausgeübt hat, ist manchmal die einzige Verteidigungsmöglichkeit des vertragsbrüchigen Verkäufers. Daher empfiehlt es sich für den Käufer, die Anzeige der Vertragswidrigkeit möglichst bald abzugeben, um einen möglichen Rechtsverlust zu vermeiden.

[1037] *Magnus*, RIW 2002, S. 578, Fn. 10 (m.w.N.); *Magnus*, ZEuP 2002, S. 535 f; *MünchKommHGB / Benicke*, Art. 46, Rn. 11.

[1038] Siehe LG München, 3.7.1989, 17 HKO 3726/89, CISG-online Nr. 4, CLOUT Nr. 3, das eine Frist von 8 Tagen für angemessen hielt; eine Frist von 10 Tage bis ein Monat wurde ebenfalls für angemessen gehalten: Obergericht des Kantons Luzern *(obiter dictum)*, 8.1.1997, 11 95 123/357, CISG-online Nr. 228; CLOUT Nr. 192. Für *nicht angemessen* wurde eine Rügefrist von 7 bzw. 19 Tagen gehalten: OLG Düsseldorf, 8.1.1993, 17 U 82/92, CISG-online Nr. 76; CLOUT Nr. 48; LG Landshut, 5.4.1995, 54 O 644/94, CISG-online Nr. 193. Eine Rüge nach 2, 3 und 6 Monaten wurde ebenfalls für verspätet gehalten: OLG Düsseldorf, 10.2.1994, 6 U 32/93, CISG-online Nr. 116; CLOUT Nr. 81; Obergericht des Kantons Luzern, a.a.O.; OLG München, 8.2.1995, 7 U 3758/94, CISG-online Nr. 203. Siehe ferner *Piltz*, UN-Kaufrecht, Rn. 252, mit zahlreichen Beispielen.

innerhalb angemessener Frist angezeigt wurde, kommt Art. 8 III ferner in Betracht[1039]. Daher kann sich der Verkäufer auf die Verspätung der Anzeige nicht mehr berufen, wenn er durch späteres Verhalten Anlaß für die Annahme gibt, er werde sich auf diesen Rechtsverlust nicht berufen (Verwirkung)[1040].

Eine „gesetzliche maximale Gewährleistungsfrist"[1041] von zwei Jahren berücksichtigt das Übereinkommen in Art. 39 II, die am Tag der tatsächlichen Übergabe der Ware beginnt[1042]. Diese von Amts wegen zu beachtende Frist[1043] ist von den Verfassern der Konvention willkürlich gesetzt worden und kann nicht in allen Fällen als *angemessen* angesehen werden, besonders dann, wenn es um komplizierte Maschinen geht[1044], die über mehrere Jahre hindurch eine gewisse Leistung fehlerfrei erbringen sollen. In sonstigen Fällen wird diese Frist selten zur Anwendung kommen, weil die angemessene Frist weit unter zwei Jahren stehen wird. Außerdem können die Parteien von dieser Frist abweichen, indem sie eine kürzere oder längere Gewährleistungsfrist vereinbaren.

c) Materielle Voraussetzungen der Mängelrüge

Die ordnungsgemäße Mängelrüge setzt die Einhaltung weiterer inhaltlicher und formeller Anforderungen voraus. So hat die Anzeige der Vertragswidrigkeit nicht nur innerhalb einer angemessenen Frist zu erfolgen, sie muß auch inhaltlich *bestimmt* sein[1045], d.h. der Käufer muß die Art der Vertragswidrigkeit *genau* bezeichnen (Art. 39 Abs. 1). Die Mängelrüge muß deutlich genug zum Ausdruck bringen, inwieweit die von ihm gelieferte Ware dem Vertrag nicht entspricht, so daß der Verkäufer die für die ordnungsgemäße Erfüllung erforderlichen Maßnahmen treffen kann[1046]. Im Gegensatz hierzu läßt sich eine Gerichtsentscheidung finden, welche die Rücksendung der Ware als geeignete Mängelrüge i.S.d. Art. 39 Abs. 1 hielt, mit der Begründung, hierdurch werde der Klägerin „in ausreichendem Maße über den Umfang des Mangels informiert"[1047]. Ob dieser Entscheidung gefolgt werden soll ist fraglich; sie widerspricht dem eindeutigen Wortlaut der Konvention, der die *genaue* Bezeichnung der Vertragswidrigkeit anordnet[1048]. Zwar ist die Rücksendung der Ware nach dem Maßstab einer „vernünftigen Person der gleichen Art" gemäß Art. 8 II zu beurteilen; jedoch wird ein solches Verhalten kaum als ordnungsgemäße Mängelrüge gelten können, gerade des-

---

[1039] *Reinhart*, Art. 46, Rn. 7.

[1040] Internationales Schiedsgericht der Bundeskammer der gewerblichen Wirtschaft, Wien, 15.6.1994, SCH-4318, CISG-online Nr. 120; CLOUT Nr. 94; BGH, 25.6.1997, VIII ZR 300/96, CISG-online Nr. 277, CLOUT Nr. 235.

[1041] *Niggemann*, in: Hoyer / Posch, S. 91.

[1042] *Reinhart*, Art. 39 Rn. 8; *Schlechtriem / Schwenzer*, Art. 39, Rn. 24.

[1043] *Achilles*, Art. 39, Rn. 14.

[1044] *Niggemann*, in: Hoyer / Posch, S. 91.

[1045] *Niggemann*, in: Hoyer / Posch, S. 90.

[1046] Vgl. *Achilles*, Art. 39, Rn. 3; *Schlechtriem / Schwenzer*, Art. 39, Rn. 6.

[1047] Siehe AG Nordhorn, 14.6.1994, 3 C 75/94, CISG-online Nr. 259.

[1048] Im Übrigen lassen die amtliche Fassungen der Konvention eine „großzügigere Interpretation" zu als der deutsche Text (sieh z.B. den spanischen Text: „...especificando [la] *naturaleza* [de la falta de conformidad]"); *Schlechtriem / Schwenzer*, Art. 39, Rn. 6.

halb, weil es mehrdeutig ist[1049]. Die ordnungsgemäße Mängelrüge dient u.a. dem Zweck, dem Verkäufer die Behebung seiner Pflichtverletzung zu ermöglichen. Inwieweit die gelieferte Ware hinter den vertraglichen Anforderungen zurückbleibt, ist zunächst vom Käufer nachzuweisen[1050].

d) Ausnahmen von der Untersuchungs- und Rügepflicht

Eine Rüge ist in den Fällen des Art. 40 ausnahmsweise nicht erforderlich: Der Verkäufer kann sich auf die Unterlassung der Untersuchung der Ware bzw. die Nichteinhaltung der Anzeigefrist nach Art. 39 nicht berufen, wenn die Vertragswidrigkeit „auf Tatsachen beruht, die er kannte" und die er dem Käufer nicht offenbart hat, „oder über die er nicht in Unkenntnis sein konnte". Hier sind sowohl die *tatsächliche* als auch die *hypothetische* Kenntnis von Bedeutung[1051].

Auch wenn das Übereinkommen es ausdrücklich nicht bestimmt, dürfte die hypothetische Kenntnis an das Kriterium einer *vernünftigen Person der gleichen Art* und *unter den gleichen Umständen* (vgl. Art. 8 II) gemessen werden. Damit können die Sachkundigkeit des Verkäufers, der *Kontakt* zur Ware, usw. aber auch die Art der Vertragswidrigkeit eine Rolle spielen[1052]. So kann vom Hersteller der Ware eine bessere Sachkenntnis (und damit eine gesteigerte Haftung) erwartet werden als von einem weniger kundigen Zwischenhändler.

Damit ist die Offenbarungs- und Einstandspflicht des Verkäufers strenger als in anderen internen Rechtsordnungen[1053]. Nach § 377 Abs. 5 HGB kann sich der Verkäufer auf eine unterlassene Mängelrüge des Käufers nur dann *nicht berufen*, wenn er – der Verkäufer – den Mangel arglistig verschwiegen hat. Die Konvention erleichtert damit die Beweislast für den Käufer, der weder Arglist noch Vorsatz zu beweisen braucht.

Aus dem Wortlaut des Art. 40 ergibt sich, daß die Kenntnis der Vertragswidrigkeit durch den Verkäufer nicht nur die Überschreitung der angemessenen Frist nach Art. 39 Abs. 1 betrifft, sondern auch der gesetzlichen Ausschlußfrist von zwei Jahren (Abs. 2)

[1049] Auch dann nicht, wenn die Vertragswidrigkeit der Ware offensichtlich ist. Ein solches Vorgehen ist aus einem weiterem Grund abzulehnen: Es beraubt dem Verkäufer die Möglichkeit, die Vertragswidrigkeit der Ware (bzw. deren Gewicht) zu bestreiten und eventuelle Einwende gegen die Rechtsbehelfe des Käufers zu erheben.

[1050] Vgl. Rechtbank Roermond, 19.12.1991, 900336 (Niederlande) Fallini Stefano & Co. S.N.C. v. Fordic B.V., CLOUT Nr. 98; ICC/ICA Schiedsspruch Nr. 6653, vom 1993, CLOUT Nr. 103; LG Flensburg, Urteil vom 24.3.1999 [http://cisgw3.law.pace.edu/cases/990324g2.html], CLOUT Nr. 377. Teilweise a.A. *Baumgärtel / Laumen / Hepting*, Art. 46, Rn. 14 (erst nach Ablauf der Rügefrist kehrt die Beweislast für die Vertragswidrigkeit auf den Käufer um).

[1051] Siehe auch OLG Köln, 21.5.1996, 22 U 4/96, CISG-online Nr. 254, CLOUT Nr. 168; LG Landshut, 5.4.1995, 54 O 644/94, CISG-online Nr. 193; LG Trier, 12.10.1995, 7 HO 78/95, CISG-online Nr. 160, CLOUT Nr. 170.

[1052] Vgl. *Achilles*, Art. 40, Rn. 1.

[1053] *Rudolph*, Art. 40, Rn. 2.

umfaßt[1054]; dadurch wird eine Haftung des Verkäufers für die Vertragswidrigkeit über diesen Zeitraum hinaus begründet, die nur durch die Verjährungsfristen des anwendbaren nationalen Rechts eingeschränkt wird.

Dem Käufer bleiben bestimmte Rechtsbehelfe trotz unterlassener Mängelrüge in den Fällen des Art. 44 ferner erhalten. Nach dieser Vorschrift kann der Käufer den Kaufpreis herabsetzen bzw. Schadensersatz verlangen (außer für entgangenen Gewinn), wenn er eine „vernünftige Entschuldigung“ für diese Unterlassung hat. Dadurch werden die im Art. 39 Abs. 1 vorgesehenen Rechtsfolgen erheblich gemildert[1055].

3. Geltendmachung des Nacherfüllungsanspruchs

Sind die Voraussetzungen eines Nacherfüllungsanspruchs gegeben, dann hat der Käufer diesen Anspruch zusammen mit der Anzeige der Vertragswidrigkeit oder innerhalb einer angemessenen Frist danach auszuüben. Nicht selten erfolgen die Anzeige der Vertragswidrigkeit und die Rechtsbehelfsausübung gleichzeitig; die Konvention läßt allerdings zu, daß beide Erklärungen voneinander getrennt gemacht werden. Dies kann in einzigen Fällen von Bedeutung für den Käufer sein; durch die Mängelanzeige kann er seine Rechte sichern, auch wenn er die Entscheidung über den auszuübenden Rechtsbehelf sich für einen späteren Zeitpunkt vorbehält. Im Folgenden werden die Erklärung zur Ausübung eines Nacherfüllungsrechts durch den Käufer und die Frist dafür näher untersucht.

a) Erklärung (Ausübung)

Eine entsprechende Erklärung des Käufers ist für die Geltendmachung eines Nacherfüllungsanspruchs erforderlich[1056]. Grundsätzlich muß eine solche Erklärung dem Verkäufer *deutlich* zum erkennen geben, was der Käufer verlangt[1057]. Jedenfalls ist sie gemäß Art. 8 auszulegen und zu beurteilen. Allein die Mitteilung, daß die Ware mit einer Vertragswidrigkeit behaftet ist, reicht als Ausübung eines Rechtsbehelfs noch nicht aus.

Ob die Zurückweisung der Ware ebenfalls als eine geeignete Rechtsbehelfsausübung angesehen werden kann, ist umstritten. Die Rechtsprechung hat die Ansicht vertreten, bei verspäteter Lieferung könne das Zurücksenden der Ware als ordnungsgemäße Aufhebungserklärung verstanden werden[1058]; hat der Verkäufer statt dessen vertragswidrige Ware geliefert, dann bildet dieses Verhalten keine geeignete Erklärung, weil das Zurücksenden der Ware sowohl als Ersatzlieferungsverlangen als auch als Aufhe-

---

[1054] Vgl. Schiedsgericht der Handelskammer Stockholm, 5.6.1998, CLOUT Nr. 237. Hier stellt sich die Frage, ob die Gewährleistungsrechte des Käufers trotzdem verwirken können, etwa aufgrund von Art. 7 Abs. 2 (Treu und Glauben).

[1055] *Niggemann*, in: Hoyer / Posch, S. 91. Diese Vorschrift wurde in der Wiener Konferenz auf Verlangen mehrerer Delegierten aus Entwicklungsländern eingeführt, die Art. 39 als zu „draconian“ für einen unerfahrenen Käufer fanden.

[1056] *Honsell / Schnyder / Straub*, Art. 46, Rn. 64; *UNCITRAL-Digest*, Art. 46, Anm. 6.

[1057] Vgl. *Schlechtriem / Huber*, Art. 46, Rn. 52, 61; *Honsell / Schnyder / Straub*, Art. 46, Rn. 65: *„eindeutig“*.

[1058] AG Oldenburg, 24.4.1990, 5 C 73/89, CISG-online Nr. 20.

bungserklärung verstanden werden kann (vorausgesetzt, daß die Vertragswidrigkeit eine wesentliche Pflichtverletzung darstellt)[1059]. Diesem Gedanken folgend reicht eine Rücksendung der Ware ohne weitere Angaben als Erklärung zur Ausübung eines Nacherfüllungsanspruchs nicht aus.

Hat der Käufer die Vertragswidrigkeit ordnungsgemäß angezeigt und verlangt er einfach „Beseitigung des Mangels“, ohne genau anzugeben, ob er Ersatzlieferung oder Nachbesserung ausübt, gilt m.E. folgendes: Die Entscheidung, auf welche Weise die Vertragswidrigkeit der Ware zu beheben ist, wird dem Verkäufer überlassen. Dies ist durch Auslegung der Erklärung des Käufers[1060] und aus dem Recht des Verkäufers zur *Wahl der Mittel*[1061] abzuleiten. Wenn der Verkäufer u.U. die Vertragsmäßigkeit der Ware auf eine andere als die vom Käufer gewählte Art der Nacherfüllung herbeiführen darf[1062], viel mehr soll das gelten, wenn der Käufer keinen besonderen Wert auf die *Art* der Nacherfüllung gelegt hat.

In solchen Fällen wird deutlich zum Ausdruck gebracht, daß der Käufer Nacherfüllung verlangt; auch dann, wenn die konkrete Art der Erfüllung unbestimmt geblieben ist. Der Verkäufer dürfte daher nicht einwenden, der Käufer hätte seine Rechte durch eine undeutliche Erklärung eingebüßt. Wiederum soll Art. 8 in Erinnerung gerufen werden, der den Maßstab einer vernünftigen Person zugrunde legt. Ist die Erklärung nicht deutlich genug, dann soll der Verkäufer – seiner Kooperationspflicht folgend[1063] – auf die Erklärung des Käufers reagieren und entsprechend nachfragen. Ist eine solche Nachfrage nicht möglich, könnte m.E. die für den Verkäufer günstigste Art der Nacherfüllung vermutet werden[1064], vorausgesetzt, daß beide Rechtsbehelfe den geschuldeten Erfolg herbeiführen können; dies ergibt sich bereits aus dem Recht des Verkäufers zur Wahl der Mittel. Ansonsten sollte m.E. der Rechtsbehelf vermutet werden, der die Vertragswidrigkeit am besten zu beseitigen vermag.

Dem Grundsatz der Formlosigkeit folgt, daß die Ausübung eines Nachbesserungsanspruchs an keine besondere Form gebunden ist[1065]; die Setzung einer Nachfrist oder eine Ablehnungsandrohung bei fehlgeschlagener Nacherfüllung sind ebenfalls nicht erforderlich[1066].

[1059] Siehe AG Oldenburg, a.a.O. (im obiter dictum).

[1060] Etwa wenn es sich aus seiner Erklärung ergibt, daß er auf die Ausübung seines Wahlrechts verzichtet.

[1061] *Honsell / Schnyder / Straub*, Art. 46, Rn. 39, 75; Art. 48, Rn. 57 ff; *Schlechtriem / Huber*, Art. 46, Rn. 56. Ein solches Recht ist *nicht absolut*, leitet sich aber aus Art. 48 Abs. 1. Siehe unten: F.II.2. Wahlrecht zwischen den verschiedenen Nacherfüllungsansprüchen.

[1062] Siehe vorige Fußnote und unten: F.II. Wahlrecht des Käufers?

[1063] Dazu siehe *Adame*, S. 78; *Audit*, S. 51; *Bianca / Bonell / Bonell*, Art. 7, Bem. 2.3.2.2; *Enderlein / Maskow*, Art. 7, Bem. 9.1.; *Soergel / Lüderitz*, Art. 7, Rn. 9; *Staudinger / Magnus*, Art. 7, Rn. 42.

[1064] Für diese Lösung gibt es – abgesehen von der allgemeinen Pflicht zur Wahrung des guten Glaubens ex Art. 7 Abs. 2 (siehe *Schlechtriem / Ferrari*, Art. 7, Rn. 25 ff) – jedoch keine gesetzliche Grundlage.

[1065] *Honsell / Schnyder / Straub*, Art. 46, Rn. 65, 100; *Kandler*, S. 153.

[1066] *Honsell / Schnyder / Straub*, Art. 46, Rn. 65.

b) Frist

Gemäß Art. 46 II und III sind die Nacherfüllungsansprüche des Käufers „zusammen mit der Anzeige" der Vertragswidrigkeit oder „innerhalb einer angemessenen Frist danach" zu verlangen. Durch dieses Erfordernis sollen Spekulationen seitens des Käufers vermieden und Klarheit für den Verkäufer erreicht werden[1067], der im Regelfall davon ausgehen wird, er habe eine ordnungsgemäße Leistung erbracht[1068]. Eine solche wertungsoffene Frist mag in der Praxis Schwierigkeiten bereiten, wie die Umfangreiche Rechtsprechung zu Art. 39 zeigt[1069]; dennoch ist sie, ebenso wie die Frist zur Mängelanzeige, die sachgerechteste Lösung, weil sie die Berücksichtigung aller Umstände des Einzelfalles (Art der Ware, Sachkunde der Parteien, Art der Vertragswidrigkeit, usw.) ermöglicht bzw. anordnet.

Der Lauf der Frist für die Geltendmachung eines Ersatzlieferungs- bzw. des Nachbesserungsanspruchs beginnt mit der Abgabe der wirksamen Mängelrüge[1070]. Ist eine Mängelrüge nicht erforderlich, weil der Verkäufer die Vertragswidrigkeit der Ware kannte (Ausnahme des Art. 40), dann beginnt die Frist mit Entdeckung des Mangels[1071]. Nach anderer Auffassung soll die Frist für die Ausübung eines Nacherfüllungsanspruchs in dem Zeitpunkt beginnen, in dem die Mängelrüge hätte erhoben werden müssen[1072].

Die Aufforderung zur Nacherfüllung ist nicht zugangsbedürftig[1073]; zur Wahrung der Frist genügt daher die rechtzeitige Absendung der Erklärung, und das Übermittlungsrisiko (Verlust bzw. Verzögerung der Erklärung) trägt gemäß Art. 27 der Verkäufer[1074].

Sowohl der Ersatzlieferungsanspruch aus Art. 46 II als auch der Nachbesserungsanspruch aus Abs. 3 beziehen sich ausdrücklich auf die „Anzeige nach Art. 39", ohne Rücksicht auf Art. 43 (Rügepflicht bei Rechten oder Ansprüchen Dritter). Damit geben sie Anlaß für die Annahme, die Nacherfüllungsansprüche seien auf Rechtsmängel unanwendbar[1075].

Für das BGB stellt sich die Frage, ob der Käufer in Fällen von *antizipierter Lieferung* bereits ab Gefahrübergang Nacherfüllung verlangen kann oder ob er bis zur Fälligkeit

---

[1067] *Schlechtriem / Huber*, Art. 46, Rn. 7, 52.
[1068] Im englischen Recht gilt eine (widerlegbare?) Vermutung zugunsten des Verkäufers, in dem Sinne daß, wer nicht rügt, die Ware akzeptiert. Vgl. *Niggemann*, in: Hoyer / Posch, S. 90.
[1069] Siehe Rechtsprechungsnachweise (ca. 57 Urteile) bei *Draft-Digest*, S. 675 ff.
[1070] *Honsell / Schnyder / Straub*, Art. 46, Rn. 66.
[1071] *Honsell / Schnyder / Straub*, Art. 46, Rn. 66; *MünchKomm / P. Huber*, Art. 46, Rn. 34; *Staudinger / Magnus*, Art. 46, Rn. 45.
[1072] *Herber / Czerwenka*, Art. 46, Rn. 8; *MünchKommHGB / Benicke*, Art. 46, Rn. 11.
[1073] *Staub / Koller*, Vor § 373 HGB, Art. 46 CISG, Rn. 683.
[1074] *Schlechtriem / Huber*, Art. 46, Rn. 52; *Staudinger / Magnus*, Art. 27, Rn. 10.
[1075] Dieses Thema ist an anderer Stelle bereits behandelt worden. Siehe C.II.1.a).(4). Unterschiedliche Rechtsfolgen von Sach- und Rechtsmangeln?

des ursprünglichen Erfüllungsanspruchs warten muß[1076]. Letzteres wird damit begründet, daß der Käufer vor diesem Zeitpunkt kein Recht auf eine mangelfreie Sache hat[1077]. Die Gegenauffassung hält ein Zuwarten des Käufers bis zum ursprünglichen Erfüllungstermin für unzumutbar[1078].

Es ist allerdings zu berücksichtigen, daß die Gewährleistungsrechte *ab Gefahrübergang* (d.h. mit Übergabe der verkauften Sache, § 446) an Stelle des ursprünglichen Erfüllungsanspruchs treten[1079] und daß die Verjährungsfrist bereits mit Ablieferung[1080] der Sache zu laufen beginnt (§ 438 II). Es wäre inkonsequent (wenn nicht richtlinienwidrig; siehe Art. 5 Abs. 1 der Verbrauchsgüterkaufrichtlinie), dem Käufer die Nacherfüllungsansprüche vorläufig zu versagen, dagegen aber die Verjährung zu dessen Lasten laufen zu lassen. M.E. soll daher der Käufer bereits ab Gefahrübergang Nacherfüllung verlangen können[1081].

Für das UN-Kaufrecht stellt sich dieses Problem in der Regel anders. Die Konvention erlaubt es dem Käufer, eine frühzeitige Lieferung zu verweigern (Art. 52). Die Tatsache, daß der Käufer eine antizipierte Lieferung abnimmt, bedeutet nicht, daß er einer Abänderung des Lieferdatums zustimmt[1082] (im Zweifel ist Zustimmung zu verneinen)[1083]. Da die Untersuchung der Ware eine Obliegenheit des Käufers darstellt – deren Vernachlässigung mit Rechtsverlust sanktioniert wird – darf die Position des Käufers durch eine Vertragsverletzung des Verkäufers (hier: Lieferung zu einem anderen Zeitpunkt als vereinbart) nicht verschlechtert werden[1084]. Ein Teil der Lehre geht daher davon aus, daß die Untersuchungs- und Rügefrist erst mit dem vereinbarten (sei es bei

---

1076 So *P. Huber*, NJW 2002, S. 1005, Fn. 8; *P. Huber*, in: *Huber / Faust*, § 13, Rn. 13, Fn. 5; *Bamberger / Roth / Faust*, § 439, Rn. 12; *Staudinger / Matusche-Beckmann*, § 439, Rn. 1.

1077 *Bamberger / Roth / Faust*, § 439, Rn. 12.

1078 *Erman / Grunewald*, § 439, Rn. 12, m.w.N. Im übrigen wird vertreten, die Fälligkeit der Leistung trete spätestens mit dem Nacherfüllungsverlangen ein.

1079 *Canaris*, in: Karlsruher Forum, S. 72; *P. Huber*, NJW 2002, S. 1005; *Palandt / Putzo*, § 437, Rn. 14.

1080 Diese entspricht weitgehend dem Begriff der Übergabe (so *Canaris*, in: Karlsruher Forum, S. 73), mit Ausnahme des Versendungskaufs.

1081 Nicht zuletzt ist § 271 zu beachten: Wurde eine Zeit für die Leistung bestimmt, so ist im Zweifel anzunehmen, daß der Gläubiger die Leistung vor dieser Zeit nicht verlangen, der Schuldner aber sie vorher erbringen kann (Abs. 2). Dies mag für die ursprüngliche Leistungspflicht gelten; für Sekundärleistungspflichte ist Abs. 1 eher maßgebend, weil diese grundsätzlich an keine Zeit – mindestens nicht vor deren Entstehung – gebunden sind und weil der Verkäufer durch eine *antizipierte Lieferung* konkludent zum Ausdruck bringt, daß der Erfüllungstermin für ihn keine wesentliche Relevanz hat.

1082 *Herber / Czerwenka*, Art. 52, Rn. 4; *Schlechtriem / Huber*, Art. 52, Rn. 4, m.w.N.

1083 *Staudinger / Magnus*, Art. 52, Rn. 14; ähnlich *Herber / Czerwenka*, Art. 52, Rn. 4 (dem Verkäufer obliegt die Beweispflicht für die Vertragsänderung).

1084 *Staudinger / Magnus*, Art. 52, Rn. 14.

Vertragsschluß oder etwa bei der Abnahme) Lieferzeitpunkt zu laufen beginnt[1085], wodurch die Frist zur Ausübung von Rechtsbehelfen ebenfalls verschoben wird[1086].

Es ist außerdem zu bedenken, daß der Verkäufer im Rahmen des Art. 37 das *Recht* hat, die Vertragswidrigkeit der antizipiert gelieferten Ware „bis zu dem für die Lieferung festgesetzten Zeitpunkt" zu beheben. Solange dieses Recht besteht (und dessen Ausübung keine unzumutbare Unannehmlichkeiten für den Käufer verursacht), kann der Käufer keine Rechtsbehelfe nach Art. 45 ff geltend machen[1087]. Erst nach dem Liefertermin kann der Käufer Rechte wegen Vertragswidrigkeit der Ware geltend machen[1088], die ihrerseits durch das Nacherfüllungsrecht des Verkäufers aus Art. 48 (allerdings unter engeren Voraussetzungen als Art. 37) teilweise eingeschränkt werden können.

Das Übereinkommen gewährt ein weitgehendes, vom Willen des Käufers unabhängiges Nacherfüllungsrecht zugunsten des Verkäufers, das mindestens bis zum Zeitpunkt des Liefertermins andauert. Zwar darf der Käufer den Verkäufer *außergerichtlich* zur ordnungsgemäßen Erfüllung auffordern; eine gerichtliche Geltendmachung dieser Ansprüche kommt vor Fälligkeit des ursprünglichen Erfüllungsanspruchs daher nicht in Betracht.

4. Voraussetzungen eines Nacherfüllungsanspruchs nach dem BGB

Im Mittelpunkt der Gewährleistungsrechte des Käufers steht § 437. Diese Norm erfüllt eine doppelte, durchaus wichtige Funktion[1089]: Einerseits faßt sie die Rechtsbehelfe des Käufers zusammen und verweist auf die entsprechenden Vorschriften für deren Anwendung *(Rechtsgrundverweisung)*[1090]; andererseits konkretisiert sie die Voraussetzungen der Gewährleistungsrechte: Ist die Sache *mangelhaft*, so kann der Käufer Nacherfüllung verlangen, vom Vertrag zurücktreten, den Kaufpreis mindern oder Schadens- bzw. Aufwendungsersatz verlangen. Nicht jede Vertragsverletzung, sondern nur die Lieferung mangelhafter Ware eröffnet dem Käufer die Rechte aus dem besonderen Teil des Schuldrechts. Die Gewährleistungsrechte des Käufers gelten auch für den Rechtskauf (§ 453 Abs. 1)[1091].

[1085] *Soergel / Lüderitz / Schüßler-Langeheine*, Art. 52, Rn. 3; *Schlechtriem / Huber*, Art. 52, Rn. 4; *Herber / Czerwenka*, Art. 52, Rn. 4; *Staudinger / Magnus*, Art. 52, Rn. 14, m.w.N. (auch zur Gegenansicht).

[1086] Dem Käufer ist jedoch zu empfehlen, daß er die Anzeige von ihm bekannt gewordenen Mängeln nicht verzögert, um Zweifel über die Rechtzeitigkeit der Mängelrüge zu vermeiden.

[1087] Siehe u.a. *Herber / Czerwenka*, Art. 37, Rn. 4; *Soergel / Lüderitz / Schüßler-Langeheine*, Art. 37, Rn. 8; *Staudinger / Magnus*, Art. 37, Rn. 19, m.w.N.; *Schlechtriem / Schwenzer*, Art. 37, Rn. 15.

[1088] Hiervon ausgenommen sind die Fälle eines antizipierten Vertragsbruchs (Art. 72).

[1089] *P. Huber*, in: *Huber / Faust*, § 13, Rn. 7. a.A. *von Wilmowsky*, JuS Beilage zu Heft 1/2002, S. 18, der diese Vorschrift für überflüssig hält.

[1090] *Ball*, ZGS 2002, S. 49; *Jauernig / Chr. Berger*, § 437, Rn. 1; *P. Huber*, in: *Huber / Faust*, § 13, Rn. 7; *Kropholler*, § 437, Rn. 1; *Lorenz / Riehm*, Rn. 499. Hierdurch wird das Gewährleistungsrecht in das allgemeine Leistungsstörungsrecht weitgehend integriert.

[1091] In dieser Arbeit wird der Rechtskauf nicht berücksichtigt, da solche Kaufverträge grundsätzlich vom Anwendungsbereich des UN-Kaufrechts ausgeschlossen sind.

Da die Nacherfüllungsansprüche vom ursprünglichen Erfüllungsanspruch abhängen, ist ein gültiger Kaufvertrag deren selbstverständliche Voraussetzung[1092]. Ferner setzt § 439 voraus, daß der Verkäufer einen Erfüllungsversuch unternommen hat[1093] – d.h. daß er Ware geliefert hat und die Gefahr des zufälligen Untergangs auf den Käufer übergegangen ist – und daß die gelieferte Sache einen Mangel aufweist[1094]. Daher greifen die Gewährleistungsrechte nicht ein, wenn der Käufer vor Gefahrübergang die mangelhafte Lieferung zurückgewiesen hat[1095].

Die Mangelhaftigkeit der Kaufsache bestimmt sich nach §§ 434 f und umfaßt Sach- und Rechtsmängel. Begrifflich hängen die Rechtsbehelfe des Käufers nicht davon ab, ob ein Sach- oder ein Rechtsmangel[1096], eine *aliud*- oder eine Schlechtlieferung vorliegt bzw. ob es sich um einen Gattungs- oder Stückkauf handelt[1097]. Materielle Unterschiede bestehen für den Inhalt der Gewährleistungspflicht weiter fort. Nach Gefahrübergang trägt die Beweislast des Mangels, nach überwiegender Ansicht, der Käufer[1098]. Ein besonderes Gewicht braucht der Mangel nicht zu erreichen[1099]. Es ist ebenfalls ohne Bedeutung, ob der Verkäufer den Mangel zu vertreten hat oder nicht[1100]. Im Unterschied zu den anderen Rechtsbehelfen des Käufers hängen die Nacherfüllungsansprüche von der Setzung einer Nachfrist nicht ab[1101]

a) Vertragswidrigkeit der Ware

Aus § 433 ergibt sich die Pflicht des Verkäufers zur Lieferung einer mangelfreien Kaufsache. Wann ein Sachmangel vorliegt, wird in § 434 näher umschrieben. Der für die Beurteilung relevante Zeitpunkt ist, nach ausdrücklichem Wortlaut des § 434 Abs.

1092 *Erman / Grunewald*, Vor § 437, Rn. 1; *P. Huber*, in: *Huber / Faust*, § 13, Rn. 13.
1093 *P. Huber*, NJW 2002, S. 1005.
1094 *P. Huber*, in: *Huber / Faust*, § 13, Rn. 13; *Palandt / Putzo*, § 439, Rn. 4; *von Wilmowsky*, JuS Beilage zu Heft 1/2002, S. 22. Dies ergibt sich bereits aus § 437 S. 1: „Ist die Sache mangelhaft, kann der Käufer ... Nacherfüllung verlangen".
1095 *Canaris*, in: Karlsruher Forum, S. 74; *Lorenz*, NJW 2002, S. 2499, Fn. 23.; i.E. auch *Bamberger / Roth / Faust*, § 439, Rn. 7.
1096 *Erman / Grunewald*, Vor § 437, Rn. 3, 4; *Palandt / Putzo*, § 437, Rn. 8.
1097 *P. Huber*, in: *Huber / Faust*, § 13, Rn. 13; *P. Huber*, NJW 2002, S. 1005.
1098 Siehe u.a. *AnwaltKomm / Büdenbender*, § 434, Rn. 23; *Kropholler*, § 434, Rn. 2, *Lorenz / Riehm*, Rn. 498; *von Wilmowsky*, JuS Beilage zu Heft 1/2002, S. 22, jeweils m.w.N. Ausgenommen hiervon sind die Fälle, in denen der Verkäufer eine Haltbarkeitsgarantie abgegeben hat bzw. in den Fällen des § 476 (Beweislastumkehr beim Verbrauchsgüterkauf, wenn sich der Mangel innerhalb von sechs Monaten nach Gefahrübergang zeigt).
1099 BT-Drucks. 14/6040, S. 231; *Jauernig / Chr. Berger*, § 439, Rn. 2; *Palandt / Putzo*, § 437, Rn. 8; *P. Huber*, NJW 2002, S. 1005; *P. Huber*, in: *Huber / Faust*, § 13, Rn. 14. Anders bei der alten Fassung des BGB; dort war ein Mangel nicht anzunehmen, wenn dieser unerheblich war. Nach dem jetzigen Modell stellen unerhebliche Mängel *auch* einen rechtlich relevanten Mangel dar. Die Unerheblichkeit des Mangels spielt allein für den Rücktritt eine Rolle (§ 323 Abs. 5 S. 2).
1100 *Büdenbender*, in: Das Neue Schuldrecht, § 8, Rn. 48; *P. Huber*, NJW 2002, S. 1005; *P. Huber*, in: *Huber / Faust*, § 13, Rn. 14; *Lorenz / Riehm*, Rn. 504; *Palandt / Putzo*, § 439, Rn. 4. Der Tatbestand des Mangels ist daher *verschuldensunabhängig*. Für Schadensersatzansprüche ist ein Vertretenmüssen erforderlich (§§ 280 Abs. 1 S. 2, 276), das allerdings vermutet wird.
1101 BT-Drucks. 14/6040, S. 230; *Kropholler*, § 437, Rn. 2; *Palandt / Putzo*, § 439, Rn. 3.

1, der des Gefahrübergangs[1102]. Bei Versendungskauf[1103] bestimmt sich der Gefahrübergang nach § 447 (im Übrigen nach § 446)[1104]. Nach dieser Vorschrift geht die Gefahr mit Übergabe *der verkauften Sache* auf den Käufer über. Die Formulierung ist mißverständlich, denn auch bei Lieferung eines *aliuds* oder einer mangelhaften Sache ist auf diesen Zeitpunkt abzustellen (auch wenn es sich – im Fall des *aliuds* – um eine andere als die *verkaufte Sache* handelt, sowie bei einer Schlechtlieferung, bei der eine mangelfreie Sache vereinbart wurde). Es ist daher auf einen *fiktiven* Gefahrübergang abzustellen[1105]; die Erfüllungstauglichkeit des gelieferten Gegenstands wird damit *unterstellt*[1106]. Die Gewährleistungsrechte des Käufers sind ausgeschlossen, wenn der Mangel zu einem Zeitpunkt eintritt, zu dem er in Annahmeverzug war[1107].

(1) Sachmangel

Ein besonderes Anliegen der Schuldrechtsreform lag darin, die Haftung des Verkäufers für Sach- und Rechtsmängel anzugleichen. Nach altem Recht lösten Sach- und Rechtsmängel ganz unterschiedliche Rechtsfolgen aus, so daß eine oft schwierige Abgrenzung mit oft unvorhersehbaren Ergebnissen nicht zu vermeiden war[1108]. Nach § 433 Abs. 1 S. 2 hat der Verkäufer nunmehr eine Sache zu verschaffen, die frei von Sach- und Rechtsmängeln ist.

Als Mangel gilt die ungünstige Abweichung der tatsächlichen Beschaffenheit der Sache (Ist-Beschaffenheit) von den vereinbarten oder gesetzlichen Anforderungen an die Ware (Soll-Beschaffenheit)[1109]. Der Sachmangel wird im § 434 detailliert umschrieben[1110]. Durch das Schuldrechtsmodernisierungsgesetz hat das BGB auf den subjektiven Fehlerbegriff abgestellt[1111], so daß es *an erster Stelle* maßgeblich ist, ob die gelieferte Sache die *vereinbarte Beschaffenheit* besitzt (§ 434 Abs. 1 S. 1). Diese bezieht

[1102] Die Verbrauchsgüterkaufrichtlinie stellt auf den Zeitpunkt der Lieferung ab (Art. 3 Abs. 1). Das BGB verwendet statt dessen den Zeitpunkt des Gefahrübergangs; daraus folgt, daß bei Annahmeverzug „das Entstehen eines Fehlers" auf den Käufer übergeht (*Schlechtriem*, in: Ernst / Zimmermann, S. 217).

[1103] In der Regel wird der Zeitpunkt des Gefahrübergangs mit dem Zeitpunkt der Lieferung übereinstimmen, nicht aber beim Versendungskauf, wo die Gefahr bereits mit der Übergabe an den Beförderer übergeht; *P. Huber*, NJW 2002, S. 1005. Die Mangelhaftigkeit der Ware kann i.d.R. erst nach Ablieferung festgestellt werden.

[1104] Nach § 474 Abs. 2 gilt § 447 für den Verbrauchsgüterkauf nicht.

[1105] So die Formulierung von *Bamberger / Roth / Faust*, § 437, Rn. 6 (der allerdings das Abstellen auf diesen Zeitpunkt ablehnt).

[1106] *P. Huber*, in: *Huber / Faust*, § 13, Rn. 45; *Oetker / Maultzsch*, S. 69.

[1107] *Bamberger / Roth / Faust*, § 439, Rn. 7.

[1108] Vgl. BT-Drucks. 14/6040, S. 217.

[1109] *Kropholler*, § 434, Rn. 3; *Lorenz / Riehm*, Rn. 482; *Medicus*, Schuldrecht-BT Rn. 43; i.E. *Bamberger / Roth / Faust*, § 434, Rn. 3.

[1110] *Ball*, ZGS 2002, S. 49. Im Vergleich zur alten Fassung wird der Mangelbegriff erweitert und präzisiert; *Büdenbender*, in: Das Neue Schuldrecht, § 8, Rn. 7, 28 ff.

[1111] *Ball*, ZGS 2002, S. 49; *Bamberger / Roth / Faust*, § 434, Rn. 2; *Kropholler*, § 434, Rn. 4; *Schlechtriem*, Schuldrecht-BT, Rn. 33; *Schwab*, JuS 2002, S. 5.

sich auf einzelne Merkmale der Kaufsache[1112] und muß zum Vertragsinhalt geworden sein (sei es ausdrücklich oder konkludent)[1113].

Soweit keine Beschaffenheit vereinbart wurde, ist subsidiär[1114] auf die nach dem Vertrag *vorausgesetzte Verwendung* abzustellen (§ 434 Abs. 1 S. 2 Nr. 1). Hier handelt es sich um ein weiteres *subjektives* Kriterium[1115]. Nicht erforderlich ist, daß die Parteien die Verwendung *vereinbart* haben[1116]; daher dürfte Kenntnis des Verkäufers bezüglich der Verwendungsabsicht des Käufers ausreichen[1117].

Wurde im Vertrag keine Verwendung vorausgesetzt, dann ist auf die *gewöhnliche Verwendung* für gleichartige Sachen abzustellen. Dabei sind die übliche Beschaffenheit von Waren solcher Art und die konkrete (berechtigte) Käufererwartungen zu berücksichtigen, gemessen nach dem Erwartungshorizont eines durchschnittlichen Käufers[1118]. Zu den üblichen Eigenschaften gehören unter anderem solche, die der Käufer nach den öffentlichen Äußerungen des Verkäufers, des Herstellers oder seines Gehilfen erwarten kann (§ 434 Abs. 1 S. 3). Der Verkäufer haftet nicht für Äußerungen eines Dritten, wenn er sie „nicht kannte und auch nicht kennen mußte", wenn sie „berichtigt" worden war oder sie „die Kaufentscheidung nicht beeinflussen konnte". Aus dogmatischer Sicht ist eine Haftung des Verkäufers für Äußerungen eines Dritten (hier der Hersteller oder seines Gehilfen) insofern problematisch, als dieser nicht Vertragspartner des Käufers ist[1119]. Diese Haftungszurechnung ist für den Verbrauchsgüterkauf von der Kaufrechtsrichtlinie (Art. 2 II lit. d EG-Richtlinie) vorgegeben; für einen Verkäufer, der nicht gewerbsmäßig handelt, mag eine solche Haftung zu hart erscheinen[1120].

Ebenfalls als Sachmangel erfaßt wird eine *fehlerhafte Montage* (§ 434 II S. 1), wenn die Montagepflicht dem Verkäufer trifft (und soweit diese nicht als Hauptleistungspflicht den Schwerpunkt des Vertrages bildet)[1121]. Durch die Qualifizierung als Sachmangel werden dogmatische Abgrenzungen zum Werkvertrag vermieden[1122]. Ein Sachmangel liegt auch vor, wenn eine *mangelhafte Montageanleitung* geliefert wurde

[1112] *Jauernig / Chr. Berger*, § 434, Rn. 6.

[1113] *Jauernig / Chr. Berger*, § 434, Rn. 9. Grundlegend zur Beschaffenheitsvereinbarung siehe *Chr. Berger*, Der Beschaffenheitsbegriff des § 434 Abs. 1 BGB, JZ 2004, 276 ff.

[1114] *Büdenbender*, in: Das Neue Schuldrecht, § 8, Rn. 29.

[1115] *Kropholler*, § 434, Rn. 6.

[1116] *Ball*, ZGS 2002, S. 49; *Jauernig / Chr. Berger*, § 434, Rn. 13. Die Vorschrift stellt nicht auf die *vereinbarte* Verwendung sondern auf die *nach dem Vertrag vorausgesetzte* Verwendung ab. Im Einzelnen ist umstritten, ob Kenntnis oder Kennenmüssen des Verkäufers bereits ausreicht.

[1117] Konkludente Übereinstimmung reicht bereits aus; *Kropholler*, § 434, Rn. 6.

[1118] *Kropholler*, § 434, Rn. 7; *MünchKomm / Westermann*, § 434, Rn. 18 f.

[1119] *Büdenbender*, in: Das Neue Schuldrecht, § 8, Rn. 31.

[1120] Ähnlich *Medicus*, Schuldrecht-BT Rn. 47. Dies ändert an seine Haftung nichts, da der Gesetzgeber – außerhalb der §§ 474 ff – keine weitere Unterschiede zwischen „normalen" Kaufverträgen und Verbraucherverträgen schaffen wollte (*Bamberger / Roth / Faust*, § 439, Rn. 38).

[1121] *Jauernig / Chr. Berger*, § 434, Rn. 18; siehe auch Art 2 Abs. 5 S. 1 Richtlinie 1999/44/EG.

[1122] *Kropholler*, § 434, Rn. 8. Dies wird durch § 651 bekräftigt.

(§ 434 II S. 2, sog. „IKEA-Klausel"). Es ist allerdings sachgerecht, daß der Verkäufer in solchen Fällen nur dann haftet, wenn die Mangelhaftigkeit der Montageanleitung eine ordnungsgemäße Montage verhindert[1123]. Das ist zu verneinen, wenn es dem Käufer gelingt – etwa aufgrund eigener Sachkunde – die Sache ordnungsgemäß zu montieren.

Zu einem *erweiterten* Sachmangelbegriff gehören die Lieferung eines *aliud* sowie die *Minderlieferung* (§ 434 III)[1124]. Diese Falltypen stellen, streng genommen, keinen Sach*mangel* dar (doch aber eine Abweichung von den vertraglich übernommenen Pflichten), aber sie werden in ihren Rechtsfolgen einem Sachmangel *gleichgestellt*. Nach dem Willen des Gesetzgebers[1125] war eine Gleichbehandlung der Falsch- und Schlechtlieferung erforderlich, weil die Interessenlage der Parteien die gleiche sei: In beiden Fällen hat der Käufer eine Sache geliefert, die den Anforderungen des Vertrages nicht entspricht und daher keine ordnungsgemäße Erfüllung bewirkt.

(2) Rechtsmangel

Gemäß § 435 ist die Sache frei von Rechtsmängeln, wenn Dritte in Bezug auf die Kaufsache „keine" oder nur die im Kaufvertrag „übernommene Rechte" gegen den Käufer geltend machen können; nur ein tatsächlich bestehendes Recht gilt als Rechtsmangel[1126]. Sach- und Rechtsmängel werden weitgehend gleichbehandelt, so daß eine Unterscheidung für die Bestimmung der anwendbaren Rechtsbehelfe nicht erforderlich ist; bei Rechtsmängeln gelten daher die Rechtsbehelfe aus § 437[1127]. Nicht unerhebliche Unterschiede ergeben sich weiterhin bezüglich der Verjährung; soweit der Dritte nach Maßgabe von § 438 Abs. 1 Nr. 1 lit. a die Herausgabe der Kaufsache vom Käufer verlangen kann (sog. Eviktionsfälle), sieht das Gesetz eine Verjährungsfrist von 30 Jahren vor[1128].

Die angestrebte Gleichstellung der Rechtsfolgen ist sachgerecht, denn der Käufer hat nicht nur ein berechtigtes Interesse daran, eine dem Vertrag entsprechende Sache zu bekommen, sondern auch die vereinbarte Rechtstellung[1129] in Bezug auf die Ware, insbesondere das Recht auf störungsfreien Besitz.

[1123] Der Käufer trägt daher die Beweislast dafür, daß die fehlerhafte Montage auf die mangelhafte Anleitung zurückzuführen ist (so *Schlechtriem*, in: Ernst / Zimmermann, S. 217, noch zum Diskussionsentwurf).

[1124] Dazu näheres unten: C.II.4.a).(3). Lieferung eines aliud [nach deutschem BGB], und C.II.4.a).(4). Quantitätsabweichungen [nach deutschem BGB].

[1125] Siehe BT-Drucks. 14/6040, S. 87.

[1126] *Haas*, BB 2001, 1315; *Jauernig / Chr. Berger*, § 435, Rn. 3. Bei Grundstücken werden nicht bestehende aber im Grundbuch eingetragene Rechte als Mangel behandelt (§ 435 Abs. 2).

[1127] *Jauernig / Chr. Berger*, § 435, Rn. 7.

[1128] Eingehend dazu *Mansel / Budzikiewicz*, § 5, Rn. 99 ff.

[1129] *Jauernig / Chr. Berger*, § 435, Rn. 3.

(3) Lieferung eines aliud

Durch die in § 434 III vorgenommene Gleichstellung der Falschlieferung mit einem Sachmangel wird die Abgrenzung zwischen § 459 und 480 BGB a.F. entbehrlich[1130]. Diese Unterscheidung spielte beim alten Recht eine zentrale Rolle, insbesondere durch die längere Verjährungsfrist von 30 Jahren bei Lieferung eines *aliud.* Die Rechtsfolgen bestimmen sich nunmehr nach § 437 ff[1131]. Auch die Unterscheidung zwischen Stück- und Gattungskauf wird aufgegeben, sowie zwischen genehmigungsfähigem und nicht-genehmigungsfähigem *aliud.* Die Gleichstellung gilt daher *ausnahmslos*[1132].

(4) Quantitätsabweichungen

Gemäß § 434 III steht es einem Sachmangel gleich, wenn der Verkäufer eine zu geringe Menge liefert. Dieser Gleichstellung folgt, daß die „Zuweniglieferung" die Gewährleistungsrechte der §§ 437 ff auflöst[1133]. Daher kann der Käufer Ersatzlieferung verlangen (und nicht nur die Lieferung der Restmenge aus dem ursprünglichen Erfüllungsanspruch), etwa wenn er ein besonderes Interesse daran hat, daß – z.B. wegen möglicher Farbabweichungen – alle Stücke aus der selben Partie stammen[1134]. Entsprechend kann der Käufer den Preis mindern, wenn trotz Fristsetzung die fehlende Menge nicht geliefert wurde[1135].

Für die Verjährung gilt die Sondervorschrift des § 438; außerdem kann der Verkäufer die Nacherfüllung bei Unverhältnismäßigkeit der Kosten verweigern (§ 439 III) und das Recht des Verkäufers auf zweite Andienung ist ausgeschlossen, wenn die Nacherfüllung dem Käufer unzumutbar ist (§ 440). Die Gewährleistungsrechte des Käufers sind aufgrund von § 442 ausgeschlossen, wenn dieser bei Vertragsschluß die Vertragswidrigkeit kannte. Beim Handelskauf ist insbesondere wichtig, daß der Käufer nach Maßgabe des § 377 HGB die Vertragswidrigkeit rügen muß[1136].

Die Gleichbehandlung von Quantitätsabweichungen als Mängel ist für die Anwendung konkreter Rechtsbehelfe nicht absolut[1137]. Der Rücktritt vom ganzen Vertrag ist gemäß § 323 Abs. 5 S. 1 nur dann möglich, wenn der Käufer kein Interesse an der Teilleistung hat[1138]. Während die Gesamtabwicklung bei anderen Arten von Mängeln (etwa im Fall eines *materiellen,* der Sache anhaftenden Mangels) nach § 323 Abs. 5 S. 2 nur dann ausgeschlossen ist, wenn die Pflichtverletzung *unerheblich* ist (sog. *Baga-*

[1130] *Jauernig / Chr. Berger,* § 434, Rn. 20.

[1131] *Bamberger / Roth / Faust,* § 434, Rn. 110; *Jauernig / Chr. Berger,* § 434, Rn. 20.

[1132] *Haas,* BB 2001, S. 1315; *Bamberger / Roth / Faust,* § 434, Rn. 107 f.

[1133] BT-Drucks. 14/6040, S. 216; *Bamberger / Roth / Faust,* § 434, Rn. 111; *P. Huber,* in: *Huber / Faust,* § 12, Rn. 65; *Grigoleit / Riehm,* ZGS 2002, S. 120; *Medicus,* Schuldrecht-BT Rn. 51; *Oetker / Maultzsch,* S. 77.

[1134] So das Beispeil der Regierungsbegründung, BT-Drucks. 14/6040, S. 216.

[1135] BT-Drucks. 14/6040, S. 216.

[1136] Zur Bemessung und Inhaltsanforderungen der Rügefrist nach § 377 HGB siehe *MünchKommHGB / Grunewald,* § 377 HGB, Rn. 54 ff.

[1137] Für eine vertiefende Untersuchung der „Grenzen der Gleichstellung von Zuwenig-Leistung und Sachmangel" siehe *Grigoleit / Riehm,* ZGS 2002, 115 ff *(passim).*

[1138] Gleiches gilt für den Schadensersatz statt der ganzen Leistung aus § 281 Abs. 1 S. 2.

tellgrenze)[1139], gilt für die Minderlieferung („Teillieferung") ein anderer, höherer Maßstab[1140].

Ferner liegt ein Sachmangel i.S.d. § 434 III nur im Fall einer *verdeckten Mankolieferung* vor[1141], nämlich wenn der Verkäufer die Minderleistung mit der Absicht erbringt[1142], seine ganze Verbindlichkeit damit zu erfüllen[1143]. Macht der Käufer keine Rechte wegen dieses (Quantitäts-)Mangels gelten, so hat er den vollen Preis zu zahlen, wenn er zu wenig erhalten hat[1144]; er ist auch beweispflichtig dafür, daß die gelieferte Menge nicht vollständig war[1145]. Bei *offener Mankolieferung* kann der Käufer nach § 266 die Teilleistung verweigern; nimmt er sie an, behält er bezüglich der Restmenge den ursprünglichen Erfüllungsanspruch[1146]; seine Zahlungspflicht erstreckt sich nur auf die gelieferte Menge[1147].

Nicht als Minderlieferung sondern bereits als Beschaffenheitsabweichung sind solche Fälle zu behandeln, in denen nicht die *Anzahl* der gelieferten Stücke, sondern deren Gewicht, Länge, Kapazität, usw. unterhalb der vereinbarten Beschaffenheit liegen (etwa: „Segel von 5m statt 7m Höhe" oder „Marzipanbrot zu 400g statt 600g", Zehn-Liter-Benzinkanister statt, wie vereinbart, Zwanzig-Liter)[1148].

[1139] *Büdenbender*, in: Das Neue Schuldrecht, § 8, Rn. 39.

[1140] *Grigoleit / Riehm*, ZGS 2002, S. 116. Dies ergibt sich bereits aus der systematischen Auslegung des § 323 Abs. 5; Satz 1 ist eine *Sondervorschrift*, welche die Fälle der Minderlieferung umfaßt; auch wenn Satz 2 seinem Wortlaut nach auch die Teilleistung umfassen könnte („Hat der Schuldner die Leistung nicht vertragsgemäß bewirkt..."), soll diese Vorschrift nur solche Fälle umfassen, die nicht bereits einer Sonderregelung unterliegen. Für die Lösung dieses Problems ist der lex-specialis-Grundsatz nicht im Verhältnis zwischen dem allgemeinen Leistungsstörungsrecht und dem speziellen Kaufrecht anzuwenden (so aber *Grigoleit / Riehm*, ZGS 2002, S. 117) sondern im Verhältnis zwischen Satz 1 und 2 des § 323 zueinander.

[1141] *Lorenz / Riehm*, Rn. 496; *Bamberger / Roth / Faust*, § 434, Rn. 113.

[1142] Die Regierungsbegründung nennt als Voraussetzung der Gleichstellung, daß der Verkäufer die Leistung als Erfüllung seiner Pflichten erbringt und daß dieser Zusammenhang dem Käufer erkennbar ist; BT-Drucks. 14/6040, S. 216.

[1143] *Lorenz / Riehm*, Rn. 496; *Bamberger / Roth / Faust*, § 434, Rn. 113. Für *Oetker / Maultzsch*, S. 77 ist maßgeblich, daß *der Käufer* das Geleistete „(irrtümlich) als *vollumfängliche* Erfüllung" der Pflicht des Verkäufers *annimmt*.

[1144] Siehe auch *Reinicke / Tiedke*, Rn. 892 (zum BGB a.F.).

[1145] *Bamberger / Roth / Faust*, § 434, Rn. 118.

[1146] BT-Drucks. 14/6040, S. 216; *Bamberger / Roth / Faust*, § 434, Rn. 113; *Lorenz / Riehm*, Rn. 496; i.E. *Oetker / Maultzsch*, S. 77 f. Dieser Anspruch unterliegt der Verjährung aus § 438 (*Mansel / Budzikiewicz*, § 5, Rn. 14); andernfalls würde die Gleichstellung zwischen Minder-Lieferung in § 434 III leerlaufen.

[1147] Die Ausführungen von *Reinicke / Tiedke*, Rn. 892 (zum gestrichenen § 378 HGB) sind m.E. auf die vorliegende Regelung übertragbar, denn der Verkäufer selber deklariert, welche Menge er geliefert hat.

[1148] Vgl. *Bamberger / Roth / Faust*, § 434, Rn. 112; *Palandt / Putzo*, § 434, Rn. 53 (aunsahmsweise auch als *aliud* i.S.d. § 434 III 1. Alt.).

Das BGB qualifiziert als Mangel allein die Lieferung einer zu geringen Menge, nicht aber die Zuviellieferung[1149]. In solchen Fällen kann der Verkäufer den zuviel gelieferten Teil gemäß § 812 Abs. 1 S. 1 kondizieren[1150]. Aus einem Umkehrschluß läßt sich ableiten, daß der Käufer die überschießende Menge nur dann behalten darf, wenn er denn Restpreis zahlt.

b) Schwere der Vertragsverletzung?

Nach altem Recht war aufgrund von § 459 Abs. 1 S. 2 BGB a.F. ein Mangel schon dann zu verneinen, wenn die Vertragswidrigkeit („Minderung des Wertes oder der Tauglichkeit" der Kaufsache) *unerheblich* war. Mit anderen Worten, ein Mangel der Sache galt erst dann als solcher, wenn die sog. *Bagatellgrenze* überschritten wurde[1151]. Durch die Einbeziehung der Erheblichkeit in den Mangelbegriff wurde die Stellung des Käufers ohne Grund benachteiligt[1152]. Die Neufassung des Mängelbegriffs versucht dieses Problem zu korrigieren, indem der Gesetzgeber auf eine besondere Erheblichkeit der Vertragswidrigkeit für die Annahme eines Mangels verzichtet[1153], mit der Folge, daß die Rechte des Käufers nicht von vornherein ausgeschlossen sind[1154] und auch geringfügige Mängel rechtliche Relevanz (insbesondere die Möglichkeit, Schadensersatzansprüche auszulösen) erlangen[1155].

Die jetzige Lösung weist mehrere Vorteile gegenüber der alten Regelung auf: Sie ermöglicht eine bessere Anpassung der Rechtsbehelfe auf verschieden Situationen; insbesondere kann der Käufer Nacherfüllung, Minderung und Schadensersatz verlangen (und auf dieser Weise einen vollen Ausgleich für die Vertragsverletzung des Verkäufers erlangen). Allein die radikalsten Rechtsbehelfe (Rücktritt und Schadensersatz statt der ganzen Leistung) bleiben bei geringfügigen Mängeln ausgeschlossen, wodurch der Erhaltung des Vertrages gedient wird[1156].

c) Verschulden des Verkäufers?

Für das Vorliegen eines Mangels ist tatbestandsmäßig irrelevant, ob der Verkäufer den Mangel zu vertreten hat oder nicht[1157]. Die Rechtsbehelfe hängen ebenfalls nicht davon ab, ob ein Verschulden des Verkäufers vorliegt oder nicht. Dies läßt sich dadurch

---

[1149] *Palandt / Putzo*, § 434, Rn. 53. Anders im UN-Kaufrecht, wonach der Verkäufer Ware zu liefern hat, die in *Menge*, Qualität und Art den Anforderungen des Vertrages entspricht (Art. 35 Abs. 1) und die Zuviellieferung in Art. 51 gesondert geregelt ist.

[1150] *Jauernig / Chr. Berger*, § 434, Rn. 24; *Lorenz / Riehm*, Rn. 496; *Medicus*, Schuldrecht-BT Rn. 51 (eventuell auch Wertersatz nach § 818 Abs. 2); *Oetker / Maultzsch*, S. 77; *Palandt / Putzo*, § 434, Rn. 53; i.E. *Bamberger / Roth / Faust*, § 434, Rn. 117.

[1151] *Schulz*, S. 406 f.

[1152] *Büdenbender*, in: Das Neue Schuldrecht, § 8, Rn. 39.

[1153] *P. Huber*, in: *Huber / Faust*, § 13, Rn. 14; *P. Huber*, NJW 2002, S. 1005; *Lorenz / Riehm*, Rn. 482; *Palandt / Putzo*, § 437, Rn. 8.

[1154] *Westermann*, NJW 2002, S. 248.

[1155] BT-Drucks. 14/6040, S. 231.

[1156] Für die Geringfügigkeit des Mangels im Rahmen der Nacherfüllungsansprüche siehe unten: D.VII.3.d).(2).(b). Bedeutung des Mangels.

[1157] *P. Huber*, NJW 2002, S. 1005.

rechtfertigen, daß ein objektiver Mangel aus der Sphäre des Schuldners stammt[1158], so daß ein weiterer Haftungsmaßstab nicht erforderlich ist[1159]. Nur für den Schadensersatz (§§ 280 ff) und den Ersatz von Aufwendungen (§ 284) ist ein Verschulden von Bedeutung.

d) Notwendigkeit vorheriger Mängelrüge?

Für die Geltendmachung von Rechtsbehelfen ist nach dem BGB weder eine vorangehende Mängelrüge noch die Einhaltung einer besonderen Rügefrist erforderlich[1160]. Beim Handelskauf sind die entsprechenden Vorschriften des HGB zu berücksichtigen, die eine Untersuchungs- und Rügepflicht vorsehen. Der Käufer hat die Ware *unverzüglich* nach der Ablieferung zu untersuchen und Mängeln der Kaufsache ebenfalls unverzüglich anzuzeigen (§ 377 Abs. 1 HGB)[1161].

Die Regierungsbegründung zur Schuldrechtsreform wollte die Untersuchungs- und Rügeobliegenheit des Käufers aus dem HGB nicht übernehmen; vielmehr wurden diese als „stark belastend" bezeichnet[1162].

Die Kaufrechtsrichtlinie sah im Art. 5 II die Möglichkeit vor, die Rechte des Käufers von einer Rügefrist von (mindestens) zwei Monaten *nach Feststellung des Mangels* abhängig zu machen. Auch von dieser Möglichkeit hat die Bundesrepublik keinen Gebrauch gemacht[1163]. Demzufolge unterliegen die Gewährleistungsrechte allein den kaufrechtsspezifischen Verjährungsvorschriften aus § 438.

[1158] *Canaris*, in: Karlsruher Forum, S. 27; ähnlich *Palandt / Putzo*, § 437, Rn. 9.

[1159] Dies ist insbesondere für den Rücktritt und die Minderung von Bedeutung, weil die „Wandelung" und die „Herabsetzung des Kaufpreises" eben ein Vertretenmüssen des Verkäufers verlangten, § 462 BGB a.F.

[1160] *AnwaltKomm / Büdenbender*, § 434, Rn. 20.

[1161] Für die Bemessung der Untersuchungs- und Rügefrist nach internem deutschem Recht siehe *MünchKommHGB / Grunewald*, § 377, Rn. 29 ff, 54 ff. Trotz ähnlichen Wortlauts zwischen Art. 39 und § 377 HGB, verbietet die autonome Auslegung des Übereinkommens, die für das deutsche unvereinheitlichte Recht geltende Fristen auf die Konvention zu übertragen. Es kann dahingestellt bleiben, ob bei Anwendung des HGB auf einen internationalen Kaufvertrag die Fristen *großzügiger* bemessen werden können (und dadurch an internationale Maßstäbe angepaßt werden) oder sie in voller Schärfe gelten sollen.

[1162] BT-Drucks. 14/6040, S. 216.

[1163] Die Einführung einer Rügeobliegenheit des Käufers war im Vorfeld der Reform umstritten. Einerseits wurde sie, aus der Erfahrung mit § 377 HGB und Art. 38 und 39 CISG, als Unsicherheitsfaktor (und daher als Quelle von Rechtsstreitigkeiten) und als eine Gefahr für die angestrebte Vereinheitlichung des Kaufrechts empfunden (siehe *Grundmann / Bianca / Hondius*, Art. 5, Rn. 11 f, m.w.N.). Andererseits hielten manche Autoren eine Rügeobliegenheit für angemessen und dem Käufer (auch dem Verbraucher!) für zumutbar, da eine Untersuchungs*pflicht* nicht gegeben sei und die Frist erst ab Entdeckung des Mangels zu laufen beginnen würde, so daß ein Vergleich mit der Rügeobliegenheit des HGB und des CISG nicht passe (so *Westermann*, in: Europäisches Kaufgewährleistungsrecht, S. 274 f; gegen eine Rügeobliegenheit – mindestens für Verbraucher – *Magnus*, ebenda, S. 90). Es ist dennoch zu beachten, daß die meisten Fälle zu Art. 38 und 39 CISG mit der *Länge* der Frist zu tun hatten (Angemessenheitserfordernis); eine solche Problematik läßt sich durch eine feste Frist vermeiden. Zu der Rügeobliegenheit in anderen EU-Staaten siehe *Grundmann / Bianca / Hondius*, a.a.O., Rn. 11 ff und *Schlechtriem / Schwenzer*, Art. 39, Rn. 4.

e) Geltendmachung des Nacherfüllungsanspruchs

Für die Geltendmachung eines Nacherfüllungsanspruchs ist allein ein Nacherfüllungsverlangen erforderlich[1164]. Es handelt sich um eine *formfreie, empfangsbedürftige* Willenserklärung[1165] (§ 130), die inhaltlich auf Nacherfüllung gerichtet sein muß. Die Wahl zwischen Beseitigung des Mangels (Nachbesserung) und Lieferung einer mangelfreien Sache (Ersatzlieferung) liegt beim Käufer[1166]. Statt sich für eine konkrete Erfüllungsvariante zu entscheiden, kann der Käufer das Wahlrecht dem Verkäufer überlassen[1167]. Der Käufer hat den Verkäufer hinreichend über die Art des Mangels zu unterrichten, damit dieser seine Maßnahmen zur Mängelbeseitigung treffen (bzw. seine Rechte nach Abs. 3 ausüben) kann[1168].

In einem früheren Stadium wurde das Nacherfüllungsverlangen als *Gestaltungsrecht* verstanden[1169]. Heutzutage wird diese Auffassung kaum noch vertreten, weil die Ausübung eines Erfüllungsanspruchs den Käufer nicht daran hindern soll, später zu einem anderen Rechtsbehelf überzugehen[1170].

5. Vergleich zwischen UN-Kaufrecht und BGB

Der Begriff des Sachmangels im BGB weist einen deutlichen Einfluß von Art. 35 CISG auf. Insbesondere die Übernahme eines subjektiven Fehlerbegriffs und die Umschreibung der weiteren Anforderungen an der Ware für die Beurteilung der Vertragsmäßigkeit aus objektiver Sicht. Im Ergebnis lassen sich folgende Unterschiede und Gemeinsamkeiten auffinden:

Sowohl das UN-Kaufrecht als auch das BGB stellen für die Beurteilung der Vertragsmäßigkeit primär auf die *Vereinbarung der Parteien* ab und ziehen einen *subjektiven Fehlerbegriff* heran. Dafür zählt das CISG fünf relevante Kriterien auf: Die Ware muß in Menge, Qualität und Art, Verpackung oder Behältnis den Anforderungen des Vertrages entsprechen. Das BGB stellt zunächst auf die *vereinbarte Beschaffenheit* der Ware ab; Art- und Mengenabweichungen werden im Abs. 3 dem Sachmangel gleich-

---

1164 *Palandt / Putzo*, § 437, Rn. 10.

1165 *Erman / Grunewald*, § 439, Rn. 6; *MünchKomm / Westermann*, § 439, Rn. 4; *Palandt / Putzo*, § 437, Rn. 10; *Staudinger / Matusche-Beckmann*, § 439, Rn. 8.

1166 Zum Wahlrecht siehe dazu unten F.II. Wahlrecht des Käufers?; zum Wahlrecht des Käufers im BGB: F.II.6. Rechtslage nach deutschem BGB.

1167 Die Tatsache, daß der Käufer bloß Nacherfüllung verlangt, dürfte m.E. als gültige Geltendmachung seines Nacherfüllungsanspruchs, gleichzeitig jedoch als (konkludenter) Verzicht auf sein Wahlrecht bezüglich der *Art* der Nacherfüllung angesehen werden (so auch *MünchKomm / Westermann*, § 439, Rn. 4, m.w.N.). Nach dem KommissionsE konnte der Käufer nur generell *Nacherfüllung* verlangen; die Bestimmung der Art und Weise, wie diese konkret zu erfolgen hatte, lag beim Verkäufer (siehe § 438 Abs. 1 S. 2 BGB-KE); siehe dazu Abschlußbericht, S. 211 f; *Schulz*, S. 404.

1168 *MünchKomm / Westermann*, § 439, Rn. 4.

1169 Siehe z.B. *Huber*, Leistungsstörungen, in: Gutachten und Vorschläge, S. 665: „Dementsprechend sind nach dem Vorbild des EKG auch ... das Recht, Nachlieferung oder Nachbesserung zu verlangen, als Gestaltungsrecht ausgebildet". Ähnlich *Palandt / Putzo*[62], § 439, Rn. 6 und Ergänzungsband zur 61. Aufl. § 439, Rn. 6.

1170 Zum *ius variandi* des Käufers statt aller *Spickhoff*, BB 2003, S. 589 ff (*passim*), *MünchKomm / Westermann*, § 439, Rn. 4 f.

gestellt[1171]. Im Unterschied zum CISG stellt nicht jede Mengenabweichung, sondern nur die Minderlieferung eine Vertragswidrigkeit dar. Das BGB schweigt hinsichtlich der Verpackung und des Behältnisses der Ware; sollten die Parteien hierüber eine Vereinbarung getroffen haben, kommt § 434 Abs. 1 zum Zuge (Beschaffenheitsvereinbarung)[1172].

Der für die Beurteilung der Vertragsmäßigkeit der Ware *relevante Zeitpunkt* ist der Zeitpunkt der Gefahrübergang; dies ist im BGB in § 434 Abs. 1 a.E., im CISG im Art. 36 geregelt.

Beide Rechtsordnungen ziehen als erweitertes Kriterium heran, daß die Ware sich für die *vertraglich vorausgesetzten Verwendung* eignet (Art 35 II lit. a, § 434 Abs. 1 S.2 Nr. 1); Gesetzestechnisch ist der Aufbau des BGB logischer, indem zuerst an die nach dem Vertrag vorausgesetzte Verwendung abgestellt wird; weil dieses Kriterium eine subjektive Komponente aufweist, soll er dem *objektiveren* Maßstab der Eignung für den gewöhnlichen Verwendungszweck vorgehen[1173].

Nach UN-Kaufrecht liegt eine Vertragswidrigkeit der Ware schon dann vor, wenn diese sich für den Gebrauchszweck nicht eignet, der dem Verkäufer (ausdrücklich oder auf andere Weise) zum Zeitpunkt des Vertragsschlusses *zur Kenntnis gebracht* wurde. Im Unterschied hierzu spricht das BGB von Eignung für die *nach dem Vertrag vorausgesetzte* Verwendung, und setzt damit die *Zustimmung des Verkäufers* für diesen besonderen Gebrauchszweck voraus[1174].

Nach UN-Kaufrecht haftet der Verkäufer dafür, daß sich die Ware für einen besonderen Zweck eignet, solange der Käufer auf die Sachkenntnis und das Urteilsvermögen des Verkäufers vertraut hat oder vernünftigerweise vertrauen durfte (ansonsten gilt die Ware als vertragskonform). Eine solche Einschränkung wäre – mindestens bei Verbraucherkaufverträge – unangebracht[1175]; daher ist sie in das BGB nicht übernommen worden. Damit erweist sich eine strengere Haftung des Verkäufers für die fehlende Tauglichkeit zu einer besonderen Verwendung im UN-Kaufrecht, sie kann aber u.U. leichter ausgeschlossen werden als im BGB.

[1171] Begrifflich ist der Ausdruck „Vertragsmäßigkeit" breiter und umfassender als der „Sachmangel". Im BGB bedarf es daher der *Fiktion* der Gleichstellung der *aliud*- und Minderlieferung (d.h. einer an sich *mangelfreien* Sache) mit dem Sachmangel.

[1172] Der Fall des Art. 35 Abs. 2 lit. d (übliche bzw. angemessene Verpackung) wird m.E. unter § 434 Abs. 1 Nr. 2 fallen.

[1173] Die Vertragsmäßigkeit ist *primär subjektiv, nur hilfsweise objektiv* zu bestimmen ist (*Grundmann / Bianca / Grundmann*, Art. 2, Rn. 8). Dieser Grundsatz soll m.E. auch für das Verhältnis der subsidiären Kriterien untereinander gelten.

[1174] Vgl. Art. 2 Abs. 2 lit. b Richtlinie 1999/44/EG; siehe auch *Magnus*, in: Europäisches Kaufgewährleistungsrecht, S. 87 (jedoch zur Verbrauchsgüterkaufrichtlinie); ferner *Schlechtriem*, in: Ernst / Zimmermann, S. 215 (skeptisch in bezug auf eine eventuelle Verteidigung des Verkäufers aufgrund mangelnder „Zustimmung").

[1175] *Schlechtriem*, in: Ernst / Zimmermann, S. 215; i.E. auch *Magnus*, in: Europäisches Kaufgewährleistungsrecht, S. 87, m.w.N.

Wurde keine besondere Verwendung vorausgesetzt, dann muß die Sache sich für die *gewöhnliche Verwendung* eignen und solche Beschaffenheiten aufweisen, die bei Sachen gleicher Art *üblich sind* und die der Käufer nach der Art der Sache *erwarten kann.* Das BGB geht bei der Umschreibung der üblichen Verwendung viel weiter als die Konvention, indem es den Verkäufer auch für Äußerungen eines Dritten (nämlich des Herstellers oder seines Gehilfen) haften läßt (§ 434 Abs. 1 S. 3)[1176].

Eine Vertragswidrigkeit der Ware liegt nach UN-Kaufrecht vor, wenn die Ware nicht die Eigenschaften aufweist, welche der Verkäufer dem Käufer als *Probe* oder *Muster* vorgelegt hat. Dieses Kriterium wurde von der Richtlinie übernommen (Art. 2 II lit. a), ist aber nicht in das BGB ausdrücklich eingeflossen. Inhaltlich ändert sich dabei nichts, weil die Vorlage einer Probe oder eines Musters eine Eigenschaftsvereinbarung darstellt [1177].

Nach BGB liegt ein Sachmangel auch dann vor, wenn die vereinbarte Montage unsachgemäß durchgeführt wurde (§ 434 II S. 1). Eine „Parallele" dazu enthält das UN-Kaufrecht – bei der Beschreibung der Vertragsmäßigkeit der Ware – nicht. Dennoch fallen Verträge mit Montageverpflichtung häufig unter die Konvention[1178], so daß eine fehlerhafte Montage eine Pflichtverletzung darstellen kann, welche dem Käufer verschiedene Rechtsbehelfe eröffnet[1179]. Eine fehlerhafte Montageanleitung stellt – nach dem ausdrücklichen Wortlaut des § 434 II S. 2 – ebenfalls einen Sachmangel dar. Gleiches sollte für einen Kaufvertrag unter der Konvention gelten[1180].

Nach Art. 35 III haftet der Verkäufer nicht, wenn der Käufer bei Vertragsabschluß die Vertragswidrigkeit der Ware positiv *kannte* oder wenn er darüber *nicht in Unkenntnis sein konnte.* Nach § 442 ist die Haftung des Verkäufers für Sachmängel bei *Kenntnis* oder *grob fahrlässiger Unkenntnis* des Käufers ausgeschlossen[1181]. Dem Wortlaut nach wird der Verkäufer im CISG bevorzugt, weil der Ausschluß seiner Haftung niedrigere Maßstäbe verlangt als im BGB[1182]. Während sich der Ausschluß der Verkäuferhaftung auf *alle* im § 434 beschriebenen Kriterien erstreckt, bezieht sich der Ausschluß der Verkäuferhaftung nach UN-Kaufrecht *allein* auf die Fälle des Art. 35 II.

1176 Für die Möglichkeiten und Grenzen der Übertragung dieses Maßstabs auf das UN-Kaufrecht siehe *Magnus*, in: Europäisches Kaufgewährleistungsrecht, S. 87.

1177 *Kropholler*, § 434, Rn. 4; *Schlechtriem*, in: Ernst / Zimmermann, S. 214; ähnlich *Grundmann / Bianca / Grundmann*, Einl., Rn. 133.

1178 *Staudinger / Magnus*, Art. 3, Rn. 26, m.w.N.

1179 Nach der Ansicht von *Magnus* soll im Regelungsbereich des UN-Kaufrechts in solchen Fällen auch eine Vertragswidrigkeit vorliegen, aufgrund mangelnder Eignung für den üblichen Verwendungszweck; siehe: Europäisches Kaufgewährleistungsrecht, S. 88.

1180 *Magnus*, in: Europäisches Kaufgewährleistungsrecht, S. 88. Zum Dokumentenmangel siehe oben: B.IV.1.e). [Inhalt des Erfüllungsanspruchs] Bei Verletzung der Pflicht zur Übergabe von Dokumenten.

1181 Darunter ist eine „besonders schwere Vernachlässigung" der verkehrsüblichen Sorgfalt zu verstehen, *Jauernig / Chr. Berger*, § 442, Rn. 5, m.w.N.

1182 Verschiedene Autoren verstehen jedoch die Formulierung des UN-Kaufrechts (ebenfalls) als „Festlegung groben Verschuldens"; siehe *Staudinger / Magnus*, Art. 35, Rn. 48, m.w.N.

Während *Sach- und Rechtsmängel* im BGB grundsätzlich die gleichen Rechtsfolgen auslösen – bis auf manche Unterschiede bezüglich der Verjährungsfrist – ist ein Gleichlauf der Rechtsfolgen nach dem UN-Kaufrecht umstritten. Rechtspolitisch läßt sich eine unterschiedliche Behandlung von Sach- und Rechtsmängeln – d.h. mit unterschiedlichen Rechtsfolgen, mit den darauffolgenden Abgrenzungsschwierigkeiten – für das UN-Kaufrecht schwer begründen[1183].

Für die Geltendmachung eines Nacherfüllungsanspruchs setzt das Kaufrechtsübereinkommen die Einhaltung der *Untersuchungs- und Rügeobliegenheit* aus Art. 38 und 39. Eine derartige Obliegenheit kennt das BGB nicht. Der Käufer kann jederzeit – innerhalb der nationalen Verjährungsfristen – seine Gewährleistungsrechte ausüben.

Im Ergebnis ist eine weitgehende Übereinstimmung zwischen den allgemeinen Voraussetzungen eines Nacherfüllungsanspruchs nach BGB und nach UN-Kaufrecht. Insbesondere wird der Mängelbegriff des BGB der Definition der Vertragsmäßigkeit im CISG erheblich angenähert. Daher fällt die Entscheidung schwer, trotz mancher Unterschiede im Detail, ob die eine oder die andere Rechtsordnung bei der Bestimmung der Vertragskonformität der Ware überlegener ist (bzw. für den Käufer oder den Verkäufer von Vorteil ist). Günstiger für den Käufer erweist sich auf jeden Fall die Tatsache, daß ein Nacherfüllungsanspruch im BGB eine vorherige Mängelrüge nicht voraussetzt. Hierdurch wird die Einstandspflicht des Verkäufers für Mängel der Kaufsache erweitert, was im Einzelfall für den Verkäufer sehr belastend wirken kann.

[1183] Eingehend dazu oben: C.II.1.a).(4). Unterschiedliche Rechtsfolgen von Sach- und Rechtsmängeln?; siehe auch *Grundmann / Bianca / Grundmann*, Art. 2, Rn. 14 f, m.w.N.

D. Der Ersatzlieferungsanspruch (Art. 46 Abs. 2)

Die Nacherfüllungsansprüche sind bereits als eingeschränkte Fortsetzung des Erfüllungsanspruchs qualifiziert worden[1184]. Sowohl die Nachlieferung als auch die Nachbesserung dienen als Korrektiv einer mangelhaften, nicht vertragsgemäßen Lieferung und der Erreichung des durch den Vertrag vorgesehenen Erfolges. Dennoch wird nicht jede Handlung, die der ordnungsgemäßen Lieferung dient, von den Nacherfüllungsansprüchen erfaßt, sondern nur diejenige, die eine Vertragswidrigkeit der gelieferten Ware aufzuheben versucht, d.h. die auf Beseitigung von Sach- und Rechtsmängeln gerichtet ist[1185].

Während das allgemeine Recht auf Erfüllung das Recht auf Lieferung der Ware (oder eines fehlenden Teils), auf Übergabe von Dokumenten und auf Vornahme aller anderen Handlungen, die – nach der ursprünglichen Vereinbarung – „zur Vertragserfüllung notwendig sind“[1186], umfaßt, sind die Nacherfüllungsansprüche im Vergleich erheblich eingeschränkt.

Inhaltlich erstreckt sich der Anspruch auf *Ersatzlieferung* auf die Lieferung einer (diesmal) mangelfreien Ware gegen Rückgabe der vertragswidrigen Ware; doch kann dieser Anspruch nicht weiterreichen als die ursprünglich vereinbarte Lieferpflicht, so daß die Ersatzlieferungspflicht des Verkäufers sich – den Umständen entsprechend – auf einen bestimmten Vorrat, Produktion oder Ernte beschränken kann[1187].

Der Anspruch auf *Nachbesserung* richtet sich auf Reparatur der mangelhaften Ware. Bei entgegenstehenden Rechten oder Ansprüchen Dritter ist der Erfüllungsanspruch auf deren Beseitigung gerichtet[1188].

Durch die Ausgestaltung des Rechtsbehelfs der Ersatzlieferung aus Art. 46 II soll ein doppeltes Ziel erreicht werden: Einerseits, soll dem Interesse des Käufers auf ordnungsgemäße Erfüllung des Vertrages Rechnung getragen werden; andererseits soll der Verkäufer vor unangemessenen Transportkosten geschützt werden. Letzteres wird durch das Erfordernis einer wesentlichen Vertragsverletzung für die Geltendmachung dieses Anspruchs erreicht, womit der Erfüllungsanspruch des Käufers stark relativiert

---

[1184] Siehe oben: C.I.3. Dogmatische Einordnung des Nacherfüllungsanspruchs.

[1185] Die Beseitigung von Rechtsmängeln wird in der Literatur häufig unter Art. 46 Abs. 1 subsumiert, ohne die einschränkende Voraussetzungen der Abs. 2 und 3; siehe: *Bamberger / Roth / Saenger*, Art. 46, Rn. 5; *Honsell / Schnyder / Straub*, Art. 45, Rn. 54; *Staub / Koller*, Vor § 373 HGB, Art. 46 CISG, Rn. 682; *Piltz*, § 5, Rn. 147; *Schlechtriem / Huber*, Art. 46, Rn. 9, 27, 28, 57; *Staudinger / Magnus*, Art. 46, Rn. 15, 17; *Schulz*, S. 312 ff; *Ziegler*, S. 141; a.A. *Bianca / Bonell / Will*, Art. 46, Bem. 3.1.; *Enderlein / Maskow*, Art. 46, Bem. 3; *Herber / Czerwenka*, Art. 46, Rn. 6; *Neumayer / Ming*, Art. 46, Rn. 8.

[1186] *Reinhart*, Art. 46, Rn. 2

[1187] *Piltz*, § 5, Rn. 155.

[1188] *Bamberger / Roth / Saenger*, Art. 46, Rn. 2. Dies , kann u.a. durch Erwerb einer Lizenz erfolgen.

wird; daher stellt der Ersatzlieferungsanspruch nicht eine *Erweiterung* des Erfüllungsanspruchs des Käufers, sondern vielmehr eine Einschränkung dar[1189].

I. Begriff der Ersatzlieferung

Mit *Huber* läßt sich der Begriff der Ersatzlieferung näher umschreiben; für ihn bedeutet dieser Rechtsbehelf, „daß bereits eine erste Lieferung erfolgt ist, und daß wegen der [wesentlichen!] Vertragswidrigkeit der gelieferten Ware nunmehr eine zweite Lieferung ausgeführt wird, durch die die bereits gelieferte mangelhafte Ware ersetzt werden soll"[1190]. Damit verfolgt die Ersatzlieferung den Austausch der vertragswidrig gelieferten gegen vertragsgemäßen Ware[1191].

II. Tatbestandsmerkmale des Ersatzlieferungsanspruchs

Aus der oberen Definition lassen sich die Tatbestandsmerkmale der Ersatzlieferung wie folgt auflisten:

1. Lieferung (vertragswidriger Ware)

Eine Pflicht zur *Lieferung* beim Kaufvertrag existiert in allen Rechtssystemen[1192]. Allgemein besteht sie in der Pflicht des Verkäufers, dem Käufer „den Besitz an der Ware zu verschaffen"[1193]. Dennoch kommen in den verschiedenen Rechtsordnungen unterschiedliche Auffassungen dazu. Für das EKG bestand die Lieferung in der „Aushändigung einer vertragsgemäßen Sache" (Art. 19 Abs. 1). Damit war die *Vertragsmäßigkeit* der Ware an die Lieferpflicht geknüpft, was zu einem mehr oder weniger einheitlichen Begriff der Nichterfüllung führen und dabei einige Ungereimtheiten, u.a. des deutschen Rechts, vermeiden sollte[1194]. Aus dieser Definition folgte ferner, daß die *Lieferung* eines *aliuds* oder einer mangelhaften Sache rechtstechnisch *keine Lieferung* darstellte.

Diese Verknüpfung ist im UN-Kaufrecht entfallen. Auch wenn der Begriff der Lieferung nicht definiert wird, unterscheidet das CISG deutlich zwischen den Folgen einer „Nichterfüllung" und einer „Schlechterfüllung". Daraus folgt u.a., daß die Lieferung vertragswidriger Ware (trotz der Vertragsverletzung) als *Lieferung* zu bewerten ist;

[1189] *Herber / Czerwenka*, Art. 46, Rn. 2; *Honsell / Schnyder / Straub*, Art. 46, Rn. 8; *Soergel / Lüderitz / Schüßler-Langeheine*, Art. 46, Rn. 5; *Vahle*, ZVglRWiss 98 (1999), S. 56; *Witz / Salger / Lorenz*, Art. 46, Rn. 1; *Ziegler*, S. 140.

[1190] *Schlechtriem / Huber*, Art. 46, Rn. 28a.

[1191] *Karollus*, S. 135; *Piltz*, § 5, Rn. 155; *Staudinger / Magnus*, Art. 46, Rn. 50.

[1192] *Niggemann*, in: Hoyer / Posch, S. 78.

[1193] *Rabel*, RabelsZ 9 (1935), S. 56. Es handelt sich damit um einen „rein körperlichen Akt ... durch den sich der Verkäufer zugunsten des Käufers der Ware entäußert" (ebenda).

[1194] *Mertens / Rehbinder*, Art. 19 EKG, Rn. 3. Diese Definition wurde dennoch im EKG nicht konsequent durchgeführt (vgl. Rn. 4). Gemeint ist wohl der Konflikt zwischen der Erfüllungs- und der Gewährleistungstheorie.

daher soll der Käufer die Vertragswidrigkeit rügen, um Rechte daraus abzuleiten (auch bei einer *aliud*-Lieferung[1195]). Dagegen kann der Käufer nur im Fall der Nichterfüllung durch die Setzung einer Nachfrist zur Vertragsauflösung gelangen.

Dennoch stellt sich die Frage, ob die Lieferung allein von einem Tätigwerden des Verkäufers im Sinne der *Übergabe* oder der *Bereitstellung* der Ware abhängt[1196], bzw. ob die Abnahme der Ware durch den Käufer erforderlich ist.

Die Frage ist von erheblicher Bedeutung; einerseits ist zu berücksichtigen, daß der Verkäufer – wenn sich aus dem Vertrag oder aus den Umständen des Einzelfalles kein anderer Ort bestimmen läßt – seine Lieferpflicht durch bloße *Bereitstellung* der Ware erfüllt (Art. 31 lit. b und c)[1197]. Ist die Ware nicht vertragsgemäß, dann braucht der Käufer diese nicht abzunehmen; hier kommt der allgemeine Erfüllungsanspruch gemäß Art. 46 Abs. 1 zur Anwendung, ohne die einschränkenden Voraussetzungen aus Art. 46 II und III[1198]. Der Grund ist in der *ratio legis* zu finden, die den Verkäufer vor unangemessenen Transportkosten und -risiken zu schützen versucht; das ist aber nicht der Fall, wenn es zu einer Versendung der Ware durch den Verkäufer noch nicht gekommen ist[1199]. Daher wird vorgeschlagen, der Begriff der Ersatzlieferung sei „einschränkend" zu verstehen[1200], d.h. er käme erst dann in Betracht – unter den engeren Voraussetzungen des Art. 46 II – wenn eine Lieferung im Sinne einer Beförderung der Ware stattgefunden hat.

Um die obige Problematik zu vermeiden wird andererseits die Auffassung vertreten, für die Lieferung sei eine *Abnahme* i.S.d. Art. 60 lit. b seitens des Käufers erforderlich[1201]. Dementsprechend könnte dieser die vertragswidrige Ware vor Abnahme zurückweisen und eine Ersatzlieferung anstreben. Diese Auffassung mag für die Fälle des Art. 31 lit. b und c akzeptabel sein, sie ist jedoch unannehmbar, wenn ein Transport der Ware stattgefunden hat, denn damit könnte der Käufer die einschränkenden Voraussetzungen des Art. 46 II zu umgehen versuchen[1202].

1195 Eingehend dazu oben: C.II.1.a).(1).(c). Aliud-Lieferung.

1196 *Niggemann*, in: Hoyer / Posch, S. 79.

1197 Vgl. *Niggemann*, in: Hoyer / Posch, S. 78; *Huber*, RabelsZ 43 (1979), S. 452; es genügt daher das „Zur-Verfügung-Stellen" und nicht mehr – wie Art. 19 Abs. 1 EKG es verlangte – die „Aushändigung" der Ware.

1198 *Heuzé*, Rn. 417, S. 369; *MünchKommHGB / Benicke*, Art. 46, Rn. 14; *Schlechtriem / Huber*, Art. 46, Rn. 28a; *Vahle*, ZVglRWiss 98 (1999), S. 64. A.A. *MünchKomm / P. Huber*, Art. 46, Rn. 28.

1199 *Vahle*, ZVglRWiss 98 (1999), S. 64; *Schlechtriem / Huber*, Art. 31, Rn. 72.

1200 *Schlechtriem / Huber*, Art. 46, Rn. 28a.

1201 So *Honsell / Schnyder / Straub*, Art. 46, Rn. 54; *Bamberger / Roth / Saenger*, Art. 46, Rn. 4.

1202 So auch *MünchKommHGB / Benicke*, Art. 46, Rn. 15. Ausdrücklich berücksichtigt das Übereinkommen ein Zurückweisungsrecht nur für den Fall der vorzeitigen oder der Zuviellieferung. In sonstigen Fällen könnte ein *faktisches* Zurückweisungsrecht angenommen werden, wenn der Käufer einen Rechtsbehelf ausüben kann, der ihn zur Rückgabe der gelieferten Ware verpflichtet (Aufhebung des Vertrages und Ersatzlieferung). *Soergel / Lüderitz / Schüßler-Langeheine*, Art. 45, Rn. 6; *Schlechtriem / Bacher*, Art. 86, Rn. 5. Dies setzt notwendigerweise das Vorliegen einer wesentlichen Vertragsverletzung voraus (d.h. das Vorliegen der tatsächlichen Voraussetzungen). In sonstigen Fällen ist ein Zurückweisungsrecht des Käufers abzulehnen; *Heuzé*, Rn. 417, S. 369; i.E. *Schlechtriem / Hager*,

Vorzugswürdig wäre, auf den *Übergang der Gefahr* abzustellen. Dafür spricht, daß die Rechtsbehelfe des Käufers (sowie die Haftung des Verkäufers) wegen Vertragswidrigkeit der Ware gerade auf diesen Zeitpunkt abstellen. Dies führt in den Fällen, in denen der Käufer die Ware abzuholen hat[1203] – sowohl wenn dies vertraglich vereinbart wurde als auch wenn Art. 31 lit. b oder c eingreifen – zum selben Ergebnis wie wenn man auf die Abnahme abstellen würde, weil in solchen Fällen die Gefahr erst mit Übernahme an den Käufer übergeht (Art. 69 Abs. 1). Für die übrigen Fälle ist diese Lösung ebenfalls sachgerecht, weil sie nicht eine Handlung des Käufers erfordert. So geht im Fall einer Schickschuld die Gefahr auf den Käufer über, wenn die Ware dem ersten Beförderer zur Übermittlung an den Käufer übergeben wird (Art. 67 Abs. 1 S. 1); vor einer Zurückweisung der Ware wird der Verkäufer dadurch geschützt.

2. Vertragswidrigkeit

Es ist bereits gesagt worden, daß der Ersatzlieferungsanspruch die Lieferung einer vertragswidrigen Ware erfordert und daß diese Vertragswidrigkeit eine wesentliche Vertragsverletzung darstellen muß[1204]. Die Vertragswidrigkeit der Ware wurde an anderer Stelle ausführlich behandelt[1205], zusammen mit der Frage, ob auch Rechtsmängel darunter zu verstehen sind[1206]. Für das Vorliegen eines Ersatzlieferungsanspruchs ist grundsätzlich unerheblich, ob ein Stück- oder ein Gattungskauf vorliegt. Diese Unterscheidung spielt tatbestandsmäßig keine Rolle, wohl aber auf der faktischen Ebene[1207]. Bedeutender ist daher die Frage, ob die Ware ersatzfähig ist, unter Berücksichtigung der Interessen der Parteien. An dieser Stelle werden einige Überlegungen bezüglich der *Wesentlichkeit* der Vertragsverletzung erörtert.

3. Wesentliche Vertragsverletzung

Der Tatbestand einer wesentlichen Vertragsverletzung wurde im Zusammenhang mit dem Rechtsbehelf der Aufhebung des Vertrages teilweise behandelt[1208]. An dieser Stelle wird die wesentliche Vertragsverletzung ergänzend in Verbindung mit dem Ersatzlieferungsverlangen erforscht.

Art. 60, Rn. 3. Die ungerechtfertigte Zurückweisung der Ware wird i.d.R. eine wesentliche Vertragsverletzung des Käufers darstellen. Ferner dazu unter: G.IV.5. Zurückweisungsrecht des Käufers?

[1203] Art. 31 lit. b berücksichtigt die Fälle, daß die Parteien *bei Vertragsabschluß* wußten, daß die Ware (*bestimmte* Ware oder gattungsmäßig bezeichnete Ware *aus einem bestimmten Bestand*) sich an einem bestimmten Ort befand oder daß die Ware an einem bestimmten Ort *herzustellen* oder *zu erzeugen* war. Hier hat der Verkäufer die Ware dem Käufer an diesem Ort zur Verfügung zu stellen. Alle andere Fälle – solche die nicht vom Art. 31 lit. a (d.h. wenn der Vertrag eine Beförderung der Ware erfordert) oder vom lit. b erfaßt werden – fallen unter den „Auffangtatbestand" des Art. 31 lit. c. Nach dieser Vorschrift hat der Verkäufer die Ware dem Käufer an dem Ort zur Verfügung zu stellen, an dem der Verkäufer bei Vertragsabschluß seine Niederlassung hatte.

[1204] *Niggemann*, in: Hoyer / Posch, S. 97.

[1205] Siehe oben: C.II.1.a). Lieferung vertragswidriger Ware.

[1206] Siehe oben: C.II.1.a).(4). Unterschiedliche Rechtsfolgen von Sach- und Rechtsmängeln?

[1207] Die autonome Auslegung des Übereinkommens macht besondere Sorgfalt erforderlich, um Rechtskategorien des unvereinheitlichten Rechts nicht auf die Konvention zu übertragen. Im ähnlichen Sinne *Eraw / Flechtner*, S. 40.

[1208] Siehe oben: A.II.2.d).(2).(a). Tatbestand der wesentlichen Vertragsverletzung.

a) Kritik am Merkmal der wesentlichen Vertragsverletzung

Die Voraussetzung einer wesentlichen Vertragsverletzung für das Ersatzlieferungsverlangen wird als „systemwidrige Einschränkung" kritisiert[1209]. Denn als Unterform des Erfüllungsanspruchs sollte der Gläubiger immer in der Lage sein, Erfüllung des Vertrages zu verlangen[1210]. Die gesetzliche Einbeziehung dieses „umstrittenen" Tatbestandsmerkmals[1211] beruht vor allem auf „ökonomischen Erwägungen"[1212], denn dadurch soll der Verkäufer vor unangemessenen Transportkosten und -Risiken geschützt werden: Verlangt der Käufer die Lieferung von Ersatzware, dann soll der Verkäufer die Rücktransportkosten der mangelhaften Ware und die Kosten der Neulieferung tragen. Daher gingen die Verfasser der Konvention davon aus, daß man durch das Erfordernis einer wesentlichen Vertragsverletzung eine angemessene Einschränkung zu der Nacherfüllungspflicht des Verkäufers erreichen würde.

Auf die Zumutbarkeit der Ersatzlieferung abzustellen wäre jedoch vorzugswürdiger gewesen[1213]; dies hätte eine einzelfallgerechte Betrachtung aller relevanten Umstände ermöglicht, unnötige Einschränkungen des Rechtsbehelfs – über die Schutzbedürftigkeit des Verkäufers hinaus – vermieden[1214] und die Diskussion um die Beziehung zwischen der Behebbarkeit des Mangels und der Wesentlichkeit der Vertragsverletzung weitgehend erübrigt (dazu unten). Auf den breiteren Tatbestand der *Zumutbarkeit* abzustellen kann auch nicht im Wege einer teleologischen Auslegung begründet werden[1215]; gegen eine solche Auslegung spricht bereits die Entstehungsgeschichte, insbesondere durch die Ablehnung eines Antrags der Bundesrepublik in diese Richtung auf der Wiener Konferenz[1216]. Daher kommt es *nur* darauf an, ob die Vertragsverletzung wesentlich ist oder nicht.

Zwar kommt es im internationalen Handel häufig vor, daß ein Nachlieferungsverlangen vom Verkäufer spontan nachgekommen wird, ohne daß eine wesentliche Ver-

---

[1209] So *Huber*, RabelsZ 43 (1979), S. 486. Eine ähnliche Kritik wird geäußert von *Enderlein*, Dubrovnik Lectures, S. 191: „It is doubtful whether the requirement of a fundamental breach is justified".

[1210] Ähnlich *Krebs*, S. 38.

[1211] Vgl. die Diskussion auf der Wiener Konferenz zum CISG, O.R. S. 337, insbesondere die Beiträge von *Landfermann* und *Bonell*, auf Nr. 47 f und 51; *Staudinger / Magnus*, Art. 46, Rn. 8.

[1212] *Loewe*, Art. 46; *von Hoffmann*, in: Fachtagung, S. 296.

[1213] So *Schulz*, S. 486; *Huber*, RabelsZ 43 (1979), S. 486. Siehe auch *Grigera Naón*, in: Horn / Schmitthoff, S. 114, der das Erfordernis einer wesentlichen Vertragsverletzung für „unreasonable and inconsistent with general trade practices" hält.

[1214] Diese Situation wird in den späteren Kodifikationen korrigiert; so kann der Käufer nach Art. 9:102 PECL auch bei einer nicht-wesentlichen Vertragsverletzung Ersatzlieferung verlangen, aber diese soll nicht zugesprochen werden, wenn sie dem Schuldner unangemessene Anstrengungen oder Kosten verursachen würde (Abs. 2 lit. b); siehe dazu *Lando*, in: Europäisches Kaufgewährleistungsrecht, S. 73. Gleichesgilt nach Art. 7.2.3. PICC (i.V.m. Art. 7.2.2. lit. b). Nach deutschem Recht kommt eine Ersatzlieferung auch bei nicht wesentlichen Mängeln in Betracht, soweit diese vom Verkäufer wegen Unverhältnismäßigkeit der Kosten nicht verweigert wird (§ 439 III).

[1215] So der Vorschlag von *Huber*, RabelsZ 43 (1979), S. 486 (zum UNCITRAL-Entwurf); siehe auch *Grigera Naón*, in: Horn / Schmitthoff, S. 114, der das Erfordernis einer wesentlichen Vertragsverletzung für „unreasonable and inconsistent with general trade practices" hält.

[1216] Vgl. A/CONF.97/C.1/L.135, in: O.R., S. 112; S. 113, Consideration 8; S. 332 - 337.

tragsverletzung vorliegt; hier geht es mehr um (kundenfreundliche) Ausübung des Nachbesserungsrechts des Verkäufers aus Art. 48 als um Ausübung eines Ersatzlieferungsanspruchs durch den Käufer.

b) Beziehung zwischen *Behebbarkeit* der Vertragswidrigkeit und *Wesentlichkeit* der Vertragsverletzung

Von besonderer Bedeutung ist die Frage, ob eine wesentliche Vertragsverletzung im Sinne des Art. 25 von der Möglichkeit der Behebung der Vertragswidrigkeit innerhalb angemessener Zeit abhängt oder nicht[1217]. Die Einbeziehung der Nacherfüllungsmöglichkeit als *notwendiges* Tatbestandsmerkmal der wesentlichen Vertragsverletzung findet in der Literatur breite Unterstützung[1218]; nach dieser Auffassung sollte eine Vertragswidrigkeit, trotz ihres objektiven Gewichts, nicht als eine wesentliche Vertragsverletzung bewertet werden, soweit sie durch Ersatzlieferung oder Nachbesserung vollständig und in angemessener Zeit behoben werden kann[1219].

Im Grunde führt diese Auffassung zu einer Erweiterung der Tatbestandsvoraussetzungen der wesentlichen Vertragsverletzung, indem die Möglichkeit der Nacherfüllung *notwendigerweise* die Wesentlichkeit der Vertragsverletzung ausschließen würde. Diese Argumentation führt zu einem unüberwindbaren logischen Widerspruch: Der Ersatzlieferungsanspruch des Käufers nach Art. 46 II hängt vom Vorliegen einer wesentlichen Vertragsverletzung ab. Wird eine Vertragsverletzung als *nicht wesentlich* bewertet, *weil* die Vertragswidrigkeit beseitigt werden kann, dann scheidet ein möglicher Ersatzlieferungsanspruch ebenfalls aus, weil seine wichtigste tatbestandliche Voraussetzung – das Vorliegen einer wesentlichen Vertragsverletzung – fehlt[1220]. Damit würde man den Ersatzlieferungsanspruch des Käufers erheblich einschränken, ja, sogar ausschließen, was Wortlaut und Ziel verschiedener Vorschriften der Konvention entgegensteht. Daher ist eine solche Auffassung abzulehnen[1221].

Vertreter dieser Auffassung stützen sich auf den Sekretariatskommentar, der an zwei Stellen die Möglichkeit der Mängelbeseitigung für die Verneinung einer wesentlichen Vertragsverletzung ausdrücklich erwähnt[1222]. Dennoch müssen beide Stellen in ihrem Zusammenhang gelesen werden. Der Sekretariatskommentar stellt zuerst den *Grund-*

[1217] Hierzu *Magnus*, FS für Schlechtriem, *passim*.

[1218] Siehe u.a. *Larroumet*, S. 465; *Schlechtriem / Huber*, Art. 46, Rn. 42, 33, 34, 62; *Fountoulakis*, IHR 2003, *passim*; *Koch*, RIW 1995, 99 f, jeweils m.w.N.; siehe auch CISG-AC Opinion Nr. 5, Anm. 4.4.

[1219] So auch in der Rechtsprechung; siehe z.B. LG Heidelberg, O 42/92 KfH I, Urteil vom 3.7.1992 [http://cisgw3.law.pace.edu/cases/920703g1.html]; OLG Frankfurt a.M., 17.9.1991, 5 U 164/90, NJW 1992, 633 ff, CISG-online Nr. 28.

[1220] Ähnlich wie hier machen auch auf diesen Widerspruch *Bianca / Bonell / Will*, Art. 48, Bem. 3.2.1. *Karollus*, S. 143, *Lehmkuhl*, S. 32, *Magnus*, in: FS Schlechtriem, S. 608, *MünchKomm / P. Huber*, Art. 46, Rn. 29 und *Witz / Salger / Lorenz*, Art. 46, Rn. 10 aufmerksam; dieser Widerspruch wird von manchen Autoren häufig übersehen.

[1221] Ähnlich *Bianca / Bonell / Will*, Art. 48, Bem. 3.2.1. f. Zu diesem Thema bereits oben: A.II.2.d).(2).(b). Differenzierter Begriff der wesentlichen Vertragsverletzung?

[1222] Siehe *Secretariat Commentary* zu Art. 44 [Art. 48 CISG], Anm. 5 und zu Art. 45 [Art. 49 CISG], Anm. 6.

satz auf, daß der Käufer zur sofortigen Vertragsaufhebung berechtigt ist, wenn ein wesentlicher Vertragsbruch vorliegt[1223]. Kann die Vertragswidrigkeit behoben werden, dann *kann* die Wesentlichkeit der Vertragsverletzung „*in some cases*" verneint werden; durch diesen Vorbehalt wird zum Ausdruck gebracht, daß dem Ausschluß der Wesentlichkeit nur einen Ausnahmecharakter zukommen kann und daß die Möglichkeit der Nacherfüllung durch den Verkäufer und die Wesentlichkeit der Vertragsverletzung unabhängig voneinander zu bewerten sind[1224].

Gleichzeitig muß man mit der herrschenden Auffassung zugeben, daß es in verschiedenen Fällen treuwidrig erscheinen kann, würde der Käufer – trotz einfacher und prompter Behebbarkeit des Mangels und Erfüllungsbereitschaft des Verkäufers – direkt zur Vertragsaufhebung statt zur Nacherfüllung schreiten. Nach der hier vertretenen Auffassung könnte über den Verbot einer mißbräuchlichen Rechtsausübung eine ausgewogene Lösung gefunden werden.

4. Austauschmöglichkeit der vertragswidrigen Ware

Der Ersatzlieferungsanspruch setzt die *Austauschmöglichkeit* der Ware implizit voraus. Dazu gehört einerseits, daß der Käufer in der Lage ist, die mangelhafte Ware zurückzugeben (Art. 82 Abs. 1); andererseits, daß der Verkäufer in der Lage ist, eine mangelfreie Ware zu liefern. Hier sind zwei Punkte zu berücksichtigen: Einerseits, die *Vertretbarkeit* der Ware; andererseits, die *Möglichkeit* der Nachlieferung (d.h. daß mangelfreie Ware überhaupt lieferbar ist). Das ist in der Regel beim Gattungskauf zu bejahen. Beim begrenzten Gattungskauf (z.B. Vorratsschuld), wenn der Verkäufer keine Beschaffungspflicht übernommen hat oder wenn die ganze Gattung fehlerhaft (z.B. bei Konstruktionsfehlern) oder untergegangen ist[1225], wird ein Ersatzlieferungsanspruch i.d.R. scheitern[1226]. Eine Einschränkung des Ersatzlieferungsanspruchs beim Stückkauf ist dem Gesetz jedoch *nicht* zu entnehmen; es ist an erster Stelle eine Frage der Vertragsauslegung (der ermittelten oder mutmaßlichen Parteiwillen), ob die Parteien sich allein und nur „auf dieses eine Stück" geeinigt haben, oder ob die Interessen der Parteien (insbesondere die des Käufers) auch durch einen anderen – gleichartigen und gleichwertigen – Gegenstand befriedigt werden können; daher kommt es vielmehr auf die Ersetzbarkeit der Sache an[1227].

Die Rückgewährpflicht des Käufers bezüglich der erhaltenen Ware ergibt sich aus dem *Inhalt* des Anspruchs selbst, der nicht bloß auf Lieferung sondern auf *Ersatz*lieferung

---

1223 Vgl. *Secretariat Commentary* on Art. 45 [Art. 49 CISG], Anm. 5; so auch *Magnus*, in: FS Schlechtriem, S. 606; *Draft-Digest*, Art. 48, Anm. 2, m.w.N.

1224 *Lehmkuhl*, S. 35; *Staudinger / Magnus*, Art. 48, Rn. 30, m.w.N. Daher unrichtig *Fountoulakis*, IHR 2003, S. 168, die die Ausnahme zum Regelfall machen möchte.

1225 *Staudinger / Magnus*, Art. 46, Rn. 33.

1226 Siehe dazu *Piltz*, § 4, Rn. 221.

1227 Maßgebend ist, ob die Ware aus objektiver Sicht ersetzt werden kann, ohne die Interessen der Parteien zu beeinträchtigen; siehe *von Hoffmann*, in: Fachtagung, S. 293, 295 f; *Schlechtriem / Schwenzer / Müller-Chen*, Art. 46, Rn. 18, m.w.N. (auch zur Gegenauffassung). Siehe auch *Canaris*, JZ 2003, S. 834.

gerichtet ist[1228]. Ferner kann sie aus einer analogen Anwendung des Art. 81 II S. 1, der die Rückgabe der Ware ausdrücklich für die Vertragsaufhebung anordnet[1229] abgeleitet werden. Die Rückgabe wird ferner im Art. 82 Abs. 1 impliziert; diese Vorschrift schließt das Ersatzlieferungsrecht bei Unmöglichkeit der Rückgabe der Sache im unversehrten Zustand aus. Letztlich kann aus Art. 84 ein allgemeiner Grundsatz abgeleitet werden, daß eine Bereicherung auf Kosten der anderen Vertragspartei unzulässig ist[1230]; das wäre der Fall, wenn der Käufer sowohl die mangelhafte als auch die mangelfreie Sache behalten würde.

Der Verkäufer, der zur Lieferung von Ersatzware verpflichtet ist, hat die Kosten des Austausches zu tragen[1231] (auch dann, wenn die Erfüllungskosten der Primärleistungspflicht vom Käufer zu tragen waren); dazu gehören insbesondere die Rücktransportkosten der mangelhaften Ware, sowie die Lieferungskosten der mangelfreien Ersatzware. Ferner trägt der Verkäufer das Beschädigungs- und Untergangsrisiko der Ware[1232].

Im Fall der *Vertragsaufhebung* erfordert Art. 81 II – wenn beide Vertragsparteien zur Rückgabe erhaltener Leistungen verpflichtet sind – daß beide Leistungen Zug um Zug zurückzugewähren sind. Daher stellt sich die Frage, ob diese Lösung analog auf den Fall der *Ersatzlieferung* anzuwenden ist, oder ob ein Zurückbehaltungsrecht bzw. eine Vorleistungspflicht zugunsten (oder zu Lasten) einer der Parteien entsteht. Nach überwiegender Auffassung ist eine Pflicht zur Rückgabe Zug um Zug zu verneinen[1233]; der Text des Übereinkommens bietet keine Anhaltspunkte dazu und die Entstehungsgeschichte spricht dezidiert dagegen: Ein Antrag Norwegens in diese Richtung ist auf der Konferenz in Wien gescheitert, mit der Begründung, ein solches Vorgehen sei im internationalen Handel unüblich, es würde das System der Rechtsbehelfe in der Konvention unnötigerweise verkomplizieren und der vertragsbrüchige Verkäufer keinen weiteren oder außergewöhnlichen Schutz bedürfe [1234].

Der Austausch der Ware ist vom Austausch eines defekten Teils zu unterscheiden. Im letzteren Fall handelt es sich um eine Reparatur, nicht um Ersatzlieferung. Wo die

---

[1228] *Staudinger / Magnus*, Art. 46, Rn. 50. Dafür spricht bereits die grammatikalische Auslegung des Art. 46 Abs. 2; am deutlichsten die Formulierung des spanischen Originaltextes: „el comprador podrá exigir la entrega de otras mercaderías *en sustitución de aquéllas*". Damit umfaßt der Anspruch des Käufers gleichzeitig (s)eine Pflicht zur Rückgabe.

[1229] *Ziegler*, S. 145; *Schlechtriem / Leser / Hornung*, Vor Artt. 81-84, Rn. 4; *Staudinger / Magnus*, Art. 81, Rn. 20; *MünchKommHGB / Benicke*, Art. 46, Rn. 17.

[1230] Diese Vorschrift verpflichtet den Käufer zur Rückgabe der zu ersetzende Ware bzw. der erlangten Surrogate und zur Weitergabe der gezogenen Vorteile der Ware. Vgl. *Piltz*, § 5, Rn. 186.

[1231] *Schlechtriem*[2], Rn. 187. Ferner dazu unter G.VI. Kosten der Nacherfüllung.

[1232] Eingehend dazu *Hennecke*, IHR 2003, S. 275, m.w.N.; siehe auch *von Hoffmann*, in: Fachtagung, S. 296.

[1233] *Kandler*, S. 150; *Leser*, in: Fachtagung, S. 242, Fn. 81; *MünchKommHGB / Benicke*, Art. 46, Rn. 18; *Schlechtriem*[2], Rn. 332; *Vahle*, ZVglRWiss 98 (1999), S. 68; *Ziegler*, S. 145; a.A. *Herber / Czerwenka*, Art. 46, Rn. 7; *Krebs*, S. 95.

[1234] O.R., S. 387 f, Nr. 67 ff.

Grenze zwischen den beiden Begriffen liegt kann im Einzelfall problematisch sein. Eine Ersatzlieferung ist i.d.R. anzunehmen, wenn die nicht vertragsgemäße Ware durch die zweite Lieferung *vollständig ausgetauscht* wird[1235], bzw. wenn *selbstständige Gesamtgegenstände* einer Sachmehrheit oder einer gleichförmigen Mengenware umgetauscht werden[1236]. Die Unterscheidung zwischen Ersatzlieferung und Nachbesserung ist von Bedeutung, weil eine Nachbesserungspflicht des Verkäufers auch dann gegeben ist, wenn der Austausch von Teilen erforderlich, obwohl die Vertragsverletzung noch nicht wesentlich ist.

III. Besondere Ausschlußgründe des Anspruchs auf Ersatzlieferung

Die allgemeinen Beschränkungen des primären Erfüllungsanspruchs sind oben bereits dargelegt worden[1237]. Diese gelten für den konkretisierten Anspruch auf Ersatzlieferung entsprechend[1238], weil dieser eine Fortsetzung jenes darstellt[1239]. An dieser Stelle werden solche Umstände untersucht, die einen Ersatzlieferungsanspruch darüber hinaus ausschließen oder unwirksam machen können.

1. Einschränkung aus Art. 28 CISG

Art. 28 bildet eine allgemeine *prozessuale* Schranke der Durchsetzbarkeit des Erfüllungsanspruchs, so daß ein Gericht eine Entscheidung auf „Erfüllung in Natur" nicht zu fällen braucht, wenn es nach seinem internen Recht bei gleichartigen Kaufverträgen auch nicht täte[1240].

Ob eine Ersatzlieferung zum ursprünglichen Erfüllungsanspruch gehört und ohne weitere Absprachen von einer Klage auf „Erfüllung in Natur" erfaßt wird, mag aus deutscher Sicht selbstverständlich sein[1241], wirft aber im *Common Law* manche Probleme auf, so daß sich die Frage stellt, ob die Ersatzlieferung ebenfalls von Art. 28 eingeschränkt wird[1242]. Grund dafür ist, daß das *Common Law* unter *specific performance* meistens nur den Anspruch *des Käufers* auf Erfüllung der Primärleistungs-

---

[1235] *Honsell / Schnyder / Straub*, Art. 46, Rn. 68; *Kandler*, S. 150. Dieses Kriterium ist schon unzureichend, wenn nur ein Teil der gelieferten Ware nicht vertragskonform ist.

[1236] *Honsell / Schnyder / Straub*, Art. 46, Rn. 69. Hier handelt es sich um Fälle des Art. 51 Abs. 1 i.V.m. Art. 46 Abs. 2.

[1237] Siehe B.V. Grenzen des Erfüllungsanspruchs.

[1238] Vgl. *MünchKomm / P. Huber*, Art. 46, Rn. 37.

[1239] Dazu oben: C.I.3. Dogmatische Einordnung des Nacherfüllungsanspruchs.

[1240] Siehe oben B.V.3. Einschränkung des Art. 28.

[1241] So nach § 480 BGB a.F.; siehe *Palandt / Putzo*[61], § 480, Rn. 4, m.w.N.

[1242] Auf das unterschiedliche Verständnis zwischen *specific performance* und Erfüllung in Natur machen u.a. *Fitzgerald*, 16 Journal of Law & Commerce (1998), sub II.C. und *Eraw / Flechtner*, S. 46 aufmerksam. Für eine umfangreiche Untersuchung der Entwicklung von *specific performance* in Frankreich und Deutschland (aus US-amerikanischer Sicht) siehe *Dawson*, Mich. Law Rev., Vol. 57 [1959], S. 495 ff (*passim*). Dieses Thema wird unten näher untersucht; siehe: I. Beziehung zwischen Art. 28 und Art. 46 Abs. 3.

pflicht versteht[1243]. Daher ist es nicht verwunderlich, daß solche Zweifel insbesondere von Autoren des *Common Law* erhoben werden[1244].

Dennoch wird im Schrifttum häufig die Auffassung vertreten, bei einem Anspruch aus Art. 46 II sei Art. 28 zu beachten[1245]. Ein Argument in diese Richtung könnte sich aus der Entstehungsgeschichte des CISG ableiten: Der UNCITRAL-Entwurf regelte in Art. 42 II einen Anspruch des Käufers auf Ersatzlieferung. Der Sekretariatskommentar hatte diesen Rechtsbehelf sicherlicht im Blick, wenn er regelt daß jede „particular form of specific performance“ nach Art. 42 (später Art. 46) unter dem Vorbehalt des Art. 26 (Art. 28 CISG) steht[1246]. Im Ergebnis soll Art. 46 II als *specific performance* in einem weiteren Sinne verstanden werden, so daß die Ersatzlieferung den Einschränkungen aus Art. 28 ebenfalls unterliegt[1247]. Ob Gleiches für den Rechtsbehelf der Nachbesserung gelten soll, wird an anderer Stelle erörtert[1248].

2. Fristversäumung
Nach ausdrücklichem Wortlaut des 46 hat der Käufer einen Ersatzlieferungsanspruch zusammen mit der Mängelanzeige nach Art. 39 oder innerhalb einer angemessenen Frist danach geltend zu machen[1249]. Bei Fristversäumung verliert der Käufer das Recht, Ersatzlieferung zu verlangen. Diese Regel dient dem Schutz des Verkäufers, der Sicherheit über das Schicksal des Rechtsgeschäfts erwarten darf.

3. Ausübung eines unvereinbaren Rechtsbehelfs
Das Übereinkommen enthält außerdem eine generelle Einschränkung: Der Gläubiger kann vom Verkäufer Erfüllung seiner Pflichten nur verlangen, soweit er nicht einen anderen, mit dem Erfüllungsverlangen unvereinbaren Rechtsbehelf ausgeübt hat (Art. 46 Abs. 1 a.E.). Diese Einschränkung gilt nicht nur für den primären Erfüllungsanspruch, sondern auch für die Ansprüche aus Art. 46 II und III; es ist an anderer Stelle ausgeführt worden, daß eine solche Klarstellung sich bereits aus dem Grundsatz von Treu und Glauben ergibt (Verbot des *venire contra factum proprium*). Daher ist der

---

[1243] Siehe dazu *Eraw / Flechtner*, S. 56: „*specific performance* is usually ... associated with an aggrieved buyer's right to require performance of the seller's obligations“.
Nach SGA 1979, Section 52, kann das Gericht *specific performance* anordnen, wenn es sich um *specific* oder *ascertained* goods handelt (nach UCC § 2-716, nur dann, wenn *the goods are unique* oder *in other proper circumstances*). Wenn der Verkäufer *ascertained* goods geliefert hat, erscheint es daher problematisch, ihn zur Lieferung von *anderer* – auch wenn mangelfreier – Ware zu verpflichten.
[1244] Siehe u.a. *Eraw / Flechtner*, S. 38 (und Tabelle auf S. 44 und Text dazu); *Flechtner*, 8 Journal of Law and Commerce (1998), S. 58; *Honnold*, § 285.1; *Kastely*, Wash.L.Rev. 63 (1988), S. 636.
[1245] *Kastely*, Wash.L.Rev. 63 (1988), S. 636; *Piltz*, § 5, Rn. 188 f; *Staudinger / Magnus*, Art. 28, Rn. 14; *Vahle*, ZVglRWiss 98 (1999), S. 69; *Fitzgerald*, 16 Journal of Law & Commerce (1998), sub II.A., mit der Begründung, Abs. 2 und 3 unterliegen nicht nur ihren spezifischen Schranken, sondern auch den Schranken des allgemeinen Erfüllungsanspruchs nach Art. 46 Abs. 1; *Eraw / Flechtner*, S. 57 (der Anwendungsbereich des Art. 28 sollte auf die Fälle des Art. 46 Abs. 2 und 3 erweitert werden).
[1246] *Secretariat Commentary* on Art. 26 [Art. 28 CISG], Anm. 3.
[1247] Siehe dazu B.V.1.c. Einschränkung des Art. 28. Für den Nachbesserungsanspruch siehe unten I. Beziehung zwischen Art. 28 und Art. 46 Abs. 3.
[1248] Siehe unten I. Beziehung zwischen Art. 28 und Art. 46 Abs. 3.
[1249] Dazu oben C.II.2. Ordnungsgemäße Mängelrüge.

Nacherfüllungsanspruch ausgeschlossen, wenn der Käufer die Vertragsaufhebung erklärt hat[1250] oder den Kaufpreis herabgesetzt hat. Aus Treu und Glauben ergibt sich aber auch, daß der Käufer, der einen Nacherfüllungsanspruch ausgeübt hat, nicht rechtsmißbräuchlich auf die andere Nacherfüllungsvariante übergehen kann. Vielmehr ist er für eine gewisse Zeit an seine eigene Erklärung gebunden (Art. 47 II analog)[1251].

4. Unmöglichkeit der Rückgabe im ursprünglichen Zustand

Eine weitere, für diesen Rechtsbehelf *spezifische Schranke* ist in Art. 82 Abs. 1 geregelt: Der Käufer verliert seinen Ersatzlieferungsanspruch, wenn er nicht imstande ist, die mangelhafte Ware im ursprünglichen Zustand unversehrt zurückzustellen[1252]. Diese „negative Voraussetzung"[1253] greift ein, vorbehaltlich verschiedener Ausnahmefällen des Abs. 2.

Das Prinzip der unversehrten Rückgabe der Leistung[1254], bildet eine Einschränkung des Rechts auf Vertragsaufhebung bzw. Lieferung von Ersatzware. Wie aus dem Wortlaut des Art. 82 Abs. 1 zu entnehmen ist, „verliert" der Käufer das Recht, daß allein schon mit der (wesentlichen) Vertragsverletzung entstanden war[1255]. Durch die Formulierung „im wesentlichen in dem Zustand ... in dem er sie erhalten hat" soll der Verkäufer geringfügige Veränderungen „in Kauf" nehmen[1256]; erst dann, wenn die *Bagatellgrenze* überschritten wird, verliert der Käufer seinen Ersatzlieferungsanspruch.

Für die Bewertung, ob diese Rechtsbehelfe des Käufers verloren gegangen sind, ist der Zeitpunkt der *Ausübung* der Vertragsaufhebung bzw. der Ersatzlieferung durch den Käufer maßgeblich[1257]. Daher kann sich der Verkäufer auf den Untergang, Beschädigung oder Veränderung der Ware nicht berufen, wenn diese Umstände erst eingetreten sind, nachdem der Käufer seine Rechtsbehelfe ausgeübt hat[1258]. Anders ist zu entscheiden, wenn diese Verschlechterung, Zerstörung, Verarbeitung der Ware, Weiterveräußerung, usw. auf Handlungen des Käufers – nachdem dieser Ersatzlieferung verlangt hat – zurückzuführen sind (vgl. Art. 82 II lit. a). In solchen Fällen haftet der Käu-

[1250] *Bamberger / Roth / Saenger*, Art. 46, Rn. 3. Die Aufhebung des Vertrages befreit beide Parteien von ihren Vertragspflichten (Art. 81 Abs. 1).
[1251] Dazu unten: G.II. Stillschweigende Nachfrist?; auch *Fitzgerald*, 16 Journal of Law & Commerce (1998), sub II.A.
[1252] *Loewe*, Art. 46; *Ziegler*, S. 145; *Schlechtriem / Leser / Hornung*, Vor Artt. 81 - 84, Rn. 4.
[1253] *Bamberger / Roth / Saenger*, Art. 46, Rn. 8.
[1254] Für *Honsell / Weber*, Art. 82, Rn. 1 und *Schlechtriem / Leser / Hornung*, Art. 82, Rn. 6 liegt der Ursprung dieses Grundsatzes im römischen Recht; kritisch dazu *Krebs*, S. 93, m.w.N.
[1255] *Enderlein / Maskow*, Art. 82, Bem. 4.1; *Schlechtriem / Leser / Hornung*, Art. 82, Rn. 6.
[1256] *Schlechtriem / Leser / Hornung*, Art. 82, Rn. 11; ähnlich *Enderlein / Maskow*, Art. 82, Bem. 2.1.
[1257] *Staudinger / Magnus*, Art. 82, Rn. 10 f; *Schlechtriem / Leser / Hornung*, Art. 82, Rn. 6; *Krebs*, S. 100 ff, 129: kein „rückwirkender Wegfall".
[1258] Dies ergibt sich aus der Tatsache, daß die Vertragsaufhebung ein Gestaltungsrecht darstellt; auch wenn ein Ersatzlieferungsverlangen keine Gestaltungswirkung entfaltet, sollte m.E. diese Rechtsfolge analog angepaßt werden, um Wertungswidersprüche zu vermeiden.

fer wegen Verletzung des „Rückgewährschuldverhältnisses"[1259] bzw. seiner Erhaltungspflicht[1260]. Hier ist der *Rechtsbehelf* zwar *nicht ausgeschlossen*, aber der Käufer bleibt für den beim Verkäufer verursachten Verlusts im vollen Umfang ersatzpflichtig[1261].

Unmöglichkeit der Rückgabe besteht m.E. nicht nur dann, wenn sich der *materielle* Zustand der Ware *tatsächlich verändert* hat (etwa durch Beschädigung oder Verarbeitung), sondern auch bei Veränderung des *rechtlichen* Zustands[1262], z.B. dann, wenn die Ware mit Rechten Dritter belastet wurde (etwa ein Pfandrecht), wenn sie beschlagnahmt wurde oder wenn sie ein Ausfuhrverbot untersteht.

Weil der Käufer zur Rückgabe der Ware, die er *erhalten hat*, verpflichtet ist, kann er nicht durch die Lieferung einer anderen Ware der gleichen Gattung den Ausschluß seines Ersatzlieferungsverlangens entgehen[1263]. Weil der Zeitpunkt der Erklärung maßgeblich ist, ist es unerheblich, ob die Rückgabe der empfangenen Leistung zu irgendeinem Zeitpunkt vor dem Ersatzlieferungsverlangen unmöglich geworden war, später aber wieder möglich wird (etwa die gestohlene mangelhafte Ware wird wiedergefunden); der Käufer kann die Aufhebung des Vertrages bzw. Ersatzlieferungsansprüche weiterhin geltend machen[1264]. Dies setzt selbstverständlich voraus, daß die Fristen zur Ausübung dieser Rechtsbehelfe eingehalten wurden. Die *Unmöglichkeit* der Rückgewähr deutet auf tatsächliche Hinderungsgrunde hin (sie ist daher nicht i.S.d. unvereinheitlichten nationalen Rechts zu verstehen)[1265].

Zum Grundsatz der unversehrten Rückgabe sieht das Übereinkommen verschiedene Ausnahmefälle vor[1266]. Wie sich aus Art. 82 II ergibt, verliert der Käufer nicht das Recht, vom Verkäufer Ersatzlieferung zu verlangen, wenn die Unmöglichkeit, die Ware unversehrt zurückzugeben, nicht auf einer Handlung oder Unterlassen des Käufers zurückzuführen ist (lit. a). Hierzu gehören z.B. Fälle einer Verschlechterung aufgrund eines bereits anhaftenden Mangels[1267], aber auch Akte höherer Gewalt (etwa

---

[1259] *Honsell / Weber*, Art. 82, Rn. 13.
[1260] *Krebs*, S. 129 ff.
[1261] Letzteres ergibt sich aus der (Verletzung der) Pflicht des Käufers zur Erhaltung der Ware (Art. 86 Abs. 1 S. 1) i.V.m. Art. 61 Abs. 1 lit. b. Siehe ferner *Krebs*, S. 102, 129 ff; *Ziegler*, S. 196.
[1262] So auch *Krebs*, S. 94.
[1263] *Schlechtriem / Leser / Hornung*, Art. 82, Rn. 9; *Enderlein / Maskow*, Art. 82, Bem. 2.2.; *Honsell / Weber*, Art. 82, Rn. 6; a.A. *Krebs*, S. 97 ff; *Bianca / Bonell / Tallon*, Art. 82, Bem. 2.1.
[1264] Überzeugend *Krebs*, S. 101; a.A. *Schlechtriem / Leser / Hornung*, Art. 82, Rn. 10; *Honsell / Weber*, Art. 82, Rn. 9; *Staudinger / Magnus*, Art. 82, Rn. 12, die das einmal ausgeschlossene Recht des Käufers auf Ersatzlieferung für endgültig verloren halten. Hierfür gibt es weder gesetzliche noch sachlich rechtfertigende Anhaltspunkte.
[1265] *Schlechtriem / Leser / Hornung*, Art. 82, Rn. 9.
[1266] Freilich greifen solche Fällen so häufig ein, daß sie die Regel fast zur Ausnahme machen; so *Schlechtriem / Leser / Hornung*, Art. 82, Rn. 16; OGH, Urteil vom 29.6.1999, 1 Ob 74/99 k [http://cisgw3.law.pace.edu/cases/990629a3.html].
[1267] *Schlechtriem / Leser / Hornung*, Art. 82, Rn. 19, m.w.N.

wenn die Ware aufgrund des Mangels beschlagnahmt wird)[1268] sowie der zufällige Untergang der Ware.

Das Recht auf Ersatzlieferung bleibt dem Käufer ferner erhalten, wenn die Ware in Ausübung der Untersuchungspflicht des Käufers gemäß Art. 38 zerstört oder beschädigt wurde (lit. b). Die Untersuchung soll allerdings der Art der Ware entsprechen und in angemessener Weise durchgeführt worden sein[1269]. Durch grob fahrlässiges Verhalten bei der Untersuchung der Ware wird sich der Käufer auf Art. 82 II lit. b nicht berufen können, denn dies widerspricht den Maßstäben, die der gute Glaube im internationalen Handel erfordert.

Der Käufer behält seinen Ersatzlieferungsanspruch auch dann, wenn er die Ware (ganz oder teilweise) im normalen Geschäftsverkehr verkauft oder wenn er die Ware – der normalen Verwendung entsprechend – verarbeitet oder verbraucht, bevor er die Vertragswidrigkeit entdeckt hat oder hätte entdecken können (lit. c). Hat er die Ware ganz oder teilweise veräußert[1270] oder verarbeitet, ist der Käufer zum Ausgleich der Vorteile gemäß Art. 84 II lit. b an Stelle der Rückgabe verpflichtet[1271].

Bei Entdeckung des Mangels wird die Möglichkeit der Rückabwicklung für den Käufer erkennbar[1272], und er hat seine Rechtsbehelfe innerhalb einer angemessenen Frist (wie es sich aus Art. 46 II und III, Art. 49 II lit. b, usw. ergibt) auszuüben. Durch Weiterveräußerung der Ware bei Kenntnis ihrer Vertragswidrigkeit greift die Ausnahmeregel des Art. 82 II nicht ein, denn der Käufer macht sich für die Unmöglichkeit der Rückgabe verantwortlich und verletzt damit seine Rückgewährpflicht; daraus dürfte er keine Nachteile zu Lasten des Verkäufers ableiten[1273].

5. Faktische Ausschlußgründe

Ferner ist der Ersatzlieferungsanspruch ausgeschlossen, wenn die Art der Ware[1274], die Art der Vertragsverletzung oder der Vertragsinhalt eine Ersatzlieferung nicht zulassen. So ist ein Ersatzlieferungsverlangen implizit ausgeschlossen, wenn die Vertrags-

---

[1268] *Schlechtriem / Leser / Hornung,* Art. 82, Rn. 20.

[1269] *Schlechtriem / Schwenzer,* Art. 38, Rn. 13.

[1270] Nicht vom Übereinkommen erwähnt sind die Fälle, in denen nach Lieferung der Ware ein Sicherungs- oder Pfandrecht zugunsten eines Dritten statuiert wird (so daß die zurückzugebende Ware mit einem Rechtsmangel behaftet ist); dennoch soll hier der Anspruch auf Ersatzlieferung m.E. ebenfalls ausgeschlossen werden, wenn die Bagatellgrenze überschritten wird (dies wird bei Rechtsmängeln i.d.R. zu bejahen sein). Hier tritt keine Änderung der Sachsubstanz ein, wohl aber der rechtlichen Position des Eigentümers (Verkäufers) in bezug auf die Ware.

[1271] Hier schuldet der Käufer sowohl das *commodum ex re* als auch das *commodum ex negotiatione.* Im ersten Fall handelt es sich um die Leistungen, die der Käufer wegen der Beschädigung oder wegen des Verlustes von einem Dritten erhalten hat (z.B. Versicherungsleistungen, Schadensersatzansprüche); im zweiten Fall geht es um den Verkaufserlös, den der Käufer aus der Weiterveräußerung erhalten hat. Vgl. *Schlechtriem / Leser / Hornung,* Art. 82, Rn. 23; Art. 84, Rn. 23 ff; *Schlechtriem*[2], Rn. 332a; *MünchKomm / P. Huber*, Art. 84, Rn. 17 ff; *Schulz*, S. 290; *Staudinger / Magnus,* Art. 84, Rn. 23 f.

[1272] *Schlechtriem / Leser / Hornung,* Art. 82, Rn. 21.

[1273] Vgl. *Koch*, RIW 1995, 99.

[1274] Das ist etwa der Fall, wenn der Einzelgegenstand einen Mangel aufweist.

widrigkeit der Ware nicht durch Ersatzlieferung aufgehoben werden kann, etwa weil alle Stücke der Gattung nicht vertragskonform sind[1275]. Gleiches gilt, wenn es sich im Kaufvertrag um eine (echte) Speziesschuld oder um nicht vertretbare Sachen handelt.

Ferner ist die Lieferung von Ersatzware *de facto* ausgeschlossen, wenn die Wesentlichkeit der Vertragsverletzung nicht durch die Ersatzlieferung beseitigt werden kann. Das ist etwa der Fall, wenn die Leistungszeit für den Käufer von großer Bedeutung ist, so daß die nachträgliche Erfüllung für ihn keinen Sinn mehr macht (absolutes Fixgeschäft)[1276]. Da der Ausschluß faktischer Art ist, kann sich der Schuldner nicht auf die Überschreitung der Leistungszeit berufen, denn es liegt immer noch in der Hand des Gläubigers zu entscheiden, ob (ggf. welchen) er einen Rechtsbehelf ausübt[1277].

Letztlich ist der Nachlieferungsanspruch aufgrund des Vertragsinhalts eingeschränkt. Gemeint sind die Fälle, in denen die Pflicht des Verkäufers auf eine bestimmte Produktion oder auf einen bestimmten Vorrat beschränkt war (Vorratsschuld). Hier kann der Käufer die Lieferung von Ersatzware nur verlangen, soweit der Vorrat des Verkäufers reicht[1278]. Wenn der Verkäufer selber zur Herstellung der Ware verpflichtet war, kann eine Pflicht zur Beschaffung von Waren von einem anderen Hersteller schwer angenommen werden.

6. Verletzung der Schadensminderungspflicht (Art. 77)?

Es ist vorgeschlagen worden, den Ersatzlieferungsanspruch auszuschließen, wenn es eine kostengünstigere Möglichkeit gibt, die Vertragswidrigkeit der Ware aufzuheben[1279]; d.h. der Verkäufer könnte einwenden, der Käufer habe seine Obliegenheit, den Schaden zu mindern, vernachlässigt, indem er sich für einen anderen – für beide Parteien günstigeren – Rechtsbehelf hätte entscheiden können. Der Anerkennung dieser Auffassung steht entgegen, daß Art. 77 sich allein auf den Anspruch auf Schadensersatz bezieht, nicht aber auf andere Rechtsbehelfe[1280]. Außerdem, weil dies eine (weitere) Einschränkung der Rechtsbehelfe des Käufers darstellen und ihn unzumutbarerweise belasten würde. Diese Auslegung soll jedoch den Käufer nicht hindern, eine Re-

---

[1275] Hierfür wird vorgeschlagen, die aus der Produkthaftpflicht entnommene Unterscheidung zwischen Konstruktions- und Fabrikationsmängel heranzuziehen (siehe *von Hoffmann*, in: Fachtagung, S. 297; zu den Begriffen siehe *Palandt*, ProdHaftG 3, 3 f). Dementsprechend wäre ein Ersatzlieferungsanspruch in Fällen *faktisch* ausgeschlossen, wenn die ganze Serie oder Produktion aufgrund einer fehlerhaften technischen Konzeption vertragswidrig ist, nicht aber, wenn der Fehler einzelne Stücken anhaftet.

[1276] Anders formuliert, wenn der Käufer Ersatzlieferung verlangt, „besitzt der ursprüngliche Liefertermin nicht mehr vertragswesentliche Relevanz"; *Aicher*, in: Hoyer / Posch, S. 141.

[1277] Gemeint ist hier die Tatsache, daß der Schuldner keine Rechte aus seinem eigenen Fehlverhalten ableiten darf; angenommen der Käufer besteht auf Erfüllung des Vertrages trotz Überschreitung des Liefertermins, dürfe der Verkäufer nicht einwenden, seine Leistung sei wegen Überschreitung des Liefertermins unmöglich geworden.

[1278] Vgl. *Schlechtriem / Stoll*, Art. 79, Rn. 31; i.E. *Staudinger / Magnus*, Art. 79, Rn. 23.

[1279] *Adame*, S. 291; *Secretariat Commentary* on Art. 42 [Art. 46 CISG], Anm. 14; i.E. auch *Fitzgerald*, 16 Journal of Law & Commerce (1998), sub II.A. (und Fn. 40).

[1280] *Catalano*, S. 1812; *Kastely*, Wash.L.Rev. 63 (1988), S. 622 f.

paratur der Ware selber vorzunehmen, wenn er dazu besser in der Lage ist, wenn er über einfachere und günstigere Mittel verfügt und wenn dieser die Reparatur in kürzere Zeit vornehmen kann. Dabei kann er dem Verkäufer die Reparaturkosten in Rechnung stellen[1281].

IV. Ort der Ersatzlieferung

Über den Ort, an dem die Ersatzlieferung erfolgen soll, enthält das UN-Kaufrecht keine ausdrückliche Regelung. Ebensowenig regelt das Übereinkommen, wer das Risiko im Fall der Ersatzlieferung zu tragen hat. Unumstritten ist dagegen, daß der Verkäufer die Kosten der Ersatzlieferung zu tragen hat[1282], was sich bereits aus Art. 48 indirekt ableitet.

Für die Rückgabepflicht des Käufers werden verschiedene Lösungsansätze vorgeschlagen, teilweise in Anlehnung an das Rückabwicklungsverhältnis im Fall einer Vertragsaufhebung. Nach einer Auffassung ist der Niederlassungsort des Käufers maßgeblich[1283]; andere gelangen zu einem ähnlichen Ergebnis, indem sie auf den Ort abstellen, an dem sich die vertragswidrige Ware *bestimmungsgemäß* befindet[1284]; in beiden Fällen liegt der Gedanke zugrunde, daß dem Käufer aus der Vertragsverletzung keine zusätzliche Unannehmlichkeiten entstehen sollten.

Nach anderer Ansicht soll der Ort für die Rückgabe durch eine *spiegelbildliche* (analoge) Anwendung der Regelung für die ursprüngliche Erfüllungspflicht ermittelt werden[1285]. Dieser Ansatz führt ebenfalls dazu, daß der Käufer seine Rückgabepflicht an seinem Niederlassungsort erfüllt, wobei teilweise eine *Holschuld*[1286], teilweise eine *Schickschuld* angenommen wird[1287]. M.E. ist letzterer Ansatz zuzustimmen, jedoch mit

---

[1281] Diese Vorgehensweise entspricht dem guten Glauben und ist für beide Parteien vorteilhaft. Sie beruht auf eine analoge Anwendung der Schadenminderungspflicht nach Art. 77 (vgl. *Secretariat Commentary* on Art. 42 [Art. 46 CISG], Anm. 14) und ist von der Rechtsprechung anerkannt worden (Siehe ICC Nr. 5713 vom 1989, CLOUT Nr. 45; auch OLG Hamm, 9.6.1995, 11 U 191/94, IPRax 1996, 269 f). Vgl. auch *Schlechtriem,* IPRax 1996, 256 f. Eingehend dazu: unten E.IX. Exkurs: Selbstvornahme durch den Käufer.

[1282] *Bamberger / Roth / Saenger,* Art. 46, Rn. 4; *Bianca / Bonell / Tallon,* Art. 81, Bem. 2.6.; *Honsell / Schnyder / Straub,* Art. 46, Rn. 42, 77, 110; *Schlechtriem / Huber,* Art. 46, Rn. 54, 65; *Schulz,* S. 286, 310; *Staudinger / Magnus,* Art. 46, Rn. 50, 65. Siehe ferner: G.VI. Kosten der Nacherfüllung.

[1283] *Herber / Czerwenka,* Art. 81, Rn. 12.

[1284] *Honsell / Schnyder / Straub,* Art. 46, Rn. 71; *Kandler,* S. 153; *Staudinger / Magnus,* Art. 46, Rn. 50.

[1285] Eingehend dazu *Krebs,* S. 85; siehe auch *Heilmann,* S. 526 f; *Piltz,* § 5, Rn. 292 („vorbehaltlich anderer Umstände"); *Schulz,* S. 289, m.w.N.; OGH, Urteil vom 29.6.1999, 1 Ob 74/99 k [http://cisgw3.law.pace.edu/cases/990629a3.html], m.w.N. Zu berücksichtigen sei nicht der *vereinbarte* sondern vielmehr der gesetzlich geregelte Erfüllungsort, weil eine Vereinbarung der Parteien bezüglich der ursprünglichen Lieferpflicht nicht ohne weiteres den Fall der Rückabwicklung oder der Ersatzlieferung decken soll; *Krebs,* S. 85; *Piltz,* § 5, Rn. 292.

[1286] *Krebs,* S. 85, m.w.N.

[1287] *Piltz,* § 5, Rn. 292.

zwei Vorbehalten: Einerseits, scheint ein Abstellen auf den Bestimmungsort sachgerechter als auf den Niederlassungsort; andererseits dürften m.E. die konkrete Umstände des Einzelfalls zu einem hiervon abweichenden Ergebnis führen können, so daß die ursprüngliche *Vereinbarung* nicht völlig ausgeschlossen werden darf. Die Organisation und die Kosten des Rücktransports sind jedoch vom Verkäufer zu tragen[1288].

Für die (Neu-)Lieferpflicht des Verkäufers soll die – vertragliche oder gesetzliche – Regelung für die ursprüngliche Lieferpflicht gelten[1289], angesichts der Tatsache, daß die Ersatzlieferung als modifizierter Erfüllungsanspruch zu verstehen ist[1290].

V. Umfang der Ersatzlieferung

Die Ersatzlieferung erstreckt sich i.d.R. nur auf die fehlerhaften Teile einer Gesamtlieferung und soweit die Vertragswidrigkeit solcher Teile den Grad einer wesentlichen Vertragsverletzung erreicht hat (Art. 51 Abs. 1 i.V.m. 46 II). Ausnahmsweise kann sich die Ersatzlieferung auf die ganze Lieferung erstrecken, wenn ein besonderes Interesse des Käufers daran vorliegt[1291]. Dies ergibt sich aus einer analogen Anwendung des Art. 51 II (i.V.m. 46 II). Zwar regelt diese Vorschrift, daß der Käufer die Aufhebung des gesamten Vertrages erklären kann, wenn die Teilstörung das Interesse des Käufers am Vertrag im Ganzen entfallen läßt; diese Regelung läßt sich über ihren Wortlaut hinaus auch auf andere Fälle – wie hier auf die Ersatzlieferung – über Art. 7 II erweitern[1292].

VI. Fehlerhafte Ersatzlieferung

Eine fehlgeschlagene oder nicht erbrachte Ersatzlieferung stellt eine erneute Pflichtverletzung dar. Diese berechtigt den Käufer, erneut auf Erfüllung zu bestehen oder zu anderen Rechtsbehelfen überzugehen. Hat der Käufer eine Nachfrist für die Ersatzlieferung gesetzt, dann ist er Käufer für die Dauer der Frist in der Ausübung anderer Rechtsbehelfe gehemmt (Art. 47 II S. 1).

Eine fehlgeschlagene Nacherfüllung stellt nicht *eo ipso* eine wesentliche Vertragsverletzung dar[1293]. Hier kann die neu gelieferte Ware zwar nicht vertragskonform sein und dennoch „konformer“ als die Erstlieferung; ferner kann die Zweitlieferung andere

---

[1288] *Schlechtriem / Huber*, Art. 46, Rn. 53.
[1289] i.E. auch *Witz / Salger / Lorenz*, Art. 46, Rn. 11.
[1290] So auch *Kandler*, S. 153.
[1291] So auch *Honsell / Schnyder / Straub*, Art. 51, Rn. 44 f; *Staudinger / Magnus*, Art. 51, Rn. 18. Beispiel: Weist ein Teil der gelieferten Fliesen eine Vertragswidrigkeit auf, kann ein besonderes Interesse des Käufers an Ersatz der ganzen Lieferung vorliegen, wenn es aufgrund möglicher Farbabweichungen darauf ankommt, daß die Gesamtlieferung aus einer Partie stammt (nachgebildet nach BT-Drucks. 14/6040, S. 216). Weitere Beispiele bei *Magnus*, a.a.O. (jedoch auf die Vertragsaufhebung bezogen).
[1292] Ähnlich *MünchKomm / P. Huber*, Art. 51, Rn. 21 f (jedoch auf andere Fallgestaltungen bezogen).
[1293] *Schlechtriem / Huber*, Art. 46, Rn. 56a.

Vertragswidrigkeiten aufweisen als die ursprünglich gelieferte Ware. Daher soll die Schwere der Vertragsverletzung erneut überprüft werden.

Der Umstand, daß der Verkäufer durch die vertragswidrige Erstlieferung eine Vertragsverletzung bereits begangen hat, kann die Wesentlichkeitsschwelle bei der Bewertung der Ersatzlieferung herabsetzen und den Beweis der Aufhebungsvoraussetzungen erleichtern[1294], soweit durch diese zweite mangelhafte Lieferung ein Vertrauensverlust begründet wurde.

In den Fällen, in denen der Käufer zur Ersatzlieferung berechtigt war, wird die Aufhebung des Vertrages bei nicht erbrachter Nacherfüllung meistens unproblematisch erfolgen, da eine wesentliche Vertragsverletzung bereits vorlag[1295]. Wenn sich der Käufer ursprünglich für die Lieferung von Ersatzware entschieden hat, verliert er dadurch sein Recht auf Vertragsaufhebung nicht. Dieses wird nur *suspendiert*, solange der Käufer berechtigterweise Erfüllung durch den Verkäufer erwarten darf[1296]. Die Erklärungsfristen (Anzeige der Vertragswidrigkeit und Ausübung eines Rechtsbehelfs) können m.E. verkürzt werden, weil sie den Umständen nach zu bemessen sind.

VII. Der Ersatzlieferungsanspruch nach dem BGB (§ 439 Abs. 1, 2. Alt.)

Die Ersatz- oder Nachlieferung ist die unentgeltliche Lieferung einer anderen, den Anforderungen des Vertrages entsprechenden (d.h. mangelfreien) Sache[1297]. Der Verkäufer hat erneut seine Leistungspflicht zu erbringen, d.h. er hat eine mangelfreie Sache zu übereignen und zu übergeben[1298].

1. Begriff der Ersatzlieferung

Begrifflich unterscheidet sich der Ersatzlieferungsanspruch des Käufers nach BGB kaum vom Konzept des UN-Kaufrechts. In beiden Rechtstexten geht es um den Austausch der mangelhaften gegen mangelfreien Ware, d.h. der Verkäufer hat eine *in jeder Hinsicht* dem Vertrag entsprechende Ware zu liefern (oder deren Lieferung zu veranlassen)[1299], der Käufer hat die erhaltene mangelhafte Sache zurückzugeben. Die zum Zweck der Ersatzlieferung erforderlichen Kosten und Aufwendungen sind vom Verkäufer zu tragen (§ 439 II).

Der wichtigste, ins Auge springende Unterschied zwischen beiden Rechtsordnungen liegt darin, daß der Käufer nach BGB einen Anspruch auf Ersatzlieferung

---

[1294] Vgl. LG Stuttgart, 31.8.1989, 3 KfH O 97/89, IPRax 1990, 317, CISG-online Nr. 11.

[1295] Siehe auch *Schlechtriem*, in: FS Trinkner, S. 329.

[1296] Ausführlicher unten: G.IV.4. Konflikt zwischen Ersatzlieferungsverlangen und Aufhebungserklärung.

[1297] Vgl. § 439 Abs. 1; ferner *Kropholler*, § 439, Rn. 4; *MünchKomm / Westermann*, § 439, Rn. 11; *Palandt / Putzo*, § 437, Rn. 7.

[1298] *Erman / Grunewald*, § 439, Rn. 3.

[1299] *Palandt / Putzo*, § 437, Rn. 7.

grundsätzlich bei jedem Mangel hat, während im UN-Kaufrecht eine *qualifizierte* Vertragsverletzung erforderlich ist.

2. Besondere Voraussetzungen des Erstazlieferungsanspruchs?

Nach der Systematik des BGB kann der Käufer seine Rechte auf Rücktritt, Minderung und Schadensersatz grundsätzlich erst ausüben, wenn er dem Verkäufer eine Nachfrist zur Nacherfüllung gesetzt hat und diese erfolglos verstrichen ist. Dagegen sind die Nacherfüllungsansprüche die primäre Rechtsbehelfe des Käufers und können sofort ausgeübt werden.

Oben wurde ausgeführt, daß das BGB die Ersatzlieferung und die Nachbesserung an die selben (einheitlichen) Voraussetzungen knüpft. Daher mag eine separate Behandlung der tatbestandlichen Voraussetzungen etwas befremden, gerade weil diese vom Gesetz nicht gefordert werden. Nach der Systematik der vorliegenden – an das UN-Kaufrecht orientierten – Arbeit rechtfertigt sich eine solche Behandlung, weil die Konvention diese Rechtsbehelfe *tatbestandsmäßig* unterscheidet: Der Käufer kann Ersatzlieferung nur bei wesentlicher Vertragsverletzung verlangen; Nachbesserung nur, solange es unter Berücksichtigung aller Umstände nicht unzumutbar ist.

Im Übrigen können sich im BGB Unterschiede ergeben, die sich nach dem Inhalt des konkreten Schuldverhältnisses richten, so daß eine Erfüllungsvariante für einen konkreten Sachverhalt eventuell nicht "paßt". So scheidet die Ersatzlieferung beim Kauf von unvertretbaren Sachen aus, weil dieser Rechtsbehelf den Interessen der Parteien nicht gerecht wird[1300].

a) Wesentliche Vertragsverletzung?

Anders als im UN-Kaufrecht hängt das Vorliegen eines Ersatzlieferungsanspruchs nach BGB von der *Schwere* der Vertragsverletzung nicht ab. Dies ist auf die Vorschläge der Kommission zur Überarbeitung des Schuldrechts zurückzuführen, die die Gewährleistungsansprüche bei geringfügigen nicht vollständig ausschließen wollte[1301]. Nach der Ansicht der Kommission sollten auch unerhebliche Fehler einen rechtlich relevanten Mangel darstellen. Es sei nicht ersichtlich, warum alle Rechtsbehelfe des Käufers – der ja den Kaufpreis für eine mangelfreie Ware gezahlt hat – ausgeschlossen werden sollten. Dies sollte durch die Verlegung der „Erheblich-

[1300] Der Gesetzgeber wollte ausdrücklich auf die Unterscheidung zwischen Stück- und Gattungskauf verzichten (Abschlußbericht, S. 211; BT-Drucks. 14/6040, S. 230, 209), insbesondere im Hinblick auf die Rechtsfolgen bei Pflichtverletzungen; doch plädiert ein (bedeutender) Teil des Schrifttums für die Aufrechterhaltung dieser Differenzierung. Dieses Problem ist an anderer Stelle ausführlicher behandelt worden (siehe D.VII.3.a). Ausschluß der Nacherfüllungspflicht nach § 275 Abs. 1). Zum Meinungsstand siehe *MünchKomm / Westermann*, § 439, Rn. 11 f. Die bereits ergangene Rechtsprechung hat – in ausdrücklicher Anlehnung an die Intention des Gesetzgebers – einen Ersatzlieferungsanspruch beim Stückkauf grundsätzlich *nicht* ausgeschlossen (siehe LG Ellwangen, Urt. v. 13.12.2002 – 3 O 219/02, NJW 2003, S. 517 f; OLG Braunschweig, Beschl. v. 4.2.2003 – 8 W 83/02, NJW 2003, S. 1053 f).

[1301] Siehe Abschlußbericht, S. 212.

keitsschwelle“ vom Mangelbegriff (vgl. § 459 Abs. 1 S. 2 a.F.) in den Tatbestand des Rücktritts (§ 323 Abs. 5 S. 2) erfolgen[1302].

Die Ansicht der Kommission wurde durch die Verbrauchsgüterkaufrichtlinie bekräftigt; diese machte die Nacherfüllungsansprüche des Käufers allein vom Vorliegen einer Vertragswidrigkeit abhängig (Art. 3 II und III EG-Richtlinie). Bei einer geringfügigen Vertragswidrigkeit war allein der „Anspruch“ auf Vertragsauflösung ausgeschlossen (Abs. 6 EG-Richtlinie)[1303].

Dieser Unterschied zwischen BGB und CISG läßt sich u.a. dadurch erklären, daß die Regelung des BGB an erster Stelle Verbraucher im Auge hat, die i.d.R. einen stärkeren Schutz bedürfen als die Parteien in einem Vertrag, der in den Anwendungsbereich des CISG fällt; andererseits, daß die Kosten der Ersatzlieferung bei nationalen Kaufverträgen *grundsätzlich* geringer sind als bei internationalen Kaufverträgen.

Die Bedeutung des Mangels wird vom Gesetzgeber jedoch als eines unter mehreren Kriterien für die Beurteilung der Unverhältnismäßigkeit genannt (§ 439 III); daher kann die Schwere der Vertragswidrigkeit sich indirekt auf den Nacherfüllungsanspruch auswirken[1304], soweit sich der Verkäufer hierauf beruft[1305].

b) Austauschmöglichkeit (Rückgabe) der vertragswidrigen Ware?

Wenn zum Zweck der Nacherfüllung eine mangelfreie Sache geliefert wird, ist der Verkäufer berechtigt, die Rückgabe der mangelhaften Erstlieferung „nach Maßgabe der §§ 346 bis 348“ zu verlangen (§ 439 Abs. 4). Damit ist die Rückgabepflicht des Käufers – anders als im UN-Kaufrecht – ausdrücklich geregelt. Ebenfalls geregelt ist die Art und Weise, wie die Abwicklung beiderseitigen Pflichten erfolgen soll, denn nach BGB sind die Leistungen Zug um Zug zu erfüllen (§ 348 S. 1). Für das UN-Kaufrecht wird ein Austausch Zug um Zug von der h.M. nicht befürwortet[1306].

Der Nacherfüllungsanspruch des Käufers ist jedoch *nicht ausgeschlossen*, wenn dieser nicht imstande ist, die erhaltene (mangelhafte) Sache zurückzugewähren. Vielmehr ist er verpflichtet, Wertersatz zu leisten (§ 346 II), etwa wenn er den empfangenen Gegenstand verbraucht, verändert, belastet oder veräußert hat oder wenn der Gegenstand sich verschlechtert hat oder untergegangen ist.

[1302] Vgl. Abschlußbericht, S. 211.

[1303] Siehe dazu *Grundmann / Bianca / Bianca*, Art. 3, Rn. 41 ff; BT-Drucks. 14/6040, S. 231.

[1304] *Jauernig / Chr. Berger*, § 439, Rn. 2; zur Richtlinie 1999/44/EG bereits *Grundmann / Bianca / Bianca*, Art. 3, Rn. 35. Eingehend dazu unten: D.VII.3.d). Verweigerung nach § 439 III.

[1305] Darin liegt kein Widerspruch zu der Absicht des Gesetzgebers, denn dieser ging davon aus, ein Nacherfüllungsanspruch des Käufers käme nicht in jedem Fall in Betracht (siehe BT-Drucks. 14/6040, S. 231). Außerdem gehört die (Un-)Erheblichkeit des Mangels nicht zu den Anspruchsvoraussetzungen.

[1306] Dazu oben: D.II.4. Austauschmöglichkeit der vertragswidrigen Ware, m.w.N.

Diese Pflicht entfällt, wenn sich der Mangel erst bei der Verarbeitung herausstellt, wenn die Verschlechterung oder der Untergang ebenfalls beim Verkäufer eingetreten wäre (bzw. wenn er sie zu vertreten hat), oder wenn die Verschlechterung trotz Beobachtung üblicher Sorgfalt eingetreten ist (§ 346 III).

Der Käufer ist weiterhin verpflichtet, gezogene Nutzungen herauszugeben; Gleiches gilt für Nutzungen, die er bei ordnungsgemäßer Wirtschaft hätte ziehen können (§ 347 Abs. 1 S. 1). Seinerseits hat der Verkäufer notwendige Verwendungen - und solche Aufwendungen, die eine Bereicherung für ihn darstellen – zu ersetzen.

3. Ausschlußgründe des Nacherfüllungsanspruchs

Das BGB enthält eine einheitliche Regelung der Umstände, die zu einem Ausschluß der Nacherfüllungspflicht des Verkäufers führen; dies bedeutet, daß dieselben Kriterien sowohl für die Nachbesserung als auch für die Ersatzlieferung gelten. In Betracht kommen zunächst die Ausschlußgründe aus dem allgemeinen Leistungsstörungsrecht – § 275 Abs. 1 bis III – sowie *kaufrechtsspezifische* Vorschriften, insbesondere aus § 439 III.

Ein Ausschluß des Nacherfüllungsanspruchs ist aber erst anzunehmen, wenn *beide* Varianten von einem Ausschlußgrund betroffen werden. Ansonsten beschränkt sich der Anspruch des Käufers auf die andere Nacherfüllungsalternative[1307]. Aus diesem Grund sind beide Erfüllungsvarianten (separat) zu prüfen[1308]. Neben den Grenzen des Nacherfüllungs*anspruchs* sind die Grenzen des Nacherfüllungs*rechts* des Verkäufers zu prüfen, insbesondere, ob die vom Verkäufer zu erbringende Nacherfüllung *dem Käufer* zumutbar ist[1309].

a) Ausschluß der Nacherfüllungspflicht nach § 275 Abs. 1

Ein Anspruch des Käufers nach § 439 ist ausgeschlossen, wenn die Nacherfüllung unmöglich ist[1310]. Wie bereits ausgeführt, bildet § 275 Abs. 1 eine echte Grenze erst dann, wenn *beide* Arten der Nacherfüllung unmöglich sind; dies ergibt sich daraus, daß der Anspruch ausgeschlossen ist, *soweit* die Leistung unmöglich ist. Ist die Ersatzlieferung unmöglich, so bedeutet dies nicht zwingend, daß auch die Nachbesserung unmöglich sein muß.

[1307] BT-Drucks. 14/6040, S. 232; *Gruber*, Jb.J.ZivRWiss. 2001, S. 189; *Schlechtriem*, Schuldrecht-BT, Rn. 76.

[1308] *Bitter / Meidt*, ZIP 2001, S. 2119.

[1309] Das Nacherfüllungsrecht des Verkäufers findet seine Grenzen in den allgemeinen Vorschriften der § 281 Abs. 2, § 323 Abs. 2 (Unmöglichkeit, Erfüllungsverweigerung, Fixgeschäft, besondere Umstände) sowie in den Fällen des § 440 (Verweigerung oder Fehlschlagen der Nacherfüllung, Unzumutbarkeit für den Käufer). Eingehend dazu *Bitter / Meidt*, ZIP 2001, S. 2116 f.

[1310] Die Tatsache, daß § 439 Abs. 3 sich ausdrücklich nur auf § 275 Abs. 2 und 3 bezieht, ist irreführend (zumal Abs. 1 ausgelassen wird) und überflüssig, weil die Anwendung von § 275 keiner expliziten Erwähnung im Gesetzestext benötigt; dies folgt vielmehr aus dem allgemeinen Leistungsstörungsrecht.

Anders als das Verweigerungsrecht des Verkäufers (§§ 439 III, 275 II und III) stellt die Unmöglichkeit eine *Einwendung* dar und ist *von Amts wegen* zu berücksichtigen[1311]. Die Unmöglichkeit der Nacherfüllung führt jedoch nicht zur automatischen Befreiung von der Leistungspflicht – wie bei Unmöglichkeit des ursprünglichen Erfüllungsanspruchs, wo die Leistungspflicht *ipso iure* entfällt[1312] –, sondern begründet ein Rücktrittsrecht nach § 326 Abs. 5[1313]. Hat der Verkäufer die Unmöglichkeit zu vertreten, so ist er nach § 283 zum Schadensersatz verpflichtet.

Eine *Nachbesserung* erweist sich als unmöglich, etwa wenn der Mangel *technisch* (faktisch) nicht behoben werden kann. Ein als echtes verkauftes Bild kann durch Nachbesserung nicht zu „echt" gemacht werden; verdorbene Lebensmittel können nicht repariert werden, ein Unfallwagen wird durch Reparatur nicht zu einem „unfallfreien" Fahrzeug; das Herkunftsland einer Ware kann (i.d.R.) nicht „behoben" werden; Winterweizen kann nicht zu Sommerweizen gemacht werden. Eine *Ersatzlieferung* ist z.B. unmöglich, wenn es sich um eine einzigartige – nicht vertretbare Sache – handelt; wenn alle Stücke aus einer Gattung mangelhaft sind oder wenn die Gattung ausgeschöpft ist[1314].

Die Frage, ob eine Ersatzlieferung beim Stückkauf zulässig ist, gehört zu den Stolpersteinen des neuen Schuldrechts. Gegen einen Ersatzlieferungsanspruch beim Stückkauf wird ausgeführt, das Interesse der Parteien bzw. die Pflicht des Verkäufers beziehe sich allein auf die konkret vereinbarte Sache[1315]. Dieses Problem wird teilweise als ein Fall des § 275 Abs. 1 behandelt[1316], woraus die Unmöglichkeit der Ersatzlieferung beim Stückkauf folgen würde. Im Gegensatz dazu wird in der Literatur und Rechtsprechung die Zulässigkeit der Ersatzlieferung beim Stückkauf weitgehend vertreten[1317]. Anstatt diese Frage abstrakt zu beantworten, soll in Anbetracht des Einzelfalles entschieden werden, ob eine Ersatzlieferung zur Befriedigung des Erfüllungsinteresses des Käufers führt, was nach der hier vertretenen Ansicht bereits anzunehmen ist, wenn der Käufer Ersatzlieferung verlangt. Maßgebend soll sein, daß der Käufer das erhält, „was er haben wollte"[1318]. Daher gilt prinzipiell – unter Berücksichtigung der Absicht des Gesetzgebers, der auf die Unterscheidung zwischen Stück- und Gattungskauf verzichten wollte[1319] – daß eine Ersatzlieferung auch beim „Stückkauf" denkbar und möglich ist, soweit die verkaufte Sache einer vertretbaren Sache wirtschaftlich entspricht – d.h. durch eine andere (vertragsgemäße) gleichartige und

---

1311 BT-Drucks. 14/6040, S. 129; *MünchKomm / Westermann*, § 439, Rn. 14, m.w.N.; *Schlechtriem*, Schuldrecht-AT, Rn. 282; *Kandler*, S. 482.

1312 *Jauernig / Stadler*, § 275, Rn. 31.

1313 Siehe dazu *Bitter / Meidt*, ZIP 2001, S. 2120.; *Boerner*, ZIP 2001, S. 2269; *Westermann*, NJW 2002, S. 248.

1314 Siehe weitere Beispiele bei *Kandler*, S. 464 f.

1315 *Ackermann*, JZ 2002, S. 379; weitere Nachweise bei *MünchKomm / Westermann*, § 439, Rn. 11 und *Oechsler*, NJW 2004, S. 1829.

1316 So *P. Huber*, in: *Huber / Faust*, § 13, Rn. 20; *Gruber*, Jb.J.ZivRWiss. 2001, S. 191.

1317 Siehe statt aller *Canaris*, JZ 2003, S. 831, mit zahlreichen Nachweisen (auch zur Gegenansicht).

1318 *MünchKomm / Westermann*, § 439, Rn. 11.

1319 BT-Drucks. 14/6040, S. 208 ff, 230; *Bitter / Meidt*, ZIP 2001, S. 2119.

gleichwertige[1320] ersetzt werden und das Leistungsinteresse des Käufers damit zufriedenstellen kann[1321]. Gleichzeitig muß die Lieferung dieser Sache dem Verkäufer[1322] objektiv zumutbar sein[1323].

b) Verweigerung nach § 275 Abs. 2

Nach § 275 II kann der Schuldner die ihm obliegende Leistung verweigern, wenn diese einen Aufwand erfordert, der in einem *groben Mißverhältnis* zum Leistungsinteresse des Käufers steht[1324]. Es handelt sich um Fälle der sog. *faktischen Unmöglichkeit*, nämlich, daß die Erbringung der Leistung dem Schuldner „zwar theoretisch möglich wäre, die aber kein vernünftiger Gläubiger ernsthaft erwarten kann“[1325].

Die Bedeutung dieser Vorschrift ist für die Nacherfüllungsansprüche – trotz der ausdrücklichen Erwähnung in § 439 III – von kaum praktischer Bedeutung, weil das Verweigerungsrecht nach § 439 III eine „niedrigere Schwelle“[1326] für die Einrede[1327] des Verkäufers aufstellt als § 275 II[1328].

c) Verweigerung nach § 275 Abs. 3

Nach § 275 III kann der Schuldner eine Leistung ferner verweigern, wenn er sie persönlich zu erbringen hat und sie ihm nicht zugemutet werden kann. Diese Vorschrift unterscheidet nicht zwischen verschiedenen Vertragstypen; es kommt vielmehr auf die Art der konkreten Pflicht an, wobei die (Haupt-)Leistungspflicht eines Kaufvertrages – Übergabe der Sache, Übertragung des Eigentums – an sich keine *persönlich zu erbringende* Leistungen darstellen[1329].

1320 *Canaris*, JZ 2003, S. 833, 835.

1321 LG Ellwangen, Urt. v. 13.12.2002 - 3 O 219/02, NJW 2003, S. 517, m.w.N.; *Kandler*, S. 471, m.w.N.

1322 Der Inhalt des Vertrages kann auf ein Interesse des Verkäufers hindeuten, seine Erfüllungs*pflicht* allein auf den verkauften Gegenstand zu beschränken. Dies ist m.E. aber nicht anzunehmen, wenn der Verkäufer andere Stücke zum Verkauf anbietet; vgl. dazu das Beispiel von *Kandler*, S. 469 (Joghurt-Kauf im Selbstbedienungsladen).

1323 Siehe nur LG Ellwangen, Urt. v. 13.12.2002 - 3 O 219/02, NJW 2003, S. 517 f; OLG Braunschweig, Beschl. v. 4.2.2003 – 8 W 83/02, NJW 2003, S. 1053 f; *MünchKomm / Westermann*, § 439, Rn. 11, m.w.N.

1324 Ein „grobes Mißverhältnis“ liegt vor, wenn es ein „besonders krasses, nach Treu und Glauben untragbares Ausmaß“ erreicht; BT-Drucks. 14/6040, S. 130.

1325 BT-Drucks. 14/6040, S. 129.

1326 BT-Drucks. 14/6040, S. 232. Der Regierungsbegründung folgend: *Bitter / Meidt*, ZIP 2001, S. 2120; *Canaris*, in: Karlsruher Forum, S. 21, 76; *Gruber*, Jb.J.ZivRWiss. 2001, S. 189; *P. Huber*, in: *Huber / Faust*, § 13, Rn. 34; *Kandler*, S. 486; *Zimmer / Eckhold*, JURA 2002, S. 149.

1327 Anders als der Unmöglichkeitstatbestand nach § 275 Abs. 1 stellt Abs. 2 eine Einrede dar; BT-Drucks. 14/6040, S. 129.

1328 Kritisch dazu *Bamberger / Roth / Faust*, § 439, Rn. 50, der im Hinblick auf eine richtlinienkonforme Auslegung, eine Angleichung des § 439 III an den Wertungsmaßstab nach § 275 Abs. 2 vorschlägt.

1329 In Betracht käme diese Vorschrift jedoch dann, wenn es um Kauf herzustellender oder zu erzeugender Sachen geht; *Kandler*, S. 482, Fn. 288, m.w.N. Außerdem bezieht die Regierungsbegründung die Anweundung dieser Vorschrift ausdrücklich auf Werkverträge, BT-Drucks. 14/6040, S. 130.

Daher wird an die praktische Bedeutung von § 275 III gezweifelt[1330]. Darüber hinaus wird – wohl zu recht – angenommen, daß die Nachbesserung einer mangelhaften Sache, die an sich möglich und wirtschaftlich nicht unverhältnismäßig ist, kaum aus persönlichen Gründen scheitern wird[1331]. Ob in der Praxis besonders gelagerte Fallkonstellationen auftreten können – etwa, weil der Verkäufer der einzige ist, der die Nachbesserung erbringen kann – mag dahingestellt bleiben.

d) Verweigerung nach § 439 Abs. 3

Nach § 439 III kann der Verkäufer die vom Käufer gewählte Art der Nacherfüllung verweigern, wenn sie nur mit unverhältnismäßig hohen Kosten möglich ist. Dieser Tatbestand stellt eine Ausprägung des Gedankens aus § 275 II, wobei die „Hürde" für die Begründung eines Verweigerungsrechts nach § 439 III niedriger gestellt ist als in § 275 II[1332]. Dies rechtfertigt sich dadurch, daß der Verkäufer bereits eine Leistung – wenn auch mangelhaft – erbracht hat und weil dem Käufer, bei Verweigerung der einen Erfüllungsvariante, in der Regel noch die andere Variante zur Verfügung stehen wird[1333]. Verweigert der Verkäufer beide Arten der Nacherfüllung, so kann der Käufer ohne Fristsetzung auf die andere Rechtsbehelfe – Rücktritt, Minderung, Schadensersatz – übergehen (§ 440 S.1).

Das Verweigerungsrecht des Verkäufers stellt eine *Einrede* dar[1334], d.h. die Unverhältnismäßigkeit der Kosten ist nur zu berücksichtigen, wenn der Verkäufer die Nacherfüllung *tatsächlich* verweigert hat[1335], denn es liegt immer noch in seiner Hand, eine stark belastende Leistung trotz des hohen Aufwandes zu erbringen, aber auch, weil die Umstände, die zur Unverhältnismäßigkeit führen, erst vom Verkäufer vorgetragen werden sollen[1336]. Die Verweigerung der Nacherfüllung durch den Verkäufer stellt eine echte Grenze nur dann dar, wenn beide Nacherfüllungsvarianten verweigert werden oder wenn eine Variante unverhältnismäßig und die andere unmöglich ist[1337].

[1330] *Bitter / Meidt*, ZIP 2001, S. 2120; *Boerner*, ZIP 2001, S. 2269, Fn. 61; *Kandler*, S. 482; *MünchKomm / Westermann*, § 439, Rn. 27.

[1331] Siehe etwa *MünchKomm / Westermann*, § 439, Rn. 27, für den die Anwendbarkeit des § 275 III mehr eine „Abrundung des Systems" als ein praktisch relevanter Tatbestand darstellt.

[1332] BT-Drucks. 14/6040, S. 232. Der Regierungsbegründung folgend: *Bitter / Meidt*, ZIP 2001, S. 2120; *Canaris*, in: Karlsruher Forum, S. 21, 76; *Gruber*, Jb.J.ZivRWiss. 2001, S. 189; *P. Huber*, in: *Huber / Faust*, § 13, Rn. 34; *Zimmer / Eckhold*, JURA 2002, S. 149.

[1333] *Canaris*, in: Karlsruher Forum, S. 76; *Kandler*, S. 486.

[1334] BT-Drucks. 14/6040, S. 232, 234; LG Ellwangen, Urt. v. 13.12.2002 – 3 O 219/02, NJW 2003, S. 517; *Bamberger / Roth / Faust*, § 439, Rn. 35, m.w.N.; *Dauner-Lieb*, Entwicklungstendenzen und Problemschwerpunkte, S. 26; *Kandler*, S. 482; *MünchKomm / Westermann*, § 439, Rn. 20; *Schlechtriem*, Schuldrecht-AT, Rn. 277; *Zimmer / Eckhold*, JURA 2002, S. 149, m.w.N.

[1335] BT-Drucks. 14/6040, S. 234; *Bamberger / Roth / Faust*, § 439, Rn. 35; *Erman / Grunewald*, § 440, Rn. 2; *Kandler*, S. 482; *MünchKomm / Westermann*, § 439, Rn. 20.

[1336] LG Ellwangen, Urt. v. 13.12.2002 – 3 O 219/02, NJW 2003, S. 517; *Bamberger / Roth / Faust*, § 439, Rn. 54.

[1337] *Bitter / Meidt*, ZIP 2001, S. 2120.

Das Leistungsverweigerungsrecht des Verkäufers knüpft an die „Unverhältnismäßigkeit der Kosten" der Nacherfüllung an. Dieser normativ geprägten[1338] Tatbestand macht eine umfassende Würdigung[1339] der gesamten Umstände[1340] des Einzelfalles[1341] erforderlich, wobei es auf die Verhältnisse des individuellen Verkäufers ankommt[1342].

Die Aufzählung der verschiedenen zu berücksichtigenden Kriterien in § 439 III S. 2 ist (daher) nicht abschließend[1343]. Der Gesetzgeber verzichtete darauf, eine Rangstellung bzw. eine besondere Reihenfolge anzuordnen, so daß die Unverhältnismäßigkeit *a priori* kaum festgestellt werden kann. In der Literatur wird allerdings die Ansicht vertreten, das Verweigerungsrecht stelle eine Ausnahme von der Nacherfüllungspflicht dar und sei daher *restriktiv* anzunehmen[1344].

Die Unverhältnismäßigkeit kann auf zwei verschiedene Weisen verstanden werden[1345], zunächst im Vergleich zu der anderen – vom Käufer nicht gewählten – Erfüllungsvariante (sog. relative Unverhältnismäßigkeit) und im Vergleich mit dem Leistungsinteresse des Käufers an die Nacherfüllung (absolute Unverhältnismäßigkeit)[1346]. Anlaß für diese Betrachtungsweise gibt der Gesetzestext selber, indem er die Frage berücksichtigt, ob auf die andere Art der Nacherfüllung ohne erhebliche Nachteile für den Käufer zurückgegriffen werden könnte (§ 439 III S. 2), sowie aus der Möglichkeit des Verkäufers, beide Erfüllungsvarianten zu verweigern (§ 439 III S. 3, § 440 S. 1)[1347].

(1) Relative Unverhältnismäßigkeit

Der Gesetzgeber wollte dem Umstand Rechnung tragen, daß gewisse Defekte besser durch Ersatzlieferung als durch Nachbesserung (und umgekehrt) behoben werden

---

[1338] *Kandler*, S. 487.

[1339] *MünchKomm / Westermann*, § 439, Rn. 20.

[1340] Vgl. dazu auch *Gruber*, Jb.J.ZivRWiss. 2001, S. 194 und die von ihm zitierten Rechtsprechung zum „alten" Werkvertragsrecht.

[1341] LG Ellwangen, Urt. v. 13.12.2002 – 3 O 219/02, NJW 2003, S. 517 f; i.E. *Canaris*, in: Karlsruher Forum, S. 25.

[1342] *Erman / Grunewald*, § 439, Rn. 7; *Gruber*, Jb.J.ZivRWiss. 2001, S. 196.

[1343] Dies ergibt sich aus dem Wort „insbesondere" im Gesetzestext. In diese Richtung auch *Gruber*, Jb.J.ZivRWiss. 2001, S. 194; *Kandler*, S. 488; *MünchKomm / Westermann*, § 439, Rn. 22; *Bamberger / Roth / Faust*, § 439, Rn. 41 (mit Hinweis darauf, daß diese Kriterien in der Richtlinie als *abschließend* behandelt werden). Siehe auch BT-Drucks. 14/6040, S. 232 („Beispielhaft...").

[1344] *Gruber*, Jb.J.ZivRWiss. 2001, S. 193; *MünchKomm / Westermann*, § 439, Rn. 20; a.A. *P. Huber*, NJW 2002, S. 1005 (das Verweigerungsrecht ist „verkäufer-freundlich" auszulegen).

[1345] *Bamberger / Roth / Faust*, § 439, Rn. 36; *Bitter / Meidt*, ZIP 2001, S. 2121 ff; *Dauner-Lieb*, Entwicklungstendenzen und Problemschwerpunkte, S. 27.

[1346] In der Literatur sind Bedenken bezüglich der Richtlinienkonformität der „absoluten Unverhältnismäßigkeit" als Ausschlußgrund erhoben worden; siehe dazu *Bamberger / Roth / Faust*, § 439, Rn. 37; *Dauner-Lieb*, Entwicklungstendenzen und Problemschwerpunkte, S. 27, jeweils m.w.N. Es ist jedoch zu berücksichtigen, daß im 11. Erwägungsgrund der Richtlinie 1999/44/EG darauf hingewiesen wird, daß der Käufer Nachbesserung oder Ersatzlieferung verlangen kann, „es sei denn, daß *diese Abhilfen* unmöglich oder unverhältnismäßig wären" (Hervorhebung hinzugefügt).

[1347] *Bamberger / Roth / Faust*, § 439, Rn. 36.

können, und daß der Käufer sich – aus welchem Grund auch immer – gleichwohl für die andere Erfüllungsvariante entscheiden könnte. Der Verkäufer soll dadurch geschützt werden, indem er den Käufer auf die andere Art der Nacherfüllung verweisen kann[1348]. Es reicht nicht aus, daß die andere Variante für den Verkäufer *günstiger* ist; vielmehr muß die vom Käufer gewählte Art, im Vergleich zu der anderen Variante, *unverhältnismäßig* kostspieliger sein[1349].

Neben dem zu berücksichtigenden „internen Kostenvergleich"[1350] soll geprüft werden, ob auf die andere Erfüllungsvariante – ohne erhebliche Nachteile oder Unannehmlichkeiten[1351] für den Käufer – zurückgegriffen werden kann, d.h. daß diese dem Käufer zugemutet werden kann. Das ist m.E. zu bejahen, wenn der Käufer kein schutzwürdiges Interesse auf die gewählte Erfüllungsvariante hat und wenn die günstigere Nacherfüllungsvariante mindestens *gleich geeignet* für die Beseitigung des Mangels (und gleich belastend) ist[1352].

Durch die Einrede des Verkäufers erfährt das Wahlrecht des Käufers eine Einschränkung. Wann die Kosten der gewählten Nacherfüllungsalternative als unverhältnismäßig anzusehen sind, läßt sich im voraus schwer sagen. Der Versuch, Prozentgrenzen aufzustellen[1353], kann nur zu einer unvollständigen – daher nicht endgültigen – Antwort führen, weil die Interessen des Käufers in sie „nicht einfließen"[1354].

(2) Absolute Unverhältnismäßigkeit

Die vom Käufer gewählte Nacherfüllungsalternative kann nicht nur im Vergleich mit der anderen Erfüllungsvariante sondern bereits *an sich* unverhältnismäßig sein. Für die Bestimmung der Unverhältnismäßigkeit ist – begriffsnotwendig – eine Abwägung zwischen mindestens zwei Größen erforderlich. Dabei nennt das Gesetz einerseits die *Kosten* der Nacherfüllung für den Verkäufer (§ 439 III S. 1), andererseits den *Wert der*

1348 Siehe dazu die Beispiele der Regierungsbegründung, BT-Drucks. 14/6040, S. 232: Schraube mit Gewindefehler (Nachbesserungskosten weit über die Kosten des Ersatzlieferung hinaus); Waschmaschine, die durch Austausch einer Schraube repariert werden kann. Diese Beispiele bringen die Absicht des Gesetzgebers deutlich zum Ausdruck, helfen aber – abgesehen von diesen eklatanten Fällen – wenig weiter.

1349 *Bamberger / Roth / Faust*, § 439, Rn. 46. In diesem Sinne kann immer *nur eine* Erfüllungsvariante sich als unverhältnismäßig erweisen; Rn. 39.

1350 *Bitter / Meidt*, ZIP 2001, S. 2122; LG Ellwangen, Urt. v. 13.12.2002 – 3 O 219/02, NJW 2003, S. 517.

1351 Zur Auslegung beider Begriffe *Bamberger / Roth / Faust*, § 439, Rn. 43.

1352 Ähnlich *Bitter / Meidt*, ZIP 2001, S. 2122 (*Gleichwertigkeit* der Nacherfüllungsarten); a.A. *Bamberger / Roth / Faust*, § 439, Rn. 43 (nur, wenn die nicht gewählte Art den Mangel *vollständig* beseitigt), siehe aber Rn. 46.

1353 Das LG Ellwangen, Urt. v. 13.12.2002 – 3 O 219/02, NJW 2003, S. 517 schlägt als „Faustformel" eine Grenze von 20% vor (bei einem Kostenunterschied von 30% ist auf jeden Fall die Unverhältnismäßigkeit erreicht). *Bitter / Meidt*, ZIP 2001, S. 2122 halten einen Unterschied von 10% zwischen beiden Erfüllungsvarianten bereits für unverhältnismäßig. Differenzierend *Bamberger / Roth / Faust*, § 439, Rn. 46 (Grenze zwischen 5% und 25%).

1354 *Bamberger / Roth / Faust*, § 439, Rn. 46.

Sache in mangelfreiem Zustand und die *Bedeutung des Mangels* (§ 439 III S. 2)[1355]. Da diese Kriterien nur *beispielhaft* aufgezählt werden[1356], erscheint es angebracht, generell auf das Leistungsinteresse des Käufers abzustellen[1357].

(a) Wert der Sache in mangelfreiem Zustand

Der Wert der Sache im mangelfreien Zustand soll nach Ansicht des Gesetzgebers ebenfalls berücksichtigt werden. In der Literatur wird diesem Merkmal eine geringe Bedeutung beigemessen[1358]; dennoch gibt dieses Kriterium den ersten Anhaltspunkt für die Beurteilung der (Un-)Verhältnismäßigkeit der Nacherfüllung. So ging der Gesetzgeber davon aus, daß bei geringwertigen Sachen die Kosten einer Nachbesserung häufig wesentlich höher liegen würden als die Kosten einer Ersatzlieferung[1359].

(b) Bedeutung des Mangels

Das Gesetz nimmt ausdrücklich Bezug auf die Bedeutung des Mangels für die Beurteilung der Unverhältnismäßigkeit nach § 439 III. Grund dafür ist, daß ein berechtigtes Interesse an der Mangelfreiheit der Sache für den Käufer um so schwerer wiegt, je größer die Beeinträchtigung ist[1360]. Daher sind dem Verkäufer um so höhere Kosten zuzumuten, je schwerer der Mangel ist[1361]. Ein ganz geringfügiger Mangel kann dagegen für die Unverhältnismäßigkeit der Nacherfüllung sprechen[1362].

(c) Berücksichtigung des Kaufpreises

Umstritten ist, ob der Kaufpreis der Sache bei der Unverhältnismäßigkeitsprüfung zu berücksichtigen ist. Zwei Entscheidungen haben sich bereits mit dieser Frage beschäftigt. In der Entscheidung des LG Ellwangen[1363] lag folgender Sachverhalt zugrunde: Der Verkäufer lieferte einen Neuwagen VW-Golf, zum Kaufpreis von 16.395 Euro. Der Wagen wies jedoch Mängel auf, deren Beseitigung einen Kostenaufwand von 512

[1355] Die die Frage, ob auf die andere Art der Nacherfüllung zurückgegriffen werden könnte, ist im Rahmen der *relativen Unverhältnismäßigkeit* behandelt worden.

[1356] BT-Drucks. 14/6040, S. 232; *Bamberger / Roth / Faust*, § 439, Rn. 41; *Gruber*, Jb.J.ZivRWiss. 2001, S. 194; *Kandler*, S. 488; *MünchKomm / Westermann*, § 439, Rn. 22.

[1357] Vgl. *Bamberger / Roth / Faust*, § 439, Rn. 43; *Canaris*, in: Karlsruher Forum, S. 77; *Erman / Grunewald*, § 439, Rn. 7. Es geht zunächst um die Frage, ob das Interesse des Käufers an die Nacherfüllung berechtigt ist (bzw. – jedoch an zweiter Stelle – ob er ein schutzwürdiges Interesse an eine konkrete Nacherfüllungsvariante hat). Dies ergibt sich aus der Tatsache, daß es bei den Rechtsbehelfen des § 439 weiter um die Erfüllung des Gläubigerinteresses geht.

[1358] *Bamberger / Roth / Faust*, § 439, Rn. 44; *MünchKomm / Westermann*, § 439, Rn. 22.

[1359] BT-Drucks. 14/6040, S. 232 (Beispiel: Schraube mit Gewindefehler).

[1360] *MünchKomm / Westermann*, § 439, Rn. 22.

[1361] *Kandler*, S. 504.

[1362] Im neuen Recht stellen auch geringfügige Mängel einen Mangel der Kaufsache dar; dazu oben: C.II.4.b). Schwere der Vertragsverletzung?. Der Gesetzgeber wollte in solchen Fällen den Rücktritt auszuschließen und andere Rechtsbehelfe erhalten lassen (vgl. BT-Drucks. 14/6040, S. 231). Doch kann nicht übersehen werden, daß das Interesse des Käufers an der Nacherfüllung *objektiv* von der Beeinträchtigung durch den Mangel abhängt und daß der Käufer keinen Anspruch haben soll, wenn dessen Ausübung rechtsmißbräuchlich ist (Abschlußbericht, S. 212), was durch das Mißverhältnis zwischen Leistungsinteresse und Erfüllungsaufwand indiziert werden könnte.

[1363] LG Ellwangen, Urt. v. 13.12.2002 – 3 O 219/02, NJW 2003, S. 517 f.

Euro erforderte. Der Käufer verlangte statt dessen Ersatzlieferung, was dem Verkäufer Kosten i.H.v. etwa 2.900 Euro verursacht hätte[1364] (d.h. 565% über den Kosten der Nachbesserung). Das Gericht bejahte zwar einen Nachbesserungsanspruch des Käufers, hielt eine Ersatzlieferung jedoch für unverhältnismäßig.

Diese Entscheidung kontrastiert mit dem Beschluß des OLG Braunschweig[1365]. Dort lag ein ähnlicher Sachverhalt zugrunde, doch das Gericht ließ die Berücksichtigung des Kaufpreises vollständig außer Acht. Damit kam es zu dem Ergebnis, die Höhe der Nacherfüllungskosten seien die gleichen, wenn der Verkäufer Nachbesserung vornehmen (Nachrüstung von zwei Airbags und „ABS") als wenn er eine mangelfreie Sache nachliefern würde.

Doch dieses Ergebnis ist wenig überzeugend, zumal dem Gericht weitere Anhaltspunkte zur Verfügung standen: Der Käufer erwarb den (mangelhaften) Pkw zu einem Kaufpreis von 11.390 Euro[1366]. Ein entsprechendes Auto wäre nur zu einem Listenpreis von 14.901 Euro zu erwerben; hinzu kämen noch 750 Euro für die Nachrüstung der fehlenden Airbags und ABS. Die Kosten, die der Verkäufer für die Nachlieferung hätte *tatsächlich* aufwenden müssen – unabhängig von etwaiger Werteverluste, die von den Parteien nicht substantiiert vorgetragen wurden – erreichten damit eine Höhe von 15.651 Euro, die er immerhin mit dem erlangten Kaufpreis hätte aufrechnen können, so daß ein Unterschied von „nur" 4.261 Euro zu Lasten des Verkäufers verblieben wäre. Damit lagen die Kosten der Ersatzlieferung 568% über den Nachbesserungskosten.

Wenn die Nichtbeachtung des Kaufpreises bereits aus formeller Sicht bedenklich ist[1367], dann erst recht, wenn man die materiellen Folgen dieser Vorgehensweise betrachtet. Wahrscheinlich hätte das Gericht einen Anspruch auf Ersatzlieferung verneint, wenn es den Kaufpreis mitberücksichtigt hätte. Es ist daher nicht einzusehen, warum der Kaufpreis (völlig) außer Betracht bleiben sollte[1368], gerade wenn das Gesetz eine umfassende Würdigung aller Umstände anordnet[1369].

[1364] Als Basis für die Berechnung dieser Kosten hat das Gericht (iudex – doch – calculat!) den Listenpreis für einen neuen Golf der gleichen Reihe, den Aufpreis von „Extras" abzüglich des Händlerrabatts berücksichtigt (womit der Wert der Sache im mangelfreien Zustand ermittelt wurde), sowie den Kaufpreis des streitgegenständlichen Golfs abzüglich des durch die Zulassung verursachten Wertverlusts. Die Kosten der Ersatzlieferung berechnete das Gericht aus der Differenz zwischen beiden Posten.

[1365] OLG Braunschweig, Beschl. v. 4.2.2003 – 8 W 83/02, NJW 2003, S. 1053 f.

[1366] Es handelte sich um einen Pkw dem, entgegen den Vertrag,

[1367] Es ist daran festzuhalten, daß die für die Beurteilung der Unverhältnismäßigkeit vom Gesetz genannten Kriterien *nicht abschließend* sind, was sich aus dem Wort *insbesondere* in § 439 III S. 2 ergibt.

[1368] So aber *Bitter / Meidt*, ZIP 2001, S. 2121; ihnen folgend OLG Braunschweig, Beschl. v. 4.2.2003 – 8 W 83/02, NJW 2003, S. 1054.

[1369] *Gruber*, Jb.J.ZivRWiss. 2001, S. 194; *MünchKomm / Westermann*, § 439, Rn. 20, usw. Eine andere Frage ist, ob der Kaufpreis *den Ausschlag* gibt, was ebenfalls zu verneinen ist.

(d) Weitere Kriterien

Für die Beurteilung der Unverhältnismäßigkeit kommen weitere Kriterien in Betracht; dies ergibt sich aus dem Hinweis „insbesondere" in § 439 III S. 2, das auf eine nicht abschließende Aufzählung hindeutet[1370].

In der Literatur ist umstritten, ob ein *Verschulden* des Verkäufers bei der Beurteilung der Unverhältnismäßigkeit der Nacherfüllung eine Rolle spielen kann[1371]. Zu diesem Punkt enthält das Gesetzt keine ausdrückliche Regelung, doch ist man geneigt, einem Verkäufer, der schuldhaft gehandelt hat, größere Anstrengungen zur Beseitigung des Mangels zuzumuten[1372]. Ein Verschulden des Verkäufers kann ferner im Rahmen des § 440 relevant sein, denn der Käufer kann ein besonderes Interesse daran haben – etwa aufgrund des Vertrauensverlustes – daß die Ware *nicht* oder *nicht durch „diesen" Verkäufer* repariert wird[1373]. Dies ist m.E. in Verbindung mit § 439 III S. 2 zu sehen, der als weiteres Kriterium für die Beurteilung der Unverhältnismäßigkeit berücksichtigt, „ob auf die andere Art der Nacherfüllung *ohne erhebliche Nachteile* für den Käufer zurückgegriffen werden kann"[1374]. Andererseits wird der Nacherfüllungsanspruch besonders dann relevant, wenn dem Verkäufer *kein Verschulden* trifft, weil ein Schadensersatzanspruch des Käufers – der es ihm ermöglichen würde, sich anderweitig zu decken und die dafür notwendige finanzielle Nachteile auszugleichen – in solchen Fällen scheitert[1375].

Die *immateriellen Interessen* des Käufers können ebenfalls berücksichtigt werden[1376]. Es muß geprüft werden, ob die andere Erfüllungsvariante dem Käufer Unannehmlichkeiten verursachen würde (Dauer des Nutzungsausfalls; Schmutz, Lärm und Freistellung von Mitarbeitern, wenn die Nachbesserung im Betrieb des Käufers erfolgt,

1370 *Bamberger / Roth / Faust*, § 439, Rn. 41; *Gruber*, Jb.J.ZivRWiss. 2001, S. 194; *MünchKomm / Westermann*, § 439, Rn. 22.

1371 Eingehend dazu *Gruber*, Jb.J.ZivRWiss. 2001, S. 196 f, der darauf hinweist, daß, nach der Rechtsprechung zum Werkvertragsrecht, ein Verschulden des Unternehmers „sogar den Ausschlag" im Hinblick auf die Nacherfüllung geben kann. Ferner deutet dieser Autor auf die Paralellvorschrift des § 275 Abs. 2 hin, nach der ein Vertretenmüssen des Schuldners in die Beurteilung der ihm zuzumutenden Anstrengungen einfließt; so auch *Kandler*, S. 506, m.w.N. Zum Meinungsstand siehe *Bamberger / Roth / Faust*, § 439, Rn. 45, Fn. 65; *MünchKomm / Westermann*, § 439, Rn. 23, Fn. 113.

1372 *Bamberger / Roth / Faust*, § 439, Rn. 46; *MünchKomm / Westermann*, § 439, Rn. 23; *Kandler*, S. 507; scheinbar auch *Bitter / Meidt*, ZIP 2001, S. 2121, die in Fn. 70 auf die Rechtsprechung zum Werkvertragsrecht ebenfalls verweisen. Allgemein zur Berücksichtigung der Rechtsprechung zum Werkvertragsrecht siehe LG Ellwangen, Urt. v. 13.12.2002 – 3 O 219/02, NJW 2003, S. 517, m.w.N.; etwas skeptisch *MünchKomm / Westermann*, a.a.O.

1373 *Bitter / Meidt*, ZIP 2001, S. 2117; *Gruber*, Jb.J.ZivRWiss. 2001, S. 198; *Kropholler*, § 440, Rn. 4; ähnlich *Erman / Grunewald*, § 439, Rn. 7.

1374 Daß ein subjektives Interesse des Käufers hier zu berücksichtigen ist, ergibt sich aus dem Wort „Nachteile", das die verschiedensten Situationen umfaßt, z.B. die Effektivität dieser Erfüllungsvariante oder die Unannehmlichkeiten, die mit ihr verbunden sind: Lärm, Schmutz, Zeitverzögerung, usw. (dazu *MünchKomm / Westermann*, § 439, Rn. 22).

1375 *Kropholler*, § 439, Rn. 1.

1376 Vgl. dazu *Gruber*, Jb.J.ZivRWiss. 2001, S. 195; *Kandler*, S. 491, jeweils im Hinblick auf die Rechtsprechung zum Werkvertragsrecht. Siehe auch *Bamberger / Roth / Faust*, § 439, Rn. 43, mit Beispielen.

usw.)[1377]. Es ist nicht erforderlich, daß der Mangel den Wert der Sache mindert; eine Nacherfüllung kann z.B. auch bei Farbabweichungen in Betracht kommen[1378].

Ebenfalls ist zu berücksichtigen, ob – z.B. nach Vornahme der Nachbesserung – dem Käufer weitere Nachteile verbleiben („Makel der Reparatur", merkantiler Minderwert) welche die Bestimmung der Unzumutbarkeit beeinflussen können[1379].

Als Hilfsargument ist ferner die *Reparaturmöglichkeit des Verkäufers* zu berücksichtigen[1380]. Die Tatsache, daß er sich einer fremden Werkstatt für die Reparatur bedienen soll, bedeutet noch nicht, daß die Nachbesserung ihm unverhältnismäßig ist[1381]. Dagegen ist der Umstand, daß der Verkäufer selber reparieren kann, ein starkes Argument *für* die Zumutbarkeit der Nachbesserung durch den Verkäufer.

Die *räumliche Entfernung* zwischen dem Ort, wo sich die Sache befindet und dem Ort, wo die Nacherfüllung stattfinden soll (insbesondere die Nachbesserung), kann im Einzelfall erhebliche Kosten verursachen, die in die Beurteilung der Unverhältnismäßigkeit ebenfalls zu berücksichtigen sind[1382].

e) Weitere Ausschlußgründe

Ein Ausschluß der Gewährleistungsrechte des Käufers kann sich ferner aus allgemeinen Vorschriften des Kaufrechts ergeben. So sind nach § 442 die Rechte des Käufers wegen eines Mangels ausgeschlossen, wenn er *bei Vertragsschluß* den Mangel kannte. Gleiches gilt, wenn der Käufer für den Mangel allein oder überwiegend verantwortlich ist[1383]. § 445 regelt die Haftungsbegrenzung des Verkäufers bei öffentlichen *Versteigerungen* (da diese Fälle vom UN-Kaufrecht nicht erfaßt werden, wird auf eine Untersuchung dieses Tatbestandes verzichtet).

Da der relevante Zeitpunkt für die Bestimmung der Mängelfreiheit der Sache die Gefahrübergang ist, stehen dem Käufer keine Rechtsbehelfe zu, wenn der Mangel zu einem Zeitpunkt eintritt, zu dem der Käufer im Annahmeverzug war (siehe dazu § 446)[1384].

[1377] Dazu *Bamberger / Roth / Faust*, § 439, Rn. 43.
[1378] Dies ist aus dem Hintergrund des § 459 Abs. 1 S. 1 a.F. zu sehen; nach dieser Vorschrift gehörte eine Minderung des Werts oder der Tauglichkeit der Ware zum Fehlerbegriff.
[1379] LG Ellwangen, Urt. v. 13.12.2002 – 3 O 219/02, NJW 2003, S. 517 f.
[1380] *Kandler*, S. 507; *MünchKomm / Westermann*, § 439, Rn. 23; i.E. BT-Drucks. 14/6040, S. 232.
[1381] *Bamberger / Roth / Faust*, § 439, Rn. 42.
[1382] Vgl. dazu *MünchKomm / Westermann*, § 439, Rn. 15.
[1383] *Bamberger / Roth / Faust*, § 439, Rn. 7, 55 ff, m.w.N.
[1384] *Bamberger / Roth / Faust*, § 439, Rn. 7.

4. Ort der Ersatzlieferung

Das Gesetz enthält keine Regelung bezüglich des Ortes, an dem die Nacherfüllung zu erfolgen hat. Ein Teil der Literatur stellt auf den momentanen Belegenheitsort[1385] der Kaufsache ab bzw. auf den Ort, wo sich die Sache vertragsgemäß befindet[1386]. Dies bedeutet im Regelfall, daß der Verkäufer die Ersatzlieferung am Sitz des Käufers erbringen muß – d.h. es ist von einer Bringschuld des Verkäufers auszugehen[1387] – unabhängig von dem Ort der ursprünglichen Leistung. Diese Lösung wird von den Vertretern dieser Auffassung als „einzig mögliche" richtlinienkonforme Auslegung angesehen[1388].

Andererseits wird die Ansicht vertreten, maßgeblich sei der ursprüngliche Erfüllungsort[1389]. Dies ergebe sich aus der dogmatischen Einordnung der Nacherfüllungsansprüche als modifizierter Erfüllungsanspruch und sei – aus Gründen der Vorhersehbarkeit und in Interesse beider Parteien – vorzuziehen[1390]. Erwägenswert sei diese Auffassung (mindestens) für Kaufverträge außerhalb des Anwendungsbereichs der Verbrauchsgüterkaufrichtlinie[1391].

Bevor man eine Antwort auf die vorliegende Problematik versucht, sollten weitere Aspekte in Betracht gezogen und näher differenziert werden. Daher müßte man zwischen den *Kosten* der Nacherfüllung (insbesondere die Verbringungskosten) und dem *Ort*, an dem diese zu erbringen ist, unterscheiden. Evident ist, daß der Verkäufer die Kosten der Nacherfüllung zu tragen hat; diese Tatsache muß nicht zwangsweise zur Festlegung des Erfüllungsortes bzw. der Erfüllungsmodalität führen[1392].

Die Richtlinie verlangt lediglich, daß die Nacherfüllung ohne *erhebliche* Unannehmlichkeiten für den Käufer erfolgt (Art. 3 III S. 3 EG-Richtlinie) und daß „die Art des Verbrauchsgutes" sowie die Verwendungsabsicht des Käufers berücksichtigt werden. Im Fall eines „reiselustigen Rasierapparats"[1393] kann es angemessen sein, daß der Käufer die Kaufsache an den Verkäufer – natürlich auf dessen Kosten – absendet, sei es zwecks der Reparatur oder der Ersatzlieferung[1394]. Beim

---

1385 *Bamberger / Roth / Faust*, § 439, Rn. 13, 18; *Erman / Grunewald*, § 439, Rn. 3; *MünchKomm / Westermann*, § 439, Rn. 7, m.w.N. *P. Huber*, NJW 2002, S. 1006 (und Fn. 22), m.w.N.; *ders.*, in: *Huber / Faust*, § 13, Rn. 28.

1386 *P. Huber*, NJW 2002, S. 1006; *Jauernig / Chr. Berger*, § 439, Rn. 7.

1387 *Bamberger / Roth / Faust*, § 439, Rn. 13, m.w.N.; *MünchKomm / Westermann*, § 439, Rn. 7; *Staudinger / Matusche-Beckmann*, § 439, Rn. 9. Kritisch dazu *Dauner-Lieb*, Entwicklungstendenzen und Problemschwerpunkte, S. 27.

1388 Vgl. *Bamberger / Roth / Faust*, § 439, Rn. 13, m.w.N.; *MünchKomm / Westermann*, § 439, Rn. 7; *P. Huber*, NJW 2002, S. 1006.

1389 *Jacobs*, in: Dauner-Lieb / Konzen / Schmidt, S. 374 f; scheinbar so auch *Bitter / Meidt*, ZIP 2001, S. 2118. Vgl. auch *P. Huber*, in: *Huber / Faust*, § 13, Rn. 28.

1390 *Jacobs*, in: Dauner-Lieb / Konzen / Schmidt, S. 374; *P. Huber*, in: *Huber / Faust*, § 13, Rn. 28 (gleiche Argumentation, aber i.E. ablehnend *P. Huber*, NJW 2002, S. 1006).

1391 So *P. Huber*, in: *Huber / Faust*, § 13, Rn. 28.

1392 So auch *Dauner-Lieb*, Entwicklungstendenzen und Problemschwerpunkte, S. 27.

1393 Vgl. das Beispiel von *P. Huber*, NJW 2002, S. 1006.

1394 Siehe dazu *MünchKomm / Westermann*, § 439, Rn. 7.

Kauf einer Waschmaschine oder eines anderen – schwer transportierbaren – Gegenstandes sind erhebliche Unannehmlichkeiten des Käufers eher anzunehmen. Dieser Interessenlage würden das Abholen der mangelhaften Ware beim Käufer und das „Bringen" der Ersatzware an dessen Ort besser entsprechen. Nicht ohne Bedeutung sind zuletzt die Umstände des einzelnen Vertrages und die Verkehrssitte[1395], die dem Käufer eine eventuelle Mitwirkungspflicht auferlegen können, solange der Käufer nicht *über Gebühr* belastet wird und dies kein Verstoß gegen Treu und Glauben darstellt[1396].

Zwar kann im Ergebnis die h.M. vorgezogen und der aktuelle Belegenheitsort der Kaufsache als Ort für die Ersatzlieferung angenommen werden[1397]; allerdings steht dies unter dem Vorbehalt, daß die Umstände des Einzelfalles zu einer hiervon abweichenden Lösung führen können, eingeschlossen einer eventuellen Mitwirkungspflicht des Käufers[1398].

5. Umfang der Ersatzlieferung

Die Nacherfüllung soll zur vollständigen Beseitigung des Mangels führen[1399], oder – mit anderen Worten – die Neulieferung muß im vollen Umfang den vertraglichen Anforderungen entsprechen. Scheinbar vom Gesetz nicht gelöst ist der Fall, daß nur ein Teil der gelieferten Sachen mangelhaft ist. Für diese Problematik enthält das UN-Kaufrecht eine Vorschrift, welche die Anwendbarkeit der Rechtsbehelfe auf das notwendige Ausmaß – d.h. auf den vertragswidrigen Teil – beschränkt (Art. 51 Abs. 1). Die Anknüpfung der Gewährleistungsrechte an die Mangelhaftigkeit der Sache in § 437 i.V.m. § 439 könnte Anlaß für eine ähnliche Lösung geben. Andererseits wird vertreten, eine mangelhafte Schlechtleistung eines Teiles der Lieferung stelle einen Mangel *der ganzen Lieferung* dar[1400].

Folgte man dem letzteren Ansatz, so könnte der Käufer eine Ersatzlieferung bezüglich der gesamten Lieferung verlangen, was mit erheblichen Nachteilen für den Verkäufer

---

1395 Zu deren Bedeutung für die Bestimmung des Erfüllungsorts siehe *Palandt / Heinrichs*, § 269, Rn. 12.

1396 Siehe dazu das Beispiel von *Dauner-Lieb*, Entwicklungstendenzen und Problemschwerpunkte, S. 27 (offengelassen); gemeint sind die Fälle, in denen es der Verkehrssitte entpricht, daß der Käufer sich zum „Kundenservice" des Verkäufers zur Geltendmachung von Gewährleistungsrechten begibt.

1397 Diese Auffassung wird durch die Tatsache bekräftigt, daß der Gesetzgeber durch die Streichung von § 476a a.F. keine Kostenverteilung mehr vorsieht für den Fall, daß der Käufer die Sache an einen anderen Ort als den nach dem Vertrag bestimmten gebracht hat; siehe BT-Drucks. 14/6040, S. 231; *Bamberger / Roth / Faust*, § 439, Rn. 13.

1398 Pauschal darauf abzustellen, ob ein Verbrauchervertrag vorliegt oder nicht, steht im Gegensatz zu der Intention des Gesetzgebers, der – außerhalb von §§ 474 ff – zwischen Verbrauchsgüterkäufen und anderen Käufen nicht differenzieren wollte; dazu (in einem anderen Kontext) *Bamberger / Roth / Faust*, § 439, Rn. 38, m.w.N.

1399 *Bitter / Meidt*, ZIP 2001, S. 2121; *Erman / Grunewald*, § 439, Rn. 7.

1400 *Bamberger / Roth / Faust*, § 434, Rn. 116.

verbunden wäre[1401]. Außerdem könnte der Käufer, soweit die Pflichtverletzung *nicht unerheblich* ist, vom ganzen Vertrag zurücktreten (§ 323 Abs. 5 S. 2). Problematisch ist, daß im Fall einer *Teilleistung* der Käufer nur dann zurücktreten kann, wenn er an der Teilleistung kein Interesse hat (§ 323 Abs. 5 S. 1)[1402]. Aus dieser Perspektive ist der Verkäufer besser gestellt, wenn er zuwenig liefert, als wenn er – meistens in der Annahme, alle Stücke der Gesamtlieferung seien in Ordnung – eine vollständige Lieferung erbringt, bei der sich später manche Stücke als mangelhaft erweisen[1403]. Eine größere Schutzbedürftigkeit des Käufers im Fall der „teilweisen" Schlechtleistung gegenüber der „einfachen" Teilleistung ist nicht zu erkennen[1404].

Jedoch ist der Entstehungsgeschichte der Vorschriften über den Rücktritt zu entnehmen, daß bei Störungen von Teilen der Ware die Rechtsbehelfe grundsätzlich nur in Bezug auf diesen Teil heranzuziehen sind und nur ausnahmsweise – etwa beim Vorliegen eines besonderen Interesse des Käufers – die Rechtsbehelfe auf den ganzen Vertrag Anwendung finden sollten[1405]. Im Hinblick auf die Ersatzlieferung dürfte dies ebenfalls gelten. Daher dürfte der Käufer Ersatzlieferung nur bezüglich der mangelhaften Einzelstücke verlangen, soweit er nicht ein berechtigtes Interesse an einen vollständigen Austausch hat[1406].

6. Fehlgeschlagene Ersatzlieferung

Der Käufer kann Rücktritt, Minderung und Schadensersatz grundsätzlich nur ausüben, nachdem er dem Verkäufer eine angemessene Frist zur Nacherfüllung bestimmt hat und diese erfolglos verstrichen ist. Das Gesetz sieht im allgemeinen Leistungsstörungsrecht verschiedene Situationen vor, in denen der Käufer diese Rechtsbehelfe sofort ausüben kann (§§ 323 II, 281 II); § 440 S.1 erweitert die Fälle, in denen es eine Nachfrist des Käufers nicht erforderlich ist. Dazu gehört der Umstand, daß der Verkäufer beide Arten der Nacherfüllung verweigert hat oder wenn die dem Käufer zustehende Art der Nacherfüllung fehlgeschlagen oder ihm unzumutbar ist[1407].

[1401] Es ist nicht ersichtlich, warum er die Belastung und das Risiko eines Rücktransports der ganzen Ware hinnehmen sollte, wenn die Interesse des Käufers mit der Lieferung ebensogut befriedigt werden, wenn sein Ersatzlieferungsanspruch auf den mangelhaften Teil beschränkt bliebe.

[1402] Zu dieser Problematik eingehend *Grigoleit / Riehm*, ZGS 2002, S. 115 ff, *passim*.

[1403] Siehe das Beispiel von BT-Drucks. 14/6040, S. 187 (wiederzufinden bei *Bamberger / Roth / Faust*, § 434, Rn. 116 und *Grigoleit / Riehm*, ZGS 2002, S. 121), in dem von den gekauften 100 Flaschen Wein, 10 (bzw. 20) verdorben sind.

[1404] Vgl. dazu BT-Drucks. 14/6040, S. 187. Überzeugende Darstellung der Interessen des Käufers, je nach Sachlage, bei *Grigoleit / Riehm*, ZGS 2002, S. 118.

[1405] Vgl. dazu BT-Drucks. 14/6040, S. 186.

[1406] Siehe dazu das Beispiel von BT-Drucks. 14/6040, S. 216, wonach die Nacherfüllung durch völlige Neulieferung für die geeignete Rechtsfolge gehalten wird, wenn der Käufer ein Interesse daran hat, daß die Gesamtlieferung – z. B. Fliesen – „aus einer Partie" stammt, um mögliche Farbabweichungen zu vermeiden.

[1407] Die „dem Käufer zustehende Art der Nacherfüllung" bedeutet – so die Regierungsbegründung – die Nacherfüllungsalternative, die der Käufer gewählt und der Verkäufer nicht zu Recht verweigert hat (BT-Drucks. 14/6040, S. 233; siehe ferner *Erman / Grunewald*, § 440, Rn. 4; *Kropholler*, § 440, Rn. 3). Man kann sich aber kaum vorstellen, daß der Käufer eine Nacherfüllungsvariante wählt, die *ihm* unzumutbar ist. Vielleicht sollte man darunter die Fälle verstehen, in denen nur eine Nacherfül-

Eine Nachbesserung ist fehlgeschlagen, wenn die Sache – trotz der Reparatur – nicht in einen vertragsmäßigen (d.h. mangelfreien) Zustand versetzt worden ist. Ein „Fehlschlagen" i.S.d. Gesetzes ist i.d.R. erst nach dem erfolglosen *zweiten Versuch* anzunehmen, soweit sich aus den Umständen nicht etwas anderes ergibt (§ 440 S. 2). Über die Zahl der dem Käufer zuzumutenden Ersatzlieferungsversuche trifft das Gesetz keine ausdrückliche Regelung; es ist umstritten, ob die für die Nachbesserung vorgesehene Lösung analoge Anwendung finden kann. Vielmehr dürfte bei der Ersatzlieferung in der Regel schon *ein* Nacherfüllungsversuch als endgültig fehlgeschlagen gelten, wenn dieser auch mangelhaft ist[1408], wobei die Umstände des Einzelfalls dafür sprechen können, daß weitere Erfüllungsversuche dem Käufer zugemutet werden[1409]. Eine *unzumutbare* Verzögerung der Nacherfüllung steht einem Fehlschlagen gleich[1410].

VIII. Vergleich zwischen UN-Kaufrecht und BGB

Die Anknüpfung der Nacherfüllungsansprüche im UN-Kaufrecht an unterschiedliche Voraussetzungen macht eine separate Behandlung des Ersatzlieferungs- und des Nachbesserungsanspruchs erforderlich. Aus dem Rechtsbehelfssystem des UN-Kaufrechts folgt, daß Fälle, in denen beide Ansprüche gleichzeitig konkurrieren, äußerst selten vorkommen werden. Solche Situationen sind dennoch denkbar und werden daher in dieser Arbeit behandelt[1411].

Dagegen knüpft das BGB sowohl die Ersatzlieferung als auch die Nachbesserung an dieselben Voraussetzungen an. Weil die Rechtsfolgen von Stück- und Gattungskauf ebenfalls angeglichen wurden, kommen bei jedem Kaufvertrag grundsätzlich beide Ansprüche in Betracht.

Freilich gibt es Unterschiede zwischen beiden Rechtsbehelfssystemen; während im UN-Kaufrecht der Käufer von vornherein zwischen Erfüllungsansprüchen, Herabsetzung des Kaufpreises, Minderung und Aufhebung des Vertrages wählen kann, enthält das BGB ein „zwei-stufiges" Modell, daß den Käufer zunächst auf die Nacherfüllung

---

lungsalternative möglich ist oder eine Variante bereits verweigert wurde, denn nur so macht es Sinn, von Unzumutbarkeit der dem Käufer „zustehende Art der Nacherfüllung" zu sprechen .

1408 *Erman / Grunewald*, § 440, Rn. 4; *MünchKomm / Westermann*, § 440, Rn. 12; a.A. *Oetker / Maultzsch*, S. 93 (zwei Ersatzlieferungsversuche – analoge Anwendung des § 440 S. 2 – , wobei Ausnahmen im Einzelfall möglich sind).

1409 In diesem Punkt stimmen die oben zitierten Autoren grundsätzlich überein.

1410 *Kropholler*, § 440, Rn. 3; *Palandt / Putzo*, § 440, Rn. 7; i.E. *Erman / Grunewald*, § 440, Rn. 4. Der Regierungsbegründung ist der Gedanke zu entnehmen, daß es nicht auf die *Zahl* der Nacherfüllungsversuche ankommt, sondern vielmehr darauf, ob die Nacherfüllung in angemessener Zeit und – den Umständen nach – in für den Käufer zumutbarer Weise erfolgen kann (vgl. BT-Drucks. 14/6040, S. 234); dies müßte bei der Beurteilung des Fehlschlagens der Ersatzlieferung berücksichtigt werden.

1411 Siehe insbesondere F. Verhältnis der Ersatzlieferung und Nachbesserung zueinander; F.I. Modalitäten der Nacherfüllung; F.II. Wahlrecht des Käufers?

verweist und erst wenn die Nacherfüllung fehlgeschlagen, dem Käufer unzumutbar oder verweigert worden ist, kann dieser auf die weitere Rechtsbehelfe übergehen.

Diese *systematischen* Unterschiede verlieren an Schärfe, solange man im UN-Kaufrecht versucht, einem behebbaren Mangel von vornherein die Qualität einer wesentlichen Vertragsverletzung abzusprechen. Im Hinblick auf die Vertragsaufhebung führt diese weit verbreitete Vorstellung zu einem – dem BGB ähnlichen – „Zwei-Stufen-Modell", nach dem der Käufer zunächst auf Nacherfüllung angewiesen ist[1412] (nicht so in Bezug auf die Minderung und Schadensersatz, die der Käufer *sofort* geltend machen kann).

Während der Ersatzlieferungsanspruch im UN-Kaufrecht eine – vom Käufer nachzuweisende – wesentliche Vertragsverletzung voraussetzt, kommt er im BGB grundsätzlich bei jeder Vertragswidrigkeit in Betracht. Der Umstand, daß der Mangel zu geringfügig ist, betrifft nicht die Voraussetzungen des Anspruchs; es handelt sich – wenn überhaupt – um eine Frage der Verhältnismäßigkeit, die der Verkäufer vortragen muß. Dadurch ist der Käufer im BGB besser gestellt als im CISG.

Ein weiterer Unterschied liegt darin, daß im BGB einfache Mängel – durch den Nachfrist-Mechanismus – fast in jedem Fall zu einem Rücktrittsrecht führen können. Dagegen ist die „Erheblichkeitsschwelle" im UN-Kaufrecht so hoch angesetzt, daß der erfolglose Ablauf einer Nachfrist – außer im Fall der Nichtlieferung – zur Vertragsaufhebung nicht berechtigt. Bezüglich der Unmöglichkeit der Nacherfüllung ist ebenfalls zu erwähnen, daß eine nicht behebbare Vertragswidrigkeit im UN-Kaufrecht nicht *per se* eine wesentliche Vertragsverletzung darstellt, während die Unmöglichkeit der Nacherfüllung zu einem Rücktrittsrecht des Käufers führt.

[1412] Kritik zu dieser Ansicht ist an anderer Stelle geübt worden: siehe A.II.2.d).(2).(b). Differenzierter Begriff der wesentlichen Vertragsverletzung? und D.I.3.b). Beziehung zwischen der Behebbarkeit der Vertragswidrigkeit und der Wesentlichkeit der Vertragsverletzung.

E. Der Nachbesserungsanspruch (Art. 46 Abs. 3)

Wenn die angelieferte Ware nicht vertragsgemäß ist, kann der Käufer Nachbesserung verlangen, soweit diese möglich[1413] und dem Verkäufer zumutbar ist. Die Nachbesserung entspricht bei weitem der Praxis und den Erfordernissen des internationalen Handels und ist oft das kostengünstigste und schnellste Mittel, Mängel zu beseitigen[1414].

Schon das EKG gewährte dem Käufer einen Nachbesserungsanspruch, allerdings nur dann, wenn der Verkäufer selber die Sache herzustellen hatte (Art. 42 Abs. 1 lit. a)[1415]. Eine ausdrückliche Regelung fehlte im UNCITRAL-Entwurf, so daß eine gewisse Unsicherheit darüber herrschte, ob dem Käufer ein Nachbesserungsanspruch zustehen würde oder nicht[1416]. Daher schien es den Verfassern der Konvention angebracht, dem Käufer einen Anspruch auf Nachbesserung ausdrücklich zu gewähren (allein um jeden Zweifel aufzuräumen), in der Meinung, dieser Rechtsbehelf würde beide Parteien begünstigen[1417].

I. Begriff der Nachbesserung

Es ist teilweise umstritten, ob der Nachbesserungsanspruch Erfüllungsanspruch „ist" oder nicht[1418]. Grund dafür ist, daß die Nachbesserung nicht zu den Primärpflichten aus dem Kaufvertrag gehört (Übergabe der Sachen, Übertragung des Eigentums, Aushändigung von Dokumenten), sondern zu den sekundären Pflichten; inhaltlich besteht die Nachbesserung meistens in der Ausführung von Reparaturen und Verbesserungsarbeiten, nämlich Leistungen, die eher einem Werkvertrag zuzuordnen sind[1419]. Wird die Nachbesserung als Erfüllung in Natur qualifiziert, dann unterliegt sie den prozessualen Einschränkungen aus Art. 28. Bedenkt man aber, daß der Verkäufer *vertragsgemäße* Ware schuldet, und daß die Parteien durch den Kaufvertrag einen Erfolg anstreben[1420], dann ist die Einordnung der Nachbesserung als Erfüllungsanspruch gerechtfertigt.

[1413] *Achilles*, Art. 46, Rn. 7.

[1414] *Sevon*, in: O.R., S. 332, Nr. 74; *Niggemann*, in: Hoyer / Posch, S. 98; *Hutter*, S. 127.

[1415] Vgl. auch *Mertens / Rehbinder*, Art. 42 EKG, Rn. 3, 7.

[1416] *Rognlien*, in: O.R., S. 333, Nr. 77. Dagegen unproblematisch für *Huber*, RabelsZ 43 (1979), S. 484, der dem Käufer einen Nachbesserungsanspruch ohne bedenken zusprach.

[1417] Vgl. O.R., S. 332 f; *Bianca / Bonell / Will*, Art. 46, Bem. 1.1.2. Teilweise anders: *Niggemann*, in: Hoyer / Posch, S. 97, der in Abs. 3 eine Einschränkung des Erfüllungsanspruchs zugunsten des Verkäufers sieht.

[1418] Dafür *Schlechtriem / Huber*, Art. 46, Rn. 57. Offen gelassen *Soergel / Lüderitz / Schüßler-Langeheine*, Art. 46, Rn. 7.

[1419] Ähnlich *Jauernig / Chr. Berger*, § 439, Rn. 6 zum unvereinheitlichten deutschen Recht (werkvertragsähnliche Leistungen). Ob dienstleistungsähnliche Handlungen eventuell auch darunter fallen könnten, mag dahingestellt bleiben.

[1420] *Schlechtriem*, IPRax 1996, 256; ähnlich *Bianca / Bonell / Will*, Art. 46, Bem. 2.2.; *Eraw / Flechtner*, S. 44 f; *Fitzgerald*, 16 Journal of Law & Commerce (1998), sub II.A; *Vahle*, ZVglRWiss 98 (1999), S. 56.

Der Begriff der *Nachbesserung* ist weit auszulegen[1421]; er umfaßt an erster Stelle die eigentliche Reparatur der vertragswidrigen Sache, d.h. die Vornahme von Ausbesserungsarbeiten an der Sache selbst („Verbesserung im engeren Sinn)[1422], aber auch die Auswechslung (und Montage) von defekten Teilen[1423] und die Lieferung von Ersatzteilen[1424]. Ferner dürfte die Installation von Software, wodurch ein Computer erst funktionstüchtig wird, sowie der nachträgliche Einbau eines ursprünglich fehlenden Bestandteils in das gekaufte Gerät[1425] in Betracht kommen. Zum Nachbesserungsanspruch gehört auch die Beseitigung von Rechten und Ansprüchen Dritter[1426], z.B. durch Ablösung eines bestehenden Rechts oder durch den Erwerb einer Lizenz[1427].

Von der Ersatzlieferung unterscheidet sich der Nachbesserungsanspruch dadurch, daß die vertragswidrige Sache als solche nicht vollständig ausgetauscht wird[1428]. Ebenso sind Mengenabweichungen – wenn das Gekaufte aus selbstständigen Einzelgegenständen besteht – nicht über Art. 46 III sondern über den allgemeinen Erfüllungsanspruch aus Art. 46 Abs. 1 zu verlangen[1429].

Unerheblich ist, ob die Reparatur durch den Verkäufer selbst oder durch einen von ihm angestellten oder beauftragten Dritten erfolgt. Wichtig ist, daß dem Käufer daraus keine weiteren Unannehmlichkeiten entstehen. Beim UN-Kaufrecht hängt der Nachbesserungsanspruch – anders als im EKG[1430] – nicht davon ab, ob der Verkäufer selber

---

1421 *Herber / Czerwenka,* Art. 46, Rn. 9; *Heilmann*, S. 427; *Enderlein / Maskow*, Art. 46, Bem. 7.

1422 *Karollus*, S. 135.

1423 *Enderlein / Maskow*, Art. 46, Bem. 7; *Herber / Czerwenka,* Art. 46, Rn. 9; *Schulz*, S. 298; *Staudinger / Magnus,* Art. 46, Rn. 54; siehe auch *Hjerner*, in: OR. S. 336, Rn. 41.

1424 *Piltz*, § 5, Rn. 150; *Schlechtriem,* IPRax 1996, 256; *Schlechtriem / Huber,* Art. 46, Rn. 62.

1425 *Schlechtriem / Huber,* Art. 46, Rn. 62.

1426 *Adame*, S. 294; *Herber / Czerwenka,* Art. 46, Rn. 9; *Enderlein*, Dubrovnik Lectures, S. 193; *Enderlein / Maskow*, Art. 46, Bem. 3; a.A. *MünchKommHGB / Benicke*, Art. 46, Rn. 27; *Staudinger / Magnus,* Art. 46, Rn. 58, 17, m.w.N. Siehe ausführlicher dazu unten: C.II.1.a).(4). Unterschiedliche Rechtsfolgen von Sach- und Rechtsmängeln?

1427 Das Recht des Käufers, eine Klageabweisung durch den Verkäufer im Fall eines Rechtsmangels zu bewirken, kann zwar aus dem allgemeinen Erfüllungsanspruch nach Art. 46 Abs. 1 abgeleitet werden, gehört aber nicht zum Nachbesserungsanspruch (so auch *Schlechtriem*[2], Rn. 185). Der Erwerb einer Lizenz, die Ablösung eines Sicherungsrechtes oder die Zahlung der letzten Rate bei einem Kreditkauf bzw. einem *Leasingvertrag* können als „Reparatur" im weiteren Sinne gelten und fallen unter Art. 46 III. Vgl. auch *Bianca / Bonell / Will,* Art. 46, Bem. 3.1.

1428 *Honsell / Schnyder / Straub*, Art. 46, Rn. 101; *Schlechtriem / Huber,* Art. 46, Rn. 62; *Vahle*, ZVglRWiss 98 (1999), S. 69. Anders *MünchKommHGB / Benicke*, Art. 46, Rn. 20, der eine Ersatzlieferung schon dann annimmt, wenn alle wesentlichen Teile ersetzt werden müssen; dies würde eine (unnötige und oft schwierige) Unterscheidung zwischen wesentlichen und nicht-wesentlichen Teilen erforderlich machen, für die der Text der Konvention keine Anhaltspunkte gibt.

1429 *Schlechtriem / Huber,* Art. 46, Rn. 62. Ausführlicher dazu oben: B.IV.1.f). [Inhalt des Erfüllungsanspruchs] Bei Zuwenig-Lieferung; C.II.1.a).(1).(b). Mengenabweichungen.

1430 Vgl. Art. 42 Abs. 1 lit. a.

Hersteller ist oder nicht[1431]. Letzteres ist jedoch im Rahmen der Zumutbarkeit der Nachbesserung von Bedeutung[1432].

II. Tatbestandsmerkmale des Nachbesserungsanspruchs

Die allgemeine Voraussetzungen eines Nacherfüllungsanspruchs sind oben behandelt worden und lassen sich an dieser Stelle kurz zusammenfassen: Art. 46 III setzt eine bestimmte Art von Pflichtverletzung voraus, nämlich die (tatsächliche)[1433] *Lieferung* einer *vertragswidrigen Ware*; der Käufer hat die Vertragswidrigkeit ordnungsgemäß und rechtzeitig (innerhalb angemessener Frist) zu *rügen*. Darüber hinaus ist für die Geltendmachung des Anspruchs ein dahingehendes *Nachbesserungsverlangen* erforderlich[1434]. Ob der Verkäufer die Vertragsverletzung zu vertreten hat oder nicht ist unerheblich. Die Schwere der Vertragsverletzung spielt grundsätzlich keine Rolle[1435].

1. Lieferung (vertragswidriger Ware)

Ein Anspruch des Käufers auf Nachbesserung setzt die Lieferung vertragswidriger Ware voraus. Was die Konvention unter Lieferung versteht, ist im Zusammenhang mit den Voraussetzungen des Ersatzlieferungsanspruchs behandelt worden. Solche Ausführungen gelten für den Nachbesserungsanspruch entsprechend[1436].

2. Vertragswidrigkeit

Für die Vertragswidrigkeit der Ware sowie für die ordnungsgemäße Mängelrüge und das Anspruchsverlangen gelten die zur Ersatzlieferung gemachten Ausführungen entsprechend[1437]. Vom Ersatzlieferungsanspruch unterscheidet sich der Nachbesserungsanspruch in drei wichtigen Punkten: Anders als der Anspruch aus Abs. 2, ist eine wesentliche Vertragsverletzung hier nicht erforderlich[1438]; auch kleine Mängel stellen eine Vertragswidrigkeit dar und können einen Nachbesserungsanspruch auslösen (eine „Bagatellgrenze" gibt es von vornherein nicht). Außerdem hängt der Anspruch auf Nachbesserung der Ware nicht davon ab, daß der Käufer in der Lage ist, die Ware im ursprünglichen Zustand zurückzugeben[1439]. Nach Maßgabe von Art. 46 III ist als einzige „Sondervoraussetzung" eines Nachbesserungsanspruchs anzusehen, daß die Er-

---

[1431] *Herber / Czerwenka*, Art. 46, Rn. 10; *von Hoffmann*, in: Fachtagung, S. 298. Das EKG ging in diesem Punkt von der Vorstellung eines Verkäufer-Herstellers aus.
[1432] Dazu unten: E.II.3.a). Beurteilung der Zumutbarkeit.
[1433] *Honsell / Schnyder / Straub*, Art. 46, Rn. 88.
[1434] *Rudolph*, Art. 46, Rn. 18.
[1435] *Honsell / Schnyder / Straub*, Art. 46, Rn. 91.
[1436] Siehe oben: D.II.1. Lieferung (vertragswidriger Ware).
[1437] Vgl. D.I. Begriff der Ersatzlieferung.
[1438] *Heilmann*, S. 427; *Hutter*, S. 126; *Neumayer / Ming*, Art. 46, Rn. 5; *Rudolph*, Art. 46, Rn. 18; *Schlechtriem / Huber*, Art. 46, Rn. 57.
[1439] Ebenso *Adame*, S. 292.

bringung der Nachbesserung für den Verkäufer[1440] – in Anbetracht aller Umstände – *nicht unzumutbar* ist (dazu unten).

3. Zumutbarkeit

Die Zumutbarkeit der Nachbesserung für den Verkäufer wird als eine *negative Voraussetzung* des Nachbesserungsanspruchs angesehen. Dieses Erfordernis ist in Art. 46 III ausdrücklich vorgesehen: Der Käufer kann Nachbesserung verlangen, „es sei denn, daß dies (...) unzumutbar ist". Die *„es sei denn"* Formulierung weist mehr auf einen Ausschlußtatbestand als auf eine Voraussetzung hin[1441]. Die Bedeutung dieser Differenzierung liegt u.a. in der Beweislastverteilung; so hat der Käufer die Voraussetzungen seines Anspruchs nachzuweisen, während der Verkäufer den Beweis etwaiger – ihm günstiger – Ausschlußgründe zu erbringen hat[1442]. Deshalb sind die Tatsachen, die zur Unzumutbarkeit der Nachbesserung führen können[1443], vom Verkäufer nachzuweisen[1444]. Die Formulierung des Art. 46 III deutet ebenfalls an, daß ein Nachbesserungsverlangen grundsätzlich zumutbar und nur ausnahmsweise unzumutbar ist[1445].

Die Zumutbarkeitsprüfung kommt in Betracht, sofern nicht schon aus der Natur der Waren, aus dem Vertragsinhalt oder aus der Art der Vertragsverletzung folgt, daß eine Nachbesserung nicht möglich ist[1446]. So wird eine Nachbesserung bei Lieferung von mangelhaften Rohstoffen bzw. bei Lieferung eines *aliud* meistens ausscheiden. Ebenso ist die Nachbesserung bei einer Minderlieferung ungeeignet. Damit impliziert die Nachbesserung, daß die Vertragswidrigkeit der Ware mindestens *reparabel* sein muß[1447].

[1440] *Heuzé*, Rn. 419, S. 370; *Honsell / Schnyder / Straub*, Art. 46, Rn. 94; *Rudolph*, Art. 26, Rn. 18; *Schlechtriem / Huber*, Art. 46, Rn. 58; *Staudinger / Magnus*, Art. 46, Rn. 60.

[1441] Ähnlich *Reinhart*, Art. 46, Rn. 9: „Das Recht *entfällt...*".

[1442] Siehe dazu (auch) *Baumgärtel / Laumen / Hepting*, Art. 46, Rn. 3 f, 20.

[1443] Letztendlich ist eine Abwägung („normative Bewertung") erforderlich, so daß ein *Beweis* der Unzumutbarkeit – streng genommen – nicht möglich ist; *Baumgärtel / Laumen / Hepting*, Art. 46, Rn. 20 (und Einf. vor Art. 1, Rn. 32 ff).

[1444] *Bamberger / Roth / Saenger*, Art. 46, Rn. 12, 15, m.w.N.; *Schlechtriem / Huber*, Art. 46, Rn. 57 f; *Schulz*, S. 301; *Staudinger / Magnus*, Art. 46, Rn. 70. Die Unzumutbarkeit der Nachbesserung muß m.E. der Verkäufer *einredeweise* geltend machen (ähnlich *Niggemann*, in: Hoyer / Posch, S. 98). Eine Beachtung von Amts wegen kommt allein aus praktischen Gründen nicht in Betracht, weil die Unzumutbarkeit von verschiedenen Umständen abhängt, die sich der Kenntnis des Richters grundsätzlich entziehen.

[1445] Ähnlich *Schlechtriem / Huber*, Art. 46, Rn. 57 f.

[1446] *Herber / Czerwenka*, Art. 46, Rn. 10; *Heilmann*, S. 428; *Schulz*, S. 301.

[1447] *Draft-Digest*, Art. 46, Anm. 18; *Heuzé*, Rn. 419, S. 370; *Rudolph*, Art. 46, Rn. 19; *Schlechtriem / Huber*, Art. 46, Rn. 57; *Staudinger / Magnus*, Art. 46, Rn. 59; *Ziegler*, S. 145. Ist die Ware mit Rechten oder Ansprüchen Dritter behaftet, muß ebenfalls berücksichtigt werden, ob der Rechtsmangel durch den Verkäufer behoben werden kann oder nicht (etwa, weil die Zustimmung des Dritten erforderlich ist und diese verweigert wird). In diesem Fall soll der Käufer andere Rechtsbehelfe ausüben (Vertragsaufhebung, Schadensersatz, Minderung). Vgl. *Adame*, S. 294; *Bianca / Bonell / Will*, Art. 46, Bem. 3.1.

Wie sich die Unzumutbarkeit der Nachbesserung auf den Anspruch auswirkt wirft die Frage nach ihrer rechtlichen Einordnung auf. Einerseits kann sie *anspruchshindernd* wirken, wie es ihre Qualifizierung als negative Voraussetzung und der Wortlaut der Vorschrift andeuten. Sie könnte aber auch das *Erlöschen* des Anspruchs zur Folge haben[1448] oder nur seine Durchsetzbarkeit (dauernd oder vorläufig) hemmen; letztlich könnte sie ein *Verweigerungsrecht* oder eine Einrede zugunsten des Verkäufers begründen. Letzteres ist m.E. vorzuziehen, weil dieser Tatbestand nur zum Zuge kommen soll, solange der Verkäufer sich hierauf beruft.

a) Beurteilung der Zumutbarkeit

Für die Feststellung, ob ein Nachbesserungsverlangen unzumutbar ist, soll zwischen den berechtigten Interessen beider Parteien abgewogen werden[1449]. Hier ist besonders zu berücksichtigen, daß diese Einschränkung vorwiegend zum *Schutze des Verkäufers* vorgesehen ist[1450]. Daher ist an erster Stelle entscheidend, ob dieses Verlangen *für den Verkäufer*[1451] unzumutbar ist und seinen Interessen genügend Rechnung getragen wird[1452]. Die *subjektive Sicht* des Verkäufers ist allerdings von geringer Bedeutung[1453].

Für die Beurteilung der Unzumutbarkeit ist ein *objektiver Maßstab* anzulegen[1454]. Dies geht aus der Originalfassung in englischer, französischer und spanischer Sprache deutlicher hervor, die den Anspruch erst dann ausschließen, wenn das Nachbesserungsverlangen „unreasonable“, „déraisonnable“ oder „no razonable“ ist[1455]. Damit wird die Berücksichtigung „reiner Billigkeitsgesichtspunkte“ eindeutiger ausgeschlossen als in der deutschen (nicht bindenden) Fassung[1456]. Gleichzeitig liegt in den Originalfassungen in spanischer, englischer, und französischer Sprache die Ausschlußgrenze niedriger als nach der deutschen Übersetzung. Daher ist ein Nachbesserungsanspruch nicht erst ausgeschlossen, wenn ein „völlig unerträgliches Mißverhältnis“ zwi-

---

[1448] Scheinbar so *Staudinger / Magnus*, Art. 46, Rn. 60: „Der Anspruch *entfällt*“ (Hervorhebung hinzugefügt).

[1449] *Staudinger / Magnus*, Art. 46, Rn. 60; *Bianca / Bonell / Will*, Art. 46, Bem. 1.1.2.

[1450] *Niggemann*, in: Hoyer / Posch, S. 97. Damit kommt der Charakter der Nachbesserung als *einschränkend modifizierter Erfüllungsanspruch* zum Ausdruck (dazu oben: C.I.3. Dogmatische Einordnung des Nacherfüllungsanspruchs).

[1451] *Honsell / Schnyder / Straub*, Art. 46, Rn. 94; *Schlechtriem / Huber*, Art. 46, Rn. 58; *Herber / Czerwenka*, Art. 46, Rn. 10; *Staudinger / Magnus*, Art. 46, Rn. 60; *Hutter*, S. 126.

[1452] Ob die Nachbesserung *für den Käufer* unzumutbar ist, spielt im Rahmen des Art. 46 III keine Rolle (denn dieser ist nicht verpflichtet, eine Nachbesserung zu verlangen, die für ihn ungünstig ist), wohl aber bei der Ausübung eines Nacherfüllungs*rechts* durch den Verkäufer (Art. 48).

[1453] *Honsell / Schnyder / Straub*, Art. 46, Rn. 94; *Enderlein / Maskow*, Art. 46, Bem. 8; *von Hoffmann*, in: Fachtagung, S. 297; *Staudinger / Magnus*, Art. 46, Rn. 60.

[1454] *Bamberger / Roth / Saenger*, Art. 46, Rn. 12; *Honsell / Schnyder / Straub*, Art. 46, Rn. 94; *MünchKommHGB / Benicke*, Art. 46, Rn. 21; *Reinhart*, Art. 46, Rn. 9; *Staudinger / Magnus*, Art. 46, Rn. 60, m.w.N.

[1455] Die Konvention verwendet den Ausdruck „(un)reasonable“ an mehreren Stellen. Über die Bedeutung dieses Begriffs siehe *Díaz Bravo*, in: Anuario Jurídico Mexicano, S. 103 ff. Für die Übersetzung dieses einen Begriffs bedient sich die deutsche Fassung drei verschiedener *Termini*: „(un)angemessen“, „(un)vernünftig“, „(un)zumutbar“.

[1456] So *von Hoffmann*, in: Fachtagung, S. 297.

schen dem Erfüllungsmangel und dem Nachbesserungsaufwand vorliegt, sondern bereits bei einem objektiven Mißverhältnis zwischen dem Erfüllungsmangel und dem für die Nachbesserung erforderlichen Aufwand[1457].

Ein Nachbesserungsverlangen ist meistens dann unzumutbar, wenn die Reparatur mit unverhältnismäßig hohen Kosten verbunden (*wirtschaftliche* Unzumutbarkeit)[1458] oder wenn sie technisch schwer zu durchführen ist (*technische* Unzumutbarkeit)[1459]. Damit stellt man auf die *Folgen* des Nachbesserungsverlangens ab[1460] und *nicht auf die Schwere* der Vertragsverletzung. Letztere ist im Rahmen der Zumutbarkeit ebenfalls zu berücksichtigen, sie ist aber nicht ausschlaggebend[1461]. Ebenfalls nicht ausschlaggebend und trotzdem zu berücksichtigen ist das Verhältnis zwischen dem Kaufpreis und den Kosten der Nachbesserung[1462].

Zu den *Umständen des Einzelfalles* gehören u.a. die Art und Qualität der Ware[1463], der Bestimmungszweck der Ware nach dem Vertrag, die Sachkunde der Parteien, die räumliche Entfernung zwischen dem Niederlassungsort des Käufers und dem des Verkäufers, ob qualifizierte Arbeitskraft am Bestimmungsort der Ware zu finden ist, die Dauer der Reparaturarbeiten (bzw. einer eventuellen Produktionseinstellung während der Reparatur), Kosten der Ausbesserung, usw. sowie die Möglichkeit der Nachbesserung durch den Käufer[1464].

Ein Anspruch nach Art. 46 III wird sich *häufig* als *unvernünftig* erweisen, wenn die Kosten einer Reparatur höher sind als die Kosten der Ersatzbelieferung[1465], insbeson-

---

1457 *Staudinger / Magnus*, Art. 46, Rn. 61, m.w.N.; eingehend dazu *Honsell / Schnyder / Straub*, Art. 46, Rn. 95 f (gravierenden Mißverhältnis).

1458 Ein Nachbesserungsverlangen ist wirtschaftlich unzumutbar, wenn die Kosten der Reparatur die Kosten der Ersatzlieferung (bei weitem) übersteigen, oder wenn der Reparaturaufwand in keinem Verhältnis zu dem Vorteil steht, den der Käufer berechtigterweise erwarten darf, usw. Vgl. *Schlechtriem / Huber*, Art. 46, Rn. 58; *Honsell / Schnyder / Straub*, Art. 46, Rn. 95; *Staudinger / Magnus*, Art. 46, Rn. 61. Ähnlich *MünchKommHGB / Benicke*, Art. 46, Rn. 22 (der einen Kostenunterschied von 10-20% ausreichen läßt; allerdings ist eine solche Festlegung mit dem Übereinkommen nicht zu vereinbaren, das die Berücksichtigung aller Umstände anordnet).

1459 *Enderlein*, Dubrovnik Lectures, S. 193; *Herber / Czerwenka*, Art. 46, Rn. 10; *Loewe*, Art. 46; *Bamberger / Roth / Saenger*, Art. 46, Rn. 12; *von Hoffmann*, in: Fachtagung, S. 297 f; *Reinhart*, Art. 46, Rn. 9; *Hutter*, S. 127; OR, S. 335. Die *technische Unzumutbarkeit* hält *Ziegler* (S. 146) für sekundär, die finanzielle Belastung für den Verkäufer für ausschlaggebend (scheinbar auch so *MünchKommHGB / Benicke*, Art. 46, Rn. 21 ff); ob diese Ansicht allgemeine Geltung verdient ist fraglich.

1460 *Heuzé*, Rn. 419, S. 370.

1461 Ähnlich *Bianca / Bonell / Will*, Art. 46, Bem. 2.2.2.2.; *Heuzé*, Rn. 419, S. 370.

1462 *Enderlein / Maskow*, Art. 46, Bem. 8; a.A. *Schlechtriem / Huber*, Art. 46, Rn. 58.

1463 *Bianca / Bonell / Will*, Art. 46, Bem. 2.2.2.2. Damit ist eine Nachbesserung ausgeschlossen, wenn es sich um Agrarprodukte handelt und *unpraktisch*, wenn es sich um wegwerfbare Dinge handelt; Vgl. *Enderlein / Maskow*, Art. 46, Bem. 8.

1464 *Draft-Digest*, Art. 46, Anm. 18.

1465 *Bamberger / Roth / Saenger*, Art. 46, Rn. 12; *Rudolph*, Art. 46, Rn. 19; *Schlechtriem / Huber*, Art. 46, Rn. 66 (ausdrücklich nur für den Gattungskauf), m.w.N.; *Staudinger / Magnus*, Art. 46, Rn. 61 (allerdings nicht bei geringen Kostenunterschieden); *MünchKommHGB / Benicke*, Art. 46, Rn. 23.

dere weil der Käufer durch diesen Rechtsbehelf meistens besser gestellt wird als durch die Nachbesserung[1466].

Eine ausdrückliche Bestimmung, wie im Art. 42 Abs. 1 lit. a EKG, wonach der Verkäufer nur dann zur Nachbesserung verpflichtet war, wenn er die Sache selber hergestellt hatte[1467], gibt es in der Konvention nicht. Aus der Regelung der Konvention folgt, daß der Verkäufer *grundsätzlich immer* zur Nachbesserung verpflichtet ist. Auch wenn der Verkäufer die Nachbesserung *in naturam* nicht zu erbringen braucht, hat er die Kosten einer Selbstvornahme durch den Käufer zu tragen[1468]. Damit gehört die Verbesserungsmöglichkeit durch den Käufer ebenfalls zu den Umständen, die für die Beurteilung der Zumutbarkeit überprüft werden sollen[1469].

b) Berücksichtigung der Interessen des Käufers

Zwar wird angenommen, daß die Einschränkung der Nachbesserung im Fall der Unzumutbarkeit den Interessen des *Verkäufers* dienen soll. Dies darf allerdings nicht zu einer unangemessenen Benachteiligung des *Käufers* führen, was dadurch erreicht wird, indem die Zumutbarkeitsprüfung „unter Berücksichtigung aller Umstände" erfolgt; damit wird (soll) den legitimen Interessen des Käufers ebenfalls genügend Rechnung getragen (werden)[1470]. Diese können dazu führen, daß der Käufer Nachbesserung statt anderer Rechtsbehelfe vorzieht, bzw. (und vielleicht noch wichtiger), daß die Nachbesserung *gerade durch den Verkäufer* erfolgt.

Gegenüber anderen Rechtsbehelfen kann der Käufer ein gesteigertes Interesse an die Nachbesserung haben, wenn diese eine schnellere bzw. weniger belastende Abhilfe leisten kann. Das ist u.a. der Fall, wenn eine Montage, Installation oder Einbau der Kaufware bereits stattgefunden hat, so daß ein Austausch größere Unannehmlichkeiten mit sich bringen würde[1471]. Gleiches gilt, wenn eine Ersatzlieferung unmöglich ist[1472],

---

[1466] Siehe dazu *Witz / Salger / Lorenz*, Art. 46, Rn. 8.

[1467] Art. 42 Abs. 1: „The buyer may require the seller to perform the contract: (a) if the sale relates to *goods to be produced or manufactured by the seller*, by remedying defects in the goods (...)".Ferner mußte der Verkäufer *faktisch in der Lage* zur Vornahme der Reparatur sein, wobei der Nachbesserungsanspruch des Käufers eine weitere Einschränkung erlitt. Durch diese Regelung sollte verhindert werden, daß der Verkäufer zu einer Reparatur verpflichtet wurde, die er nicht mit eigenen Mitteln selber ausführen konnte; *Dölle / Stumpf*, Art. 42 EKG, Rn. 6.

[1468] Dazu eingehend unten: E.IX. Exkurs: Selbstvornahme durch den Käufer.

[1469] So auch *MünchKommHGB / Benicke*, Art. 46, Rn. 22. Der Anspruch auf Nachbesserung kann auch ausgeschlossen sein, wenn der Käufer über günstigere und schnellere Mitteln verfügt, den Erfolg zu erbringen. Dies ergibt sich aus der Pflicht, die Leistungen nach Treu und Glauben zu erbringen, und aus der allgemeinen Kooperations- und Schadensminderungspflicht (analog) unter den Parteien; siehe oben: D.III.6. Verletzung der Schadensminderungspflicht (Art. 77)? und E.IX. Exkurs: Selbstvornahme durch den Käufer.

[1470] *Bianca / Bonell / Will*, Art. 46, Bem. 2.2.2.2.; *Witz / Salger / Lorenz*, Art. 46, Rn. 9. Vgl. auch *Ghestin*, in: O.R., S. 335, Nr. 15; *Maskow*, Nr. 19; *Rognlien*, Nr. 20; *Medvedev*, S. 336, Nr. 24.

[1471] *Schulz*, S. 458, 509.

[1472] *Sevon*, in: O.R., S. 332, Nr. 74.

wenn sie den Interessen des Käufers nicht genügend Rechnung tragen würde oder wenn diese aus anderen Gründen ausscheidet[1473].

In den meisten Fällen wird die Reparatur durch einen Dritten erfolgen können[1474]. Jedoch sind Fallkonstellationen denkbar, in denen der Käufer ein besonderes Interesse daran haben kann, daß *gerade der Verkäufer* die Reparatur vornimmt[1475]; diese werden im Tatbestand des Art. 46 III besonders zu berücksichtigen sein. Das ist z.B. der Fall, wenn nur der Verkäufer über die zur Reparatur erforderliche Sachkunde verfügt[1476] (etwa wenn es sich um spezial angefertigte oder hochkomplizierte technische Geräte handelt bzw. wenn die sonst verfügbare Arbeitskraft Zweifeln an die Qualität der zu erbringenden Reparatur auftreten läßt), oder wenn der Verkäufer eine besondere Garantie über die Ware abgegeben hatte[1477]. Ferner kommen solche Fälle in Betracht, in denen die Ausübung eines anderen Rechtsbehelfs ein höheres Risiko, größere Unsicherheit oder weitere Nachteile für den Käufer mit sich bringen würde (z.B. Insolvenz des Verkäufers)[1478] oder wenn andere Rechtsbehelfe (z.B. Ersatzlieferung) mit zu langen Wartezeiten verbunden wäre[1479].

Problematisch und wenig untersucht ist der Fall, daß der Käufer Nachbesserung möchte aber ein legitimes Interesse daran hat, daß diese *gerade nicht durch den Verkäufer* erfolgt. Gedacht ist an Fälle, in denen der Verkäufer die Pflichtverletzung durch treuwidriges Verhalten verursacht hat bzw. wenn die Vertrauensgrundlage zerstört wurde[1480]. Handelt es sich um ein Unikat, so werden die Interessen des Käufers durch andere Rechtsbehelfe (Ersatzlieferung, Aufhebung des Vertrages, Schadensersatz) nicht gedient[1481]. Daß in solchen Fällen die Unzumutbarkeit den Käufer betrifft, soll nicht dem Verkäufer zugute kommen und ihn von seiner Nachbesserungspflicht ent-

---

[1473] Eine Ersatzlieferung ist u.a. im Fall einer echten Stückschuld bzw. wenn es dem Käufer unmöglich ist, die Ware unversehrt zurückzugeben, ausgeschlossen. Näheres dazu oben: D.III. Besondere Ausschlußgründe des Anspruchs auf Ersatzlieferung.

[1474] Siehe *Honsell / Schnyder / Straub*, Art. 46, Rn. 109; *Schlechtriem / Huber*, Art. 46, Rn. 67; *Piltz*, § 5, Rn. 150; *Staudinger / Magnus*, Art. 46, Rn. 67.

[1475] *MünchKommHGB / Benicke*, Art. 46, Rn. 22; *Staudinger / Magnus*, Art. 46, Rn. 60; *Vahle*, ZVglRWiss 98 (1999), S. 69.

[1476] *Achilles*, Art. 46, Rn. 7; ähnlich *Bianca / Bonell / Will*, Art. 46, Bem. 2.2.2.2.

[1477] Ein gesteigertes Interesse des Käufers, daß die Reparatur *ausschließlich* durch den Verkäufer erfolgt, kann auch dann vorliegen, wenn der Eingriff eines Dritten zu einem Rechtsverlust (z.B. im Rahmen einer Garantie oder einer Versicherung) zum Nachteil des Käufers führen könnte.

[1478] Diese läßt den Käufer befürchten, daß andere Rechtsbehelfe – insbesondere Schadensersatz – keine geeignete Abhilfe werden leisten können.

[1479] *Staudinger / Magnus*, Art. 46, Rn. 61; *Schulz*, S. 304, 458.

[1480] Solche Fälle werden mit großer Wahrscheinlichkeit eine wesentliche Vertragsverletzung darstellen. Dazu oben: A.II.2.d).(2).(a).cc). Fallgruppen.

[1481] Beispiel: Geliefert wird ein gebrauchtes Flugzeug. Ein Gutachten ergibt, daß der Motor – entgegen der Zusicherung des Verkäufers – wesentlich älter ist als der Rest der Maschine und kann zum Flugverkehr nicht mehr zugelassen werden. Der Käufer, der die Maschine behalten möchte, soll nicht auf eine Reparatur durch den treuwidrig handelnden Verkäufer einlassen.

lasten; vielmehr soll er für die Reparatur durch einen Dritten sorgen und die Kosten davon tragen[1482].

III. Besondere Ausschlußgründe des Nachbesserungsanspruchs

An anderer Stelle sind die besonderen Ausschlußgründe eines Ersatzlieferungsanspruchs ausgeführt worden[1483]. In welchen Umfang dieselben Ausschlußgründe für den Nachbesserungsanspruch gelten, wird unten dargelegt.

1. Einschränkung aus Art. 28

Die Durchsetzbarkeit eines Nachbesserungsanspruchs kann aufgrund von Art. 28 eingeschränkt werden[1484]. Die „komplizierte" Beziehung zwischen Art. 46 III und Art. 28 CISG wird unten ausführlich untersucht[1485].

2. Fristversäumung

Der Nachbesserungsanspruch ist wegen *Fristversäumung* ausgeschlossen, d.h. wenn der Käufer diesen Rechtsbehelf nicht zusammen mit der Anzeige der Vertragswidrigkeit oder nicht innerhalb einer angemessenen Frist danach (Art. 46 III) ausübt[1486].

3. Ausübung eines unvereinbaren Rechtsbehelfs

Die Nachbesserung ist ferner ausgeschlossen, wenn der Käufer einen damit *unvereinbaren Rechtsbehelf* ausgeübt hat (Art. 46 Abs. 1 i.V.m. III). Die diesbezüglichen Ausführungen zum Ersatzlieferungsanspruch gelten für den Nachbesserungsanspruch entsprechend[1487].

4. Unmöglichkeit der Rückgabe im ursprünglichen Zustand?

Im Gegensatz zum Ersatzlieferungsanspruch ist der Anspruch des Käufers auf Nachbesserung bei *Unmöglichkeit der Rückgabe im ursprünglichen Zustand* nicht ausgeschlossen, nicht einmal dann, wenn die Nachbesserung den Austausch eines mangelhaften Teils erfordert. Der Grund liegt auf der Hand: Bei der Ersatzlieferung ist der *Austausch* der mangelhaften gegen vertragsmäßige Ware begriffsnotwendig; bei der Nachbesserung behält der Käufer nicht nur das Eigentum sondern i.d.R. auch den Be-

---

1482 Anerkanntermaßen kann die Nachbesserung durch einen Dritten erfolgen, wenn der Verkäufer dazu nicht in der Lage ist (siehe *Honsell / Schnyder / Straub*, Art. 46, Rn. 109; *Schlechtriem / Huber*, Art. 46, Rn. 67; *Piltz*, § 5, Rn. 150; *Staudinger / Magnus*, Art. 46, Rn. 67. Im Übrigen könnte der Käufer die Nachbesserung durch den Verkäufer aufgrund von Art. 48 Abs. 1 verweigern (Unzumutbarkeit) und auf sein Recht bestehen, bzw. (nach Ablauf einer angemessenen Frist) sein Selbstvornahmerecht ausüben. Dazu unten: E.IX. Exkurs: Selbstvornahme durch den Käufer.

1483 Siehe oben: D.III. Besondere Ausschlußgründe des Anspruchs auf Ersatzlieferung.

1484 Siehe statt aller *Schulz*, S. 307, 279 m.w.N.

1485 Siehe unten: I. Beziehung zwischen Art. 28 und Art. 46 Abs. 3.

1486 Für die zeitliche und inhaltliche Anforderungen der Rüge der Vertragswidrigkeit und für die Ausübung des Rechtsbehelfs siehe oben: C.II.2. Ordnungsgemäße Mängelrüge und C.II.3. Geltendmachung des Nacherfüllungsanspruchs.

1487 Siehe D.III.3. Ausübung eines unvereinbaren Rechtsbehelfs.

sitz an der Ware. Erleidet die Ware nach Gefahrübergang weitere – nicht mangelbedingte – Schäden (oder sind diese dem Käufer zuzurechnen), so ist der Verkäufer zu deren Behebung nicht verpflichtet. Er haftet grundsätzlich nur für Vertragswidrigkeiten, die bei Gefahrübergang bereits vorlagen.

5. Faktische Ausschlußgründe

Faktische Ausschlußgründe sind für den Nachbesserungsanspruch ebenfalls mit zu berücksichtigen. Während ein Ersatzlieferungsverlangen beim echten Stückkauf grundsätzlich ausscheidet, kommt eine Nachbesserung der Ware sowohl beim Gattungs- als auch beim Stückkauf in Betracht. Die Art der Ware bzw. des Mangels können jedoch eine Rolle spielen: während Maschinen, Geräte, Möbel, Fahrzeuge, usw. häufig repariert werden können, lassen sich Lebensmittel, Rohstoffe u.ä. in der Regel nicht nachbessern.

6. Unzumutbarkeit der Nachbesserung für den Verkäufer

Ein ganz besonderer Ausschlußgrund des Nachbesserungsanspruchs ist in die *Unzumutbarkeit* der Nachbesserung anzusehen. Diese ergibt sich aus dem Wortlaut des Abs. 3 und ist an anderer Stelle ausführlich behandelt worden[1488]. An dieser Stelle soll kurz wiederholt werden, daß ein Nachbesserungsverlangen, das sich für den Verkäufer als unzumutbar erweist, eine Einrede begründet. Daher soll die (Un-)Zumutbarkeit der Nachbesserung mehr als ein Ausschlußgrund als eine Anspruchsvoraussetzung verstanden werden. Anders als beim Ersatzlieferungsverlangen ist das Fehlen einer wesentlichen Vertragsverletzung kein Hindernis für die Ausübung eines Nachbesserungsanspruchs.

IV. Ort der Nachbesserung

Der Ort, an den der Verkäufer seine (Primär)Pflichten zu erfüllen hat, ergibt sich an erster Stelle aus den Parteivereinbarungen[1489] und, mangels vertraglicher Abreden, aus den maßgeblichen Handelsbräuchen und Gepflogenheiten (z.B. Incoterms) und aus den subsidiären Bestimmungen des Übereinkommens nach Art. 31 f[1490].

Während die Konvention den Erfüllungsort der Primärleistungspflichten regelt (i.e. der Erstlieferung), schweigt sie bezüglich des Ortes, an dem die Nachbesserung erfolgen soll. Nach herrschender Auffassung hat der Verkäufer die Nachbesserung dort vorzunehmen, wo sich die Ware *gemäß dem Vertrag* befindet[1491], nämlich am *Bestim-*

[1488] Siehe oben: E.II.3. Zumutbarkeit.

[1489] *Schulz*, S. 308.

[1490] *Schlechtriem / Huber*, Art. 32, Rn. 21; *Honsell / Schnyder / Straub*, Art. 46, Rn. 104.

[1491] *Achilles*, Art. 46, Rn. 8; *Honsell / Schnyder / Straub*, Art. 46, Rn. 104; *Petrikic*, S. 65; *Piltz*, § 5, Rn. 185; *Schlechtriem / Huber*, Art. 46, Rn. 63; *Staudinger / Magnus*, Art. 46, Rn. 66; *Vahle*, ZVglRWiss 98 (1999), S. 70; a.A. *Witz / Salger / Lorenz*, Art. 46, Rn. 11 (m.w.N.), der eine entsprechende Anwendung des Art. 31 vorschlägt.

mungsort[1492], auch wenn größere Anstrengungen (für den Verkäufer) damit verbunden sind[1493]. Dies bedeutet im Einzelnen, daß die *Reparaturarbeiten* an der Ware an diesem Ort vorzunehmen sind.

Muß die Ware zwecks der Reparatur zur Werkstatt des Verkäufers transportiert werden, dann trifft dem Käufer eine Mitwirkungspflicht bezüglich der Rücksendung an den Verkäufer[1494]. Für die Bestimmung des Lieferorts kommt eine analoge (spiegelbildliche) Anwendung der Regelung aus Art. 31 in Betracht. Demgemäß ist an erster Stelle zu prüfen, ob die Parteien eine diesbezügliche Regelung getroffen haben. Während ähnliche Absprachen für den Fall einer Ersatzlieferung selten vorkommen, wird der Ort einer eventuellen Reparatur (meistens i.V.m. einer Garantie) häufig geregelt. Ansonsten gelten die Bestimmungen des Art. 31 lit. a und c[1495].

Im Einzelfall wird zu prüfen sein, ob die Reparatur eine *Beförderung* der Ware (i.S.d. Art. 31 lit. a *analog*) erfordert – womit der Käufer die Ware dem ersten Beförderer zur Übermittlung an den Verkäufer zu übergeben hat – oder ob der Käufer seine Lieferpflicht damit erfüllt, indem er die Ware abholbereit zur Verfügung stellt (Art. 31 lit. c *analog*). In beiden Fällen hat der Verkäufer die Gefahr[1496] und Kosten (für den Transport der Ware zur Werkstatt hin und zurück) zu tragen[1497].

V. Umfang der Nachbesserung

Aus der allgemeinen Erfüllungspflicht ergibt sich die Pflicht des Verkäufers zur vollständigen Erfüllung des Vertrages. Damit ist ein Erfolg – und nicht nur ein Bemühen – geschuldet, so daß die nachgebesserte Ware den Anforderungen des Vertrages *in vollem Umfang* entsprechen soll[1498], mit der Folge, daß „nicht einmal ein Schönheitsfehler zurückbleibt"[1499]. Diese Aussage ist *cum granu salis* zu nehmen: Ob das Überein-

---

[1492] *Bamberger / Roth / Saenger*, Art. 46, Rn. 12; *Honsell / Schnyder / Straub*, Art. 46, Rn. 104, 98; *Schlechtriem / Huber*, Art. 46, Rn. 63; *Petrikic*, S. 65; a.A. *Heilmann*, S. 429 f, der – in Anknüpfung auf die Art der Ware und auf deren Verwendung – den Ort der Nachbesserung unterschiedlich bestimmt, am Ende jedoch dem Verkäufer (aus Treu und Glauben) freie Wahl läßt. Ebenfalls anders *MünchKommHGB / Benicke*, Art. 46, Rn. 25: Wo sich die Ware befindet (unabhängig vom Bestimmungsort); m.E. nur dann zuzustimmen, wenn sich daraus keine weitere Nachteile für den Verkäufer ergeben.

[1493] *Honsell / Schnyder / Straub*, Art. 46, Rn. 98. M.E. läßt sich hier der Gedanke des § 476a S. 2 BGB a.F. über Art. 77 auf das CISG übertragen bezüglich erhöhter Aufwendungen (jedoch nur, wenn die Mehrkosten erst nach Entdeckung der Vertragswidrigkeit durch den Käufer entstehen).

[1494] *Heilmann*, S. 430.

[1495] Der Tatbestand vom lit. b kommt m.E. nicht in Betracht, weil die Ware bereits konkretisiert und geliefert wurde.

[1496] Eingehend dazu *Hennecke*, IHR 2003, S. 271 ff, m.w.N. Siehe auch *Heilmann*, S. 430; *Schulz*, S. 309 f, m.w.N.

[1497] *Heilmann*, S. 430; *MünchKommHGB / Benicke*, Art. 46, Rn. 26; *Schlechtriem / Huber*, Art. 46, Rn. 63; OLG Hamm, 9.6.1995 – 11 U 191/94, IPRax 1996, S. 270.

[1498] *Honsell / Schnyder / Straub*, Art. 46, Rn. 102.

[1499] *Schlechtriem / Huber*, Art. 46, Rn. 42.

kommen einen Anspruch auf *perfect tender* gewährt[1500] ist zweifelhaft, gerade wenn man bedenkt, daß die modifizierte Erfüllungsansprüche durch das Erfordernis einer wesentlichen Vertragsverletzung bzw. durch die Zumutbarkeitshürde den ursprünglichen Erfüllungsanspruch *einschränken*[1501]. Das Erfüllungsinteresses des Käufers wird häufig nicht „in Natur" vollständig erreicht werden können (der rechtspolitischen Entscheidung des Übereinkommens zum Trotz, die Rangstellung des Erfüllungsanspruchs zu stärken); ein vollständiger Ausgleich wird statt dessen erst durch eine mit dem Erfüllungsanspruch kumulierbare Geldkompensation erreicht.

Die Nachbesserung kann andere Handlungen als die einfache Reparatur umfassen, wie den Austausch von defekten Teilen[1502] und die Lieferung von Ersatzteilen[1503] (auch wenn solcher Handlungen einer Ersatzlieferung näher liegen). Zur Nachbesserungspflicht des Verkäufers gehört aber auch, daß er einen Dritten zum Zwecke der Reparatur einsetzt[1504]. Nicht eingeschlossen ist die Lieferung einer fehlenden Menge. Dafür gilt die spezifische Norm des Art. 51 i.V.m. Art. 46 Abs. 1[1505].

Bei fehlgeschlagener Nachbesserung der Ware stehen dem Käufer alle Rechtsbehelfe grundsätzlich erneut zur Verfügung. Daher kann der Gläubiger entscheiden, ob er in einem solchen Fall auf Erfüllung besteht, oder ob er zu anderen Rechtsbehelfen übergeht.

VI. Fehlgeschlagene Nachbesserung

Eine Nachbesserung kann aus verschiedenen Gründen unterbleiben, etwa wegen Untätigkeit des Verkäufers oder wenn er die Reparatur ernsthaft und endgültig verwei-

---

1500 Nach UCC § 2-601 kann die Ware *before acceptance* zurückgewiesen werden, wenn die Lieferung in irgendeiner Weise den vertraglichen Anforderungen nicht entspricht (*Kremer*, S. 39). Damit soll die Leistung *vollständig* und *vollkommen* sein. Diese Regel wird durch das *right to cure* des Verkäufers (UCC § 2-508) und durch andere Vorschriften des UCC (Berücksichtigung von Handelsbräuchen UCC § 1-205) gemildert; siehe *McMahon*, in: Review of the CISG 2003-2004, S. 99; eingehend *Kremer*, S. 83 ff. Im Gegensatz zur *perfect-tender rule* steht die sog. *substantial-performance doctrine*; nach dieser – auf UCC § 1-203 (obligation of good faith) gestützten – Billigkeitsregel soll ein Vertrag als erfüllt angesehen werden, wenn – trotz der Vertragsverletzung – der Vertragszweck im Wesentlichen *erreicht* wurde. Siehe auch CISG-AC Opinion Nr. 5, Anm. 2.2. m.w.N.

1501 Sowohl die systematische als auch die teleologische und die historische Interpretation des Übereinkommens zeigen, daß die *perfect-tender rule* des *Common Law* in der Konvention keinen Raum findet (so auch CISG-AC Opinion Nr. 5, sub 3.). Nur unter besonderen Umständen (etwa, wenn dies ausdrücklich vereinbart wurde) kann die genaue Einhaltung einer Verpflichtung für den Vertrag entscheidend sein, mit der Folge, daß die Nichterfüllung eine wesentliche Vertragsverletzung darstellt. Vgl. dazu auch PECL 8:103 lit. a.

1502 *Herber / Czerwenka*, Art. 46, Rn. 9; *Enderlein / Maskow*, Art. 46, Bem. 7; *Hjerner*, in: O.R., S. 336, Anm. 41.

1503 *Reinhart*, Art. 46, Rn. 8; vgl. auch O.R., S. 336.

1504 *MünchKommHGB / Benicke*, Art. 46, Rn. 20.

1505 Siehe oben: B.IV.1.f). [Inhalt des Erfüllungsanspruchs] Bei Zuwenig-Lieferung C.II.1.a).(1).(b). Mengenabweichungen.

gert; ferner, wenn – trotz aller Bemühungen – die Mangelhaftigkeit der Ware nicht oder nicht ganz behoben werden konnte, bzw. weil der Verkäufer den Mangel bestreitet oder weil die Reparatur nicht in angemessener Zeit erfolgt[1506].

Viele Autoren sind sich darüber einig, daß eine fehlgeschlagene Reparatur als eine neue Pflichtverletzung des Verkäufers – nämlich, die Verletzung seiner Nachbesserungspflicht[1507] – behandelt werden soll[1508]. Diese eröffnet dem Käufer erneut die Möglichkeit der Ausübung verschiedener Rechtsbehelfen. So kann der Käufer weiterhin auf Erfüllung in jeglicher Form bestehen (und z.B. Nachbesserung erneut verlangen) oder auf andere Rechtsbehelfe übergehen.

Inwieweit das Fehlschlagen der Nachbesserung die rechtliche Position des Käufers beeinflussen kann wird in Rechtsprechung und Schrifttum unterschiedlich beurteilt[1509]. So wird die Ansicht vertreten, eine fehlerhafte Nachbesserung stelle eine wesentliche Vertragsverletzung dar, weil durch die Begehung zweierlei Vertragsverletzungen der Tatbestand der wesentlichen Vertragsverletzung erfüllt worden sei[1510]; dies wird damit begründet, daß die fehlerhafte Nachbesserung dem Käufer deutlich macht, er werde seine durch den Vertrag begründete Interessen nicht erhalten[1511]. Dies würde dem Käufer ferner berechtigen, zur Vertragsaufhebung überzugehen. Gleiche Rechtsfolge sollte für den Fall gelten, daß der Verkäufer die Reparatur verweigert[1512].

Nach anderer Auffassung ist allein die Tatsache, daß die Vertragswidrigkeit der Ware durch Nachbesserung nicht beseitigt werden kann[1513] bzw. daß die Ausbesserung durch den Verkäufer fehlschlägt, noch kein Grund für die Annahme einer wesentlichen Vertragsverletzung[1514]. Vielmehr soll diese Tatsache gemäß Art. 25 erneut überprüft und entschieden werden.

Der ersten Auffassung folgend, würde man der Vertragsaufhebung die Tore weit öffnen, indem jeder auch geringe Mangel allein durch das Nachbesserungsverlangen und das darauffolgende Scheitern der Verbesserung in eine wesentliche Vertragsverletzung

---

[1506] Zahlreiche Beispiele zum internen deutschen Recht (vor der Schuldrechtsreform) bei *Heilmann*, S. 433f.

[1507] *Schlechtriem / Huber*, Art. 46, Rn. 43. Dies setzt voraus, daß eine Pflicht zur Vornahme einer Reparatur besteht. Daß ist nur dann zu bejahen, wenn die Ware reparabel ist.

[1508] *Soergel / Lüderitz / Schüßler-Langeheine*, Art. 46, Rn. 11; *Schlechtriem / Huber*, Art. 46, Rn. 43; LG Oldenburg, 9.11.1994, 12 O 674/93, CISG-online Nr. 114.

[1509] Für dieses Thema gelten die Erläuterungen zur fehlgeschlagenen oder fehlerhaften Ersatzlieferung entsprechend; vgl. D.VI. Fehlerhafte Ersatzlieferung.

[1510] *Schlechtriem / Huber*, Art. 46, Rn. 43; LG Oldenburg, 6.7.1994, 12 O 301/93, CISG-online Nr. 274: „Die fehlgeschlagene Nachbesserung stellt nun, *auch wenn der ursprüngliche Mangel unwesentlich war*, eine wesentliche Vertragsverletzung dar" (Hervorhebung hinzugefügt).

[1511] LG Oldenburg, 6.7.1994, 12 O 301/93, a.a.O.; ähnlich Cour d'appel Grenoble, 26.4.1995, Marques Roque Joachim v. S.a.r.l. Holding Manin Rivière, 93/4879, CISG-online Nr. 154.

[1512] LG Berlin, 15.9.1994, 52 S 247/94, CISG-online Nr. 399.

[1513] Siehe statt aller BGH, 3.4.1996, VIII ZR 51/95, CISG-online Nr. 135.

[1514] So auch *Heilmann*, S. 429; *Schulz*, S. 306.

umgewandelt werden könnte[1515]. Diese Lösung steht im Widerspruch zu einer Grundentscheidung des Übereinkommens, nämlich, daß erfolgloses Verstreichen einer Nacherfüllungsmöglichkeit *nur* im Fall der *Nichtlieferung* zur Vertragsaufhebung führen kann (Art. 49 Abs. 1 lit. b i.V.m. Art. 47), nicht aber bei sonstigen Pflichtverletzungen, insbesondere bei Lieferung vertragswidriger Ware[1516].

Ferner würde sie dem Sinn und Funktion des Art. 25 zuwiderlaufen, der eine fallorientierte Beurteilung der Vertragsverletzung anordnet und auf die Folgen der Verletzung (auf den von der vertragstreuen Partei im konkreten Fall erlittenen Nachteil) ansetzt, um sie als wesentlich zu qualifizieren. Jede *aprioristische* Festlegung, ob eine Vertragsverletzung wesentlich ist oder nicht, birgt in sich die Gefahr, zu einer ungerechten Lösung zu führen, welche den Erfordernissen des Einzelfalles nicht genug Rechnung tragen würde[1517]. Aus den erwähnten Gründen ist diese Auffassung abzulehnen.

Der zweiten Auffassung folgend soll – nach Verletzung der Nachbesserungspflicht – festgestellt werden, ob die Interessen des Käufers durch die fehlgeschlagene Reparatur bzw. den zusätzlichen Zeitverlauf *weiter* beeinträchtigt wurden oder nicht[1518] und ob nach der jetzigen Rechtslage eine wesentliche Vertragsverletzung vorliegt; erst dann könnte der Käufer Ersatzlieferung verlangen oder die Aufhebung des Vertrages erklären. Die Beurteilung, ob das Fehlschlagen schwerwiegend ist, soll anhand von *objektiven* Kriterien bemessen werden[1519].

Für die Ausübung eines weiteren Rechtsbehelfs muß in jedem Fall vereinzelt geprüft werden, ob die Tatbestandsvoraussetzungen des jeweiligen Rechtsmittels vorhanden sind. Dies bedeutet u.a., daß der Käufer für die Geltendmachung eines weiteren Anspruchs innerhalb angemessener Frist gemäß Art. 39 erneut zu rügen hat[1520] (min-

---

[1515] Hier kommt eine weitere Überlegung hinzu: Weigert sich der Verkäufer, Nachbesserung zu erbringen, weil er diese für unzumutbar hält, würde man (der ersten Auffassung folgend) in solchen Fällen den Käufer berechtigen, aufgrund der Weigerung die Vertragsaufhebung zu erklären. Diese Lösung kann nicht richtig sein.

[1516] Siehe z.B. *Adame*, S. 256, m.w.N.; *Bianca / Bonell / Will*, Art. 49, Bem. 1.2.1.3., 2.1.3.; *Herber / Czerwenka*, Art. 49, Rn. 2, 7; *Rudolph*, Art. 49, Rn. 11; *Staudinger / Magnus*, Art. 49, Rn. 21.

[1517] Ähnlich *Schlechtriem / Schlechtriem*, Art. 25, Rn. 5: „jede abstrakte Definition hat, sofern sie nicht als wertungsoffene, sondern als glatt subsumptionsfähige Formel (miß)verstanden wird, Kritik zu erwarten". Aus diesem Grund haben die Konventionsgeber auf eine Definition der „Auflösungsschwelle" verzichtet.

[1518] Vgl. *Staudinger / Magnus*, Art. 46, Rn. 67. Aus diesen Gründen *kann* die ursprüngliche Vertragsverletzung zu einer wesentlichen werden; dies ist aber nicht zwingend.

[1519] Vgl. hierzu BGH, 3.4.1996, VIII ZR 51/95, CISG-online Nr. 135: „Auch wenn ... eine Nachbesserung ausscheidet, bedeutet dies nicht zwangsläufig und unabhängig von Art und Umfang des Mangels, daß damit das Erfüllungsinteresse des Käufers im wesentlichen entfällt. [...] ‚Wesentlich' i.S. der Art. 49 und 25 verlangt sowohl nach seinem Wortlaut als auch nach der Zielrichtung der Bestimmungen des CISG ... Erheblichkeit der Vertragsverletzung". Siehe auch *Schulz*, S. 306.

[1520] *Soergel / Lüderitz / Schüßler-Langeheine*, Art. 46, Rn. 11; *Draft-Digest*, Art. 46, Anm. 19, m.w.N.; *MünchKommHGB / Benicke*, Art. 46, Rn. 10; LG Oldenburg, 9.11.1994, 12 O 674/93, CISG-online Nr. 114; a.A. *Schlechtriem / Huber*, Art. 46, Rn. 68a.

destens dann, wenn der Verkäufer einen Nacherfüllungsversuch unternommen hat; jedoch nicht, wenn er untätig blieb) und daß er keinen unvereinbaren Rechtsbehelf ausgeübt haben soll. Die Angemessenheit der Frist soll wiederum für den konkreten Fall entschieden werden[1521].

Der Käufer kann ferner auf Nachbesserung klagen[1522]. Ein Selbstvornahmerecht durch den Käufer unter dem UN-Kaufrecht ist zu bejahen[1523]. Dieser kann die Reparatur selbst erbringen (oder durch einen Dritten erbringen lassen) und dem Verkäufer die Kosten der Nachbesserung in Rechnung stellen. Unangemessene Reparaturkosten sind wegen Treu und Glauben und über Art. 77 (Schadenminderungspflicht) abzuweisen[1524].

VII. Der Nachbesserungsanspruch nach dem BGB (§ 439 Abs. 1, 1. Alt.)

Durch die Nachbesserung hat der Verkäufer – unentgeltlich und auf Verlangen des Käufers – Mängel der Kaufsache zu beseitigen, d.h. er hat die Kaufsache in ein vertragsgemäßen Zustand zu versetzen[1525]. Grundsätzlich unerheblich ist, ob die Kaufsache durch den Verkäufer oder auf dessen Veranlassung durch einen Dritten repariert wird[1526].

1. Begriff der Nachbesserung

Der Begriff der Nachbesserung – Beseitigung des Mangels – ist weit auszulegen. Diese umfaßt verschiedene Maßnahmen, die zur Beseitigung von Mängeln führen. Erst wenn die Sache neu hergestellt oder vollständig ausgetauscht wird, liegt eine Nachlieferung vor[1527]. Im Vergleich zum UN-Kaufrecht ergeben sich kaum begriffliche Unterschiede. Mit dem Ausdruck „Beseitigung des Mangels" werden Sach- und Rechtsmängel erfaßt[1528].

[1521] Daher kann diese Frist länger oder kürzer als die ursprüngliche Rügefrist sein; durch eine vorausgehende Vertragsverletzung ist der Käufer über die Möglichkeit einer fehlerhaften Erfüllung vorgewarnt. LG Stuttgart, 31.8.1989, 3 KfH O 97/89, IPRax 1990, 317, CISG-online Nr. 11, CLOUT Nr. 4.

[1522] Siehe hierzu: I. Beziehung zwischen Art. 28 und Art. 46 Abs. 3; ferner *Honsell / Schnyder / Straub*, Art. 46, Rn. 106; *Vahle*,ZVglRWiss 98 (1999), S. 70; *Schulz*, S. 306.

[1523] Dazu unten E.IX. Exkurs: Selbstvornahme durch den Käufer.

[1524] *Schlechtriem / Huber*, Art. 46, Rn. 67.

[1525] *MünchKomm / Westermann*, § 439, Rn. 8; *Palandt / Putzo*, § 437, Rn. 6.

[1526] I.E. so *Erman / Grunewald*, § 439, Rn. 2; *Medicus*, Schuldrecht-BT Rn. 55.

[1527] *Palandt / Putzo*, § 437, Rn. 6.

[1528] Ein Teil der Literatur zum UN-Kaufrecht – besonders aus dem deutschen Sprachraum – neigt dazu, Nachbesserungsansprüche im Fall von Rechtsmängeln nur über Art. 46 Abs. 1 zu gewähren, mit der Begründung, Rechtsmangel würden nicht in den Anwendungsbereich des Art. 46 III fallen. Kritisch dazu oben: C.II.1.a.(4). Unterschiedliche Folgen von Sach- und Rechtsmängeln?

2. Besondere Voraussetzungen des Nachbesserungsanspruchs?

Voraussetzung eines Nachbesserungsanspruchs ist die Lieferung einer mangelhaften Sache und die Ausübung des Anspruchs durch den Käufer. Darüber hinaus sind keine besondere Voraussetzungen des Anspruchs zu erkennen. Zwar kann der Verkäufer die Nachbesserung u.U. verweigern, doch handelt es sich hier um eine Einrede[1529]; die zur Unverhältnismäßigkeit führende Umstände sind vom Verkäufer nachzuweisen[1530]. Ähnliches gilt für den Fall, daß die Nachbesserung unmöglich ist; zwar ist dieser Umstand von Amts wegen zu beachten, doch ist es nicht Aufgabe des Käufers zu beweisen, daß die Nachbesserung möglich ist. Ansonsten gelten die obigen Ausführungen zum Ersatzlieferungsanspruch für den Nachbesserungsanspruch entsprechend[1531].

3. Besondere Ausschlußgründe des Nachbesserungsanspruchs

Das BGB behandelt die Gründe, die zu einem Ausschluß der Nacherfüllungspflicht des Verkäufers führen, einheitlich. Die zur Ersatzlieferung gemachten Ausführungen gelten für den Nachbesserungsanspruch entsprechend.

4. Ort der Nachbesserung

Die Nachbesserung hat grundsätzlich am aktuellen Belegenheitsort der Kaufsache zu erfolgen[1532], d.h. in der Regel am Sitz des Käufers. Dieses Thema wurde bereits an anderer Stelle erörtert[1533]. Wie oben gezeigt wurde, kann es u.U. angemessen sein, dem Käufer gewisse Mitwirkungspflichte aufzuerlegen, solange dies der Verkehrssitte und dem guten Glauben entspricht und keine unangemessen Belastung darstellt[1534]; diese könnten vom Käufer verlangen, daß er die Sache an den Verkäufer (auf dessen Kosten) absendet[1535] oder daß er sich etwa zum „Kundenservice" des Verkäufers begibt[1536].

5. Umfang der Nachbesserung

Die Nachbesserung umfaßt alle Maßnahmen, die zur vollständigen[1537] Beseitigung des Mangels erforderlich (und ausreichend) sind[1538], durch welche die Sache in einen sach-

---

[1529] BT-Drucks. 14/6040, S. 232; LG Ellwangen, Urt. v. 13.12.2002 – 3 O 219/02, NJW 2003, S. 517; *Bamberger / Roth / Faust*, § 439, Rn. 35, m.w.N.; *Dauner-Lieb*, Entwicklungstendenzen und Problemschwerpunkte, S. 26; *Kandler*, S. 482; *MünchKomm / Westermann*, § 439, Rn. 20; *Schlechtriem*, Schuldrecht-AT, Rn. 277; *Zimmer / Eckhold*, JURA 2002, S. 149, m.w.N.

[1530] LG Ellwangen, Urt. v. 13.12.2002 – 3 O 219/02, NJW 2003, S. 517; *Bamberger / Roth / Faust*, § 439, Rn. 54.

[1531] Siehe oben: D.VII.3. Ausschlußgründe des Nacherfüllungsanspruchs [BGB].

[1532] *Bamberger / Roth / Faust*, § 439, Rn. 13; *Erman / Grunewald*, § 439, Rn. 3; *MünchKomm / Westermann*, § 439, Rn. 7, m.w.N.; *P. Huber*, NJW 2002, S. 1006 (und Fn. 22), m.w.N.; *ders.*, in: *Huber / Faust*, § 13, Rn. 28.

[1533] Siehe dazu die Argumentation zum Ort der Ersatzlieferung, unter Punkt D.IV.

[1534] Dazu Art. 3 III S. 3 EG-Richtlinie.

[1535] Siehe dazu *MünchKomm / Westermann*, § 439, Rn. 7.

[1536] Dazu die Erläuterungen zum Ort der Ersatzlieferung, die auf die Nachbesserung entsprechende Anwendung finden.

[1537] *Bamberger / Roth / Faust*, § 439, Rn. 26; *Bitter / Meidt*, ZIP 2001, S. 2121; *Erman / Grunewald*, § 439, Rn. 7; *MünchKomm / Westermann*, § 439, Rn. 9. Ob eine Nachbesserung immer dann ausschei-

und rechtsmängelfreien Zustand versetzt werden soll. Zur Nachbesserung gehört insbesondere die Vornahme von Reparaturarbeiten, den Austausch fehlerhafter Teile, die Durchführung einer ordungsgemäßen Montage, die Lieferung einer mangelfreien Montageanleitung, sowie die Behebung von Rechten und Ansprüchen Dritter[1539].

Der Verkäufer hat nicht nur den Mangel, wie er bei Gefahrübergang vorlag, zu beseitigen, sondern auch solche Veränderungen zu beheben, die auf die Pflichtverletzung des Verkäufers zurückzuführen sind[1540]. Wie die Nachbesserung konkret erfolgt, d.h. welche Maßnahmen zur Durchführung einer vom Käufer verlangten Nachbesserung getroffen werden sollen, bestimmt der Verkäufer[1541].

6. Fehlgeschlagene Nachbesserung

Das Fehlschlagen der Nacherfüllung erlaubt es dem Käufer, auf die „zweite Stufe" der Rechtsbehelfe – Rücktritt, Minderung, Schadensersatz – überzugehen, ohne dafür eine weitere Frist setzen zu müssen (§ 440 S. 1)[1542]. Der Käufer bekommt erneut eine Wahlmöglichkeit, denn er kann immer noch am Erfüllungsanspruch festhalten[1543].

Das Gesetz enthält in § 440 S. 2 die widerlegbare[1544] Vermutung[1545], daß eine Nachbesserung nach dem *erfolglosen zweiten Versuch* fehlgeschlagen ist. Der Gesetzgeber ging davon aus, daß die Zahl der dem Käufer zuzumutenden Erfüllungsversuche nicht allgemein beantwortet werden kann[1546]. Vielmehr sind die Umstände des Einzelfalles, insbesondere die Art der Ware und des Mangels zu berücksichtigen. Daher soll die Richtgröße von zwei Nachbesserungsversuche nur als eine „praktische Erleichterung" dienen, die im Einzelfall eine niedrigere oder höhere Zahl von Nacherfüllungsversuchen zuläßt[1547].

Fehlgeschlagen ist die Nachbesserung insbesondere dann, wenn die geschuldete Mängelfreiheit nicht erreicht wurde – sei es, weil nicht alle Mängel beseitigt wurden

---

den soll, wenn sie im Einzelfall nicht zu einer *vollständigen* Beseitigung des Mangels führen kann, mag dahingestellt bleiben. Das LG Ellwangen, Urt. v. 13.12.2002 – 3 O 219/02, NJW 2003, S. 517 läßt offenbar Raum für die Berücksichtigung solcher Fälle; die vom Landgericht vorgeschlagene „Faustformel" finde nur Anwendung „in Fällen völliger Beseitigung der Sachmängel".

1538 *Grundmann / Bianca / Bianca*, Art. 3, Rn. 23.

1539 Siehe dazu *Erman / Grunewald*, § 439, Rn. 2; *Grundmann / Bianca / Bianca*, Art. 3, Rn. 23; *P. Huber*, in: *Huber / Faust*, § 13, Rn. 21; *MünchKomm / Westermann*, § 439, Rn. 8, mit weiteren Beispielen.

1540 *Bamberger / Roth / Faust*, § 439, Rn. 14 f; *MünchKomm / Westermann*, § 439, Rn. 9.

1541 *Bamberger / Roth / Faust*, § 439, Rn. 26; *Erman / Grunewald*, § 439, Rn. 2. Dies steht dem Wahlrecht des Käufers nicht entgegen; der Käufer ist dadurch geschützt, daß er sich auf eine unzumutbare Nachbesserung nicht einlassen muß (§ 440 S. 1, 3. Alt.) und daß die Nachbesserung zur vollständigen Mängelbeseitigung führen soll (so *Bamberger / Roth / Faust*, a.a.O.).

1542 *Bitter / Meidt*, ZIP 2001, S. 2117; *Palandt / Putzo*, § 439, Rn. 22.

1543 *Huber*, Der Begriff der Pflichtverletzung, S. 32.

1544 Dafür spricht der eindeutige Wortlaut der Vorschrift: „...wenn sich nicht ... etwas andere ergibt".

1545 *MünchKomm / Westermann*, § 440, Rn. 9.

1546 BT-Drucks. 14/6040, S. 234.

1547 BT-Drucks. 14/6040, S. 234; *Erman / Grunewald*, § 440, Rn. (mit Beispielen).

oder weil neue entstanden sind[1548] – oder wenn die Nachbesserung sich ungebührlich verzögert[1549].

VIII. Vergleich zwischen UN-Kaufrecht und BGB

Nach BGB ist ein Anspruch des Käufers auf Beseitigung des Mangels ausgeschlossen, wenn die Beseitigung nur mit unverhältnismäßigen Kosten möglich ist. Trotz der Formulierung der deutschen Übersetzung des CISG (wonach der Anspruch ausgeschlossen ist, wenn die Nachbesserung dem Verkäufer *unzumutbar* ist), zeigt ein Vergleich mit den amtlichen Fassungen, daß es vielmehr auf die *Unverhältnismäßigkeit* dieses Begehrens ankommen soll. Die Unverhältnismäßigkeit stellt eine Einrede dar; im BGB kommt dieser Charakter durch die Normierung in § 439 III als „Verweigerungsrecht" deutlicher zum Ausdruck als im CISG, dessen Wortlaut mißverständlich ist und eher auf eine (negative) Tatbestandsvoraussetzung hin deutet.

Es ist nicht recht deutlich, wie „nicht-wirtschaftliche" Unannehmlichkeiten – die mit einer Reparatur dem Verkäufer verursacht werden – im Anwendungsbereich des BGB zu behandeln sind. Das Gesetz bezieht die Unverhältnismäßigkeit allein auf die *Kosten* der Nacherfüllung, so daß *technische* Faktoren grundsätzlich erst eine Rolle spielen, solange sie wirtschaftlich meßbar sind. Ob hier § 275 III heranzuziehen ist, bleibt dennoch offen.

Für die Beurteilung der Unverhältnismäßigkeit handelt es sich, sowohl im BGB als auch im UN-Kaufrecht, um einen normativ geprägten Tatbestand, der eine Gesamtwürdigung aller Umstände erfordert. Der Rechtsanwender mag in der Regelung des BGB mehr Anhaltspunkte finden, die den „Einstieg" in die Prüfung der Unverhältnismäßigkeit erleichtern können. Ein bedeutender Unterschied liegt darin, daß das BGB die Berücksichtigung der „anderen" Erfüllungsvariante anordnet. Dies ist für den Regelfall möglich, weil beide Nacherfüllungsansprüche an dieselben Tatbestandsvoraussetzungen knüpfen. Im UN-Kaufrecht spielt die andere Nacherfüllungsalternative – solange der Verkäufer diese nicht anbietet – kaum eine Rolle, weil die Fälle, in denen beide Varianten konkurrieren, äußerst selten sind. Darüber hinaus ist im UN-Kaufrecht ein „selbstständiges" Nacherfüllungsrecht des Verkäufers zu beachten, wodurch das Wahlrecht des Käufers „durchkreuzt" werden kann.

In Bezug auf die Aufhebung des Vertrages – die im BGB nach erfolglosem Ablauf einer Nachfrist auch bei einfachen Mängeln erreicht werden kann – sowie weitere systematische Unterschiede sind im Zusammenhang mit dem Ersatzlieferungsanspruch bereits behandelt worden, gelten jedoch für die Nachbesserung weitgehend.

[1548] Siehe dazu *Erman / Grunewald*, § 440, Rn. 5; *MünchKomm / Westermann*, § 440, Rn. 10.

[1549] BT-Drucks. 14/6040, S. 234; *Erman / Grunewald*, § 440, Rn. 5; *MünchKomm / Westermann*, § 440, Rn. 10.

IX. Exkurs: Selbstvornahme durch den Käufer

An anderen Stellen ist die Möglichkeit einer Selbstvornahme durch den Käufer bereits angesprochen worden. Im Unterschied zum unvereinheitlichten deutschen Recht ist eine eigenmächtige Nachbesserung im Regelungsbereich des UN-Kaufrechts grundsätzlich zu bejahen[1550]. Zu diesem Ergebnis führt bereits die Entstehungsgeschichte der Konvention, denn ein Selbstvornahmerecht des Käufers war von vornherein im Sekretariatskommentar zum UNCITRAL-Entwurf ausdrücklich berücksichtigt und für zulässig gehalten worden:

> „In place of requesting the seller to perform pursuant to this article [Art. 46 CISG], the buyer may find it more advantageous to *remedy the defective performance himself* or to have it remedied by a third party. Article 73 [Art. 77 CISG], which requires the party who relies on a breach of contract to mitigate the loss, authorizes such measures to the extent that they are reasonable in the circumstances“[1551].

Auch wenn sich diese Lösung im Text des Übereinkommens nicht explizit niederschlägt, wird sie von den meisten Autoren (leider ohne weitere Untersuchungen)[1552] und von der Rechtsprechung[1553] bejaht[1554]. Insbesondere fließt sie bei der Beurteilung der Zumutbarkeit eines Nachbesserungsverlangens ein[1555]: Eine Reparaturpflicht des Verkäufers kann ausscheiden, wenn der Käufer in der Lage ist, die Reparatur (zu besseren Bedingungen als der Verkäufer) selbst durchzuführen[1556]. In diesem Fall kann er

---

[1550] Ausnahmen hierzu und besondere Fallkonstellationen werden weiter unten erörtert.

[1551] *Secretariat Commentary* on Art. 42 [Art. 46 CISG], Anm. 14 (Hervorhebung im Text hinzugefügt). In die selbe Richtung weisen die *Official Records*; siehe z.B. *Sevon*, in: O.R., S. 335, Nr. 11. Auch wenn das Selbstvornahmerecht des Käufers auf der Wiener Konferenz nicht ausgiebig thematisiert wurde, bieten die *Official Records* zwei wichtige Grundsätze zur Unterstützung (und zur Durchführung) dieser These: Einerseits sollten Rechtsstreitigkeiten *(litigation)* soweit wie möglich vermieden werden; andererseits ist eine Tendenz zugunsten einer Erweiterung des Nachbesserungsanspruchs des Käufers zu erkennen; siehe O.R. S. 332 ff.

[1552] *Diez-Picazo / Soler Presas*, Art. 77, S. 626; *Bianca / Bonell / Knapp*, Art. 77, Bem. 2.2., 2.12. (Example C); *Enderlein / Maskow*, Art. 77, Bem. 2; *Herber / Czerwenka*, Art. 46, Rn. 10; *Honnold*, § 284; *Honsell / Schnyder / Straub*, Art. 46, Rn. 109; *MünchKomm / P. Huber*, Art. 46, Rn. 64; *Schlechtriem / Huber*, Art. 46, Rn. 58, 67; *Schlechtriem / Schwenzer / Müller-Chen*, Art. 46, Rn. 46; *Schulz*, S. 306, 311; *Soergel / Lüderitz / Dettmeier*, Art. 77, Rn. 5; *Staudinger / Magnus*, Art. 46, Rn. 63. Etwas eingehender *Brunner*, der dieser Frage einen ganzen Absatz widmet (siehe Art. 46, Rn. 22).

[1553] OLG Hamm, 9.6.1995 – 11 U 191/94, IPRax 1996, S. 270; ICC Schiedsspruch Nr. 5713 vom 1989, CLOUT Nr. 45; i.E. auch LG Oldenburg, 9.11.1994, 12 O 674/93, CISG-online Nr. 114.

[1554] Anders noch die Literatur zum EKG, die ein Selbstvornahmerecht des Käufers bzw. Ersatz der Nachbesserungskosten ablehnte; siehe *Dölle / Stumpf*, Art. 42 EKG, Rn. 9. Gegen ein Selbstvornahmerecht des Käufers nach dem UN-Kaufrecht hat der Verfasser keine Nachweise gefunden.

[1555] Siehe u.a. *Draft-Digest*, Art. 46, Anm. 18: „A request for repair would, however, be unreasonable if, e.g., the buyer could easily repair the goods himself“; ähnlich *MünchKommHGB / Benicke*, Art. 46, Rn. 22; *Perales Viscasillas*, Anm. 171.

[1556] Vgl. *Bianca / Bonell / Will*, Art. 46, Bem. 2.2.2.2.; *Herber / Czerwenka*, Art. 46, Rn. 10; *MünchKommHGB / Benicke*, Art. 46, Rn. 22; *Schlechtriem / Huber*, Art. 46, Rn. 58; *Staudinger / Magnus*, Art. 46, Rn. 63. Siehe auch CISG-AC Opinion Nr. 5, Anm. 4.5. Daher stellt sich die Frage, ob am Niederlassungsort des Käufers qualifizierte Arbeitskräfte zur Verfügung stehen, die eine Repadem Verkäufer die Reparaturkosten in Rechnung stellen, denn letzterer hat, nach überwiegender Ansicht, die Kosten einer Nacherfüllung zu tragen[1557]. Dies ergibt sich bereits aus Art. 48, aber auch aus der Tatsache, daß der Verkäufer sich durch die Selbstvornahme des Käufers den Nachbesserungsaufwand und die Nachbesserungskosten erspart[1558], und weil die Reparaturkosten i.d.R. einen Schaden i.S.v. Art. 45 Abs. 1 lit. b zum Nachteil des Käufers darstellen[1559]. Letztlich ist diese Lösung deshalb gerechtfertigt, weil die Selbstvornahme auch im Interesse des Verkäufers steht, denn durch sie wird der ihm obliegende Leistungserfolg herbeigeführt.

---

ratur in angemessener Weise (innerhalb angemessener Frist und mit einem zumutbaren Kostenaufwand) vornehmen können.

[1557] OLG Hamm, 9.6.1995 – 11 U 191/94, IPRax 1996, S. 270, m.w.N; *Bamberger / Roth / Saenger*, Art. 46, Rn. 4; *Brunner*, Art. 46, Rn. 21 f; *Honsell / Schnyder / Straub*, Art. 46, Rn. 42, 77, 110; *Schlechtriem / Huber*, Art. 46, Rn. 54, 65; *Schlechtriem*, IPRax 1996, S. 256; *Schulz*, S. 286, 310; *Secretariat Commentary* on Art. 42 [Art. 46 CISG], Anm. 14; *Staudinger / Magnus*, Art. 46, Rn. 63, 65. Siehe ferner G.VI. Kosten der Nacherfüllung.

[1558] Eine ähnliche Lösung (Anrechnung ersparter Nacherfüllungskosten) wird für das unvereinheitlichte deutsche Recht durch Anwendung von § 326 Abs. 2 S. 2 von *Lorenz*, NJW 2005, S. 1321 ff (direkte Anwendung) und NJW 2003, S. 1418 f (zumindest analoge Anwendung) vertreten; Hintergrund dafür ist die Annahme, die Selbstvornahmehandlung führe zur nachträglichen Unmöglichkeit der Nacherfüllung. Kritisch hierzu *Dauner-Lieb / Dötsch*, ZGS 2003, S. 250 ff; *ders.* S. 455 ff *(passim)*; *Katzenstein*, ZGS 2004, S. 144 ff *(passim)*; *Oechsler*, NJW 2004, S. 1826; *Dauner-Lieb / Arnold*, ZGS 2005, S. 10 ff. Diesen Lösungsansatz hat der BGH ausdrücklich verworfen, siehe Urteile v. 23.2.2005 – VIII ZR 100/04, NJW 2005, S.1348ff (siehe auch die Vorinstanz: LG Gießen, Urteil v. 10.3.2004 – 1 S 453/03, ZGS 2004, S. 238, 240), und BGH Urteil v. 22.6.2005 – VIII ZR 1/05, NJW 2005, S. 3211ff (Vorinstanz: LG Bielefeld, Urteil v. 14.12.2004 – 20 S 99/04, ZGS 2005, S. 79 f). Ob ersparte Nacherfüllungskosten statt dessen über das Bereicherungsrecht – evtl. i.V.m. den Vorschriften über die Geschäftsführung ohne Auftrag – ausgeglichen werden können (so *Oechsler*, NJW 2004, S. 1826 f), ist ebenfalls zu verneinen (BGH NJW 2005, S. 3212; a.A. die Vorinstanz: LG Bielefeld, ZGS 2005, S. 80); in diese Richtung bereits *Gursky*, NJW 1971, S. 782 ff, *passim* (zum Werkvertrag); zum Kaufrecht eingehend *Katzenstein*, ZGS 2004, S. 148 ff (i.E. ebenfalls ablehnend); *Dauner-Lieb / Arnold*, ZGS 2005, S. 10 ff (*passim*).
Gemäß dem Willen des Gesetzgebers (BT-Drucks. 14/6040, S. 229; Abschlußbericht, S. 213 f) ist ein Selbstvornahmerecht des Käufers nicht gegeben; der Gesetzgeber verzichtete darauf, eine „Parallelvorschrift" zu § 633 a.F. (jetzt § 637) zu schaffen, welche das Selbstvornahmerecht des Bestellers (Werkvertrag) auf das Kaufvertragsrecht übertragen hätte. Siehe *AnwaltKomm / Büdenbender*, § 439, Rn. 14; *Dauner-Lieb / Dötsch*, a.a.O. Gegen ein Selbstvornahmerecht des Käufers nach neuem BGB ferner: *Bamberger / Roth / Faust*, § 439, Rn. 4, m.w.N.; *Erman / Grunewald*, § 437, Rn. 3; *Jacobs*, in: Dauner-Lieb / Konzen / Schmidt, S. 382; *MünchKomm / Westermann*, § 439, Rn. 10. Dem Käufer bleibt jedoch das Recht auf Schadensersatz (bzw. Minderung) unbenommen, wenn die Voraussetzungen des Anspruchs auf Schadensersatz statt der Leistung vorliegen oder eine angemessene Frist abgelaufen ist (*Dauner-Lieb*, Entwicklungstendenzen und Problemschwerpunkte, S. 28; *MünchKomm / Westermann*, § 439, Rn. 10; siehe auch Abschlußbericht, S. 214). In Ausnahmefällen ist der Käufer nach §§ 281 Abs. 1 S. 1, Abs. 2 2. Alt, 437 ff berechtigt, auch ohne Nachfristsetzung Schadensersatzansprüche geltend zu machen, wenn die besondere Umstände des Einzelfalles die Setzung einer solchen Nachfrist entbehrlich machen (siehe BGH Urteil v. 22.6.2005 – VIII ZR 1/05, NJW 2005, S. 3212).

[1559] Vgl. OLG Hamm, 9.6.1995 – 11 U 191/94, IPRax 1996, S. 269 f; *Schlechtriem*, IPRax 1996, S. 256; *Hutter*, S. 127; *MünchKomm / P. Huber*, Art. 46, Rn. 64; *Schulz*, S. 311; *Staudinger / Magnus*, Art. 46, Rn. 67; *Schlechtriem / Huber*, Art. 46, Rn. 67; *Honsell / Schnyder / Straub*, Art. 46, Rn. 109.

1. Rechtliche Grundlagen für ein Selbstvornahmerecht des Käufers

Noch zu klären ist die rechtliche Grundlage für ein Selbstvornahmerecht des Käufers. Den Ausgangspunkt sollte Art. 7 Abs. 2 darstellen: Ein Selbstvornahmerecht ist im Übereinkommen zwar nicht ausdrücklich geregelt, es betrifft aber eine Frage, die in den Anwendungsbereich der Konvention fällt, nämlich die Rechte und Pflichten der Parteien im Fall einer Vertragsverletzung. Hieraus folgt zweierlei: eine Lösung ist durch Rückgriff auf die allgemeine Grundsätze der Konvention zu ermitteln und die nationalen Vorschriften werden verdrängt[1560].

Bezüglich einer Selbstvornahme ist – nach der hier vertretenen Auffassung – zwischen dem Recht des Käufers, eine Reparatur selbst durchzuführen, und dem Anspruch auf Ersatz der daraus resultierenden Aufwendungen zu unterscheiden. Dieser ergibt sich aus Art. 45 Abs. 1 lit. b i.V.m. 74 (woraus der Grundsatz der Totalreparation folgt)[1561]; jener aus Art. 46, d.h. aus dem allgemeinen Anspruch auf Erfüllung des Vertrages[1562]. Im Folgenden sind die Voraussetzungen und Reichweite eines solchen Rechts zu erkunden.

2. Voraussetzungen

Eine Selbstvornahme zielt auf die Beseitigung eines Mangels (durch den Käufer oder durch einen von ihm beauftragten Dritten), wenn ein Erfüllungsversuch seitens des Verkäufers bereits stattgefunden hat. Daher sollten die „allgemeine Voraussetzungen" eines Nacherfüllungsanspruchs gelten, nämlich die *Lieferung vertragswidriger Ware* durch den Verkäufer[1563] und daß der Käufer die Vertragswidrigkeit fristgerecht und ordnungsgemäß dem Verkäufer angezeigt hat (Art. 39). Bei unterlassener *Mängelrüge* gehen die Gewährleistungsrechte des Käufers grundsätzlich verloren[1564]. Die Rechtsprechung hat dies für die Kosten eigenhändiger Mängelbeseitigung ausdrücklich bestätigt[1565]. Die weiteren Voraussetzungen hängen davon ab, ob der Verkäufer ein Nachbesserungsrecht nach Art. 48 hat oder nicht.

a) Selbstvornahmerecht im Fall eines Nacherfüllungsrechts des Verkäufers

Es muß berücksichtigt werden, daß der Verkäufer zunächst ein *Recht* hat, einen Mangel in seiner Erfüllung zu beheben, um auf diese Weise seinen Kaufpreisanspruch in voller Höhe zu erhalten bzw. die Höhe des von ihm eventuell zu ersetzenden Schadens

---

[1560] Ähnlich *Brunner*, Art. 46, Rn. 22 (allerdings ohne jeglichen Verweis auf Art. 7 Abs. 2).

[1561] *Schlechtriem / Schwenzer / Stoll / Gruber*, Art. 74, Rn. 1 f; der Grundsatz der des vollständigen Schadensausgleichs wird durch die Voraussehbarkeitsregel eingedämmt (ebenda).

[1562] Teilweise anders *Brunner*, Art. 46, Rn. 22, der das Selbstvornahmerecht aus dem allgemeinen Schadensersatzanspruch ableitet, eine besondere Ausgestaltung des Erfüllungsanspruchs jedoch ausschließt.

[1563] Siehe dazu oben: C.II.1.a). Lieferung vertragswidriger Ware.

[1564] Siehe dazu oben: C.II.2. Ordnungsgemäße Mängelrüge.

[1565] So i.E. ICC Schiedsspruch Nr. 5713 vom 1989, CLOUT Nr. 45; noch deutlicher die Entscheidung des LG Oldenburg, 9.11.1994, 12 O 674/93, CISG-online Nr. 114: „Die Mängelbeseitigungskosten sind ... wegen der ... unterlassenen Rüge nicht zu ersetzen".

gering zu halten[1566]. Art. 48 Abs. 1 setzt u.a. voraus, daß die Nacherfüllung durch den Verkäufer *keine unzumutbare Verzögerung* nach sich zieht und sie dem Käufer keine *unzumutbaren Unannehmlichkeiten* verursacht[1567]. Liegen solche Voraussetzungen vor, dann muß dem Verkäufer die Möglichkeit eingeräumt werden, den Erfüllungsmangel selber zu beseitigen[1568], bevor der Käufer die Vertragswidrigkeit eigenmächtig behebt[1569]. Gegebenenfalls könnte hierfür ausreichen, daß der Käufer die Vertragswidrigkeit anzeigt und eine gewisse (angemessene) Zeit abwartet; dadurch wird bereits dem Verkäufer die Möglichkeit gegeben, sein Nacherfüllungsrecht auszuüben[1570]. Letzteres steht im Einklang mit einer Entscheidung des OLG Hamm, die eine Selbstvornahme durch den Käufer für zulässig erklärt, soweit diese nicht gegen die Interessen des Verkäufers verstößt[1571].

b) Selbstvornahmerecht mangels eines Nacherfüllungsrechts des Verkäufers

Die andere Fallkonstellation betrifft die Fälle, in denen der Verkäufer kein Nacherfüllungsrecht hat – etwa, weil dies eine unzumutbare Verzögerung für den Käufer darstellen würde oder unzumutbare Unannehmlichkeiten verursachen würde – bzw. wenn der Verkäufer eine verlangte Nacherfüllung verweigert[1572]. Im ersten Fall wäre die Setzung einer Nachfrist bzw. ein Abwarten des Käufers unzumutbar, im zweiten Fall zwecklos. Daher dürfte der Käufer hier die zur Behebung der Vertragswidrigkeit erforderlichen Maßnahmen sofort treffen[1573].

c) Selbstvornahme*pflicht* nach Art. 77

Auf der Basis von Art. 77 könnte eine *sofortige* Nachbesserung durch den Käufer nicht nur zulässig sondern sogar geboten sein, wenn infolge einer *Verzögerung* der Repara-

---

[1566] Es ist auch zu beachten, daß das Nacherfüllungsrecht des Verkäufers gegenüber anderen Rechtsbehelfen des Käufers – u.a. auch gegenüber Schadensersatzansprüchen – vorrangig ist (*Staudinger / Magnus*, Art. 48, Rn. 31, m.w.N.); nur die Aufhebung des Vertrages durch den Käufer geht einem Nacherfüllungsrecht vor.

[1567] Für die Bewertung der Unzumutbarkeit ist ein *objektiver Maßstab* anzulegen; *Lehmkuhl*, S. 22; *Petrikic*, S. 78; *Staudinger / Magnus*, Art. 48, Rn. 14 (maßgeblich sind die *objektivierbaren Interessen* des Käufers). Nach Art. 48 Abs. 1 ist ein Nacherfüllungsrecht des Verkäufers ferner ausgeschlossen, wenn dem Käufer Ungewißheit über die Erstattung seiner Auslagen durch den Verkäufer erwächst. Dieser Fall dürfte für die vorliegende Problematik kaum eine Rolle spielen.

[1568] *Soergel / Lüderitz / Dettmeier*, Art. 77, Rn. 5, m.w.N.; i.E. auch *Schulz*, S. 311; *Schlechtriem / Huber*, Art. 48, Rn. 28; eingehend *Lehmkuhl*, S. 103: *Pflicht* des Käufers, dem Verkäufer die Erfüllung des Vertrages auch nachträglich zu ermöglichen, solange ihm kein Aufhebungsrecht zusteht.

[1569] Dies ist nicht erforderlich, wenn die Voraussetzungen eines Nacherfüllungsrechts des Verkäufers nicht vorliegen, wenn dieser untätig bleibt oder wenn er eine vom Käufer verlangte Nacherfüllung verweigert. So auch *Schulz*, S. 311; ähnlich *Schlechtriem / Huber*, Art. 48, Rn. 28.

[1570] Ähnlich *MünchKomm / P. Huber*, Art. 46, Rn. 64 (um zu vermeiden, daß der Verkäufer, in Ausübung seines Nacherfüllungsrechts, den Schadensersatzanspruch des Käufers durchkreuzt).

[1571] OLG Hamm, 9.6.1995 – 11 U 191/94, IPRax 1996, S. 269 (270).

[1572] So z.B. die Sachlage in dem durch Schiedsspruch der CIETAC entschiedenen Fall vom 4.07.1997 [http://cisgw3.law.pace.edu/cases/970704c1.html]; auch wenn das Schiedsgericht verschiedene Rechtsfragen offen läßt und die Selbstvornahme nicht eingehend problematisiert wird, werden dem Käufer Reparaturkosten ohne weiteres zugesprochen.

[1573] Vgl. *Schulz*, S. 311; *Schlechtriem / Huber*, Art. 48, Rn. 28.

tur (weitere) Schäden entstehen würden. Das wäre beispielsweise der Fall, wenn der Käufer schon einen Abnehmer für die Ware hat und ein Abwarten auf die Reparatur durch den Verkäufer das Geschäft (teilweise oder ganz) vereiteln könnte[1574]. Ähnliches gilt, wenn eine schnelle Behebung des Mangels einen Produktionsausfall abwenden würde[1575].

Die Vorschrift des Art. 77 erlegt der vertragstreuen Partei (hier: dem Käufer) die Obliegenheit auf, alle *angemessenen Maßnahmen* zur Schadensminderung zu treffen; sie hat insbesondere die Entstehung von Schäden – einschließlich Mangelfolgeschäden – angemessen zu verhindern[1576]. Ein Teil der Literatur will eine Selbstvornahme durch den Käufer nur dann zulassen, wenn es sich um *geringfügige Mängel* handelt und der Verkäufer „zur schnellen Abhilfe" nicht in der Lage ist[1577]. Aus den erwähnten Gründen scheint ein Selbstvornahmerecht auch bei größeren Mängeln zulässig zu sein, soweit dies zur Abwendung weiterreichender Schäden notwendig ist[1578].

3. Erforderlichkeit einer vorherigen Ermächtigung durch das Gericht?

Es stellt sich ferner die Frage, ob ein Selbstvornahmerecht des Käufers nach UN-Kaufrecht einer entsprechenden Ermächtigung durch das Gericht erfordert oder nicht. Dem ersten Ansatz folgen verschiedene Rechtsordnungen, insbesondere solche des *Civil Law*[1579], während die Staaten des *Common Law* eine vorherige Ermächtigung nicht

[1574] Eine ähnliche Fallkonstellation liegt der Entscheidung der ICC im Schiedsspruch Nr. 5713 (aus 1989, CLOUT Nr. 45), zugrunde; hier hat der Käufer die Ware selbst repariert und sie mit Verlust weiterverkauft. Den entgangengen Gewinn hat der Käufer als Schaden geltend gemacht. Bei unterlassener Reparatur wäre der Schaden größer gewessen. Ein ähnliches Beispiel in der Literatur findet sich bei *Bianca / Bonell / Knapp*, Art. 77, Bem. 2.12. (Example C).

[1575] Ähnlich *Diez-Picazo / Soler Presas*, Art. 77, S. 626; *Herber / Czerwenka*, Art. 77, Rn. 6; *Soergel / Lüderitz / Dettmeier*, Art. 77, Rn. 5; *Staudinger / Magnus*, Art. 77, Rn. 15, jeweils m.w.N.

[1576] *MünchKommHGB / Mankowsky*, Art. 77, Rn. 12; *Staudinger / Magnus*, Art. 77, Rn. 14. Für die Einordnung der Schadensminderungspflicht als Obliegenheit siehe statt aller *Staudinger / Magnus*, Art. 77, Rn. 5, m.w.N.

[1577] *Herber / Czerwenka*, Art. 77, Rn. 6; *MünchKommHGB / Mankowsky*, Art. 77, Rn. 12; *Soergel / Lüderitz / Dettmeier*, Art. 77, Rn. 5; *Staudinger / Magnus*, Art. 77, Rn. 15.

[1578] Es ist zu berücksichtigen, daß sich bei Nachbesserungsarbeiten durch den Käufer der Mangelunwert der Ware verringert, während sich der Schaden des Käufers erhöht.

[1579] Nach französischem Recht kann der Gläubiger im Erkenntnisverfahren ermächtigt werden, die Reparatur auf Kosten des Schuldners selbst vorzunehmen (oder sie von einem Dritten vornehmen zu lassen); CC Fr Art. 1144; *Code Civil Annoté*, Art. 1144, Anm. 1; *Zweigert / Kötz*, § 35 II, S. 473; *Dölle / Reinhart*, Art. 16 EKG, Rn. 9.

Nach deutschem Recht kann der Gläubiger ebenfalls ermächtigt werden, auf Kosten des Schuldners die Handlung vornehmen zu lassen (§ 887 ZPO). Diese Vorschrift setzt eine *vertretbare Handlung* voraus, d.h. daß ein Dritter sie in gleicher Qualität (bzw. Brauchbarkeit und Haltbarkeit) erbringen kann wie der Schuldner selbst und „bei vernünftiger Betrachtungsweise" unerheblich ist, ob die Handlung vom Schuldner oder von einem Dritten erbracht wird (*Baumbach / Lauterbach / Hartmann*, § 887 ZPO, Rn. 2, 6). Dies wird für Reparatur- und Nachbesserungsmaßnahmen in der Regel bejaht; siehe *Baumbach / Lauterbach / Hartmann*, § 887 ZPO, Rn. 32, 28; *MünchKomm / Schilken*, § 887 ZPO, Rn. 22; *Thomas / Putzo*, § 887 ZPO, Rn. 2, jeweils m.w.N.). Allerdings ist ein Beschluß des Gerichts – der seinerseits die vorherige Anhörung des Schuldners voraussetzt – erforderlich, *Gursky*, NJW 1971, S. 785.

voraussetzen[1580]. Nach der hier vertretenen Auffassung ist eine vorherige Ermächtigung durch das Gericht für eine Selbstvornahme nach UN-Kaufrecht *nicht erforderlich*[1581]. Dem entspricht nicht nur die Einordnung der Selbstvornahme als eine weitere Ausprägung des Nacherfüllungsanspruchs[1582], sondern auch die Tatsache, daß die Selbstvornahme eine Art von Selbsthilfe darstellt[1583]. Ähnliche Fälle werden in der Konvention geregelt, in denen es den Parteien gestattet ist (in manchen Fällen werden sie sogar dazu aufgefordert), – ohne eine richterliche Ermächtigung zu verlangen – ähnliche angemessene Maßnahmen zur Sicherung ihres Interesses zu treffen: Art. 77 (Schadensminderungspflicht), Art. 75 (Vornahme eines Deckungsgeschäfts), Art. 88 (Selbsthilfe- bzw. Notverkauf), etc.

Die Höhe der ersatzfähigen Kosten hängt davon ab, ob die tatsächlichen Kosten angemessen („reasonable in the circumstances") waren[1584]. Wie jeder andere Schadensersatzanspruch kann der Schuldner von seiner Ersatzpflicht nach Art. 79 befreit und die Höhe des Anspruchs auf der Basis von Art. 77 S. 2 herabgesetzt werden. Die Reparaturkosten sind auch dann zu ersetzen, wenn die Nachbesserungs*pflicht* des Verkäufers nach Art. 46 III wegen Unzumutbarkeit ausgeschlossen wäre (etwa bei geringfügigen Mängeln)[1585].

Ähnliches gilt in vielen lateinamerikanischen Staaten (siehe Nachweise bei *Garro / Zuppi*, S. 297 f; *Grigera Naón*, in: Horn / Schmitthoff, S. 118). Zu diesem Thema ferner unten: I.II. Auslegung des Begriffs „Erfüllung in Natur" nach lex fori (mit weiteren Erläuterungen zu verschiedenen Rechtsordnungen).

[1580] Siehe *Beale* et al., Contract Law, S. 683; *Corbin*, § 1137, S. 104 (mit Rechtsprechungsnachweisen auf Fn. 18), § 1157, S. 182.

[1581] So auch *Brunner*, Art. 46, Rn. 22, m.w.N. zum internen Schweizer Recht.

[1582] Eine Selbstvornahme stellt eine Variante des Nacherfüllungsanspruchs dar, welcher in der Rechtsbehelfssystematik der Konvention als „derecho" einzuordnen ist, d.h. sie fällt unter die Rechtsbehelfe, deren Ausübung einer richterlichen Mitwirkung nicht bedarf. Zur Einordnung der Rechtsbehelfe siehe oben A.II.1.d).(1). „Derechos".

[1583] *Treitel*, Remedies for breach of contract, S. 46, Fn. 17. In diesem Sinne auch *Herman*, 7 Edinburgh L. Rev., Heft 1 (Januar 2003), S. 7.

[1584] *Secretariat Commentary* on Art. 42 [Art. 46 CISG], Anm. 14; siehe auch *Staudinger / Magnus*, Art. 77, Rn. 20. Für die Ersatzfähigkeit der Kosten ist grundsätzlich irrelevant, ob die für die Behebung des Mangels vorgenommenen Maßnahmen erfolgreich waren oder nicht; siehe *Achilles*, Art. 77, Rn. 5; *Bianca / Bonell / Knapp*, Art. 77, Bem. 2.6.; *Diez-Picazo / Soler Presas*, Art. 77, S. 627, m.w.N.; *Enderlein / Maskow*, Art. 77, Bem. 2; *Magnus*, a.a.O.

[1585] *Schlechtriem*, IPRax 1996, S. 256; *Staudinger / Magnus*, Art. 46, Rn. 63. An dieser Stelle liegt ein scheinbarer Widerspruch, wenn man dem Verkäufer die Kosten einer Repartur auferlegen will, die er gar nicht zu erbringen hat. Hier sind zwei Punkte zu berücksichtigen: Einerseits, daß ein Wertverlust der Ware bereits einen Schaden i.S.d. Art. 45 Abs. 1 lit. b darstellt. Andererseits, daß die Einschränkung des Art. 46 III *nicht zu einer Entlastung des Verkäufers* führen soll, sondern vielmehr zur Ausübung anderer Rechtsbehelfe zur Wiederherstellung des im Vertrag begründeten Äquivalenzverhältnisses (wie etwa durch Geldersatz). Art. 46 III könnte daher auch so verstanden werden, daß diese Vorschrift nur solche Fälle erfaßt, in denen der Verkäufer zur Behebung des Mangels „in Natur" in Anspruch genommen werden kann.

4. Zussamenfassung

Damit der Käufer eine Nachbesserung selbst vornehmen kann, müssen zunächst die Voraussetzungen eines Nacherfüllungsanspruchs vorliegen, d.h. die *Lieferung vertragswidriger Ware* und die fristgerechte und ordnungsgemäße *Mängelrüge*. Darüber hinaus ist ein Nachbesserungsrecht des Verkäufers nach Art. 48 zu beachten und hiernach zu unterscheiden: a) Hat der Verkäufer ein Nacherfüllungsrecht (d.h. daß dies *keine unzumutbare Verzögerung* nach sich zieht und dem Käufer keine *unzumutbaren Unannehmlichkeiten* entstehen), dann muß der Käufer ihm zunächst die Möglichkeit der Mängelbeseitigung einräumen. b) Liegt ein Nacherfüllungsrecht des Verkäufers nicht vor, so kann der Käufer entscheiden, ob er selbst repariert oder die Reparatur vom Verkäufer verlangt. c) Im Rahmen seiner Schadensminderungspflicht kann der Käufer u.U. sogar dazu *verplichtet* sein, die Reparatur selbst vorzunehmen, um (weitere) Schäden zu vermeiden, und zwar auch bei *geringfügigen Mängeln*. Eine vorherige Ermächtigung durch das Gericht ist für die Ausübung des Selbstvornahmerechts nicht erforderlich.

F. Verhältnis der Ersatzlieferung und Nachbesserung zueinander

Die Verfasser der Konvention gingen davon aus, daß die Reparatur der Ware dem Verkäufer weniger belasten würde als die Ersatzlieferung; daher wurde der Rechtsbehelf der Ersatzlieferung an strengere Voraussetzungen geknüpft als die Nachbesserung[1586]. Rechtstechnisch wäre es m.E. richtiger gewesen, die *Nachbesserung in Abs. 2* und die *Ersatzlieferung in Abs. 3* niederzulegen[1587]; auf dieser Weise wäre der Übergang von dem *allgemeinen Erfüllungsanspruch* über den – allein von der Unzumutbarkeit der Nacherfüllung leicht eingeschränkten – *Nachbesserungsanspruch* bis hin zu dem – durch das Erfordernis einer wesentlichen Vertragsverletzung stark eingeschränkten – Ersatzlieferungsanspruch anschaulicher und logischer gewesen.

In der Literatur wird eine Art *Subsidiarität* der Nachbesserung vertreten: Bei Vorliegen einer wesentlichen Vertragsverletzung sollte die Nachbesserung erst dann gegeben sein, wenn eine Ersatzlieferung nicht erforderlich ist[1588]. Diese Auffassung übersieht, daß eine Nachbesserung gegenüber der Ersatzlieferung grundsätzlich vorzuziehen ist (vorausgesetzt, daß das möglich ist, d.h. soweit die Art der Ware und der Verletzung diesen Rechtsbehelf zulassen) und daß eine Ersatzlieferung nur in besonderen Fällen gewährt werden soll, wenn *zusätzliche* Voraussetzungen vorliegen.

I. Modalitäten der Nacherfüllung

Die obigen Überlegungen zeigen, daß die Nacherfüllungsansprüche nicht immer *a priori* bestimmt oder eingeschränkt werden dürfen; vielmehr sind sie unter Berücksichtigung der konkreten Umständen zu gewähren; dazu gehört insbesondere die Art des Kaufvertrages bzw. die Art der Vertragsverletzung. Das einzige Kriterium, das sich direkt aus dem Text der Konvention ableitet, stellt darauf ab, ob eine wesentliche Vertragsverletzung vorliegt oder nicht. Der Versuch, weitere Fallkonstellationen zusammenzufassen, ergibt folgendes Ergebnis:

1. Wesentliche und nichtwesentliche Vertragsverletzung

Der Ersatzlieferungsanspruch setzt das Vorliegen einer wesentlichen Vertragsverletzung voraus; die Maßstäbe für die Annahme einer solchen sind so „hoch" angesetzt, daß eine wesentliche Vertragsverletzung nur in Ausnahmefällen vorliegt. Dagegen sind die Voraussetzungen eines Nachbesserungsanspruchs „weiter" gefaßt, so daß dieser auch bei „einfachen" Vertragswidrigkeiten in Betracht kommt. Daher wird der Käufer in den Fällen, in denen die Voraussetzungen für eine Ersatzlieferung vorliegen, häufig auch Nachbesserung verlangen können.

[1586] *Heuzé*, Rn. 415, S. 366 f; *Niggemann*, in: Hoyer / Posch, S. 98.

[1587] Leider wurde ein dahingehender Vorschlag von *Wang* auf der Wiener Konferenz ignoriert; siehe O.R., S. 336, Anm. 27.

[1588] *Heuzé*, Rn. 419, S. 370.

Dennoch sind besondere Situationen denkbar, in denen die Vertragsverletzung gravierend ist und ein Nachbesserungsverlangen wegen Unzumutbarkeit trotzdem ausscheidet. Dies hängt u.a. von der Art der Ware ab. So ist die Nachbesserung von mangelhaften Rohstoffen, von Lebensmitteln, von wegwerfbaren Gattungswaren oder eines Qualitäts-*aliuds* (i.d.R.) unzumutbar oder unmöglich[1589] und kann daher vom Verkäufer verweigert werden; dagegen ist in diesen Fällen die Lieferung von Ersatzwaren unproblematisch[1590]. Ist die Vertragsverletzung nicht als *wesentlich* zu qualifizieren, dann wird sich der Käufer mit anderen Rechtsbehelfen (Herabsetzung des Kaufpreises, Schadensersatz, usw.) begnügen müssen.

2. Gattungs- und Spezieskauf

Von einem *rechtlichen* Standpunkt aus betrachtet, hängen im UN-Kaufrecht die Rechtsbehelfe nicht davon ab, ob die Parteien einen Stückkauf oder einen Gattungskauf abgeschlossen haben. Dennoch erweisen sich einige Überlegungen zur Klarstellung der Nacherfüllungsrechte der Konvention für angebracht.

Beim *echten Spezieskauf* ist eine Ersatzlieferung *faktisch* ausgeschlossen, weil sich die Ansprüche des Käufers nur auf den geschuldeten Gegenstand erstrecken, also nicht auf weitere Sachen[1591]. Davon ausgenommen sind die Fälle, in denen ein Identitäts-*aliud* geliefert wurde; hier behält der Käufer den Anspruch auf Lieferung des geschuldeten Gegenstands. Im Fall eines „unechten" Stückkaufs kann eine Ersatzlieferung in Betracht kommen[1592], soweit dies den Interessen der Parteien entspricht und die Ware aus objektiver Sicht *ersetzbar* ist[1593].

Beim *Gattungskauf* dagegen wird der Rechtsbehelf der Ersatzlieferung häufig zur Anwendung kommen; ob ein Nachbesserungsanspruch ebenfalls in Betracht kommt, wird vielmehr von der Art der Ware und der Vertragswidrigkeit abhängen (denn „einen schlechten Wein kann man nicht zu einem guten machen").

3. Schlecht- und Falschlieferung

In Bezug auf den Inhalt des Erfüllungsanspruchs wurde das Problem einer *aliud*-Lieferung (nach UN-Kaufrecht) bereits ansatzweise behandelt[1594]. Dabei wurden die unterschiedlichen Folgen der Qualifikation eines *aliuds* als Nichterfüllung bzw. Schlechterfüllung erörtert. Zusammenfassend läßt sich an dieser Stelle wiederholen, daß die Konvention eine Artabweichung als Sachmangel (Vertragswidrigkeit) auffaßt, so daß

[1589] Diese Vertragsverletzungen stellen – an sich gesehen – nicht immer und unbedingt eine wesentliche Vertragsverletzung dar.

[1590] *von Hoffmann*, in: Fachtagung, S. 298; *Schlechtriem / Huber*, Art. 46, Rn. 60.

[1591] *Heuzé*, Rn. 417, S. 368; *Schlechtriem / Huber*, Art. 46, Rn. 22 f, m.w.N.; *Staudinger / Magnus*, Art. 46, Rn. 33.

[1592] Dazu bereits oben: D.II.4. Austauschmöglichkeit der vertragswidrigen Ware.

[1593] Im Einzelfall kann dieses Problem auf das Gebiet der Vertragsauslegung verlagert werden, um den Vertragsinhalt – und damit den Umfang der sekundaren Erfüllungsansprüchen – mit hinreichender Sicherheit feststellen zu können.

[1594] Siehe oben: B.IV.1.i). [Inhalt des Erfüllungsanspruchs] Bei aliud-Lieferung.

der Käufer in jedem Fall einer *aliud*-Lieferung – unabhängig davon, wie gravierend die Abweichung ist – entsprechend rügen muß[1595].

Außerdem unterliegen *aliud*-Lieferungen den Einschränkungen aus Art. 46 II und III; daher kann eine Ersatzlieferung nur im Fall einer wesentlichen Vertragsverletzung verlangt werden. Eine Falschlieferung stellt – für sich gesehen – nicht immer und unbedingt eine wesentliche Vertragsverletzung dar. Maßgebend ist die Frage, ob der Vertragszweck durch die Lieferung einer anderen Sache so gefährdet wird, daß dem Käufer ein Festhalten am Vertrag unzumutbar ist. Eine wesentliche Vertragsverletzung wird i.d.R. zu verneinen sein, wenn der Käufer Zwischenhändler ist und sich die Artabweichung (Qualitäts-*aliud*) als so gering darstellt, daß der Käufer die Ware ohne weitere Umstände weiterveräußern kann. Wenn der Käufer dagegen Endverbraucher ist, dann wird – bei derselben Vertragsverletzung – die Wesentlichkeitsschwelle eher erreicht[1596]. Bei Lieferung eines Identitäts-*aliud* hat der Käufer einen Anspruch auf Lieferung der geschuldeten Sache; auch in solchen Fällen hat der Käufer die Vertragswidrigkeit zu rügen.

4. Zuwenig- und Zuviellieferung

Bei Quantitätsmängeln ist ein Nacherfüllungsanspruch – der Natur der Sache nach – ausgeschlossen[1597]. Zwar gehört die Menge zur *Vertragsmäßigkeit* der Sache[1598] (Art. 35 Abs. 1), so daß eine Mengenabweichung das Tatbestandsmerkmal der Vertragswidrigkeit der Ware erfüllt[1599]; dennoch ist die Behauptung, die Minderlieferung sie durch die Nachlieferung der fehlenden Menge „repariert“ worden[1600], sprachlich ungeschickt. In diesen Fällen scheidet ein Anspruch auf Nachbesserung aus, weil diese Vertragsverletzung unter die spezielle Norm des Art. 51 Abs. 1 i.V.m. Art. 46 Abs. 1 zu subsumieren ist[1601]. Die Rechtsbehelfe aus Art. 46 II und III sind im Fall einer Zuviellieferung ebenfalls unanwendbar[1602]; dafür gilt die spezielle Norm des Art. 52 II.

5. Dokumentenmängel

Der Verkäufer hat verschiedene – die Ware betreffende – Dokumente zu übergeben. Diese Pflicht ergibt sich einerseits aus Art. 30, insbesondere für solche Dokumente, die zur Disposition über die Ware notwendig sind; andererseits ist Art. 35 zu beachten, soweit die Dokumente für die gewöhnliche Verwendung der Ware notwendig sind. Hier handelt es sich um „bloßes Zubehör“ (Pläne, Gebrauchsanweisungen, usw.). Es ist jedoch fraglich, ob Dokumentenmängel in den Anwendungsbereich des Art. 46 II oder III fallen (etwa durch die Nachlieferung von richtigen Dokumenten – z.B. eines

---

1595 So die h.M.; vgl. *Aicher*, in: Hoyer / Posch, S. 117, m.w.N.

1596 Siehe die interessante und differenzierende Darstellung von *Bitter / Bitter*, BB 1993, S. 2315 ff (*passim*).

1597 Zu diesem Punkt siehe oben: C.II.1.a).(1).(b). Mengenabweichungen.

1598 *Niggemann*, in: Hoyer / Posch, S. 83.

1599 *Honsell / Schnyder / Straub*, Art. 46, Rn. 55.

1600 Vgl. *Adame*, S.293.

1601 Vgl. *Schlechtriem / Huber*, Art. 46, Rn. 62; *Staudinger / Magnus*, Art. 46, Rn. 10, 58.

1602 Siehe dazu B.IV.1.g). [Inhalt des Erfüllungsanspruchs] Bei Zuviel-Lieferung.

richtigen Ursprungszeugnisses[1603] – oder durch die tatsächliche Behebung eines Mangels, z.B. wenn die der Ware betreffende Wertpapiere nicht indossiert worden waren). Vielmehr sollten diese Fälle über Art. 46 Abs. 1 i.V.m. Art. 34 S. 1 (bzw. Art. 30); diese Vorschrift regelt die Pflicht des Verkäufers zur Übergabe von Dokumenten, die den vertraglichen Anforderungen entsprechen.

6. Sach- und Rechtsmangel

Wie oben ausgeführt wurde, kommen die Rechtsbehelfe auf Nachbesserung und Ersatzlieferung bei Rechtsmängeln auch in Betracht, unter den einschränkenden Voraussetzungen von II und III. Damit ist bezüglich Sach- und Rechtsmängeln ein Nacherfüllungsanspruch in Form einer Ersatzlieferung gegeben, wenn die Vertragswidrigkeit eine wesentliche Vertragsverletzung darstellt. Ein Nacherfüllungsanspruch in Form einer Nachbesserung liegt dagegen vor, wenn die Nachbesserung dem Verkäufer – unter Berücksichtigung aller Umstände – nicht unzumutbar ist. Die Nachbesserung eines Rechtsmangels kann durch den Erwerb einer Lizenz, durch die Einlösung eines Pfandrechts oder auf sonstige Weise erfolgen[1604].

II. Wahlrecht des Käufers?

Das System der Rechtsbehelfe in der Konvention geht von einem einheitlichen Begriff der Pflichtverletzung aus. Liegt eine solche Verletzung vor, „so kann der Käufer ... die in Artikel 46 bis 52 vorgesehenen Rechte ausüben“ (Art. 45 Abs. 1 lit. a). Bereits diese Formulierung deutet auf eine allgemeine Entscheidungsbefugnis des Käufers hin. Insofern ist ein generelles *Wahlrecht des Käufers* zu bejahen[1605]. Das vereinheitlichte System des UN-Kaufrechts führt ferner dazu, daß dem Käufer im Fall einer Vertragsverletzung grundsätzlich *alle* Rechtsbehelfe zur Verfügung stehen und für eine Unterscheidung der Rechtsfolgen je nach der Art der Vertragsverletzung grundsätzlich kein Raum bleibt.

Allerdings ist ein solches Wahlrecht nicht absolut. Der Käufer muß überprüfen, ob außer einer Vertragsverletzung die weiteren *tatbestandlichen* Voraussetzungen des jeweiligen Rechtsbehelfs vorliegen, bzw. ob die *materiellen* Voraussetzungen des auszuübenden Anspruchs gegeben sind[1606]. Materielle Einschränkungen zu den Rechtsbehelfen der Parteien können sich aus der Art der Ware, der Vertragsverletzung oder aus dem Inhalt des Vertrages selbst ableiten, so daß die eine oder die andere konkrete

---

[1603] Vgl. hierzu BGH, 3.4.1996, VIII ZR 51/95, CISG-online Nr. 135.

[1604] Vgl. *Enderlein / Maskow*, Art. 46, Bem. 7.

[1605] Ein Wahlrecht zwischen Nichterfüllungs- und Gewährleistungsansprüchen ist für das UN-Kaufrecht allerdings zu verneinen. Vgl. *Aicher*, in: Hoyer / Posch, S. 114 f.

[1606] Unter *tatbestandlichen* Voraussetzungen sind solche zu verstehen, die von der Konvention vorgegeben sind; dagegen sind die *materiellen* Voraussetzungen des Anspruchs solche, die sich aus der Natur der Sache selbst ableiten.

Form des Erfüllungsanspruchs im jeweils vorliegenden Fall u.U. nicht „paßt". Diese Grenzen sind an anderer Stelle bereits dargelegt worden"[1607].

Das Wahlrecht des Käufers kann ferner durch das Recht des Verkäufers, einen Mangel in der Erfüllung seiner Pflichten auf eigene Kosten zu beheben, ausgeschlossen oder außer Kraft gesetzt werden, denn aus Art. 48 ist ein genereller Vorrang des Nacherfüllungsrechts des Verkäufers zu entnehmen[1608].

1. Wahlrecht zwischen Vertragsaufhebung und Erfüllungsanspruch

Liegt eine wesentliche Vertragsverletzung vor, so steht dem Käufer ein Wahlrecht zwischen den verschiedenen Rechtsbehelfen zu[1609]. Insbesondere kann er entscheiden, ob er die Aufhebung des Vertrages erklärt oder am Vertrag festhält[1610]. Letzteres geschieht im Wege eines Erfüllungsanspruchs, sei es nach Art. 46 Abs. 1 oder, wenn vertragswidrige Ware geliefert wurde, durch Nacherfüllung (Ersatzlieferung oder Nachbesserung) gemäß II und III.

Problematisch ist allerdings die Beziehung zwischen dem Aufhebungsrecht des Käufers und dem Nacherfüllungsrecht des Verkäufers. Dieses Thema gehört zu den „Stolpersteinen" des Übereinkommens, weil das Aufhebungsrecht von einer wesentlichen Vertragsverletzung abhängt, die häufig geleugnet wird, soweit (und solange) der Verkäufer willig und in der Lage ist, die Vertragsverletzung zu beseitigen[1611]. Die Formulierung des Art. 48 Abs. 1 führt jedoch zu einem Vorrang des Rechts des Käufers auf Aufhebung des Vertrages[1612].

[1607] Siehe dazu: D.III.5. Faktische Ausschlußgründe [der Ersatzlieferung] und E.III.5. Faktische Ausschlußgründe [der Nachbesserung].

[1608] *Honsell / Schnyder / Straub*, Art. 46, Rn. 48.

[1609] *Bianca / Bonell / Will*, Art. 46, Bem. 2.2.; *Herber / Czerwenka*, Art. 45, Rn. 4; *Flechtner*, S. 57 f. Der Käufer muß entscheiden, ob und ggf. welchen Rechtsbehelf er ausüben möchte. Dadurch wird die *ipso facto avoidance* (wie sie noch beim EKG zu finden war) ohne Ausnahme aufgegeben, die u.a. eine Einschränkung der Rechtsbehelfe des Käufers zur Folge hatte. Siehe auch *Bianca / Bonell / Will*, Art. 47, Bem. 1.2.; *Enderlein / Maskow*, Art. 49, Bem. 2; *Honsell / Karollus*, Art. 26, Rn. 2; *Schlechtriem / Leser / Hornung*, Art. 26, Rn. 1ff; *Schlechtriem / Huber*, Art. 49, Rn. 28; *Staudinger / Magnus*, Art. 79, Rn. 59; *Ziegler*, S. 163 f.

[1610] *Soergel / Lüderitz / Schüßler-Langeheine*, Art. 45, Rn. 4; *Schlechtriem / Huber*, Art. 46, Rn. 29 und vorherige Fußnote.

[1611] Ausführlicher dazu: A.II.2.d. Die Aufhebung des Vertrages; D.II.3. Wesentliche Vertragsverletzung (im Kontext der Ersatzlieferung); siehe ferner *Magnus*, in: FS Schlechtriem, *passim*.

[1612] Art. 48 Abs. 1: „*Vorbehaltlich des Artikels 49* kann der Verkäufer einen Mangel in der Erfüllung seiner Pflichten ... auf eigene Kosten beheben ..." (Hervorhebung hinzugefügt). Zum Vorrang des Aufhebungsrechts des Käufers gegenüber dem Nacherfüllungsrecht des Verkäufers siehe *Staudinger / Magnus*, Art. 48, Rn. 17 ff, m.w.N.; zweifelnd *Bianca / Bonell / Will*, Art. 48, Bem. 2.1.1.1.1., der allerdings prozeßökonomische Gründe in Erwägung zieht und zu dem Ergebnis kommt, das Überlassen der Entscheidung an den Käufer „reduces litigation". A.A. *Vázquez Lépinette*, S. 215: Vorrang des Art. 48 Abs. 1, weil die Wesentlichkeit der Vertragsverletzung bei Möglichkeit der Nacherfüllung (und Bereitschaft des Verkäufers dazu) ausscheidet; ähnlich *Adame*, S. 228.

2. Wahlrecht zwischen den verschiedenen Nacherfüllungsansprüchen

Liegen sowohl die Voraussetzungen der Ersatzlieferung als auch jene der Nachbesserung vor, dann steht dem Käufer *grundsätzlich* ein Wahlrecht zwischen beiden Rechtsbehelfen zu[1613]. Das ist der Fall, wenn eine wesentliche Vertragsverletzung gegeben ist und die Vornahme einer Reparatur dem Verkäufer nicht unzumutbar ist[1614]. Dennoch muß das Nacherfüllungs*recht* des Verkäufers, das zu einem Konflikt mit der Rechtstellung des Käufers kommen kann, ebenfalls berücksichtigt werden. Zu klären bleibt daher die Frage, ob der Verkäufer an das Nacherfüllungsverlangen des Käufers gebunden ist oder nicht.

Nach einer Auffassung ist der Verkäufer an den Rechtsbehelf gebunden, den der Käufer zulässigerweise ausgeübt hat. Daher könnte er nicht durch Ersatzlieferung erfüllen, wenn der Käufer Nachbesserung verlangt hat (oder umgekehrt)[1615], auch dann nicht, wenn eine Ersatzlieferung für ihn bequemer wäre und der Käufer dadurch nicht benachteiligt würde[1616]. Diese Auffassung stützt sich insbesondere auf die Systematik der Konvention, die dem Käufer verschiedene Rechtsbehelfe *grundsätzlich wahlweise* zur Verfügung stellt[1617].

Nach anderer Auffassung hat das Wahlrecht des Käufers rein *potestativen Charakter*, weil der Verkäufer im Rahmen seines Nacherfüllungsrechts die vom Käufer gewählte Erfüllungsvariante verweigern[1618] und statt dessen den geschuldeten Erfolg auf andere Weise erbringen kann[1619], womit die Wahl faktisch beim Verkäufer liegt. Diese Auffassung stützt sich zunächst auf Art. 48 Abs. 1. Diese Vorschrift regelt das Nacherfüllungsrecht des Verkäufers, dem eine vorrangige Stellung gegenüber den Rechtsbehelfen des Käufers – mit Ausnahme der Vertragsaufhebung – zukommt. Ein Wahlrecht

---

1613 *Enderlein / Maskow*, Art. 46, Bem. 4; *Kandler*, S. 150; *MünchKommHGB / Benicke*, Art. 46, Rn. 28; *Perales Viscasillas*, Anm. 171.c.; *Schulz*, S. 302 ff; *Staudinger / Magnus*, Art. 46, Rn. 56; *Secretariat Commentary* on Art. 42 [Art. 46 CISG], Anm. 11; vgl. auch OR., S. 335 f, Nr. 15, 16. Für *Karollus*, S. 138 steht Wahlrecht „zunächst im Belieben des Käufers"; *Welser*, S. 119 (nach dem Zitat von *Karollus*, a.a.O.) geht von einem „endgültigen Käuferwahlrecht" aus.

1614 Das UN-Kaufrecht unterscheidet dabei nicht, ob es sich um eine Gattungs- oder Einzelware handelt. Daher stehen die Rechtsbehelfe der Nachbesserung und Ersatzlieferung grundsätzlich in beiden Fällen zur Verfügung. Dennoch ist die Reparatur von Rohstoffen im Regelfall aus faktischen Gründen ausgeschlossen, auch wenn die Vertragswidrigkeit eine wesentliche Vertragsverletzung darstellt. Ebenso scheidet beim echten Stückkauf i.d.R. eine Ersatzlieferung aus faktischen Gründenaus. Siehe oben: F.I.2. Gattungskauf und Spezieskauf, D.III.5. Faktische Ausschlußgründe [der Ersatzlieferung] und E.III.5. Faktische Ausschlußgründe [der Nachbesserung].

1615 *Schulz*, S. 308; *Staudinger / Magnus*, Art. 46, Rn. 53.

1616 *Staudinger / Magnus*, Art. 46, Rn. 53. Dies steht allerdings unter der Voraussetzung, daß die Nachbesserung für den Verkäufer nicht unzumutbar ist.

1617 Vgl. u.a. *Herber / Czerwenka*, Art. 45, Rn. 4.

1618 Der Nacherfüllungsanspruch des Käufers kann vom Verkäufer „durchkreuzt" werden; so *Karollus*, S. 138.

1619 *Bianca / Bonell / Will*, Art. 48, Bem. 3.1.2.; *Enderlein / Maskow*, Art. 46, Bem. 4; *Honsell / Schnyder / Straub*, Art. 46, Rn. 39, 75, 78, 108, Art. 48, Rn. 57 ff; *Kandler*, S. 150 f; *Karollus*, S. 138; *Lehmkuhl*, S. 18 f, 44; *MünchKomm / P. Huber*, Art. 46, Rn. 44; *MünchKommHGB / Benicke*, Art. 46, Rn. 28; *Schlechtriem / Huber*, Art. 46, Rn. 56, 66, Art. 48, Rn. 9, 12; *Vahle*, ZVglRWiss 98 (1999), S. 70.

des Verkäufers würde ferner mit verschiedenen Rechtsordnungen in Einklang stehen, die – dem römischen Recht folgend – von dem Prinzip ausgehen, daß bei Wahlschulden[1620] die Wahl der zu erbringenden Leistung im Regelfall dem Schuldner zusteht[1621].

3. Stellungnahme

Aus der Systematik der Konvention ist ein genereller Vorrang des Erfüllungsanspruchs zu entnehmen. Die Art und Weise, wie die Erfüllung des Vertrages *tatsächlich* herbeigeführt wird, ist (solange die Parteien nichts anderes vereinbart haben) zweitrangig, weil das Interesse der Parteien beim Kaufvertrag auf einen *Erfolg* gerichtet ist. Daher dürfte ein Wahlrecht des Käufers zwischen beiden Varianten der Nacherfüllung in den Hintergrund rücken, soweit und solange die vom Verkäufer favorisierte Nacherfüllungsvariante dem Käufer nicht (in zeitlicher oder materieller Hinsicht) *unzumutbar* belastet[1622]. Die Zumutbarkeit für den Käufer ist (primär) nach objektiven Maßstäben zu beurteilen[1623].

Ein *Wahlrecht des Verkäufers* ist jedenfalls zu bejahen, *solange er ein Nacherfüllungsrecht hat*[1624]. Nach Art. 48 Abs. 1 steht dem Verkäufer ein „zustimmungs*unabhängiges*" Nacherfüllungsrecht zu[1625], wenn dessen Ausübung „keine unzumutbare *Verzögerung* nach sich zieht" und sie weder „unzumutbare Unannehmlichkeiten" für den Käu-

---

[1620] Eine Wahlschuld wird nicht nur bei alternativen Leistungs*gegenständen* angenommen, sondern kann auch bei alternativen Leistungs*modalitäten* vorliegen (so zumindest die Literatur zum deutschen Recht; siehe *Jauernig / Stadler*, § 262, Rn. 1, m.w.N.). Die Alternativität zwischen verschiedenen Rechtsbehelfen (insbesondere zwischen den Nacherfüllungsansprüchen) stellt jedoch keine *echte Wahlschuld* (im Sinne des deutschen Rechts) dar, weil der Käufer an die gewählte Art der Nacherfüllung nicht endgültig gebunden bleibt und ein späteres Überwechseln zu der anderen Erfüllungsvariante möglich ist.

[1621] Siehe *Iglesias*, S. 338, m.w.N. *Kaser*, § 116 I 2 (S. 494). Vgl. auch PECL Art. 7:105.1, sowie CC Mex Art. 1963 und § 262 BGB; letzteres weicht im neuen § 439 Abs. 1 von dieser Regel ab und statuiert damit ein Wahlrecht zugunsten des Käufers. Dazu unten: F.II.6. Rechtslage nach deutschem BGB.

[1622] Die Originalfassungen in englischer, französischer und spanischer Sprache sprechen von „unreasonable delay ... [or] inconvenience", „retard ... [et] inconvénients déraisonable[s]" bzw. von „demora excesiva ...[o] inconvenientes excesivos". Damit ist das Nacherfüllungsrecht des Verkäufers nicht erst bei *völlig unerträglichen Störungen*, sondern bereits bei *unangemessenen* Nachteilen ausgeschlossen (*Staudinger / Magnus*, Art. 48, Rn. 15); dahingestellt bleibt, ob der Ausdruck „unangemessen" den Formulierungen der amtlichen Fassungen treu wiedergibt; jedenfalls ist er m.E. präziser als „unzumutbar".

[1623] *Petrikic*, S. 78; *Lehmkuhl*, S. 22, 44 (subjektive Elemente können jedoch eine Rolle spielen); ähnlich *Staudinger / Magnus*, Art. 48, Rn. 14 (maßgeblich sind die *objektivierbaren Interessen* des Käufers); so auch *Schulz*, S. 253.

[1624] Dies ergibt sich ferner aus dem (aus Art. 48 Abs. 1 und Art. 50 S. 2 abgeleitete) Grundsatz, daß die Parteien eine *zumutbare Nacherfüllung zu dulden* haben (siehe *Herber / Czerwenka*, Art. 48, Rn. 3; *Lehmkuhl*, S. 49 ff, 91; *Magnus*, in: FS Schlechtriem, S. 607); dieser Grundsatz stellt eine weitere Ausprägung der *Kooperationspflicht zwischen den Parteien* dar (*Lehmkuhl*, S. 103, 132; ähnlich *Magnus*, in: FS Schlechtriem, S. 612). Ferner ist aus Treu und Glauben zu entnehmen, daß die *verletzte* Partei ein Nacherfüllungsangebot der anderen Partei nicht ablehnen darf, wenn es keine schwerwiegende Gründe dafür gibt (m.E. können Fälle dieser Art auch unter Rekurrierung des Verbots einer mißbräuchlichen Rechtsausübung gelöst werden).

[1625] Siehe *Lehmkuhl*, S. 48 und 30, m.w.N.

fer noch „Ungewißheit über die Erstattung seiner Auslagen“ verursacht[1626]. In Abs. 2 bis IV sieht Art. 48 ein weiteres (diesmal ein „zustimmungs*bedürftiges*“) Nacherfüllungsrecht vor[1627].

Das Verhältnis zwischen dem Nacherfüllungsanspruch des Käufers und dem Nacherfüllungsrecht des Verkäufers wird anschaulicher, wenn man sich drei verschiedene Fallkonstellationen vor Augen führt. Erstens, wenn der Käufer Nachbesserung verlangt, der Verkäufer aber Ersatzlieferung erbringen will. Zweitens, wenn der Käufer Ersatzlieferung verlangt, der Verkäufer statt dessen Nachbesserung anbietet. In diesen beiden Fällen ist von einer unterstellten wesentlichen Vertragsverletzung auszugehen. Drittens, wenn der Käufer Ersatzlieferung verlangt, obwohl die Vertragswidrigkeit keine wesentliche Vertragsverletzung darstellt.

Im *ersten* Fall erscheint die Lösung nicht besonders problematisch, weil der Verkäufer „unter mehreren, gleich zumutbaren“ Maßnahmen, die ihm passende wählen kann[1628]. Das ist z.B. der Fall, wenn beide Arten der Nacherfüllung für die Herbeiführung des geschuldeten Erfolgs „gleich geeignet“ sind[1629], wenn also die vom Verkäufer bevorzugte Nacherfüllungsart keine weitergehenden Unannehmlichkeiten verursacht als die vom Käufer gewählte Art. Im Regelfall wird es für den Käufer günstiger sein, eine „nagelneue“ Ware zu erhalten, als eine mangelhafte, leicht gebrauchte Ware repariert zu bekommen[1630]. Gelingt jedoch dem Käufer der Nachweis[1631], daß eine Ersatzliefe-

---

1626 Für den Ausschluß des Nacherfüllungsrechts genügt es, daß *einer* dieser Unzumutbarkeitsgründe vorliegt (*Witz / Salger / Lorenz*, Art. 48, Rn. 4).

1627 So die h.M.; siehe Nachweise bei *Petrikic*, S. 98 f (der diese Position ausdrücklich vertritt); *Enderlein / Maskow*, Art. 48, Bem. 10; i.E. auch *Staudinger / Magnus*, Art. 48, Rn. 37, 41; siehe weitere Nachweise bei *Lehmkuhl*, S. 30 f (der diese Auffassung jedoch ablehnt; siehe aber S. 48). Letzterer sieht in Art. 48 Abs. 2(-IV) lediglich eine „Durchführungsregelung“ des Nacherfüllungsrechts aus Art. 48 Abs. 1. Für die Auffassung der h.M. sprechen gewichtigere Argumente, denn Art. 48 Abs. 2 sieht die Möglichkeit vor, daß die Parteien sich auf eine Nacherfüllung einigen, auch wenn der Verkäufer dazu nicht berechtigt war (siehe dazu *Secretariat Commentary* on Art. 44 [Art. 48 CISG], Anm. 7); widerspricht der Käufer einem Nacherfüllungsangebot des Verkäufers nicht innerhalb einer angemessenen Frist, so bleibt er während der vom Verkäufer zur Erfüllung genannten Frist gebunden und darf keine Rechtsbehelfe, die mit dieser Nacherfüllung unvereinbar sind (insbesondere die Vertragsaufhebung), ausüben. Auf dieser Weise kann der Verkäufer ein Recht auf Nacherfüllung erlangen, obwohl die Voraussetzungen des Art. 48 Abs. 1 ursprünglich fehlten.

1628 *Honsell / Schnyder / Straub*, Art. 46, Rn. 39, 75, 78, 108; *Staudinger / Magnus*, Art. 48, Rn. 11.

1629 *Bianca / Bonell / Will*, Art. 48, Bem. 3.1.1.; *Schlechtriem / Huber*, Art. 48, Rn. 9. *Karollus*, S. 138. Dies ergibt sich bereits aus Art. 48 Abs. 1.

1630 Problematisch ist jedoch, wenn der Verkäufer nicht mehr über weitere Stücke des ursprünglich gelieferten Modells verfügt und mit einem anderen – *commercially reasonable equivalent* – nachzuerfüllen versucht. Für die Bewertung der Zumutbarkeit *müssen* die Umstände des Einzelfalles berücksichtigt werden; daher kann die Entscheidung anders aussehen, wenn der Käufer Zwischenhändler ist oder Endnutzer. Nach verbreiteter und zutreffender Ansicht findet im Fall der Ersatzlieferung keine Vorteilsausgleichung für die üblichen Gebrauchsvorteile nach Art. 84 Abs. 2 lit. a; siehe dazu *Staudinger / Magnus*, Art. 84, Rn. 20; *MünchKomm / P. Huber*, Art. 84, Rn. 11, m.w.N.; *Schlechtriem / Leser / Hornung*, Art. 84, Rn. 10; *Krebs*, S. 68 f, m.w.N.; teilweise anders *Schulz*, S. 291, 507). Anders jedoch, wenn die unversehrte Rückgabe nicht möglich ist, der Käufer dennoch Ersatzlieferung verlangen kann (Art. 82 Abs. 2) und er selber ein Surrogat erlangt hat. Näheres dazu unten: D.III.4. Unrung ihn in unzumutbarer Weise benachteiligen würde, dann ist das Recht des Verkäufers, durch Ersatzlieferung nachzuerfüllen, ausgeschlossen; der Verkäufer wird dann dem Nacherfüllungsverlangen des Käufers nachkommen müssen[1632].

Im *zweiten* Fall ist zu unterscheiden: Zunächst stellt sich die Frage, ob eine Nachbesserung dem Käufer zumutbar ist, denn bei Unzumutbarkeit scheidet ein Wahlrecht des Verkäufers nach Art. 48 Abs. 1 automatisch aus[1633], mit der Folge, daß die vom Käufer verlangte Ersatzlieferung maßgeblich ist.

Schwieriger ist der Fall, in dem eine Nachbesserung *an sich* zumutbar ist, der Käufer aber Ersatzlieferung vorzieht. Zu berücksichtigen ist hier einerseits, daß eine wesentliche Vertragsverletzung dem Käufer grundsätzlich *alle* Rechtsbehelfe – insbesondere die *sofortige* Aufhebung des Vertrages[1634] und die Ersatzlieferung – eröffnet. Wenn der Käufer schon zum *radikalsten* Rechtsbehelf „greifen" kann, dann sollte er erst recht auf eine – vertragserhaltende – Ersatzlieferung bestehen dürfen (argumentum a maiore ad minus).

---

möglichkeit der Rückgabe im ursprünglichen Zustand, und G.IV.3. Vorteilsausgleichung. Dahingestellt bleibt, ob der Verkäufer einen Ausgleich wegen „neu für alt" verlangen kann.

1631 *Lehmkuhl*, S. 44; *Schlechtriem / Huber*, Art. 48, Rn. 16a; *Staudinger / Magnus*, Art. 48, Rn. 46.

1632 Wie oben erwähnt, sind objektive Kriterien maßgeblich, aber berechtigte Interessen subjektiver Art können die Zumutbarkeit beeinflussen; siehe *Petrikic*, S. 78; *Lehmkuhl*, S. 22, 44; *Staudinger / Magnus*, Art. 48, Rn. 14.

1633 Eine Nachbesserung kann sich aus verschiedenen Gründen als unzumutbar erweisen; etwa wenn die Reparatur vor Ort erfolgen muß und sie größere Umräum- oder Umbauarbeiten verursacht, eine besondere Mitwirkung des Käufers (z.B. auch durch Mitarbeiterfreistellung) erfordert, Betriebspausen beim Käufer verursacht, usw. (siehe *Secretariat Commentary* on Art. 44 [Art. 48 CISG], Anm. 10; *Schlechtriem / Huber*, Art. 48, Rn. 14; *Soergel / Lüderitz / Schüßler-Langeheine*, Art. 48, Rn. 8; *Staudinger / Magnus*, Art. 48, Rn. 15).
Wie oben erwähnt wurde, können *subjektive Elemente* ebenfalls eine Rolle spielen, gerade dann, wenn der Ware der Verdacht anhaftet, ein Fehler könnte jederzeit wieder auftreten. In Unterstützung dieser These kann der Fall *Zabriskie Chevrolet, Inc. v. Smith* [240 A.2d 195 (N.J. Super. Ct. Law Div. 1968)] erleuchtende Argumente geben. Hier handelte es sich um ein neu gekauftes Auto, das gleich am selben Tag – an dem es abgeholt wurde – stehen blieb. Ein Techniker aus der Werktstatt des Verkäufers stellte mehrere Mängeln fest (insgesamt mußten etwa 70 Fehler behoben werden). Auch wenn die Mängel durch eine umfangreiche Reparatur hätten vollständig behoben werden können, entschied das Gericht, man könne dem Käufer die Duldung der Reparaturarbeiten nicht zumuten, denn: „[f]or a majority of people the purchase of a new car is a major investment, rationalized by the peace of mind that flows from its dependability and safety. Once their faith is shaken, the vehicle loses not only its real value in their eyes, but becomes an instrument whose integrity is substantially impaired and whose operation is fraught with apprehension. The attempted cure in the present case was ineffective". Diese Entscheidung wird von *Lehmkuhl*, S. 37 ff ausgiebig kommentiert und das *rationale* der Entscheidung auf das UN-Kaufrecht übertragen (S. 44 ff, insbesondere bei der Beurteilung der Wesentlichkeit einer Vertragsverletzung). In Bezug auf die Nachbesserung sollte m.E. gefragt werden, ob die Reparaturmaßnahmen geeignet sind, nicht nur den *Mangel* zu beheben, sondern auch das *Vertrauen* des Käufers in die Kaufsache wiederherzustellen (vgl. *Lehmkuhl*, S. 44).

1634 Verschiedene Gerichte haben entschieden, daß ein bereits eröffnetes Aufhebungsrecht des Käufers nicht durch ein Nacherfüllungsrecht des Verkäufers eingeschränkt werden darf; siehe *Draft-Digest*, Art. 48, Anm. 2, m.w.N.

Andererseits ist zu beachten, daß dem Nacherfüllungsrecht des Verkäufers grundsätzlich eine vorrangige Stellung zukommt. Dieses steht jedoch unter dem Vorbehalt „des Artikels 49". Zweifelsohne kann der Verkäufer bei erklärter Vertragsaufhebung nicht mehr nacherfüllen[1635]. Umstritten ist, ob dieser Vorbehalt *allein* die *tatsächlich erklärte Aufhebung* des Vertrages meint[1636] oder ob bereits die *Aufhebungslage*, nämlich das Vorliegen einer wesentlichen Vertragsverletzung, ausreicht[1637]. Würde man der ersten Auffassung folgen, dann wäre ein Nacherfüllungsrecht (und damit ein Wahlrecht) des Verkäufers zu bejahen, solange die Aufhebung des Vertrages noch *nicht erklärt* ist[1638]. Wenn man bereits beim Vorliegen der Aufhebungslage den Vorrang des Nacherfüllungsrechts des Verkäufers ausscheiden läßt, dann müßte man konsequenterweise einen Vorrang des Ersatzlieferungsverlangens des Käufers anerkennen[1639].

Letztlich ist zu berücksichtigen, daß die Verfasser der Konvention die Ersatzlieferung an sehr enge Voraussetzungen geknüpft haben; daher würde ein unvertretbarer Wertungswiderspruch vorliegen, wenn der Verkäufer die Geltendmachung dieses (an sich schon eingeschränkten) Rechtsbehelfs *einseitig* weiter erschweren könnte[1640].

Aus diesen Gründen ist zu dem Schluß zu kommen, daß ein Wahlrecht des Verkäufers nur dann vorliegen kann, wenn die Vertragsverletzung nicht wesentlich ist. Auch wenn die Vertragsverletzung sich durch Nachbesserung vollständig beheben ließe, kann diese nur mit Zustimmung des Käufers erfolgen[1641].

[1635] Siehe statt aller *Staudinger / Magnus*, Art. 48, Rn. 17, m.w.N.

[1636] So *Enderlein / Maskow*, Art. 48, Bem. 1, 4; *Honnold*, § 296; *Honsell / Schnyder / Straub*, Art. 48, Rn. 35; *Witz / Salger / Lorenz*, Art. 48, Rn. 2.

[1637] So *Draft-Digest*, Art. 48, Anm. 2; *Lehmkuhl*, S. 48; *Piltz*, § 4, Rn. 65; *Schlechtriem / Huber*, Art. 48, Rn. 17 ff; *Staudinger / Magnus*, Art. 48, Rn. 22; *Schulz*, S. 254. Der Sekretariatskommentar unterscheidet zwei Situationen: Der Verkäufer kann auch beim Vorliegen einer wesentlichen Vertragsverletzung nacherfüllen (Anm. 3); dieses Recht ist ausgeschlossen, „after the *delay* amounts to a fundamental breach" obwohl der Käufer den Vertrag noch nicht aufgehoben hat (Anm. 6).

[1638] Eine spätere Aufhebung des Vertrages durch den Käufer wäre dann suspendiert, wenn der Verkäufer mit Nacherfüllungsmaßnahmen angefangen hat. Nach überwiegender Auffassung soll jedoch die *Aufhebungslage* ausreichen, weil der *verletzte* Käufer es in der Hand haben soll, die Folgen einer wesentlichen Vertragsverletzung zu bestimmen. Hinzu kommt die historische Interpretation von Art. 48 Abs. 1: Im UNCITRAL-Entwurf konnte der Verkäufer nacherfüllen, „unless the buyer *has declared* the contract *avoided*". Diese Formulierung wurde durch die jetzige ersetzt („Vorbehaltlich des Artikels 49..."); darin ist eine gewollte Einschränkung des Nacherfüllungsrechts zu sehen. Siehe dazu O.R., S. 343, Anm. 66 (und die Diskussion zuvor) und S. 351 f, insbesondere die Erläuterung von *Rognlien* (Anm. 9), zur Bedeutung des Änderungsvorschlags zu Art. 44 [48 CISG], der am Ende doch übernommen wurde: „the buyer *must* retain the right to declare the contract avoided".

[1639] An dieser Stelle soll an die Problematik erinnert werden, daß eine wesentliche Vertragsverletzung häufig geleugnet wird, solange die Behebung der Vertragswidrigkeit in zumutbarer Weise möglich und der Verkäufer dazu bereit ist. Verneint man die Wesentlichkeit der Vertragsverletzung, dann scheidet der Ersatzlieferungsanspruch des Käufers – und damit sein Wahlrecht – ebenfalls aus. Einer solchen Auffassung kann nicht gefolgt werden. Dazu oben: D.I.3.b). Beziehung zwischen der Behebbarkeit der Vertragswidrigkeit und der Wesentlichkeit der Vertragsverletzung.

[1640] Ähnlich *Schlechtriem / Huber*, Art. 48, Rn. 19.

[1641] *Lehmkuhl*, S. 48; *Staudinger / Magnus*, Art. 48, Rn. 22. Siehe dazu den in Art. 48 Abs. 2 – IV geregelten „Mechanismus"; a.A. *MünchKommHGB / Benicke*, Art. 46, Rn. 28.

Im *dritten* Fall, in dem der Käufer Ersatzlieferung verlangt, ohne dazu berechtigt zu sein, ist der Verkäufer an das Begehren des Käufers nicht gebunden. Dennoch kann er auf die „Schwelle" der wesentlichen Vertragsverletzung des Art. 46 II aufgrund seiner in Art. 6 verankerten Dispositionsfreiheit verzichten[1642].

4. Zwischenergebnis

Das Wahlrecht zwischen den auszuübenden Rechtsbehelfen steht grundsätzlich dem Käufer zu. Dieses Wahlrecht wird häufig gegenstandslos, weil das Nacherfüllungsrecht des Verkäufers gegenüber Art. 46 Vorrang hat, so daß der Verkäufer auf andere Weise erfüllen und dadurch den Nacherfüllungsanspruch des Käufers (zusammen mit dessen Wahlrecht) „suspendieren" oder „durchkreuzen" kann. Dieser Vorrang ist nur zu bejahen, solange keine wesentliche Vertragsverletzung vorliegt. Liegt eine solche Verletzung vor, so kann der Verkäufer sein Nacherfüllungsrecht nur mit Zustimmung des Käufers ausüben. In der Praxis wird jedoch die Wahl der Art der Nacherfüllung häufig dem Verkäufer (ausdrücklich oder stillschweigend) überlassen, etwa wenn der Käufer bei Geltendmachung seines Nacherfüllungsanspruchs „*entweder* Nachbesserung oder Ersatzlieferung" verlangt[1643], oder wenn der Kaufvertrag das Wahlrecht dem Verkäufer überläßt[1644].

5. Übergang zu anderen Rechtsbehelfen

Der Käufer bleibt an einen einmal gewählten Erfüllungsanspruch nicht endgültig gebunden, so daß er auf andere Rechtsbehelfe übergehen kann, wenn der Verkäufer keine ordnungsgemäße Erfüllung erbracht hat[1645]. Wurde eine Nacherfüllungsfrist gesetzt, dann ist der Käufer vorläufig gebunden (Art. 47 II S. 1); vor Ablauf dieser Frist kann er ohne Einverständnis des Verkäufers nicht auf andere Rechtsbehelfe übergehen, es sei denn, daß der Verkäufer die Erfüllung verweigert oder deutlich macht, daß er innerhalb dieser Frist nicht erfüllen wird.

6. Rechtslage nach dem BGB

Nach ausdrücklicher Regelung von § 439 Abs. 1 steht dem Käufer ein Wahlrecht zwischen den beiden Erfüllungsvarianten zu. Diese Lösung ist in der Literatur stark kritisiert worden[1646], insbesondere weil sie den Verkäufer – der aufgrund seiner *Sachnähe*

[1642] *Schlechtriem,* IPRax 1996, S. 256.

[1643] Das ist aus der Rechtsprechung deutlich zu entnehmen; siehe LG Oldenburg, 6.7.1994, 12 O 301/93, CISG-online Nr. 274; LG Berlin, 15.9.1994, 52 S 247/94, CISG-online Nr. 399; Cour d'appel de Versailles, 29.1.1998, Arrêt n° 56, R.G. n° 1222/95, Sté Giustina International v. Sté Perfect Circle Europe), CISG-online Nr. 337.

[1644] Siehe z.B. Mustervertrag bei *Piltz,* UN-Kaufrecht, S. 145: „3.4. – Irrespective of the Buyers (sic) remedies, the Seller is entitled to repair non-confoming Contract Products or to supply substitute goods".

[1645] *Piltz,* § 5, Rn. 193; *Diez-Picazo / López López,* Art. 46, S. 418; *Bianca / Bonell / Will,* Art. 46, Bem. 2.1.2.

[1646] Siehe *P. Huber,* NJW 2002, 1005; *Grundmann / Bianca / Bianca,* Art. 3, Rn. 57, 65); *Honsell,* JZ 2001: „sachwidrig", „in der Sache unbillig" (S. 279, 281); zu einem Wahlrecht des Käufers weiterhin kritisch: *Boerner,* ZIP 2001, S. 2268 (m.w.N. auf Fn. 55); *Bamberger / Roth / Faust,* § 439, Rn. 8; *Canaris,* Schuldrechtsmodernisierung, S. XXV; *Jacobs,* in: Dauner-Lieb / Konzen / Schmidt, S. 375, besser in der Lage ist, die für die Herbeiführung seiner Erfüllungspflicht erforderlichen Maßnahmen zu bestimmen – unnötigerweise belastet und weil es „die Interessenlage des Käufers nicht gebietet, ihm das Wahlrecht zu geben“[1647]. Ein Wahlrecht des Käufers war aber von der Verbrauchsgüterkaufrichtlinie vorgegeben (siehe Art. 3 III S. 1 EG-Richtlinie und Erwägungsgrund Nr. 10), so daß der deutsche Gesetzgeber kaum in der Lage war, im Regelungsbereich der Richtlinie eine hiervon abweichende Lösung zu treffen. Mit dem Hintergedanken, der Verkäufer – der mit der mangelhaften Lieferung eine Pflichtverletzung begangen und damit die Rechtsbehelfe des Käufers aufgelöst hat – sei über die Verweigerungsmöglichkeit hinreichend geschützt (§ 439 III), hat der Gesetzgeber auf eine abweichende Regelung für andere Kaufverträge außerhalb des Verbrauchsgüterkaufs verzichtet[1648].

Die *Ausübung* des Wahlrechts des Käufers stellt einen Fall von *elektiver Konkurrenz* dar[1649], da mehrere Ansprüche (oder Gestaltungsrechte) mit unterschiedlichem Inhalt alternativ konkurrieren[1650]. Daraus folgt ein *ius variandi* des Käufers, das ein späteres Überwechseln auf die andere Erfüllungsvariante i.d.R. ermöglicht, solange der Verkäufer noch nicht erfüllt hat und der Übergang nicht gegen Treu und Glauben verstößt[1651]. Dies ist insbesondere dann von Bedeutung, wenn die gewählte Erfüllungsvariante nachträglich unmöglich wird. Würde man, wie in der Literatur teilweise vertreten, eine Wahlschuld annehmen[1652], dann wäre der Gläubiger an seine Entscheidung gebunden und die gewählte Art der Nacherfüllung würde als „von Anfang an“ geschuldet gelten (§ 263 II)[1653]. Rechtspolitisch läßt sich diese Lösung nicht begründen, weil sie den Interessen weder des Käufers noch des Verkäufers Rechnung trägt[1654].

---

m.w.N.; *MünchKomm / Westermann*, § 439, Rn. 3: „Rechtspolitisch fragwürdig“; *Zimmer / Eckhold*, JURA 2002, S. 148, m.w.N. Dieses Recht stand nach § 438 Abs. 1 S. 2 des BGB-KE *dem Verkäufer* zu (dies ist auf *Huber*, Leistungsstörungen, in: Gutachten und Vorschläge, S. 664, zurückzuführen). Eingehend zur Interessenlage der Parteien im Hinblick auf das Wahlrecht siehe *Schulz*, S. 460 ff, 470 (der sich im Ergebnis für ein Wahlrecht des Käufers ausspricht).

1647 So die Kommission zur Überarbeitung des Schuldrechts (siehe Abschlußbericht, S. 212); die Kommission hat die Frage „eingehend erörtert“, wem das Wahlrecht über die auszuübende Erfüllungsvariante zustehen sollte; das Wahlrecht wurde damals dem Verkäufer überlassen.

1648 Siehe BT-Drucks. 14/6040, S. 231. Daher wird in der Literatur angenommen, das Wahlrecht des Käufers bestehe nur dann, wenn der Kostenunterschied zwischen beiden Nacherfüllungsvarianten gering ist; *Bitter / Meidt*, ZIP 2001, S. 2122.

1649 *Oetker / Maultzsch*, S. 81 f; *Spickhoff*, BB 2003, *passim*; *Bamberger / Roth / Faust*, § 439, Rn. 9, m.w.N.; *Canaris*, in: Karlsruher Forum, S. 75; *Jacobs*, in: Dauner-Lieb / Konzen / Schmidt, S. 376 f; *Palandt / Putzo*, § 439, Rn. 5; *Staudinger / Matusche-Beckmann*, § 439, Rn. 7. (A.A. *Jauernig / Chr. Berger*, § 439, Rn. 9; *AnwaltKomm / Büdenbender*, § 439, Rn. 1: „Wahlschuld“).

1650 *Jauernig / Stadler*, § 262, Rn. 4; *Spickhoff*, BB 2003, S. 592.

1651 *Jacobs*, in: Dauner-Lieb / Konzen / Schmidt, S. 377; *Oetker / Maultzsch*, S. 81; *Spickhoff*, BB 2003, S. 592; skeptisch dazu *Erman / Grunewald*, § 439, Rn. 6.

1652 *AnwaltKomm / Büdenbender*, § 439, Rn. 1; *Jauernig / Chr. Berger*, § 439, Rn. 9; i.E. auch *Palandt / Putzo*[62], § 439 (und Ergänzungsband zur 61. Aufl.), Rn. 6, 8: „Gestaltungswirkung“; so auch *Erman / Grunewald*, § 439, Rn. 6.

1653 Zu den Grenzen und „Härten“ der Einordnung des Wahlrechts des Käufers als Wahlschuld eingehend *Spickhoff*, BB 2003, S. 590 f.

1654 Siehe *Spickhoff*, BB 2003, a.a.O., m.w.N. Aus einem weiteren Grund könnte sich die Annahme einer Wahlschuld als zweifelhaft erweisen, nämlich, weil die Nachbesserung und die Ersatzlieferung

Hinzu kommt, daß das Gesetz – im Hinblick auf die Unmöglichkeit der gewählten Art der Nacherfüllung und auf das Verweigerungsrecht des Verkäufers – ein nachträgliches Überwechseln auf die andere Erfüllungsvariante zuläßt (§ 439 III S. 1 und 3)[1655].

7. Vergleich zwischen UN-Kaufrecht und BGB

Welcher Partei das Wahlrecht zwischen den verschiedenen Erfüllungsansprüchen zusteht, ist im UN-Kaufrecht nicht ausdrücklich geregelt. Der von den Verfassern der Konvention verwendete Wortlaut ist mißverständlich und läßt keine sichere und endgültige Beantwortung dieser Frage zu. Nach der hier vertretenen Auffassung steht die Wahl dem Verkäufer zu, solange keine wesentliche Vertragsverletzung vorliegt. Die Entscheidung des BGB, dem Käufer in allen Fällen die Wahl zu überlassen, ist aus verschiedenen Gründen kritisiert worden; dennoch erweist sich diese Lösung als positiv, denn sie vermeidet die im UN-Kaufrecht herrschende Ungewißheit. Daher steht das Wahlrecht dem Käufer zu; der Verkäufer kann die vom Käufer gewählte Nacherfüllungsalternative bei Unverhältnismäßigkeit der Kosten jedoch verweigern. Ob der Verkäufer durch diese Verweigerungsmöglichkeit *hinreichend* geschützt ist, bleibt dahingestellt.

Rechtsbehelfe sind, die nicht *von vornherein* (nämlich als Folge des Vertrages) geschuldet werden, sondern erst in Folge einer Vertragsverletzung. Zwar wird eine Wahlschuld nach deutschem Recht auch dann angenommen, wenn der Gläubiger zwischen verschiedenen Leistungs*modalitäten* wählen kann (*Jauernig / Stadler*, § 262, Rn. 1, m.w.N.), aber dies scheint mehr auf die Primärleistungspflicht bezogen zu sein.

[1655] *Jacobs*, in: Dauner-Lieb / Konzen / Schmidt, S. 376. Aus ähnlichen Gründen ließe sich m.E. das Wahlrecht des Käufers nach UN-Kaufrecht (solange ihm ein solches Wahlrecht zusteht) als Fall elektiver Konkurrenz auffassen.

G. Folgen der Ausübung eines (Nach)Erfüllungsanspruchs

An dieser Stelle sind die Rechtsfolgen von Nacherfüllungsansprüchen zu erforschen. Letztere richten sich – wie an anderer Stelle bereits erörtert wurde – auf die Beseitigung einer bereits eingetretenen Vertragsverletzung. Für die Bestimmung der Rechtsfolgen sind daher der Inhalt der Vertragspflicht und die Art der Verletzung von großer Bedeutung. Bei Lieferung vertragswidriger Ware konkretisieren sich die Nacherfüllungsansprüche auf die Formen Ersatzlieferung oder Nachbesserung gemäß Art. 46 II und III.

I. Einführung

Bei Geltendmachung von Erfüllungsansprüchen aus Art. 46 Abs. 1 bleiben die Rechte und Pflichten der Parteien grundsätzlich unverändert bestehen[1656]. In Bezug auf den Zeitpunkt der Erfüllung wird allerdings häufig eine Anpassung erforderlich sein[1657], nicht nur dann, wenn der für die Erfüllung maßgebliche Zeitpunkt bereits überschritten wurde. Dagegen hat sich der Verkäufer durch die Lieferung mangelhafter Ware in gewisser Hinsicht schutzwürdig gemacht[1658]. Daher besteht der Erfüllungsanspruch *in gewandelter Form* – d.h. als Ersatzlieferungs- oder Nachbesserungsanspruch – weiter fort.

Die Ausübung eines Nacherfüllungsanspruchs entfaltet selbst *keine Gestaltungswirkung*[1659], unabhängig davon, ob der Anspruch aus Art. 46 Abs. 1 oder aus Abs. 2 und 3 gegeben ist. Daher ist ein späteres Übergehen zu anderen Rechtsbehelfen nicht von vornherein ausgeschlossen[1660]. Dennoch kann aus Treu und Glauben eine *vorläufige Sperre* eintreten, so daß der Käufer, der einen bestimmten Nacherfüllungsanspruch geltend gemacht hat, für einige Zeit an dieses Verlangen gebunden bleibt[1661]. Das Übereinkommen sagt nicht, wann der Verkäufer die Nacherfüllung zu erbringen hat. Hierfür sollte m.E. in Anlehnung an Art. 30 lit. c eine angemessene Frist gelten, wenn die Parteien nichts anderes vereinbart haben.

II. Stillschweigende Nachfrist?

Es stellt sich die Frage, ob im Rahmen eines Nacherfüllungsverlangens eine Nachfrist *stillschweigend* in Gang gesetzt wird. Dafür sprechen verschiedene Gründe: Die Setzung einer Nachfrist hängt unbedingt mit einem Erfüllungsverlangen zusammen. Dies ergibt sich unmittelbar aus dem Wortlaut von Art. 47 Abs. 1: Der Käufer kann dem

---

1656 *Bianca / Bonell / Will,* Art. 46, Bem. 2.1.2.; *Staudinger / Magnus,* Art. 46, Rn. 30.
1657 Siehe *Aicher,* in: Hoyer / Posch, S. 141; *Schlechtriem / Leser / Hornung,* Vor Artt. 81-84, Rn. 4.
1658 Vgl. *Bianca / Bonell / Will,* Art. 47, Bem. 2.2.2.
1659 *Schlechtriem / Huber,* Art. 45, Rn. 21 ff; *Staudinger / Magnus,* Art. 46, Rn. 31; *Schulz,* S. 285.
1660 *Staudinger / Magnus,* Art. 46, Rn. 30.
1661 *Honsell / Schnyder / Straub,* Art. 47, Rn. 26; *Schlechtriem / Huber,* Art. 46, Rn. 23.

Verkäufer eine angemessene Nachfrist *zur Erfüllung* setzen. Gleichzeitig wird der Erfüllungsanspruch – in jeder seiner Konkretisierungsformen – durch die Setzung einer Nachfrist *ergänzt*[1662].

Hat der Verkäufer zum vertraglich vereinbarten Zeitpunkt mangelhafte Ware geliefert, dann impliziert jedes Nacherfüllungsverlangen *unbedingt* eine Verlängerung der Erfüllungsfrist[1663], wenn der Erfüllungstermin bereits verstrichen ist oder wenn – aus der Sicht einer vernünftigen Person i.S.v. Art. 8 – die Nacherfüllung erst nach diesem Zeitpunkt erfolgen kann[1664]. Infolgedessen kann der Käufer, der Ersatzlieferung (oder eine andere Art der Erfüllung) verlangt hat, vor Ablauf einer gewissen Zeit nicht die Aufhebung des Vertrages erklären oder andere, mit dem Erfüllungsverlangen unvereinbare Rechtsbehelfe ausüben[1665]. Im Ergebnis heißt dies, daß jedem Nacherfüllungsverlangen eine *Bindungswirkung* zukommt; dies ist auch dann der Fall, wenn eine Frist i.S.v. Art. 47 Abs. 1 *nicht* wirksam gesetzt wurde[1666].

Der Grund für diese Bindungswirkung liegt im Verbot des *venire contra factum proprium*, das im Grundsatz von Treu und Glauben verankert ist[1667]; es könnte ebenfalls aus einer *analogen* Anwendung von Art. 47 abgeleitet werden. In Art. 47 werden für die wirksame Setzung einer Nachfrist strikte Maßstäbe gesetzt, insbesondere die *Mitteilung*, die *Bestimmtheit* der Frist und ihre *Angemessenheit*[1668]. Diese Voraussetzungen sind – zum Schutz des Verkäufers – einzuhalten, weil der Käufer daraus Rechte

---

[1662] Siehe *Bianca / Bonell / Will*, Art. 47, Bem. 1.1.; ähnlich *Honsell / Schnyder / Straub*, Art. 47, Rn. 12; *Piltz*, § 5, Rn. 131, 179. Ein Recht des Käufers, eine Nachfrist zu setzen, wird allgemein anerkannt, auch wenn es keine ausdrückliche Ermächtigung im Gesetz dafür gäbe. Siehe *Soergel / Lüderitz / Schüßler-Langeheine*, Art. 47, Rn. 1 (Art. 47 Abs. 1 „besagt Selbstverständliches"; ähnlich *Schlechtriem / Huber*, Art. 47, Rn. 1.

[1663] In diese Richtung *Aicher*, in: Hoyer / Posch, S. 141: „Wenn der Käufer Ersatzlieferung verlangt, besitzt der ursprüngliche Liefertermin nicht mehr vertragswesentliche Relevanz". Ähnlich *Schlechtriem / Leser / Hornung*, Vor Artt. 81-84, Rn. 4: Bei Ersatzlieferung bestehen die Vertragsregeln weiter fort, aber „hinsichtlich der zeitlichen Durchführung bedarf es der Anpassung". Dieser Gedanke ist auf das Nachbesserungsverlangen ohne weiteres übertragbar.

[1664] Dafür spricht folgender Grund: Wenn der Käufer im Fall eines antizipierten Vertragsbruchs die Aufhebung des Vertrages erklären kann (Art. 72 Abs. 1), vielmehr soll er das Recht haben, auf Erfüllung zu bestehen, auch durch Gewährung einer Gnadenfrist zur Erweiterung des Erfüllungstermins. In solchen Fällen kann diese Nachfrist erst mit dem Liefertermin anzulaufen beginnen. Ähnlich *Piltz*, § 5, Rn. 234, der die Möglichkeit der Setzung einer Nachfrist vor Überschreitung des Liefertermins ausdrücklich zuläßt (allerdings in einem anderen Kontext, nämlich in Fällen der Nichtlieferung). a.A. *Honsell / Schnyder / Straub*, Art. 47, Rn. 14; *Schlechtriem / Huber*, Art. 47, Rn. 14; *Staudinger / Magnus*, Art. 47, Rn. 14.

[1665] *Piltz*, § 5, Rn. 181; *Soergel / Lüderitz / Schüßler-Langeheine*, Art. 46, Rn. 14; *Staudinger / Magnus*, Art. 46, Rn. 30 (und Rn. 66, wo dieser Autor von einer „Frist zur Vornahme der Reparatur" spricht).

[1666] *Honsell / Schnyder / Straub*, Art. 47, Rn. 26. Anscheinend a.A. *Schlechtriem / Huber*, Art. 47, Rn. 18, Fn. 31. Für die Erfordernisse einer Nachfrist ausführlich oben: A. II. 2. c). Nachfristsetzung.

[1667] Siehe *Schlechtriem / Huber*, Art. 47, Rn. 4, Art. 45, Rn. 23 („rechtsmißbräuchlich"); *Honsell / Schnyder / Straub*, Art. 47, Rn. 26; *Soergel / Lüderitz / Schüßler-Langeheine*, Art. 47, Rn. 5, m.w.N.; ähnlich *Staudinger / Magnus*, Art. 46, Rn. 30.

[1668] Vgl. *Staudinger / Magnus*, Art. 47, Rn. 15 ff; *Herber / Czerwenka*, Art. 47, Rn. 3 f).

herleiten will (insbesondere das Recht auf Vertragsaufhebung gemäß Art. 49 Abs. 1 lit. b)). Daher obliegt dem Käufer die Einhaltung der Voraussetzungen seiner Nachfrist. Fehlen diese Voraussetzungen, etwa weil diese zu unbestimmt war oder weil die Erklärung des Käufers „zu vorsichtig" formuliert wurde, so daß sie vom Verkäufer nicht als Nachfrist erkannt werden konnte, dann wird sich der Käufer auf diese (nicht wirksam gesetzte) Nachfrist nicht berufen können. In solchen Fällen kommt der Nachfrist der Charakter einer (einfachen) Mahnung zu. Auch in diesen Fällen ist der Käufer gebunden[1669], wenn das Erfüllungsverlangen dem Verkäufer zugegangen ist[1670] und dieser schon „Schritte zur Erfüllung" eingeleitet hat[1671].

Daher kann man unter den oben genannten Umständen annehmen, daß durch die Ausübung eines Nachlieferungsanspruchs stillschweigend eine Frist von angemessener Zeit in Gang gesetzt wird[1672], deren einzige Folge ist, die Ausübung anderer Rechtsbehelfe wegen einer Vertragsverletzung vorläufig zu suspendieren (Art. 47 II).

III. Erfüllungsanspruch nach Art. 46 Abs. 1

Der sekundäre Erfüllungsanspruch aus Art. 46 Abs. 1 umfaßt *alle* Ansprüche des Käufers, die aus dem konkreten Schuldverhältnis entstanden sind und einer Vertragsverletzung folgen[1673]. Die Ansprüche ergeben sich aus dem Vertrag, aus Handelsbräuchen und Gepflogenheiten, aus Treu und Glauben und aus ergänzenden Bestimmungen der Konvention[1674]. Umfaßt werden die Ansprüche auf Lieferung vertragsgemäßer Ware oder einer fehlenden Menge, auf Übergabe von Dokumenten, auf Übertragung des Eigentums, auf Lieferung am maßgeblichen Ort, auf Beseitigung von Defekten der Dokumente[1675], usw. sowie Unterlassungs- und sonstige Handlungspflichten, Schutz-, Aufklärungs- und Warnpflichten, usw.[1676]. Hat der Verkäufer jedoch vertragswidrige Ware geliefert, dann kommen Abs. 2 und 3 zur Anwendung, die den Erfüllungsanspruch des Käufers teilweise einschränken[1677].

Der Käufer kann seinen Anspruch auf Erfüllung gegenüber dem Verkäufer durch eine ausdrückliche oder schlüssige Erklärung ausüben[1678]. Diese Erklärung ist lediglich

---

[1669] *Schlechtriem / Huber*, Art. 47, Rn. 7.
[1670] *Schlechtriem / Huber*, Art. 47, Rn. 16.
[1671] *Staudinger / Magnus*, Art. 46, Rn. 30.
[1672] Eine Nachfrist *ipso iure* wird für das BGB vertreten, die allein durch die Aufforderung zur Nacherfüllung in Gang gesetzt wird; siehe *Gsell*, JZ 2001, 67, Fn. 33.
[1673] *Staudinger / Magnus*, Art. 46, Rn. 10; *Bianca / Bonell / Will*, Art. 46, Bem. 2.1. ff.
[1674] Vgl. *Schlechtriem / Huber*, Art. 30, Rn., 9; *Staudinger / Magnus*, Art. 30, Rn. 14 ff. Zu diesem Thema siehe ferner: B. IV. Inhalt des Erfüllungsanspruchs.
[1675] *Schlechtriem / Huber*, Art. 46, Rn. 9.
[1676] Siehe ferner *Schlechtriem / Huber*, Art. 45, Rn. 3.
[1677] *Honsell / Schnyder / Straub*, Art. 46, Rn. 44.
[1678] Art. 46 Abs. 1: „Der Käufer kann *vom Verkäufer* Erfüllung seiner Pflichten *verlangen...*"; siehe auch *Piltz*, § 5, Rn. 179, 181; *Honsell / Schnyder / Straub*, Art. 46, Rn. 33.

absendebedürftig (Art. 27)[1679]; keiner Vorschrift des Übereinkommens läßt sich entnehmen, daß ein Erfüllungsverlangen vom Verkäufer empfangsbedürftig ist. Das Übermittlungsrisiko trägt daher der Verkäufer[1680]. Die Erklärung des Käufers muß allerdings zugangsfähig sein. Für die Ausübung von Nacherfüllungsansprüchen aus Art. 46 Abs. 1 ist – im Unterschied zu Abs. 2 und 3 – keine Frist vorgesehen[1681]. Jedoch kann der Käufer das Recht verwirken, diese Rechte auszuüben, wenn der Verkäufer Ablauf einer langen Zeit darauf vertrauen darf, daß der Käufer keinen Anspruch mehr geltend machen wird[1682] . Wie oben gesagt wurde, bestehen die vertraglichen Rechte und Pflichten der Parteien unverändert weiter fort[1683]. Dies ist auch dann der Fall, wenn der Erfüllungsanspruch zusammen mit einer Nachfrist geltend gemacht wurde; eine Umgestaltung der Vertragslage ist nicht anzunehmen[1684]. Die Tatsache, daß der Erfüllungstermin bereits überschritten wurde, berechtigt jedoch den Käufer, Ersatz von Verzögerungsschäden zu verlangen (Art. 47 II S. 2).

IV. Erfüllungsanspruch nach Art. 46 Abs. 2

Hat der Verkäufer vertragswidrige Ware geliefert und damit eine wesentliche Vertragsverletzung begangen, ist der Käufer berechtigt, Ersatzlieferung zu verlangen. Diese ist auf den vollständigen Austausch der nicht vertragsgemäßen Ware gegen vertragskonforme Ware gerichtet[1685]. Daher hat der Verkäufer eine erneute Lieferung zu erbringen, und der Käufer ist zur Rückgabe der (bei der Erstlieferung erhaltenen) vertragswidrigen Ware verpflichtet[1686]. Außerdem hat der Käufer die zur Erhaltung der Ware erforderlichen Maßnahmen zu treffen (Art. 86 - 88)[1687]. Wie an anderer Stelle erwähnt, hat ein Ersatzlieferungsverlangen an sich keine Gestaltungswirkung[1688] und der ursprüngliche Vertrag und dessen Bestimmungen bestehen weiter fort[1689].

[1679] Vgl. *Staudinger / Magnus,* Art. 27, Rn. 10; i.E. auch *Honsell / Karollus,* Art. 27, Rn. 3 f. Dies gilt für alle Fälle des Art. 46.

[1680] *Honsell / Karollus,* Art. 27, Rn. 16.

[1681] *Staudinger / Magnus,* Art. 46, Rn. 28a, 30; *Schlechtriem / Huber,* Art. 49, Rn. 35; *Honsell / Schnyder / Straub,* Art. 46, Rn. 34.

[1682] *Staudinger / Magnus,* Art. 46, Rn., 28a; *Vahle,* ZVglRWiss 98 (1999), S. 61 f. Für die Verwirkung als allgemeiner Grundsatz der Konvention i.S.v. Art. 7 Abs. 2 (und daher als geregelte Rechtsfrage) siehe: *Schlechtriem / Ferrari,* Art. 4, Rn. 42, Art. 7, Rn. 51 (m.w.N.); *Staudinger / Magnus,* Art. 4, Rn. 53; *Schlechtriem*[2], Rn. 48. Die Verwirkung leitet sich aus dem Gebot ab, nach Treu und Glauben zu handeln bzw. aus dem Verbot, sich auf ein widersprüchliches Handeln zu berufen.

[1683] *Bianca / Bonell / Will,* Art. 46, Bem. 2.1.2.; *Staudinger / Magnus,* Art. 46, Rn. 30.

[1684] Nach überwiegender Auffassung bedeutet die Setzung einer Nachfrist keine Umgestaltung der Vertragslage; siehe statt aller *Staudinger / Magnus,* Art. 46, Rn. 30. Eine Änderung des Vertrages ist – aufgrund mangelnden Änderungswillens – im Zweifel nicht anzunehmen.

[1685] *Honsell / Schnyder / Straub,* Art. 46, Rn. 73; *Staudinger / Magnus,* Art. 46, Rn. 50.

[1686] Vgl. *Schlechtriem / Huber,* Art. 46, Rn. 53; *Schlechtriem / Leser / Hornung,* Vor Art. 81-84, Rn. 4.

[1687] *Adame,* S. 292.

[1688] *Staudinger / Magnus,* Art. 46, Rn. 31; *Schulz,* S. 285.

[1689] *Schlechtriem / Leser / Hornung,* Vor Artt. 81-84, Rn. 4; *Schulz,* S. 285.

Voraussetzung für die Ausübung eines Ersatzlieferungsanspruchs ist eine entsprechende Erklärung des Käufers an den Verkäufer[1690]. Dies ergibt sich bereits aus Art. 46 II i.V.m. Art. 39 Abs. 1: Der Käufer kann Ersatzlieferung verlangen, wenn er die Ersatzlieferung *zusammen mit der Anzeige nach Artikel 39* – die gegenüber dem Verkäufer erfolgt – verlangt, oder innerhalb einer angemessenen Frist danach. Daher gilt das Ersatzlieferungsverlangen als außerprozessualer Rechtsbehelf und die Mitwirkung eines Gerichts ist grundsätzlich nicht erforderlich.

Bei unterlassener Erbringung der Ersatzlieferung durch den Verkäufer kann der Käufer diesen Anspruch mit einer *Ersatzlieferungsklage* geltend machen[1691]. Auch wenn hierfür Art. 28 zu beachten ist, wird die Durchsetzbarkeit einer solchen Klage meistens unproblematisch sein, da die meisten Rechtsordnungen einen Erfüllungsanspruch in der Form der Ersatzlieferung zulassen[1692]. Im Rahmen der Ersatzlieferung stellt sich ferner die Frage, ob der Käufer den Verkäufer zur Vornahme der Ersatzlieferung auffordern muß, oder ob er die entsprechende Klage sofort erheben kann[1693]. Aus der Überlegung, daß die Ersatzlieferung durch Erklärung gegenüber dem Verkäufer erfolgt und aus dem Grundsatz der Kooperation zwischen den Parteien[1694], ist grundsätzlich zu entnehmen, daß der Käufer den Verkäufer *zuerst* zur Ersatzlieferung auffordern soll[1695]. Aber die gegensätzliche Auffassung ist ebenfalls vertretbar: Da der Käufer zur Nachfristsetzung nicht verpflichtet ist, braucht er den Verkäufer nicht erneut zur Erfüllung aufzufordern, sondern kann direkt darauf klagen. In der Regel wird der Käufer die Ersatzlieferung zunächst vom Verkäufer verlangen und erst wenn dieser untätig bleibt wird er den gerichtlichen Weg beschreiten. Sollte der Käufer von vornherein Zweifeln an einer ordnungsgemäßen Erfüllung des Vertrages durch den Verkäufer haben oder ist die sofortige Erfüllung für den Käufer von großer Bedeutung, dann ist eine sofortige Erhebung der Ersatzlieferungsklage m.E. unbedenklich.

Bei der Ausführung eines Ersatzlieferungsanspruchs kann der Verkäufer sogar verpflichtet sein, Waren von einem anderen Hersteller zu besorgen, wenn er das Beschaffungsrisiko übernommen hat[1696]. Da aber der Nacherfüllungsanspruch nicht weiterreichen kann als der ursprüngliche Erfüllungsanspruch aus dem Vertrag, kann sich die

---

[1690] *Honsell / Schnyder / Straub*, Art. 46, Rn. 64.
[1691] *Honsell / Schnyder / Straub*, Art. 46, Rn. 74.
[1692] Siehe unten: I. Beziehung zwischen Art. 28 und Art. 46 Abs. 3.
[1693] So *Adame*, S. 291.
[1694] Eine Kooperationspflicht der Parteien als allgemeiner Grundsatz der Konvention ist in der Literatur und Rechtsprechung mehrmals vertreten worden. Siehe u.a. OGH, 6.2.1996, 10 Ob 518/95, CISG-online Nr. 224.
[1695] Zu einem ähnlichen Ergebnis kommt man über die Schadensminderungspflicht der Parteien. Die Einleitung eines Prozesses ist nicht nur zeitaufwendiger, sondern häufig auch mit hohen Kosten verbunden, die vom Prozeßverlierer i.d.R. zu tragen sind (wer die Prozeßkosten zu tragen hat, ist in der Konvention nicht geregelt. Diese Frage entscheidet sich nach der *lex fori*; allerdings folgen die verschiedenen Rechtsordnungen ganz unterschiedlichen Lösungsansätzen bezüglich der Voraussetzungen, Höhe, bzw. der Qualifikation des Anspruchs (ob sie als Schadensersatz oder aus anderen Gründen zuzusprechen sind.
[1696] *Piltz*, § 5, Rn. 155; *Schlechtriem / Stoll*, Art. 79, Rn. 30; *Schulz*, S. 286; *Staudinger / Magnus*, Art. 79, Rn. 22.

Leistung des Verkäufers auf einen bestimmten Vorrat, eine bestimmte Produktion oder eine bestimmte Ernte beschränken[1697]. Hierfür sind die Auslegung des Vertrages und die Umstände des Einzelfalles zu berücksichtigen. Ist der Verkäufer selbst Hersteller, dann wird man in der Regel davon ausgehen, daß er sich nicht zur Beschaffung von Waren aus einer anderen Quelle hatte verpflichten wollen. Anders ist zu entscheiden, wenn es sich um einen Zwischenhändler handelt; bei Gattungsware ist im Zweifel von einem Beschaffungsrisiko des Verkäufers auszugehen[1698].

1. Rückgabepflicht der vertragswidrigen Ware

Die Ausübung eines Ersatzlieferungsanspruchs impliziert eine Pflicht des Käufers zur Rückgabe der erhaltenen (vertragswidrigen) Ware[1699]. Dies ergibt sich aus dem Begriff der Ersatzlieferung selbst, aber auch aus einem Umkehrschluß aus Art. 82 Abs. 1, der den Rechtsbehelf der Ersatzlieferung bei Unmöglichkeit der Rückgabe ausschließt[1700]. Hatte der Käufer bereits Eigentum an der mangelhaften Ware erlangt, dann ist er auch zur Rückübereignung dieser Ware verpflichtet[1701].

Die Rückgabe hat grundsätzlich an dem Ort, an dem sich die vertragswidrige Ware bestimmungsgemäß befindet, zu erfolgen[1702]. Ist der Käufer nicht imstande, die Ware unversehrt zurückzugeben, dann ist sein Anspruch auf Ersatzlieferung gemäß Art. 82 Abs. 1 ausgeschlossen, es sei denn, daß eine der Ausnahmen aus Art. 82 II vorliegt[1703]. Hat der Käufer seinen Ersatzlieferungsanspruch zu einem Zeitpunkt geltend gemacht, als ihm die unversehrte Rückgabe noch möglich war, dann geht der Untergang zu Lasten des Verkäufers[1704].

2. Zurückbehaltungsrecht des Käufers?

Umstritten ist, ob die Parteien zur Rückgabe Zug um Zug verpflichtet sind, oder ob die beiderseitigen Leistungen unabhängig voneinander erfolgen können. Im Zusammenhang hiermit steht die Frage, ob die Konvention einer Partei ein Zurückbehaltungsrecht gewährt. Nach der hier vertretenen Auffassung ist ein Recht des Käufers, die vertragswidrige Ware bis zur Lieferung einer vertragskonformen Ware zurückzubehalten, grundsätzlich abzulehnen: Aus der Konvention läßt sich ein allgemein geltendes Zurückbehaltungsrecht nicht ableiten[1705].

[1697] *Piltz*, § 5, Rn. 155; *Schulz*, S. 286.

[1698] *Schlechtriem / Stoll*, Art. 79, Rn. 30; *Staudinger / Magnus*, Art. 79, Rn. 22, jeweils m.w.N.

[1699] Vgl. *Schlechtriem / Huber*, Art. 46, Rn. 53; *Schlechtriem / Leser / Hornung*, Vor Art. 81-84, Rn. 4.

[1700] *Ziegler* (S. 145) leitet diese Pflicht aus einer „analogen Anwendung des Art. 81 Abs. 2" her.

[1701] Vgl. *Heilmann*, S. 523 (zur Wandlung nach internem deutschem Recht).

[1702] *Staudinger / Magnus*, Art. 46, Rn. 50; *Honsell / Schnyder / Straub*, Art. 46, Rn. 71. Zu diesem Thema siehe ausführlicher oben: D.IV. Ort der Ersatzlieferung.

[1703] Zur Unmöglichkeit der Rückgabe als Ausschlußtatbestand des Ersatzlieferungsanspruchs siehe oben: D.III.4. Unmöglichkeit der Rückgabe im ursprünglichen Zustand.

[1704] *Krebs*, S. 129.

[1705] *Honsell / Schnyder / Straub*, Art. 46, Rn. 62; *Schlechtriem / Huber*, Art. 46, Rn. 53; *Schulz*, S. 288; *Staudinger / Magnus*, Art. 46, Rn. 49; ähnlich *Ziegler*, S. 145.

Die Gegenauffassung[1706] stützt sich auf eine analoge Anwendung des Art. 81. Diese Vorschrift besagt, daß – bei erfolgter Vertragsaufhebung – eine Partei, die den Vertrag ganz oder teilweise erfüllt hat, das von ihr Geleistete zurückfordern kann (Abs. 2 S. 1). Wenn beide Parteien zur Rückgabe verpflichtet sind, dann haben die Parteien die erhaltenen Leistungen (gemäß Abs. 2 S. 2) Zug um Zug zurückzugeben.

Die Übertragung dieses Gedankens auf Fälle der Ersatzlieferung könnte zu einer Bejahung eines Zurückbehaltungsrechts des Käufers führen, weil auch in dieser Situation beide Parteien zu einer Leistung verpflichtet sind. Eine solche Übertragung ist jedoch aus drei Gründen abzulehnen. An erster Stelle deshalb, weil die Verfasser der Konvention einen Antrag Norwegens, ein Zurückbehaltungsrecht für den Fall der Ersatzlieferung zu statuieren, *ausdrücklich abgelehnt* haben[1707], so daß eine solche Interpretation mit der Entstehungsgeschichte des Übereinkommens nicht zu vereinbaren wäre. Ein weiteres Argument in diese Richtung ist der systematischen Auslegung der Konvention zu entnehmen: Art. 81 befindet sich in Kapitel V Abschnitt V, in dem die „Wirkungen der *Aufhebung*" geregelt sind. Immer dann, wenn die Konventionsgeber eine Folge der Vertragsaufhebung auf die Ersatzlieferung erstrecken wollten, haben sie dies ausdrücklich bestimmt.

Schließlich ist ein allgemein geltendes Zurückbehaltungsrecht abzulehnen, weil es für eine solche Lösung keine sachliche Rechtfertigung gibt. Abgesehen von praktischen Schwierigkeiten[1708] wird der Verkäufer häufig ein schutzwürdiges Interesse an einer sofortigen Verfügung über die Ware haben, um einen Selbsthilfeverkauf vorzunehmen oder um die Ware selbst zu untersuchen (d.h. sich Klarheit über die vom Käufer gerügte Vertragswidrigkeit zu verschaffen). Daß die Fälle der Vertragsaufhebung anders aussehen, läßt sich dadurch erklären, daß das Schuldverhältnis bereits *endgültig* und wesentlich gestört wurde[1709].

Ausnahmsweise ist ein Zurückbehaltungsrecht des Käufers im Rahmen der Ersatzlieferung zu bejahen, wenn dieser gewisse Aufwendungen zur Erhaltung der Ware erbracht hat[1710]. In diesen Fällen ist der Käufer berechtigt, die Ware zurückzubehalten, bis ihm der Verkäufer seine angemessenen Aufwendungen erstattet hat (Art. 86 Abs. 1 S. 2).

[1706] *Adame*, S. 292; *Herber / Czerwenka*, Art. 46, Rn. 7.

[1707] O.R. S. 136, 387 f; vgl. ferner *Honsell / Schnyder / Straub*, Art. 46, Rn. 62; *Staudinger / Magnus*, Art. 46, Rn. 49.

[1708] Vgl. *Schlechtriem / Huber*, Art. 46, Rn. 53, der auf die Schwierigkeit von Zug um Zug-Abwicklungen bei Distanzgeschäften hinweist.

[1709] Auch wenn der Verkäufer vertragswidrige Ware geliefert und eine wesentliche Vertragsverletzung begangen hat, ist ein Vertrauensverlust i.d.R. nicht anzunehmen; dies ist aber häufig bei der Vertragsaufhebung der Fall.

[1710] Siehe ferner *Schlechtriem / Bacher*, Art. 86, Rn. 5; *Schulz*, S. 288.

3. Vorteilsausgleichung

In Art. 84 wird für den Fall der Rückabwicklung ein Ausgleich von Vorteilen angeordnet. Der Vorteilsbegriff ist weit auszulegen[1711]. Hat der Verkäufer den Kaufpreis zurückzuzahlen, dann schuldet er dem Käufer außerdem Zinsen für die Zeit ab dem Tag der Zahlung (Abs. 1). Seinerseits hat der Käufer den Gegenwert aller Vorteile, die er aus der Ware gezogen hat, an den Verkäufer herauszugeben, *wenn er die Ware* ganz oder teilweise *zurückgeben muß* (Art. 84 II lit. a).

Diese Formulierung erweckt den Eindruck, auch im Rahmen eines Ersatzlieferungsverlangens sei der Käufer zur Vergütung von Vorteilen verpflichtet, die er aus der mangelhaften Ware gezogen hat. An dieser Stelle ist zu unterscheiden: Kann der Käufer die Ware in unversehrtem Zustand zurückgeben, dann ist – entgegen dem Wortlaut des Art. 84 II lit. a – eine Vorteilsausgleichung ausgeschlossen[1712]. Der Grund für diese Lösung liegt nicht nur in der systematischen Interpretation der Konvention, sondern auch in der Sache selbst: Durch die Ersatzlieferung soll das Erfüllungsinteresse des Käufers geschützt und dieser so gestellt werden, als wäre von Anfang an korrekt erfüllt worden. Der Verkäufer war von Anfang an zur Lieferung einer „gebrauchsfähigen Ware" verpflichtet[1713]. Außerdem wird durch das Ersatzlieferungsverlangen das ursprüngliche Pflichtenprogramm zwischen den Parteien weiterverfolgt, da dieser Rechtsbehelf eben der Erhaltung und Durchführung des Vertrages dient[1714]. Anderes gilt für den Fall der Vertragsaufhebung, weil diese den Vertrag in ein Abwicklungsverhältnis „umsteuert"[1715].

[1711] *Krebs*, S. 69.

[1712] *Krebs*, S. 68 f, m.w.N.; *MünchKomm / P. Huber*, Art. 84, Rn. 11, m.w.N.; *Schlechtriem / Leser / Hornung*, Art. 84, Rn. 10; *Schulz*, S. 507; *Staudinger / Magnus*, Art. 84, Rn. 20.

[1713] *Staudinger / Magnus*, Art. 84, Rn. 20; *Schlechtriem / Leser / Hornung*, Art. 84, Rn. 10.

[1714] *Krebs*, S. 69, 50 f.

[1715] Siehe *Adame*, S. 264 f (mit Nachweisen zum römischen Recht, das einem vergleichbaren Ansatz folgte. Diese Umsteuerung des Vertrages hält er für eine „wenig logische, aber viel praktischere Lösung"). Ebenso die – besonders im deutschen Sprachraum – herrschende Meinung: *Herber / Czerwenka*, Art. 81, Rn. 7; *Enderlein / Maskow*, Art. 81, Bem. 1; *Honsell / Weber*, Vorbem. Art. 81-84, Rn. 10, Art. 81, Rn. 4 f; *Hutter*, S. 161; *Karollus*, S. 156; *Piltz*, § 5, Rn. 285 f; *Schlechtriem*², Rn. 330; *Schlechtriem / Leser / Hornung*, Vor Artt. 81-84, Rn. 8, Art. 81, Rn. 9; *Staudinger / Magnus*, Vorbem. Art. 81-84, Rn. 2; *Ziegler*, S. 195. Kritisch hierzu *Krebs*, S. 50 ff, m.w.N. (auch zur Gegenansicht).
Nach anderer Auffassung – die insbesondere von *einigen* Autoren des französischen Sprachraums vertreten wird – begründet die Vertragsaufhebung die *rückwirkende Vernichtung* des Vertrages, d.h. die Wirkungen des Vertrages entfallen, als ob „von Anfang an" kein Vertrag geschlossen worden wäre (Wirkungen *ex tunc*); siehe *Audit*, S. 181, Nr. 190; *Bianca / Bonell / Tallon*, Art. 81, Bem. 2.5.; weitere Nachweise bei *Krebs*, S. 51, Fn. 316 ff; (jedoch anders *Neumayer / Ming*, Art. 81, Rn. 1: „La résolution au sens de la Convention s'opère *ex nunc*"). Würde man dieser Auffassung folgen, dann wären eine Reihe von Problemen – besonders in bezug auf die sachenrechtlichen Aspekte der Ware – unvermeidbar: Weil die Wirkungen des Vertrages auf das Eigentum nach dem berufenen Sachenrecht zu beurteilen sind (vgl. Art. 4 lit. b), könnte in einigen Rechtsordnungen das einmal übertragene Eigentum an den Verkäufer automatisch zurückfallen (*Schlechtriem*², Rn. 330). Demzufolge könnte dieser die Ware nicht nur *obligatorisch*, sondern auch *sachenrechtlich* zurückverlangen. Auch weitere Fragen sind hiermit verbunden, nämlich solche des Untergangsrisikos, des Gutgläubigerschutzes, usw. Die Theorie der rückwirkender Vernichtung des Vertrages kommt ferner mit anderen Bestimmungen der Konvention in Konflikt. Aus dem Übereinkommen ist zu entnehmen, daß der Käufer nicht zur

Wenn der Käufer die Ware dagegen nicht (oder nicht in unversehrtem Zustand) zurückgeben kann, dann hat er alle Vorteile zurückzuerstatten, wenn er Ersatzlieferung verlangt (Art. 84 II lit. b)[1716]. In diesem Fall bezieht sich die Leistung des Käufers auf das für die Ware erhaltenen Surrogat[1717].

4. Konflikt zwischen Ersatzlieferungsverlangen und Aufhebungserklärung

Die Ausübung eines Ersatzlieferungsanspruchs wirft ein weiteres Problem in Verbindung mit der Vertragsaufhebung auf. Beide Rechtsbehelfe setzen eine wesentliche Vertragsverletzung voraus und sind innerhalb einer angemessen Frist nach Kenntnis der Vertragsverletzung auszuüben. In diesem Zusammenhang stellt sich daher die Frage, ob sich der Verkäufer auf den Ablauf der zur Erklärung der Vertragsaufhebung angemessenen Frist berufen kann, wenn der Käufer zunächst am Vertrag festgehalten und Ersatzlieferung verlangt hat. Mit anderen Worten: Geht das Aufhebungsrecht des Käufers verloren, weil er zunächst Nacherfüllung verlangt hat und dadurch die Frist zur Aufhebung verstreichen ließ?

Trotz vereinzelter Gegenstimmen[1718], besteht im Ergebnis Einigkeit darüber, daß das Recht auf Vertragsaufhebung nicht durch die Geltendmachung eines Ersatzlieferungsanspruchs verloren gehen soll. In dem ein Überwechseln auf den Rechtsbehelf der Vertragsaufhebung nach einem fehlgeschlagenen Nacherfüllungsverlangen ermöglicht wird, wird der Erhaltung des Vertrages Rechnung getragen[1719]. Eine hiervon abweichende Lösung würde den Käufer eher zur Aufhebung des Vertrages anregen, um im Fall einer wesentlichen Vertragsverletzung keinen Rechtsverlust fürchten zu müssen[1720].

Die dogmatische Begründung dieser Lösung wird in der Literatur unterschiedlich gesehen. Einige Autoren gehen von einer *vorläufigen Hemmung* der Frist zur Aufhebung des Vertrages aus; diese werde durch ein Ersatzlieferungsverlangen *suspendiert*[1721].

Rückgabe der Ware verpflichtet ist, die er „im normalen Geschäftsverkehr“ weiterverkauft hat (wie sich aus einem Umkehrschluß zu Art. 82 Abs. 2 lit. c ergibt); in solchen Fällen bleibt der Vertrag – was dieses Teil anbetrifft – weiter bestehen.

Daher ist dem ersten Lösungsmodell zu folgen. Dieses bietet einen umfangreicheren Schutz gegenüber gutgläubigen Dritten und vermeidet eine Reihe von Schwierigkeiten, die durch eine Rückgängigmachung des Vertrages mit Wirkungen *ab initio* auftauchen würden. Außerdem ist diese Lösung mit dem Wortlaut und Systematik der Konvention am besten zu vereinbaren (dies erkennt *Krebs*, S. 53, mit einer etwas milderen Formulierung, allerdings auch an; im Übrigen mißt dieser Autor der Diskussion eine geringe praktische Bedeutung bei).

1716 Siehe ferner *Staudinger / Magnus*, Art. 84, Rn. 23.

1717 *Schlechtriem / Leser / Hornung*, Art. 84, Rn. 23.

1718 *Ziegel*, in: Galston / Smit, S. 16, Fn. 45: „... if a buyer seeks his remedy under Art. 46 Abs. 2 or III he *will* lose the right to avoid under Art. 49 Abs. 1 because of the restrictions on the right to avoid in Art. 49 Abs. 2“ (Hervorhebung hinzugefügt).

1719 Für die Erhaltung des Vertrages als allgemeiner Grundsatz der Konvention siehe *Reinhart*, Art. 45, Rn. 4; *Schlechtriem / Huber*, Art. 49, Rn. 52.

1720 Ähnlich *Schlechtriem / Huber*, Art. 49, Rn. 52.

1721 Siehe *vCaemmerer / Schlechtriem / Huber*, Art. 49, Rn. 51; *Piltz*, § 5, Rn. 280; *Karollus*, S. 148 f.

Eine andere Ansicht meint, daß das Recht auf Vertragsaufhebung durch die Ausübung eines Ersatzlieferungsanspruchs zwar *verloren gehe*, es aber *zurückgewonnen* werden könne[1722], etwa durch Setzung einer Nachfrist oder aber auch deshalb, weil die unterlassene Ersatzlieferung eine erneute Vertragsverletzung darstelle. Ferner wird die Auffassung vertreten, die Frist für die Aufhebung des Vertrages würde *nicht* zu laufen beginnen, solange der Käufer Ersatzlieferung verlange[1723].

Die erste Auffassung verkennt die Tatsache, daß der Frist des Art. 49 der Charakter einer Ausschlußfrist zukommt[1724]. Dies ergibt sich aus dem eindeutigen Wortlaut des Art. 49 II: Der Käufer „*verliert* jedoch ... *sein Recht*..."[1725]. Daher kann die Frist zur Geltendmachung des Aufhebungsrechts weder unterbrochen noch gehemmt werden[1726]. Außerdem bietet das Übereinkommen keinen Anlaß für die Annahme einer Hemmung der Frist[1727].

Gegen die zweite Auffassung spricht der eindeutige Wortlaut der Konvention: Die Vertragsaufhebung ist innerhalb angemessener Frist zu erklären (Art. 49 II, Art. 64 II)[1728]. Beide Vorschriften bringen die Absicht der Verfasser der Konvention zum Ausdruck; diese hatten die Aufhebung des Vertrages von einer angemessenen Frist abhängig gemacht, um den Verkäufer vor Spekulationen durch den Käufer zu schützen[1729]. Daher kann das Aufhebungsrecht nicht zurückgewonnen werden, wenn der Käufer die fristgerechte Aufhebungserklärung versäumt hat[1730]. Die Möglichkeit, das einmal verlorene Recht zurückzugewinnen, läßt sich auch nicht aus anderen Vorschriften des Übereinkommens ableiten[1731]. Daher ist dieser zweiten Auffassung nicht zu folgen.

[1722] *Schlechtriem / Huber*, Art. 47, Rn. 3, Art. 45, Rn. 25 (Das Recht des Käufers auf Vertragsaufhebung „entfällt vorläufig"); *Schlechtriem / Huber*, Art. 49, Rn. 49 (Recht zur Vertragsaufhebung „von neuem auslöst"). Diese These wird systematisch wiederholt; siehe ferner: Rn. 49a, 52, 57, 58, 60, 61.
[1723] *Enderlein / Maskow*, Art. 49, Bem. 10.
[1724] *Herber / Czerwenka*, Art. 49, Rn. 13; *Leser*, in: Fachtagung, S. 234, 236; *Staudinger / Magnus*, Art. 49, Rn. 42; *Enderlein / Maskow*, Art. 49, Bem. 7; *Honsell / Schnyder / Straub*, Art. 49, Rn. 89; a.A. *Soergel / Lüderitz / Schüßler-Langeheine*, Art. 49, Rn. 19, Fn. 36.
[1725] Hervorhebung hinzugefügt. Siehe ferner *Staudinger / Magnus*, Art. 49, Rn. 42, m.w.N. Eine Ausschlußfrist ist anzunehmen, „wenn nach dem Willen des Gesetzgebers mit Ablauf der Frist ein *Rechtsverlust* eintreten soll"; *Asam*, Jb. Ital. R. Bd. 5 (1992), S. 61, m.w.N. Siehe ferner die Definition von Ausschlußfristen im Art. 1 Abs. 2 VerjÜ: „Die Frist, innerhalb deren eine Partei als Voraussetzung für den Erwerb oder die Ausübung ihres Anspruchs der anderen Partei eine Mitteilung zu machen ... hat".
[1726] *Asam*, Jb. Ital. R. Bd. 5 (1992), S. 61; *Herber / Czerwenka*, Art. 49, Rn. 13; *Honsell / Schnyder / Straub*, Art. 49, Rn. 89.
[1727] *Honsell / Schnyder / Straub*, Art. 49, Rn. 86. Eine Hemmung der Ausschlußfrist aufgrund von Treu und Glauben ausnahmsweise zu gestatten ist ebenfalls abzulehnen.
[1728] Siehe auch *Magnus*, ZEuP 2002, S. 537.
[1729] *Enderlein / Maskow*, Art. 49, Bem. 7.
[1730] Wie hier: *Schlechtriem*, in: FS Trinkner, S. 329 f; *Staudinger / Magnus*, Art. 49, Rn. 42; *Honsell / Schnyder / Straub*, Art. 49, Rn. 85 f. Eine Ausnahme hierzu bilden die Fälle der Nichtlieferung, für die keine Frist vorgesehen ist; *Leser*, in: Fachtagung, S. 235; *Enderlein / Maskow*, Art. 49, Bem. 6; *Soergel / Lüderitz / Schüßler-Langeheine*, Art. 49, Rn. 14.
[1731] *Honsell / Schnyder / Straub*, Art. 49, Rn. 86.

Der dritte Lösungsansatz besagt, daß die Frist zur Vertragsaufhebung nicht zu laufen beginnt, solange der Käufer Ersatzlieferung verlangt. Diese Ansicht läßt sich durch die Annahme einer *stillschweigenden Nachfristsetzung* ergänzen, welche durch die Ausübung eines Ersatzlieferungsverlangens in Gang gesetzt werden soll. Wie oben gezeigt wurde, kann man unter bestimmten Umständen annehmen, daß ein Erfüllungsverlangen eine Frist von angemessener Zeit in Gang setzt. Diese Annahme basiert auf einer analogen Anwendung von Art. 47 und aus Treu und Glauben[1732]. Für die Aufhebung des Vertrages bedeutet eine solche Frist, daß Art. 49 II lit. b ii *analog* eingreifen würde. Erst nach Ablauf der Frist zur Nacherfüllung fängt die Frist zur Vertragsaufhebung zu laufen an.

Dies würde allerdings voraussetzen, daß der Ersatzlieferungsanspruch rechtzeitig, d.h. vor Ablauf einer *angemessenen Frist* geltend gemacht wurde[1733]; versäumt der Käufer diese Frist, dann wird der Verlust seines Rechts auf Vertragsaufhebung anzunehmen sein.

Die Auffassung, daß der Käufer sein Aufhebungsrecht nicht dadurch verliert, daß er zunächst Nacherfüllung verlangt, läßt sich m.E: mit einer weiteren Überlegung rechtfertigen. Dazu müßte auf den *flexiblen* Tatbestand der „angemessenen Frist" aus Art. 49 II abgestellt werden. Für die Beurteilung, ob eine Frist angemessen ist, sind alle Umstände des konkreten Einzelfalles mitzuberücksichtigen. An dieser Stelle würde man fragen, ob der Käufer eine Möglichkeit zur Nacherfüllung gegeben hat oder nicht. Im ersteren Fall dürfte die *angemessene Frist* entsprechend länger sein, als wenn keine Möglichkeit zur Nacherfüllung gegeben wurde.

Den beiden letztgenannten Auffassungen ist m.E. zu folgen: Sie vermögen dem Zweck des Übereinkommens am besten zu entsprechen, ohne dem Text der Konvention Gewalt anzutun.

5. Zurückweisungsrecht des Käufers?

Ein Zurückweisungsrecht des Käufers wird im Übereinkommen nicht ausdrücklich geregelt. Dennoch wird die Auffassung vertreten, daß ihm ein faktisches Zurückweisungsrecht zusteht, wenn die Wesentlichkeit der Vertragsverletzung bereits vor Übergabe feststeht[1734]. In diesem Fall kann der Käufer bereits vor Übergabe die Ware zurückweisen und die Lieferung von mangelfreier Ware fordern[1735]. Der Käufer trägt in diesem Fall das Risiko der Bewertung[1736]: Hat er die Vertragswidrigkeit fälschlich

[1732] Ausführlich hierzu: G.II. Stillschweigende Nachfrist.

[1733] Vgl. *Honsell / Schnyder / Straub*, Art. 49, Rn. 85 (allerdings zu einer Frist nach Art. 47).

[1734] *Honsell / Schnyder / Straub*, Art. 46, Rn. 76; *Soergel / Lüderitz / Schüßler-Langeheine*, Art. 46, Rn. 6; *Staudinger / Magnus*, Art. 46, Rn. 52.

[1735] *Honsell / Schnyder / Straub*, Art. 46, Rn. 76.

[1736] Siehe *Bianca / Bonell / Will*, Art. 46, Bem. 2.1.1.1. („risk of error"); *Herber / Czerwenka*, Art. 49, Rn. 6; *von Hoffmann*, in: Fachtagung, S. 300; *Lehmkuhl*, S. 28; *Magnus*, in: FS Schlechtriem, S. 600; *Staudinger / Magnus*, Art. 49, Rn. 20.

für wesentlich gehalten und dementsprechend eine unberechtigte Aufhebungserklärung abgegeben, dann begeht er seinerseits eine wesentliche Vertragsverletzung[1737].

Allein die Zurückweisung durch den Käufer reicht allerdings nicht als Erklärung für die Ausübung eines Rechtsbehelfs aus, denn eine solche Handlung ist doppeldeutig: Sie kann sowohl als Aufhebungserklärung als auch als Ersatzlieferungsverlangen verstanden werden[1738] und sie vermag daher nicht, den Verkäufer über die Absichten des Käufers deutlich zu unterrichten[1739].

V. Erfüllungsanspruch nach Art. 46 Abs. 3

Wenn der Verkäufer vertragswidrige Ware geliefert hat, steht dem Käufer ein Recht auf Nacherfüllung in Form der Nachbesserung zu. Es ist grundsätzlich unerheblich, ob der Kaufvertrag sich auf eine Gattungsware bezogen hat oder auf einen Stückkauf; der Nachbesserungsanspruch setzt lediglich voraus, daß die gelieferte Ware *reparabel* ist. Anders als der Rechtsbehelf der Ersatzlieferung setzt die Nachbesserung keine wesentliche Vertragsverletzung voraus. Dieses Recht ist nur ausgeschlossen, wenn eine Reparatur *unter Berücksichtigung aller Umstände* unzumutbar ist.

Die Nachbesserung ist grundsätzlich auf *vollständige Beseitigung* der Vertragswidrigkeit gerichtet, so daß die Ware dem Vertrag im vollen Umfang entspricht. Dennoch wird der Käufer – aufgrund der Zumutbarkeitsschranke – dieses Ziel häufig nicht durchsetzen können und sich eventuell mit einer vertragswidrigen Ware zufriedengeben müssen. Dabei legt die Konvention ein *substantial performance*-Kriterium zugrunde, im Gegensatz zu dem *perfect tender*-Maßstab[1740] verschiedener nationaler Rechtsordnungen[1741]. Der Käufer wird dadurch geschützt, daß er, wenn er die *vollkommene* Erfüllung des Vertrages nicht durchsetzen kann, weitere Rechtsbehelfe ausüben kann (Herabsetzung des Kaufpreises, Schadensersatz), um einen Ausgleich zwischen seiner Leistung und der Leistung des Verkäufers zu erreichen.

Der Inhalt des Nachbesserungsanspruchs wurde an anderer Stelle erörtert[1742]. Hier ist lediglich daran zu erinnern, daß die Nachbesserung in einem weiteren Sinne zu verste-

---

[1737] *Bianca / Bonell / Bennett*, Art. 72, Bem. 2.3. (auf Fälle des antizipierten Vertragsbruchs bezogen); *Enderlein / Maskow*, Art. 72, Bem. 1; *Lehmkuhl*, S. 28; *Lurger*, IHR 2001, S. 95; *Staudinger / Magnus*, Art. 49, Rn. 20, m.w.N.; *Magnus*, in: FS Schlechtriem, S. 600.

[1738] AG Oldenburg, 24.4.1990, 5 C 73/89, CISG-online Nr. 20.

[1739] Aber: Die Rücksendung der Ware als geeignete Mängelrüge i.S.d. Art. 39 Abs. 1 bejahend: AG Nordhorn, 14.6.1994, 3 C 75/94, CISG-online Nr. 259.

[1740] Eingehen dazu *McMahon*, in: Review of the CISG 2003-2004, S. 99 f.

[1741] Siehe beispielsweise UCC § 2-601 und CC Mex Art. 1796 S. 2. Nach letzterer Vorschrift sind die Vertragsparteien verpflichtet, das Vereinbarte *strikt* einzuhalten; siehe *Sánchez Medal*, S. 99 f, mit Hinweis auf die Entscheidung der Tercera Sala de la SCJN, Amparo 1947/80, Hidrogenadora Nacional, S.A., Informe de la 3ª. Sala, S. 31 f. Daher können auch geringfügige Mängel zum Rücktritt vom Vertrag führen; siehe *Barrera Graf*, in: Anuario Jurídico Mexicano, S. 158.

[1742] Siehe E.V. Umfang der Nachbesserung.

hen ist, so daß der Austausch von Ersatzteilen bzw. die Nachlieferung von Ersatzteilen mit eingeschlossen ist; die Abgrenzung zur Ersatzlieferung liegt darin, daß diese auf den vollständigen Austausch der gelieferten Ware gerichtet ist.

Der Käufer kann seinen Nachbesserungsanspruch durch einseitige Erklärung gegenüber dem Verkäufer geltend machen[1743], wie sich bereits aus Art. 46 III i.V.m. Art. 39 Abs. 1 ergibt[1744]. Ein Nachbesserungsverlangen hat keine Gestaltungswirkung[1745] und läßt den ursprünglichen Vertrag weiter fortbestehen[1746].

Der Käufer kann seinen Nachbesserungsanspruch mit einer *Nachbesserungsklage* geltend machen[1747]. Wie oben gezeigt wurde, werden in der Praxis solche Fälle selten vorkommen. Die prozessuale Durchsetzbarkeit eines Nachbesserungsanspruchs stößt oftmals auf Schwierigkeiten, weil die meisten Rechtsordnungen die Vollstreckung von Urteilen, die vertretbare Handlungen zum Inhalt haben, oft verweigern[1748]. Dagegen ist ein Selbstvornahmerecht des Käufers grundsätzlich zu bejahen. Im Rahmen eines Nachbesserungsanspruchs kommt ferner die Vornahme der Reparatur durch einen Dritten in Betracht.

Macht der Käufer einen Nachbesserungsanspruch gelten, dann muß die Reparatur innerhalb einer angemessenen Frist erfolgen[1749]. Wiederum sind alle Umstände des Einzelfalls in Betracht zu ziehen. Während des Ablaufs dieser Frist kann der Käufer keine Rechtsbehelfe ausüben (insbesondere Vertragsaufhebung und Ersatzlieferung) die mit diesem Verlangen unvereinbar sind[1750]. Die Herabsetzung des Kaufpreises ist an sich *nicht* unvereinbar: Der Käufer kann Nachbesserung zur Wiederherstellung der Funktionsfähigkeit der Ware verlangen und *gleichzeitig* den Kaufpreis herabsetzen, um den bereits eingetretenen Minderwert auszugleichen.

Bei Fehlschlagen der Nachbesserung kann der Käufer dem Verkäufer eine neue Möglichkeit zur Nachbesserung einräumen oder zu anderen Rechtsbehelfen übergehen. Die Vertragsaufhebung und Ersatzlieferung kommen nur dann in Betracht, wenn die Vertragsverletzung im Zeitpunkt der unterbliebenen Nachbesserung als *wesentlich* zu bewerten ist[1751]. Auch wenn der Käufer zu anderen Rechtsbehelfen übergeht, hat das Nacherfüllungswahlrecht des Verkäufers Vorrang[1752]

[1743] *Honsell / Schnyder / Straub*, Art. 46, Rn. 100.
[1744] Siehe hierzu die Ausführungen zum Ersatzlieferungsanspruch, die Aufgrund der Paralellität zwischen beiden Ansprüchen entsprechend gelten.
[1745] *Staudinger / Magnus*, Art. 46, Rn. 31; *Schulz*, S. 285.
[1746] *Schlechtriem / Leser / Hornung*, Vor Artt. 81-84, Rn. 4; *Schulz*, S. 285.
[1747] *Honsell / Schnyder / Straub*, Art. 46, Rn. 107; *Schlechtriem / Huber*, Art. 46, Rn. 67.
[1748] Siehe oben: I. Beziehung zwischen Art. 28 und Art. 46 Abs. 3.
[1749] *Staudinger / Magnus*, Art. 46, Rn. 66. Siehe auch oben: G.II. Stillschweigende Nachfrist?
[1750] *Staudinger / Magnus*, Art. 46, Rn. 65 f.
[1751] *Bianca / Bonell / Will*, Art. 47, Bem. 2.2.1. Die Folgen einer fehlgeschlagenen Nachbesserung sind an anderer Stelle ausführlich behandelt worden. Siehe oben E.VI. Fehlgeschlagene Nachbesserung.
[1752] *Diez-Picazo / López López*, Art. 50, S. 448; *Heilmann*, S. 442; *Herber / Czerwenka*, Art. 50, Rn. 9; *Hutter*, S. 173; *Schlechtriem / Huber*, Art. 50, Rn. 6; *Staudinger / Magnus*, Art. 50, Rn. 27.

VI. Kosten der Nacherfüllung

Die Kosten der Nacherfüllung, sei es in der Form der Nachbesserung oder der Ersatzlieferung, hat grundsätzlich der Verkäufer zu tragen[1753], weil dieser für die Pflichtverletzung verantwortlich ist[1754]. Diese Kostentragungspflicht folgt außerdem daraus, daß der Verkäufer nicht zu einer Bemühung, sondern zu einem Erfolg verpflichtet ist, so daß er die Kosten zu tragen hat, die zu dessen Erreichung nötig sind[1755].

Die Parteien können die Aufteilung der Kosten auf der Basis von Art. 6 frei bestimmen; außerdem sind Handelsbräuche zu beachten, die eine Kostenverteilung zwischen Käufer und Verkäufer vorsehen können und häufig zur Anwendung kommen[1756]. Die Konvention selbst enthält keine ausdrückliche Regelung darüber, wer die im Rahmen einer Nacherfüllung nach Art. 46 II und III entstandene Kosten zu tragen hat. Dennoch folgt aus einer analogen Anwendung[1757] des Art. 48 Abs. 1, daß solche Kosten ebenfalls den Verkäufer treffen[1758]: Wenn dieser schon dann zur Übernahme der Kosten verpflichtet ist, wenn er sein *Recht* auf Nacherfüllung *ausübt*, um die ihm drohenden Nachteile seiner Schlechterfüllung abzuwenden[1759], dann ist er erst recht zur Übernahme der Kosten verpflichtet, wenn es darum geht, die auf Seiten des Käufers entstandenen (vom Verkäufer verursachten) Nachteile zu beseitigen und wenn die Nacherfüllung auf Verlangen des Käufers erfolgt um seine Nacherfüllungs*pflicht* dadurch zu *erfüllen*[1760].

Im Rahmen der Nacherfüllung kann der Verkäufer sogar zu erheblichen Aufwendungen oder Anstrengungen verpflichtet werden[1761]. Im Rahmen der Nachbesserung gilt folgendes: Ist die Vornahme der Reparatur dem Verkäufer unzumutbar, dann ist zwar der Nachbesserungs*anspruch* des Käufers nicht *in naturam* durchsetzbar, wohl aber sein Anspruch auf Geldersatz: Der Käufer kann hier die Reparatur selbst vornehmen oder durch einen Dritten vornehmen lassen, und die Kosten dem Verkäufer in Rech-

---

[1753] *Bamberger / Roth / Saenger*, Art. 46, Rn. 4; *Herber / Czerwenka*, Art. 46, Rn. 10 (soweit sie nicht außer Verhältnis zum Interesse des Käufers stehen); *Honsell / Schnyder / Straub*, Art. 46, Rn. 42, 77, 110; *Petrikic*, S. 65; *Schlechtriem / Huber*, Art. 46, Rn. 54, 65; *Schulz*, S. 286, 310; *Staudinger / Magnus*, Art. 46, Rn. 50, 65; *Vahle*, ZVglRWiss 98 (1999), S. 68, 70.

[1754] Aus der Pflichtverletzung sollten keine zusätzlichen Kosten für die vertragstreue Partei entstehen.

[1755] *Schlechtriem*, IPRax 1996, S. 256.

[1756] Vgl. *Dölle / Stumpf*, Art. 42 EKG, Rn. 10, der auf die ECE-Bedingungen für den Import und Export von Maschinen und Anlagen verweist. Die Incoterms enthalten ebenfalls verschiedene Vorschriften bezüglich der Kosten; diese regeln, welche Partei ab welchem Zeitpunkt welche Kosten zu tragen hat. Ob diese Regeln ebenfalls die Nacherfüllung regeln, ist zweifelhaft.

[1757] *Schlechtriem / Huber*, Art. 46, Rn. 54 („implizit" aus Art. 48 Abs. 1); *Schulz*, S. 287. *Honsell / Schnyder / Straub*, Art. 46, Rn. 42 („Umkehrschluß").

[1758] *Schlechtriem / Huber*, Art. 46, Rn. 54, 65. OLG Hamm, 9.6.1995, 11 U 191/94, CLOUT Nr. 125 [http://cisgw3.law.pace.edu/cases/950609g1.html].

[1759] So *Loewe*, Art. 46.

[1760] *Honsell / Schnyder / Straub*, Art. 46, Rn. 42.

[1761] *Schlechtriem / Huber*, Art. 46, Rn. 58, m.w.N.; *Honsell / Schnyder / Straub*, Art. 46, Rn. 95 „überobligationsmäßige" Kosten (ausdrücklich nur für die Nachbesserung).

nung stellen, der die Kosten dann zu erstatten hat[1762]. Aus Treu und Glauben und aus dem Maßstab der *reasonable person* folgt, daß der Käufer sich um Geringhaltung der Kosten bemühen muß. Der Käufer darf nicht schikanös vorgehen und rechtsmißbräuchlich einen unverhältnismäßigen Reparaturaufwand in Anspruch nehmen[1763]. Die Kosten einer Reparatur sind nicht schon dann unverhältnismäßig, wenn der Verkäufer seinen aus dem konkreten Rechtsgeschäft erwarteten Gewinn teilweise oder ganz einbüßt, sondern erst dann, wenn die Kosten nicht erforderlich waren bzw. wenn der Erfolg auf andere – deutlich günstigere – Weise hätte erreicht werden können.

Auch wenn grundsätzlich der Verkäufer die Kosten zu tragen hat, kann es m.E. zulässig sein, einen Teil der Kosten ausnahmsweise dem Käufer aufzuerlegen. Dies erscheint z.B. dann gerechtfertigt, wenn der Käufer Ersatzlieferung bei einer nicht wesentlichen Vertragsverletzung begehrt, oder wenn das Nachbesserungsverlangen dem Verkäufer unzumutbare Kosten verursacht. In solchen Fällen stehen dem Käufer andere Rechtsbehelfe (Minderung, Schadensersatz) zur Verfügung, aber keine Nacherfüllungsansprüche. Deshalb kann es rechtens erscheinen, ihn mit den Kosten der Nacherfüllung anteilsweise zu belasten.

Unter „Kosten" sind alle Aufwendungen zu verstehen, die in direktem Zusammenhang mit der „nachträglichen Erfüllung" der gestörten Vertragspflicht stehen[1764], d.h. die Aufwendungen, die für die Herbeiführung des *geschuldeten* Erfolgs notwendig sind. Hierzu gehören die Kosten des Rücktransports[1765] (Fracht-, Versicherungs- und Ausfuhrkosten), sei es im Rahmen der Ersatzlieferung oder der Nachbesserung (Transport der Ware zur Werkstatt des Verkäufers), die Kosten der Reparatur, usw. Weitere, aus der Vertragsverletzung resultierende Schäden (etwa durch Produktionsausfall verursacht), sind vom Verkäufer ebenfalls zu ersetzen, allerdings nicht im Rahmen des Nachbesserungsanspruchs[1766], sondern aufgrund von Art. 45 Abs. 1 lit. b[1767].

[1762] Siehe *Schlechtriem,* IPRax 1996, S. 256: Unzumutbarkeit der Nachbesserung – die nach Art. 46 III von der Nachbesserungspflicht befreien würde – ändert nichts an der Pflicht zur Erstattung der Kosten. Siehe dazu E.IX. Exkurs: Selbstvornahme durch den Käufer.

[1763] Vgl. *Secretariat Commentary* on Art. 42 [Art. 46 CISG], Anm. 14; *Staudinger / Magnus,* Art. 77, Rn. 20, m.w.N. *Diez-Picazo / Soler Presas,* Art. 77, S. 628, Fn. 30.

[1764] *Honsell / Schnyder / Straub,* Art. 46, Rn. 41.

[1765] *Schulz,* S. 289, m.w.N.

[1766] Eine zu scharfe Trennung zwischen Kosten und Schäden ist m.E. nicht erforderlich. Eine praktische Bedeutung käme der Unterscheidung zwischen Kosten und Schäden lediglich in Verbindung mit einem Hinderungsgrund i.S.v. Art. 79 zu, der zu einem Ausschluß der Schadensersatzpflicht des Verkäufers führen kann. Auch wenn sich aus Art. 77 eine Obliegenheit des Käufers zur Schadensvermeidung ergibt, läßt sich für die Kosten der Nacherfüllung eine ähnliche Pflicht auf der Basis von Treu und Glauben ableiten. Allgemein bezeichnet *Schlechtriem,* IPRax 1996, S. 256, die im Rahmen der Nacherfüllung entstandenen Kosten als Schäden, die auf der Grundlage des Art. 45 Abs. 1 lit. b zu erstatten sind.

[1767] *Staudinger / Magnus,* Art. 46, Rn.50, 65; *Schlechtriem / Huber,* Art. 46, Rn. 54, 65.

VII. Verzögerungs- und Begleitschäden

Das UN-Kaufrecht läßt in Art. 45 II die Möglichkeit ausdrücklich zu, verschiedene Rechtsbehelfe nebeneinander geltend zu machen. Insbesondere kann der Käufer einen Nacherfüllungsanspruch geltend machen, und gleichzeitig Ersatz der durch die Pflichtverletzungen des Verkäufers verursachten Schäden verlangen[1768].

In Betracht kommen *alle* Schäden, die durch die Fehlerhaftigkeit der Lieferung entstanden sind[1769]. Hierzu gehören Vermögenseinbußen zu Lasten des Käufers, etwa der Schaden, der sich aus einem (durch die Vertragswidrigkeit verursachten) Produktionsausfall ergibt oder der Wertverlust der Ware, soweit dieser durch die Ersatzlieferung oder Nachbesserung nicht mehr behoben werden konnte[1770]. Ferner rechnen hierzu Schäden an anderen Gegenständen des Käufers[1771] und Aufwendungen, die der Käufer zur Mängelbeseitigung erbracht hat. Schließlich gehören hierzu solche Kosten, die zur Beseitigung von Rechtsmängeln erforderlich sind.

Entsteht ein Schaden aufgrund der verspäteten Leistungserbringung durch den Verkäufer (Verzögerungsschaden)[1772], dann ist der Käufer ebenfalls zu dessen Ersatz berechtigt. Einzige Anspruchsgrundlage bleibt Art. 45 Abs. 1 lit. b; die allgemeine Rechtsbehelfssperre aus Art. 47 II S. 1 tritt für den Ersatzanspruch von Verzögerungsschäden nicht ein, wie sich aus S. 2 ergibt. Letztere Vorschrift ist keine Anspruchsgrundlage; sie hat allein eine klarstellende Funktion[1773].

VIII. Gefahrtragung

Bei Geltendmachung von Nacherfüllungsansprüchen ergeben sich in der Praxis Fragen bezüglich der Gefahrtragung, sei es bei der Rücksendung der vertragswidrigen Ware im Rahmen der Ersatzlieferung oder wenn die Ware zum Zweck der Reparatur zurückbefördert wird.

[1768] *Schlechtriem,* IPRax 1996, S. 256; *Honsell / Schnyder / Straub*, Art. 46, Rn. 43. Anspruchsgrundlage hierfür ist Art. 45 Abs. 1 lit. b; für die Berechnung des Schadensersatzes verweist diese Vorschrift auf Art. 74 bis 77. Zum Schadensersatz siehe oben: A.II.2.f).

[1769] OLG Hamm, 9.6.1995, 11 U 191/94, CLOUT Nr. 125 [http://cisgw3.law.pace.edu/cases/950609g1.html]. Ausgenommen sind Personenschäden, die durch die Ware verursacht wurden (Art. 5).

[1770] *Honsell / Schnyder / Straub*, Art. 46, Rn. 43; *Soergel / Lüderitz / Schüßler-Langeheine*, Art. 45, Rn. 7; ähnlich *Staudinger / Magnus,* Art. 47, Rn. 28.

[1771] *Herber / Czerwenka,* Art. 46, Rn. 8; *Honsell / Schnyder / Straub*, Art. 46, Rn. 43.

[1772] *Honsell / Schnyder / Straub*, Art. 46, Rn. 43.

[1773] Hat der Käufer einen Nacherfüllungsanspruch geltend gemacht (auch wenn er keine Nachfrist i.S.d. Art. 47 Abs. 1 wirksam gesetzt hat), dann kann er Schadensersatz wegen verspäteter Erfüllung verlangen. *Staudinger / Magnus,* Art. 47, Rn. 28. Siehe ferner OLG Düsseldorf, 10.2.1994, 6 U 119/93, CISG-online Nr. 115, CLOUT Nr. 82; AG München, 23.6.1995, 271 C 18968/94, CISG-online Nr. 368. Daher unrichtig LG Duisburg, 17.4.1996, 45 (19) O 80/94, das den Schadensersatz von der Setzung einer Nachfrist abhängig macht [http://cisgw3.law.pace.edu/cases/960417g1.html].

In der Regel wird die Nachbesserung dort erfolgen, wo sich die Ware bestimmungsgemäß befindet; dies ist häufig dann der Fall, wenn ein Transport der Ware (etwa große Maschinen) umständlicher ist als die Entsendung eines Technikers[1774]. Es kommt jedoch vor, daß die Ware zum Zweck der Reparatur an einen anderen Ort befördert wird, etwa weil es für den Verkäufer günstiger ist oder weil er die Reparatur nur in der eigenen Werkstatt vornehmen kann. Hier stellt sich die Frage, wer die Kosten und die Gefahr eines Rücktransports zu tragen hat.

Nach überwiegender Auffassung soll der Verkäufer die Gefahr des Untergangs oder der Beschädigung der vertragswidrigen Ware tragen[1775]. Dies gilt unabhängig davon, ob die Rücksendung der Ware im Rahmen der Ersatzlieferung oder zum Zweck der Reparatur erfolgt[1776]. Grund dafür ist, daß die Pflichtverletzung – d.h. die *Ursache* für den Nacherfüllungsanspruch des Käufers – gerade aus der Sphäre des Verkäufers stammt. Es kann auch nicht richtig sein, daß die verletzte Partei mit zusätzlichen Nachteilen bzw. Risiken belastet wird, gerade dann, wenn die Nacherfüllung zum Inhalt der Erfüllungspflicht des Verkäufers gehört[1777].

1774 Siehe hierzu: D.IV. Ort der Ersatzlieferung und E.IV. Ort der Nachbesserung.

1775 Eingehend dazu *Hennecke*, IHR 2003, S. 269. Siehe auch *Adame*, S. 341 ff; *Schlechtriem / Leser / Hornung*, Art. 82, Rn. 18; OGH, Urteil vom 29.6.1999, 1 Ob 74/99 k [http://cisgw3.law.pace.edu/cases/990629a3.html].

1776 Hier trägt der Verkäufer die Gefahr des Transports (zur Werkstatt hin und zurück), wenn eine Beförderung der Ware zwecks der Reparatur nötig ist, sowie für die Zeit während der Vornahme der Reparaturarbeiten; *Hennecke*, IHR 2003, S. 272 f, 2755; *Kandler*, S. 153 f, m.w.N.; *Schulz*, S. 309. Allerdings könnte hier eine Unterscheidung geboten sein, wenn der Käufer *nicht* oder *nicht mehr berechtigt* ist, Nachbesserung zu verlangen und der Verkäufer trotzdem (etwa aus Kulanz) die Reparatur vornimmt.

1777 Siehe dazu *Hennecke*, IHR 2003, S. 272 f; *Kandler*, S. 154, m.w.N.; *Schulz*, S. 287.

H. Verjährung

Die Geltendmachung von Erfüllungsansprüchen kann aufgrund von Verjährung ausgeschlossen sein. Diese ist von den Ausschlußfristen zu unterscheiden, die teilweise im UN-Kaufrecht geregelt sind[1778]. Die Verjährung ist im Übereinkommen nicht ausdrücklich geregelt[1779]. Daher stellt sich die Frage, ob sie anhand von allgemeinen Grundsätzen zu lösen bzw. nach dem kollisionsrechtlich berufenen Nationalrecht zu bestimmen ist (Art. 7 II).

Für das EKG, das die Verjährung ebenfalls nicht regelte[1780], wurde der Versuch unternommen, einen *allgemeinen Grundsatz* zu entwickeln; dieser besagte, die Verjährungsfrage sei *einheitlich* nach dem Recht des Staates zu bestimmen, in dem der Verkäufer seinen Sitz habe[1781]; dies wurde zum einen damit begründet, das Einheitsrecht gehe von einem Vorrang der Niederlassung des Verkäufers aus, und zum anderen, weil sich das Vertragsstatut i.d.R. nach dem Recht des Verkäufers richte[1782]. Im Gegensatz dazu wurde in der Literatur auch die Auffassung vertreten, Ansprüche des Käufers – darunter auch die Frage der Verjährung – sollten einer selbständigen Sonderanknüpfung folgen und nach dem Recht beurteilt werden, mit dem die Einzelfrage am engsten verbunden sei (d.h. in der Regel nach dem Recht des Schuldners)[1783]; diese Lösung wurde dadurch kritisiert, weil sie zu einer unvermeidbaren Rechtsspaltung und zu möglichen Kollisionen mit anderen Regeln führen würde[1784].

1778 Siehe insbesondere die zweijährige Ausschlußfrist des Art. 39 Abs. 2; weitere Ausschlußfristen sind beispielsweise in Art. 46 Abs. 2 und 3, sowie in Art. 49 Abs. 2 enthalten; dabei handelt es sich um nicht a priori festgesetzte Fristen, sondern hängen vielmehr von den Umständen des Einzelfalles ab *(angemessen)*. Siehe dazu: C.II.3.b) Frist zur Geltendmachung von Nacherfüllungsansprüchen.

1779 Siehe hierzu *Asam*, Jb. Ital. R. Bd. 5 (1992), S. 61; *vCaemmerer / Schlechtriem / Herber*, Art. 4, Rn. 21; *Enderlein / Maskow*, Art. 4, Bem 4.1; *Magnus*, RIW 2002, S. 577, m.w.N.; *Schlechtriem*, Uniform Sales Law, S. 72; *Soergel / Lüderitz / Fenge*, Art. 4, Rn. 10; *Staudinger / Magnus*, Art. 4, Rn. 38; siehe ferner ICC Arbitration Case 7660/1994, CLOUT Nr. 302. Die Verjährung wurde absichtlich nicht in das Wiener Kaufrecht aufgenommen, weil diese Gegenstand einer bereits existierenden Konvention war; *Huber*, IPRax 1988, S. 149; *Honsell / Siehr*, Art. 4, Rn. 23.

1780 Vgl. *Schlechtriem / Magnus*, Art. 17 EKG Nr. 5, OLG Hamm 1.7.1982.

1781 OLG Schleswig-Holstein, 8.4.1992, 1 U 117/89, IPRax 1993, 93 ff. Eine solche Lösung läßt sich für das UN-Kaufrecht schon deshalb nicht vertreten, weil die Konvention *keine* Kollisionsnormen enthält (sie „wollte" auch keine bestimmen), sondern nur (einige) Aspekte des materiellen Kaufrechts regelt.

1782 OLG Schleswig-Holstein, a.a.O. Für die Bestimmung des Vertragsstatuts mangels wirksamer Rechtswahl siehe Art. 28 EGBGB.

1783 Vgl. *Stoll*, IPRax 1993, 75 ff.

1784 *Schlechtriem*, in: FS für Jayme, S. 1355.

Dieser Lösungsweg ist jedoch verfehlt[1785], da ein Rückgriff auf die allgemeine Grundsätze des Übereinkommens nur dann in Betracht kommt, wenn es um die Lösung von *internen Lücken* geht, nämlich um Fragen, die vom CISG geregelte Gegenstände betreffen, die aber nicht ausdrücklich gelöst sind (Art. 7 II)[1786]. Dagegen ist die Verjährung vom UN-Kaufrecht *nicht erfaßt*[1787]; dies zeigt sich insbesondere dadurch, daß UNCITRAL die Verjährungsfrage durch ein selbständiges Übereinkommen geregelt hatte (dazu unten). Sie stellt vielmehr eine *externe* Lücke dar, die nach dem maßgeblichen Kollisionsrecht zu entscheiden ist[1788].

An dieser Stelle soll nur kurz erwähnt werden, daß eine Verjährungskonvention der Vereinten Nationen[1789] seit dem 1.8.1988 für einige Staaten in Kraft ist[1790]. Diese kann auch vor deutschen Gerichten eine gewisse – wenn auch begrenzte – Wirkung entfalten[1791], etwa wenn die Kollisionsnormen auf das Recht eines Vertragsstaates dieses Übereinkommens verweisen[1792] aber auch, wenn die Parteien die Anwendung dieser

---

[1785] *Honsell / Schnyder / Straub*, Art. 45, Rn. 66. Für Ansprüche aus der Konvention lassen sich weder einheitliche Verjährungsfristen (materiellrechtlich) noch einheitliche kollisionsrechtliche Vorschriften finden. Etwas zweifelnd *Huber*, IPRax 1988, S. 150, Fn. 22, der die Frage offen läßt, so daß es von der rechtlichen Qualifikation der Verjährungsvorschriften abhängen würde; diese könnten eine Frage der Sachmängelhaftung (und damit als ein geregelter Gegenstand) oder als Verjährung an sich (und damit als ein außerhalb des Regelungsbereichs des CISG gelegener Gegenstand) qualifiziert werden.

[1786] Unrichtig ist daher die Einordnung der Verjährungsfragen als *interne Lücke* (so *Stoll*, IPRax 1993, S. 75).

[1787] Siehe statt aller *Schlechtriem / Ferrari*, Art. 4, Rn. 35, m.w.N.

[1788] *Asam*, Jb. Ital. R. Bd. 3 (1990), S. 30 (m.w.N.); *Schlechtriem*², Rn. 170; *Soergel / Lüderitz*, Art. 3 VertragsG, Rn. 1; *Staudinger / Magnus*, Art. 4, Rn. 39, Art. 3 VertragsG, Rn. 2, m.w.N.; *Huber*, IPRax 1988, S. 150; *Schlechtriem / Schlechtriem*, Art. 3 VertragsG, Rn. 1. Siehe ferner OLG Hamm 9.6.1995, IPRax 1996, 270; ICC Arbitration Case 7660/1994, CLOUT Nr. 302. Diese Lösung steht mit dem Wortlaut des Art. 7 Abs. 2 in Einklang und wird von einem wichtigen Teil der Lehre vertreten. A.A. jedoch *Stoll*, IPRax 1993, 75 f, der auf den Sitz des Schuldners abstellt; ähnlich OLG Schleswig-Holstein, 8.4.1992, 1 U 117/89, IPRax 1993, 93; *Reinhart*, Art. 3 VertragsG, Rn. 3.

[1789] *Convention on the Limitation Period in the International Sale of Goods, concluded at New York on 14 June 1974, as amended by the Protocol of 11 April 1980.* Der Text ist in der englischen Originalfassung und in der deutschen Übersetzung abgedruckt in: RabelsZ 39 (1975), S. 342-363. Änderungen zu dieser Konvention wurden in der Wiener Konferenz zum UN-Kaufrecht beschlossen, um das VerjÜ an das CISG anzupassen und Übereinstimmung mit dessen Anwendungsbereich zu gewährleisten (vgl. O.R. S. 230 ff, 434 ff; ferner *Winship*, S. 1072); das Änderungsprotokoll (O.R. S. 191 f) ist abgedruckt in RabelsZ 51 (1987), S. 186 ff; an dieser Stelle wird allein auf die reformierte Fassung Bezug genommen; abgekürzt: VerjÜ.

[1790] Das VerjÜ ist zur Zeit in 32 Staaten – in 13 davon in der unveränderten ursprünglichen Fassung – in Kraft (Stand: 7.12.2005). Die Liste der Vertragsstaaten kann bei www.uncitral.org abgerufen werden.

[1791] *Honsell / Siehr*, Art. 4, Rn. 24; siehe auch *Magnus*, ZEuP 1995, S. 215; i.E. *Schlechtriem*, in: FS für Jayme, S. 1355.

[1792] Für die Bundesrepublik Deutschland sind insbesondere folgende Länder von Bedeutung: Argentinien, Brasilien, Bulgarien, Mexiko, Polen, Rumänien, Rußland, die Slowakei, Slowenien, die Tschechische Republik, die Ukraine, Ungarn und die USA, wobei fünf dieser Länder seit dem 1.5.2004 neue Mitgliedsstaaten der EU sind; in der Literatur wird die Ansicht vertreten, die Beitrittsländer sollten das VerjÜ kündigen, um Widersprüche mit der 2-jährigen Verjährungsfrist der Verbrauchsgüterkaufrichtlinie zu vermeiden (so *Magnus*, in: FS für Jayme, S. 1314); dieser Auffassung ist m.E. nicht zu folgen, weil die Kaufrechtsrichtlinie *Mindestanforderungen* stellt; während die Verjährungsfristen

Konvention vereinbart haben[1793]. Ob diese Konvention für das Gebiet der ehemaligen DDR[1794] fortgilt, ist umstritten; ihre Fortgeltung wird aber im Schrifttum weiterhin vertreten[1795].

---

nicht kürzer als 1 Jahr sein dürfen, sind längere Fristen durchaus zulässig (nach deutschem Recht darf eine vertragliche Verjährungsfrist von mehr als 30 Jahren ab dem gesetzlichen Verjährungsbeginn gemäß § 202 jedoch nicht vereinbart werden).

[1793] *Honsell / Schnyder / Straub*, Art. 45, Rn. 67. Die Geltung einer solchen Vereinbarung richtet sich nach dem maßgeblichen nationalen Recht. Über ein „opting-in" des VerjÜ wird in der Literatur wenig gesagt. Ob die Parteien längere oder kürzere Verjährungsfristen vereinbaren können, soll gemäß Art. 4 lit. a aus der Sicht des anwendbaren Rechts beurteilt werden. Für das VerjÜ lassen sich m.E. die Ausführungen von *Schlechtriem / Ferrari*, Art. 6, Rn. 39 ff, über „opting-in" des UN-Kaufrechts analog anwenden: Eine solche Rechtswahl ist nach dem maßgeblichen nationalen Recht zu beurteilen (eventuell als Vereinbarung von AGB's) und sie muß die Schranken des internen Rechts (zwingende Normen) respektieren (nach deutschem Recht darf die Verjährungsfrist nicht kürzer als ein Jahr sein, § 309 Nr. 8 b) ff), was im Rahmen des VerjÜ unproblematisch ist, da dieses eine Verjährungsfrist von grundsätzlich vier Jahren vorsieht). Auch im Rahmen von Art. 6 und Art. 39 Abs. 2 der Konvention können die Parteien längere oder kürzere (bzw. feste) Gewährleistungsfristen vereinbaren, so daß eine Verlängerung von Verjährungsfristen ohne große Schwierigkeiten denkbar ist.
Im Unterschied zum CISG muß ein Ausschluß des VerjÜ *ausdrücklich* vereinbart werden (siehe Art. 3 Abs. 1).

[1794] Am 1.3.1990 – nur wenige Monaten vor der Wiedervereinigung – war das VerjÜ für die DDR in Kraft getreten.

[1795] Siehe *von Hoffmann*, IPRax 1991, S. 8; *Otto*, MDR 1992, S. 537 f; *Thorn*, IPRax 1993, 215 f (jeweils m.w.N.); letzterem folgend *Kegel/Schurig*[9], § 1 IX 2, S. 83; § 4 III 3, S. 262; *Kegel*[8], § 1 IX 2, S. 79; § 4 III 3, S. 219 (der seine frühere Ansicht revidiert; siehe *Kegel*[7], § 4 II 3, S. 194). Als wichtigstes Argument wird aufgeführt, dies sei der ausdrückliche Wille der Parteien des Einigungsvertrages gewesen (verwiesen wird auf die Erläuterungen zum Einigungsvertrag, BT-Drucks 11/7817 v. 10.9.1990, S. 54). Hinzu kommen völkerrechtliche Aspekte, insbesondere die internationalen Verpflichtungen in Fällen von Staatensukzession. Ähnlich: *Asam*, Jb. Ital. R. Bd. 5 (1992), S. 66 ff, m.w.N.; eingehend dazu *von Hoffmann*, IPRax 1991, S. 1 ff (*passim*). Gegen diese Auffassung: *Staudinger / Magnus*, Art. 3 VertragsG, Rn. 4; *ders.* ZEuP 1993, S. 92 ff, m.w.N.; *Mansel*, JR 1990, 446 (mit der Begründung, die DDR sei mit dem Beitritt zur Bundesrepublik als Völkerrechtssubjekt untergegangen, und weil die Geltung des UN-Kaufrechts für das Gebiet der DDR mit dem Einigungsvertrag entfallen sei, so daß eine Fortgeltung des VerjÜ bei Nichtgeltung des CISG sinnlos wäre); *Piltz*, § 2, Rn. 152; *Schlechtriem*[2], Rn. 347; *Schlechtriem / Müller-Chen*, Einl. zum VerjÜ, Rn. 4; *Soergel / Lüderitz*, Art. 99, Rn. 2, Art. 3 VertragsG Rn. 3, der sich gegen eine unterschiedliche Regelung der Verjährung für das Gebiet der ehemaligen DDR ausspricht, weil sie den Vertrauensschutz ausländischer Partner, die mit einem „Sonderrecht" nicht rechnen, gefährden würde (letzterem folgend: *Krebs*, S. 34, Fn. 209). Letztere Begründung ist freilich wenig überzeugend, wenn man bedenkt, daß sowohl das VerjÜ (Art. 31) als auch das UN-Kaufrecht (Art. 93) die Möglichkeit zulassen, den Anwendungsbereich beider Konventionen auf besondere Gebietseinheiten zu beschränken (sog. Bundesstaaten-Klausel); es ist jedoch zu bemängeln, daß die Schlußbestimmungen (Teil IV des UN-Kaufrechts) keine Regelung zur Staatensukzession beinhalten. Ebenfalls zu erwähnen ist die Tatsache, daß UNCITRAL das Gebiet der ehemaligen DDR nicht als „Vertragsstaat" des VerjÜ auflistet; siehe: www.uncitral.org/ (Stand: 7.12.2005). Eine offizielle Erklärung der Bundesrepublik gegenüber der UNO bezüglich des Verjährungsübereinkommens wäre zu begrüßen, wird aber bis heute vermißt. Dennoch hat sich das BJM auf Anfrage der Redaktion zweier Zeitschriften inoffiziell geäußert (vgl. Schreiben vom 14.2.1991 an die Redaktion des Jb. Ital. R. (siehe Bd. 5, (1992), S. 68, Fn. 28; und Schreiben vom 10.6.1992 an die Redaktion der DtZ, teilweise abgedruckt in IPRax 1993, 215); das BMJ geht vom Erlöschen der völkerrechtlichen Bindung des VerjÜ für das Gebiet der ehemaligen DDR zum 3.10.1990 aus.

I. Beziehung zwischen Art. 28 und Art. 46 Abs. 3

Die problematische Einordnung der Nachbesserung als *Erfüllungsanspruch (stricto sensu)* wurde schon teilweise behandelt[1796]. Besondere Schwierigkeiten bereitet der Inhalt der Nachbesserungspflicht: eine Reparatur vorzunehmen gehört nicht zu den Primärpflichten eines Kaufvertrags[1797]; sie stellt eine *untypische* kaufvertragliche Verpflichtung dar und ist den meisten Rechtsordnungen unbekannt.

Aus dem Wortlaut des Art. 28 ergibt sich, daß diese Vorschrift allein auf Klagen auf „Erfüllung in Natur" *(specific performance, l'exécution en nature, acción de cumplimiento específico)* anwendbar ist. Was sollte man unter diesem Begriff verstehen? Ist er aus der Sicht des nationalen Rechts oder aus der Konvention selbst auszulegen? Welche Pflichten (aus dem Vertrag oder der Konvention) sind darunter zu subsumieren? Unterfallen Nachbesserungsansprüche dem Anwendungsbereich des Art. 28? Darf ein Richter einen solchen Anspruch allein deswegen verweigern, weil seine eigene Rechtsordnung keinen funktionell vergleichbaren Rechtsbehelf kennt? Würde eine solche Lösung mit der Ratio des Art. 28 übereinstimmen?

I. Autonome Auslegung des Begriffs „Erfüllung in Natur"

An dieser Stelle wird zunächst untersucht, welche Bedeutung dem Ausdruck „Erfüllung in Natur" – aus dem Übereinkommen selbst betrachtet – zukommt. Diese Annäherung ist angebracht, weil das UN-Kaufrecht grundsätzlich *autonom* auszulegen ist, d.h. „aus sich selbst und aus dem Gesamtzusammenhang" der Konvention heraus[1798], ohne Rücksichtnahme auf das nationale Rechtsverständnis[1799]. Dieses Auslegungskriterium leitet sich aus dem Charakter der Konvention ab, der sowohl in ihrer Entstehung[1800] als auch in ihrer Anwendung international ist. Dadurch soll ferner eine einheitliche Anwendung der Konvention gesichert[1801] und divergierende Ergebnisse sollen vermieden werden.

1. Problemstellung

Wenn der Verkäufer eine seiner Pflichten aus dem Vertrag oder aus der Konvention nicht erfüllt, dann darf der Käufer Erfüllung dieser Pflicht verlangen (vgl. Art. 46).

1796 Vgl. C.I.3. Rechtsnatur des Nacherfüllungsanspruchs.

1797 *Piltz*, § 5, Rn. 130 f.

1798 BGH 2.3.2005, VIII ZR 67/04, IHR 2005, S. 159.

1799 *Adame*, S. 69; *Bianca / Bonell / Bonell*, Art. 7, Bem. 2.2.2.; *vCaemmerer / Schlechtriem / Herber*, Art. 7, Rn. 11; *Herber / Czerwenka*, Art. 7, Rn. 4; *Staudinger / Magnus*, Art. 7, Rn. 12; *Neumayer / Ming*, Art. 7, Rn. 1.

1800 Die Konventionsgeber haben versucht, *juristisch neutrale* Begriffe zu verwenden, um zu vermeiden, daß bei der Auslegung des Übereinkommens auf das Heimatrecht zurückgegriffen wird. Vgl. *Herber / Czerwenka*, Art. 7, Rn. 9; *Neumayer / Ming*, Art. 7, Rn. 1; *Neumayer*, RIW 1994, 100; *Schlechtriem / Ferrari*, Art. 7, Rn. 11. Ob der Ausdruck *specific performance* der erwünschten Neutralität entspricht, bleibt zunächst offen.

1801 *Bianca / Bonell / Bonell*, Art. 7, Bem. 2.2.1.

Gleiches gilt für die Pflichten des Käufers gegenüber dem Verkäufer (Art. 61). Zu den in Art. 30 umschriebenen Pflichten des Verkäufers gehören an erster Stelle die Pflichten zur Lieferung der Ware, zur Übergabe der Dokumente, die die Ware unmittelbar betreffen, und die Pflicht, dem Käufer das Eigentum an der Ware zu verschaffen. Weitere Pflichten können sich aus dem Vertrag oder aus der Konvention selbst ergeben (etwa Obhutspflichten, die aus dem Grundsatz von Treu und Glauben hergeleitet werden, usw.[1802]). Der Käufer ist nach Art. 53 verpflichtet, den Kaufpreis zu zahlen und die Ware abzunehmen.

Die Formulierung des Art. 46 Abs. 1 deutet unmittelbar auf die primären Leistungspflichten hin[1803], denn nur diese gehören zum eigentlichen Inhalt des Vertrages und können daher *verlangt* werden. Daher ist die Anwendung des Art. 28 auf die primären Leistungsansprüche des Käufers unbedenklich[1804], denn diese werden in der Konvention als direkte Folge aus dem Vertrag ausdrücklich geregelt und gewährleistet. Der Sekretariatskommentar zu Art. 26 des UNCITRAL-Entwurfs verweist ebenfalls (nur) auf die Primärpflichten[1805].

Das Problem stellt sich bei der Betrachtung der Ersatzlieferungs- und Nachbesserungsansprüche[1806], denn diese ergeben sich nicht aus dem Vertrag selbst, sondern aus einer (ganz bestimmten Art von) Vertragsverletzung, nämlich aus der Lieferung vertragswidriger Ware. Eine weite Auslegung von „Erfüllung in Natur“ würde zu einer weiteren Einschränkung dieser Rechtsbehelfe über die Anwendung des Art. 28 in die Konvention führen, weit über die in Art. 46 II und III festgesetzten Grenzen (Erfordernis einer wesentlichen Vertragsverletzung für Ersatzlieferungsansprüche bzw. die für Nachbesserungsansprüche festgesetzte Zumutbarkeitsschwelle) hinaus[1807]. Dies betrifft insbesondere den Rechtsbehelf der Nachbesserung, dessen Anwendung stark eingeschränkt würde, da die meisten Rechtsordnungen einen solchen Anspruch nicht kennen[1808].

1802 Vgl. *Schlechtriem / Huber*, Art. 30, Rn. 9.

1803 Siehe dazu *Eraw / Flechtner*, S. 56: „The seller's obligations subject to specific performance under Article 46 are summarized in Article 30“.

1804 *Staudinger / Magnus*, Art. 28, Rn. 14. Nicht unproblematisch ist die von manchen Autoren des *Common Law* aufgeworfene Frage, ob die Ansprüche des Verkäufers auf Zahlung bzw. Abnahme der Ware ebenfalls in den Anwendungsbereich des Art. 28 fallen. Siehe dazu *Eraw / Flechtner*, S. 46, 56 (m.w.N.); weitere Nachweise bei *Staudinger / Magnus*, Art. 28, Rn. 15.

1805 *Secretariat Commentary* on Art. 26 [Art. 28 CISG], Anm. 3.

1806 Das Problem stellt sich nicht, wenn die Parteien im Vertrag einen Nachbesserung- bzw. einen Ersatzlieferungsanspruch ausdrücklich vereinbart haben, weil diese Rechte in diesem Fall zum Inhalt des Vertrages gehören und direkt über Art. 46 Abs. 1 verlangt werden können.

1807 „Es gibt keine Anhaltspunkte für die Annahme, die Konventionsgeber hätten die Rechtsbehelfe aus Art. 46 Abs. 2 und 3 weiter einschränken wollen“, *Honnold*, § 285.1.

1808 Vgl. *Kastely*, Wash.L.Rev. 63 (1988), S. 636 f.

Zweifelhaft ist, ob die Nachbesserung im System der Konvention als Erfüllungsanspruch im engeren Sinn zu verstehen ist[1809]. Diese Frage wurde auf der Wiener Konferenz zwar angesprochen, aber nicht hinreichend geklärt[1810]. Schwierigkeiten ergeben sich aus der bereits angeführten Überlegung, die Reparatur der Ware gehöre nicht zu den Primäransprüchen des Käufers, die direkt von Art. 46 Abs. 1 erfaßt und vom Gläubiger verlangt werden können[1811]. Statt dessen stelle sie einen Rechtsbehelf dar, der erst infolge einer Pflichtverletzung ausgeübt werden könne. Ebenfalls gibt es Zweifel bezüglich der Anwendung von Art. 28 auf den Nachbesserungsanspruch, weil dieser erst später in die Konvention eingeführt wurde: Als die jetzige Fassung des Art. 28 abgestimmt wurde, gab es dessen dritten Absatz noch nicht. Man kann kaum annehmen, daß Art. 28 einen Rechtsbehelf einschränken beabsichtigt, der bei Entstehung dieser Norm noch unbekannt war.

Andererseits, wenn man die Funktion der Nachbesserung berücksichtigt, stellt man fest, daß dieser Rechtsbehelf nichts anderes als die tatsächliche Erfüllung des Vertrages anstrebt – also, die Herbeiführung des Leistungserfolgs – und zwar in der Form, wie sie ursprünglich vereinbart war, nämlich so, daß die gelieferte Ware der geschuldeten Vertragskonformität entspricht. Ist der Verkäufer verpflichtet, eine Ware zu liefern, die eine besondere Qualität besitzt oder zu einer spezifischen Funktion tüchtig ist, dann wird der Leistungserfolg erst durch die Reparatur – nachträglich – herbeigeführt.

Außerdem deuten die teleologische und systematische Auslegung der Konvention darauf hin, daß der Begriff der Erfüllung (bzw. Erfüllung in Natur) *weit* zu verstehen ist[1812]. Danach kann man die Nachbesserung als einen *sekundären* Anspruch des Käufers auf Erfüllung auffassen[1813], der dem Art. 28 unterliegt[1814].

Dieser letzteren Auffassung ist der Vorzug zu geben, denn sie steht mit dem Sinn und Zweck der Norm besser in Einklang. Die Gegenauffassung – d.h. Art. 46 III beinhalte

---

[1809] Offengelassen bei *Kastely*, Wash.L.Rev. 63 (1988), S. 635; bejahend aber *Staudinger / Magnus*, Art. 28, Rn. 14.

[1810] Vgl. *Rognlien* (Norway), in OR. S. 333, Nr. 77: „according to the interpretation of *specific performance*, the buyer might not have that right [to repair]"; *Hjerner* (Schweden), in OR. S. 333, Nr. 81: „... repair [is] not part of performance".

[1811] Allein aus der Pflicht, Ware zu liefern, die den Anforderungen des Vertrages entspricht (Art. 35), läßt sich noch keine Nachbesserungspflicht ableiten.

[1812] Für eine *weite* Auffassung des Begriffs *„specific performance"* spricht, daß Art. 28 sowohl für die Pflichten des Käufers als auch für jene des Verkäufers gilt. Dies leitet sich aus der systematischen Stellung dieser Vorschrift in der Konvention ab (Art. 28 befindet sich in den „Allgemeinen Bestimmungen", d.h. daß er für beide Parteien gleichermaßen gilt). Der Wortlaut dieser Vorschrift weist in die selbe Richtung hin, weil darin auf den Erfüllungsanspruch *einer Partei* Bezug genommen wird, ohne zwischen den Pflichten des Käufers und des Verkäufers zu unterscheiden. Vgl. *Schlechtriem / Huber*, Art. 28, Rn. 15; *Karollus*, 178; *Farnsworth*, 27 Am. J. Comp. L. (1979), S. 249 f. In den *Common Law*-Staaten kommt dem Begriff *specific performance* eine etwas engere Bedeutung als in der Konvention zu; diese Tatsache wurde von den Konventionsgebern erkannt und hingenommen; siehe dazu *Kamarul* (Australien), OR. S. 335, Nr. 18; ähnlich *Bridge*, § 3.46, S. 100.

[1813] Dazu oben C.I.3. Dogmatische Einordnung des Nacherfüllungsanspruchs.

[1814] *Piltz*, § 5, Rn. 131, 179, 188; *Staudinger / Magnus*, Art. 46, Rn. 64, m.w.N.

keinen Erfüllungsanspruch und stünde daher nicht unter dem Vorbehalt des Art. 28 – würde zu absurden Konsequenzen führen, z.B. derjenigen, daß ein Gericht eine Klage auf Erfüllung in Natur in Form der Nachbesserung immer und ohne Vorbehalt zusprechen müßte (wenn die Voraussetzungen des Art. 46 III vorliegen). Dies würde der ausdrücklichen Absicht der Konventionsgeber zuwiderlaufen und den Ermessensspielraum der Gerichte (besonders der der *Common Law*-Staaten) stark einschränken.

Der Einwand, eine Reparatur durchzuführen gehöre nicht zum *Inhalt* der vom Verkäufer geschuldeten Leistung, konzentriert sich zu sehr auf die Leistungs*handlung* des Schuldners und läßt unberücksichtigt, daß durch den Kaufvertrag ein *Erfolg* geschuldet wird. Daß diese Rechtsbehelfe aus Art. 46 II und III durch die Anwendung des Art. 28 weiter eingeschränkt werden können, muß in Kauf genommen werden. Dies gilt im übrigen nicht nur für diese Rechte, sondern für alle anderen Rechtsbehelfe der Konvention, die auf Erfüllung tendieren.

Erfüllung in Natur bedeutet zunächst für die Konvention, daß eine Partei verlangen und gerichtlich durchsetzen kann, daß die andere Partei ihre Pflichten aus dem Kaufvertrag in der Form und Weise erfüllt, wie sie *ursprünglich geschuldet* waren[1815]. Eine weitere Konsequenz kann hieraus gezogen werden: Ausgangspunkt für die Auslegung des Art. 28 ist, daß der Nachbesserungsanspruch aus Art. 46 III im System der Konvention als *Erfüllung in Natur im weiteren Sinne* zu verstehen ist. Verlangt ein Käufer Nachbesserung vor einem ordentlichen Gericht oder vor einem Schiedsgericht, dann ist Art. 28 unbedingt zu beachten. Diese Annäherung steht im absoluten Einklang mit Wortlaut und Zweck von Art. 28 und 46[1816].

2. Fazit

Die Konventionsgeber waren sich mit der Einführung des Nachbesserungsanspruchs des Käufers dessen bewußt, daß ein solcher Rechtsbehelf *kein Pendant* in den verschiedenen nationalen Rechtsordnungen hatte[1817]. Damit haben sie eine wichtige Ergänzung des nationalen Rechts bewirkt, indem sie die Pflichten des Verkäufers, d.h. aus der Perspektive der Leistungs*handlung*, durch den Nachbesserungsanspruch erweitert haben, was in den meisten (wenn nicht in allen) Rechtsordnungen bis zu diesem Zeitpunkt noch unbekannt war. Nicht unbekannt ist dagegen – ganz allgemein betrachtet – eine Pflicht des Verkäufers, für die Vertragskonformität der Ware (und damit für den Leistungs*erfolg*) einzustehen[1818].

[1815] *Draft-Digest*, Art. 28, Anm. 2.

[1816] Vgl. *Kastely*, Wash.L.Rev. 63 (1988), S. 636.

[1817] Vgl. verschiedene Beiträge in der Diskussion (OR. S. 332 ff) über Art. 46 III, insbesondere: *Hjerner* (Schweden), S. 333, Nr. 81; *Date-Bah* (Ghana), S. 335, Nr. 21; *Farnsworth* (USA), S. 336, Nr. 28.

[1818] Dies kommt durch die verschiedene Rechtsbehelfe zum Ausdruck, die dem Käufer zur Verfügung stehen: Vertragsauflösung (Aufhebung, Rücktritt, Wandelung, etc.), Anpassung des Kaufpreises, Schadensersatz, Neulieferung, usw. und gilt sowohl in den *Common Law*-Staaten (häufig nur unter strengen Bedingungen) als auch im *Civil Law*.

Das UN-Kaufrecht hat – vielleicht zum ersten Mal – das Institut der Nachbesserung gesetzlich geregelt, die in der Praxis häufige Anwendung findet. Damit wird eine schon seit langem bestehende *faktische* Situation anerkannt und das Recht fortentwickelt, um sich an die Bedürfnisse des Rechtsverkehrs anzupassen. Inwiefern diese Entwicklungen auf das nationale Recht übertragen werden können, bleibt zunächst offen. Es geht hier um die Frage, wie ein Gericht zu urteilen hat, wenn der Käufer einen Nachbesserungsanspruch geltend macht, aber das interne Recht keinen ähnlichen Rechtsbehelf vorsieht.

II. Auslegung des Begriffs „Erfüllung in Natur" nach lex fori

Für ein adäquates Verständnis des Ausdrucks *„specific performance"* soll an dieser Stelle eine rechtsvergleichende Untersuchung im Lichte verschiedener Nationalrechtsordnungen kurz durchgeführt werden. Dies steht einer *autonomen Auslegung* – wie sie in Art. 7 Abs. 1 angeordnet wird – ausnahmsweise nicht entgegen[1819]. Grund dafür ist, daß Art. 28 auf das Heimatrecht des zu entscheidenden Gerichts ausdrücklich verweist und sich damit einem nationalen Recht unterstellt; eine Auslegung nach *lex fori* ist daher geboten[1820]. Außerdem stellt Art. 28 innerhalb der Konvention eine Kompromißlösung zwischen dem *Common Law* und dem *Civil Law*-Staaten dar, mit der die Konventionsgeber unterschiedliche Rechtstraditionen in Einklang zu bringen versuchten[1821]. Trotz der generellen Absicht der Konventionsgeber, möglichst *neutrale* Begriffe zu verwenden, haben sie in Art. 28 auf nationalgeprägte Begriffe zurückgegriffen[1822]; die „nationalen Vorstellungen" hinter diesen „gezielt aus einer Rechtsordnung übernommenen" Begriffen sind daher zu berücksichtigen[1823].

1. Französischer Rechtskreis

Das französische Recht geht vom Grundsatz der Naturalerfüllung des Vertrages aus[1824]. Die *exécution en nature* umfaßt sowohl die Fälle einer *exécution forcée* (nämlich, wenn die vertragstreue Partei in einem gegenseitigen Schuldverhältnis berechtigt

---

[1819] Zu Umfang und Ausnahmen des Grundsatzes der autonomen Auslegung siehe *Schlechtriem / Ferrari*, Art. 7, Rn. 11 ff; *Staudinger / Magnus*, Art. 7, Rn. 13.

[1820] Ausdrücklich vertreten wird die Auslegung des Art. 28 nach der *lex fori* von *Schmid*, S. 32; *Bridge*, § 3.47, S. 100 f; a.A. *Kastely*, Wash.L.Rev. 63 (1988), S. 634 f, die die autonome Auslegung für ausschlaggebend hält.

[1821] Dazu bereits oben: B.V.1.c). Einschränkung des Art. 28. Siehe auch *Benjamin's*, § 12-081. Bezeichnenderweise trägt der Abschnitt im Aufsatz von *Posch / Kandut* (in: Hoyer / Posch, S. 69 ff), in dem diese Autoren den Art. 28 behandeln, die Überschrift: „*Common Law*-Privileg" beim Erfüllungsbegehren.

[1822] Siehe dazu die englische, spanische und französische Originalfassung, die sich auf Urteile zu den Rechtsinstituten „specific performance", „cumplimiento específico" bzw. „exécution en nature" beziehen.

[1823] Vgl. dazu *Schlechtriem / Ferrari*, Art. 7, Rn. 10, m.w.N.; i.E. auch *Soergel / Lüderitz / Fenge*, Art. 7, Rn. 2.

[1824] *Dawson*, Mich. Law Rev., Vol. 57 [1959], S. 524; *Zweigert / Kötz*, § 35 II, S. 472 ff.

ist, die vertragsbrüchige Partei zur Erfüllung des Versprochenen zu zwingen)[1825] als auch die *exécution par un tiers* (d.h. daß die geschuldete Leistung von einem Dritten vorgenommen wird)[1826]. Für den Kaufvertrag gilt außerdem eine Spezialvorschrift, die den Käufer berechtigt, in Besitz der gekauften Ware gesetzt zu werden[1827]. Hier handelt es sich um einen Herausgabeanspruch[1828], weil das Eigentum bereits mit dem Vertragsschluß auf den Käufer übergeht[1829], wenn zum Inhalt des Kaufvertrages eine individualisierte Sache gehört[1830]. Diese Regel gilt daher für den Stückkauf und für den Gattungskauf, wenn die Ware dem Vertrag eindeutig zugeordnet wurde (d.h. nach der Spezifizierung, weil der Käufer erst dann Eigentümer wird). Wenn der Verkäufer nicht in der Lage ist, die spezifizierte Ware zu liefern, kann ihn das Gericht zur Lieferung von *equivalent goods* verpflichten[1831].

In sonstigen Fällen eines Gattungskaufs kann der Käufer Erfüllung in Natur verlangen, also die Lieferung von *marchandises* der geschuldeten Art, wenn der Verkäufer den Vertrag nicht erfüllt hat[1832]. Das ist nicht nur bei Nichtlieferung der Fall, sondern auch bei Lieferung mangelhafter Ware[1833], denn der Käufer kann nicht gezwungen werden, etwas anderes als die im Vertrag vorgesehene Ware anzunehmen[1834]. Die Lieferung von Ersatzwaren fällt daher unter Erfüllung in Natur[1835], nämlich als „moyen d'assurer *en nature* la satisfaction du créancier"[1836].

[1825] CC Fr Art. 1184, Abs. 2, S. 2: Die vertragstreue Partei „a le choix ou de forcer l'autre à l'exécution de la convention lorsqu'elle est possible, oi d'en demander la résolution avec dommages et intérêts".

[1826] Vgl. *Beale* et al., Contract Law, S. 675; *Treitel*, Remedies for breach of contract, S. 46; *Rütten*, in: FS Gernhuber, S. 946.

[1827] CC Fr Art. 1610: „Si le vendeur manque à faire la délivrance dans le temps convenu entre les parties, l'acquéreur pourra ... demander ... sa mise en possession ..."

[1828] Siehe auch *Beale* et al., Contract Law, S. 676.

[1829] CC Fr Art. 1583: „... la propriété est acquise de droit à l'acheteur à l'égard du vendeur, dès qu'on est convenu de la chose et du prix, quoique la chose n'ait pas encore été livrée ni le prix payée"; siehe ferner *Dawson*, Mich. Law Rev., Vol. 57 [1959], S. 511, m.w.N. Dennoch können die Parteien vereinbaren, daß das Eigentum erst zu einem späteren Zeitpunkt an den Käufer übergeht.

[1830] CC Fr Art. 1138 Abs. 1: „L'obligation de livrer la chose est parfaite par le seul consentement des parties contractantes". Abs. 2: „*Elle rend le créancier propiétaire* et met la chose à ses risques dès l'instant où elle a dû être livrée, encore que la tradition n'en ait point été faite (...)".Vgl. auch *Borja Soriano*, Rn. 920. Daraus folgt, daß der Käufer die Sache von jederman verlangen kann (ihm steht ein *ius persecutionis* zu), und daß der Verkäufer die Sache nicht an einen Dritten wiederverkaufen kann, da er kein Eigentümer mehr ist.

[1831] Diese Möglichkeit ist im Gesetz nicht vorgesehen, wird aber praktiziert; vgl. Cass. civ., 20 Januar 1953, JCP 1953 II. 7677, teilweise wiedergegeben in: *Beale* et al., Contract Law, S. 675 f, m.w.N.

[1832] CC Fr Art. 1585: „...mais l'acheteur *peut en demander* ou *la délivrance* ou des dommages-intérêts, s'il y a lieu, en cas d'inexecution de l'engagement".

[1833] *Code Civil Annoté*, Art. 1641, Anm. 9.

[1834] *Code Civil Annoté*, Art. 1604, Anm. 2, m.w.N.

[1835] *Treitel*, Remedies for breach of contract, S. 46.

[1836] *Ghestin / Billiau*, S. 435, Nr. 428 (Hervorhebung hinzugefügt).

In diesen beiden Fällen ist eine Erfüllung in Natur prozessual gewährleistet, so daß der Gerichtsvollzieher aufgrund des Urteils die Sache dem Verkäufer wegnehmen und dem Käufer herausgeben kann[1837].

Etwas anderes gilt für die Nachbesserung. Eine gesetzliche Nachbesserungspflicht des Verkäufers enthält das französische Recht – abgesehen vom Verbrauchsgüterkauf – soweit ersichtlich nicht[1838]. Im Schrifftum wird die Möglichkeit der Nachbesserung teilweise bejaht[1839] aber nicht näher untersucht. Die Parteien können einen Nachbesserungsanspruch jedoch vereinbaren[1840]. Da aber der Inhalt der Nachbesserungspflicht in einem Tun besteht, ist die Erzwingung einer „réparation en nature" – wenn der Schuldner sich weigert, die geschuldete Reparatur vorzunehmen – nach französischem Recht grundsätzlich[1841] ausgeschlossen[1842]; in einem solchen Fall kann der Gläubiger jedoch Schadensersatz wegen der Nichterfüllung verlangen[1843]. Diese Auffassung beruht auf dem Grundsatz, daß keiner zu einer (persönlichen) Handlung gezwungen werden kann *(nemo praecise cogi potest ad factum)* [1844].

[1837] Art. 826 ff CPC Fr.

[1838] Die EU-Kaufrechtsrichtlinie wurde durch Ordonnance n° 2005-136 vom 17.2.2005 in Frankreich umgesetzt (abrufbar unter www.IPR.uni-koeln.de). Die Umsetzung beschränkt sich jedoch auf Verbraucherverträge (siehe Code de la Consommation Art. 211-3. „Le présent chapitre est applicable aux relations contractuelles entre le vendeur agissant dans le cadre de son activité professionnelle ou commerciale et l'acheteur agissant en qualité de consommateur...").

[1839] Vgl. *Planiol / Ripert*, Bd X, 1. Teil, Anm. 135 (über die Minderung!), m.w.N.; dort wird ebenfalls auf die Gegenauffassung von *Laurent* verwiesen, der einen Nachbesserungsanspruch einerseits verneint, andererseits für unnötig hält, da der Käufer dem Verkäufer die Aufhebung des Vertrages androhen und dadurch die Reparatur erzwingen kann.

[1840] Beim Kauf von bestimmten Gütern sind Klauseln, wodurch *le bon fonctionnement de la chose vendue* garantiert wird, durchaus üblich; in einem solchen Fall ist der Verkäufer gehalten, die Sache zu reparieren und diese ggfls. zu ersetzen, vgl. *Planiol / Ripert*, Bd X, 1. Teil, Anm. 140.

[1841] In diesen Fällen (oder wenn die Leistung in einem Unterlassen besteht) wird nur ausnahmsweise ein Recht auf Erfüllung in Natur gegeben, nämlich dann, wenn das Gesetz es ausdrücklich erlaubt; vgl. *Terré / Simler / Lequette*, Rn. 575; *Nicholas*, S. 217-220.

[1842] Vgl. *Niggemann*, in: Hoyer / Posch, S. 98 und *Borja Soriano*, Rn. 922, die ein solches Begehren für *unmöglich* (bzw. unpraktisch) halten.

[1843] CCFr Art. 1142: „Toute obligation de faire ou de ne pas faire se résout en dommages et intérêts, en cas d'inexecution de la part du débiteur". Für eine Kritik zu diesem Artikel siehe Cass. civ. 19 Februar 1970, zitiert in *Beale* et al., Contract Law, S. 677: während die Vorschrift als Regelfall aufgefasst wird, hat das Gericht *de facto* die Möglichkeit, anders zu entscheiden.

[1844] *Nicholas*, S. 216; *Zweigert / Kötz*, § 35 II, S. 473 ff; *Beale* et al., Contract Law, S. 676. Für eine historisch-rechtsvergleichende Analyse dieses Grundsatzes siehe *Zimmermann*, S. 770 ff, *Rütten*, in: FS Gernhuber, S. 941 ff und *Dawson*, Mich. Law Rev., Vol. 57 [1959], S. 496 ff, jeweils mit Nachweisen zum römischen Recht. Dieses geht in der klassischen Zeit vom Grundsatz *omnis condemnatio pecuniaria* aus. In postklassischer Zeit (besonder unter Justinian) wird die Möglichkeit der *condemnatio in naturam* für besondere Fälle (nämlich für auf *restitutio* gerichtete Klagen) eröffnet. Im Mittelalter dehnt sich die *condemnatio in naturam* allmählich auf weitere Fällen aus: Allgemein anerkannt für *dare*-obligationes; bei den anderen Obligationsarten ist Erfüllung in Natur nur ausnahmsweise zulässig, weil die Vorstellung herrscht, daß keiner zu einer Handlung gezwungen werden darf: *nemo praecise cogi potest ad factum*. Die meisten Juristen wenden in der Regel diesen Grundsatz auf *facere*-obligationes an; trotzdem werden immer wieder verschiedene neue Ausnhamen gemacht und die *condemnatio* in Natur wird auch für *facere*-obligationes akzeptiert. Damit setzt sich der Anspruch auf

Aus diesen Gründen kann der Verkäufer nicht gezwungen werden, eine mangelhafte Ware nachzubessern. Da aber die Vornahme einer Reparatur in der Regel eine vertretbare Handlung darstellt, kann der Gläubiger im Erkenntnisverfahren vom Gericht ermächtigt werden[1845], die geschuldete Handlung (auf Kosten des Schuldners) entweder selbst vorzunehmen oder von einem Dritten vornehmen zu lassen[1846]. Dies stellt aus französischer Sicht eine Art von *exécution en nature* – nicht in formeller, wohl aber in materieller Hinsicht – dar[1847].

Hierin zeigt sich eine weitere, grundsätzliche Unterscheidung zwischen den Rechtsbehelfen: während die Nachbesserung vom Gericht nicht direkt erzwungen werden kann, wird die Ersatzlieferung als klagbarer und durchsetzbarer Erfüllungsanspruch anzusehen.

Ferner bedient sich die französische Rechtsordnung des Instituts der *astreinte*[1848], um die *mittelbare* Durchsetzung eines Urteils auf Erfüllung in Natur zu erreichen[1849]. Hierdurch wird dem Schuldner die Zahlung einer Geldsumme angedroht für jeden Tag, den er säumig bleibt[1850], unabhängig davon, ob er die Herausgabe einer Sache, die Lieferung einer Gattungsware oder die Vornahme einer Handlung schuldet bzw. ob die Handlung vertretbar ist oder nicht[1851].

Die Lösung in anderen Staaten, die das Code Civil als Vorbild genommen haben, unterscheidet sich wenig vom französischen Ansatz. Das mexikanische Recht – beispielsweise – kennt ebenfalls eine Pflicht des Verkäufers zur Lieferung von Waren von mittlerer Art und Güte (CC Mex Art. 2016), die den Käufer von Gattungsware berechtigt, die Erfüllung in Natur zu verlangen, sowohl bei Nichtlieferung als auch bei man-

---

Erfüllung *in forma specifica* gegenüber der *condemnatio pecuniaria* in den Rechtsordnungen des römisch-kanonischen Rechtskreises langsam durch; der Grundsatz *nemo praecise cogi potest ad factum* findet für *facere* obligationes (insbesondere bei Obligationen, die auf ein „merum factum" gerichtet sind) weiterhin Anwendung und wird in die modernen Kodifikationen (angefangen vom Art. 1142 Code Civil) übernommen. Zur *condemnatio pecuniaria* siehe auch *Kaser*, § 115 II 4, III, S. 491ff, § 117, S. 498 ff. *Facere*-obligationes können – soweit sie die Übertragung eines Rechts oder einer Sache bezwecken („mixtum factum") – können erzwungen werden; siehe *Kaser*, § 115 I, S. 489; *Rütten*, in: FS Gernhuber, S. 943.

1845 *Zweigert / Kötz*, § 35 II, S. 473; *Dölle / Reinhart*, Art. 16 EKG, Rn. 9.

1846 CC Fr Art. 1144: „Le créancier peut aussi, en cas d'inexecution, être autorisé à faire executer luimême l'obligation aux dépens du débiteur...". An die Notwendigkeit der Ermächtigung durch das Gericht wird mit Nachdruck erinnert: „L'exécution de l'obligation aux dépens du débiteur *suppose l'autorisation de justice*"; *Code Civil Annoté*, Art. 1144, Anm. 1; *Dölle / Reinhart*, Art. 16 EKG, Rn. 9.

1847 Vgl. *Rütten*, in: FS Gernhuber, S. 946; *Treitel*, Remedies for breach of contract, S. 46.

1848 Siehe CC Fr Art. 1149; ferner: Loi no 91-650 du 9 juillet 1991 portant réforme des procédures civiles d'exécution, Art. 33-36 (teilweise abgedruckt in: *Beale* et al., Contract Law, S. 680 f). Siehe auch *Zweigert / Kötz*, § 35 III, S. 473 ff.

1849 *Beale* et al., Contract Law, S. 676. Zur Entwicklung und Bedeutung dieses Rechtsinstituts siehe *Dawson*, Mich. Law Rev., Vol. 57 [1959], S. 514 ff.

1850 *Dölle / Reinhart*, Art. 16 EKG, Rn. 9.

1851 Ausführlich zum *astreinte* siehe *Zweigert / Kötz*, § 35 III, S. 473-477, 483 f (m.w.N.).

gelhafter Lieferung. Beim Spezieskauf dagegen schuldet der Verkäufer die Sache in dem Zustand, in dem diese sich bei Vertragsschluß befand (CC Mex Art. 2288); ein Ersatz- oder Nachbesserungsanspruch wäre ohne Vereinbarung daher zu verneinen. Dieser Vorschrift steht CC Mex Art. 2283 II entgegen, wonach der Verkäufer für die Qualität der Ware einzustehen hat[1852]. Bei Mängeln kann der Käufer lediglich vom Vertrag zurücktreten oder den Kaufpreis mindern (CC Mex Art. 2144). Ein einziges Urteil sieht in CC Mex Art. 2283 II einen Nachbesserungsanspruch des Käufers[1853]; dieser wird weder im Schrifttum noch in der Rechtsprechung näher erörtert.

Im Kaufrecht ist ein Anspruch auf Nachbesserung ansonsten unbekannt. Lediglich im Werkvertrag wird eine Garantie des Unternehmers für Fehler des Werkes geregelt (CC Mex Art. 2634). Liegt ein solcher Fehler vor, so kann der Gläubiger verlangen, daß die Handlung auf Kosten des Schuldners durch einen Dritten vorgenommen wird, vorausgesetzt, daß die Leistung von jemand anders erbracht werden kann (CC Mex Art. 2027)[1854]. In einem solchen Fall gilt die Schuld – aus Sicht des Gläubigers – als *tatsächlich* erfüllt (d.h. sie wird als Erfüllung in Natur angesehen); aus der Sicht des Schuldners wird diese in eine Geldschuld umgewandelt[1855], die ohne weiteres vollstreckt werden kann[1856].

Ein Anspruch auf Ersatzlieferung wird ausdrücklich nur im Verbraucherrecht geregelt (Art. 92 I LFPC). Eine Besonderheit des mexikanischen Verbraucherrechts liegt darin, daß unter dessen Schutzbereich nicht nur natürliche sondern auch juristische Personen fallen (darunter auch Kleinunternehmen und -getriebe)[1857], welche Waren oder Dienstleistungen als End-Abnehmer erwerben[1858]. Das Verbraucherkaufrecht erwähnt die Nachbesserung im Rahmen der Herstellergarantie, sieht aber bei Fehlschlagen der

---

[1852] Art. 2283: „El vendedor está obligado: ... II. A garantizar las calidades de las cosas ..." (wörtlich: Der Verkäufer ist verpflichtet, für die Eigenschaften der Ware einzustehen). Nach *Barrera Graf*, in: Anuario Jurídico Mexicano, S. 147, umfaßt diese Vorschrift eine Einstandspflicht des Verkäufers für versteckte Mängel, für Qualitäts- und Quantitätsmängel und für den Fall einer *aliud*-Lieferung.

[1853] Siehe Urteil des Dritten Senats (Tercera Sala) der SCJN vom 23.3.1983. Séptima Epoca. S.J.F. Tomo: 169-174 Cuarta Parte, pág. 16 [Leitsatz: „Compraventa, obligación de reparar los desperfectos segun lo pactado en el contrato de"].

[1854] Dagegen gibt es für nicht vertretbare Handlungen keine ausdrückliche Bestimmung. Dafür gilt die allgemeine Norm des Art. 2104, die dem Gläubiger einen Schadensersatzanspruch („pago de daños y perjuicios") für die Nichterfüllung (bzw. Schlechterfüllung) einer Obligation gewährt.

[1855] *Borja Soriano*, Rn. 922.

[1856] Für Nachweise zum argentinischen und anderen lateinamerikanischen Rechten siehe *Grigera Naón*, in: Horn / Schmitthoff, S. 117 ff (m.w.N.); diese Rechtsordnungen folgen einem ähnlichen Ansatz wie das französische Recht. Auch im argentinischen Recht bezieht sich Erfüllung in Natur auf die ursprüngliche Lieferung (sei es von einer Einzel- oder Gattungsware), auf die Ersatzlieferung und auf die Selbstvornahme durch den Käufer; eine Nachbesserung gibt es dagegen nicht. Bezüglich der Erfüllung in Natur bildet Brasilien eine Ausnahme, das die Gewährung von Schadensersatz statt der „Erfüllung in Natur" vorzieht.

[1857] Dies jedoch bei Geschäften unter Mx $300,000.00, ca. 24,700.00 EUR (siehe Art. 2 i.V.m. 99 LFPC).

[1858] Aus diesem Grund sind Überschneidungen zwischen der Konvention und dem mexikanischen Verbraucherrecht nicht völlig auszuschließen.

Reparatur eine Ersatzlieferung oder den Rücktritt vom Vertrag vor, wobei beide Rechtsbehelfe mit einer Entschädigung von mindestens 20% des Kaufpreises kumulierbar sind (Art. 92 III LFPC).

Während das spanische Zivilgesetzbuch die Erfüllung des Vertrages bruchstückhaft regelt, enthält die Ley de Enjuiciamiento Civil eine umfangreiche prozeßrechtliche Regelung der Vollstreckung von Erfüllungsansprüchen *in natura*. Die Vollstreckung setzt einen vollstreckbaren Titel (etwa ein Leistungsurteil) grundsätzlich voraus[1859]. Das Gericht kann den Schuldner dazu auffordern, die geschuldete Leistung innerhalb einer angemessenen Frist zu erbringen (LEC Esp Art. 699). Nach Fristablauf kann das Gericht sich der öffentlichen Gewalt bedienen, um die Lieferung einer bestimmten Sache zu erzwingen (LEC Esp Art. 701 Abs. 1). Bei Unmöglichkeit der Leistung kann der Gläubiger eine Geldentschädigung verlangen (LEC Esp Art. 701 Abs. 3). Bei Gattungsware oder bei unbestimmten Sachen kann der Gläubiger in Besitz der geschuldeten Ware gesetzt oder vom Gericht zur Vornahme eines Deckungskaufs ermächtigt werden (LEC Esp Art. 702 Abs. 1).

Wenn die Leistung in einem Tun besteht – wie etwa die Pflicht zur Nachbesserung[1860] – soll das Gericht dem Schuldner eine Frist zur Erbringung der geschuldeten Leistung setzen (LEC Esp Art. 705); wird die geschuldete (vertretbare) Handlung nicht vorgenommen, kann der Gläubiger – mit Zustimmung des Gerichts – die Leistung auf Kosten des Schuldners durch einen Dritten vornehmen lassen (LEC Esp Art. 706 Abs. 1)[1861]. Um die Erbringung von nicht vertretbaren Handlungen zu erreichen[1862], sieht die spanische LEC eine der *astreinte* vergleichbare Rechtsfigur vor (Art. 709 Abs. 1).

Innerhalb des französischen Rechtskreises ist der US-amerikanische Bundesstaat Louisiana zu erwähnen[1863], wo eine sehr liberale Einstellung gegenüber *specific performance* herrscht. Gemäß Art. 1986 des Louisiana Civil Code muß das Gericht Erfüllung in Natur zusprechen, wenn der Gläubiger diese beansprucht. Zwar wird dem Gericht ein Ermessensspielraum eingeräumt, und dieser Rechtsbehelf kennt verschiedene Aus-

---

[1859] Siehe z.B. LEC Esp Art. 699, 701, 702, 703, 705, 706, 709.

[1860] Eine allgemeine gesetzliche Nachbesserungspflicht ist im spanischen Recht – soweit ersichtlich – nur im Rahmen des Verbrauchsgüterkaufs zu bejahen. Die Richtlinie 1999/44/EG wurde durch die Ley de Garantías en la Venta de Bienes de Consumo vom 10.7. 2003 (Ley 23/2003, BOE Nr. 165 vom 11.7.2003) – die lediglich auf Verbraucherverträge Anwendung findet – umgesetzt (vgl. Abs. 6 S. 2 der Gesetzesbegründung, sowie Art. 1).

[1861] Alternativ kann er Schadensersatz verlangen (LEC Esp Art. 706 Abs. 1, 2. Alt.).

[1862] Dies ist besonders dann von Bedeutung wenn – wie an anderer Stelle erörtert wurde – die Nachbesserung gerade durch den Verkäufer erfolgen soll.

[1863] Eingehend dazu: *Fitzgerald*, 16 Journal of Law & Commerce (1998), sub IV.A. In Lousiana – ehemalige französische Kolonie – hat sich die civilistische Rechtstradition zum großen Teil erhalten, deren Quelle insbesondere das spanische Recht und der Napoleonische Code Civil darstellen. Der Einfluß des *Common Law* ist jedoch von zunehmender Bedeutung; so hat Louisiana z.B. das UCC übernommen, nicht aber dessen kaufrechtlichen Teil (Art. 2 UCC); siehe *Zweigert / Kötz*, § , S. 114 ff.

nahmen; dennoch gilt *specific performance* als *primary remedy*, ohne daß der Kläger zuvor die *inadequacy*-Hürde überwinden muß[1864].

2. Das italienische Recht

Nach italienischem Recht hat der Käufer gemäß Art. 1453 CC It ebenfalls einen einklagbaren Anspruch auf Erfüllung in Natur, soweit die Leistung noch möglich ist[1865]. Ob die „azione di essato adempimiento" sich auf Ersatzlieferung und Nachbesserung erstreckt, ist dagegen umstritten, zunächst weil es keine gesetzliche Grundlage dafür gibt, aber auch, weil solche Handlungspflichten in der Regel nicht zum gesetzlichen „Pflichtenkatalog" des Verkäufers gehören[1866].

Dennoch sind zwei Fallkonstellationen zu berücksichtigen, bei denen Nacherfüllungsansprüche in Betracht kommen. An erster Stelle wird in der Literatur die Auffassung vertreten, bei Verschulden des Verkäufers dürfe der Käufer beim Gattungskauf Ersatzlieferung, beim Stückkauf Nachbesserung verlangen[1867]. Dies stellt einen wichtigen Unterschied zum UN-Kaufrecht dar, das auf die Schwere der Vertragsverletzung und nicht auf das Vertretenmüssen des Schuldners abstellt.

An zweiter Stelle ist im italienischen Recht ein Anspruch auf Ersatzlieferung oder Nachbesserung auch dann gegeben, wenn dies ausdrücklich im Kaufvertrag vorgesehen ist bzw. wenn der Verkäufer eine besondere Garantie über die Mängelfreiheit – *garanzia di buon funzionamento* – übernommen hat[1868].

In anderen Fällen ist ein Nachbesserungsanspruch schwer zu begründen. Sogar der Verkäufer-Hersteller kann nur zur Ersatzlieferung, nicht aber zur Reparatur der mangelhaften Ware verpflichtet werden[1869]. Eine Pflicht zur Lieferung einer mangelfreien

---

1864 Hierzu siehe *Catalano*, S. 1823 f, m.w.N.

1865 CC It Art. 1453: „Nei contratti con prestazioni corrispettive, quando uno dei contraenti non adempie le sue obbligazioni, l'altro può a sua scelta chiedere l'adempimento..."

1866 *Fox*, S. 228, m.w.N.

1867 Einige Autoren wollen diese Rechtsbehelfe unmittelbar zusprechen, während andere dies aus einer Unterform der Schadensersatzpflicht ableiten („risarcimento in forma specifica); siehe *Fox*, S. 228, m.w.N.

1868 CC It Art. 1512: „(1) Se il venditore ha garantito per un tempo determinato il buon funzionamento della cosa venduta, il compratore, salvo patto contrario, deve denunziare al venditore il difetto di funzionamento entro trenta giorni dalla scoperta, sotto pena di decadenza. L'azione si prescribe in sei mesi dalla scoperta. (2) Il giudice, secondo le cirostanze, può assegnare al venditore un termine per sostituire o riparare la cosa in modo da assicurarne il buon funzionamento, salvo il risarcimento dei danni. (3) Sono salvi gli usi i quali stabiliscono che la garanzia di buon funzionamento è dovuta anche in mancanza di patto espresso". Vgl. auch *Di Prisco*, in: Bianca, Convenzione di Vienna, Art. 45-46, S. 213; *Cherti*, EDP 2003, S. 698; *Fox*, S. 228. Aus der zitierten Vorschrift ist zu entnehmen, daß eine solche Garantie sich bereits aus Gebräuchen ergeben kann.

1869 „Nel sistema italiano è diffusa convinzione, invece, che la obbligazione di fare, intesa come riparare, non possa essere riferita neppure al venditore-fabbricante in serie, che può semmai essere tenuto solo a sostituire ma non a reparare cose eventualmente viziate"; vgl. *Di Prisco*, in: Bianca, Convenzione di Vienna, Art. 45-46, S. 213, m.w.N.

Sache ist im Schrifttum umstritten[1870]. Klagen auf Erfüllung in Natur – wenn zum Inhalt der Leistung ein Tun gehört – können nie einen vollstreckbaren Titel begründen[1871].

Über die Nachbesserung im italienischen Recht siehe insbesondere die Vorschriften über *eliminazione dei vizi*, die aber nur dann zur Anwendung kommen, wenn der Verkäufer selbst Hersteller ist[1872].

3. Das deutsche Recht

Das BGB kennt seit dem 1.1.2002 einen generellen gesetzlichen Nachbesserungsanspruch zugunsten des Käufers, der eine mangelhafte Sache erhalten hat (§§ 437 Nr. 1, 439 BGB). Dogmatisch handelt es sich um eine *modifizierte Fortsetzung* des ursprünglichen Erfüllungsanspruchs, der als „Rechtsbehelf" in das Gewährleistungsrecht einzuordnen ist[1873]. Aus dieser Einordnung folgt, daß der Anspruch des Käufers auf Behebung des Mangels durch Reparatur, aus der Sicht des deutschen Sachrechts eindeutig als „Erfüllung in Natur" zu verstehen ist.

Vor der Schuldrechtsreform war ein genereller Nachbesserungsanspruch des Käufers abzulehnen[1874], es sei denn, die Parteien hätten einen solchen vereinbart[1875]. Das BGB enthielt jedoch eine Kostentragungsregel in § 476a a.F. für den Fall, daß ein Nachbesserungsanspruch *an Stelle* von Wandelung oder Minderung vereinbart worden war. Dagegen war im Werkvertragsrecht ein genereller Anspruch des Bestellers auf Beseitigung des Mangels (§ 633 II a.F.)[1876] zu bejahen, der *inhaltlich* auf Behebung der Fehler bzw. auf Herstellung der zugesicherten Eigenschaften gerichtet war[1877]. Hieraus ist zu entnehmen, daß aus deutscher Sicht die Nachbesserung (bereits zum Zeitpunkt der Wiener Konferenz) zu den Rechtsbehelfen zählt, die zur Erreichung des Leistungserfolfoges tendieren. Obwohl das BGB keinen (gesetzlichen) Nachbesserungsanspruch des Käufers kannte, spricht § 476a a.F. ebenfalls für die Behandlung der Nachbesserung als Erfüllung in Natur.

Auf prozessualer Ebene weist die Durchsetzung von Nachbesserungsansprüchen jedoch manche Unterschiede auf, im Vergleich zu der Durchsetzung anderer Verkäuferpflichten aus dem Kaufvertrag – insbesondere die Pflicht zur Lieferung und zur Übertragung des Eigentums. Während sich der Anspruch des Käufers auf Lieferung der

---

[1870] Siehe *Cherti*, EDP 2003, S. 699 f, m.w.N.; *Fox*, S. 227, m.w.N.

[1871] L'azione di essatto adempimento „non può far conseguire un titolo suscettibile di esecuzione in forma specifica"; *Di Prisco*, in: *Bianca*, Convenzione di Vienna, Art. 45-46, S. 211, Fn. 33, m.w.N.

[1872] Siehe CC It Art. 1667 und 1668.

[1873] Dazu bereits oben: C.I.6.c) Dogmatische Einordnung des Nacherfüllungsanspruchs nach deutschem BGB.

[1874] Dazu oben: C.I.6. Entstehungsgeschichte.

[1875] Siehe *Palandt / Putzo*[61], § 462, Rn. 4, m.w.N.

[1876] § 633 Abs. 2 a.F. verwies auf § 476a a.F. für die Bestimmung der Kostentragungspflicht des Unternehmers.

[1877] *Palandt / Sprau*[61], § 633, Rn. 5c, m.w.N.

gekauften Ware ohne weiteres vollstrecken läßt (§ 883 f ZPO)[1878], ist der Nachbesserungsanspruch auf eine Handlung gerichtet. Daher hängt die prozessuale Durchsetzbarkeit insbesondere davon ab, ob die Reparatur von einem Dritten durchgeführt werden kann oder nur vom Schuldner, d.h. ob die geschuldete Handlung vertretbar ist oder nicht (§§ 887 f ZPO). Reparatur- und Nachbesserungsmaßnahmen stellen grundsätzlich vertretbare Handlungen i.S.d. § 887 ZPO dar[1879]. Ausnahmsweise könnten die Umstände des Einzelfalles so gelagert sein, daß die Vornahme der Nachbesserung durch einen Dritten nicht möglich oder dem Käufer nicht zugemutet werden kann[1880].

4. Das Common Law

Im anglo-amerikanischen Recht herrscht die Auffassung, daß im Falle eines Vertragsbruchs die Interessen der vertragstreuen Partei *ersatzweise (substitutional)*[1881] – nämlich durch einen Geldbetrag, der an Stelle der geschuldeten Leistung tritt – am besten gewährleistet werden. Damit gilt *damages* oder *substitutionary relief* als primärer Rechtsbehelf in der Folge eines Vertragsbruchs[1882].

Nur ausnahmsweise wird die Erfüllung in Natur – d.h. die versprochene Leistung *genau* wie geschuldet *(specific performance)*[1883] – vom Gericht angeordnet. Dies ist der Fall, wenn andere Rechtsbehelfe *inadequate* oder unzureichend sind[1884], was dann angenommen werden kann, wenn es sich beim gekauften Gegenstand um eine einzigartige Ware handelt oder wenn andere Umstände vorliegen, die ein solches Urteil rechtfertigen. Daher herrscht im Allgemeinen die Vorstellung, daß der Erfüllung in Natur ein Ausnahmecharakter zukommt[1885]. In der Regel steht den Gerichten ein wei-

---

1878 Für den Herausgabeanspruch einer individuell bestimmten Sache (Stückschuld) oder einer begrenzten Gattungsschuld (Vorratsschuld) gilt § 883. Für unbegrenzte Gattungsschulden gilt § 884; *MüKo / Schilken*, § 883 ZPO, Rn. 3 ff, m.w.N.

1879 Siehe *Baumbach / Lauterbach / Hartmann*, § 887 ZPO, Rn. 32, 28; *MünchKomm / Schilken*, § 887 ZPO, Rn. 22; *Thomas / Putzo*, § 887 ZPO, Rn. 2, jeweils m.w.N.

1880 Siehe Beispiele dazu unter E.II.3.b). Berücksichtigung der Interessen des Käufers.

1881 Siehe u.a. *Farnsworth*, Contracts III, S. 152.

1882 *Calamari & Perillo*, § 16.1, S. 633; *Dawson*, Mich. Law Rev., Vol. 57 [1959], S. 495 f; *Farnsworth*, Contracts III, S. 185; *Schlechtriem / Huber*, Art. 28, Rn. 3.

1883 Vgl. *Farnsworth* et al., Cases, S. 17, 451 ff; *Farnsworth*, Contracts III, S. 152, 158 ff: „relief is said to be specific when it is intended to give the injured party the very performance that was promised". „[The breaching party] is ordered to perform his promise according to its actual terms", *Benjamin's*, § 17-094.

1884 Siehe oben B. V. 1. c). Einschränkung des Art. 28; ferner: *White / Summers*, Vol. I, S. 325 ff; *Zweigert / Kötz*, § 35 IV, S. 477 ff; *Farnsworth*, a.a.O.; zum englischen Recht *McKendrick*, § 10-041

1885 *Calamari & Perillo*, § 16.1, S. 633; *Zweigert / Kötz*, § 35 IV, S. 478; *Zimmermann*, S. 781. Die *specific performance* wurde von den „Courts of Equity" oder „Courts of Chancery" entwickelt, ursprünglich anwendbar auf den Kauf von Grundstücken; trotz anfängliches Mißtrauens seitens der *Common Law*-Gerichte, wurde dieser Rechtsbehelf allmählich auf andere Fälle erweitert. Die jetzige Tendenz deutet auf eine Liberalisierung dieses Rechtsbehelfs hin. Trotzdem herrscht heutzutage immernoch die Vorstellung, dieser Rechtsbehelf sei nur in Ausnhamefällen zu gewähren. In der Praxis wird *specific performance* zugesprochen, wenn der *remedy at law* unzureichend bzw. wenn *relief in equity „adequate"* ist. Diese Liberalisierungstendenz wird von den meisten Autoren erkannt (auch wenn sie nicht von allen begrüßt wird): Siehe u.a. *Farnsworth*, 27 Am. J. Comp. L. (1979); *Treitel*, S. 1020, m.w.N.; *Benjamin's*, § 17-097 (die sich allerdings für eine *restriktive Anwendung* dieses ter Ermessensspielraum zu. Die Nichterfüllung eines *decrees of specific performance* kann „by contempt of court" erzwungen werden[1886].

An dieser Stelle werden mehrere Probleme untersucht: zunächst wird nach dem Inhalt des Rechtsbehelfs auf *specific performance* gefragt; danach, ob und unter welchen Umständen ein Anspruch auf Erfüllung in Natur in den *Common Law*-Staaten gewährt wird; ferner, ob ein Gericht an eine Nachbesserungsvereinbarung gebunden ist, bzw. ob es von einer solchen Vereinbarung abweichen kann. Zuletzt, ob die Reparatur angeordnet werden kann, wenn diese Handlung vertretbar ist oder nicht.

a) Inhalt des Rechtsbehelfs

Um festzustellen, ob *specific performance* gewährt werden kann und worin diese im Einzelfall besteht, soll zunächst der genaue Inhalt der vom Schuldner übernommene Leistungspflicht festgestellt werden[1887]; Grund dafür ist, daß ein Urteil auf *specific performance* sich unmittelbar hiernach richtet. Daher kann im Wege von *specific performance* grundsätzlich die Erfüllung *jeder* Vertragspflicht angeordnet werden[1888]. Als Inhalt eines Urteils auf *specific performance* kommt an erster Stelle die Lieferung des geschuldeten Gegenstands in Betracht, aber auch die Verschaffung des Eigentums, die Übergabe von Dokumenten, die Abgabe einer Unterschrift, etc.

Rechtsbehelfs aussprechen). Jedoch plädieren die meisten Autoren für eine großzügigere Gewährung von *specific performance:* siehe *White / Summers*, Vol. I, S. 326-334 (m.w.N. und mit Bezug auf nationales *policy*) und *Official Comment* zum UCC § 2-716, Anm. 1, die eine „more liberal attitude" gegenüber *specific performance* verlangen; *Catalano*, S. 1818; *Dawson,* Mich. Law Rev., Vol. 57 [1959], S. 532 und die bei *Benjamin's*, § 17-092 auf Fn. 93 zitierte Autoren). Ein weiterer Grund für die unterschiedliche Auffassung bei der Ausübung und Gewährung von den verschiedenen Rechtsbehelfen liegt darin, daß die Gerichte des *Common Law* in der Regel *großzügiger* in der Gewährung von Schadensersatz sind als die Richter des *Civil Law.* Vgl. z.B. UCC § 1-106 (1): „remedies ... *shall be liberally administered* to the end that the aggrieved party may be put in as good a position as if the other party had fully performed".
Wichtig ist schließlich der Hinweis, daß der Rechtsbehelf der *specific performance* im *Common Law* Rechtssystem ursprünglich auf Präjudizien (Gerichtsentscheidungen) und nicht auf Statute Law (Gesetzesrecht) gestützt wurde und erst in jüngster Zeit in „Statutes" (deklaratorisch) niedergelegt worden sind.

[1886] *Kastely,* Wash.L.Rev. 63 (1988), S. 633: „Penalites for violation of an order of specific performance may include fines or imprisonment for contempt", m.w.N. *Calamari & Perillo*, § 16.1, S. 634; *Dawson,* Mich. Law Rev., Vol. 57 [1959], S. 533; *Schulz*, S. 223, m.w.N.; *Treitel*, Remedies for breach of contract, S. 46; *Zweigert / Kötz*, § 35 IV, S. 481. Dem Gericht stehen unterschiedliche „Druckmittel" zur Verfügung – von einer Geldstrafe bis zur Zwangshaft – um seine Entscheidungen durchzusetzen; bei zivilrechtlichen Klagen wird letzteres jedoch selten und mit relativem Mißtrauen angewandt.

[1887] *Treitel*, Remedies for breach of contract, S. 43.

[1888] *Kastely,* Wash.L.Rev. 63 (1988), S. 633: „a court can order performance of *any act* that a party can legally incur an obligation to perform"; *Farnsworth*, Contracts III, S. 163 f; *Walt,* 26 Tex.Int.L.J., 1991, S. 216. Siehe auch Rechtsprechungsnachweise bei *Calamari & Perillo*, § 16.1, S. 635 f, § 16.5, S. 640 ff.

Nach dem Obengesagten ist eine Verurteilung auf *specific performance* in Form der Nachbesserung bei Lieferung vertragswidriger Ware scheinbar zulässig, soweit der Verkäufer eine Pflicht zur Verschaffung mangelfreier Ware übernommen hat[1889].

Auch wenn *specific performance* i.d.R. zugunsten des Käufers zugesprochen wird, kann diese ebenfalls zugunsten des Verkäufers erlassen werden, wenn *damages* keinen ausreichenden Schutz gewähren[1890]. So kann ein Gericht den säumigen Käufer zur Abnahme der Ware verpflichten[1891], d.h. *specific performance* kann zugunsten des Verkäufers angeordnet werden. Dagegen fallen Geldforderungen – nach *Common Law*-Verständnis – grundsätzlich nicht unter diesen Rechtsbehelf[1892], was jedoch für die Durchsetzung von Zahlungsansprüchen in einer bestimmten Währung von Bedeutung wäre.

Es ist zuletzt zu erwähnen, daß *specific performance* für das *Common Law* allein eine an den Schuldner adressierte Verfügung die *exécution forcée* des Vertrages *durch den Schuldner* bedeutet, nicht aber die Erbringung der geschuldeten Leistung durch einen Dritten[1893].

b) Gewährung von specific performance im Common Law

Bei Klagen auf *specific performance* kommt dem Richter des *Common Law* ein *weiter Ermessensspielraum* zu[1894]. Dennoch wird ein Gericht in einem Urteil *specific performance* in der Regel nur dann anordnen, wenn es sich um Sachen von „commercial uniqueness" handelt[1895]. Erfaßt sind an erster Stelle die Fälle eines Stückkaufs[1896, 1897];

[1889] Vgl. *Treitel*, Remedies for breach of contract, S. 43; ähnlich *Kritzer*, S. 351.

[1890] „[A]lso *the seller* can get a decree for *specific performance* on the ground that damages is not an adequate remedy", *Corbin*, § 1149, S. 162 (mit Rechtsprechungsnachweisen).

[1891] Siehe *Corbin*, § 1149, S. 162.

[1892] *Farnsworth*, 27 Am. J. Comp. L. (1979), S. 249 f; *Honnold*, § 348; *Treitel*, Remedies for breach of contract, S. 45.

[1893] Vgl. *Beale* et al., Contract Law, S. 675. Die Erbringung der Leistung durch einen Dritten ist durchaus möglich, aber diese wird vielmehr als eine Art von Selbsthilfe erfaßt, und als solche spielt sie bei der Berechnung des Schadens eine Rolle; siehe *Honnold*, § 193.

[1894] Siehe SGA Art. 52: ... *if thinks fit...* Ferner: *Benjamin's*, § 17-097 f; *Corbin*, § 1137, S. 105; *Zweigert / Kötz*, § 35 IV, S. 478. Siehe auch Bander v. Grossman, 161 Misc.2d 119, 611 N.Y.S.2d985, 23 UCC2d 1159 (1994) (ein Abstract zu dieser Entscheidung befindet sich in *White / Summers*, Addendum zu Vol. I, S. 109); *Zimmermann*, S. 781.

[1895] UCC § 2-716 (1): „*Specific performance* may be decreed *where the goods are unique* ..."; siehe auch: in re Bullet Jet Charter, Inc. (Software Customizer, Inc. v. Bullet Jet Charter, Inc., 177 B.R. 593,27 UCC2d 1256 (Bankr.N.D.Ill.1995) (ein Abstract zu dieser Entscheidung befindet sich in *White / Summers*, Addendum zu Vol. I, S. 109); *Catalano*, S. 1827 f; *McKendrick*, § 10-044; siehe auch *Zweigert / Kötz*, S. 192; *Neufang*, S. 133 ff.

[1896] Vgl. Art. 52 (1) SGA: „In any action for breach of contract to deliver *specific* or ascertained *goods* the court may ... direct that the contract shall be *perfomed specifically* ..."

[1897] In Kanada wird ein Recht auf Erfüllung in Natur *allein für die Übergabe* der geschuldeten Sache gewährt und ist daher auf den Spezieskauf beschränkt. Auch in diesen Fällen wird dieser Rechtsbehelf nach freiem Ermessen des Gerichts gewährt, wenn es dies für angemessen hält und Schadensersatz keinen ausreichenden Ausgleich für die Interesse des Käufers darstellt; *Ziegel*, Commentary on Art. 46, m.w.N.

was einen Gegenstand *unique* macht, ist anhand von objektiven und subjektiven Kriterien zu messen. Dafür sind die unterschiedliche Umstände des Einzelfalles zu berücksichtigen, insbesondere die Art der Ware[1898], das Affektionsinteresse der Parteien, die Möglichkeit eines Deckungsgeschäfts, usw.[1899].

Beim Kauf von *Gattungswaren* wird regelmäßig die Auffassung vertreten, daß der Schadensersatzanspruch ausreichend ist, weil der Käufer ohne Schwierigkeiten ein Deckungsgeschäft abschließen kann[1900]. Aber auch hier ist der Richter befugt, ein Urteil auf Lieferung von Gattungsware zu fällen[1901], wenn die Umstände des Einzelfalles es rechtfertigen[1902]. Wichtigste Voraussetzung dafür ist, daß Schadensersatz „inadequate" ist[1903]. Diese Voraussetzung ist in der Regel erfüllt, wenn der Käufer nicht in der Lage ist, einen Ersatz zu finden *(inability to cover)*[1904], entweder weil passende Ersatzware von vertretbarer Qualität nicht in angemessener Zeit beschafft werden kann[1905], wegen Knappheit der Ware „in the buyer's local market"[1906] oder weil der Käufer mit unangemessenen Kosten und Schwierigkeiten konfrontiert wäre, wenn er ein Deckungsgeschäft vornehmen müßte[1907]. Es ist nicht unbedingt erforderlich, daß die Ware bereits ausgesondert wurde[1908], im Unterschied zu der früheren Praxis des *Common Law*[1909].

1898 *McKendrick*, § 10-044. Der Umstand, ob es sich um ein Kunstwerk oder um eine gebrauchte Waschmaschine handelt, rechtfertigt eine unterschiedliche Entscheidung des Gerichts,obwohl beide Fälle einen Stückkauf darstellen. Nur im ersten Fall ist ein Urteil auf *specific performance* angebracht.

1899 Die *Einzigartigkeit* einer Ware wird in der Regel verneint, wenn *close substitutes* vorhanden sind; siehe *Catalano*, S. 1827 f.

1900 *Farnsworth*, Damages and Specific Relief, 27 Amer. J. Comp. L. (1979), S. 249.

1901 Im englischen Recht ist dies umstritten, wird jedoch überwiegend abgelehnt; vgl. *Benjamin's*, § 17-095, -097; *McKendrick*, § 10-042, m.w.N. (aber: Sky Petroleum, Ltd. v. V.I.P. Petroleum Ltd [1974] 1 W.L.R. 576; hier wurde dem Kläger eine „interlocutory injunction" gewährt, um die Lieferung von knappen Waren zu gewährleisten).

1902 Vgl. hierzu UCC § 2-716 (1): *„Specific performance* may be decreed where the goods are unique *or in other proper circumstances".* Die Tatsache, daß der Kaufpreis einer Ersatzware erheblich höher ist, kann nicht nur als *proper circumstance* aufgefaßt werden, sondern kann sogar dazu führen, daß die gekaufte Ware als *unique* eingestuft wird.

1903 *Zweigert / Kötz*, § 35 IV, S. 478.

1904 Die Schwierigkeit, einen Deckungskauf in zumutbarer Weise vorzunehmen, ist *strong evidence of ‚other proper circumstances'* für die Gewährung von *specific performance. Official Comment* zum UCC § 2-716, Anm. 2; *Calamari & Perillo*, § 16.3, S. 637; *Catalano*, S. 1825 f; *McKendrick*, § 10-044; *Walt*, 26 Tex.Int.L.J., 1991, S. 225-229, m.w.N.; siehe auch *Zweigert / Kötz*, § 35, IV, S. 479 f.

1905 Siehe ferner *Catalano*, S. 1827 f; *Walt*, 26 Tex.Int.L.J., 1991, S. 225 f, jeweils m.w.N.

1906 Vgl. *Mitchell-Hunt Cotton Co. v. Waldrep* (377 F. Supp. 1215 (N.D. Ala. 1974); *Nachtigäller*, S. 50. Gleiches gilt, wenn der Verkäufer eine Monopolstellung hat; siehe *Calamari & Perillo*, § 16.3, S. 637.

1907 Vgl. *Laclede Gas Co. V. Amoco Oil Co.* (522 F.2d 33 (8th Cir. 1975)).

1908 *Official Comment* zum UCC § 2-716, Anm. 2: „specific performance is no longer limited to goods which are already specific or ascertained at the time of contracting". Siehe auch *Walt*, 26 Tex.Int.L.J., 1991, S. 214, m.w.N.: „Identification of the goods to the contract is not a prerequisite to a claim for specific performance".

1909 In England blieb diese Voraussetzung noch erhalten: SGA 1979, Section 52: „ ... specific or *ascertained* goods... " (Hervorhebung hinzugefügt); dieser Begriff bereitet nicht wenige Auslegungsschwierigkeiten; siehe *Benjamin's*, § 17-095, mit einer Darstellung des Meinungsstandes.

Außerdem kann zu Gunsten des Käufers ein „remedy of replevin" in Betracht kommen[1910], dessen *Wirkung* eine Form von *specific performance* ist[1911]. Dieser Rechtsbehelf berechtigt den Käufer, die Herausgabe einer Sache zu fordern; hier handelt es sich um ein tatsächliches *right to goods (in seller's hands)*[1912], und seine Voraussetzungen sind daher strenger als die des allgemeinen Anspruchs auf *specific performance*. Dieser Rechtsbehelf setzt unter anderem voraus, daß die Ware dem Vertrag zugeordnet („identified to the contract") wurde. Im UCC werden zwei Fälle unterschieden: Erstens der Fall, in dem der Verkäufer zahlungsunfähig geworden ist (Section 2-502)[1913], wobei die Zahlungsunfähigkeit des Verkäufers innerhalb von zehn Tagen nach Zahlung der ersten Rate (durch den Käufer) eintreffen muß. Dadurch wird dieses Recht sehr stark eingeschränkt. Außerdem muß der Käufer gemäß UCC Section 2-502(1) ein besonderes „property interest" haben[1914]. Davon zu unterscheiden ist der Fall, daß es dem Käufer, trotz angemessener Anstrengungen, nicht gelingt, ein Deckungsgeschäft zu tätigen (bzw. wenn die Umstände des Einzelfalles darauf deuten, daß der Versuch eines Deckungsgeschäfts erfolglos geblieben wäre)[1915] oder wenn der Verkäufer die Ware abgeschickt, sich aber das Eigentum vorbehalten hat und der Käufer nachweisen kann, daß der Kaufpreis bereits bezahlt worden ist (UCC Section 2-716, Abs. 3)[1916].

[1910] UCC § 2-716(3) und § 2-502; siehe *White / Summers*, Vol. I, S. 334; *Calamari & Perillo*, § 16.3, S. 639.

[1911] Während die Klage auf *specific performance* gemäß UCC § 2-716(1) den Käufer berechtigt, ein erzwingbares *decree* zu verlangen, autorisiert das Recht auf *replevin* („detinue" oder „claim and delivery") aus UCC § 2-716(3) „a sheriff to seize the goods and deliver them to the plaintiff"; siehe *Honnold*, § 198.

[1912] Die rechtliche Einordnung von *replevin* ist umstritten; jedoch ist der dingliche Charakter ist zu bejahen, auch wenn die Klage sich vom Erfordernis des Eigentumsübergangs losgelöst hat (vgl. *Neufang*, S. 108 ff).

[1913] Einziger Vorteil dieser Norm gegenüber UCC § 2-716(3) ist, daß der Käufer keinen Deckungsversuch nachzuweisen hat.

[1914] UCC § 2-502: Buyer's Right to Goods on Seller's Insolvency:
(1) Subject to subsections (2) and (3) and even though the goods have not been shipped a buyer who has payed a part or all of the price of goods in which he has a special property under the provisions of the immediately preceding section may on making and keeping good a tender of any unpaid portion of their price recover them from the seller if: ... (b) in all cases, the seller becomes insolvent within ten days after receipt of the first installment of their price. ... (3) If the identification creating his special property has been made by the buyer he acquieres the right to recover the goods only if they conform to the contract for sale. The buyer's right to recover the goods under subsection (1)(a) vests upon the acquisition of a special property, even if the seller had not then repudiated or failed to deliver. [In der Fassung von 1999].

[1915] Diese Voraussetzung ähnelt sehr stark dem „uniqueness"-Erfordernis des Abs. 1. Vgl. *White / Summers*, Vol. I, S. 334.

[1916] UCC 2-716(3): „The buyer has a right of replevin for goods identified to the contract if after reasonable effort he is unable to effect cover for such goods or the circumstances reasonably indicate that such effort will be unavailing or if the goods have been shipped under reservation and satisfaction of the security insterest in them has been made or tendered". Siehe *White / Summers*, Vol. I, S. 334 ff; *Calamari & Perillo*, § 16.3, S. 639, m.w.N.

c) Vertragliche Vereinbarungen bezüglich specific performance

Ferner stellt sich die Frage, ob die Parteien *specific performance* ausdrücklich im Vertrag vereinbaren oder ausschließen können. Solche Klauseln sind zwar nicht besonders üblich, kommen aber in der Praxis gelegentlich vor. Durch eine solche Vereinbarung werden die Interessen der Parteien konkretisiert. Außerdem wird dadurch die Möglichkeit des *forum shopping* vermieden, weil das Ergebnis des Urteils – bei Vorhandensein einer solchen Klausel – von der nationalen Praxis eines (bei Vertragsschluß noch unbekannten) Gerichts unabhängig gemacht wird.

Die Gerichte haben in der Vergangenheit Klauseln zur Gewährung von *specific performance* oftmals für unwirksam erklärt[1917]. Grund dafür ist, daß die Parteien weder das Ermessen des Gerichts einschränken[1918] noch über die tatbestandlichen Voraussetzungen eines Rechtsbehelfs (hier: den „adequacy-Test") verfügen dürfen[1919]; dennoch könnte das Vorhandensein einer solchen Klausel ein Indiz für ein besonderes Interesse des Käufers an der Erfüllung in Natur (bzw. für ihre Angemessenheit als Rechtsbehelf) darstellen und auf die Entscheidung des Gerichts – im Rahmen seines weiten Ermessensspielraums – Einfluß nehmen[1920]. In den USA zeigt sich eine steigende Tendenz zugunsten einer solchen Vereinbarung[1921].

Dagegen sind Klauseln, durch die der Rechtsbehelf *specific performance* vertraglich ausgeschlossen wird, wirksam und werden von den Gerichten ohne weiteres anerkannt[1922]. Da der Käufer zwischen den verschiedenen ihm zur Verfügung stehenden Rechtsbehelfen frei wählen kann, ist eine Wahl bereits bei Vertragsschluß unproblematisch[1923], soweit andere Rechtsbehelfen gewährleistet werden. Diese Einstellung bringt die ablehnende Haltung der Gerichte des *Common Law* gegenüber der *specific performance* zum Ausdruck[1924]; dennoch werden solche Klauseln eher restriktiv ausgelegt[1925].

1917 *Calamari & Perillo*, § 16.3, S. 638, m.w.N. Kritisch dazu: *White / Summers*, Vol. I, § 6-6, S. 234, ebenfalls m.w.N.; siehe auch *Schulz*, S. 225. Letzterer deutet auf die Möglichkeit hin, daß der vertraglichen Vereinbarung von *specific performance* im Rahmen der Schiedsgerichtsbarkeit eine größere Beachtung zuteil wird als von den ordentlichen Gerichten (S. 226, Fn. 1392, m.w.N.). In diesem Sinne auch *Neufang*, S. 199 f.

1918 *Nachtigäller*, S. 107 f.

1919 *Neufang*, S. 197 f; *Nachtigäller*, S. 108.

1920 *Calamari & Perillo*, § 16.3, S. 638, m.w.N.; *Farnsworth*, Contracts III, § 12.6, S. 178 f; *Neufang*, S. 198; *Reimann / Hahn*, IPRax 2004, S. 149.

1921 Siehe *Reimann / Hahn*, IPRax 2004, S. 149; *Gabriel*, in: *Draft*-Digest, S. 343. Vgl. auch die Änderungsvorschläge zum UCC, bearbeitet von der *National Conference of Commissioners on Uniform State Laws*, 2002 (abrufbar bei www.nccusl.org): „In a contract other than a consumer contract, specific performance may be decreed if the parties have agreed to that remedy. However, even if the parties agree to specific performance, specific performance may not be decreed if the breaching party's sole remaining contractual obligation is the payment of money", von *Gabriel* (a.a.O.) zitiert.

1922 *Calamari & Perillo*, § 16.3, S. 638, m.w.N.

1923 *Neufang*, S. 197.

1924 Vgl. *Schulz*, S. 226.

1925 *Calamari & Perillo*, § 16.3, S. 638, m.w.N.

d) Vertragliche Vereinbarung einer Nachbesserungspflicht

Eine vertragliche Abrede, durch die sich der Verkäufer einer Maschine oder eines technischen Geräts verpflichtet, die verkaufte Ware zu reparieren, ist nicht unüblich. Dies geschieht meistens im Rahmen einer Garantie oder durch Erweiterung der Gewährleistungsrechte. In weiteren Fällen werden Reparaturen, trotz fehlender (anfänglicher) Vereinbarung, aus Handelsbräuchen oder aus Kulanz vorgenommen. Ferner kann aus der Art der Ware und aus anderen Umständen des Einzelfalles eine Nachbesserungspflicht begründet werden. Allerdings soll diese Frage durch Vertragsauslegung geklärt werden.

Bei Klagen auf *specific performance* ist der Ermessensspielraum des Gerichts sehr weit; das Urteil kann die Leistung befristen, an eine Bedingung knüpfen, usw. Das Gericht kann sogar anordnen, daß der Schuldner etwas anderes als die von ihm versprochene Leistung zu erbringen hat, wenn dadurch der Vertragszweck (im Wesentlichen) erreicht wird[1926]. Daher ist es nicht unbedingt erforderlich, daß der Verkäufer sich zur Reparatur der Ware im Falle einer Vertragswidrigkeit verpflichtet hat. Das Gericht kann die Nachbesserung durch Reparatur anordnen, wenn diese dem Vertragszweck dient und wenn die weitere Voraussetzungen vorliegen (besonders die Unzulänglichkeit anderer Rechtsbehelfen)[1927].

e) Vornahme einer Reparatur im Common Law

Oben wurde gesagt, daß ein *decree of specific performance* auch die Vornahme einer Reparatur zum Inhalt haben kann, soweit sich eine Pflicht zur Reparatur (aus dem Vertrag, aus Gebräuchen oder aus dem Gesetz) begründen läßt, da dieser Rechtsbehelf sich auf jede mögliche Pflicht aus einem Vertrag erstrecken kann. Ferner, weil eine entsprechende Reparaturpflicht des Verkäufers in besonderen Fällen aus Gebräuchen abgeleitet werden kann. Ob sich eine gesetzliche Reparaturpflicht aus dem UCC begründen läßt, ist unklar. Das UCC kennt ein ausdrückliches *right to cure* zugunsten des Verkäufers[1928], um das Aufhebungsrecht des Käufers *(right to reject)* einzuschränken[1929]. Dieses begründet noch keinen Anspruch des Käufers auf Nachbesserung[1930]. Dagegen ist ein Nachbesserungs*anspruch* des Käufers eher unbekannt. Dennoch gibt es Ansätze, eine Reparatur*pflicht* des Verkäufers (mit dem entsprechenden Nachbesserungs*anspruch* des Käufers) aus UCC § 2-716 (1) herzuleiten, soweit die strengen

---

[1926] „The performance that is required by the decree need not be exactly the same as that which was promised by the defendant... the court may be able to bring about substantially the same result without any breach of the law". *Corbin*, § 1137, S. 101 f (mit Rechtsprechungsnachweis). *Performance* bezieht sich damit mehr auf die Herbeiführung eines Erfolges als auf die Vornahme einer Handlung; das Gericht soll den Vertragszweck – purpose of the contract – gewährleisten (siehe *Corbin*, § 1137, S. 104).

[1927] Vgl. Colorado-Ute Electric Asso. v. Envirotech Corp. (DC Colo) 524 F Supp 1152, 33 UCCRS 965; *Anderson*, UCC § 2-716:5 (Supplement), S. 186.

[1928] Siehe UCC § 2-508. Abs. 1 entspricht der Regelung von Art. 37 CISG und gewährt dem Verkäufer ein *right to cure* bei vorzeitiger Lieferung; Abs. 2 regelt das Nacherfüllungsrecht des Verkäufers nach dem Liefertermin und entspricht Art. 48 CISG; vgl. *Schlechtriem / Schwenzer*, Art. 37, Rn. 2 ff; *Schlechtriem / Huber*, Art. 48, Rn. 1, 5 (jeweils m.w.N.).

[1929] *White / Summers*, Vol. I, S. 466 ff; *Farnsworth*, Contracts II, § 8.17, S. 447.

[1930] Vgl. *Schulz*, S. 30, m.w.N.

Voraussetzungen von *specific performance* vorliegen und die Umstände dies rechtfertigen[1931].

Dennoch tauchen an dieser Stelle weitere Schwierigkeiten auf: Es ist im *Common Law* allgemein anerkannt, daß ein Anspruch auf *specific performance* ausgeschlossen ist, wenn Dienstleistungen zu erbringen sind[1932]. Wie in anderen Rechtssystemen herrscht im *Common Law* die Auffassung, daß keiner zu einer persönlichen Leistung gezwungen werden kann, weil dies mit dem Grundsatz der Individualfreiheit unvereinbar ist[1933]. Die Autoren nennen praktische Gründe hinzu, nämlich daß die Qualität einer durch staatliche Gewalt erzwungenen Leistung äußerst fraglich sein wird[1934] und daß der Aufwand für das Gericht, das die Erfüllung des Urteils zu beaufsichtigen hat, unangemessen sei[1935]. Aber gerade in solchen Fällen – wenn nämlich die besondere Sachkunde des Verkäufers dafür spricht, daß dieser und nicht ein Dritter die Nachbesserung vornimmt – wird ein Käufer ein Urteil auf *specific performance* in Form der Nachbesserung anstreben.

An dieser Stelle ist die Unterscheidung zwischen vertretbaren und nicht vertretbaren Handlungen unentbehrlich. Kann die Reparatur von jemand anderem erbracht werden, dann ist *specific performance* nicht erforderlich, weil die Interessen des Käufers ausreichend durch Schadensersatz gewährleistet werden[1936]. Der Käufer kann außerdem die Reparatur selbst vornehmen; eine entsprechende Ermächtigung durch das Gericht ist hierfür nicht erforderlich[1937].

Wenn die persönliche Fähigkeiten und Sachkenntnis des Verkäufers von so großer Bedeutung sind, daß allein dieser die Reparatur vornehmen kann[1938] und andere

---

[1931] *Flechtner*, S. 58, Fn. 27; *Farnsworth*, Contracts II, § 8.17, S. 447; *Kastely*, Wash.L.Rev. 63 (1988), S. 633; *Neufang*, S. 164; *Schulz*, S. 28, 216 ff (m.w.N.).

[1932] *Corbin*, § 1203, S. 398; *Farnsworth*, Contracts III, S. 181, m.w.N.; *Zweigert / Kötz*, § 35 IV, S. 480.

[1933] *Calamari & Perillo*, § 16.5, S. 640; *Corbin*, § 1204, S. 401; *Neufang*, S. 168 f. Die persönliche Freiheit ist im 13. *Ammendment* zur US-Amerikanischen Verfassung („involuntary servitude clause") verankert. Für eine Analyse aus rechtshistorischer Perspektive siehe *Dawson*, Mich. Law Rev., Vol. 57 [1959], S. 495 ff (*passim*).

[1934] *Corbin*, § 1204, S. 400.

[1935] *Calamari & Perillo*, § 16.5, S. 640. Das ist besonders bei Dauerschuldverhältnissen – z.B. bei Arbeitsverträgen – der Fall.

[1936] *Calamari & Perillo*, § 16.5, S. 642. Die Autoren beziehen sich ausdrücklich auf einen „ordinary ... *repair contract* ... [where] a substitute contractor can be called in and damages ascertained with relative certainty; consequently, *specific performance* normally will be denied". Die Erbringung der Leistung durch einen Dritten wird im *Common Law* nicht als eine Form der *specific performance* verstanden; vgl. *Beale* et al., Contract Law, S. 675.

[1937] *Beale* et al., Contract Law, S. 683. Siehe auch *Corbin*, § 1137, S. 104 (und Rechtsprechungsnachweise in Fn. 18): „in some cases, if *specific performance* by the defendant is too difficult to enforce, it may be quite proper to permit the plaintiff to perform in the defendant's place, at the defendant's expense". In einem ähnlichen Kontext *ders.*, § 1157, S. 182: „in many cases ... a party has an effective non-judicial remedy by some process of self-help".

[1938] In der Praxis mag eine solche Fallkonstellation recht selten vorkommen.

Rechtsbehelfe sich als unzureichend erweisen, dann spricht vieles dafür, daß das Gericht ein Urteil auf *specific performance* fällen könnte[1939].

Dies wird dadurch bekräftig, daß in bestimmten Fällen persönliche Leistungen (meistens indirekt im Wege einer *injunction* oder durch etwaigen wirtschaftlichen Zwang[1940]) erzwungen worden sind, um ein für den Gläubiger untragbares Ergebnis im Fall einer Nichterfüllung zu vermeiden[1941].

In diesem Sinne wurde ein einziger Fall gefunden, der einen Hauch Hoffnung für die Nachbesserung als Rechtsbehelf im anglo-amerikanischen Rechtskreis spüren läßt. Dort wurde der Verkäufer verpflichtet, die gelieferte Anlage in einen vertragsgemäßen Zustand zu versetzen. Zu den Einzelheiten des Falles gehört, daß die Anlage einzigartig und speziell für den Käufer angefertigt worden war; eine nicht funktionierende Anlage hätte die Existenz des Unternehmens – ein (im öffentlichen Interesse stehender) Stromerzeuger – gefährdet[1942].

f) Fazit

Das *Common Law* kennt grundsätzlich keine Pflicht des Verkäufers (bzw. keinen Anspruch des Käufers) zur Nachbesserung mangelhafter Ware. Trotzdem ist die Vereinbarung einer Nachbesserungspflicht gängige Praxis unter den Parteien eines Kaufvertrages; diese kann bei Vertragsschluß oder nachträglich, ausdrücklich oder stillschweigend vereinbart werden oder sich implizit aus der Auslegung des Vertrages, aus allgemeinen Geschäftsbedingungen und aus Handelsbräuchen ergeben. Läßt sich eine solche Pflicht begründen, wird trotzdem eine Verurteilung zur Vornahme der Reparatur – auf Grund mangelnder Schutzbedürftigkeit – eher selten vorkommen, weil der Käufer die Reparatur selbst vornehmen oder durch einen Dritten vornehmen lassen kann. Liegen die Umstände des Einzelfalles trotzdem so, daß eine Verurteilung zur Vornahme der Reparatur durch den Verkäufer in den Augen des Gerichts als angebracht erscheint – etwa, weil das Interesse des Käufers *nur auf dieser Weise* gewährleistet werden kann (was sehr selten vorkommen wird) – dann könnte das Gericht diese Form der *specific performance* anordnen.

Die Vornahme einer Reparatur hat bis jetzt keine oder nur wenig Anerkennung durch die Gerichte gefunden. Diese sind es nicht gewöhnt, die Reparatur einer Ware im Rahmen einer Klage auf *specific performance* anzuordnen und durchzusetzen[1943]; diese Aussage wird durch das Fehlen von Literatur und Rechtsprechung zu diesem

---

[1939] „Service contracts ... can be specifically enforced if grounds for equitable intervention exist. The remedy at law must be inadequate. If the service is unique so that a substitute performance would not make the plaintiff whole, *specific performance* will be granted", *Calamari & Perillo*, § 16.5, S. 642, m.w.N.

[1940] *Corbin*, § 1137, S. 102; *Neufang*, S. 204 ff.

[1941] *Calamari & Perillo*, § 16.5, S. 640; *Corbin*, § 1137, S. 102 f.

[1942] Siehe Colorado-Ute Electric Asso. v. Envirotech Corp. (DC Colo) 524 F Supp 1152, 33 UCCRS 965; *Anderson*, UCC § 2-716:5 (Supplement), S. 186.

[1943] *Kastely*, Wash.L.Rev. 63 (1988), S. 634; *Flechtner*, S. 58. Siehe auch OR. S. 334 ff, insbesondere die Beiträge von *Kamarul*, Nr. 18, *Date-Bah*, Nr. 21 und *Farnsworth*, Nr. 28.

Thema bekräftigt. Da das Rechtsinstitut der Reparatur eine relativ neue Erscheinung ist[1944], kann man dennoch hoffen, daß es in den nächsten Jahren in stärkerem Maße die Aufmerksamkeit der Gerichte auf sich ziehen wird.

Außer der gerichtlichen Praxis wurde hier die theoretische Möglichkeit untersucht, einen solchen Rechtsbehelf gerichtlich durchzusetzen. Im Ergebnis kann festgestellt werden, daß das *Common Law* die Möglichkeit nicht von vornherein ausschließt, ein Urteil auf *specific performance* in Form der Nachbesserung zu fällen. Darüber hinaus verfügen die Gerichte über verschiedene Mittel, um die Durchsetzung eines Nachbesserungsanspruchs (indirekt) zu ermöglichen. Hierfür ist allerdings nötig, daß die Umstände des Einzelfalls so schwerwiegend und die anderen zur Verfügung stehende Rechtsbehelfe so unzureichend sind, daß eine solche Lösung gerechtfertigt ist.

5. Zusammenfassung

Wenn man die Erfüllung in Natur aus rechtsvergleichender Sicht betrachtet, ergibt sich, daß die meisten Rechtsordnungen des *Civil Law* einen grundsätzlichen Vorrang dieses Anspruchs kennen[1945]. Die Erfüllung in Natur wird zunächst als die Erfüllung der Primärpflichten aus einem Vertrag verstanden, die sich unmittelbar aus dem Rechtsgrundsatz ableitet, daß Verträge zu erfüllen sind *(pacta sunt servanda)*[1946]. Daher ist die Durchsetzung einiger Pflichten im Allgemeinen möglich, gerade dann, wenn es um die Pflicht zur Lieferung einer bestimmten Sache geht; ein Ersatzlieferungsanspruch ist ebenfalls grundsätzlich zu bejahen.

Für die Nachbesserung ist zu unterscheiden: ein genereller Nachbesserungsanspruch[1947] sowie eine generelle Nachbesserungspflicht des Verkäufers[1948] sind eher

[1944] Seit Inkrafttreten des UN-Kaufrechts gehört eine Nachbesserungspflicht des Verkäufers in den verschiedenen *Common Law*-Staaten, die die Konvention ratifiziert haben, zu dem jeweiligen internen Recht; diese Pflicht ist jedoch auf den internationalen Kauf beschränkt. Großbritannien hat das CISG nicht ratifiziert; dennoch können englische Gerichte es anwenden, wenn die Kollisionsnormen zur Anwendung des Rechts eines Vertragsstaats führen. Anders als das EKG bedarf das CISG nicht eines *opting in*; siehe *Benjamin's*, §18-004. Spätestens seit der Umsetzung der Verbrauchsgüterkaufrichtlinie gibt es auch in Großbritannien ein begrenztes Nachbesserungsrecht zu Gunsten des Verbrauchers bei internen Kaufverträgen. Für die Umsetzung der Richtlinie1999/44/EG in England siehe *Jack*, IHR 2004, S. 54-57. Dieser Autor hegt den Zweifel, ob die „neuen" Rechtsbehelfe auf Ersatzlieferung und Nachbesserung überhaupt eine praktische Relevanz erlangen werden. Nicht nur, weil die Engländer sich für die sog. „kleine Lösung" bei der Umsetzung der Richtlinie entschlossen haben (und diese Rechtsbehelfe grundsätzlich nur für Verbraucherverträge zulassen), sondern auch, weil diese Rechtsbehelfe – wie die *specific performance* überhaupt – nach wie vor auf prozessuale Schranken zugunsten von Schadensersatz stoßen. Siehe *Jack*, a.a.O. S. 55, 57.

[1945] Siehe dazu oben: B.II. Vorrang des Erfüllungsanspruchs und C.I.5. Rangstellung innerhalb der Rechtsbehelfe der Konvention. Zur historischen Entwicklung von *specific performance* und zur Entstehung des Grundsatzes *pacta sunt servanda* siehe *Dawson*, Mich. Law Rev., Vol. 57 [1959], S. 495 ff (*passim*).

[1946] *Ulpian*, D.2.14.7.7.

[1947] Dies läßt sich – vor Umsetzung der Kaufrechtsrichtlinie – ziemlich generell vertreten; eine relevante Ausnahme dazu stellt Italien dar; siehe oben: I.II.2. Das italienische Recht.

[1948] Siehe *Grundmann*, in: Kulturelle Identität und IPR, S. 104, m.w.N. Ob die einzelnen EU-Staaten nach Umsetzung der Verbrauchsgüterkaufrichtlinie diese Rechtsbehelfe generell für alle Kaufverträge unbekannt, so daß sich die Parteien i.d.R. mit anderen Rechtsbehelfen zufrieden geben müssen (Rücktritt, Minderung, Schadensersatz). Auch wenn ein Nachbesserungsanspruch ausdrücklich vereinbart wird, ist die Durchsetzung eines auf eine Handlung gerichteten Leistungsurteils meistens unmöglich; einerseits mangelt es an verfahrensrechtlichen Bestimmungen, die eine solche Vollstreckung ermöglichen, andererseits könnte dies im Widerspruch zu Grundwerten dieser Rechtsordnungen stehen.

Die Behebung des Mangels durch einen Dritten (auf Kosten des Schuldners) sowie die eigenhändige Beseitigung des Mangels sind jedoch zulässig und werden dogmatisch unter *exécution en nature* behandelt. Damit ist dieser Begriff im weiteren Sinne zu verstehen, nämlich als die Herbeiführung des Leistungserfolgs[1949].

Im *Common Law*, *specific performance* hat dagegen eine engere Bedeutung; es handelt sich um eine *an den Schuldner* adressierte Gerichtsanordnung, die ihn befiehlt, den Vertrag zu erfüllen, und gleichzeitig die Möglichkeit einer gerichtlichen Sanktion für den Fall des Ungehorsams mit sich bringt[1950]. Diese Folgen werden i.d.R. als zu streng angesehen (sowohl aus der Perspektive des Schuldners als auch des Gerichts); daher wird *specific performance* als außergewöhnlicher Rechtsbehelf angesehen und daher zugunsten von *damages* verdrängt, die den primären Rechtsbehelf darstellen.

Damit geht die Regelung der *Common Law*-Staaten von einem ganz anderen Ausgangspunkt als derjenige des *Civil Law* aus. Auf den ersten Blick handelt es sich um fast unversöhnliche Vorstellungen. Bei näherer Betrachtung und bei Berücksichtigung der heutigen richterlichen Praxis stellen sich diese Unterschiede jedoch als nicht so bedeutend heraus, wie man angesichts der theoretischen Unterschiede vermuten könnte.

Folgende Unterschiede und Gemeinsamkeiten zwischen den beiden Rechtskreisen konnten festgestellt werden: In den *Civil Law*-Staaten werden Klagen auf Erfüllung in Natur grundsätzlich stattgegeben, wenn es um die Erfüllung der Primärleistungspflicht geht. Daher kann der Käufer die Übergabe der Ware praktisch bei jedem *Stückkauf* verlangen. In den *Common Law*-Staaten besitzt der Käufer dieses Recht dagegen nur dann, wenn die geschuldete Ware einzigartig ist (oder wenn besondere Umstände dies rechtfertigen).

(auch für den Handelskauf) gewährleisten, ist fraglich; dies dürfte für die Mehrheit der EU-Staaten zu verneinen sein, weil diese – im Unterschied zur Bundesrepublik – sich für die sog. „kleine Lösung" entschieden und damit eine auf Verbraucherverträge beschränkte Regelung der Nachbesserung und Ersatzlieferung getroffen haben. Zur Umsetzung der Richtlinie in anderen EU-Staaten siehe: *Ferrante*, RIW 2003, S. 570-575 und *Gravante*, European Legal Forum 2002, S. 356-360 (Italien); *Sobich*, RIW 2003, S. 740-745 und *Jack*, IHR 2004, S. 54 - 57 (England); *Welser*, in: *Schlechtriem* (Hrsg.), Wandlungen des Schuldrechts, S. 83-96 (Österreich); *Morgenroth* (Spanien), Diss. Hamburg, 2002 (Frankfurt am Main, Lang, 2003); *Schulze Steinen*, IHR 2003, S. 212-223 (Finnland); rechtsvergleichend *Mansel*, AcP 204 (2004), S. 396 ff (*passim*).

1949 *Treitel*, Remedies for breach of contract, S. 46.

1950 *Treitel*, Remedies for breach of contract, S. 46.

Wenn der Kaufvertrag auf nach der *Gattung* bestimmte Waren gerichtet ist, kann der Käufer im *Civil Law* die Erfüllung in Natur (Lieferung der geschuldeten Menge) verlangen. Im *Common Law* ist eine Erfüllung in Natur hingegen nur dann möglich, wenn Schadensersatz unzureichend und die Vornahme eines Deckungsgeschäfts dem Käufer unmöglich oder unzumutbar ist. Ähnliches gilt bei Lieferung vertragswidriger Ware: Der Käufer kann vom Verkäufer *Ersatzlieferung* verlangen, wenn *damages* nicht ausreichen.

Was die *Nachbesserung* der Ware angeht, so können vertretbare Handlungen in beiden Rechtskreisen nicht gerichtlich durchgesetzt werden. Grund hierfür ist, daß der Käufer die Reparatur selbst oder durch einen Dritten vornehmen[1951] und die Kosten dem Verkäufer in Rechnung stellen kann. Hierfür braucht er in den *Civil Law*-Staaten[1952] die Ermächtigung des Gerichts, während dies im *Common Law* nicht erforderlich ist. Anders stellt sich die Lage in Bezug auf nicht vertretbare Handlungen dar. Hier kommt den Gerichten des *Common Law* eine weitergehende Befugnis als den Gerichten der *Civil Law*-Staaten zu; in einem solchen Fall verfügen die Gerichte des *Common Law* über umfassendere Mittel, um ein solches Urteil auf Erfüllung in Natur zu erzwingen[1953].

6. Funktion des Art. 28

Im vorigen Abschnitt wurde untersucht, wie unterschiedliche Rechtsordnungen die Erfüllung in Natur verstehen und wann sie eine Entscheidung auf Erfüllung in Natur gewöhnlicherweise zusprechen. Die Unterschiede zwischen den *Common Law* und den *Civil Law*-Staaten haben sich als gering erwiesen, womit ein Teil der Diskussion um Art. 28 CISG an Bedeutung verliert[1954].

Da aber die meisten Rechtsordnungen die Erfüllung in Natur in Form eines Nachbesserungsanspruchs (noch) nicht kennen, ist das Problem noch nicht geklärt. Besonders umstritten erweist sich die Frage, ob ein Richter eine Klage auf Nachbesserung schon deswegen verweigern darf, weil sein internes Recht einen solchen Anspruch nicht kennt. Dieses Problem wird häufig übersehen oder ohne weitere Untersuchungen erledigt. Im Folgenden wird die Funktion des Art. 28 näher untersucht.

[1951] Ein Selbstvornahmerecht des Käufers ist für die Konvention – anders als im nationalen deutschen Recht – grundsätzlich zu bejahen; dazu oben: E.IX. Exkurs: Selbstvornahme durch den Käufer.

[1952] Berücksichtigt wurden das deutsche, französische, italienische, spanische und mexikanische Recht.

[1953] An dieser Stelle bleibt zunächst offen, ob die Gerichte von diesen Möglichkeiten *tatsächlich* Gebrauch machen.

[1954] In der Literatur taucht häufig das Problem auf, Art. 28 CISG gäbe potentiell Anlaß für die Praxis, sich das günstigste Forum auszusuchen *(forum shopping)*, was gerade durch die Bestrebungen zur Rechtsvereinheitlichung vermieden werden sollte. Siehe *Ferrari*, in: FS Schlechtriem, S. 353, 368 (m.w.N.). Wie oben angedeutet und in Anbetracht der vorhandenen Rechtsprechung ist diese Gefahr eher gering.

Die Vorschrift wird teilweise als eine Art *Kollisionsnorm* verstanden[1955], die für Erfüllungsansprüche auf das Recht der hypothetischen *lex fori* in vergleichbaren Fällen[1956] verweist, unabhängig von der kollisionsrechtlichen Anknüpfung[1957]. Verwiesen wird auf das *materielle* Recht, mit Ausschluß kollisionsrechtlicher Vorschriften[1958].

Damit läßt Art. 28 eine doppelte Auslegung zu[1959]: Einerseits eine *materiellrechtliche* Auslegung, die einen Erfüllungsanspruch nur dann gewährt, wenn das interne materielle Recht die Erfüllung in Natur im konkreten Fall ebenfalls zusprechen würde[1960]; andererseits eine *prozessuale* Auffassung[1961], wonach der Richter zunächst prüfen soll, ob die *lex fori* die Durchsetzung einer Klage auf Erfüllung in Natur *verfahrensrechtlich* überhaupt zulassen würde, unabhängig vom materiellen Recht.

Während Art. 16 EKG (i.V.m. Art. VII des „Einführungsübereinkommens"[1962]) sich sowohl auf die *Vollstreckung* als auch auf den *Erlaß des Urteils* bezieht[1963], verweist

---

1955 *Schlechtriem²*, Rn. 119; *Schlechtriem / Huber*, Art. 28, Rn. 22; *Enderlein / Maskow*, Art. 28, Bem. 5 (*„horizontal conflict-of-law rule")*; *Garro*, in: *Draft*-Digest, S. 369; *Grigera Naón*, in: Horn / Schmitthoff, S. 107; i.E. auch *Posch / Kandut*, in: Hoyer / Posch, S. 73.

1956 *Heilmann*, S. 415; *Honnold*, § 195.

1957 *Karollus*, S. 140; *Schlechtriem / Huber*, Art. 28, Rn. 28 ff.

1958 *Catalano*, S. 1818 f; *Enderlein / Maskow*, Art. 28, Bem. 5; *Eraw / Flechtner*, S. 54 f; *Fitzgerald*, 16 Journal of Law & Commerce (1998), sub II.C.; *Gabriel*, in: *Draft*-Digest, S. 343 f; *Honnold*, § 195; *Honsell / Karollus*, Art. 28, Rn. 11; *Kastely*, Wash.L.Rev. 63 (1988), S. 637 f; *Piltz*, § 2, Rn. 144; *Soergel / Lüderitz / Budzikiewicz*, Art. 28, Rn. 1; *Schlechtriem / Huber*, Art. 28, Rn. 17; *Schulz*, S. 279. Zum EKG siehe *Zweigert / Drobnig*, RabelsZ 29 (1965) S. 165, unter Berufung auf den Sinn und Zweck der Norm. Diese Lösung geht auf den ersten Entwurf eines einheitlichen Kaufgesetzes zurück; vgl. *Rabel*, RabelsZ 9 (1935), S. 69 f. a.A. *Grigera Naón*, in: Horn / Schmitthoff, S. 107 f; *Krispis*, OR. S. 305, Nr. 46.

1959 *Staudinger / Magnus*, Art. 28, Rn. 6.

1960 So insbesondere *Schlechtriem / Huber*, Art. 28, Rn. 20 (aber a.A.: *ders.*, in: Fachtagung, S. 203: „nur prozessualen Charakter").

1961 *Staudinger / Magnus*, Art. 28, Rn. 7, 10, Art. 46, Rn. 64 (aber – in dem von *Magnus* bearbeiteten Teil des *Draft-Digest* – „Art. 28 allows the seized court to look to the availability of such relief under its own *substantive law*", *Draft-Digest*, Art. 28, Anm. 3); *Karollus*, S. 140 („beschränkt die *prozessuale Durchsetzbarkeit*"; aber: auf S. 178 wird ein Vergleich zum *materiellen* internen Recht für erforderlich gehalten); *Schlechtriem*, Uniform Sales Law, S. 62; *Huber*, in: Fachtagung, S. 203; *Heilmann*, S. 415; *Honsell / Schnyder / Straub*, Art. 46, Rn. 22. Die Hervorhebungen wurden hinzugefügt.

1962 Übereinkommen zur Einführung eines Einheitlichen Gesetzes über den internationalen Kauf beweglicher Sachen, BGBl. 1973 II S. 886 ff.

1963 Art. 16 EKG: „Ist nach diesem Gesetz eine Partei berechtigt, von der anderen die Erfüllung einer Verpflichtung zu verlangen, so braucht ein Gericht ein Urteil auf Erfüllung in Natur nur nach Maßgabe des Artikels VII des Übereinkommens vom 1. Juli 1964 zur Einführung eines Einheitlichen Gesetzes über den internationalen Kauf beweglicher Sachen *zu erlassen* oder *zu vollstrecken*". Art. VII des Einführungsübereinkommen: Abs. 1: „Ist nach den Bestimmungen des Einheitlichen Gesetzes eine Partei berechtigt, von der anderen Erfüllung einer Verpflichtung zu verlangen, so ist kein Gericht gezwungen, ein Urteil auf Erfüllung in Natur *zu erlassen* oder *zu vollstrecken*, außer wenn es dies nach seinem eigenen Recht bei gleichartigen, nicht diesem Gesetz unterliegenden Kaufverträgen täte". Abs. 2: „Die Bestimmungen des Absatzes 1 berühren nicht die Pflichten der Vertragsstaaten aus bereits geschlossenen oder noch zu schließenden Übereinkommen über die Anerkennung und Vollstreckung von gerichtlichen Entscheidungen, Schiedssprüchen und anderen Vollstreckungstiteln". Hervorhebungen hinzugefügt.

Art. 28 der Konvention jetzt nur auf den Erlaß des Urteils, d.h. auf die Anspruchsvoraussetzungen und läßt prozessuale Fragen außer Betracht. Dieser Wandel könnte als Unterstützung der *materiellrechtlichen* Auffassung angesehen werden. Dem ist entgegenzuhalten, daß die Rechte und Pflichten der Parteien *ausschließlich* der Konvention zu entnehmen sind[1964]. In diese Richtung weißt auch der Wortlaut des Art. 28 bereits hin: „Ist eine Partei *nach diesem Übereinkommen berechtigt*, ... *Erfüllung zu verlangen...*“[1965]. Weder dürfen die materiellen Ansprüche, die die Konvention gewährt, abgeändert oder eingeschränkt werden, noch sind materiellrechtliche Institute des nationalen Rechts zur Geltung zu bringen[1966]. Es wäre daher unzulässig, die Voraussetzungen der Erfüllungsansprüche nach den nationalen Maßstäben zu beurteilen[1967] (dies würde einer einheitlichen Anwendung des Übereinkommens entgegenstehen).

Außerdem ist die Bezeichnung als Kollisionsnorm irreführend, weil die in Art. 28 vorgesehene Berücksichtigung der internen Rechtsordnung bzw. Rechtspraxis ausschließlich potestativen Charakter[1968] hat und nicht zwingend ist[1969].

Die *prozessuale* Auffassung besagt u.a., daß die Gerichte der *Common Law*-Staaten zum Zuspruch „ihnen unbekannter Erfüllungsansprüche“ nicht gezwungen werden sollen[1970] und daß Art. 28 die Durchsetzung von Erfüllungsansprüchen, die im Ge-

---

[1964] In diese Richtung geht auch das Urteil – vielleicht die erste Gerichtsentscheidung in Anwendung vom Art. 28 – des U.S. Federal District Court [Illinois] vom 7.12.1999, CLOUT Nr. 417; hier wurde *specific performance* für angemessen gehalten, weil die *prima facie*-Voraussetzungen des UCC § 2-716 gegeben waren („goods *unique* or *other proper circumstances*“, was der Kläger nachgewiesen hatte). Dagegen wurde der Rechtsbehelf auf *replevin* nicht zugesprochen „weil das CISG keinen entsprechenden Rechtsbehelf hat“. Die Entscheidung des Gerichts bringt die bereits angesprochenen Liberalisierungstendenzen bezüglich des Rechtsbehelfs auf *specific performance* in den USA deutlich zum Ausdruck (dazu siehe oben). Ob die Entscheidung – bei der Beurteilung von *replevin* – richtig ist, hängt m.E. davon ab, ob *replevin* als ein Rechtsbehelf des materiellen Obligationenrechts oder als ein Institut des Sachenrechts zu verstehen ist (str.). Im ersten Fall kommen allein die Rechtsbehelfe der Konvention zur Anwendung; handelt es sich um eine sachenrechtliche Frage, dann ist sie allein nach dem anwendbaren Nationalrecht zu beurteilen, weil solche Fragen, die das Eigentum an der Ware betreffen, gemäß Art. 4 lit. b von der Konvention ausgeschlossen sind.

[1965] Hervorhebung hinzugefügt.

[1966] *Karollus*, S. 140; *Staudinger / Magnus*, Art. 28, Rn. 10; *Honsell / Karollus*, Art. 28, Rn. 5, m.w.N. a.A. *Schlechtriem / Huber*, Art. 28, Rn. 25; *Honnold*, §§ 199, 199.1. „domestic rules mitigating the harshness ... from demands for coerced performance are available in any *forum* where the Convention is in force“; *Posch / Kandut*, in: Hoyer / Posch, S. 72; *Piltz*, § 2, Rn. 144; *Hutter*, S. 129.

[1967] *Staudinger / Magnus*, Art. 28, Rn. 11; *Honnold*, § 195.

[1968] Siehe dazu oben: B.V.1.c). Einschränkung des Art. 28.

[1969] Im strengen Sinne handelt es sich nicht um eine Kollisionsnorm, weil Art. 28 nicht das Recht des Gerichtstaates für die Prüfung dieser Frage *beruft*. Der Verweis auf die *lex fori* ist nicht verpflichtend: Die Gerichte brauchen nicht nach ihrem eigenen Recht zu entscheiden, sie *dürfen* es vielmehr *berücksichtigen*. Darin ist eher eine Beachtungsklausel als eine Kollisionsnorm im engeren Sinn zu sehen. Ähnlich auch *Draft-Digest*, Art. 28, Anm. 3: „Art. 28 *does not compel* the court to adopt the solution of its national law“ (Hervorhebung hinzugefügt). Über die Aufteilung von Kollisionsnormen siehe *Kegel*[8], § 6 I.

[1970] So wörtlich *Karollus*, S. 140.

richtsstaat „ihrer Art nach unbekannt sind", ausschließe[1971]. Damit will sie die Kompetenz und Autonomie der Gerichte gewährleisten.

Dieser Auffassung ist in einem Punkt zuzustimmen: Ein dem Gericht unbekannter Rechtsbehelf wird auf erhebliche praktische Schwierigkeiten stoßen. Aber es ist zweifelhaft, ob dieser Einstellung zu folgen ist; zum einen, weil die Unterschiede zwischen materiellem und prozessualem Recht im *Common Law* nicht deutlich auftreten; zum anderen, weil diese Auffassung die Nachbesserung als Rechtsbehelf oftmals einfach über Bord werfen würde, da diese in den meisten Rechtsordnungen unbekannt ist[1972].

Richtiger ist – und so die im Allgemeinen herrschende Überzeugung – daß ein Richter eine auf Nachbesserung gerichtete Klage nicht schon deshalb abweisen darf, weil sein nationales Recht dieses Institut (oder einen funktional vergleichbaren Rechtsbehelf) nicht kennt[1973], unabhängig davon, ob es sich um materielles oder prozessuales Recht handelt[1974]. Daher erweist sich in diesem Punkt die Unterscheidung zwischen beiden Rechtskategorien als unerheblich[1975].

a) Bisher vertretene Lösungsansätze

Damit ein Gericht, das gewöhnlicherweise keine Erfüllung in Natur zuspricht, einer Klage auf Nachbesserung stattgibt, sind verschiedene Lösungsansätze möglich. Diese werden unten kurz ausgeführt.

(1) Art. 46 Abs. 2 und 3 als "lex specialis" gegenüber Abs. 1

Im Schrifttum werden Abs. 2 und 3 des Art. 46 gelegentlich als Sondervorschriften gegenüber Abs. 1 erfaßt[1976]. Dieser Gedanke wird ferner auf die Beziehung der Nachlieferungsansprüche zu Art. 28 übertragen. Hier wird gesagt, Art. 28 beziehe sich allein auf den ursprünglichen Erfüllungsanspruch aus Art. 46 Abs. 1. Dagegen seien Abs. 2 und 3 – als *lex specialis* – nicht erfaßt. Die Behandlung dieser Vorschriften als *lex specialis* sei gerechtfertigt, weil diese Rechtsbehelfe bereits an andere (strengere) Anwendungsvoraussetzungen anknüpften – die das Recht des Käufers auf „vollständige" Erfüllung *(perfect tender)* sowieso schon einschränkten[1977] – und weil sie, bei

---

[1971] *Karollus*, S. 140, 179.
[1972] So auch *Kastely,* Wash.L.Rev. 63 (1988), S. 635 f.
[1973] *Schlechtriem,* Uniform Sales Law, S. 63, 76, Fn. 293; *Schlechtriem / Huber,* Art. 28, Rn. 20; *Piltz,* § 5, Rn. 189; *Staudinger / Magnus,* Art. 46, Rn. 64; *Kastely,* Wash.L.Rev. 63 (1988), S. 647; *Schulz,* S. 281; *Rudolph*, Art. 28, Rn. 11; im Ergebnis auch *Honnold*, § 285.1.
[1974] Ähnlich *Honsell / Karollus*, Art. 28, Rn. 15, der zu recht aufführt, es könne nicht davon abhängen, wie (willkürlich) ein nationales Recht die Trennlinie zwischen materiellem Recht und Verfahrensrecht zieht. Siehe auch *Schulz*, S. 280, m.w.N.
[1975] Viele Autoren verweisen allein auf die *lex fori*, ohne weitere Unterscheidung (zum EKG vgl. *Mertens / Rehbinder*, Art. 16 EKG, Rn. 2). Diejenigen, die zwischen materiellem und prozessualem Recht unterscheiden, halten diese Unterscheidung nicht konsequent durch (vgl. insbesondere *Magnus*, *Huber*, *Karollus* an den oben angegebenen Stellen). Ähnlich wie hier: *Schulz*, S. 281.
[1976] Vgl. *Honsell / Schnyder / Straub*, Art. 46, Rn. 5, 44, 78, der darauf hinweist, beim Vorliegen deren Voraussetzungen gehen Abs. 2 und 3 des Art. 46 dem Abs. 1 vor.
[1977] *Kastely,* Wash.L.Rev. 63 (1988), S. 618; *Honsell / Schnyder / Straub*, Art. 46, Rn. 8.

Lieferung vertragswidriger Ware, Abs. 1 verdrängten[1978]. Es sei daher nicht ersichtlich und auch nicht zu rechtfertigen, daß die Konventionsgeber die Ansprüche auf Ersatzlieferung und Nachbesserung durch das unvereinheitlichte Heimatrecht hätten weiter einschränken wollen[1979]. Diese Rechtsbehelfe sollten allein durch die in diesen Absätzen enthaltenen Einschränkungen begrenzt werden.

Gegen diese Auffassung spricht, daß die Nacherfüllungsansprüche dogmatisch eine (modifizierte) Fortsetzung des Erfüllungsanspruchs darstellt. Als solche, unterliegen sie nicht nur den spezifischen Einschränkungen des Abs. 2 und 3, sondern auch denselben Einschränkungen wie der primäre Erfüllungsanspruch. Außerdem bieten die Materialien zum UN-Kaufrecht keine Anhaltspunkte in Unterstützung dieser These.

(2) Teleologische und historische Interpretation des Art. 28

Aus der Entstehungsgeschichte gehen zwei Hintergründe des Art. 28 deutlich hervor: zum einen müssen solche Rechtsordnungen, die nicht in der Lage sind, ein Urteil auf Erfüllung in Natur zu vollstrecken, das von ihrer Rechtsordnung zulässige Äquivalent einsetzen können; zum anderen soll die unterschiedliche Praxis der Gerichte der *Common Law*-Staaten bezüglich *specific performance* respektiert werden. Jede Auslegung dieser Vorschrift muß diese beiden Ziele berücksichtigen[1980]. Dies wirft jedoch die Frage nach dem *materiellen* und *territorialen* Anwendungsbereich des Art. 28.

Bei der Betrachtung der Entstehungsgeschichte der Konvention ist festzustellen, daß der Nachbesserungsanspruch des Käufers bei Übernahme des Art. 28 in den Text der Konvention noch nicht eingeflossen war. Mit der Frage, ob die Gerichte einen Nachbesserungsanspruch verweigern dürfen, wenn das interne Recht ein solches Rechtsinstitut nicht vorsieht, haben sich die Verfasser der Konvention nicht befaßt. Hier bieten sich zwei Möglichkeiten an: Entweder fällt Art. 46 III nicht in den Anwendungsbereich von Art. 28, mit der Folge, daß die Gerichte diesen neuen Rechtsbehelf ohne Vorbehalt und unabhängig von ihrer richterlichen Praxis zusprechen müssen (womit den Gerichten ein wichtiger Anteil an potestativer Gewalt abgesprochen wird), oder die Gerichte dürfen in einem solchen Fall die interne Rechtsvorstellung berücksichtigen und eine mit ihrer Rechtsvorstellung zu vereinbarende Lösung einsetzen. Nur letzterer Ansatz scheint der Funktion von Art. 28 zu entsprechen. Außerdem sollte berücksichtigt werden, daß Art. 16 EKG (i.V.m. Art. VII des Einführungsübereinkommens) schon für Urteile auf *Beseitigung von Mängeln* und auf (Nach)Lieferung vertragsmäßiger Waren Anwendung gefunden hatte[1981]. Die Wiener Konferenz scheint in diesem Punkt keine Änderung gewollt zu haben. Daher ist festzustellen, daß Art. 46 III unter dem Vorbehalt des Art. 28 steht[1982].

[1978] *Honsell / Schnyder / Straub*, Art. 46, Rn. 5, 44, 78.
[1979] *Honnold*, § 285.1. Diese Lösung ist vielleicht *less technical*, aber *more substantial* (so Honnold).
[1980] Siehe *Kastely*, Wash.L.Rev. 63 (1988), S. 633, 638; ähnlich *Honsell / Karollus*, Art. 28, Rn. 5.
[1981] Vgl. *Mertens / Rehbinder*, Art. 16 EKG, Rn. 3; *Dölle / Reinhart*, Art. 16 EKG, Rn. 24.
[1982] *Kastely*, Wash.L.Rev. 63 (1988), S. 636; *Schulz*, S. 307.

Aus der Entstehungsgeschichte von Art. 28 geht deutlich hervor, daß diese Vorschrift vorwiegend zugunsten der Rechtspraxis der Gerichte des *Common Law* geschaffen wurde[1983]. Schon Ernst *Rabel* hatte eine Lösung, die hinsichtlich der Klage auf Erfüllung beide Rechtstraditionen – das anglo-amerikanische und die „sonstigen Rechte" – miteinander vereinbaren konnte, für fast unmöglich gehalten[1984]. Es wäre daher erwägenswert, den Gerichten des *Civil Law* die die Anwendung von Art. 28 zu versagen, weil diese keinen Schutz vor „Hoheitsbeschränkungen" bedürfen[1985]. Damit würde man den *territorialen* Anwendungsbereich dieser Vorschrift auf die Länder des *Common Law* beschränken. Andererseits wird in der Literatur die Auffassung vertreten, ein deutsches Gericht könne sich auf Art. 28 berufen – z.B. um ein Urteil auf Erfüllung im Falle objektiver Unmöglichkeit nicht zusprechen zu müssen. Zwar beabsichtigt Art. 28 nicht, bestimmte Rechtsinstituten des nationalen Rechts zur Geltung zu bringen[1986], doch ist letzterer Auffassung in einem Punkt zuzustimmen, nämlich, daß Art. 28 auch in den Ländern des *Civil Law* zur Anwendung kommen kann. Dies ergibt sich insbesondere aus der Tatsache, daß Art. 28 einen abstrakten Charakter hat.

(3) Ermessen des Richters aus Art. 7 Abs. 1

Aus Art. 7 geht eine Verpflichtung für die Gerichte hervor, sich bei der Anwendung der Konvention um internationale und einheitliche Lösungen zu bemühen. Daher müssen Vorstellungen aus dem nationalen Recht vermieden werden. Würde man die unterschiedliche Praxis im Bereich der Erfüllung in Natur berücksichtigen, so würde dies dem ausdrücklichen Zweck der Konvention zuwiderlaufen[1987]. In diesem Zusammenhang wäre ein richterliches Ermessen aus Art. 7 abzuleiten, um die einheitliche Auslegung der Konvention zu gewährleisten[1988]. Praktisch hätte das zur Folge, daß Art. 28 über eine weite Auslegung von Art. 7 umgangen werden würde.

Eine solche Auffassung verkennt, daß Art. 28 eigentlich eine *Ausnahme* zu Art. 7 bildet. Zwar müssen sich die Richter um eine einheitliche Anwendung der Konvention bemühen, aber man erwartet nicht von ihnen, gerade in diesem Punkt ihrer eigenen Rechtstradition Gewalt anzutun. Die Ableitung eines richterlichen Ermessens aus Art. 7 wäre m.E. mit dem Wortlaut und Zweck von Art. 28 nicht zu vereinbaren. Dagegen

---

[1983] „Sie stellt eine Privilegierungsnorm für die *Common Law*-Staaten dar", so *Honsell / Karollus*, Art. 28, Rn. 14; *Bridge*, § 3.47, S. 100.

[1984] *Rabel*, RabelsZ 1935, S. 69 f (Hervorhebung hinzugefügt). Rabel fügt ferner hinzu, man müsse die Klage auf Erfüllung beschränken, „sooft vor englischen oder amerikanischen Gerichten geklagt wird, gleichviel wer die Parteien sein mögen" (a.a.O.).

[1985] Vgl. *Honsell / Karollus*, Art. 28, Rn. 5 f.

[1986] Eingehend dazu oben: B.V.2.a).(4). Beziehung zwischen Art. 79 und Art. 28 CISG.

[1987] *Kastely*, Wash.L.Rev. 63 (1988), S. 645.

[1988] *Kastely*, Wash.L.Rev. 63 (1988), S. 636 f; ähnlich *Garro*, in: *Draft*-Digest, S. 368 f. Teilweise wird auch vertreten, der Richter sollte die Lösung des Staates, in dem der Kläger seinen Sitz hat, beachten; auf diese Weise würde der Kläger genau das bekommen, was er nach seinem Heimatrecht bekommen würde. Für eine solche Lösung findet man keine Anhaltspunkte, weder aus dem Text des Übereinkommens noch aus seiner Entstehungsgeschichte und seinem Zweck. Siehe *Garro*, a.a.O.

ist eine restriktive Auslegung des nationalen Rechts zugunsten einer autonomen Anwendung der Konvention nicht nur zulässig, sondern geboten[1989].

(4) Ermessen des Richters aus Art. 28

Es wird ferner vertreten, unter der Konvention käme dem Richter bei der Gewährung von Erfüllungsansprüchen ein weiter Ermessensspielraum zu. Grund dafür ist, daß die Richter im *Common Law* ebenfalls über einen weiten Ermessensspielraum verfügen[1990], und diesen wollte die Konvention nicht einschränken[1991]. Außerdem unterstützen Wortlaut und Zweck des Art. 28 diese Vorstellung.

Das Bestehen und der Umfang dieses Ermessens werden unterschiedlich beurteilt. Einige Autoren schließen einen Ermessensspielraum des Richters nach dem UN-Kaufrecht gänzlich aus, so daß der Richter ein Urteil auf *specific performance* nicht fällen *darf*, wenn er es nach seinem internen Recht nicht fällen würde[1992]; andere (die meisten Autoren) gestatten einen sehr weiten Ermessensspielraum, so daß der Richter an die Lösung seines nationalen Rechts nicht gebunden ist: Er kann dem internen Ansatz folgen, muß es aber nicht[1993]. Von einer dritten Auffassung wird das Ermessen des Richters zugunsten der *specific performance* eingeschränkt, so daß der Richter ein Urteil auf Erfüllung in Natur fällen *muß*, wenn er nach seinem internen Recht ein solches Urteil fällen würde[1994].

Die erste Lösung leitet sich aus dem (vermeintlichen) Charakter des Art. 28 als Kollisionsnorm her, so daß der Richter an die Lösung des Heimatrechts gebunden ist[1995]; ihm käme daher ein Ermessensspielraum zu nur unter den Voraussetzungen und in dem Umfang zu, wie es die *lex fori* erlaubt[1996]. Hier wird ferner auf die in Wien vorge-

---

[1989] Vgl. in diesem Sinne *Hartnell*, 18 Yale J. Int'l. L., 1993, S. 1 ff (sub. III.E.): „Art. 7 requires courts to read their states' public policies narrowly in cases to which the Convention applies".

[1990] Vgl. *Farnsworth*, Contracts III, S. 168 ff („tendency to liberalize", m.w.N.), S. 183: „*discretionary nature* of specific performance"; *ders.* Damages and Specific Relief, S. 249; *Benjamin's*, § 17-098 („wide discretion"); *Neufang*, S. 155 ff; *Catalano*, S. 1829. Siehe auch die in Punkt I.II.4.b. (Gewährung von specific performance im Common Law) zitierten Autoren.

[1991] *Staudinger / Magnus*, Art. 28, Rn. 13, m.w.N.

[1992] So *Schlechtriem / Huber*, Art. 28, Rn. 22.

[1993] *Draft-Digest*, Art. 28, Anm. 3; *Kastely*, Wash.L.Rev. 63 (1988), S. 636 ff (und Fn. 142): „a court *should* exercise its discretion ... even if it would not do so in a dispute involving a domestic contract". Ähnlich *Honnold*, § 195, § 285.1 Fn. 8 (Verweis auf *Kastely*, loc. cit.); zum EKG siehe: *Dölle / Reinhart*, Art. 16 EKG, Rn. 30 (letztere Auffassung verweist auf die Möglichkeit, das interne Prozeßrecht durch internationale Abkommen zu verdrängen).

[1994] *Walt*, 26 Tex.Int.L.J., 1991, S. 214, 224 f: „specific performance [is] *discretionary in nature, but not in the sense of allowing a court to refuse* specific performance under CISG, *when it would be granted under national law*"; „if specific relief *would* be ordered [under national law], a court *must* make the remedy available under the CISG. The injured buyer, not the court, has discretion by way of electing between remedies". In diese Richtung auch *Eraw / Flechtner*, S. 53 f. Im Ergebnis auch: *Honsell / Karollus*, Art. 28, Rn. 18. Ähnlich *Schlechtriem / Ferrari*, Art. 7, Rn. 30 (der gleichzeitig – auf *Marchand* gestützt – eine „limitative" Wirkung des nationalen Rechts vertritt).

[1995] Vgl. *Schlechtriem / Huber*, Art. 28, Rn. 20; *Ziegler*, S. 151; *Schulz*, S. 282.

[1996] Diesen Beurteilungsspielraum darf er ausnutzen; *Schlechtriem / Huber*, Art. 28, Rn. 22.

nommene redaktionelle Änderung verwiesen (von „could do so“ auf „would do so“), so daß es nicht darauf ankommen sollte, ob der Richter Erfüllung in Natur zusprechen könnte, sondern ob er es auch tun würde[1997].

Diese Auffassung übergeht den ausdrücklichen Wortlaut des Art. 28; die Formulierung „a court is not *bound* to enter a judgement for specific performance *unless* [it] would do so under its own law“ ist eindeutig[1998]: Nur in diesen Fällen – also dann, wenn das Gericht ein Urteil auf *specific performance* fällen würde – ist das Gericht an die Lösung der *lex fori* gebunden[1999]; daher ist die Bezeichnung des Art. 28 als Kollisionsnorm – wie oben angedeutet – unglücklich. Die in Wien vorgenommene Änderung soll nicht als Einschränkung des Ermessensspielraums sondern als dessen Erweiterung verstanden werden[2000].

Dadurch, daß sich die zweite und dritte Lösung für einen (weiten) Ermessensspielraum aussprechen, sind sie mit dem Zweck der Norm am besten zu vereinbaren. Über die *Bindung* des Gerichts an die Verurteilung auf *specific performance*, wenn das interne Recht diesen Rechtsbehelf zusprechen würde, sagen die Vertreter der zweiten Lösung in der Regel wenig. Auch wenn Art. 28 von Gerichten des *Civil Law* angewandt werden kann[2001], dürfte ein solches Gericht die Erfüllung in Natur nicht verweigern (und statt dessen auf Schadensersatz verurteilen), wenn es nach internem Recht auf Erfüllung in Natur urteilen würde. Aus diesen Gründen ist dem dritten Lösungsansatz zu folgen; er gibt den Wortlaut der Vorschrift am besten wieder.

Wenn der Ermessensspielraum im Hinblick auf das interne Recht überprüft wird, stellt man fest, daß US-amerikanische und englische Gerichte beim Zusprechen von Urteilen auf Erfüllung in Natur eine liberalere Tendenz zeigen[2002]. Es ist zuzugeben, daß

1997 *Schlechtriem / Huber*, Art. 28, Rn. 22.

1998 Der *Comment* Nr. 2 zu Art. 7.2.2. PICC verweist in die selbe Richtung, indem er sagt, im Gegensatz zu Art. 28 CISG „under the Principles specific performance is not a discretionary remedy“.

1999 Vgl. ebenfalls den eindeutigen spanischen und französischen Text. Hierzu ausführlicher: siehe oben B. V. 1. c). Einschränkung des Art. 28.

2000 Siehe *Farnsworth*, 27 Am. J. Comp. L. (1979) S. 247 ff; dieser Autor beklagt sich über die Formulierung des UNCITRAL-Entwurfs, wonach „a Common law court is not relieved of *the obligation* to render such a judgment if it „*could* do so under its own law (...)“. Siehe ferner die Diskussion um Art. 26 des Entwurfs (O.R. S. 304 f); die Konventionsgeber waren sich über die Funktion dieser Vorschrift einig als „compromise to *prevent* common law courts *from being compelled* to order specific performance when they would not ordinarily do so“ (so *Date-Bah*, Nr. 51; auch: *Feltham*, Nr. 41 ff, *Wagner*, Nr. 49). In diese Richtung auch *Honsell / Karollus*, Art. 28, Rn. 3. Siehe auch *Flechtner*, S. 59, Fn. 30: „The wording of Article 28 appears to permit but not mandate imposition of a forum's restrictive specific performance rules“. (Hervorhebungen hinzugefügt).

2001 *Hutter*, S. 129; a.A. *Honsell / Karollus*, Art. 28, Rn. 5 f, 14 f.

2002 Siehe *Walt*, 26 Tex.Int.L.J., 1991, S. *passim*; *Catalano*, S. 1827 (m.w.N.); *Neufang*, S. 151, 187; siehe ferner die hier auf Fn. 1845 und 1943 zitierten Autoren. Diese Tendenz wird scheinbar von *Schulz* (S. 193, 280 f) übersehen. Dem Einheitsrecht wird große Bedeutung für die Verstärkung des Erfüllungsanspruchs und des Erfüllungszwangs im *Common Law* beigemessen (siehe *Hutter*, S. 129). In einem anderen Kontext verweist *Hartnell*, 18 Yale J. Int'l. L., 1993, S. 1 ff (sub III.E.) auf die Praxis des Supreme Court, *domestic public policy* eng auszulegen, wenn eine Streitigkeit internationale dieser Rechtsbehelf meistens mit praktischen Schwierigkeiten verbunden ist[2003], so daß die Parteien nur dann zu diesem Rechtsmittel greifen – besonders bei internationalen Verträgen –, wenn sie ansonsten keinen ausreichenden Schutz bekommen würden; das ist der Fall, wenn sie ein Deckungsgeschäft in zumutbarer Weise nicht vornehmen können, wenn die Ware äußerst selten ist oder wenn ähnliche Umstände vorliegen. Dies sind genau die Fälle, in denen die Gerichte des *Common Law* gewöhnlicherweise *specific performance* zusprechen[2004], so daß Art. 28 keine praktische Begrenzung des Anspruchs darstellt. Daher soll unter der Konvention Erfüllung in Natur – wenn sie von einer Partei angestrebt wird – in der Regel zugesprochen werden[2005].

b) Eigener Lösungsvorschlag

Unter Berücksichtigung der obigen Überlegungen läßt sich eine Prüfungsreihenfolge des Art. 28 auf drei Ebenen zusammenfassen: Es ist zunächst zu prüfen, ob dem Kläger *materiellrechtlich* ein Anspruch auf Erfüllung in Natur nach dem UN-Kaufrecht überhaupt zusteht. An zweiter Stelle muß geprüft werden, ob in einem vergleichbaren Fall nach unvereinheitlichtem Recht dem Käufer *specific performance* zuzusprechen wäre; ist diese Frage zu bejahen, dann *muß* auf Erfüllung in Natur verurteilt werden[2006]; für richterliches Ermessen ist an dieser Stelle kein Raum. Kommt man zu dem Ergebnis, daß man nach internem unvereinheitlichten Recht keine *specific performance* bei einem gleichartigen Kaufvertrag zusprechen würde, dann soll ferner geprüft werden, ob man – die Umstände des Einzelfalls berücksichtigend – vom eigenen Ermessensspielraum Gebrauch macht. Wenn der Käufer *specific performance* verlangt und das Gericht trotzdem entscheidet, Erfüllung in Natur nicht zu gewähren, dann ist zu prüfen, ob man alternativ *damages* (oder ein anderes Äquivalent) zusprechen kann[2007]. Im *Common Law* ist der Richter grundsätzlich dazu befugt[2008]; in anderen

---

Handelsverträge betrifft; damit wäre eine gegebenenfalls vorzunehmende Einschränkung dieses Rechtsbehelfs aufgrung von *public policy* o.ä. ebenfalls nicht zu rechtfertigen. Für das mexikanische Recht ist die Tatsache, daß ein Rechtsbehelf unbekannt ist, noch kein Hindernis für seine prozessuale Durchsetzbarkeit. Siehe Art. 2 des CPC Mex: „La acción procede en juicio, aun cuando no se exprese su nombre, con tal de que se determine con claridad la clase de prestación que se exija del demandado y el título o causa de la acción". Das Gericht muß ein Urteil erlassen, auch wenn die *actio* unbekannt ist. Unter der auf Richterrecht basierenden Tradition des *Common Law* dürfte dieses Problem nicht ganz anders aussehen. Hiervon unterscheidet sich die deutsche Rechtsordnung, welche eine Entscheidung für wirkungslos hält, „soweit die ausgesprochene Rechtsfolge" der Rechtsordnung unbekannt ist; *Baumbach / Lauterbach / Hartmann*, Übers § 300 ZPO, Rn. 15.

2003 *Honnold*, § 286. Bei einer Klage auf Erfüllung in Natur sind Zeitverzögerungen (mit den darauffolgenden Verzögerungsschäden) sowie Schwierigkeiten bei der Vollstreckung mitzuberücksichtigen.

2004 *Walt*, 26 Tex.Int.L.J., 1991, S. 218, 232 f; *Catalano*, S. 1832 ff (m.w.N.); *Honsell / Karollus*, Art. 28, Rn. 6; *Schulz*, S. 279; dies wurde bereits von *Rabel* erkannt; siehe RabelsZ 9 (1935), S. 70, Fn. 32.

2005 So ausdrücklich *Walt*, 26 Tex.Int.L.J., 1991, S. *passim* (insbesondere S. 232 f); ferner U.S. Federal District Court [Illinois], Urteil vom 7.12.1999, CLOUT Nr. 417, Fn. 15 (mit Verweis auf den zitierten Aufsatz von *Walt*).

2006 *Walt*, 26 Tex.Int.L.J., 1991, S. 224; *Catalano*, S. 1820.

2007 *Draft-Digest*, Art. 28, Anm. 3; *Staudinger / Magnus*, Art. 28, Rn. 10.

2008 Nach dem UCC § 2-716 (2) liegt es im Ermessen des Gerichts, Schadensersatz oder andere Maßnahmen, die es für angemessen hält, zuzusprechen. Ferner zum Recht der USA *Anderson*, UCC § 2-716:5, S. 557; Uniform Laws Annotated (Supplement), UCC § 2-716, Nr. 11, S. 177; siehe auch *Schulz*, S. 224 (mit Fn. 1382); zum englischen Recht siehe Section 50 Supreme Court Act 1981; *Trei-*

Rechtsordnungen ist der Richter dagegen an das Beantragte gebunden, so daß ein Äquivalent nur dann zuzusprechen ist, wenn diese Möglichkeit in der Klageschrift alternativ oder hilfsweise gegeben ist[2009]. Gegebenenfalls könnte ein entsprechender Hinweisbeschluß durch das Gericht ergehen.

c) Ergebnis

Ob ein Erfüllungsanspruch gegeben ist, richtet sich materiell nach dem UN-Kaufrecht. Art. 28 besagt: „Ist eine Partei *nach diesem Übereinkommen* berechtigt, von der anderen Partei die Erfüllung einer Verpflichtung zu verlangen...". Daher ist an erster Stelle zu prüfen, ob dem Käufer – nach der Konvention – ein Erfüllungsanspruch zusteht. Ist das zu bejahen, dann soll auf einer zweiten Ebene festgestellt werden, ob das Gericht bei einem gleichgelagerten „internen" Sachverhalt ein Leistungsurteil auf Erfüllung in Natur (in irgendeiner Form) nach seinem nationalen Recht fällen würde. Hierzu ist nicht erforderlich, daß es die konkrete *Art* der Erfüllung in Natur zusprechen würde; maßgeblich ist, ob Erfüllung in Natur im konkreten Fall den Interessen des Gläubigers hinreichend Rechnung tragen würde. Würde der Richter nach seinem internen Recht Erfüllung in Natur zusprechen, dann *muß* er das tun. Wenn er statt dessen Erfüllung in Natur nach seinem internen Recht nicht gewähren würde, dann *darf* er von seinem Recht, ein Äquivalent einzusetzen, Gebrauch machen.

Als Erfüllung in Natur sind zunächst die Primärleistungspflichten zu verstehen. Damit kann der Käufer die Lieferung der verkauften Ware, die Übergabe von Dokumenten und die Verschaffung des Eigentums verlangen; der Verkäufer kann die Abnahme verlangen. Hat der Verkäufer eine mangelhafte Ware geliefert, dann gilt folgendes: Wenn ein Stückkauf vereinbart wurde, ist die Ersatzlieferung als Rechtsbehelf nicht gegeben, weil sich die Leistung des Verkäufers nicht auf weitere Gegenstände als die im Vertrag geschuldeten erstrecken kann. Handelt es sich um einen Gattungskauf und stellt die Vertragswidrigkeit eine wesentliche Vertragsverletzung dar, dann kann der Käufer die Lieferung einer vertragskonformen Ersatzware verlangen. Häufig wird die Ersatzlieferung prozessual durchsetzbar (vollstreckbar) sein.

Übt der Käufer einen Nachbesserungsanspruch aus und ist die Vornahme einer Reparatur angemessen (d.h. dem Verkäufer zuzumuten), wird der Schuldner (im Regelfall) zur Vornahme der Reparatur nicht gezwungen werden können. Dem Gericht stehen verschiedene Mittel zur Verfügung, um den Verkäufer zu einer Reparatur indirekt zu zwingen (*astreinte*, Geldbußen und in *Common Law*-Staaten sogar ‚imprisonment'),

---

tel, S. 1046 ff, m.w.N.; für Verbraucherverträge nach Umsetzung der Verbrauchsgüterkaufrichtlinie in England siehe *Mansel*, AcP 204 (2004), S. 448, m.w.N. (der hervorhebt, die Ermächtigung des Gerichts, vom Klageantrag abzuweichen, verstoße gegen die EG-Richtlinie). Zur Rechtslage im Bundesstaat Louisiana siehe Art. 1986: „...If specific performance is impracticable, the court may allow damages to the obligee". Auch in Frankreich und Spanien wird ein Ermessen des Richters, Schadensersatz statt Erfüllung in Natur zuzusprechen, anerkannt; siehe Nachweise dazu bei *von Bar / Zimmermann*, S. 484 (Art. 9:102 PECL, Anm. 3.(a)).

[2009] Ein derartiges Ermessen des Richters ist u.a. nach deutschem Recht abzulehnen, weil das Gericht gemäß § 308 ZPO an die Parteianträge gebunden ist; gleiches gilt nach mexikanischem, gemäß Art. 81 CPC Mex.

aber es handelt sich um keine Durchsetzbarkeit im engeren Sinn. Ist die Reparatur aus der Sicht des Gerichts als eine *vertretbare Handlung* zu qualifizieren, soll dann die Reparatur auf Kosten des Verkäufers durch einen Dritten vorgenommen werden. Handelt es sich um eine *nicht vertretbare Handlung* – was sehr selten vorkommen wird – dann ist der Gläubiger auf Schadensersatz oder auf ähnliche Vollstreckungsmittel zu verweisen.

Die Ausübung eines Anspruchs auf Erfüllung in Natur ist an erster Stelle Entscheidung des Klägers, nicht aber des Gerichts. Von einer solchen Klage ist abzuraten, wenn andere Mittel einen effektiveren und schnelleren Schutz gewähren können[2010]. Wenn die Parteien in einem Kaufvertrag (insbesondere der Käufer) großes Interesse an der konkreten bzw. einwandfreien Erfüllung des Vertrages haben, sollen sie ihre Rechte auf Erfüllung in Natur ausdrücklich vereinbaren.

[2010] Hierzu vgl. *Adame*, S. 288.

J. Zusammenfassung und Schlußbetrachtung

Einige Unterschiede zwischen dem Modell des UN-Kaufrechts und dem deutschen BGB sowie die Ergebnisse dieser Arbeit werden im Folgenden kurz zusammengefaßt.

I. Zusammenfassung

a) Das UN-Kaufrecht knüpft den Nachbesserungs- und den Ersatzlieferungsanspruch des Käufers an unterschiedliche *Voraussetzungen* an. Daher sind die Fälle, in denen beide Ansprüche gleichzeitig vorliegen, äußerst selten. Außerdem ist das *Verhältnis zwischen beiden Erfüllungsvarianten* umstritten, weil eine – zur Ersatzlieferung rechtfertigende – wesentliche Vertragsverletzung häufig abgelehnt wird, solange der Mangel durch Nachbesserung behoben werden kann; dies führt in der Praxis zu einer (weiteren) Einschränkung des Ersatzlieferungsanspruchs. Ein *Wahlrecht* des Käufers in UN-Kaufrecht wird in der Praxis ebenfalls selten vorkommen.

b) Dieses Problem löst das BGB dadurch, indem es beide Nacherfüllungsalternativen an dieselben Anspruchsvoraussetzungen knüpft, mit der Folge, daß beide Ansprüche grundsätzlich *gleichzeitig* zur Anwendung kommen. Damit wird ein Wahlrecht des Käufers nach BGB grundsätzlich gewährleistet. Ein Wahlrecht des Käufers ist im UN-Kaufrecht dagegen nur anzunehmen, wenn eine wesentliche Vertragsverletzung vorliegt und gleichzeitig eine Nachbesserung möglich und zumutbar ist.

c) Das Erfordernis einer wesentlichen Vertragsverletzung für die *Ersatzlieferung* im UN-Kaufrecht knüpft (unnötigerweise) an sehr *strenge* Voraussetzungen an. *De facto* wird ein Nacherfüllungsanspruch des Käufers häufig ausscheiden, weil eine Ersatzlieferung nur ausnahmsweise in Betracht kommt und eine Nachbesserung häufig nicht möglich ist. Daher wäre es richtiger gewesen, auf die Zumutbarkeit der Ersatzlieferung für den Verkäufer abzustellen, unter Berücksichtigung aller Umstände des Einzelfalles. Dies hätte den Interessen beider Parteien genügend Rechnung getragen.

d) Insofern ist der Ansatz des BGB vorzuziehen, der einen Ersatzlieferungsanspruch grundsätzlich bei jedem Mangel gewährt. Der Verkäufer wird dadurch geschützt, indem das BGB ihm ein *Verweigerungsrecht bei Unverhältnismäßigkeit* der Kosten einräumt. Gerade im Hinblick auf die Ersatzlieferung – die dem Verkäufer in manchen Fällen zuzumuten ist, auch wenn eine wesentliche Vertragsverletzung nicht vorliegt – erlaubt das BGB eine sachgerechtere Lösung als das UN-Kaufrecht.

e) Das Erfordernis einer wesentlichen Vertragsverletzung stellt eine *Anspruchsvoraussetzung* der Ersatzlieferung dar. Dagegen soll die Verhältnismäßigkeit der Nachbesserung – trotz des mißverständlichen Wortlauts des Art. 46 III – als eine Einrede des Verkäufers verstanden werden. Letzteres gilt auch für das Verweigerungsrecht des Verkäufers nach § 439 III BGB. Die wesentliche Vertragsverletzung und die

(Un-)Verhältnismäßigkeit stellen keine subsumtionsfähige Formeln sondern normativ geprägte Tatbestände dar.

f) Das Wahlrecht des Käufers im UN-Kaufrecht wird außerdem durch das *Nacherfüllungsrecht des Verkäufers* eingeschränkt. Letzteres geht grundsätzlich vor, solange keine wesentliche Vertragsverletzung vorliegt. Daher kann der Verkäufer die Rechtsbehelfe des Käufers i.d.R. „durchkreuzen". Liegt aber eine wesentliche Vertragsverletzung vor, dann bedarf die Ausübung des Nacherfüllungsrechts der Zustimmung des Käufers.

g) Das BGB unterscheidet zwischen den Rechtsfolgen von *Sach-* und *Rechtsmängeln* grundsätzlich nicht. Ebenfalls unterscheidet es nicht danach, ob ein *Stück-* oder *Gattungskauf* vorliegt, bzw. ob die Pflichtverletzung eine *Falsch-* oder eine *Schlechtlieferung* darstellt. Solche Unterscheidungen trifft das UN-Kaufrecht ebenfalls nicht, doch werden diese Kategorien im Schrifttum aufrechterhalten. Vielleicht könnte die Reform des BGB Anlaß bieten, diese Kategorien für das UN-Kaufrecht endgültig aufzugeben, das in Hinblick auf die Rechtsbehelfe *nur* zwischen einer wesentlichen und einer nicht wesentlichen Vertragsverletzung unterscheidet. Für den Ersatzlieferungsanspruch sollte allein maßgebend sein – sowohl im UN-Kaufrecht als auch im BGB – ob die geschuldete Ware *vertretbar* ist und die Lieferung einer mangelfreien Ware den Interessen beider Parteien entspricht.

h) Für die Geltendmachung von Nacherfüllungsansprüchen hat der Käufer im UN-Kaufrecht die Vertragswidrigkeit innerhalb einer angemessenen Frist dem Verkäufer anzuzeigen. Diese *Rügefrist* soll einerseits Rechtssicherheit für den Rechtsverkehr schaffen, andererseits soll sie dem Verkäufer die Möglichkeit geben, durch prompte Maßnahmen seinen vertraglichen Verpflichtungen nachzukommen.

i) Eine Rügefrist sieht das BGB dagegen nicht vor. Rechtspolitisch wird diese Grundentscheidung des Gesetzgebers kritisiert, weil der Verkäufer allein durch die Verjährungsvorschriften geschützt wird. Doch wäre die Übernahme einer ähnlichen Regelung wie die des UN-Kaufrechts ebenfalls verfehlt gewesen. Zwar ist die Lösung des UN-Kaufrechts im Ansatz richtig, in der Praxis allerdings problematisch, denn, wie die umfangreiche Rechtsprechung zu Art. 39 zeigt, stellt sie eine Quelle von Rechtsstreitigkeiten dar.

j) Die *Verjährung* von Ansprüchen aus der Konvention bestimmt sich nach dem von den Kollisionsnormen berufenen nationalen Recht (Verjährungsstatut). Die Verjährungsvorschriften des deutschen BGB sind (insbesondere für den ausländischen Rechtsanwender) durchaus kompliziert, und die in der Literatur herrschende Unsicherheit, ob das VerjÜ für das Gebiet der ehemaligen DDR weiter fortwirkt oder nicht, erwecken den Wunsch nach einer einheitlichen, definitiven und klaren Lösung.

k) Der *Erfüllungsanspruch* ist sowohl im UN-Kaufrecht als auch im System des BGB vorrangig, aber nicht absolut. Im Fall einer Pflichtverletzung kommen im UN-Kaufrecht verschiedene Rechtsbehelfe zur Anwendung, die primär auf *Erhaltung des Vertrages* zielen. Ein Anspruch auf vollständige Erfüllung *(perfect tender)* wird durch Art. 46 II und III – insbesondere durch das Erfordernis einer wesentlichen Vertragsverletzung für die Ersatzlieferung – stark eingeschränkt. Allein das Fehlschlagen der Nacherfüllung berechtigt noch nicht zur Aufhebung des Vertrages.

l) Das BGB versucht durch sein „Zwei-Stufen-Modell" dem Erfüllungsanspruch Rechnung zu tragen. Im BGB ist ein Ersatzlieferungsanspruch auch bei einfachen Mängeln gegeben, und das Fehlschlagen der Nacherfüllung berechtigt den Käufer zum Rücktritt vom Vertrag. Dadurch zeigt sich eine stärkere Stellung des Käufers im BGB als im UN-Kaufrecht. Hier steht der Grundsatz *pacta sunt servanda* über dem Grundsatz der Vertragserhaltung.

m) Anders als im BGB ist ein *Selbstvornahmerecht* des Käufers für das UN-Kaufrecht zu bejahen. Dabei sind drei Situationen zu unterscheiden: hat der Verkäufer ein Nacherfüllungsrecht, dann muß der Käufer ihm zunächst die Möglichkeit der Mängelbeseitigung einräumen. In sonstigen Fällen kann er entscheiden, ob er selbst repariert oder ob er die Reparatur vom Verkäufer verlangt. Im Rahmen seiner Schadensminderungspflicht kann der Käufer u.U. sogar dazu *verpflichtet* sein, die Reparatur selbst vorzunehmen.

n) Der Erfüllungsanspruch des Käufers stehen unter dem Vorbehalt des *Art. 28.* Diese Vorschrift bezweckt, die Praxis der *Common Law*-Staaten bezüglich der Gewährung von *specific performance* zu respektieren. In den Anwendungsbereich des Art. 28 fällt an erster Stelle der primäre Erfüllungsanspruch aus Art. 46 Abs. 1. Der Ersatzlieferungs- und der Nachbesserungsanspruch stellen eine modifizierte Fortsetzung des ursprünglichen Erfüllungsanspruchs dar, und werden – als solche – ebenfalls von Art. 28 erfaßt.

o) Es ist allerdings zu berücksichtigen, daß die praktische Bedeutung von Art. 28 sehr gering ist. Einerseits weil diese Vorschrift dem Richter einen weiten Ermessensspielraum gewährt. Andererseits weil die Parteien in einem internationalen Kaufvertrag nur in seltenen Fällen auf *specific performance* klagen. Dies zeigt u.a. die knappe Rechtsprechung zu Art. 28 und ist darauf zurückzuführen, daß die Konvention einen effektiven Schutz durch einen verschuldensunabhängigen Schadensersatzanspruch gewährt. Die Nachbesserung dient der Erhaltung und Durchführung des Vertrages und ist vielleicht einer der wichtigsten Rechtsbehelfe des Käufers; ihre Bedeutung liegt jedoch auf einer nicht- oder vorprozessualen Ebene.

p) In den wenigen Fällen, in denen der Käufer die gerichtliche Durchsetzung eines Erfüllungsanspruchs anstreben wird, werden die Gerichten sowohl des *Common Law* als auch des *Civil Law* diesen Rechtsbehelf i.d.R. zusprechen. Zwar gehen das *Civil Law* und das *Common Law* von ganz unterschiedlichen theoretischen Ansätzen aus, gelangen aber zu ähnlichen Ergebnissen, so daß diese theoretische Unterschiede sich in der Praxis kaum wiederspiegeln.

II. Schlußbetrachtung

Zwischen dem ersten Entwurf eines einheitlichen Kaufgesetzes und dem Schuldrechtsmodernisierungsgesetz, sind fast 70 Jahre vergangen. Der Anstoß, den Ernst Rabel Anfang des vergangenen Jahrhunderts gesetzt hat, wirkt weiter fort – und er wirkt nun auf das deutsche Recht zurück: Das UN-Kaufrecht hat bei der Reform des deutschen Kaufrechts (u.a.) großen Einfluß ausgeübt. Dabei ist der Gesetzgeber dem Einheitskaufrecht nicht in jedem Punkt gefolgt, es ist aber hervorzuheben, daß das BGB aus der reichen Erfahrung mit dem UN-Kaufrecht gelernt und gewisse Schwachstellen erkannt (und daher nicht in das BGB übernommen) hat. Dabei wird die Frage aufgestellt, ob dies nicht zu einer „Korrektur" des UN-Kaufrechts führen könnte und sollte. Während eine Reform des CISG auf weltweiter Ebene eher unplausibel erscheint, würden die regionale Vereinheitlichungstendenzen einen angemessenen Rahmen dafür bieten. Dies soll aber Gegenstand einer anderen Untersuchung sein.

Entscheidungsverzeichnis

AG München, 23.6.1995, 271 C 18968/94, CISG-online Nr. 368
AG Nordhorn, 14.6.1994, 3 C 75/94, CISG-online Nr. 259
AG Oldenburg, 24.4.1990, 5 C 73/89, CISG-online Nr. 20
Bander v. Grossman, 161 Misc.2d 119, 611 N.Y.S.2d985, 23 UCC2d 1159 (1994)
Beijing Metals v. American Business Center, Circuit Court of Appeals (5th Circuit), 15.6.1993, [http://cisgw3.law.pace.edu/cases/930615u1.html]; CLOUT Nr. 24
BGH, 13.5.1987, VIII ZR 137/86, NJW 1987, 2235
BGH, 28.11.1990, VIII ZR 362/89 (Zweibrücken), NJW 1991, 640
BGH, 8.3.1995, VIII ZR 159/94, CISG-online Nr. 144; BGHZ 129, 75-86 (Muscheln)
BGH, 3.4.1996, VIII ZR 51/95, CISG-online Nr. 135; BGHZ 132, 290 ff (Kobaltsulfat)
BGH, 25.6.1997, VIII ZR 300/96, CISG-online Nr. 277; CLOUT Nr. 235
BGH, 23.2.2005, VIII ZR 100/04, NJW 2005, S.1348ff
BGH, 2.3.2005, VIII ZR 67/04, IHR 2005, S. 158ff; CISG-online Nr. 999
BGH, 22.6.2005, VIII ZR 1/05, NJW 2005, 3211
Bundesgericht Schweiz, 1. Abteilung, 28.10.1998, 4C.179/1998/odi, E.K., L. y A. v. F., CISG-online Nr. 413
Calzaturificio Claudia s.n.c. v. Olivieri Footwear Ltd., 1998 U.S. Dist. LEXIS 4586, No. 96 Civ. 8052 (HB) (THK), 1998 WL 164824 (S.D.N.Y. Apr. 7), 6.4.1998, Federal District Court, New York [http://cisgw3.law.pace.edu/cases/980406u1.html].
Cass. civ., 20 Januar 1953, JCP 1953 II. 7677
CIETAC, Schiedsspruch vom 4.07.1997 [http://cisgw3.law.pace.edu/cases/970704c1.html]
Colorado-Ute Electric Asso. v. Envirotech Corp. (DC Colo) 524 F Supp 1152, 33 UCCRS 965
Compromex, Schiedsspruch vom 19.4.1996 (D.O.F. 16.7.1996), Conservas La Costeña S.A. de C.V. vs. Lanín San Luis S.A. & Agroindustrial Santa Adela S.A. [http://cisgw3.law.pace.edu/cases/960429m1.html]
Cour d'appel de Versailles, 29.1.1998, Arrêt n° 56, R.G. n° 1222/95 (Sté Giustina International v. Sté Perfect Circle Europe), CISG-online Nr. 337
Court d'appel Grenoble, 26.4.1995, Marques Roque Joachim v. S.a.r.l. Holding Manin Rivière, 93/4879, CISG-online Nr. 154
Cour d'appel Grenoble, 13.9.1995, Société française de Factoring International Factor France v. Roger Caiato, CISG-online Nr. 157
Cour de Cassation, 23.1.1996, Societé Sacovini v. S.A.R.L. Les Fils de Henri Ramel, [http://cisgw3.law.pace.edu/cases/960123f1.html]
Cour de Cassation, 17.12.1996, Société Céramique culinaire de France v. Société Musgrave Ltd. [http://cisgw3.law.pace.edu/cases/961217f1.html]
Filanto S.p.A. v. Chilewich International Corp., Federal District Court (2nd Disctrict), 14. April 1992 [http://cisgw3.law.pace.edu/cases/920414u1.html]
Handelsgericht Aargau, 26.9.1997, OR.96.00013 [http://cisgw3.law.pace.edu/cases/970926s1.html]
Hanseatisches OLG Hamburg, 28.2.1997, 1 U 167/95, CISG-online Nr. 261
Hof 's-Gravenhage vom 23.4.2003, Rynpoort Trading & Transport NV et al. v. Meneba Meel

Wormerveer B.V. et al. [http://cisgw3.law.pace.edu/cases/030423n1.html]
ICC Schiedsspruch Nr. 5713/1989, CLOUT Nr. 45
ICC Schiedsspruch Nr. 7660/1994, CLOUT Nr. 302
ICC/ICA Schiedsspruch Nr. 6653/1993, CLOUT Nr. 103
in re Bullet Jet Charter, Inc. (Software Customizer, Inc. v. Bullet Jet Charter, Inc., 177 B.R. 593,27 UCC2d 1256 (Bankr.N.D.Ill.1995)
Internationales Schiedsgericht der Bundeskammer der gewerblichen Wirtschaft, Wien, 15.6.1994, SCH-4366, CISG-online Nr. 121; CLOUT Nr. 93
Internationales Schiedsgericht der Bundeskammer der gewerblichen Wirtschaft, Wien, 15.6.1994, SCH-4318, CISG-online Nr. 120; CLOUT Nr. 94
Internationales Schiedsgericht der Handelskammer der Russischen Föderation, Schiedsspruch Nr. 200/1994 vom 25.4.1995, CISG-online Nr. 206; CLOUT Nr. 141
Laclede Gas Co. V. Amoco Oil Co., 522 F.2d 33 (8th Cir. 1975)
LG Aachen, 14.5.1993, RIW 1993, S. 761
LG Berlin, 15.9.1994, 52 S 247/94, CISG-online Nr. 399
LG Duisburg, 17.4.1996, 45 (19) O 80/94 [http://cisgw3.law.pace.edu/cases/960417g1.html]
LG Ellwangen, 21.8.1995, 1 KfH O 32/95 [http://cisgw3.law.pace.edu/cases/950821g2.html]
LG Ellwangen, 13.12.2002 – 3 O 219/02, NJW 2003, S. 517 f
LG Flensburg, 24.3.1999 [http://cisgw3.law.pace.edu/cases/990324g2.html], CLOUT Nr. 377
LG Gießen, 10.3.2004 – 1 S 453/03, ZGS 2004, S. 238, 240
LG Heidelberg, 3.7.1992, O 42/92 KfH I, CISG-online Nr. 38
LG Landshut, 5.4.1995, 54 O 644/94, CISG-online Nr. 193
LG München, 3.7.1989, 17 HKO 3726/89, CISG-online Nr. 4; CLOUT Nr. 3
LG Oldenburg, 9.11.1994, 12 O 674/93, CISG-online Nr. 114
LG Oldenburg, 6.7.1994, 12 O 3010/93, CISG-online Nr. 274
LG Stuttgart, 31.8.1989, 3 KfH O 97/89, IPRax 1990, 317; CISG-online Nr. 11; CLOUT Nr. 4
LG Trier, 12.10.1995, 7 HO 78/95, CISG-online Nr. 160; CLOUT Nr. 170
Magellan International v. Salzgitter Handel, U.S. Federal District Court [Illinois], 7.12.1999, [http://cisgw3.law.pace.edu/cases/991207u1.html]; CLOUT Nr. 417.
MCC-Marble Ceramic Center v. Ceramica Nuova D'Agostino, 29.06.1998, Circuit Court of Appeals (11th Circuit), [http://cisgw3.law.pace.edu/cases/980629u1.html]
Mitchell Aircraft Spares, Inc. v. European Aircraft Serv. AB, 23 F. Supp. 2d 915 (N.D. Ill. 1998), [http://cisgw3.law.pace.edu/cases/981027u1.html]
Mitchell-Hunt Cotton Co. v. Waldrep, 377 F. Supp. 1215 (N.D. Ala. 1974)
Obergericht des Kantons Luzern, 8.1.1997, 11 95 123/357, CISG-online Nr. 228; CLOUT Nr. 192
OGH, 6.2.1996, 10 Ob 518/95, CISG-online Nr. 224
OGH, 29.6.1999, 1 Ob 74/99 k [http://cisgw3.law.pace.edu/cases/990629a3.html]
OGH, 21.3.2000, IHR 2001, S. 40 f.
OGH, 7.9.2000, 8 Ob 22/00v, [http://cisgw3.law.pace.edu/cases/000907a3.html]
OLG Braunschweig, Beschl. v. 4.2.2003 – 8 W 83/02, NJW 2003, S. 1053 f
OLG Celle, 24.5.1995, CISG-online Nr. 152; CLOUT Nr. 136
OLG Düsseldorf, 8.1.1993, 17 U 82/92, CISG-online Nr. 76; CLOUT Nr. 48
OLG Düsseldorf, 18.11.1993, 6 U 228/92, CISG-online Nr. 92

OLG Düsseldorf, 10.2.1994, 6 U 119/93, CISG-online Nr. 115; CLOUT Nr. 82
OLG Düsseldorf, 10.2.1994, 6 U 32/93, CISG-online Nr. 116; CLOUT Nr. 81
OLG Düsseldorf, 24.4.1997, 6 U 87/96 [http://cisgw3.law.pace.edu/cases/970424g1.html]
OLG Frankfurt a.M., 17.9.1991, 5 U 164/90, NJW 1992, 633 ff; CISG-online Nr. 28
OLG Frankfurt a.M., 18.1.1994, 5 U 15/93, CISG-online Nr. 123
OLG Graz, 9.11.1995, 6 R 194/95, CISG-online Nr. 308; CLOUT Nr. 175
OLG Hamm 1.7.1982, Nachweis bei Schlechtriem / Magnus, Art. 17 EKG Nr. 5
OLG Hamm 9.6.1995, 11 U 191/94, [http://cisgw3.law.pace.edu/cases/950609g1.html]; CLOUT Nr. 125; IPRax 1996, 269 f.
OLG Innsbruck, 1.7.1994, 4 R 161/94, CISG-online Nr. 107
OLG Koblenz, 31.1.1997, 2 U 31/96, [http://cisgw3.law.pace.edu/cases/970131g1.html]
OLG Köln, 21.5.1996, 22 U 4/96, CISG-online Nr. 254; CLOUT Nr. 168
OLG München, 2.3.1994, 7 U 4419/93, CISG-online Nr. 108
OLG München, 8.2.1995, 7 U 1720/94, CISG-online Nr. 143; CLOUT Nr. 133
OLG München, 8.2.1995, 7 U 3758/94, CISG-online Nr. 203
OLG Nürnberg, 20.9.1995, 12 U 2919/94, CISG-online Nr. 267
OLG Oldenburg, 8.9.1998 (22.9.1998), 12 U 54/98, CISG-online Nr. 508
OLG Schleswig-Holstein, 8.4.1992, 1 U 117/89, IPRax 1993, 93 ff
OLG Zweibrücken, 31.3.1998, 8 U 46/97, CLOUT Nr. 272
Pretura di Parma-Fidenza, 24.11.1989, 77/89, Foliopack AG vs. Daniplast S.p.A. [http://cisgw3.law.pace.edu/cases/891124i3.html]; CLOUT Nr. 90
Rechtbank Roermond, 19.12.1991, 900336 (Niederlande) Fallini Stefano & Co. S.N.C. v. Fordic B.V., CLOUT Nr. 98
République et Canton de Genève, Cour de Justice, 10.10.1997, C/21501/1996, CLOUT Nr. 249
Schiedsgericht der Handelskammer Stockholm, 5.6.1998, CLOUT Nr. 237.
Schiedsspruch der Zürcher Handelskammer, 31.5.1996, ZHK 273/95, [http://cisgw3.law.pace.edu/cases/960531s1.html]
Sky Petroleum, Ltd. v. V.I.P. Petroleum Ltd [1974] 1 W.L.R. 576
Société Sacovini v. S.A.R.L. Les Fils de Henri Ramel, CLOUT Nr. 150
Tercera Sala de la SCJN. Urteil vom 23.3.1983. Séptima Epoca. S.J.F. Tomo: 169-174 Cuarta Parte, pág. 16.
Tribunal Colegiado de Circuito (2°TCC, 21er. Circuito), S.J.F., Octava Época, XIII. Band, März, S. 413.
Tribunale Civile di Monza, Nuova Fucinati S.p.A. v. Fondmetal International A.B., R.G. 4267/88, 14.1.1993, CLOUT Nr. 54 [http://cisgw3.law.pace.edu/cases/930114i3.html]
Zabriskie Chevrolet, Inc. v. Smith, 240 A.2d 195 (N.J. Super. Ct. Law Div. 1968)

STUDIEN ZUM VERGLEICHENDEN UND INTERNATIONALEN RECHT

Herausgeber: Bernd von Hoffmann, Erik Jayme und Heinz-Peter Mansel

Band 1 Ferdinand Henke: Die Datenschutzkonvention des Europarates. 1986.

Band 2 Peter Czermak: Der express trust im internationalen Privatrecht. 1986.

Band 3 Peter Kindler: Der Ausgleichsanspruch des Handelsvertreters im deutsch-italienischen Warenverkehr. Eine rechtsvergleichende und kollisionsrechtliche Untersuchung. 1987.

Band 4 Wilhelm Denzer: Stellung und Bedeutung des Engineers in den FIDIC-Bauvertragsbedingungen. 1988.

Band 5 Marijan-Maximilian Lederer: Die internationale Enteignung von Mitgliedschaftsrechten unter besonderer Berücksichtigung der französischen Enteignungen 1982. 1989.

Band 6 Rainer Esser: Klagen gegen ausländische Staaten. 1990.

Band 7 Chang Jae-Ok: Auf dem Weg zu einer Materialisierung des Immateriellen? Personen-, Persönlichkeitsschutz und Geldersatz des immateriellen Schadens in rechtsvergleichender Hinsicht am Beispiel des koreanischen und japanischen Zivilrechts unter besonderer Berücksichtigung des deutschen Rechts. 1990.

Band 8 Paul-Frank Weise: Lex mercatoria. Materielles Recht vor der internationalen Handelsschiedsgerichtbarkeit.1990.

Band 9 Werner Born: Der Auftrittsvertrag für Musikgruppen im Bereich der Rock- und Popmusik. 1990.

Band 10 Ralf Erich Jürgens: IPR und Verfassung in Italien und in der Bundesrepublik Deutschland. 1990.

Band 11 Rainer Gildeggen: Internationale Schieds- und Schiedsverfahrensvereinbarungen in Allgemeinen Geschäftsbedingungen vor deutschen Gerichten. 1991.

Band 12 Klaus Grabinski: Die kollisionsrechtliche Behandlung des Durchgriffs bei rechtlich verselbständigten Unternehmen in privater oder öffentlicher Hand. 1991.

Band 13 Dieter Stummel: Konkurs und Integration. Konventionsrechtliche Wege zur Bewältigung grenzüberschreitender Insolvenzverfahren. 1991.

Band 14 Joachim Güntzer: Die Rechtsstellung des Geschäftsführers im spanischen Aktienrecht. Die Neuregelung des spanischen Aktienrechts nach dem Beitritt Spaniens zur EG. 1991.

Band 15 Sabine Isenburg-Epple: Die Berücksichtigung ausländischer Rechtshängigkeit nach dem Europäischen Gerichtsstands- und Vollstreckungsübereinkommen vom 27.9.1968. Untersuchungen zum Anwendungsbereich von Art. 21 EuGVÜ unter schwerpunktmäßiger Behandlung der Frage nach der Bestimmung eines europäischen Streitgegenstandsbegriffs. 1992.

Band 16 Ulrich Nickl: Die Qualifikation der culpa in contrahendo im Internationalen Privatrecht. 1992.

Band 17 Theo Rauh: Leistungserschwerungen im Schuldvertrag. Eine rechtsvergleichende Untersuchung des englischen, US-amerikanischen, französischen und deutschen Rechts unter besonderer Berücksichtigung der gerichtlichen Praxis. 1992.

Band 18 Bernadette Chaussade-Klein: Vorvertragliche "obligation de renseignements" im französischen Recht. 1992.

Band 19 Josef Sievers: Verbraucherschutz gegen unlautere Vertragsbedingungen im französischen Recht. Vom Code civil zum "Code de la consommation" – die Entstehung eines Sonderprivatrechts für Verbraucher. 1993.

Band 20 Achim Schäfer: Grenzüberschreitende Kreditsicherung an Grundstücken, unter besonderer Berücksichtigung des deutschen und italienischen Rechts. 1993.

Band 21 Eugenio Hernández-Breton: Internationale Gerichtsstandsklauseln in Allgemeinen Geschäftsbedingungen. Unter besonderer Berücksichtigung des deutsch-südamerikanischen Rechtsverkehrs (dargestellt am Beispiel Argentinien, Brasilien und Venezuela). 1993.

Band 22 Ingo Reng: Unterhaltsansprüche aufgrund nichtehelicher Lebensgemeinschaft – Internationales Privatrecht und ausländisches materielles Recht. 1994.

Band 23 Stefanie Roloff: Die Geltendmachung ausländischer öffentlicher Ansprüche im Inland. 1994.

Band 24 Katharina Ludwig: Der Vertragsschluß nach UN-Kaufrecht im Spannungsverhältnis von Common Law und Civil Law. Dargestellt auf der Grundlage der Rechtsordnungen Englands und Deutschlands. 1994.

Band 25 Malte Diesselhorst: Mehrparteienschiedsverfahren. Internationale Schiedsverfahren unter Beteiligung von mehr als zwei Parteien. 1994.

Band 26 Manfred Kost: Konsensprobleme im internationalen Schuldvertragsrecht. 1995.

Band 27 Wolff-Heinrich Fleischer: Das italienische Wettbewerbsrecht und die Probleme des selektiven Parfümvertriebs unter Berücksichtigung der Rechtslage in Frankreich und Deutschland. 1995.

Band 28 Angelika Fuchs: Lateinamerikanische Devisenkontrollen in der internationalen Schuldenkrise und Art. VIII Abschn. 2 b) IWF-Abkommen. 1995.

Band 29 Jacques Matthias Aull: Der Geltungsanspruch des EuGVÜ: "Binnensachverhalte" und Internationales Zivilverfahrensrecht in der Europäischen Union. Zur Auslegung von Art. 17 Abs. 1 S. 1 EuGVÜ. 1996.

Band 30 Hartmut Ost: EVÜ und fact doctrine. Konflikte zwischen europäischer IPR-Vereinheitlichung und der Stellung ausländischen Rechts im angelsächsischen Zivilprozeß. 1996.

Band 31 Stefan Wagner: Die Testierfähigkeit im Internationalen Privatrecht. 1996.

Band 32 Wolfgang Jakob Hau: Positive Kompetenzkonflikte im Internationalen Zivilprozeßrecht. Überlegungen zur Bewältigung von *multi-fora disputes*. 1996.

Band 33 Markus Schütz: UN-Kaufrecht und *Culpa in contrahendo*. 1996.

Band 34 Volker Geyrhalter: Das Lösungsrecht des gutgläubigen Erwerbers. Ein "vergessener" Kompromiß und die Auswirkungen auf das heutige deutsche Recht unter besonderer Berücksichtigung des internationalen Sachenrechts. 1996.

Band 35 Andreas Kramer: Abwicklungsstörungen bei Kaufverträgen. Die Lieferung vertragswidriger Sachen im deutschen und italienischen Recht. 1996.

Band 36 Petra Krings: Erfüllungsmodalitäten im internationalen Schuldvertragsrecht. 1997.

Band 37 Tonja Gaibler: Der rechtsgeschäftliche Irrtum im französischen Recht. 1997.

Band 38 Dirk Otto: Rechtsspaltung im indischen Erbrecht. Bedeutung und Auswirkungen auf deutsch-indische Nachlaßfälle. 1997.

Band 39 Gregor W. Decku: Zwischen Vertrag und Delikt. Grenzfälle vertraglicher und deliktischer Haftung dargestellt am Beispiel der Berufs- und Expertenhaftung zum Schutze des Vermögens Dritter im deutschen und englischen Recht. 1997.

Band 40 Ulrike Höpping: Auswirkungen der Warenverkehrsfreiheit auf das IPR unter besonderer Berücksichtigung des Internationalen Produkthaftungsrechts und des Internationalen Vertragsrechts. 1997.

Band 41 Andreas Bartosch: Die vermögensrechtlichen Beziehungen der Ehegatten bei bestehender Ehe im englischen Recht – Eigentum, Besitz, Schuldvertrag. 1997.

Band 42 Helene Boriths Müller: Die Umsetzung der europäischen Übereinkommen von Rom und Brüssel in das Recht der Mitgliedstaaten. Dargestellt am Beispiel Deutschlands und Dänemarks. 1997.

Band 43 Bernd von Hoffmann / Myong-Chang Hwang (eds.): The Public Concept of Land Ownership. Reports and Discussions of a German-Korean Symposium held in Seoul on October 7-9, 1996. 1997.

Band 44 Oliver Heeder: Fraus legis. Eine rechtsvergleichende Untersuchung über den Vorbehalt der Gesetzesumgehung in Deutschland, Österreich, der Schweiz, Frankreich und Belgien unter besonderer Berücksichtigung des Internationalen Privatrechts. 1998.

Band 45 Heinrich Schütt: Deliktstyp und Internationales Privatrecht. Dargestellt an grenzüberschreitenden Problemen der Arzthaftung. 1998.

Band 46 Axel Steiner: Die stillschweigende Rechtswahl im Prozeß im System der subjektiven Anknüpfungen im deutschen Internationalen Privatrecht. 1998.

Band 47 Martina Schulz: Der Eigentumsvorbehalt in europäischen Rechtsordnungen. Rechtsvergleichende Untersuchung des deutschen, englischen und französischen Rechts unter besonderer Berücksichtigung von Erweiterungen und Verlängerungen. 1998.

Band 48 Karin Dreher: Die Rechtswahl im internationalen Erbrecht. Unter besonderer Berücksichtigung des italienischen IPR-Reformgesetzes N. 218 vom 31. Mai 1995. 1999.

Band 49 Giuliano Gabrielli: Das Verhältnis zwischen der Anfechtung wegen Eigenschaftsirrtums und den Gewährleistungsansprüchen im deutschen, österreichischen und italienischen Recht. 1999.

Band 50 Bernd von Hoffmann / Myong-Chan Hwang (eds.): Developments in Land Law. Reports and Discussions of a German-Korean Symposium held in Berlin and Trier on July 21-24, 1997. 1999.

Band 51 Volker Heidbüchel: Das UNCITRAL-Übereinkommen über unabhängige Garantien und Standby Letters of Credit. Vergleiche mit den Richtlinien der Internationalen Handelskammer, dem deutschen, englischen und US-amerikanischen Recht. 1999.

Band 52 Jan Christoph Nordmeyer: Pflichtteilsansprüche und Wiedervereinigung. Eine systematische Analyse der Ausgleichsansprüche nach BGB-Pflichtteilsrecht unter besonderer Berücksichtigung der durch den Wiedervereinigungsprozeß eingetretenen Wertveränderungen. 1999.

Band 53 Bettina Linder: Vertragsabschluß beim grenzüberschreitenden Verbraucherleasing. 1999.

Band 54 Almontasser Fetih: Die zivilrechtliche Haftung bei Vertragsverhandlungen. Eine rechtsvergleichende Studie zum deutschen, französischen, ägyptischen und islamischen Recht. 2000.

Band 55 Sona Rajani: Die Geltung und Anwendung des Gemeinschaftsrechts im Vereinigten Königreich von Großbritannien und Nordirland. Der Grundsatz der Parlamentssouveränität im Wandel. 2000.

Band 56 Joachim Kayser: Gegenmaßnahmen im Außenwirtschaftsrecht und das System des europäischen Kollisionsrechts. Eine Analyse der EU-Abwehrverordnung gegen die Auswirkungen extraterritorialer Rechtserstreckung eines Drittlandes. 2001.

Band 57 Albrecht Conrad: Qualifikationsfragen des Trust im Europäischen Zivilprozeßrecht. 2001.

Band 58 Bernd Borgmann: Die Entsendung von Arbeitnehmern in der Europäischen Gemeinschaft. Wechselwirkungen zwischen Kollisionsrecht, Grundfreiheiten und Spezialgesetzen. 2001.

Band 59 Aleksandar Jaksic: Arbitration and Human Rights. 2002.

Band 60 Islamisches und arabisches Recht als Problem der Rechtsanwendung. Symposium zu Ehren von Professor Emeritus Dr. iur. Omaia Elwan. Veranstaltet vom Institut für ausländisches und internationales Privat- und Wirtschaftsrecht der Universität Heidelberg und der Gesellschaft für Arabisches und Islamisches Recht e.V. Herausgegeben von Herbert Kronke, Gert Reinhart und Nika Witteborg. 2001.

Band 61 Patrick Fiedler: Stabilisierungsklauseln und materielle Verweisung im internationalen Vertragsrecht. 2001.

Band 62 Werner Mangold: Die Abtretung im Europäischen Kollisionsrecht. Unter besonderer Berücksichtigung des spanischen Rechts. 2001.

Band 63 Eike Dirk Eschenfelder: Beweiserhebung im Ausland und ihre Verwertung im inländischen Zivilprozess. Zur Bedeutung des US-amerikanischen discovery-Verfahrens für das deutsche Erkenntnisverfahren. 2002.

Band 64 Bernd Ehle: Wege zu einer Kohärenz der Rechtsquellen im Europäischen Kollisionsrecht der Verbraucherverträge. 2002.

Band 65 Heiko Lehmkuhl: Das Nacherfüllungsrecht des Verkäufers im UN-Kaufrecht. 2002.

Band 66 Jochen Nikolaus Schlotter: Erbrechtliche Probleme in der Société Privée Européenne. IPR-Harmonisierung im einheitlichen Europäischen Rechtsraum. 2002.

Band 67 Konrad Ost: Doppelrelevante Tatsachen im Internationalen Zivilverfahrensrecht. Zur Prüfung der internationalen Zuständigkeit bei den Gerichtsständen des Erfüllungsortes und der unerlaubten Handlung. 2002.

Band 68 Tobias Bosch: Die Durchbrechungen des Gesamtstatuts im internationalen Ehegüterrecht. Unter besonderer Berücksichtigung deutsch-französischer Rechtsfälle. 2002.

Band 69 Ursula Philipp: Form im amerikanischen Erbrecht. Zwischen Formalismus und harmless error. 2002.

Band 70 Christian Stefan Wolf: Der Begriff der wesentlich engeren Verbindung im Internationalen Sachenrecht. 2002.

Band 71 André Fomferek: Der Schutz des Vermögens Minderjähriger. Ein Vergleich des deutschen und des englischen Rechts unter Berücksichtigung des schottischen und irischen Rechts. 2002.

Band 72 nicht erschienen

Band 73 Markus Dreißigacker: Sprachenfreiheit im Verbrauchervertragsrecht. Der Verbraucher im Spannungsfeld zwischen kultureller Identität und Privatautonomie. 2002.

Band 74 Vassiliki Myller-Igknay: Auskunftsansprüche im griechischen Zivilrecht. Auswirkungen im deutsch-griechischen Rechtsverkehr sowie im deutschen internationalen Privat- und Verfahrensrecht. 2003

Band 75 Stefan Bruinier: Der Einfluss der Grundfreiheiten auf das Internationale Privatrecht. 2003.

Band 76 Nika Witteborg: Das gemeinsame Sorgerecht nichtverheirateter Eltern. Eine Untersuchung im soziologischen, rechtsgeschichtlichen, verfassungsrechtlichen, rechtsvergleichenden und internationalen Kontext. 2003.

Band 77 Peter Stankewitsch: Entscheidungsnormen im IPR als Wirksamkeitsvoraussetzungen der Rechtswahl. 2003.

Band 78 Jan Wilhelm Ritter: Euro-Einführung und IPR unter besonderer Berücksichtigung nachehelicher Unterhaltsverträge. Eine Untersuchung mit Blick auf das deutsche, französische und schweizerische Recht. 2003.

Band 79 Wolf Richard Herkner: Die Grenzen der Rechtswahl im internationalen Deliktsrecht. 2003.

Band 80 Ira Ditandy: Internationale Zuständigkeit. Neuregelung durch die LOPJ 1985. Vergleich mit dem europäischen Vorbild und Auswirkungen auf das spanische internationale Zivilverfahrensrecht. 2003.

Band 81 Andrea Verena Schefold: Werbung im Internet und das deutsche Internationale Privatrecht. 2004.

Band 82 Klaus Herkenrath: Die Umsetzung der Richtlinie 93/13/EWG über missbräuliche Klauseln in Verbraucherverträgen in Deutschland, dem Vereinigten Königreich, Frankreich und Italien. Auswirkungen nationaler Umsetzungstechniken auf dem Harmonisierungserfolg. 2003.

Band 83 Alexander Thünken: Das kollisionsrechtliche Herkunftslandprinzip. 2003.

Band 84 Barbara v. Daumiller: Die Rechtswahl im italienischen internationalen Erbrecht: und ihre Auswirkungen im deutsch-italienischen Rechtsverkehr. 2003.

Band 85 Robert Mödl: Macht, Verantwortlichkeit und Zurechnung im Konzern. Eine rechtsvergleichende Untersuchung auf der Grundlage des deutschen, spanischen und US-amerikanischen Rechts. 2003.

Band 86 Ursula Kerpen: Das Internationale Privatrecht der Persönlichkeitsrechtsverletzungen. Eine Untersuchung auf rechtsvergleichender Grundlage. 2003.

Band 87 Barbara Ploeckl: Umgangsrechtsstreitigkeiten im deutsch-französischen Rechtsverkehr. Bestehende internationale und nationale Regelungen und der geplante *europäische Besuchstitel*. 2003.

Band 88 Katrin Wannemacher: Die Außenkompetenzen der EG im Bereich des Internationalen Zivilverfahrensrechts. Der räumliche Anwendungsbereich des Art. 65 EGV am Beispiel der EuGVO und der EheVO. 2003.

Band 89 Maren B. Eilinghoff: Das Kollisionsrecht der ungerechtfertigten Bereicherung nach dem IPR-Reformgesetz von 1999. 2004.

Band 90 Patrick Niehr: Die zivilprozessuale Dokumentenvorlegung im deutsch-englischen Rechtshilfeverkehr nach der deutschen und der englischen Prozessrechtsreform. 2004.

Band 91 Anna Christina Gördes: Internationale Zuständigkeit, Anerkennung und Vollstreckung von Entscheidungen über die elterliche Verantwortung. Die VO(EG) Nr. 1347/2000, ihre geplanten Änderungen und das Verhältnis beider zum Minderjährigen- und Kinderschutzabkommen. 2004.

Band 92 Martin Rädler: Rechtsbehelfe des Käufers eines Unternehmens oder einer unternehmerischen Beteiligung gegen den Verkäufer im deutschen und französischen Recht. 2004.

Band 93 Marc-Yngve Dietrich: Rechtsstellung und Beteiligung der Gläubiger im französischen Insolvenzverfahren. 2004.

Band 94 Katia Niemann: Die rechtsgeschäftliche und organschaftliche Stellvertretung und deren kollisionsrechtliche Einordnung. Deutschland und England im Vergleich. 2004.

Band 95 Daniel Ludwig: Neuregelungen des deutschen Internationalen Insolvenzverfahrensrechts. Eine Untersuchung unter vergleichender Heranziehung der Europäischen Insolvenzverordnung. 2004.

Band 96 Cordelia Faulenbach: Der gemeinschaftsrechtliche Vorbehalt im europäischen Wettbewerbsrecht. Die Herkunftslandanknüpfung der E-Commerce-Richtlinie unter dem Einfluss der Grundfreiheiten. 2004.

Band 97 Ulf Dörner: Der Vertragsgerichtsstand nach dem Protokoll von Buenos Aires. 2004.

Band 98 Martin Schmidhuber: Verhaltenskodizes im nationalen und grenzüberschreitenden elektronischen Geschäftsverkehr. Zur Frage der Integration der Selbstregulierung durch Private in die staatliche Rechtsordnung. 2004.

Band 99 Florian Kienle: Die fehlerhafte Banküberweisung im internationalen Rechtsverkehr. Unter besonderer Berücksichtigung des Artikels 4A US Uniform Commercial Code. 2004.

Band 100 Thomas Alexander Brandt: Die Adoption durch eingetragene Lebenspartner im internationalen Privat- und Verfahrensrecht. 2004.

Band 101 Florian Pulkowski: Subunternehmer und Internationales Privatrecht. Der Subunternehmer als Quasi-Verbraucher im Europäischen Kollisionsrecht. 2004.

Band 102 Ulrich Becker: Grundrechtsschutz bei der Anerkennung und Vollstreckbarerklärung im europäischen Zivilverfahrensrecht. Bestimmung der Grenzen für die Einführung eines europäischen Vollstreckungstitels. 2004.

Band 103 Thomas Badelt: Aufrechnung und internationale Zuständigkeit unter besonderer Berücksichtigung des deutsch-spanischen Rechtsverkehrs. 2005.

Band 104 Florian D. Wagner: Vorvertragliche Aufklärungspflichten im internationalen Franchising. Zur Harmonisierung von Delikts- und Vertragsstatut im internationalen Privatrecht unter besonderer Berücksichtigung der Franchise-Gesetzgebung des US-Bundesstaates Kalifornien. 2005.

Band 105 Vera Heine: Die Umsetzung der *EG-Richtlinie über missbräuchliche Klauseln in Verbraucherverträgen* im englischen und deutschen Recht. 2005.

Band 106 Alexander Franz: Überregionale Effektentransaktionen und anwendbares Recht. Eine kollisionsrechtliche Untersuchung unter besonderer Berücksichtigung der Vorschrift des § 17 a DepotG. 2005.

Band 107 Hanna-Maria Uhlenbrock: Gesetzliche Regelungen für nichteheliche Lebensgemeinschaften in Deutschland und Frankreich. Ein Vergleich des Unterhaltsrechts bei der eingetragenen Lebenspartnerschaft und beim Pacte civil de Solidarité. 2005.

Band 108 Katrin Stieß: Anknüpfungen im internationalen Urheberrecht unter Berücksichtigung der neuen Informationstechnologien. 2005.

Band 109 Hendrik Otto: Der gesetzliche Abschlussprüfer im italienischen Recht. Eine rechtsvergleichende Untersuchung unter besonderer Berücksichtigung der zivilrechtlichen Haftung. 2005.

Band 110 Frauke Stuphorn: Bankhaftung für Kreditauskünfte im deutschen und französischen Recht. 2005.

Band 111 Nina Fürer: Die zivilrechtliche Haftung für Raucherschäden. 2005.

Band 112 Giovanni B. Barillà: *Contratto autonomo di garanzia* e *Garantievertrag*. Categorie civilistiche e prassi del commercio. 2005.

Band 113 Timo Torz: Gerichtsstände im Internationalen Insolvenzrecht zur Eröffnung von Partikularinsolvenzverfahren. 2005.

Band 114 Martina Schmid: Die Grenzen der Auslegungskompetenz des EuGH im Vorabentscheidungsverfahren nach Art. 234 EG. Dargestellt am Beispiel der überschießenden Richtlinienumsetzung. 2005.

Band 115 Stephan Lesage-Mathieu: Dispositives Kollisionsrecht im prozessualen Kontext. 2005.

Band 116 Jürgen Görtz: Die subjektiven Grenzen der Rechtskraft US-amerikanischer Urteile. 2005.

Band 117 Vera Hoppe: Die Einbeziehung ausländischer Beteiligter in US-amerikanische class actions. Unter Berücksichtigung des Class Action Fairness Act 2005. 2005.

Band 118 Silke Pütz: Parteiautonomie im internationalen Urhebervertragsrecht – Eine rechtsdogmatische und rechtspolitische Betrachtung der Grenzen freier Rechtswahl im internationalen Urhebervertragsrecht unter besonderer Berücksichtigung des neuen deutschen Urhebervertragsrechts. 2005.

Band 119 Alice Nieroba: Die europäische Rechtshängigkeit nach der EuGVVO (Verordnung (EG) Nr. 44/2001) an der Schnittstelle zum nationalen Zivilprozessrecht. 2006.

Band 120 Jan Kayser: Alternative Formen gerichtlicher und außergerichtlicher Streitbeilegung im deutschen und französischen Zivilprozess. Les modes alternatifs judiciaires et extrajudiciaires de résolution des conflits en procédure civile allemande et française. 2006

Band 121 Mirko Ehrich: Der internationale Anwendungsbereich des deutschen und französischen Rechts gegen irreführende Werbung. Freie Wahl von Form und Mittel, Rom II und Herkunftslandprinzip. 2006.

Band 122 Daniel Thelen: Die Haftung des Sekundärschädigers für Gewalttaten anderer im US-amerikanischen Deliktsrecht ausgehend von dem Problem rechtsextremistisch motivierter Gewalttaten. 2006.

Band 123 Anne Winterling: Die Entscheidungszuständigkeit in Arbeitssachen im europäischen Zivilverfahrensrecht. 2006.

Band 124 Sarah Gerling: Die Gleichstellung ausländischer mit inländischen Vollstreckungstiteln durch die Verordnung zur Einführung eines Europäischen Vollstreckungstitels für unbestrittene Forderungen. Im Vergleich zum bisherigen Recht und zur Rechtslage in den USA. 2006.

Band 125 Christian Bank: Präventivmaßnahmen börsennotierter Gesellschaften zur Abwehr feindlicher Übernahmeversuche in Deutschland und Großbritannien. Eine rechtsvergleichende Untersuchung des deutschen und britischen Rechts unter Berücksichtigung der Europäischen Übernahmerichtlinie. 2006.

Band 126 Christian Weis: Kaufrechtliche Gewährleistung und Garantievergabe in Deutschland und Spanien. Unter besonderer Berücksichtigung des Unternehmenskaufs. 2006.

Band 127 Emilio Maus Ratz: Der Nacherfüllungsanspruch nach UN-Kaufrecht. Im Lichte der deutschen, spanisch-mexikanischen und US-amerikanischen Rechtswissenschaft. 2006.

Band 128 Constanze Jacobs: Die Sachmängelgewähr im deutschen und belgischen Kaufrecht nach Umsetzung der Verbrauchsgüterkauf-Richtlinie. 2006.

Band 129 Ulrike Teichert: Lückenfüllung im CISG mittels UNIDROIT-Prinzipien – Zugleich ein Beitrag zur Wählbarkeit nichtstaatlichen Rechts. 2006.

Band 130 Sascha Reichardt: Internationale Zuständigkeit im Gerichtsstand der unerlaubten Handlung bei Verletzung europäischer Patente. 2006.

Band 131 Bilgehan Cetiner: Die Sachmängelhaftung des Verkäufers im UN-Kaufrecht und im neuen deutschen Schuldrecht. Eine rechtsvergleichende Studie. 2006.

FSC
www.fsc.org
MIX
Papier | Fördert
gute Waldnutzung
FSC® C083411

Kolibri 360 GmbH
Ferdinand-Jühlke-Straße 7
99095 Erfurt, Deutschland
produktsicherheit@kolibri360.de

Druck:
CPI Druckdienstleistungen GmbH
im Auftrag der
Kolibri 360 GmbH
Ferdinand-Jühlke-Str. 7
99095 Erfurt